Der deutsche Zollverein.

Der deutsche Zollverein.

Geschichte
seiner Entstehung und Entwickelung.

Von

W. Weber,
k. bayr. Staatsrath und Bevollmächtigter zum Bundesrath des Zollvereins.

Leipzig,
Verlag von Veit & Comp.
1869.

Concordia parvae res crescunt,
discordia maximae dilabuntur.

Vorwort.

Während fast bei allen Culturvölkern Europas die politische Einheit sich im innigsten Zusammenhange mit der Gestaltung ihrer industriellen und commerciellen Verhältnisse entwickelte, bietet die Geschichte der deutschen Nation bis jetzt das entgegengesetzte Bild dar. So wie das ehemalige deutsche Reich durch seine eigenthümliche Verfassung zu einer fortwährenden Schwächung und Minderung der kaiserlichen Gewalt und zum Emporwachsen der particularen Unabhängigkeit führte, so vermochte dasselbe auch keine gemeinsame Handelspolitik oder Zollverfassung ins Leben zu rufen.

Der nachmalige Deutsche Bund krankte an demselben Uebel, das schließlich eine der hauptsächlichsten Ursachen seines schnellen Verfalles so wie der Nichtachtung und Mißgunst geworden ist, die ihn fast während seines ganzen Daseins begleitet haben. Dadurch, daß sich der deutsche Zollverein ganz außerhalb des Bundes, ja man kann sagen, im Gegensatze zu demselben entwickelte und zum Repräsentanten der materiellen Einheit der gesammten Nation gestaltete, ließ sich der Bund die natürlichste Grundlage seiner eigenen Existenz entgleiten, die allein im Stande gewesen wäre, ihm in dem Wechsel politischer Strömungen einen gesicherten und dauernden Halt zu gewähren.

Die Geschichte der Entstehung und Entwickelung des deutschen Zollvereines ist daher ein wesentliches Moment in der Geschichte des deutschen Volkes und sie greift vielfach in die politische Geschichte ein, wenn sich auch diese Rückwirkungen in der ersten Zeit weniger bemerkbar gemacht haben. Durch den Erneuerungsvertrag vom 8. Juli 1867 ist jedoch der Zollverein ein förmlicher Theil der politischen Institutionen Deutschlands geworden, er ist das materielle kräftige Band, das den Süden mit dem Norden verbindet, und hat durch das Zollparlament ein Organ gewonnen, durch welches er mit lauter und entscheidender Stimme in das gesammte politische Leben Deutschlands eingreift. Der Vertrag vom 8. Juli 1867, der die ältere Verfassung des Zollvereins abschließt und an ihre Stelle eine neue von ungleich größerer Bedeutsamkeit und Wirkung setzt, bildet daher in der Geschichte desselben einen Abschnitt, der unwillkürlich Jeden, welcher sich mit der nähern Betrachtung des Zollvereins beschäftigt, veranlaßt, einen Rückblick auf die Entwickelung zu werfen, welche der Verein bisher genommen hat, und die Momente und Grundursachen zu untersuchen, welche durch mannigfache Schwankungen und Störungen bis zu dem jetzt vorliegenden Ergebnisse geführt haben.

Der Verfasser dieses Werkes, durch seine Berufsthätigkeit fast seit dem Entstehen des deutschen Zollvereins mit den Angelegenheiten desselben vertraut, übergiebt hier der Oeffentlichkeit die Frucht vieljähriger eigener Beobachtungen. Seine Absicht war, das auf die Entstehung und Entwickelung des Vereines bezügliche thatsächliche Material möglichst vollständig und correct, fern von jeder polemischen Tendenz, vor Augen zu führen. Ein großer Theil der nachfolgenden Kapitel war schon vor mehreren Jahren niedergeschrieben und ist fast ohne irgend eine Veränderung in das gegenwärtige Werk übergegangen, weil es für den historischen Zweck geeigneter erschien, die einer früheren Periode angehörigen Eindrücke und Anschauungen festzuhalten, als solche den späteren Ereignissen anzupassen. Es lag daher auch nicht in der vorgesteckten Aufgabe, die politische Bedeutung und Rückwirkung der Phasen des Zollvereins in allen einzelnen Erscheinungen zu verfolgen und nachzuweisen, wenn auch nicht unterlassen wurde, den Zusammenhang wichtiger Zollvereins-Begebenheiten mit den politischen Ereignissen anzudeuten. Die Gegenwart hat hierzu wohl kaum den wahren Beruf, erst eine spätere Zeit wird zu einer richtigen Kritik und Beurtheilung den erforderlichen unparteiischen Standpunkt zu finden wissen.

Eine weitere augenfällige Consequenz der Aufgabe, wie sie vom Verfasser aufgefaßt wurde, ist, daß er zum Voraus jedes Eingehen auf irgend welche Partei-Polemik ablehnen muß. Einzelne Irrthümer und Versehen sind bei einem solchen Werke, das fast ausschließend aus einer ungeordneten Masse zahlreicher und nicht selten sich widersprechender Notizen hervorgeht, unvermeidlich. Wesentlich verschieden von der Berichtigung solcher einzelner Irrthümer ist jedoch die aus einer Verschiedenheit der Partei-Anschauung hervorgehende Meinungs-Differenz, die schon bisher im Zollverein sich in so umfassender Weise geltend gemacht hat, daß die historische Wahrheit durch weiter gehende Erörterungen sicherlich Nichts gewinnen kann. Der Verfasser wird seine Aufgabe dann für befriedigend gelöst betrachten können, wenn es ihm gelungen ist, die bisherige Entwickelung der Verhältnisse des Zollvereins in richtigem Bilde wieder zu geben und auch in weiteren Kreisen zum ernsthaften Studium einer Schöpfung anzuregen, welche nicht nur die wichtigsten industriellen Interessen von Deutschland umschließt, sondern in ihrer weiteren Gestaltung auch für die politische Zukunft der Nation von Bedeutung sein kann.

Inhaltsverzeichniß.

Erstes Kapitel.

Anfänge der Zoll-Bewegungen in Deutschland. 1816—1819.

Der Abschluß der Friedensverträge, welche im Jahre 1815 und in den zunächst folgenden dem längsten und großartigsten Kampfe der neueren Zeit endlich ein Ziel setzten, fand die commerciellen Beziehungen Europa's und namentlich Deutschlands in einer ganz eigenthümlichen Lage.

Unter allen Staaten hatte vielleicht England die größten Anstrengungen zur Bekämpfung der Napoleonischen Herrschaft gemacht, es hatte aber auch als Siegespreis die Alleinherrschaft über alle Meere davon getragen. Es galt nicht allein, die unermeßlichen pecuniären Opfer, die es diesem Kampfe gewidmet, allmählich zu ersetzen, es war auch Aufgabe, die neue Errungenschaft zu wahren, zu festigen und gegen jetzige wie künftige Concurrenz zu sichern. Mit dem praktischen Blicke, der nicht blos den englischen Staatsmann, sondern jeden einzelnen Bürger dieses thatkräftigen Volkes auszeichnet, erkannte der Engländer bald, daß nur in einer großartigen Entwickelung seiner Fabrikthätigkeit, gleichsam in dem factischen Monopole, die Welt mit seinen Producten und Fabrikaten zu versehen, ihm das Mittel zur Erreichung beider Zwecke gegeben war.

So erlangte die durch die lange Continental-Sperre zurückgehaltene Thätigkeit der englischen Industrie und insbesondere die Anwendung der Maschinenkraft eine Ausdehnung, wie sie bisher Niemand auch nur zu ahnen gewagt hatte; unermeßliche Massen englischer Fabrikate wurden in alle Länder geworfen und vielfach zu Preisen verschleudert, die selbst nicht einmal die Kosten der Fabrikation zu decken vermochten. Wenn auch mit einigem augenblicklichen materiellen Nachtheile, erreichte man dadurch den großen Zweck, fremde Länder an den Verbrauch englischer Waaren zu gewöhnen und alle Fabrikthätigkeit derselben schon im Keime zu unterdrücken.*)

*) Vergl. Nebenius, Denkschrift über den Beitritt Badens zum Zollverein, Karlsruhe 1833, S. 4.

In Europa fand dieses Verfahren nur in der Handelsgesetzgebung der größeren Staaten einen Damm.

Frankreich hatte von jeher fremden Fabrikaten den Eingang nahezu verschlossen, in Oesterreich und Rußland waren gleichfalls die meisten fremden Manufacturwaaren theils gänzlich prohibirt, theils mit hohen Zöllen belastet; Preußen theilte dagegen mit dem übrigen Deutschland eine Zollorganisation, wie selbe eigenthümlicher und toller gar nicht gedacht werden konnte. Nicht weniger als einige sechzig verschiedene Zollsysteme, Tarife und dergleichen mit eben so zahlreichen Zollschranken und Zollgrenzen bestanden innerhalb der preußischen Gebiete; fast jede Stadt war durch eine Accise wieder vom Lande getrennt, aller Verkehr zwischen einzelnen Theilen durch die lästigsten Plackereien und Controlen gehemmt. In der einen Provinz, selbst in einem Theile derselben war die Einführung von Producten und Fabrikaten erlaubt, in anderen entweder ganz verboten oder mit schweren Tarifen belastet. Während in den westlichen Provinzen, der westfälischen Mark, in Minden, Tecklenburg und den Rheingegenden, soweit sie damals zum preußischen Staate gehörten, beinahe alle fremden Gegenstände, insbesondere auch alle englischen Fabrikwaaren, frei oder gegen mäßige Abgaben eingeführt werden durften, war für die östlichen Provinzen rechts der Elbe die Steuerfreiheit einzelner Gegenstände eine besondere seltene Ausnahme und das Prohibitivsystem die Regel.

Und ganz ähnlich war es in allen anderen deutschen Staaten. Es fällt jetzt schwer, uns heute noch eine Vorstellung von dem dichten Netze der Zollgrenzen, welches über Deutschland ausgespannt war, von der Mannigfaltigkeit der Zolltarife und der Grenzabgaben, von der Schwerfälligkeit der Abfertigungsformen, von dem bunten Durcheinander der Zollverordnungen und dem Umfange, in welchem das Schmuggelgewerbe betrieben wurde, einen Begriff zu machen.*)

Nirgends hatte sich bei der früheren politischen Zersplitterung und dem dadurch genährten Absonderungsgeiste ein größeres umfassendes Mauthsystem bilden können; alle Gesetze über Zölle und dergleichen hatten lediglich finanzielle Zwecke; nationalökonomische Rücksichten waren dem früheren Geiste der meisten deutschen Regierungen wohl eben so fremd geblieben wie eine klare Einsicht in die Folgen des bisherigen Verfahrens.

---

*) Vergl. Emminghaus, Entwickelung, Krisis und Zukunft des deutschen Zollvereins, Leipzig 1863. — Das im Anfange 1869 erschienene Werk: „Geschichte des Zollvereins von Festenberg-Packisch", Leipzig bei Brockhaus, enthält eine sehr sorgfältige und genaue Darstellung der Zollverhältnisse Deutschlands im vorigen Jahrhundert.

Die Wissenschaft selbst war weit entfernt von aller praktischen Einsicht und Tendenz. Mißverstandene Begriffe von allgemeiner Handels- und Verkehrsfreiheit wurden fast ohne Widerspruch als die Grundlage aller nationalökonomischen Lehren betrachtet, die eigentliche Bedeutung und Nothwendigkeit eines vollständigen rationellen Mauthsystems für jedes größere Volk ward wohl nur von Wenigen gekannt.

So öffnete sich in Deutschland der britischen Speculation Thür und Thor. Durch keine oder nur unbedeutende Zölle behindert, überschwemmten ungeheure Massen britischer Fabrikate alle Staaten Deutschlands. Die einheimische, ohnehin durch die vorangegangenen Kriegsjahre zerstörte Industrie war einer solchen Concurrenz nicht gewachsen; ihr fehlten Credit, Capitale, technische Kenntnisse und leichter Bezug der Rohstoffe, und so zerfielen in jener Zeit auch noch manche tüchtige Ueberreste der früheren deutschen Gewerbsthätigkeit, welche dem Einflusse von fast zwanzig Jahren verheerender Kriege nicht gewichen waren.

Am meisten äußerten sich diese Wirkungen in den Jahren 1817—1820, in welchen überdies die eingetretene Theuerung alle Kraft der Einzelnen lähmte und größere Unternehmungen unmöglich machte.

Ueberall im deutschen Handel und in deutscher Gewerbsthätigkeit zeigte sich Stockung und Rückgang, Fabrik an Fabrik stand still, der einzelne Gewerbsmann entbehrte seines früheren Absatzes und ward immer mehr auf geringere Arbeiten und localen Verbrauch beschränkt; dabei mehrte sich der Ausfluß deutschen Geldes in einem wahrhaft erschreckenden Maaße. Die kleineren Regierungen, wenn sie auch das Uebel sahen, hatten weder die Einsicht noch die Mittel, demselben zu steuern, und waren zudem durch Gegenstände politischer Natur zu sehr in Anspruch genommen.

Noch hatte Deutschland den völligen Umsturz seiner frühern politischen Gestaltung nicht verschmerzt, unbekannt war noch, wie das Neue sich bilden, wie es sich erhalten würde; die eben stattfindenden Verhandlungen des Wiener Congresses sollten erst das angefangene Werk vollenden und sie nahmen daher auch vorzugsweise die Aufmerksamkeit und Thätigkeit der Regierungen in Anspruch.

So war es zunächst den Privaten überlassen, die Hülfsmittel, welche dem Uebel entgegengesetzt werden sollten, in Anregung zu bringen und vorzubereiten.

Schon im Jahre 1816 hatten Vereine von Fabrikanten und einzelne Gemeinden in mehreren deutschen Staaten die Regierungen auf das drohende Uebel aufmerksam gemacht und um Hülfe gebeten. Sogar in Preußen, woselbst durch die bestehenden Gesetze den fremden Manufacturwaaren der Eingang noch am meisten erschwert war, erfolgten eine Menge Petitionen von verschiedenen Magistraten um Maaßregeln gegen das immer steigende Eindringen der englischen Manufacturwaaren. Schon 1816 wurden Commissionen niedergesetzt und Nachforschungen gepflogen.*) Man beschränkte sich darauf:

a) die alten Einfuhrverbote gegen mehrere ausländische Fabrikate zu erneuern und

b) Vorkehrungen gegen die Contrebande zu treffen.

Doch fing man auch bereits an, eine neue systematische Mauthgesetzgebung zu bearbeiten, da bis dahin dieselbe nur aus einer Folge von Verordnungen verschiedener Regierungsperioden bestanden hatte. Die kleineren Regierungen blieben noch unthätig; sie sahen wohl ein, daß sie vereinzelt dem andringenden Uebel nicht gewachsen waren, daß theilweise und nicht im Allgemeinen getroffene Maßregeln nur zu ihrem eigenen Nachtheile ausschlagen würden, und hofften Hülfe von den Vorschlägen der größeren Höfe oder des Bundestags in Frankfurt.

Da traten im April des Jahres 1817 zu Leipzig mehrere Fabrikanten zusammen, um sich über die Mittel zu berathen, durch welche eine Besserung der deutschen Industrie- und Handelsverhältnisse erreicht werden könnte. In der Leipziger Zeitung vom 28. April 1817 erließen sie an sämmtliche anwesende Fabrikbesitzer die Einladung zu einer Versammlung für denselben Abend. — Diese erste Anregung blieb jedoch ohne weitere unmittelbare Folge.

Inzwischen hatte Preußen seine Vorbereitung zu seinem neuen Mauthsysteme geendigt und trat am 26. Mai 1818 ziemlich unerwartet mit seinem neuen Gesetze über den Zoll und die Verbrauchssteuern von ausländischen Waaren und über den Verkehr zwischen den Provinzen des Staates hervor. In diesem Gesetze ward erklärt, daß alle fremden Erzeugnisse der Natur, Kunst und Industrie im ganzen Umfange des preußischen Staates eingebracht, verbraucht und durchgeführt, daß ebenso alle inländischen Erzeugnisse ausgeführt werden könnten, und daß im Verkehr mit fremden Nationen und bei Handelsverträgen mit denselben strenge Reciprocität als Grundsatz gelten solle. Für die Einfuhr fremder Waaren sollte ein Zoll von $1/2$ Thaler und außerdem als Zollbeischlag eine Verbrauchssteuer im beiläufigen Betrage von 10 % des Werthes der Waaren in der Regel erhoben werden.

---

*) Vergl. Festenberg l. c. VI. S. 125 flg.

Dieses Gesetz, so hart und scharf einzelne seiner Bestimmungen waren, so laute und zahlreiche Beschwerden und Klagen gegen Preußen es auch hervorrief, hat dennoch, wie erst die spätere Zeit erwies, treffliche Früchte getragen. Es vereinigte zuerst alle bisher vereinzelten Bestimmungen in ein consequent durchgeführtes allgemeines Zoll- und Mauthsystem; nicht blos auf finanzielle Zwecke gegründet, gab es dem einheimischen Fabrikanten Schutz gegen den Eindrang fremder Waaren, dem Handel leichtere Bewegung im Innern und Beseitigung der lästigen Binnenzölle. Es entsagte vollständig dem in allen größeren Staaten damals noch geltenden Prohibitiv-System, indem es nur für zwei Monopols-Gegenstände, Salz und Spielkarten, ein Einfuhrverbot statuirte, dagegen für alle anderen Waaren ohne Ausnahme freien Verkehr gestattete. Die durch dasselbe eingeführten Zölle waren mäßig, wenigstens im Vergleich mit den Zolltarifen der anderen Großstaaten, und sollten in der Regel 10 % des Werthes der Waare nicht übersteigen. Gleichwohl wandte es sich vollständig von dem System der Werthzölle ab, das besonders in England und Frankreich zur ausgedehntesten Geltung gelangt war, und bestimmte als Maaßstab der Verzollung in der Regel das Gewicht, in einzelnen Fällen auch das Maaß oder die Stückzahl. Diese Bestimmung erleichterte die Zollbehandlung und dadurch den Verkehr ganz ungemein; denn während die Werthverzollung bei jeder Zollbehörde die Gegenwart von waarenkundigen Beamten voraussetzt und darum die Zahl der Zollstellen nothwendig beschränken muß, kann die Verzollung nach dem Gewichte auch von einem minder erfahrenen Zollbeamten geübt und deshalb der Eingang aller Arten von Waaren bei jeder Zollbehörde gestattet werden. Dagegen hat dieses System später, sowie sich die deutsche Industrie etwas entwickelt hatte und größere Ansprüche an ein rationelles Zollsystem machte, gar bald einen ihm innewohnenden wesentlichen Mangel gezeigt und dadurch lebhafte Klagen begründet. Bei der Verzollung nach dem Gewichte ist es nämlich völlig unmöglich, den Zoll in ein rationelles Verhältniß zu dem Werthe der Waare zu bringen, und derselbe Zoll, der vielleicht bei einer Waare von geringer Qualität in einem sehr hohen Verhältniß zum Werthe der Waare steht oder selbst als Prohibitivzoll wirkt, verschwindet fast bei einer Waare derselben Gattung, aber von großer Feinheit. Der Schutz, den also dieses System der deutschen Industrie gegen die Concurrenz des Auslandes gewährte, war in Bezug auf Waaren von geringer Feinheit und Qualität vielleicht ein ausreichender oder sogar ein übermäßiger, während er mit der steigenden Feinheit und dem Werthe der Waaren sich minderte und bei manchen Waaren gänzlich verschwand.

Die erste Zeit machte diesen Mangel des Systems minder bemerklich.

Der eigentliche Schöpfer dieses Zoll-Systems und überhaupt der ganzen Richtung der preußischen Zollpolitik war der nachmalige Finanz-Minister K. G. Maaßen, der auch bei der spätern Begründung des Zollvereins die größte Thätigkeit entwickelte und wesentlich zu dem Gelingen dieser Schöpfung beitrug.*)

Im übrigen Deutschland war man jedoch weit entfernt dem preußischen Zollgesetze damals schon die Anerkennung zu zollen, die es verdiente. Es erregte vielmehr einen gewaltigen Sturm von Unwillen und Beschwerden aller Art. Selbst Diejenigen, welche am lautesten für den Schutz der deutschen Industrie eiferten, stimmten in die Klagen über dasselbe ein.

Allerdings ist das Gesetz nicht frei von einer gewissen fiscalischen Tendenz, einer großen Belästigung des Durchfuhrhandels und der rücksichtslosen Verletzung benachbarter Interessen.

Namentlich waren es die kleinen anhaltischen Fürstenthümer, welchen die strengen Bestimmungen der preußischen Transitvorschriften und die unnachsichtige Handhabung der Controle große Belästigung verursachten und zuletzt kaum eine andere Wahl ließen, als sich dem preußischen Systeme unbedingt anzuschließen und die Aufnahme in seinen Mauthverband nachzusuchen. Diese kleinen Staaten, welche bisher bei ihrem geringen Umfange an ein selbständiges Mauthsystem nicht hatten denken können, hatten ihre Lage benutzt, um nach den preußischen Staaten einen ausgedehnten und gewinnreichen Schmuggelhandel zu führen. Die preußische Regierung dagegen, welcher die Erfahrung genugsam gelehrt hatte, daß bei der Zerrissenheit und Ausdehnung der preußischen Grenze eine gänzliche Unterdrückung dieses Schmuggels durch bloße Controlmaaßregeln nicht möglich sei, benutzte nun auch ihrerseits die geographische Lage zur Durchführung des Grundsatzes, keinen zollfreien Transit nach diesen inclavirten kleinen Staaten zu gestatten, sondern auf der vollständigen Entrichtung des tarifmäßigen Eingangszolles zu bestehen. Dies stand nun mit den damaligen Ideen von Territorialhoheit in directem Widerspruche, und die Verwirklichung dieser Maaßregeln wurde einige Zeit für unausführbar gehalten. Als sie nun dennoch eintrat, als Preußen mit voller Schärfe die volkswirthschaftliche

*) Vergleiche hierüber den vortrefflichen Aufsatz von Dr. G. Fischer: „Ueber das Wesen und die Bedingungen eines Zollvereins" in Hildebrand's Jahrbüchern für Nationalökonomie und Statistik, 2. Jahrg., Bd. I. S. 317 f. — Erster Artikel: Die Idee eines deutschen Zollvereins und ihre Ausführung geschichtlich entwickelt. Ferner L. C. Aegidi, Aus der Vorzeit des Zollvereins, Hamburg 1865, S. 6.

Nothwendigkeit, die seinem System zu Grunde lag, zur Geltung brachte, da erfolgte ein Sturm von Beschwerden und Beschuldigungen, der ganz Deutschland in Aufregung brachte.

Inzwischen hatte die Idee einer Vereinigung sämmtlicher deutscher Staaten über gemeinschaftliche Zoll- und Mauth-Verfügungen wenige oder gar keine Fortschritte gemacht. Namentlich war am Bundestage bis zum Jahre 1819 hierüber nicht das Geringste angeregt oder verhandelt worden. Zwar hatte Württemberg am 19. Mai 1817 den gewiß bescheidenen Antrag gestellt, daß die Beschränkungen und Verbote der Ausfuhr von Getreide und Schlachtvieh, die von mehreren Bundesregierungen während der damaligen Theuerung verhängt worden, im allgemeinen Interesse aufgehoben werden möchten.*) Allein auch hierüber kam es zu keinem einheitlichen Beschlusse. Bayern, das sich die Möglichkeit des Getreidebezuges aus Ungarn sichern wollte, verlangte, daß die Verpflichtung sich auch auf die nicht zum Bunde gehörigen Länder der Bundesstaaten erstrecken sollte, Hannover protestirte gegen einen Majoritätsbeschluß, und Mecklenburg wollte überhaupt von einer Verhandlung hierüber am Bunde Nichts wissen, sondern Alles der freien Vereinbarung der einzelnen Staaten überlassen, so daß die Sache nochmals zur weitern Instruction an die Regierungen zurückgegeben und dadurch für immer vertagt wurde. Doch waren die Erwartungen, welche die Bundesacte und insbesondere der Art. 19 derselben erregt hatten, noch nicht gänzlich verschwunden, wenn auch die Erfahrung denselben nichts weniger als entsprochen hatte. Auch konnte Anderes nicht wohl erwartet werden. Der Bundestag, der sich nur unsicher und ängstlich in den ihm neuen Formen bewegte, war in keiner Weise befähigt, so umfassende Gegenstände in geeigneter Weise zu behandeln; den Regierungen sowohl als ihren politischen Agenten fehlte es an der nöthigen Erkenntniß der commerciellen und finanziellen Verhältnisse, und nach dem damaligen Stande der Sache mußte es nahezu unmöglich erscheinen, irgend eine durchgreifende gemeinsame Maaßregel auszuführen. Alle Versuche dieser Art mußten entweder an dem Widerwillen der kleineren Staaten, sich größeren unterzuordnen, oder an Sonder-Interessen, da manche Bundesglieder nicht gewillt sein mochten, die Handels-Interessen ihrer Hauptstaaten denen der Bundeslande unterzuordnen, scheitern. —

Das Beispiel, das hierdurch der Deutsche Bund für die Geschichte gegeben, kann nur als ein trauriges betrachtet werden. Es war in der That

*) Aegidi, Aus der Vorzeit des Zollvereins, S. 14.

nichts Anderes als das Vorspiel seines ganzen künftigen Wirkens. Die deutschen Staaten, föderativ zu einem Zweck, politisch zu einem Staate verbunden, führten unter sich, und zwar jeder Einzelne gegen Alle und wieder Alle gegen jeden Einzelnen, einen höchst unvolksthümlichen Handelskrieg, der weit schlimmer war, als ein innerer Krieg der Waffen nur je hätte sein können.

Die bereits erwähnte Vereinigung von Fabrikanten zu Leipzig gab erst nach vollen zwei Jahren ein Zeichen ihrer Thätigkeit und trat eigentlich erst hierdurch wirkend auf. Im April 1819 reichte eine Deputation deutscher Handels- und Gewerbetreibender — der Kaufmann Schnell aus Nürnberg an ihrer Spitze — am Bundestage in Frankfurt eine von 70 Kaufleuten und Fabrikanten aus Bayern, Sachsen, Württemberg, Baden, Großherzogthum Hessen und Nassau unterzeichnete Vorstellung ein, welche zum ersten Male den bestimmten Antrag auf ein allgemeines Mauthsystem Deutschlands enthielt und die Bitte stellte, die Zölle im Innern Deutschlands gänzlich aufzuheben, dagegen aber ein auf dem Grundsatze der Retorsion beruhendes Zollsystem gegen fremde Nationen so lange aufzustellen, bis diese den Grundsatz der europäischen Handelsfreiheit anerkennen würden. Gleichzeitig wurden die provisorischen Statuten des deutschen Handels- und Gewerbs-Vereines zur Vorlage gebracht.

Bevollmächtigter und Stimmführer des Vereins war der damalige Professor Dr. Fr. List zu Tübingen, der seine Ansichten über Zoll- und Handelsverhältnisse, aus denen sich später sein bekanntes System der nationalen Oekonomie entwickelte, mit dem ihm eigenen rastlosen Eifer mündlich wie schriftlich zu verbreiten suchte.

Zweck dieses Vereins war Hebung des Handels und der Gewerbe in Deutschland, wobei er jeder politischen Tendenz fern bleiben sollte. Seine Ansichten, so weit sich solche in seinen Gesammt-Eingaben so wie in den Aufsätzen seiner vorzüglichsten Stimmführer darlegten, hatten bereits Etwas von der frühern Unbestimmtheit verloren, wenn auch noch immer weder über das Endziel seines Strebens, noch über die hierzu vorgeschlagenen Mittel eine klare Erkenntniß bestand. Wirklich praktisch und angemessen war nur sein nächstes Ziel: Aufhebung aller inneren Zoll- und Mauthschranken in Deutschland und Herstellung eines gemeinschaftlichen Zollsystems. Zu diesem Resultate aber gelangte der Verein, wie aus seiner Vorstellung hervorgeht, nicht durch eine klare Erkenntniß der Natur und der staatlichen Bedeutung des Zoll- und Mauthwesens, sondern lediglich durch die traurigen Ergebnisse der bisherigen Zollverhältnisse Deutschlands.

Es schwebte ihm, oder wenigstens vielen seiner Theilnehmer, noch immer der unverstandene Begriff einer allgemeinen Handelsfreiheit vor, welche in ihrer Durchführung gerade Dasjenige wieder vernichtet hätte, was der Verein zunächst bezweckte.

Die Vorstellung des Vereins enthält am Schlusse noch laute Klagen gegen das neue preußische Zollsystem, dessen drückendste Bestimmungen nach seiner Ansicht nicht sowohl gegen den Handel mit England und Frankreich als gegen den Handel mit dem übrigen Deutschland gerichtet schienen.

Die Mitglieder des Handels-Vereins hatten sich daher auch nach Berlin gewandt, um eine Modification dieser Bestimmungen zu erlangen.*) Die kgl. preußische Regierung begnügte sich damit, eine officielle Erklärung zu veröffentlichen, daß sie weit entfernt sei, durch einseitige Maaßregeln den Wohlstand der Nachbarstaaten untergraben zu wollen; sie würde sich vielmehr freuen, wenn alle deutsche Staaten sich über die Grundsätze eines gemeinsamen Handels-Systems vereinigen könnten; es erscheine aber der Zustand und die Verfassung der einzelnen Staaten noch keineswegs zu gemeinsamen Anordnungen vorbereitet, wozu auch besonders gehöre, jedem einzelnen Staate die Garantie zu gewähren, daß die gemeinschaftlichen Anordnungen in einem übereinstimmenden Sinne von allen gehalten würden.

Die Idee, die dieser Erklärung zu Grunde lag, hat Preußen auch in der Folge bewahrt; immer schwebte seinen Staatsmännern das Bild eines größeren Zollsystems in Deutschland vor, in welchem Preußen allein oder doch vorzugsweise die Ausführung der gemeinschaftlichen Anordnungen, die Zollverwaltung so wie die Vertretung gegen das Ausland zustände; nur der Einfluß der süddeutschen Regierungen, namentlich Bayerns, vermochte im Jahre 1833 dem Zollverein jenen Charakter der freien und gleichen Mitwirkung aller Mitglieder zu geben und während voller drei Decennien zu bewahren, dem er zum großen Theile die allgemeine Theilnahme so wie den Eifer verdankt, mit welchem alle einzelnen Vereinsstaaten an seiner Ausbildung und Entwickelung sich betheiligten.

Es lag in der Natur der damaligen Richtung sämmtlicher deutscher Regierungen, daß sie Bestrebungen, welche allgemein deutsche Zwecke verfolgten, entschieden abhold waren.

Darum ward auch der Handelsverein, welcher allgemein deutsche Zwecke verfolgte, mit Mißtrauen betrachtet; man befürchtete, er möge geheime politische Tendenzen von revolutionairer Färbung verfolgen, und ohne den-

*) December 1819.

selben geradezu als rechtswidrig zu erklären, ließ man dieses Mißtrauen bei allen Verhandlungen über dessen Anträge durchblicken. Selbst die Hansestädte, welche durch ein allgemeines deutsches Mauthsystem ihren Handel mit England gefährdet glaubten, arbeiteten ihm entgegen. Professor List, der sich als Stimmführer des Vereins ohne höhere Erlaubniß von Tübingen nach Frankfurt begeben hatte, wurde alsbald zar Verantwortung gezogen und dadurch bewogen seine Entlassung zu nehmen, um sich gänzlich den Zwecken des Vereins zu widmen. In den Verhandlungen des Bundestages über die Vorstellung des Vereins waren nicht blos dieses Mißtrauen, sondern auch Einflüsse anderer Art bemerklich. Dort war dem hannöverschen Bundestags-Gesandten von Martens der Vortrag hierüber zugetheilt worden, und aus seinem in der Sitzung vom 24. Mai 1819 vorgelegten Votum leuchtet nur zu sehr die Richtung hervor, welche die Rücksicht auf die politischen und Handels-Interessen der königlich großbritannischen Regierung allen Anschauungen des hannöverschen Cabinets geben mußte. Bei den Ansichten der beiden deutschen Großmächte konnte es nicht fehlen, daß auch der Beschluß der Bundesversammlung zum größten Theile diesem Gutachten entsprach. Der Verein ward als solcher nicht anerkannt, sondern die Vorstellung desselben nur als eine Privatpetition Einzelner betrachtet, die Statuten desselben lediglich ad acta genommen, und im Protokolle nur bemerkt, daß die Bundesversammlung die Berathung über Art. 19 der Bundesacte ohnehin demnächst vorzunehmen gedenke. Eine ähnliche Eingabe einer Anzahl Handwerker, Fabrikanten und Kaufleute aus den thüringischen Staaten de dato Gotha 1. Juli 1819, welche zunächst nur auf Herstellung des freien Gewerbsverkehres im Innern Deutschlands gerichtet war und die allgemeinere Bitte stellte, die Bundesversammlung möge in Erwägung ziehen, durch welche Mittel die in den bestehenden Zoll- und Mauth-Einrichtungen im Innern des Bundesgebietes liegenden drückenden Fesseln der deutschen Industrie und des deutschen Handels zu beseitigen sein könnten, hatte gleichfalls keinen bessern Erfolg.

Diese Vorgänge mußten jedem aufmerksamen Beobachter die Ueberzeugung aufdrängen, daß von Seiten des Bundestages theils wegen der Abneigung der größeren Mächte, theils wegen der entgegenstehenden Interessen einzelner Regierungen irgend eine durchgreifende Maaßregel zur Hebung des commerciellen Zustandes von Deutschland nicht zu erwarten sei. Selbst diejenigen Regierungen, welchen es wirklich mit der Sache Ernst war und welche mit wahrer Erkenntniß des Uebels und aufrichtigem Eifer nach einer Besserung strebten, waren zu der Ansicht gelangt, daß durch gemeinsame Uebereinkunft der Bundesstaaten im besten Falle höchstens eine billige und gleichförmige Ermäßigung der Durchgangszölle und allenfalls selbst eine Milderung der hier und dort bestehenden Prohibitiv-Systeme erzielt werden könnte, daß aber die Einführung eines allgemeinen Mauthsystems mit Aufhebung aller inneren Zölle und Abgaben, gemeinschaftlicher Verwaltung und Zollorganisation und einem auf den Grundsätzen der Retorsion beruhenden Zollsysteme an den ängstlichen Ansichten der meisten kleineren Regierungen über die Wahrung ihrer Souverainetätsrechte und an der vorwaltenden geringen Neigung zur Aufgebung ihrer speciellen Interessen nothwendig scheitern müsse. Noch waren weder die deutschen Regierungen noch die einzelnen deutschen Volksstämme zu der Erkenntniß gelangt, daß in einer großartigeren Entwickelung der deutschen Industrie und des Verkehres auch das Wohl und der Vortheil der Einzelnen gelegen sei und die zweckmäßige Unterordnung der Sonder-Interessen unter das allgemeine Beste durch die aus der Förderung des Ganzen hervorgehenden Vortheile reichlich belohnt werde.

Zweites Kapitel.

Die Karlsbader und Wiener Conferenzen.

Während dieser Verhandlungen am Bundestage fanden zuerst die Conferenzen in Karlsbad und gleich darauf jene in Wien statt; in beiden wurde die Frage des freien Verkehres unter den deutschen Staaten zur Sprache gebracht.

Der badische Minister Freiherr von Berstett, der sich derselben mit großer Lebhaftigkeit annahm, vertheilte zu Karlsbad im August 1819 einen Aufsatz wegen des freien Verkehres unter den deutschen Bundesstaaten und beantragte eine gründliche Discussion dieses Gegenstandes. Schon im April 1819 hatte Freiherr von Berstett den badischen Ständen eine andere, von Nebenius verfaßte Denkschrift mitgetheilt, welche viel tiefer in die Details der Frage eingeht und von Vielen als die erste Anregung zum nachmaligen Zollverein betrachtet wird.*) Die Karlsbader Denkschrift d. d. 15. Aug. 1819 bewegt

*) Veröffentlicht wurde diese Denkschrift zuerst von Nebenius selbst im Jahre 1833, indem er sie seiner größern Denkschrift über den Beitritt Badens zum Zollverein beidrucken ließ. Sie ist ohne alle Frage eine vortreffliche Arbeit, die sowohl für die

sich nur in allgemeinen Betrachtungen über die Nothwendigkeit, die Verkehrsfrage für die deutschen Staaten zu ordnen und Vorbereitungen zu diesem Zwecke zu treffen. Nach einigen Erörterungen über dieselbe wurde der Gegenstand durch eine Erklärung des Fürsten Metternich beseitigt, die davon ausging, daß der Bundestag bereits gethan habe, was in der Sache geschehen konnte. Das Weitere wurde auf die demnächstigen Conferenzen in Wien verwiesen. Am Schlusse (31. August) wurde daher auch unter die Punkte, welche daselbst zu berathen seien, unter Nr. 6 aufgenommen:

„Die Erleichterung des Handels und Verkehrs zwischen den verschiedenen Bundesstaaten, um den Artikel 19 der Bundes-Acte zur möglichsten Ausführung zu bringen, so viel die Verschiedenheit der Localitäten und besonders die Steuer-Systeme der einzelnen Bundesstaaten solche zulassen können."

Diese Clausel deutet genugsam an, was die hierauf zu Wien eröffneten Verhandlungen bald bestätigten, daß gemeinsame Anordnungen zu Gunsten des freien Verkehrs an den bestehenden Einrichtungen der größeren, in sich geschlossenen Bundesstaaten scheitern würden. Noch in demselben Jahre, am 25. November 1819, wurden die Wiener Conferenzen eröffnet.*)

Bei denselben traten die Beschwerden gegen das preußische Zoll-System, namentlich von Seiten der anhaltischen Häuser, mit größter Lebhaftigkeit auf. So laut sich der Vertreter dieser Regierungen und die mit ihm gleichgestimmten Bevollmächtigten auch am Anfange vernehmen ließen, so war es

---

Kenntnisse als die geistige Richtung des Verfassers ein höchst günstiges Zeugniß ablegt. Der erste Theil scheint mitunter gegen das preußische Zollsystem von 1818 gerichtet zu sein, dagegen ist die weitere Erörterung über die Grundlagen eines gemeinsamen deutschen Mauthsystems — abgesehen von einigen später von dem Verfasser selbst berichtigten Ansichten — in jeder Beziehung ausgezeichnet. Die Idee eines Zollvereins, wie sich derselbe später im Jahre 1833 entwickelt hat, scheint jedoch dem Verfasser damals noch keineswegs vorgeschwebt zu haben.

*) Eine sehr genaue Darstellung der Wiener Conferenz-Verhandlungen über die Handelsfrage gibt Aegidi, Aus der Vorzeit des Zollvereins. Diese übrigens vortreffliche Schrift ist nur etwas zu sehr preußisch gefärbt, indem sie das Verfahren des preußischen Bevollmächtigten, Grafen von Bernstorff, in allen Punkten zu rechtfertigen sucht. Wenn die preußische Regierung auch damals in der Zoll- und Handelsfrage auf höherer Stufe stand als die meisten übrigen Regierungen, und das so vielfach angegriffene Gesetz vom 26. Mai 1818 nach unsern jetzigen Ansichten sehr leicht zu rechtfertigen ist, so vertrat die preußische Regierung damals gleichwohl ebenfalls nur ihren particularen Standpunkt und war von jeder höheren Auffassung eben so weit entfernt wie alle Anderen! — Vergl. auch W. Seelig, Schleswig-Holstein und der Zollverein. Kiel 1865. S. 83; welches Werk eine kurzgefaßte, vortrefflich objectiv gehaltene Geschichte des Zollvereins enthält.

gleichwohl bald allen mit der Lage der Sache näher Vertrauten klar, daß der Wiener Congreß in der Zoll- und Handelsfrage resultatlos verlaufen werde. Der preußische Bevollmächtigte, Graf Bernstorff, anfangs etwas zurückhaltend, erklärte bald rund heraus, daß seine Regierung das durch das Gesetz vom 26. Mai 1818 eingeführte Zollsystem für so wesentlich mit ihrer Steuer- und Finanz-Verfassung verbunden erachte, daß sie unter keiner Bedingung auf allgemeine Maaßregeln eingehen werde, welche damit im Widerspruche ständen. Ebenso wenig war zu erwarten, daß Oesterreich irgendwie von seinem, zum großen Theil auf Prohibitionen beruhenden Zollsysteme abgehen werde, und Bayern, das erst kurz vorher ein dem preußischen analoges neues Zollsystem eingeführt hatte, schien ebenso wenig geneigt, dasselbe wieder aufzugeben. Diesen Staaten, die auf vollkommen positiver Grundlage bestimmte und klare Zwecke verfolgten, standen nun die Vertreter der kleineren Regierungen gegenüber, deren Ansichten sich in allen möglichen Schattirungen gruppirten und fast in Nichts als in dem Wunsche der Beseitigung des preußischen Mauthsystemes übereinstimmten. Am heftigsten war der herzoglich nassauische Bevollmächtigte, Freiherr von Marschall; ihm schlossen sich der mecklenburgische, Freiherr von Plessen, und der Vertreter von Oldenburg, Anhalt und Schwarzburg, Herr von Berg, an. Auch der badische Minister, Freiherr von Berstett, der wegen seiner Lebhaftigkeit und Thätigkeit eine hervorragende Stellung einnahm, neigte sich mehr oder minder dieser Richtung zu. Er setzte auch hier die schon oben erwähnte Denkschrift von Nebenius in Umlauf, und als endlich denn doch die Unmöglichkeit, irgend eine erhebliche allgemeine Maaßregel durchzusetzen, Allen klar wurde, versuchte er der Idee einer Handelsvereinigung der süddeutschen Staaten Eingang zu verschaffen.*) Bayern erklärte sich nicht abgeneigt, auf eine solche Vereinigung einzugehen.

So wurde die Basis zu einer vorläufigen Uebereinkunft zwischen mehreren süddeutschen Regierungen gelegt, welche wenigstens das redliche Bestreben derselben zeigte, zu einer Verbesserung des gegenwärtigen Zustandes zu gelangen, und welche später Verhandlungen herbeiführte, die, wenn auch ohne augenblicklichen positiven Erfolg, dennoch der Grundstein des künftigen Zollvereins wurden.

---

*) Die Angabe von Fischer in seinem Aufsatze in Hildebrand's Jahrbüchern — daß dieser Vorschlag von dem großherzoglich hessischen Minister Du Thil herrühre — ist, wie auch Aegidi a. a. O. S. 68 anführt, irrig. Der Vorschlag war von dem großherzoglich badischen Minister von Berstett und wurde auch von demselben bis zum Schlusse mit dem größten Eifer betrieben.

Im Allgemeinen waren bei den Wiener Conferenzen drei verschiedene, von ihren resp. Beschützern sehr ernstlich vertheidigte Ansichten aufgestellt worden.

Die am weitesten gehenden Vorschläge waren, ohne gerade das Ziel des deutschen Handels- und Industrie-Vereins unbedingt zu verfolgen, auf Aufhebung aller Binnenzölle, Sicherung des unbeschränkten Absatzes und Bezuges für Producenten und Consumenten bezüglich ihrer Erzeugnisse und Bedürfnisse auf dem nächsten Wege, Entfernung aller neuen Zoll- und Mauth-Anstalten, aller Ein- und Ausfuhrverbote und dergleichen gerichtet und verlangten bestimmte Vorschriften für den Bundestag zur unverweilten Eröffnung der Verhandlungen über die Ausführung dieser Grundprincipien.*)

Eine zweite, gemäßigtere Ansicht erklärte zwar diese Bestimmungen für wünschenswerth, verzichtete jedoch auf die Möglichkeit ihrer Realisirung und beschränkte sich darauf, dem Bundestage nur den ungehinderten Verkehr mit allen deutschen Producten und Fabrikaten in den Bundesstaaten, die Feststellung eines Maximum für hiervon zu entrichtende Zollgebühren, die Aufhebung aller Einfuhrverbote sowie die möglichste Erleichterung der Durchfuhr zu empfehlen.

Eine dritte Ansicht hielt auch diese Anträge für unzulässig; sie hatte nur den rein politischen Zweck der Wiener Conferenz im Auge und wollte alle Berücksichtigung der materiellen Interessen aus derselben entfernt wissen.

Diese Ansicht drang zuletzt durch, wie aus den vier betreffenden Bestimmungen des Schlußprotokolles vom 24. Mai 1820 hervorgeht.

So waren diejenigen Bundesregierungen, deren wirkliche Absicht es war, in die schmachvolle Verwirrung des deutschen Mauthwesens einige Ordnung zu bringen und die daniederliegende Industrie wieder emporzubringen, endlich in die Nothwendigkeit versetzt, wenigstens durch eine theilweise Vereinbarung einen Versuch zur Erreichung dieses Zieles zu machen. Auf diese Weise entstand am 19. Mai 1820 eine Convention zwischen Bayern, Württemberg, Baden, Großherzogthum Hessen, Großherzogthum

*) Wie weit die damaligen Ansichten über die Handelsverhältnisse Deutschlands noch von jeder richtigen Erkenntniß der wahren Natur eines Zollvereins entfernt waren, geht unter Anderm auch daraus hervor, daß der badische Minister Freiherr von Berstett bei den von ihm eingeleiteten Separatverhandlungen alles Ernstes den Vorschlag machte, sämmtliche Binnenzölle aufzuheben, dagegen aber allen Staaten freizustellen, ihre Grenzzölle sowohl gegen die nicht in dem Deutschen Bunde begriffenen Staaten, als gegen die nicht beitretenden Bundesstaaten nach eigenem freien Ermessen zu reguliren. Vergl. Aegidi, Aus der Vorzeit des Zollvereins, S. 67. Jetzt, wo alle Welt mit den Ideen und den Principien eines Zollvereins vertraut ist, macht man sich nur schwer einen Begriff davon, welche Vorurtheile demselben entgegenstanden und wie langsam und schwer ein richtiges Verständniß sich geltend machen konnte.

Sachsen, den herzoglich sächsischen Häusern, Nassau und den fürstlich reußischen Häusern, durch welche dieselben sich verpflichteten, binnen drei Monaten eigene Bevollmächtigte nach Darmstadt abzuordnen, um dort den Abschluß eines die sämmtlichen paciscirenden Staaten bindenden Vertrages über die wechselseitigen Handelsverhältnisse auf bestimmten, bereits vereinbarten Grundlagen zu berathen.*) Als solche Grundlagen wurden in einer der Uebereinkunft beigefügten Punctation aufgestellt:

1) Aufhebung aller Land- und Binnenzölle innerhalb der Grenzen der contrahirenden Staaten und Verlegung derselben an die Grenze;

2) Erlassung möglichst gleichförmiger Bestimmungen über Weg- und Wasserzölle;

3) Freiheit jedes einzelnen Staates bezüglich der in seinem Innern anzuordnenden Consumtionssteuern; jedoch solle als unverletzlicher Grundsatz gelten, daß die Producte und Fabrikate der übrigen im Vereine stehenden Staaten nicht höher als die inländischen belegt werden; nur die gegenseitige Einfuhr des Salzes solle von besonderen Verträgen abhängen;

4) gemeinschaftliche Besetzung der Zolllinie und der Zollämter der vereinten Staaten;

5) Theilung der gemeinschaftlichen Zölle nach dem aus der Ausdehnung und der Bevölkerung der vereinten Staaten sich ergebenden Mittelverhältnisse.

So waren die Grundprincipien eines vollständigen Zollvereines gegeben, einer völlig neuen und bei keinem größeren Staatenvereine bisher noch durchgeführten Idee, deren heilsame Kraft bei zweckmäßiger Durchführung so einleuchtend war, daß dieselbe auch in allen süddeutschen Staaten mit lautem und ungetheiltem Jubel aufgenommen wurde. Aus vielen größeren Handelsstädten ergingen Dankesadressen an die Regierungen, und allgemein glaubte man jetzt einer bessern Zukunft des deutschen Verkehres und Gewerbswesens entgegensehen zu dürfen.

*) Die Vereinbarung mit den dazu gehörigen Urkunden ist abgedruckt von Aegidi, Aus der Vorzeit des Zollvereins, S. 90 f.

Drittes Kapitel.

Verhandlungen in Darmstadt. 1820—1823.

Mit regem Eifer gingen anfangs die Regierungen sowie die hiezu ernannten Bevollmächtigten an die Eröffnung der Verhandlungen in Darmstadt. Schon am 13. September 1820 war die erste Sitzung, zu welcher sich Abgeordnete sämmtlicher Regierungen, welche die Convention vom 19. Mai abgeschlossen hatten, einfanden. Später traten auch noch Kurhessen, Waldeck und die beiden Hohenzollern den Verhandlungen bei. Die allgemeine Aufmerksamkeit, welche diese Verhandlungen in Deutschland erregt hatten, zog auch die Stimmführer des Handels- und Industrievereins, Dr. List, Schnell, Weber und Müller, herbei, welche jedoch, nach dem bereits früher vom Bundestage aufgestellten Grundsatze, nicht als die Vertreter eines förmlich constituirten Vereines anerkannt, und denen nur gestattet wurde, ihre Meinungen der Conferenz einzeln als Privat-Ansichten vorzulegen. Obwohl einige derselben längere Zeit in Darmstadt verweilten, so blieben sie dennoch ohne irgend erheblichen Einfluß auf den Gang der Verhandlungen, welche bald, insbesondere durch die Persönlichkeit des großherzoglich badischen Bevollmächtigten, eine eigenthümliche Richtung erhielten.

Letzterer, der Geheime Referendar Nebenius, war einer der Wenigen unter sämmtlichen Bevollmächtigten, welcher, mit tüchtigen praktischen und technischen Vorkenntnissen im Zoll- und Mauthwesen ausgestattet, bestimmt und klar das Ziel erkannte, welches er zu verfolgen gedachte, und der auch diese Richtung mit einer Hartnäckigkeit festhielt, welche wohl am meisten zu dem ungenügenden Ausgange der Verhandlungen beitrug.*) Ehrgeizig und

*) Die Persönlichkeit des Geheimen Referendar Nebenius wird doch wohl von Fischer, Aegidi und Anderen — die ihn als den einzigen Staatsmann jener Zeit, als den wahren Schöpfer des Zollvereins hinstellen — etwas überschätzt. Seine Denkschrift vom April 1819 bewegt sich in ziemlich allgemeinen Ausdrücken, wie sie sich in ganz ähnlicher Fassung in früheren und gleichzeitigen Eingaben des Handelsvereins finden, und berechtigt daher keineswegs zu dieser Annahme. — Die Ansichten von Nebenius, wie sowohl aus seinen Schriften als insbesondere aus seinem Verhalten beim Darmstädter Congresse hervorgeht, beruhten, wie jene aller damaligen Staatsmänner ohne Ausnahme, auf ausschließend separatistischer Grundlage. Wie sich die preußischen Staatsmänner nur einen preußischen Zollverein zu denken vermochten, so wollte Nebenius nur einen Verein nach seinen und der badischen Regierung Ansichten und mit besonderer und exclusiver Berücksichtigung badischer Interessen. Nur dadurch erklärt sich sein Auftreten auf dem Darmstädter Congresse und die spätere zähe Opposition Badens

in hohem Grade von dem Werthe seiner eigenen Arbeiten eingenommen, glaubte er seine Ueberlegenheit in der Geschäftsbehandlung benutzen zu können, um nicht blos seinen Ansichten unbedingte Geltung zu verschaffen, sondern auch dem künftigen Zollvereine, dessen Idee er mit Lebhaftigkeit ergriffen hatte, eine solche innere Einrichtung zu geben, welche den überwiegenden Vortheil sowie den Einfluß Badens sicherte. Die geringere Einsicht und wenige praktische Erfahrung der meisten übrigen Bevollmächtigten, namentlich der kleineren Staaten, in Gegenständen des Handels und Verkehres sowie der Zoll- und Mauthverhältnisse und Einrichtungen mußte ihm die Durchführung seiner Absichten wesentlich erleichtern.

Wie wenig diese Bevollmächtigten und deren Regierungen den nationalökonomischen Zweck eines geordneten Mauthsystems und selbst die durch die Wiener Convention bereits festgestellte staatswirthschaftliche Grundlage des beabsichtigten Zollvereins damals noch erkannten, zeigte sich schon in den ersten Conferenz-Sitzungen. Der großherzoglich hessische Bevollmächtigte, Staatsminister Freiherr Du Thil, begann mit dem Antrage, die Verhandlungen nicht auf die Wiener Convention, sondern auf das Princip einer völligen Handelsfreiheit mit Aufhebung aller Zölle, auch an den Grenzen der vereinigten Staaten, zu gründen. Dieser Ansicht trat alsbald der nassauische Bevollmächtigte bei, indem in Nassau, woselbst seit dem Jahre 1816 alle Zölle an den Landesgrenzen vollständig aufgehoben worden waren, ein besonderer Nachtheil für den Verkauf der Producte und den Handelszug aus dieser Maaßregel nicht wahrgenommen worden sei.

Auch der königlich württembergische und selbst der großherzoglich badische Bevollmächtigte, obwohl vorerst an den Grundsätzen der Wiener

gegen Annahme des Zollvereins-Tarifs von 1833 und der Zollordnung. — Auch seine Ansichten läuterten und modificirten sich bei seiner eminenten Befähigung bald; daß er aber schon damals die Verhandlungen des Darmstädter Congresses lediglich in der Aussicht auf einen spätern größern Zollverein vereitelt habe, wie Manche behaupten wollen, ist eine durch Nichts belegte Annahme. Will man durchaus die Begründung der Zollvereinsidee bis zum Jahre 1819 zurückführen, so muß man wohl vor Allem die öffentliche Stimme Deutschlands als den eigentlichen Urheber bezeichnen. Eine im Jahre 1828 in München erschienene kleine Schrift: „Ansichten über Zollvereine unter den süddeutschen Staaten" sagt vom Jahre 1819: „Einstimmig sprach sich der Wunsch aus, es möchten die Zollschranken unter den deutschen Bundesstaaten möglichst verschwinden, ein gemeinsames System für alle, oder doch wenigstens für mehrere benachbarte, einander in ihren Verhältnissen nicht zu ungleiche Staaten hergestellt und solche Maaßregeln ergriffen werden, welche das Verderbliche der Prohibitivsysteme anderer Länder zu entfernen oder zu mildern geeignet seien."

Convention festhaltend, huldigten in ausführlichen zuvor verfaßten Deductionen der beliebten und fortwährend als theoretisch richtig betrachteten Idee einer allgemeinen Handelsfreiheit.

Nur der königlich bayrische Bevollmächtigte, Bundestags-Gesandte Freiherr von Aretin, trat nach den ihm ertheilten Instructionen auf das Bestimmteste diesen vagen, aller praktischen Erfahrungen entbehrenden Tendenzen entgegen. Er erklärte, daß ein Prohibitiv-System, wie solches von den Monopolisten verlangt werde, oder welches die vereinten Staaten in eine feindselige Stellung zu anderen Staaten oder gar zu angrenzenden Bundesländern bringen würde, ebenso wenig in den Ansichten seines Hofes liege wie eine allgemeine vage Idee von Handelsfreiheit und dergleichen, deren schädliche Wirkung für Deutschland, zum Theil jetzt schon ersichtlich, bald in dem Verkehre mit Ländern, welche ein größeres geschlossenes Mauthsystem bilden, hervortreten würde. Vielmehr sei es unbedingt nothwendig, neben dem finanziellen Zwecke einer Zolleinrichtung auch staatswirthschaftliche Rücksichten, wenn auch mit größerer Mäßigung in den Zollsätzen, als solches von Seite der größeren europäischen Mächte bisher geschehen, festzuhalten und dadurch der durch die jetzige Zerrissenheit und Schutzlosigkeit herabgekommenen deutschen Industrie einen sichern Anhaltspunkt zur ferneren Entwickelung zu gewähren. Gleichzeitig verlangte er die Einholung von finanziellen und staatswirthschaftlichen Notizen nach einem gemeinsamen Typus, um dadurch eine feste Grundlage für die fernere Verhandlung zu erhalten. Wenn auch dieser letztere Antrag allgemeinen Widerspruch erhielt, so gelang es dennoch durch die entschiedene Haltung des bayrischen Bevollmächtigten den Verhandlungen die Richtung zu der haltlosen und verderblichen Idee einer völligen Handelsfreiheit zu nehmen und dem Grundsatze, welcher später die Grundlage der ganzen Zollvereinsgesetzgebung wurde, daß neben dem finanziellen Zwecke auch staatswirthschaftliche Rücksicht auf Schutz und Entwickelung der einheimischen Industrie zu nehmen sei, Anerkennung zu verschaffen.

Der badische Bevollmächtigte übernahm es, eine Zusammenstellung derjenigen Punkte zu bearbeiten, welche die Grundlage der ferneren Verhandlungen bilden sollten, und darauf hin einen förmlichen Vertrags-Entwurf zu einem Zollvereine in Vorlage zu bringen. Es geschah Dies in der vierten Conferenz-Sitzung, gegen Ende November 1820, und es gebührt sonach demselben das Verdienst, zuerst die Idee eines Zollvereins mit Rücksicht auf wirkliche Ausführung näher entwickelt und die hiezu erforderlichen Detailbestimmungen wenigstens in den Hauptzügen zusammengestellt zu haben.

Nach diesem Entwurfe sollte:

1) völlige Freiheit des Verkehrs im Innern des Vereins mit Aufhebung aller bisherigen Mauthlinien an den gemeinschaftlichen Landesgrenzen der contrahirenden deutschen Bundes-Staaten bestehen. Dagegen sollte an den Grenzen gegen das Ausland eine gemeinschaftliche Mauthlinie mit völlig gleichem Tarife für alle Ein-, Aus- und Durchgangszölle und einer gemeinsamen Zollordnung errichtet werden.

2) Die contrahirenden Staaten begeben sich des Rechtes einseitiger, dem allgemeinen Systeme nicht entsprechender Anordnungen; Abänderungen in den gemeinschaftlichen Bestimmungen sollen nur nach Stimmenmehrheit erfolgen.

3) Die Verkündigung und der Vollzug dieser gemeinschaftlichen Mauthgesetze wird einer von den einzelnen Regierungen unabhängigen Commission übertragen, zu welcher jeder Staat ein Mitglied auf Lebenszeit ernennt. Sie ist nur der Gesammtheit verantwortlich.

4) Die eingehenden Zölle werden für gemeinschaftliche Rechnung erhoben und die Ueberschüsse nach Bestreitung aller Kosten nach einem noch zu bestimmenden Maaßstabe vertheilt.

5) Zur Besetzung der Erhebungs-Aemter und zur Anstellung der Aufsichtsbeamten concurriren sämmtliche Staaten nach einem bestimmten Schema.

6) Jeder theilnehmende Staat hat das Recht, durch abzuordnende Commissaire die Dienstführung der Verwaltungs- und Aufsichtsbeamten an den Grenzen des eigenen Landes sowohl als an denen der übrigen Vereinsstaaten untersuchen zu lassen.

7. Die Controle der gemeinschaftlichen Mauth-Commission findet durch jährliche Versammlungen von Bevollmächtigten der einzelnen Vereinsstaaten statt, welche zugleich die provisorischen Anordnungen der Mauth-Commission zu bestätigen oder zu verwerfen, die Abänderungen in der Gesetzgebung zu verabreden, sowie überhaupt die Verfügungen über diejenigen Gegenstände vorzunehmen haben, welche der Entscheidung der Regierungen vorbehalten sind. Alle Beschlüsse der Conferenz erlangen durch absolute Stimmenmehrheit der Abgeordneten ihre Gültigkeit.

Diesen Hauptgrundzügen des künftigen Vereins waren noch mehrere besondere Bestimmungen über Chaussee-, Pflaster- und dergleichen Abgaben, Aufhebung aller Umschlags- und Stapel-Rechte, Benutzung der öffentlichen Waag- und Lagerhäuser, Wasserzölle, Grenzverkehr, Uebergangs-Abgaben, Bestrafung der Contraventionen und den Salzverkehr beigefügt.

Gleichzeitig hatte der badische Bevollmächtigte die Grundlinien einer gemeinschaftlichen Zolleinrichtung sowie der Organisation der Verwaltungsbehörden im Entwurfe ausgearbeitet und vorgelegt.

Man sieht leicht aus den oben angeführten Fundamental-Bestimmungen, wie verschieden dieselben von den nachmaligen Grundzügen des großen Zollvereins waren, und wie sehr dieselben ihrer ganzen Tendenz nach Anstände auf allen Seiten finden mußten. Namentlich mußten die größeren Staaten Bedenken tragen, einer Einrichtung beizustimmen, welche die ganze Vereins-Gesetzgebung von der Ansicht der Mehrzahl der Stimmenden abhängig machte, während gerade die kleineren Regierungen, noch in den Ideen über eine allgemeine Handelsfreiheit befangen, jedem consequenten und entschiedenen Zoll-System abgeneigt waren und die Nothwendigkeit eines nachhaltigen und planmäßigen Schutzes der einheimischen Industrie noch nicht erkannt hatten. Darum war es auch vorzugsweise und fast allein Bayern, welches das Unpraktische, das in diesen Vorschlägen lag, klar erkannte und mit Entschiedenheit und Bestimmtheit darauf drang, daß den ferneren Verhandlungen eine Grundlage gegeben werde, welche mehr als der Entwurf des badischen Bevollmächtigten sich den bereits bestehenden größern Zollsystemen anschließe und, ohne allzu sehr den unbestimmten, von keinem der größeren Staaten bisher noch angenommenen Theorien über Handelsfreiheit zu huldigen, neben den finanziellen Zwecken insbesondere auch der einheimischen Industrie einen Schutz gewähre, welcher ihr die Möglichkeit darbiete, mit der auswärtigen, durch großartige Capitalien, größere technische Kenntniß und Erfahrung sowie Vortheile aller Art unterstützten Industrie auf den inländischen Märkten zu concurriren.

Die Nothwendigkeit einer solchen mehr praktischen Richtung hatte gewissermaaßen Baden selbst anerkannt, indem es in einer Abstimmung darauf hinwies, daß es in größeren Ländern, wo das Einkommen bedeutender und der Schutz für die einheimische Industrie kräftiger sei, auch am schwierigsten fallen müsse, sich plötzlich von dem Bestehenden loszusagen, und daß es deshalb geeignet erscheine, sich in der ersten Anlage der gemeinsamen Eingangs- und Ausgangszölle so viel wie möglich dem bayrischen Zolltarif zu nähern. Zugleich erklärte jedoch die badische Regierung, daß sie niemals einem Systeme beizutreten gedenke, welches, das Interesse des Ackerbaues der künstlichen Pflege der Manufacturen und Fabriken aufopfernd, durch Ausfuhrverbote oder hohe Auflagen die Verarbeitung roher Stoffe im Lande erzwingen wolle und den Preis der nothwendigen Lebensbedürfnisse und folglich den Arbeitslohn niedrig zu halten suche. Sie stimme daher für die größte Ausdehnung bei der Bestimmung derjenigen Artikel, die von den gemeinschaftlichen Zöllen frei sein sollen.

Inzwischen hatte der bayrische Bevollmächtigte den von den Hauptverhandlungen abgesonderten Antrag gestellt, vor Allem Dasjenige, was den freien Verkehr mit Lebensmitteln betreffe, vorzunehmen und einstweilen darüber unter den vereinten Regierungen die in Wien schon verabredete Uebereinkunft zur Wirklichkeit zu bringen; während gleichzeitig am Bundestage über eine ähnliche Uebereinkunft unter sämmtlichen deutschen Bundesstaaten berathen wurde, ohne daß jedoch die dortigen Verhandlungen nach ihrer ganzen Anlage irgend eine Aussicht auf einen erheblichen Erfolg darzubieten vermochten. In Darmstadt dagegen fand dieser Antrag bereitwilligere Unterstützung, und Nebenius legte auch hierüber schon im Januar 1821 einen Vertrags-Entwurf vor.

Bald jedoch gerieth diese Verhandlung ins Stocken und äußerte selbst auf die Hauptverhandlungen eine sehr ungünstige Rückwirkung. Der badische Bevollmächtigte, durch die bayrische Zurückweisung seines Entwurfs zu einem Zollvereine empfindlich gereizt, zeigte diese Stimmung nur allzu sehr in allen ferneren Verhandlungen, namentlich aber in dem Gebrauche, den er von seinem persönlichen Ansehen bei den übrigen Bevollmächtigten der kleineren Staaten machte. Bald verbreitete sich bei denselben allgemeines Mißtrauen gegen die Absichten Bayerns, und offen beschuldigte man dasselbe, es suche nur den ihm günstigen Separat-Vertrag wegen der Lebensmittel durchzusetzen und gedenke dann aus Rücksicht für Oesterreich und Preußen die allgemeine Uebereinkunft nicht weiter mehr zu verfolgen. Darum erklärten auch mehrere Bevollmächtigte, daß ihre Regierungen einen Vertrag über den freien Verkehr mit Lebensmitteln weniger für ein dringendes Bedürfniß des Augenblickes, als vielmehr für eine Vorbereitung und näheres Mittel hielten, wegen eines gemeinschaftlichen Zollsystems im Ganzen zu einer baldigen Uebereinkunft zu gelangen. Sie gedächten daher für den Fall, daß die beabsichtigte Uebereinkunft über ein gemeinsames Zollsystem nicht zu Stande kommen sollte, auch von dem Vertrage über die Verkehrsfreiheit mit Lebensmitteln wieder gänzlich zurückzutreten.

So zogen sich die Verhandlungen über den Separatvertrag in ziemlich kleinlicher Weise während mehrerer Monate hin, ohne daß ein irgend erheblicher Fortschritt oder eine Annäherung der verschiedenen Ansichten stattgefunden hätte; während ganz unbedeutende Fragen, z. B. ob Schnecken, Grütze, Federvieh, Obst, Heu und Stroh u. dgl. den nothwendigen Lebensmitteln beizuzählen seien, lange Discussionen veranlaßten.

Ueberall zeigte sich der Mangel einer klaren Erkenntniß Dessen, was wirklich noth that, und der Mittel, die zu einer wirklichen Besserung führen konnten.

Erst als im Monat Juli 1821 die bayrische Abstimmung über den Hauptvertrag erfolgte, erhielten die Verhandlungen wieder eine entschiedenere Richtung.

Diese Erklärung war jedoch weit entfernt, die rege gewordenen Besorgnisse zu zerstreuen oder die Möglichkeit einer baldigen Vereinbarung in Aussicht zu stellen. Offenbar war die bayrische Regierung, welche bisher allein von den in Darmstadt vertretenen Regierungen ein geordnetes Zollsystem auf einer bestimmten Grundlage mit Erfolg durchgeführt hatte, an dem gänzlich planlosen Verfahren der meisten übrigen Regierungen und deren Absichten irre geworden und mußte billig Bedenken tragen, ohne alle Garantie eines bessern zukünftigen das bisher als zweckmäßig erprobte System aufzugeben und sich in bindende Verhandlungen einzulassen, welche weder eine klar erkannte und ausgesprochene Grundlage, noch ein Endziel hatten. Sie erklärte daher auf das Bestimmteste, den von dem großherzoglich badischen Bevollmächtigten vorgelegten Entwurf zu einer definitiven Uebereinkunft nicht als Basis der Unterhandlungen annehmen zu können. Noch scheine es nicht an der Zeit zu sein, auf eine solche Convention, dann eine gemeinschaftliche Zollordnung und Organisation der gemeinschaftlichen Zollanstalt einzugehen, so lange einerseits wegen der abgängigen Erklärungen Frankfurts und Preußens, wegen der Enclaven des letzteren, weder die physische Möglichkeit der Constituirung eines geschlossenen Zollverbandes gegeben, noch auch andererseits nur von fern entschieden sei, welches System man bei der gemeinschaftlichen Zollanstalt anzunehmen gedenke.

Diese Erklärung führte lange und lebhafte Erörterungen herbei. Die Mehrzahl erinnerte dagegen, daß eine Aussetzung der Detailverhandlungen bis zu Erledigung der angeregten Vorfragen unnütz und schädlich sein würde. Von der Stadt Frankfurt dürfe man mit Gewißheit erwarten, daß ihr der gegenwärtige Zustand der Isolirung aller südwestlichen Bundesstaaten sehr zuträglich sei und eine Vereinigung derselben zu einem gemeinschaftlichen Mauthsysteme unmöglich in ihren Wünschen liegen könne. Daher scheine es politisch unräthlich, dieselbe jetzt schon zu einer Theilnahme an den Verhandlungen einzuladen, die, wie vorauszusehen, nicht anders als störend einwirken würde. Dagegen sei es ebenso unzweifelhaft, daß, wenn der Verein zu Stande komme, der Beitritt der freien Stadt Frankfurt für beide Theile nützlich und erwünscht sein werde. Um aber hierüber in Verhandlungen zu treten, müsse man ihr die Bedingungen des Vereins und der gemeinschaftlichen Zollordnung vorzulegen im Stande sein.

Was ferner die Aufstellung eines gemeinschaftlichen Systems betreffe, so sei gewissermaaßen dasselbe durch die Wiener Punctation bereits bestimmt, indem dieselbe festsetze, daß die Zölle nach finanziellen und staatswirthschaftlichen Rücksichten anzulegen seien. Wenn auch später einzelne abweichende Ansichten vorgebracht worden, so sei doch schon in der ersten Sitzung der gemeinsame Beschluß gefaßt worden, den Wiener Vertrag als die Basis der Conferenz-Verhandlungen anzunehmen.

Alle diejenigen Bevollmächtigten, welche Nebenius für seine Ansichten einzunehmen gewußt hatte, glaubten in der bayrischen Erklärung ein Anzeichen zu finden, daß die Absicht dieser Regierung nur dahin gehe, die Verhandlungen in das Weite zu ziehen und am Ende wohl ganz zu vereiteln. Sie sprachen diese Ansicht unverhohlen aus, ja der badische Bevollmächtigte ging so weit, in einem Vortrage auf Maaßnahmen für den Fall hinzudeuten, wenn Bayern sich von den ferneren Verhandlungen ausschließen wollte.

Hiegegen erklärte jedoch der bayrische Bevollmächtigte, daß seine Regierung auch nicht im Entferntesten die Absicht hege, sich von den übrigen Regierungen zu trennen, sondern an der gemeinschaftlichen Berathung ferner lebhaften Antheil nehmen wolle. Nur erachte sie den Entwurf des badischen Bevollmächtigten nicht von einer solchen praktischen Brauchbarkeit, um denselben zur Basis einer Vereinigung nehmen zu können, vielmehr gedenke sie mehr an den bereits erprobten Grundsätzen und Einrichtungen des bayrischen Zollgesetzes festzuhalten.

Dieses führte zu längeren vergleichenden Verhandlungen über das bayrische Zollgesetz und den Entwurf des Geheimen Referendairs Nebenius. Das bayrische Gesetz vom 22. Juli 1819, in seinen Einrichtungen ziemlich einfach, mit mäßigen Tarifsätzen und wenig belästigender Controle, einem streng geregelten Zolldienste, geordneter Grenzbewachung und einer zweckmäßigen Beaufsichtigung aller Bediensteten, hatte sich bisher in der Anwendung im Allgemeinen als durchaus tüchtig erwiesen, und die bayrische Regierung, indem sie gleichzeitig sich bereit erklärte, alle Modificationen, deren Zweckmäßigkeit dargelegt werden könne, darin vornehmen zu wollen, konnte daher auch mit Grund von den übrigen kleineren Regierungen, deren keine noch einen gleich gelungenen Versuch mit einer vollständigen Zolleinrichtung gemacht hatte, eine vorzugsweise Beachtung dieser Einrichtungen bei der Berathung der künftigen Vereins-Zollordnung erwarten. Der Entwurf des badischen Bevollmächtigten, zwar nach wissenschaftlichen Principien, jedoch ohne gehörige Rücksicht auf das Vorhandene bearbeitet, wich so weit, nicht blos von den bayrischen Einrichtungen, sondern auch von den Zollordnungen aller übrigen größeren Staaten ab, daß jeder praktische Geschäftsmann Bedenken über dessen Durchführbarkeit hegen mußte. Vor Allem mußte darin die Verlegung aller mauthämtlichen Behandlungen an die Grenze auffallen. Nur scheinbare theoretische Gründe konnten für eine solche Anordnung angeführt werden, deren Unausführbarkeit gewiß jedem praktischen Zollbeamten augenblicklich einleuchten mußte. Die Grenzorte, und insbesondere Kehl und Mannheim, würden dadurch allerdings zu den bedeutendsten, ja alleinigen Speditionsplätzen des Vereins künstlich erhoben worden sein, und diese Betrachtung mochte wohl auch nicht wenig dazu beitragen, diese Idee von Nebenius sowohl der großherzoglich badischen Regierung als auch einigen anderen Bevollmächtigten annehmbar erscheinen zu lassen. In der Wirklichkeit wäre hiedurch für die Grenzorte ein gezwungener künstlicher Stapel geschaffen, im Innern des Vereins aller Commissions- und Speditionshandel abgeschnitten und dadurch der Beitritt der freien Stadt Frankfurt völlig unmöglich gemacht worden. Es wäre das ganze bisherige System des Handels mit einem Schlage zerstört, die freie Bewegung der Güter und der Transit gehindert, die Frachten vertheuert und die größte Unordnung in das Frachtfuhrwesen gebracht worden.

Aus dem Systeme der Verlegung aller mauthämtlichen Operationen an die Grenze folgte consequent auch die Beseitigung aller Lagerhäuser im Innern, und Nebenius erklärte sich daher auch auf das Heftigste gegen das bayrische Lagerhaussystem, wobei er von den meisten Bevollmächtigten, denen weniger praktische Erfahrungen und Kenntnisse im Zollwesen und in der Natur der Handelsbewegung zur Seite standen, unterstützt wurde. In langen und ausführlichen Deductionen suchte er aus theoretischen Gründen die Nachtheile der Zollämter im Innern (Lagerhäuser, Packhöfe) darzuthun, während die Einrichtungen und Erfahrungen aller größeren Staaten seinen Behauptungen und Ansichten geradezu widersprachen.

Auch in Bezug auf den Tarif bestanden zwischen seinem Entwurfe und dem bayrischen Gesetze sehr erhebliche Verschiedenheiten. Von dem Grundsatze ausgehend, daß hohe Zölle den Unterschleif begünstigen, hatte er für fast alle Artikel äußerst niedrige Tarifsätze, zum Theil fast völlige Zollbefreiung vorgeschlagen. An Eingangszöllen waren für alle Colonial-, Spezerei-, Droguerie-Waaren, Seeproducte und Südfrüchte, welche nicht zugleich Bedürfnisse der Fabriken sind, zwei oder drei Sätze beantragt, nämlich 2 fl. pr. Ctr. für Zucker, Kaffee, Gewürze und andere Artikel, welche diesen gleichgesetzt werden können; für die übrigen 1 fl., oder auch zwei Sätze von 1 fl. und von $^1/_2$ fl.; Colonial- und Material-Waaren, welche Fabrikbedürfnisse sind, und andere Bedürfnisse der Fabriken sollten nach dem Werthe und mit Rücksicht auf den Umstand, ob sie im Vereine erzeugt oder zum Gebrauche für Gewerke zubereitet werden, theils der vorhergehenden Classe gleichgesetzt, theils mit noch geringeren Zöllen belegt werden.

Für Fabrikate und Manufacturen waren drei Zollsätze von 5, 10 und 15 fl., unter Vorbehalt geringerer Sätze für diejenigen Artikel in Antrag gebracht, welche nothwendige Bedürfnisse des Ackerbaues und der Gewerbe sind oder zur Fabrikation nur die erste Vorbereitung erhalten haben. Fremde Weine und Branntweine sollten ohne Unterschied der Qualität mit $^1/_3$ bis $^1/_2$ des bayrischen Zolles belegt werden.

Die Ausgangszölle sollten nach zwei Rücksichten erhoben werden. Von Fabrikaten wäre eine unbedeutende Controlgebühr zu erheben, und bei anderen Waaren auf die Erhaltung des Zwischenhandels in der Art Rücksicht zu nehmen, daß derselbe in der Regel bei Erhebung der Ein- und Ausgangszölle bestehen könne. Darum waren auch für den Transit noch keine speciellen Vorschläge gemacht, sondern nur vorläufig bemerkt, daß sich nach Verschiedenheit der Zollanlage, der Richtung des Waarenzuges und der Bedeutung desselben verschiedene Einrichtungen treffen ließen.

Offenbar waren bei einem solchen Zollsysteme die finanziellen Interessen des zukünftigen Vereins eben so wenig berücksichtigt, wie jene der inländischen Industrie. Namentlich waren die Zölle auf fremde Fabrikate so niedrig, daß sie nicht den geringsten Schutz für die einheimische Fabrikation darbieten konnten und den Verein einer solchen Ueberschwemmung mit fremden Manufacturwaaren aussetzten, welche die inländische Concurrenz in wenig Jahren völlig vernichtet hätte.

Dennoch war bei den meisten kleineren Regierungen noch so wenig praktische Erkenntniß der Zolleinrichtungen und ihrer Rückwirkung auf die nationale Industrie vorhanden, daß sie, zum Theil selbst geblendet durch die Autorität und die persönliche Geltung, die der badische Bevollmächtigte sich bei seinen Collegen zu verschaffen gewußt hatte, in der Wesenheit sämmtlich seinen Vorschlägen beistimmten. Nur die königlich württembergische Regierung, welche ihrerseits auch schon die Wirkung einer geschlossenen Zolleinrichtung erprobt hatte, neigte sich mehr den auf Erfahrung begründeten Ansichten der bayrischen Regierung zu.

Ohne daher einer Vereinbarung näher zu rücken, zogen sich die

Verhandlungen in langen Erörterungen über den Entwurf des badischen Bevollmächtigten, über die Vortheile und Nachtheile des Lagerhaussystems und andere Einzelheiten bis gegen Ende April 1822 hin. Da übergab der bayrische Bevollmächtigte eine umfassende und in alles Detail eingehende Erklärung seiner Regierung über den vorliegenden Entwurf. Dieselbe wiederholte die früheren Einwendungen gegen die dermalige geographische Ausdehnung des projectirten Vereins, jedoch ohne dieselben weiter zu verfolgen, und tritt daher in dieser Beziehung den Ansichten der übrigen Regierungen bei. Auf den Hauptvertrag übergehend, waren darin alle einzelnen Artikel des Entwurfes näher berücksichtigt und mit Bemerkungen begleitet, wesentliche Erinnerungen wurden jedoch nur gegen die Vorschläge wegen Entscheidung in den Grundgesetzen des Vereins nach Stimmenmehrheit, der Revenuen-Vertheilung, der Constituirung der gemeinschaftlichen Zollcommission, der Controle der Zollämter, des Kündigungstermins und der gegenseitigen Bestrafung der Contraventionen erhoben. Entschiedener abweichend waren die Bemerkungen über den Entwurf der Zollordnung.

„Die Absicht der bayrischen Regierung sei auf ein Zollsystem gerichtet, das zwar von Prohibitionen oder ihnen gleich zu achtenden hohen Belegungen Umgang nehme, aber dennoch nicht nur den Finanzen das erreichbare Einkommen gewähre, sondern auch dem Gewerbfleiß der vereinten Staaten die Concurrenz mit den Erzeugnissen des Auslandes erleichtere, ohne in beiden Beziehungen den Handel mehr zu beschränken, als es das Wesen jeder Zollanstalt mit sich bringt. In der Ansicht, daß das dermalige Zollsystem Bayerns ungefähr ein solches Mittelsystem darstelle, habe die bayrische Regierung bei diesem Theile der Unterhandlungen sich zunächst an die Grundsätze, auf welche dasselbe gebaut ist, gehalten, jedoch erklärt, daß man gern den Modificationen beitreten werde, die den billigen Forderungen des Gesammtvereins entsprächen. Allein das von dem badischen Herrn Bevollmächtigten aufgestellte System würde keiner dieser Bedingungen entsprechen. Es würde mit seinen Ein- und Ausgangszöllen weder den Staatscassen das mögliche Einkommen sichern, noch dem Gewerbfleiß auch nur den geringsten Vortheil gewähren, und doch mit seinen Bestimmungen über den Durchgangszoll und über die ausschließliche Erhebung der Zölle an der Grenze nicht nur auf den reinen Transit den nachtheiligsten Einfluß haben, sondern auch den Speditions-, Commissions- und Zwischenhandel im Innern des Vereins so gut als vernichten. Noch verderblicher würde es in dieser Hinsicht wirken, wenn die Ein- und Ausgangszölle aus Rücksicht auf die Finanzen sowohl als auf den Gewerbfleiß erhöht werden wollten."

Dabei beschränkte sich das bayrische Votum keineswegs blos auf ausführliche Erörterungen gegen die vorliegenden Entwürfe, sondern stellte zugleich zur Förderung der Sache mehrere eventuelle Anträge. Diese umfaßten:

1) das Verlangen einer Erhöhung der Eingangszölle von Zucker, Kaffee, Gewürzen und anderen verwandten Artikeln bis auf wenigstens 5 fl. vom Centner;

2) daß auch die Eingangszölle von den entbehrlichen Erzeugnissen jener Staaten, die sich mit Prohibitivsystemen schließen, z. B. Weine und andere, gegen die damaligen bayrischen Zollsätze eher erhöht als vermindert würden;

3) daß die Eingangszölle von Fabrikaten und Manufacturwaaren, mit denen der Gewerbfleiß des Vereins concurriren kann, nach Verhältniß des Werthes in bemessenen Abstufungen bis 40 und 50 fl. vom Centner steigen sollen;

4) daß dagegen die Ausgangszölle von jenen rohen Artikeln, deren Verbleiben nicht im Interesse der inländischen Industrie liege, eher vermindert würden;

5) daß der Durchgangszoll, soweit es immer nach der Natur des Gegenstandes möglich, nach Gewicht und Stundenzahl festgesetzt werde;

6) daß die Zollanstalten an den wichtigeren Handelsplätzen beibehalten würden.

Diese Bemerkungen und Anträge fanden eine sehr verschiedenartige Aufnahme. Auf entschiedene Mißgunst und Abneigung trafen sie natürlich bei dem badischen Bevollmächtigten, dessen mit großer Mühe und Vorliebe bearbeitetem Entwurf einer Zollordnung sie geradezu und zwar in den Hauptgrundsätzen entschieden entgegen traten. Er fand darin vorzüglich seine Eigenliebe und die Idee seiner Unfehlbarkeit gekränkt, was auf ihn mehr zu wirken schien, als der Umstand, daß man den unbilligen Ansprüchen seiner Regierung auf besondere Bevortheilung nicht beistimmte. Er befürchtete, seine Autorität über die übrigen Bevollmächtigten, die ihm großentheils mit blindem Vertrauen anhingen, erschüttert zu sehen, und sein ganzes Benehmen nahm dadurch einen etwas feindseligen Charakter gegen Bayern an. Er suchte seine Mitbevollmächtigten zu überreden, daß bei der Stellung, welche Bayern nehme, es gar nicht der Vortheil der übrigen Staaten sei, Bayern mit im Vereine zu haben, und daß sie besser thäten, selbst wenn auch noch Württemberg austräte, einen Verein unter sich zu schließen, wodurch sie nur desto freiere Bewegung und mehr Unabhängigkeit gewännen. Er säumte auch nicht, mit einer vortrefflich und mit ungemeiner Mäßigung verfaßten Erklärung gegen die bayrische Abstimmung voranzugehen, worin er sich und seine Absichten zu rechtfertigen und die bayrischen Bemerkungen insbesondere über das Lagerhaussystem zu entkräften suchte.

Von den anderen Bevollmächtigten neigten sich seit der Erklärung der bayrischen Regierung mehrere zur Nachgiebigkeit gegen die Ansichten derselben hin, die Mehrzahl aber pflichtete noch immer jenen des badischen Bevollmächtigten bei, oder schwankte zwischen allgemeinen Theorien von vollständiger Handelsfreiheit und Aufhebung aller Zölle und augenblicklichen Eindrücken hin und her. Namentlich waren die Vertreter der kleineren Staaten, zum Theil ohne positive Kenntnisse über das Wesen des Handels und der Industrie, in großer Verlegenheit. Einerseits durch die allgemeine Stimme und die offenkundige Noth in Deutschland gedrängt, schwebten diese Regierungen zwischen der doppelten Furcht, entweder in einem Vertrage mit mächtigeren Staaten übervortheilt, oder außer dem Vertrage zwischen den größeren Mauthsystemen erdrückt zu werden.

Durch die bayrische Abstimmnng waren die differenten Ansichten genauer ausgeschieden und den Verhandlungen wieder eine specielle positive Grundlage gegeben worden. Man säumte auch nicht diese festzuhalten und hiernach diejenigen Punkte auszuscheiden, welche vorzugsweise der Gegenstand abweichender Ansichten waren und daher einer Berichtigung bedurften, ehe in der Hauptsache weiter geschritten werden konnte.

Als solche Hauptdifferenzpunkte stellten sich nach den bisherigen Verhandlungen heraus:

1. Das Stimmenverhältniß in dem Vereine. Nach Art. 3 des Entwurfs sollte nämlich die Abänderung der Mauthgesetze (resp. Grundgesetze des Vereines) auf den Beschluß der Mehrheit der betheiligten Staaten erfolgen. Dieser Vorschlag setzte nothwendig voraus, daß den größeren Vereinsstaaten, welche bei jeder Aenderung der Vereinsgesetzgebung mehr betheiligt waren als die kleineren, auch eine angemessene Garantie gegeben würde, daß nicht etwa durch eine Uebereinstimmung von wenigen kleineren Staaten die überwiegenden Interessen der größern Theile des Vereines unberücksichtigt bleiben könnten. Es mußte sonach ein ideelles Stimmenverhältniß angenommen werden. Die Ansicht der bayrischen Regierung war dahin gerichtet, für etwa je $^1/_2$ Million der Bevölkerung eine Stimme anzunehmen, denjenigen Staaten jedoch, welche mehr als 200,000 Seelen zählten, jedenfalls je eine Stimme zuzutheilen. Die Gesammtzahl der Stimmen konnte hiernach im Ganzen auf 18 festgesetzt werden. Die Mehrzahl der kleineren Staaten dagegen verlangte vollständige Stimmengleichheit, obwohl

nicht abzusehen war, wie Bayern und Württemberg, welche beide mehr als zwei Drittheile des ganzen Vereins ausmachten, einem Stimmenverhältnisse beipflichten würden, welches die Festsetzung und Abänderung der wichtigsten Grundbestimmungen des Vereins und der ganzen Zollgesetzgebung lediglich von der Uebereinstimmung einiger kleineren Staaten, wie der hohenzollerschen, reußischen und sächsischen Häuser rc., abhängig gemacht haben würde, deren ganzes Benehmen während der bisherigen Verhandlungen so viele Beweise geliefert hatte, wie geringe Fortschritte sie noch in der Erkenntniß der commerciellen und industriellen Bedürfnisse Deutschlands und des Wesens und der praktischen Folgen einer Zolleinrichtung gemacht hatten.

2. Die Vertheilung der Vereinsrevenuen.*) Nach der Ansicht des badischen Bevollmächtigten sollte dieselbe nach der Bevölkerung und der Ausdehnung der Grenze der einzelnen Staaten gegen das Ausland stattfinden, wogegen sich jedoch fast alle übrigen Bevollmächtigten erklärten. Andere wünschten eine Vertheilung nach dem Mittelverhältnisse der Bevölkerung und des Flächeninhaltes, wieder andere nach der Bundesmatrikel. Endlich vereinigten sich alle zu einer Vertheilung lediglich nach dem Maaßstabe der Bevölkerung.

3. Nach Art. 19 des Entwurfes sollte es den einzelnen an das Ausland angrenzenden Staaten des Vereins freistehen, von solchen Artikeln, welche nach dem ersten Zollgesetz den gemeinschaftlichen Zöllen nicht unterliegen und von dieser Bestimmung nicht ausdrücklich ausgenommen sind, bei deren Einfuhr aus dem Auslande oder bei deren Ausfuhr dahin beliebige Zollabgaben zu erheben.

Dieser offenbar auf den besondern Vortheil Badens berechnete Vorschlag fand namentlich bei Bayern entschiedenen Widerspruch, indem eine solche Bestimmung in vielen Fällen zu einer sehr erheblichen Belastung der rückwärts gelegenen Vereinsstaaten und ihrer Angehörigen führen könne. Auch traten fast alle übrigen Regierungen alsbald der bayrischen Ansicht bei.

4. Das Lagerhaussystem und der Tarif, insbesondere die von Bayern speciell hervorgehobenen Zollsätze.

Hierin stand sich die Ansicht der bayrischen und der württembergischen Regierung und jene der Mehrzahl der übrigen Regierungen noch immer ziemlich schroff gegenüber, und eine Annäherung war bisher noch von keiner Seite erfolgt.

---

*) Der Entwurf enthielt hierüber noch keinen bestimmten Antrag.

Dieser Stand der Sache veranlaßte das königlich württembergische Ministerium den Versuch zu machen, durch Ausarbeitung umfassender und detaillirter Vermittlungs-Vorschläge die Verhandlungen aus ihrer gegenwärtigen schwankenden und unbestimmten Lage zu ziehen und eine baldige Entscheidung über die Möglichkeit einer Vereinbarung herbeizuführen.

Diese Vorschläge gingen:

1. bezüglich der Stimmenvertheilung gleichfalls auf ein ideelles, dem bayrischen Vorschlage sich annäherndes, jedoch den größern Staaten etwas ungünstigeres Verhältniß;

2. bezüglich des Lagerhaussystems auf eine Vereinigung der Grenzverzollung mit der Beibehaltung von Zollämtern im Innern. Letztere sollten nur als Niederlagen für den Transit im weiteren Sinne, wo er den Zwischenhandel begreift, und nicht als Erhebungsämter bestehen, mit Ausnahme derjenigen Fälle, in welchen Niederlagsgüter gegen Nachentrichtung des Eingangszolles erst später zum Consum im Innern bestimmt werden. Dagegen sollten alle gemeinschaftlichen Zölle an der Grenze erhoben werden.

3. Bezüglich des Tarifs sollte der bestehende bayrische Tarif als Grundlage angenommen werden.

So gut gemeint ohne allen Zweifel diese Vorschläge waren, so wenig hatten sie offenbar Aussicht auf einen entsprechenden Erfolg. Sie trugen, wie alle Versuche, zwei sich geradezu widersprechende Principien zu vereinigen, den Keim ihrer Lebensunfähigkeit schon dadurch in sich, daß sie, ohne einen wahren Mittelweg zu finden, den Forderungen eines jeden Theiles Etwas zuweisen wollten und dadurch die Fehler beider Systeme, nicht aber ihre Vortheile vereinigten.

Sobald man einmal überhaupt eine Feststellung der praktischen Lebensäußerung des Vereins, nämlich der Zollgesetze, durch Stimmenmehrheit erzielen wollte, blieb kein anderes als ein ideelles Stimmenverhältniß möglich, dieses selbst aber konnte wieder nur in der Weise gegeben werden, daß den größeren Staaten, welche eigentlich nach dem damaligen Stande der Industrie allein ein bestimmtes Ziel in ihren Zollmaaßregeln verfolgten und welche allein auch hierin einige Erfahrung besaßen, eine Gewähr zu Theil wurde, daß nicht etwa die kleineren Staaten durch eine Coalition unter sich Maaßregeln als Gesetze des Vereines durchsetzten, welche dem von jenen angenommenen Systeme entgegen oder schädlich waren. Bei einer Frage, welche die innersten Interessen der Industrie berührte, war den größeren Staaten und namentlich Bayern ihr Verfahren durch die Natur der Sache so bestimmt vorgezeichnet, daß an ein Abgehen hiervon gar nicht zu denken war, zumal gerade die Haltung der meisten kleineren Staaten sehr erhebliche Bedenken über deren Grundsätze in Handels- und Zollgegenständen erregen mußte.

Ein ähnliches Verhältniß hatte es mit der Frage über das Lagerhaus-System.

Baden, bisher ohne erhebliche Industrie, ohne namhaften innern Verkehr, dessen Zolleinrichtungen fast darauf berechnet schienen, den Schmuggelhandel zu hegen und zu beschützen, forderte im vermeintlichen Interesse seiner ausgedehnten Grenzen unbedingte Verzollung aller fremden Güter an der Zollgrenze, während die Theorie sowohl als die Erfahrung aller größeren Zollsysteme zur Genüge bewies, daß eine solche Maaßregel nothwendig zum totalen Ruine alles Handels führen und die Grundlagen desselben gänzlich verrücken mußte. Darum war auch auf dem Wege des württembergischen Vermittlungsvorschlages, dem eine tiefere Einsicht in die Natur der Handelsbewegungen nicht zur Seite stand, keine Vereinigung zu hoffen.

Am 22. und 23. Februar, dann am 22. März 1823 kam es hierauf zu ausführlichen Berathungen über die württembergischen Vermittlungs-Vorschläge, denen jedoch der bayrische Bevollmächtigte nicht beiwohnte, da es sich zunächst darum handelte, eine Vereinigung der übrigen Mitglieder der Conferenz über die Bayern zu machenden Propositionen zu erzielen.

Die Annäherung zu einem Verständniß fand jedoch nur sehr langsam statt, die einzelnen Bevollmächtigten, gänzlich an ihre Instructionen gebunden, gaben Abstimmungen zu Protokoll, die durch ihren gegenseitigen Widerspruch die Verwirrung eher zu vergrößern schienen, während das Ausbleiben anderer Instructionen die Sache verzögerte und jede Schlußnahme verhinderte. In einer Sitzung vom 2. April 1823, der auch der bayrische Bevollmächtigte wieder beiwohnte, gelangte man endlich zu der Ansicht, daß unter diesen Umständen nichts Anderes übrig bleibe, als sämmtliche Abstimmungen, wie sie lauteten, den Regierungen mit dem Ersuchen um eine definitive Erklärung über die noch streitigen Punkte vorzulegen.

Eine Annäherung hatte inzwischen nur in so weit stattgefunden, als Baden sich endlich dazu verstanden hatte, das Lagerhaussystem, jedoch mit Modificationen, anzunehmen. Auch wollte dasselbe für die Colonialwaaren die bayrischen Zollsätze anerkennen. Ferner hatten Baden und Hessen auf den privativen Abgabenbezug von den im Art. 19 des Entwurfs benannten Gegenständen verzichtet, dagegen aber auf die Befreiung derselben von allen Ausgangszöllen zur Erleichterung des Grenzverkehres angetragen.

In Bezug auf das Stimmenverhältniß hatte Bayern, welches sich zu dem projectirten ganzen Verein ungefähr wie 7:17 verhielt, um sich die Einwirkung in diesem Verhältnisse auf die Abänderungen in der gemeinschaftlichen Zollordnung, dem Tarife und der Organisation der Verwaltung zu sichern, auf eine Gesammtzahl von 18 Stimmen, für sich aber auf 7 davon angetragen. Den württembergischen Vermittelungs-Vorschlag, der auf eine Gesammtzahl von 27 Stimmen antrug und Bayern 6 davon zutheilte, suchte Baden dahin zu modificiren, daß Bayern 2, alle übrigen Staaten aber je 1 Stimme erhalten sollten. Zuletzt wurde das Stimmenverhältniß in folgender Weise proponirt:

Bayern 8,

Württemberg, Baden, Kurhessen, Hessen-Darmstadt, Sachsen-Weimar, Sachsen-Coburg und Nassau je 4,

Meiningen, Waldeck und Reuß-Schleiz zusammen 4,

Hildburghausen, die beiden Hohenzollern und Reuß-Greiz sollten als Curiatstimmen ebenfalls 4 Stimmen erhalten, so daß eine Gesammtzahl von 44 Stimmen sich ergab.

So standen die Sachen, als die Conferenz ihre Arbeiten mit dem Beschlusse suspendirte, hierüber die definitiven Erklärungen der verschiedenen Regierungen abzuwarten. Bis zum Juli 1823 war keine derselben erfolgt.

Da richteten unterm 3. Juli 1823 die großherzoglich hessischen Bevollmächtigten eine Note an ihre Collegen, worin sie unter Klagen über den bisherigen langsamen und resultatlosen Gang der Verhandlungen sich beauftragt bezeichneten, zu erklären, daß das großherzogliche Gouvernement an der Fortsetzung der bisherigen Verhandlungen keinen Antheil mehr zu nehmen gedenke, obwohl es in der Folge, wenn es seine Zollgesetzgebung inzwischen neu geordnet haben werde, bereit sein würde, mit benachbarten Staaten über gegenseitige Erleichterungen des Verkehrs Verträge abzuschließen oder den diese Erleichterungen bezweckenden Vereinigungen mehrerer benachbarter Staaten alsdann beizutreten, wenn solche dem Interesse des Großherzogthums angemessen erschienen.

So hatte nun eine Regierung geradezu Dasjenige ausgesprochen, was den einsichtsvolleren derselben schon lange klar gewesen, daß bei der Richtung, welche diese Verhandlungen genommen hatten, und bei dem ängstlichen und kleinlichen Geiste, welcher theils die Mehrzahl der Bevollmächtigten der kleineren Staaten leitete, theils aus ihren Instructionen hervorleuchtete, ein glücklicher Erfolg nicht zu erwarten war. So wenig erfreulich dieses Resultat an und für sich war, so darf doch auch nicht verkannt werden, daß, wäre damals eine Vereinigung auf dieser Grundlage zu Stande gekommen, dieselbe unmöglich längere Zeit hätte bestehen können, und daß die Spaltung, welche die Auflösung eines solchen Vereines zwischen den betreffenden deutschen Staaten herbeigeführt hätte, vielleicht die glückliche Idee eines deutschen Zollvereines für lange Zeit in Mißcredit gebracht haben würde.*)

Das größere Publicum aber, welches von der Darmstädter Conferenz Abhilfe der Verwirrung und Noth in Deutschland erwartete, ward durch dieses Resultat in hohem Grade aufgeregt, und vielfache Aufsätze in Tagesblättern gaben von seinem Unmuthe Zeugschaft. Viele Beschuldigungen waren hierbei gegen Bayern und seine Regierung gerichtet, während die spätere Zeit den klaren Beweis lieferte, daß nicht blos diese Regierung fast allein die Idee eines größeren deutschen Zollvereines beharrlich verfolgte, sondern daß auch die von ihr bei den Darmstädter Verhandlungen dargelegten Grundsätze diejenigen waren, welche allein praktische Geltung sich zu verschaffen vermochten.

Viertes Kapitel.

Folgen der Darmstädter Verhandlungen. Conferenzen zu Stuttgart. 1823—1825.

Die württembergische Regierung war, ungeachtet des schlechten Erfolges ihrer Vermittelungs-Vorschläge, noch fortwährend aufrichtig bestrebt, das Ziel jener Verhandlungen so lange zu verfolgen, als noch ein günstiges Resultat als möglich gedacht werden konnte. Sie wandte sich zu diesem Ende im October 1823 an die bayrische Regierung mit dem Vorschlage, vorerst eine Verständigung der zunächst betheiligten Staaten, nämlich von Bayern, Württemberg und Baden, zu versuchen. Ehe

*) Die Ansicht von Fischer (und Anderen), daß, wenn damals in Darmstadt eine Vereinigung zu Stande gekommen wäre, das Schutzzollsystem eine solche feste Begründung erhalten hätte, daß es auf die ganze weitere Entwickelung des Zollvereins einen nachtheiligen Einfluß ausgeübt hätte, ist doch wohl eine irrige. Der damalige bayrische Zolltarif, dessen meiste Sätze kaum zur Hälfte der preußischen Tarifsätze hinanreichten, war vielweniger ein Schutzzolltarif als der nachmalige Vereinstarif; und gerade Baden, welches in Darmstadt sowohl als bei seinem Beitritt zum Zollverein der leidenschaftlichste Bekämpfer höherer Tarifsätze war, wurde später ein Vorkämpfer für Schutzzölle.

es jedoch hierüber zu weiteren Verhandlungen kam, ergriffen gerade diejenigen Regierungen, welche zunächst die Auflösung der Darmstädter Conferenz herbeigeführt hatten, solche Maaßregeln, welche jede fernere Vereinbarung hinderten und hinreichend zu erkennen gaben, wie wenig ernstlich ihre Theilnahme an der früheren Conferenz gemeint war.

Die großherzoglich hessische Regierung beschäftigte sich alsbald mit der Einführung eines besonderen Zollsystems und brachte dasselbe auch mit Zustimmung der Stände im April 1824 unter dem Titel einer Verbrauchssteuer in Vollzug. Dasselbe setzte völlig freie Ausfuhr aller Producte fest und bestimmte für die Einfuhr einen im Allgemeinen nicht sehr hohen Tarif. Dagegen waren Getreide, Hülsenfrüchte, Mehl, Grütze, die deutschen Weine, gemeine Oele, Bier, Obst, Most, Vieh und dergl. unverhältnißmäßig hoch besteuert. Diese Maaßregel, unverkennbar zunächst gegen den Verkehr der angrenzenden deutschen Länder gerichtet, aus welchen vorzugsweise die Einfuhr solcher Producte stattfand, konnte nur Erbitterung und Reclamationen hervorrufen.

In ähnlicher Weise hatte Baden schon im August 1823 und im März 1824 durch Separatverordnungen den Handel mit Leinen und Baumwollenwaaren sehr erheblichen Beschwernissen unterworfen und hierbei selbst Differentialzölle gegen benachbarte deutsche Regierungen festgesetzt. Dazu kamen noch Bestrebungen zu Errichtung eines engeren Vereins unter einigen kleineren Staaten, deren Tendenz zunächst dahin ging, den von Bayern und Württemberg geltend gemachten Principien einer streng geordneten und abgeschlossenen Zollverwaltung, mit hinreichend hohen Zöllen, um der übermäßigen fremden Einfuhr zu begegnen, entgegenzuarbeiten.

So war also der Zollkrieg unter den süddeutschen Staaten aufs Neue und schlimmer als zuvor ausgebrochen; statt der laut klagenden deutschen Industrie die ersehnte freie Bewegung im Innern und den so nothwendigen Schutz nach außen zu gewähren, bot der Schluß der Darmstädter Verhandlungen dem Auslande ein neues trauriges Bild deutscher Zerrissenheit und des Triumphes kleinlicher Sonder-Interessen über das allgemeine Wohl dar.

Solchem Schauspiel konnte ein entsprechendes Nachspiel nicht fehlen. Es mangelte nicht an Regierungen, welche sich nicht scheuten, das unlautere und unsaubere Gewerbe des Schmuggels in ihren Landen zu dulden, ja sogar dasselbe förmlich zu hegen und zu beschützen und ihr Gebiet zu einem bekannten Depot der ausländischen Industrie zu machen, welche von hier aus ungehindert den ihr durch die geschlossenen Zollsysteme der größeren Staaten erschwerten Kampf gegen deutschen Gewerbfleiß fortsetzen konnte. In den anhaltischen Fürstenthümern, in Frankfurt, im Coburgischen, Badischen und anderen kleinen Staaten erlangte der Schmuggel eine bisher nicht gekannte Ausdehnung; selbst der unbescholtene Kaufmann folgte nicht selten dem schlimmen Beispiel, theils durch die offenbare Connivenz der Regierungen verleitet, theils durch die Concurrenz hierzu genöthigt.

Die von Baden eingeleiteten Separatverhandlungen mit Hessen-Darmstadt führten endlich zu einem Handelsvertrage vom 8. September 1824. In einem weitläufigen Eingange sind die Grundsätze der Regierungen über Handelsfreiheit, ihr Bedauern über das Mißlingen der Darmstädter Verhandlungen, endlich die Versicherung niedergelegt, daß sie fortwährend dahin strebten, einen größeren Verein deutscher Staaten mit vollkommener Freiheit des Verkehrs im Innern und gemeinsamer Zollverwaltung zu Stande zu bringen. Fast möchte dieser auffallende, offenbar als eine Art von Manifest für das größere Publicum berechnete Eingang den Verdacht erregen, als ob er die Hauptsache des Vertrags hätte sein sollen. Der letztere setzt für viele Rohproducte völlig freien Verkehr, für andere Producte und geringere Fabrikate des andern contrahirenden Theiles unter Beibringung von Ursprungszeugnissen bei dem Uebergange auf den beiderseitigen Landesgrenzen unbedeutende Zölle fest. Der eigentliche größere Verkehr, namentlich mit feineren Fabrikaten, wurde durch den Vertrag nicht in erheblicher Weise berührt.

Auch am Bundestage kamen die inneren Verkehrsverhältnisse Deutschlands durch Baden wieder in Anregung.*) Offenbar hatte damals Baden, welches zu seinem Verfahren zum Theil durch seine politischen Verhältnisse zu Bayern und die Besorgnisse für seine politische Existenz**) veranlaßt wurde, sich den Ansichten der beiden deutschen Großmächte, welche eine Vereinigung der kleineren deutschen Regierungen nur höchst ungern sahen, genähert und die nächsten Motive zu seinem Verfahren in den politischen Conferenzen auf dem Johannisberge geschöpft.

Gleichzeitig wurde der Geh. Rath Nebenius nach Stuttgart abgesandt, um daselbst einen ähnlichen Vertrag wie mit Hessen-Darmstadt in Antrag zu bringen und zu unterhandeln. Seine Vorschläge, deren geheime Tendenz offenbar dahin ging, Württemberg von seiner bisherigen engeren Ver-

*) Im August 1824.

**) In Folge der sog. Sponheim'schen Erbschaftsangelegenheit.

bindung mit Bayern abzubringen und letzteres dadurch völlig zu isoliren, fanden jedoch in Stuttgart ein weniger geneigtes Gehör. Das dortige Ministerium ging nämlich von der Ansicht aus, einen Separatvertrag mit Baden überhaupt nicht einzugehen, so lange noch eine vollständige Zollvereinigung mit den Nachbarstaaten zu hoffen sei, und auch im Falle des Mißlingens derselben nur unter Voraussetzung der Aufhebung des Mannheimer Stapels auf nähere Verhandlungen mit Baden sich einzulassen. Da der badische Commissar sich beharrlich weigerte, über den letzteren Punkt irgend eine befriedigende Erklärung abzugeben, so waren hierdurch die Verhandlungen abgeschnitten.

Die württembergische Regierung, welche unstreitig von allen Theilnehmern an den Darmstädter Conferenzen die Idee eines Zollvereins am aufrichtigsten erfaßt hatte und dieselbe ohne alles Bestreben nach einseitigen Vortheilen am beharrlichsten verfolgte, hatte inzwischen auch die zweckmäßigsten Schritte zu deren Verwirklichung gethan. Sie hatte mit den beiden hohenzollerschen Fürstenthümern Verhandlungen über einen Anschluß an die württembergische Zollverwaltung eingeleitet und dieselben schon im Frühjahre 1824 zu einem glücklichen Ende gebracht. Die beiden Fürstenthümer nahmen hierdurch die württembergische Zollgesetzgebung an und übertrugen die Zollverwaltung in ihrem Gebiete an Württemberg, welches sie im gemeinschaftlichen Namen ausübte. Alle inneren Zwischenzölle, Verbrauchssteuern u. s. w. wurden aufgehoben, die Revenuen nach dem Bevölkerungsmaaßstabe vertheilt, völlige Gleichheit der beiderseitigen Unterthanen bei den Accise-, Verbrauchs- und Verkaufssteuern ausgesprochen und dergleichen, so daß hierdurch ein großer Theil der Grundlagen eines größeren Vereins bereits factisch gegeben war.

Ein weiterer, noch ungleich bedeutenderer Schritt der königlich württembergischen Regierung zur Herbeiführung einer größeren Vereinigung war die gleichzeitige Bearbeitung eines neuen Zollgesetzes, welches dem bayrischen Zollgesetze so viel wie möglich conform war und wozu auch die württembergischen Stände bereitwillig die nöthigen Ermächtigungen ertheilt hatten. So hatte diese Regierung die kurz vorher von dem bayrischen Ministerium ausgegangene Andeutung, daß Bayern und Württemberg über ein gemeinschaftliches Zoll- und Handelssystem am leichtesten und für beide Staaten am vortheilhaftesten sich vereinigen könnten und sollten, lebhaft ergriffen und sich gleichfalls überzeugt, daß eine solche Vereinigung zwischen den beiden bedeutendsten der bei der Darmstädter Conferenz betheiligten Regierungen nicht blos am leichtesten zu bewerkstelligen, sondern auch das sicherste Mittel sein werde, um die übrigen Staaten zur Anerkennung der von ihnen hierbei praktisch durchgeführten Grundsätze und zum Anschlusse an das gemeinschaftliche System zu bewegen.

Im Anfange Septembers 1824 erging an das bayrische Ministerium die bereits im Juli vertraulich angekündigte officielle Einladung Württembergs zu Separatverhandlungen, welche auch sogleich angenommen wurde und die Absendung des württembergischen Oberfinanzrathes Herzog nach München zur Folge hatte. Dort hatte derselbe mit einem bayrischen Bevollmächtigten mehrfache Besprechungen über die Grundlagen eines künftigen Vereines, wobei sich irgend eine erhebliche Differenz in den beiderseitigen Ansichten nicht ergab. Insbesondere war man einverstanden, die vorbereitenden Verhandlungen vorerst nur zwischen Bayern und Württemberg fortzuführen, die Höfe von Karlsruhe und Darmstadt zwar von denselben in Kenntniß zu setzen, zur Theilnahme an denselben aber erst dann einzuladen, wenn Bayern und Württemberg in der Hauptsache einig sein würden. Letzteres würde selbst bereit gewesen sein mit Bayern allein abzuschließen, welches jedoch wegen der Interessen der Pfalz kein Mittel unversucht lassen wollte, einen Verein zu erzielen, der auch diesen Gebietstheil in die gemeinschaftliche Zollinie einschließen würde.

Die Verhandlungen sollten in Stuttgart fortgesetzt werden, wohin sich auch Ende November ein bayrischer Bevollmächtigter begab.

Der Verlauf der Darmstädter Verhandlung hatte die Erfahrung gegeben, daß ohne eine bestimmte praktische Grundlage solche Verhandlungen leicht in gedehnte theoretische Erörterungen ausarten, welche von dem eigentlichen Ziele immer weiter abführen, ja nicht selten sogar einen persönlichen Charakter annehmen. Um Dies zu vermeiden, war der bayrische Bevollmächtigte von seiner Regierung mit einem vollständigen, sorgfältig ausgearbeiteten Vertragsentwurfe sowie einer Zollordnung versehen worden, welche er auch bei Eröffnung der Verhandlungen sofort zur Vorlage brachte.

Dieser, anfangs von den württembergischen Bevollmächtigten mit großem Beifall aufgenommene Entwurf enthielt folgende Hauptbestimmungen:

1) Die contrahirenden Regierungen vereinigen sich zur Aufstellung einer gemeinsamen Zolleinrichtung, zu einer gemeinschaftlichen Zollordnung und Erhebung der Revenuen, dann der Vertheilung der Ueberschüsse nach dem Verhältnisse der Bevölkerung. Art. 1. 2. 3.

2) Zum Vollzuge der gemeinschaftlichen Zollordnung wird eine Centraladministration mit blos vollziehender Befugniß errichtet, deren

Directorium von drei zu drei Monaten unter den Mitgliedern wechselt und deren Beschlüsse nach Stimmenmehrheit erfolgen. Dieselbe hat jährlich Rechenschaft abzulegen und wird durch eine Versammlung von Bevollmächtigten der Vereinsstaaten, welche sich des Jahres einmal versammeln, controlirt. Art. 4. 5. 26.

3) Die Bestimmungen des Grundvertrages, der Zolltarife, der Organisation der Verwaltung können nur mit allseitiger Zustimmung abgeändert werden, in allen übrigen Gegenständen entscheidet Stimmenmehrheit. Die Stimmenvertheilung sowie die Concurrenz bei den Personalernennungen der Centraladministration findet nach einem noch näher zu bestimmenden ideellen Verhältniß statt; an der Besetzung der Erhebungsämter, des Aufsichtspersonales und des Nebenpersonales der Centraladministration concurriren die Regierungen nach dem Verhältnisse, in welchem die Revenuen getheilt werden. Art. 4. 5. 6. 27.

4) Die staatsdienerlichen Verhältnisse der Angestellten der gemeinschaftlichen Verwaltung richten sich nach den Gesetzen desjenigen Staates, welchem sie angehören; ihre Pensionen werden auf die gemeinschaftliche Zollcasse übernommen. Ebenso werden alle Amtsgebäude der Zollverwaltung auf gemeinschaftliche Kosten erhalten. Art. 7. 9. 14.

5) Dagegen fallen auf privative Rechnung der einzelnen Regierungen die Zölle der für die Souveraine eingeführten Gegenstände, die Entschädigung der Mediatisirten und Standesherren und alle sonstigen Zollrückvergütungen. Art. 11. 12. 13.

6) Die einzelnen Regierungen sind befugt, von der Geschäftsführung der in ihrem Gebiete befindlichen Erhebungs- und Aufsichtsstellen Einsicht zu nehmen. Art. 8.

7) Im Innern des Vereins sollen alle Stapel- und Umschlagsrechte aufhören. Art. 15.

8) Für Lagerhäuser wird für jeden Staat ein Maximum festgesetzt. Art. 16.

9) Den einzelnen Regierungen bleiben vorbehalten: die polizeilichen Verfügungen über Märkte u. s. w., die privative Erhebung der Weggelder, Wasser-, Brücken-, Pflasterzölle und dergl. Gebühren. Das Maximum des Weggeldes soll 2 Pf. pr. Centner und Stunde betragen, auch die Wasserzölle (welche nach den bestehenden besonderen Verträgen forterhoben werden) dieses Maximum nicht überschreiten.

Brücken- und Pflasterzölle sollen keine Finanzquelle bilden, sondern vielmehr möglichst vermindert werden.

Bisher bestandene Consumtionsabgaben, deren Tarife bekannt zu machen sind, können fortbestehen. Art. 10. 17. 18. 19. 20. 22. 23.

10) Der Salzverkehr von einem Staate zum anderen ist verboten. Art. 25.

Die Verhandlungen über diesen Entwurf wurden mit regem Eifer fortgesetzt, wobei gar bald diejenigen Schwierigkeiten wieder hervortraten, welche, in den damaligen Verhältnissen und Ansichten der Regierungen fußend, jede Zollvereinigung unter den kleineren deutschen Staaten fast unmöglich machten. Außer dem schon erwähnten Stimmverhältniß war es vorzüglich die Theilnahme der Regierungen an der Besetzung und die Competenz der Centralstelle, worüber eine Vereinigung selbst zwischen Bayern und Württemberg nur mit großer Mühe bewirkt werden konnte. Allerdings ist bei einem Zollvereine unabhängiger Staaten die einfachste und für das Interesse der einzelnen Staaten entsprechendste Zollverwaltung dadurch gegeben, daß jeder Staat in seinem Gebiete unter Controle der anderen dieselbe nach gemeinsamem Normen versieht, und jetzt, wo seit einer Reihe von Jahren diese Verwaltungsart ohne irgend eine Inconvenienz im großen deutschen Zollvereine durchgeführt ist, würde wohl Niemand daran denken, von derselben wieder zurückzukommen. Damals jedoch, wo manche der kleineren Staaten gar keine geregelte Zollverwaltung, andere aber eine sehr mangelhafte besaßen, viele derselben zudem durch notorische Duldung des Schmuggels unlautere Sonderinteressen verfolgten und sich überhaupt nur höchst ungern und gezwungen einem höheren Tarife und einer strengen Zollverwaltung fügten, konnten diejenigen Staaten, welche zum Schutze ihres Gewerbfleißes und ihrer Industrie unbedingt solcher Einrichtungen bedurften, deren Vollzug nicht zum großen Theile jenen anheimstellen, welche theils aus Unkenntniß, theils aus Widerwillen offen denselben widerstrebten. Bayern und Württemberg mußten daher gegen ihre eigene Ansicht auf einer gemeinschaftlichen Zollverwaltung bestehen, so lange die übrigen Regierungen nicht durch bessere Einsicht und Erfahrung zu der Ueberzeugung gelangt waren, daß nur eine consequente strenge Durchführung eines auf praktische Grundlagen basirten Zollsystems der vaterländischen Industrie Hülfe vor dem drohenden Ruine zu bringen vermöge.

Während zu Stuttgart die Verhandlungen zwischen Bayern und Württemberg in ihrem Verlaufe eine baldige Verständigung zwischen diesen beiden Regierungen hoffen ließen, suchten die Höfe von Karlsruhe, Darmstadt und Wiesbaden, welche von diesen Verhandlungen fortwährend Nachricht erhielten, auch ihrerseits sich zu verständigen. Gegen Ende November

1824 fand zwischen den Ministern Berstett, Du Thil und Marschall in Heidelberg ein Zusammentritt statt, bei welchem sich dieselben über ein gemeinsames Benehmen bezüglich der Stuttgarter Conferenz beredeten. Bald darauf fand ein Zusammentritt des württembergischen Finanz-Ministers v. Wekherlin mit dem großherzoglich hessischen Staatsrath von Hofmann statt, um den Letzteren von der Tendenz der bayrisch-württembergischen Entwürfe vollkommen in Kenntniß zu setzen und dessen Ansichten darüber zu vernehmen. Diese Annäherung wurde jedoch von dem badischen Ministerium nur sehr ungern gesehen, wo einerseits der Minister von Berstett seine üble Stimmung darüber so wie seine Besorgniß nicht zu verbergen vermochte, daß Bayern und Württemberg die großherzoglich hessische Regierung für sich gewinnen und dadurch Baden isoliren möchten, anderseits Nebenius, verletzt durch die ungünstige Aufnahme und den schlechten Erfolg seiner früheren Entwürfe, die lebhafteste Opposition gegen die bayrisch-württembergischen Vorschläge erhob.

Nachdem die Separatverhandlungen zwischen Bayern und Württemberg so weit vorgerückt waren, daß über den Grundvertrag, dann über das Wesentliche der Zollordnung und des Tarifes eine Verständigung vorlag, wurden Ende Januar 1825 von beiden Regierungen jene von Baden, Großherzogthum Hessen, Kurhessen und Nassau zur Theilnahme an den Verhandlungen eingeladen. Kurhessen erwiderte, daß es die Abordnung eines Bevollmächtigten noch aussetzen werde, dagegen schriftlich Kenntniß von den Bedingungen zu erlangen wünsche, unter denen es seiner Zeit an dem in Rede stehenden Vereine Theil nehmen könne. Von den übrigen Regierungen trafen alsbald Bevollmächtigte in Stuttgart ein, so daß schon mit Ende Februar die Conferenzen mit Vorlegung des bayrisch-württembergischen Vertrags-Entwurfs eröffnet werden konnten.

Im Wesentlichen waren die bereits erwähnten bayrischen Vorschläge als Grundlage dieses Entwurfs beibehalten worden. Die gemeinschaftliche Central-Administration sollte aus 11 Mitgliedern bestehen, wovon Bayern 3, Württemberg 2, Baden 2, Großherzogthum Hessen 1, Kurhessen 1, Nassau 1 und die beiden Hohenzollern 1 Mitglied zu ernennen hätten. Der Wirkungskreis dieser Central-Administration sollte blos vollziehend, den Regierungen sollten die Gesetzgebung, die organischen Verfügungen, die Personalanstellungen so wie die Abschließung der Handelsverträge mit fremden, nicht zum Vereine gehörigen Staaten vorbehalten bleiben. Zur Besetzung der Erhebungsämter, des Aufsichtspersonales und des untern Personales der Central-Administration concurriren die vereinten Staaten so viel wie möglich in dem Verhältnisse, nach welchem die Zollgefälle vertheilt werden. (Bevölkerung.)

Für die Lagerhaus- und Zollanstalten war vorläufig für jeden Staat eine bestimmte Zahl angenommen, mit der Befugniß, dieselben nach Erforderniß im Innern nach eigenem Ermessen zu vertheilen.

Neben der Central-Verwaltung sollte eine jährliche Versammlung von Bevollmächtigten der Vereinsstaaten stattfinden, um von der Verwaltung der Centralbehörde Einsicht zu nehmen, die Verfügungen über die außer der Competenz der letzteren liegenden Gegenstände zu verabreden, ihre provisorischen Anordnungen zu bestätigen oder aufzuheben und sich über die Abänderungen des Grundvertrags, der Gesetzgebung und Organisation, welche die Umstände allenfalls nothwendig machen, zu vereinigen.

Die Bestimmungen des Grundvertrages, der Zolltarife, der Organisation der Verwaltung sollten nur mit allseitiger Zustimmung abgeändert, erläutert oder mit neuen Zusätzen vermehrt werden, in allen übrigen bei der Versammlung der Bevollmächtigten vorkommenden Gegenständen aber Stimmenmehrheit entscheiden. Hiezu ward ein ideales Stimmenverhältniß angenommen, wobei auf Bayern 7, Württemberg 4, Baden 3, Hessen-Darmstadt und Kurhessen je 2, Nassau 1 und die beiden hohenzollerschen Häuser zusammen 1 Stimme treffen sollten.

Die Bevollmächtigten von Baden, Hessen und Nassau übergaben alsbald ihre Gegenbemerkungen zu diesem Entwurfe. Die ganze Haltung derselben zeigte, daß die Ansichten, die früher bei den Darmstädter Verhandlungen vorgewaltet hatten, bereits sehr wesentlich modificirt waren, daß aber auch die vorausgegangenen Besprechungen der Minister dieser drei Staaten zwar eine äußerliche Vereinigung derselben und eine im Allgemeinen gleichlautende Instruction ihrer Bevollmächtigten, keineswegs aber eine größere Geneigtheit zu einer wirklichen Zollvereinigung bewirkt hatten. Vielmehr war noch immer eine gewisse Befangenheit und Aengstlichkeit der kleineren Staaten gegenüber von Bayern unverkennbar. Auf Seite Badens mochte dieselbe in politischen Befürchtungen anderer Art sowie in der Persönlichkeit des großherzoglichen Bevollmächtigten begründet sein, auf die beiden anderen Bevollmächtigten übte die letztere offenbar einen sehr bedeutenden Einfluß aus. Am aufrichtigsten und offensten ging hierbei der großherzoglich hessische Bevollmächtigte zu Werke, der nur widerstrebend dem Einflusse des badischen Bevollmächtigten und seinen gegen Bayern ungünstigen Tendenzen sich fügte.

Die Einwendungen der genannten drei Bevollmächtigten waren zunächst gegen die gemeinschaftliche Centralverwaltung gerichtet. Sie wiesen, im Widerspruche mit ihren bei den Darmstädter Verhandlungen geäußerten Ansichten, darauf hin, daß die meisten vorgebrachten Anstände und Bedenklichkeiten verschwinden würden, wenn beliebt werden wollte, jeder einzelnen Regierung die Anwendung und Vollziehung des gemeinschaftlichen Zollgesetzes zu überlassen. Dieses sollte nach übereinstimmend verabredeter Organisation und Verwaltungsvorschrift an ihren Grenzen gegen das nicht zum Verein gehörige Ausland und bei den in ihrem Innern bestehenden Lagerhäusern für Rechnung der Gemeinschaft geschehen. Jede Regierung würde selbstgewählte Beamte ernennen, für deren Diensttreue sie dem Vereine jedoch unter steter Controle seiner Centralbehörde zu haften hätte. Auch das früher so sehr angefochtene System der Lagerhäuser ward im Allgemeinen nicht weiter mehr beanstandet.

Diese sehr wesentlichen Modificationen der früheren Ansichten der drei Regierungen veranlaßten die Bevollmächtigten selbst zu einer Vergleichung mit den Darmstädter Verhandlungen und zu Erklärungen über die Motive der eingetretenen Aenderung. „Man könne bei dem vergleichenden Rückblicke auf die Darmstädter Verhandlungen nicht außer Acht lassen, daß die Verhältnisse wesentlich verschieden sind. Die nunmehr von den drei Bevollmächtigten beantragte Verwaltungsart, die bei einer Vereinigung einer weit größern Anzahl kleinerer Staaten eher Bedenklichkeit erregen könnte, wird im engeren Vereine leichter ausführbar. Die Gemeinschaft der Verwaltung wurde ursprünglich in der Unterstellung einer einfachen Grenzzolleinrichtung oder wenigstens sehr wesentlicher Modificationen des Lagerhaussystems vorgeschlagen. Sie bietet größere Schwierigkeiten dar, wenn das bayrische Lagerhaussystem angenommen, dadurch die Berührung der gemeinschaftlichen Verwaltung mit Unterthanen und Behörden der einzelnen Staaten und folglich auch die Fälle möglicher Collisionen vervielfältigt werden.“

Auch das Stimmenverhältniß gab neuerdings zu lebhaften Erörterungen Anlaß. Hessen und namentlich Nassau glaubten sich dadurch zurückgesetzt, daß sie nach dem bayrisch-württembergischen Entwurfe hinter Württemberg und Baden zurückstehen sollten. Die drei Bevollmächtigten beantragten daher 6 Stimmen, wovon Bayern 2, die übrigen je eine erhalten sollten.

Ein weiterer Differenzpunkt bestand bezüglich der von Bayern und Württemberg vorgeschlagenen Pensionirung der entbehrlich werdenden Zollbeamten auf gemeinschaftliche Kosten. Da die meisten Zollbeamten in

Baden, Hessen und Nassau nicht gleiche Pensionsrechte wie in Bayern und Württemberg besaßen, so lehnten diese Staaten die Pensionslast, sowohl für die durch Gründung des Vereins als für die später entstehenden Pensionen, für die Gemeinschaft ab.

Auch der Mannheimer und Mainzer Stapel gab zu Erörterungen Anlaß, indem nach der Ansicht von Bayern und Württemberg bei der vorgeschlagenen allgemeinen Aufhebung aller Stapel- und Umschlagsrechte auch diese beiden mit inbegriffen sein sollten, Baden und Hessen aber hierauf zu verzichten sich weigerten.

Da bis zum Eintreffen neuer Instructionen die Verhandlungen ausgesetzt wurden, so trennte sich die Conferenz, und der badische, der hessische und der nassauische Bevollmächtigte reisten nach Hause, um ihren Regierungen mündlichen Bericht zu erstatten.

Auf Veranlassung des großherzoglich badischen Ministers v. Berstett fand auch ein wiederholter Zusammentritt der Minister von Baden, Hessen und Nassau gegen Ende März 1825 in Heidelberg und Mainz statt, wobei der erstere durch heftige und entschiedene Opposition die Hinneigung zu den bayrisch-württembergischen Ansichten, die sich in Hessen und Nassau theilweise (namentlich bei den beiden Bevollmächtigten) kundgegeben hatte, umzustimmen suchte und entschiedenes Festhalten an der bei dem frühern Zusammentritte versprochenen gemeinschaftlichen Verfahrungsweise verlangte. Auch sonst war Berstett unermüdlich, vor Bayern und seinen gefährlichen Absichten zu warnen; der projectirte Verein werde nur dieser Regierung zum Vortheil gereichen, die übrigen Regierungen aber mit einer bayrischen Dictatur bedrohen, und namentlich werde Baden in seinen Interessen durch den Verein beeinträchtigt werden, weshalb auch alle diejenigen, welche die materiellen Vortheile berücksichtigten, gleichwie Nebenius, dem Vereine entgegen wären. Baden sei einem Darm zu vergleichen, der nur zum Durchgang diene, es sei nur Postexpedition, kein Postamt. Wenn auch die damalige politische Spannung zwischen Bayern und Baden Vieles zu diesen Ansichten beitragen mochte, so leuchtet doch aus solchen Aeußerungen neben der politischen Befangenheit auch noch eine unverkennbare Hinneigung zu kleinlichen und zum Theil unlauteren Sonder-Interessen hervor, sowie eine gänzliche Unkenntniß der damaligen commerciellen Lage und Bedürfnisse Deutschlands und der zu erwartenden Resultate eines Zollvereins. Dazu kam noch Badens innige Verbindung mit Oesterreich, welches, anscheinend theilnahmlos, jeder engeren Vereinigung der kleineren Staaten widerstrebte und im Geheimen jederzeit bereit war, einer solchen entgegen zu arbeiten. Auch war die öffentliche Stimme in Baden keineswegs so entschieden für einen Verein der süddeutschen Staaten, daß sie für die großherzogliche Regierung von irgend einem Gewichte hätte sein können, vielmehr gingen einzelne Anregungen in der Ständekammer sowie von einigen Städten geradezu von dem Standpunkte jener Sonderinteressen aus, welche zum größten Theile durch einen wenig ehrbaren, unerlaubten Zwischenhandel entstanden und gehoben waren.

Unter solchen Auspicien war der Ausgang der Stuttgarter Verhandlungen klar vorherzusehen. Wenn daher auch von bayrischer Seite dem Bevollmächtigten Instructionen in so nachgiebigem und entgegenkommendem Sinne ertheilt wurden, daß sie selbst die Bewunderung des württembergischen Ministeriums erregten und die bisherigen Anstände über den Grundvertrag nahezu beseitigten, so war dennoch die eigentliche Frage um Nichts ihrem Ziele näher gerückt, da eine neue, fast noch mehr in die materiellen Interessen eingreifende Streitfrage zur Verhandlung gelangte, nämlich der Zolltarif.

Der bayrisch-württembergische Entwurf des Tarifs, gegründet auf die mehrjährigen Erfahrungen dieser beiden Regierungen, war darauf gerichtet, einerseits durch eine mäßige Besteuerung der für die höhern Classen zur Gewohnheit gewordenen Colonial- und anderen ausländischen Consumtibilien dem Staatsärar eine erhebliche, für die Abgabepflichtigen in keiner Weise drückende Einnahme zu bereiten, anderseits durch eine mit den Fabrikationskosten in billigem Verhältnisse stehende Belegung ausländischer Fabrikate den inländischen Gewerbtreibenden, welche größtentheils unter ungünstigen Verhältnissen, ohne genügende Capitalien und technische Kenntnisse ihr Geschäft betreiben mußten, einen entsprechenden Schutz zu gewähren. In dem bayrischen Tarife, welchen man zur Grundlage des Entwurfes genommen, waren daher von den vorzüglichsten Colonialwaaren

Rohzucker der Ctr. mit .	5 fl.
Kaffee " " "	15 fl.
Thee " " "	20 fl.
Tabak " " "	5 fl.

ausländische Fabrikate wie

Baumwollenwaaren der Ctr. mit	20—60 fl.
Wollenwaaren " " "	60 fl.
Leinenwaaren " " "	10—30 fl.
Seidenwaaren " " "	10—60 fl.

belegt.

Dagegen war der badische Bevollmächtigte von seiner Regierung zu dem Antrage beauftragt:

1) daß genießbare Colonialwaaren lediglich mit einem Eingangszolle von 1 fl. 30 kr. pr. Ctr.,

2) alle Ellenwaaren aber mit 8 fl. pr. Ctr. als Maximum zu belegen seien.

Eine hierüber eingeleitete Discussion war nicht im Stande, an diesen badischen Ansichten Etwas zu ändern, vielmehr ergab die bald hierauf erfolgende badische Schlußerklärung, daß man es in Karlsruhe gar nicht einmal der Mühe werth erachtet hatte, die bei der Conferenz entwickelten triftigen Gründe für ein auf finanzielle und staatswirthschaftliche Principien gegründetes Zollsystem nur in nähere Erwägung zu ziehen.

Offenbar war es weder der großherzoglich badischen Regierung und noch weniger ihrem Bevollmächtigten Ernst, einen Zoll- und Handelsverein einzugehen, sondern dieselben suchten vielmehr den Beitritt der übrigen Staaten zu vereiteln. Nicht wagend, der öffentlichen Meinung durch die Zurückweisung der ergangenen Einladung zur Theilnahme an den Unterhandlungen entgegen zu treten, ließ sie sich gleichwohl in die Unterhandlung ein, trat aber dabei mit solchen Anträgen auf, welche jedenfalls eine Vereinigung mit Bayern und Württemberg unmöglich machten. Dahin zielte auch ihr Bestreben, die hessische und die nassauische Regierung durch die Heidelberger und Mainzer Conferenzen so zu binden, daß selbe dem badischen Verfahren beizustimmen genöthigt waren. Dies bestätigte denn auch das Benehmen Badens bei den Verhandlungen. Zuerst wurde die Frage des Stimmenverhältnisses und des Verwaltungsprincips entgegengestellt. Als diese Anstände durch die Nachgiebigkeit Bayerns beseitigt zu werden drohten, wurde das letzte, durch den bei den Ständen eingebrachten Antrag unterstützte Mittel, die Tariffrage, ergriffen, welche noch obendrein einen gewissen, den damals herrschenden Ideen von Handelsfreiheit entsprechenden liberalen Anstrich hatte. In keinem irgend erheblichen Differenzpunkte der damaligen Verhandlungen hatte Baden die geringste Nachgiebigkeit oder Annäherung an Bayern und Württemberg gezeigt.

Unter solchen Umständen konnte der königlich bayrischen wie der königlich württembergischen Regierung der wahrscheinliche Ausgang der Verhandlungen nicht zweifelhaft sein, und letztere fand sich daher veranlaßt, dem bayrischen Bevollmächtigten mit Rücksicht auf die bekannten Tendenzen der badischen Regierung, welcher die Regierungen von Hessen und Nassau gleichfalls folgen zu wollen schienen, ihre Geneigtheit erklären zu lassen, für den

Fall, daß eine Vereinigung mit den übrigen süddeutschen Staaten über ein gemeinschaftliches Zollsystem nicht sollte zu Stande gebracht werden können, mit Bayern allein sich über die beiderseitigen Zoll- und Handelsverhältnisse zu verständigen. Bayrischer Seits ward dieses Anerbieten alsbald in verbindlicher Weise angenommen.

Daß eine solche gegenseitige Verständigung jedenfalls zwischen Bayern und Württemberg zu Stande kommen werde, konnte nach der innigen Uebereinstimmung, die in Folge gleichartiger Interessen nicht minder als der beiderseitigen Offenheit zwischen den beiden Regierungen während des ganzen Laufes der bisherigen Verhandlungen ununterbrochen obgewaltet hatte, kaum bezweifelt werden. Dennoch machte der badische Bevollmächtigte, noch ehe die Verhandlungen ihren wahrscheinlichen Ausgang für alle Theilnehmer klar entwickelt hatten, den Versuch, Württemberg von seiner Verbindung mit Bayern abzubringen, indem er dem württembergischen Ministerium mehrfache Anträge auf Abschließung eines Separat-Handelsvertrages mit Baden vorlegte und, um diesen Eingang zu verschaffen, theils die Aufhebung des Mannheimer Stapels, theils, falls Württemberg sich zu einem solchen Vertrage nicht herbeilassen sollte, feindselige Maaßregeln in Aussicht stellte. Das württembergische Ministerium lehnte jedoch diese Insinuation geradezu ab.

Ehe noch die Conferenzverhandlungen zu einem Schlusse gediehen, insbesondere ehe die Erklärungen von Bayern und Württemberg auf die badischen Propositionen abgegeben waren, entschloß sich die badische Regierung zu einem Schritte, der thatsächlich alle ferneren unmöglich machte und ihren entschiedenen Willen darlegte, sich in keinem Falle zu einem Zollsysteme mit finanzieller oder industrieller Grundlage herbeizulassen. Sie erklärte nämlich noch im Juli 1825, daß bei der großen Verschiedenheit der Ansichten, welche sich bei den Stuttgarter Verhandlungen ergeben hätte, die Aussicht zu einem Uebereinkommen nahezu verschwunden sei, und daß sie daher mit Rücksicht auf die Wünsche der Bevölkerung in Baden es für geeignet erachte, sogleich dasjenige Zollsystem einzuführen, welches ihr den Bedürfnissen des Landes am entsprechendsten schiene. Diese Verordnung wurde noch am 28. Juli erlassen und war ganz den bisherigen Anträgen Badens entsprechend, indem 6 fl. 40 kr. nach derselben der höchste Zollsatz war. Das großartige System des Schmuggels, das bisher in Baden nicht blos die Majorität der öffentlichen Stimmen, sondern selbst die Organe der Regierung für sich zu gewinnen gewußt hatte, ward hierdurch in seinem vollen Umfange neuerdings bestätigt.

Bald darauf erklärten die bayerischen und württembergischen Bevollmächtigten in der Conferenz ihre definitive Ablehnung der badischen Propositionen, während Nassau den letzteren unbedingt beitrat. Hessen dagegen gab zu erkennen, daß es zwar auch ohne Baden zu einem Vereine bereit wäre, wenn derselbe außer Bayern und Württemberg auch noch Kurhessen und Nassau umfassen würde; da nun aber letztere Voraussetzung nicht eingetreten sei, so könne es sich auf einen beschränkteren Verein nur dann einlassen, wenn vor Abschluß desselben die volle Gewißheit gegeben werde, daß Preußen den Producten des Vereins bedeutende Vortheile durch einen Handelsvertrag gewähren werde.

Mit diesem Resultate löste sich denn in den ersten Tagen des Monats August 1825 auch diese Conferenz auf; ein neues trauriges Denkmal deutscher Zerrissenheit, zugleich aber auch ein Beweis, wie wenig noch eine klare Erkenntniß der nationalen Bedürfnisse und der Natur des Handels und der Industrie bei den Regierungen und ihren Organen Eingang gefunden hatten. Unlautere Interessen wurden als Staatszweck, ein unerlaubter Handel als höchste commercielle Blüthe, und ein kleiner dem deutschen Nachbar abgerungener Vortheil für höher erachtet als des Vaterlandes gemeinsames Ansehen und Wohl. Daß nur eine innige Verbindung der kleineren deutschen Staaten ihnen gegen außen commercielle Geltung, im Innern Aufschwung ihrer ehedem so blühenden, jetzt darniederliegenden Industrie gewähren könne, daß vor diesem großen Zwecke kleinliche Sonderinteressen verschwinden müssen, daß endlich bei einer solchen freiwilligen zweckmäßig constituirten Vereinigung der Einzelne keineswegs seine politische Selbständigkeit verlieren, sondern nur an Geltung gewinnen könne, von der Erkenntniß dieser Wahrheiten zeigt sich in allen diesen Verhandlungen auf Seite der meisten Regierungen kaum eine Spur. Traurig sah die deutsche Industrie auf ein solches Ergebniß hin, während schadenfroh das Ausland es als einen unverkennbaren Beweis der politischen Unmündigkeit der Deutschen hervorhob und fremde Industrie frohlockend die reichen Früchte derselben erntete.

Fünftes Kapitel.

Der bayrisch-württembergische Zollverein. 1826—1828.

Als die Conferenz resultatlos aus einander ging, griff die württembergische Regierung ihre Einleitungen zu einem Uebereinkommen mit Bayern wieder auf, die schon früher von dem letzteren mit Bereitwilligkeit und Dank aufgenommen worden waren. Sie knüpfte an diese Mittheilung die weitere Eröffnung, daß man württembergischer Seits sowohl zu einem Zollvereine als auch eventuell zu einem bloßen Handelsvertrage mit Bayern nach den bei den bisherigen Verhandlungen angenommenen Grundlagen vollkommen bereit sei; jedoch werde hierbei vorausgesetzt, daß der von Seite Württembergs mit der Schweiz unterhandelte Handelsvertrag zu Stande kommen werde. So sehr man nun auch bayrischer Seits zu einer solchen näheren Zollverbindung mit Württemberg geneigt war, so war dennoch auch anderseits nicht zu verkennen, daß durch die geringere Ausdehnung eines solchen Vereines, namentlich durch die abgesonderte Lage der bayrischen Pfalz, der Standpunkt der Verhandlung ein wesentlich veränderter geworden war. Auch die von Württemberg gesetzte Voraussetzung des Zustandekommens eines Handelsvertrages mit der Schweiz hinderte für den Augenblick den Fortschritt der Verhandlung mit Bayern.

Letzteres benutzte diese Zwischenzeit zu einer umfassenden Revision seines Tarifes, welche am 11. December 1826 publicirt wurde, und durch die bisher gesammelten Erfahrungen vielfach ergänzt und modificirt, dem bisherigen Zollsysteme in seiner zweifachen Richtung, für das finanzielle Interesse und zum Schutze der inländischen Industrie, eine höhere Vollendung und größere Bestimmtheit gab. Württemberg seiner Seits beendigte inzwischen die Unterhandlungen mit der Schweiz durch einen Handelsvertrag, in welchem es, um seinem Salze in der Schweiz Eingang zu verschaffen, nicht unbedeutende Erleichterungen für die Einfuhr schweizerischer Fabrikate zugestand.

In Bayern war inzwischen ein Thronwechsel vor sich gegangen, und große Wünsche und Erwartungen knüpften sich hieran. Man erwartete von dem neuen Monarchen eine entschiedenere kräftigere Einwirkung auf die öffentlichen Verhältnisse; von ihm, dessen patriotische Vorliebe für deutsches Wesen und Deutschlands Einigkeit genugsam bekannt war, versprach sich auch die deutsche Industrie eine günstigere Gestaltung der Dinge.

Diese Erwartungen wurden auch nicht getäuscht.

Da unter dem Drange dieser neuen Verhältnisse von bayrischer Seite eine definitive Antwort auf die württembergischen Vorschläge noch nicht erfolgt war, so ergriff im December 1826 S. M. der König von Württemberg eine sich darbietende Veranlassung, um in einem Privatschreiben S. M. dem Könige von Bayern diese Angelegenheit persönlich ans Herz zu legen. Dieser Brief, ein wahres Denkmal ächt deutscher Offenheit und des herzlichsten Vertrauens, ward augenblicklich in dem gleichen Sinne erwidert, und so bildete sich aus dem freien Herzenserguß von zwei Monarchen, welche das wahre Wohl ihrer Unterthanen weit über alle kleinliche Rücksichten setzten, die Veranlassung zu dem ersten Zollvereine, zu einem Werke, dessen segensreiche Folgen zwar vor den Augen der Gegenwart liegen, dessen Zukunft aber vielleicht noch Größeres in sich birgt.

Es kann wahrlich nur bedauert werden, daß solche Documente, welche ihren beiden Urhebern einen tieferen und unvergänglicheren Dank ihrer Unterthanen wie des ganzen Deutschlands erringen würden, als manche mit Pomp gefeierte, aber ohne dauerndes Resultat vorübergehende Regierungsacte, dem Publicum unbekannt in Archiven vermodern, ja selbst absichtlich geheim gehalten werden, während sie allgemein als ein leuchtendes Beispiel deutschen Fürstenvertrauens und deutscher Offenheit gekannt zu werden verdienen.

Auf die Einladung des Königs von Bayern erschien alsbald ein württembergischer Bevollmächtigter in München, mit welchem noch im Januar 1827 die Verhandlungen eröffnet wurden. Er bemerkte in seiner ersten Erklärung über die Grundlage der neuen Verhandlungen, daß die königlich württembergische Regierung noch immer an der Ueberzeugung festhalte, daß ein umfassender süddeutscher Verein das sicherste Mittel wäre, alle Interessen auszugleichen und der Industrie wie dem Handel und Verkehr eine wirksame Förderung zu gewähren. Da aber dieser größere Zweck vorerst hinausgerückt und jedenfalls nur durch länger dauernde Verhandlungen erreichbar erscheine, so sei er angewiesen, vorerst den Gegenstand in derjenigen Richtung wieder aufzunehmen, in welcher derselbe schon bei dem Ausgange der Stuttgarter Conferenzen vorbereitet worden war. Die württembergische Regierung stelle es hiernach der königlich bayrischen anheim, entweder einen förmlichen Zollverein zwischen beiden Ländern vorzubereiten, oder lediglich sich über einen Handelsvertrag und gegenseitige Erleichterungen in den Zollsätzen zu verständigen. In ersterer Beziehung werde sie keinen Anstand nehmen, das neueste bayrische Zollgesetz mit den aus der veränderten Lage der Sache hervorgehenden Modificationen zu Grunde zu legen und überhaupt von jenen Bestimmungen auszugehen, welche für den beabsichtigten größern Verein vorläufig angenommen worden waren.

Hierauf ward von dem bayrischen Ministerium erwidert, daß man geneigt und bereit sei, dermal auf eine Vereinigung beider Königreiche allein zu einem gemeinschaftlichen Zoll= und Handelssystem und sonach zu einer dieselben gemeinschaftlich umschließenden Zolllinie gemäß den von Württemberg vorgeschlagenen Grundlagen einzugehen, und deshalb auf die Abschließung einer das Princip des Vereines förmlich und ausdrücklich festsetzenden Convention antrage.

Schon am 12. April 1827 kam diese Vereinbarung zu Stande. Sie enthält als Hauptbestimmung die Erklärung, daß beide Regierungen sich zu einem gemeinsamen, vorerst nur den Länderumfang der Königreiche Bayern und Württemberg begreifenden Zoll= und Handelssysteme vereinigen würden, in welche Verbindung auch andere angrenzende deutsche Staaten mit vereinter Zustimmung Bayerns und Württembergs aufgenommen werden könnten. Es sollten demnach alle längs der gemeinschaftlichen Gebietsgrenzen dermal bestehenden Zollgrenzen aufgelöst und die Eingangs=, Durchgangs= und Ausgangszölle an den äußeren Grenzen der vereinten Staaten für gemeinsame Rechnung erhoben werden.

Beide Theile verzichteten für die Dauer des Vereines auf alle und jede einseitigen Handelsverträge mit dem Auslande.

Die bayrische Zollgesetzgebung und die schon zu Stuttgart zwischen den beiden Contrahenten vereinbarten Bestimmungen sollten, vorbehaltlich der nöthigen Modificationen, dieser Vereinigung zur Grundlage dienen. Ueber die nähere Ausbildung und Vollziehung des Vereins sollten alsbald weitere Verhandlungen eröffnet werden. Um jedoch noch vor der Beendigung der letztern einen möglichst freien Verkehr zwischen den beiderseitigen Landestheilen herzustellen, waren eine Reihe von Bestimmungen getroffen, wodurch alle Lebensmittel und rohe Natur= und Gewerbsproducte, dann auch einige Fabrikate in dem Uebergange von dem einen Vereinslande in das andere theils gänzlich vom Zolle befreit, theils zu sehr mäßigen Sätzen zugelassen werden sollten.

Die Regierungen von Baden, Großherzogthum Hessen und Nassau, zum Beitritt eingeladen, lehnten denselben unverweilt ab. Nur die beiden fürstlich hohenzollerschen Regierungen schlossen mit Württemberg eine Uebereinkunft ab, gemäß welcher sie dem neuen Vereine sich anschlossen. Bayern und Württemberg, unverdrossen das einmal begonnene Werk fortsetzend, eröffneten noch im October desselben Jahres die Verhandlungen zum

Vollzuge des Vereins und endeten dieselben am 18. Januar 1828 mit dem ersten förmlichen Zollvereinsvertrage.

Dieser Vertrag, der seitdem allen ähnlichen Vereinsverträgen als Vorbild diente, unterscheidet sich durch viele klare, einfache und zweckmäßige Bestimmungen vortheilhaft von allen vorausgegangenen Entwürfen. Hierzu hatte unstreitig der Umstand beigetragen, daß er ohne viele Discussion, gleichsam wie aus einem Gusse, als das übereinstimmende Resultat der bisherigen Erfahrungen der beiden Regierungen zu Stande kam, während bei den früheren Verhandlungen das unverkennbare Streben, widersprechenden Ansichten gleichzeitig zu genügen, das Herumzerren jeder unbedeutenden Bestimmung allen Entwürfen ihre ursprüngliche Einheit, den einzelnen Bestimmungen aber alle Klarheit und Deutlichkeit genommen hatte.

Der Vertrag bestimmt zuerst die Vereinigung der Königreiche Bayern und Württemberg mit Einschluß der beiden hohenzollerschen Fürstenthümer zu einem gemeinsamen Zollsystem und einer den zusammenhängenden Länderumfang beider Staaten einschließenden Zollinie, sodaß vorerst die bayrische Pfalz sowie alle sonstigen Exclaven hiervon ausgenommen bleiben.

Die bisher an den gemeinschaftlichen Grenzen bestehenden Zollerhebungsstellen werden aufgelöst, und die sämmtlichen Zölle fernerhin, sowohl an den Grenzen als bei den inneren Zollämtern, für gemeinschaftliche Rechnung erhoben.

Beide Regierungen verzichten auf einseitige Anordnungen und Verträge mit nicht zum Vereine gehörigen Staaten.

Der Reinertrag der Zölle wird nach dem Verhältniß der Bevölkerung getheilt und deren Stand von drei zu drei Jahren durch eine genaue Volkszählung ermittelt.

In jedem Staate besteht eine eigene und selbständige Zolladministration, und bei jeder derselben ein ständiger Generalbevollmächtigter des andern Vereinsstaates zur Controle mit bestimmt begrenzten Befugnissen.

Für die alle Staaten des Vereins umfassende Controle der Zollscheine wird eine gemeinschaftliche Anstalt gebildet.

Die jährliche Abrechnung nach Monatsrechnungen der Erhebungsämter findet zwischen den Oberzoll-Administrationen statt.

Allgemeine Anordnungen können, mit Ausnahme dringender Fälle, nur im gemeinsamen Einverständnisse stattfinden.

Die verschiedenen Zollbediensteten stehen unter der ausschließenden Aufsicht desjenigen Staates, welchem sie angehören, sie werden jedoch dem Vereine nach einer verabredeten Formel verpflichtet.

Die Kosten der Generaladministration, alle Pensionen, Ruhegehalte ꝛc. werden von jeder Regierung auf privative Rechnung übernommen, dagegen die Kosten der Central-Controlanstalt der äußeren Zollerhebungs- und Aufsichtsstellen und sonstige Verwaltungskosten auf Rechnung des Vereins bestritten.

Die polizeilichen Verfügungen über den gegenseitigen Besuch der Märkte, den Hausirhandel und die Bestimmungen über Gewerbsprivilegien bleiben den respectiven Regierungen vorbehalten.

Alle Zollbefreiungen, Rückvergütungen oder sonstige Vergünstigungen fallen auf Rechnung derjenigen Regierung, welche sie gewährt.

Alle Stapel- und Umschlagsrechte sind aufgehoben. Für Lagerhaus- und Zollanstalten ist für jeden Staat ein Maximum festgesetzt, Ueberschreitungen können auf eigene Kosten der betreffenden Regierung stattfinden.

Weggelder, Wasserzölle, Brücken- und Pflasterzölle, Krahnen-, Werft- und dergleichen Gebühren bleiben der privativen Erhebung vorbehalten. Weggeld und Wasserzoll soll niemals 2 Pf. vom Centner und der Stunde überschreiten.

Brücken- und Pflasterzölle sollen niemals als eine Finanzquelle benutzt werden.

Consumtionsabgaben, welche von gewissen inländischen Genuß- und Verbrauchsgegenständen erhoben werden, können in gleichem Betrage von jedem Vereinsstaate auch von den Gegenständen derselben Art, welche aus dem Gebiete eines benachbarten fremden oder zum Vereine gehörigen Landes kommen, erhoben werden.

Die Salzregale werden beiderseits aufrecht erhalten und besondere Bestimmungen über Einfuhr und Transport des Salzes getroffen.

Für die Besorgung der gemeinschaftlichen Vereinsangelegenheiten tritt jährlich ein General-Congreß zusammen, aus zwei bayrischen und zwei württembergischen Abgeordneten mit wechselndem Directorium bestehend. Dieser Congreß hat über die etwa nothwendigen Abänderungen des Grundvertrags, der Organisation der Verwaltung, der Zollordnung und des Tarifs sich zu vereinigen, die administrativen Rechenschaftsberichte der Oberzoll-Administrationen zu prüfen, die Hauptrechnung festzustellen, den Etat festzusetzen und außerdem noch die Recurse und Beschwerden über die Verfügungen der Oberzoll-Administrationen zu entscheiden. In letzterem Falle constituirt sich der Congreß unter Zuziehung von Sachverständigen als Compromißgericht.

Das bayrische Gewicht und Maaß wird dem gemeinschaftlichen Tarife zu Grunde gelegt und die Zollabgabe hiernach erhoben.

Diesem Vertrage, welchem die beiden hohenzollerschen Fürstenthümer unverzüglich beitraten, folgte im Herbste 1828 die inzwischen von den bayrischen Ständen berathene Zollordnung und der Zolltarif nach, sodaß mit Anfang des Jahres 1829 der Verein vollständig ins Leben trat.

Sechstes Kapitel.

Zollverhältnisse in Norddeutschland.

Während sich so die Zollverhältnisse im Süden von Deutschland, zwar unter harten Kämpfen, doch endlich zu einem erfreulichen Anfange einer bessern Zukunft entwickelten, hatten im Norden nicht geringere Kämpfe allmälig ebenfalls ein bestimmtes System mit der Aussicht zu Tage gefördert, daß selbes endlich größere Einheit als Resultat erringen werde.

Der nach den langen und erschütternden Kämpfen der französischen Kaiserzeit eingetretene Friede fand dort im Zoll- und Handelswesen wo möglich noch größere Verwirrung vor als in den kleineren, aber in ihrem Territorial-Besitz mehr geschlossenen Staaten Süddeutschlands. Preußen war zur europäischen Großmacht herangewachsen, aber es hatte dieses Ziel mit einer Erschöpfung aller seiner Kräfte theuer bezahlt. Dazu war ihm ein Territorial-Besitz geworden, unförmlich, ohne innige Verbindung mit den Stammländern, zerstückelt und durchschnitten von einer Anzahl kleinerer Besitzthümer, deren Herren einestheils in der ängstlichen Furcht, von dem riesenhaften und energischen Nachbar erdrückt zu werden, mit verdoppelter Hartnäckigkeit jedem Einflusse desselben auf ihre inneren Angelegenheiten sich entgegensetzten, anderntheils aber eben wegen ihres beschränkten Territorial-Besitzes nicht im Stande waren, irgend ein den Bedürfnissen ihrer Lande entsprechendes Zoll- und Handelssystem consequent durchzuführen.

Aber auch die preußische Regierung selbst hatte nicht geringeren Verlegenheiten zu begegnen. Durch die neuen Territorial-Erwerbungen waren ganz neue Elemente eingedrungen, sie machten neue Kenntnisse, neue Verwaltungsgrundsätze, eine neue Politik zur unbedingten Nothwendigkeit. Zu dem früher überwiegenden Interesse der Urproduction war durch die rheinischen und sächsischen Provinzen jenes einer weit vorgeschrittenen

Industrie gekommen, welches mit lauter Stimme nach Schutz und Beachtung verlangte.

Eben so war der junge Staat durch die gemachten Anstrengungen, durch die Nothwendigkeit, zum Schutze seiner neuen Stellung eine kolossale Militairmacht zu unterhalten, durch die vielen nothwendigen neuen Einrichtungen zu Ausgaben gezwungen, welche das erschöpfte Land nach dem bisherigen Steuersysteme nicht zu erschwingen vermochte.

Während daher einerseits die territoriale Lage, die ausgedehnten vielfach durchschnittenen Grenzen, die zahlreichen Inclaven ein strengeres Zollsystem mit genauer Grenzbewachung fast als eine Unmöglichkeit darstellten, wiesen die Forderungen der Industrie wie des Staatsärares unbedingt darauf hin.

Der Versuch mußte gemacht werden, und die unverkennbare Intelligenz, die den preußischen Beamtenstand namentlich in der damaligen Zeit auszeichnete, war eine Garantie seines Gelingens. Während die Wissenschaft ohne praktische Kenntnisse eine mißverstandene Theorie der Handelsfreiheit predigte, während in allen kleineren Staaten mit wenig Ausnahmen ohne Voraussicht, ohne Zweck und Consequenz im Zollwesen verfahren wurde und die Confusion mit jedem Tage stieg, wurde in Preußen ein neues Zollgesetz auf der Grundlage einer sorgfältigen und strengen Grenzbewachung, einer genauen Controle aller ein-, aus- und durchgehenden Waaren-Transporte, einer erheblichen Besteuerung aller fremden Consumtibilien und Fabrikate berathen und schon im October des Jahres 1818 veröffentlicht. Allerdings erschien dasselbe nach den damals in Deutschland herrschenden Begriffen Vielen übermäßig in den Zollsätzen und vexatorisch für den Handeltreibenden, aber es entsprach vollkommen den Forderungen der preußischen Handelspolitik, und die Erfahrung hat seitdem die Grundsätze, auf denen es errichtet war, theils gerechtfertigt, theils manche Härte gemildert.

Mit dem Jahre 1819 trat dasselbe ins Leben, mit ihm aber auch Schwierigkeiten und Anstände aller Art. Die Grenzbewachung, obwohl mit aller Strenge und Genauigkeit geübt und durch eine sorgfältig organisirte Binnen-Controle unterstützt, verschlang ungeheure Summen und vermochte dennoch bei der ausgedehnten, nirgends durch die Natur geschützten, vielfach durchbrochenen Grenze dem Schleichhandel nicht oder nur wenig zu steuern. Ganz besondere Schwierigkeiten boten die zahlreichen Inclaven dar. Diese im Innern nochmals mit einer Zolllinie zu umgeben erschien geradezu unmöglich, und die Territorialherren derselben zeigten wenig Lust, sich dem Systeme Preußens anzuschließen, noch weniger aber demselben die Ausübung der Zollgerechtsame auf ihrem Gebiete zu gestatten. Nur allmälig gelang das Bestreben Preußens, die Beschwernisse dieser Inclaven für das Zollwesen dadurch zu entfernen, daß dieselben in Bezug auf innere Besteuerung das preußische System annahmen und der preußischen Zollverwaltung unterworfen wurden, dagegen aber auch vollkommen freien Verkehr mit den sie umgebenden preußischen Gebietstheilen erhielten und den betreffenden Regierungen der auf diese Inclaven nach dem Verhältnisse der Bevölkerung treffende Antheil an dem reinen Erträgnisse der Zollrevenuen baar vergütet wurde. Auf dieser Grundlage entstanden nach und nach die Verträge Preußens

mit Schwarzburg-Sondershausen vom 25. October 1819 in Beziehung auf die in dem preußischen Gebiete eingeschlossenen Theile des Fürstenthums;

mit Schwarzburg-Rudolstadt vom 24. Juni 1822 bezüglich dessen Inclaven;

mit Sachsen-Weimar und Eisenach vom 27. Juni 1823 in Beziehung auf die Aemter Allstädt und Oldisleben;

mit Lippe vom 9/17. Juni 1826 über die fürstlichen Landestheile Lipperode, Cappel und Grevenhagen;

mit Meklenburg-Schwerin vom 2. December 1826 bezüglich der von Preußen umschlossenen großherzoglichen Gebietstheile Rossow, Netzeband und Schönberg.

Nur die herzoglich anhaltischen Häuser schienen sich hartnäckig dem auf Arrondirung seines Zollsystemes gerichteten Bestreben Preußens widersetzen zu wollen. Schon bei den Dresdener Unterhandlungen über die Elbschifffahrt hatte Preußen sich bemüht, den Wiener Bestimmungen über die Freiheit der Flußschifffahrt nur in einer solchen Weise Anwendung zu verschaffen, welche der Wirksamkeit der innern Steuergesetzgebung für den ganzen Umfang des preußischen Gebietes keinen Abbruch thun könnte. Darum fehlte es schon bei jenen Unterhandlungen von Seite Preußens nicht an Andeutungen, daß Anhalt sich in Ansehung seines Zollsystemes mit dem in Preußen bestehenden vereinigen müsse, und daß allein dadurch die sonst gar nicht zu beseitigenden Schwierigkeiten gehoben werden dürften. Hierzu waren jedoch die anhaltischen Fürsten nichts weniger als geneigt, und die Dresdener Commission wollte auch ihrerseits sich nicht mit einer ihrem Wirkungskreise ganz fremden Verhandlung befassen. Kurz nach der Eröffnung der Dresdener Verhandlungen trat das neue preußische Zollgesetz ins Leben und mit demselben das Verlangen Preußens, daß alle diejenigen

Waaren, welche an der preußischen Zollgrenze zum Eingange nach den Inclaven declarirt würden, entweder sofort zum innern Verbrauche versteuert, oder doch Sicherheiten, daß sie nicht unversteuert in den innern Verbrauch kämen, geleistet würden. Eine dem Kaufmann Friedheim zu Cöthen gehörige Partie Colonialwaaren, welche auf der Elbe zu Mühlberg im preußischen Gebiete ankam und für welche weder die treffende Verbrauchssteuer noch die erwähnte Sicherheit geleistet werden wollte, wurde deshalb festgehalten und gab dadurch die besondere Veranlassung zu lebhaften Discussionen über die preußischen Prätensionen und die denselben entgegengesetzten anhaltischen Beschwerden. Da kein Theil zu irgend einer Nachgiebigkeit geneigt war, so gelangte die Sache im Januar 1821 durch eine Beschwerde von Anhalt-Cöthen an den Bundestag in Frankfurt. Dasselbe stützte sich hierbei vorzugsweise auf die Bestimmungen der Wiener Congreß-Acte über die freie Flußschifffahrt, namentlich den Art. 115, welcher besagt „Les douanes des états riverains n'auront rien de commun avec les droits de navigation," und behauptete darnach die vollkommene Freiheit des Waarentransportes auf der Elbe, welcher durch die Bestimmungen der preußischen Zollgesetzgebung in keiner Weise behelligt werden dürfe.

Preußen dagegen stützte sich auf den Nachsatz des genannten Artikels, welcher lautet: „On empêchera par des dispositions réglémentaires, que l'exercice des fonctions des douaniers ne mette pas d'entraves à la navigation, mais on surveillera par une police exacte sur la rive toute tentative des habitans de faire la contrebande à l'aide des bateliers."

Auf Grund dieser Bestimmungen habe die preußische Regierung sich vollkommen bereit erklärt, auch von der Elbe selbst diejenigen Veranstaltungen zu entfernen, welche sie daselbst zur Sicherung der Abgaben unterhielt, die sie von ihren Unterthanen für den Verbrauch fremder Waaren erhob, sobald nur in gemeinsamer Uebereinkunft dagegen vollkommen hinreichende Anstalten auf dem Ufer errichtet würden, um den Schleichhandel abzuhalten. Statt dieser Bestimmung der Wiener Congreß-Acte nachzukommen hätten aber die anhaltischen Regierungen ihre im preußischen Staate inclavirten Gebietstheile zu förmlichen Depots des Schleichhandels gemacht, so daß notorisch der bei weitem größte Theil der dahin eingeführten fremden Waaren auf unerlaubte Weise wieder nach Preußen heimlich eingeführt würde, welches nach der Lage dieser Inclaven nicht mit Erfolg gegen dieselben geschlossen werden könne. Einen unumstößlichen Beweis, daß Preußen durch seine angeordneten Maaßregeln nichts Anderes als eine Sicherstellung der Abgaben von dem Verbrauche seiner eigenen Unterthanen beabsichtige, habe es dadurch gegeben, daß es dem Herzoge von Anhalt-Cöthen die vollständige Erstattung dessen angeboten habe, was an den erhobenen Zöllen auf den wirklichen Verbrauch anhaltischer Unterthanen treffe, welches Anerbieten jedoch zurückgewiesen worden sei.

Durch den noch in demselben Jahre erfolgten Abschluß einer Elbschiff-fahrts-Acte wurde diese Reclamation erledigt, ohne daß es zu einer Entscheidung der eigentlichen Streitfrage kam.

Bei den Dresdner Verhandlungen hatte jedoch Preußen zu wiederholten Malen erklärt, daß es nur unter der Voraussetzung einer Vereinigung des anhaltischen Zollsystemes mit dem seinigen alle Erklärungen über die Art der Anwendung der Artikel der Wiener Congreß-Acte auf die Elbe gemacht habe, und erst nach der Erwiderung des anhaltischen Bevollmächtigten, „daß Anhalt zu einem Vereine mit Preußen, so bald als letzteres von der Besteuerung der anhaltischen Lande abgehe, auf möglichst ausführbare Art die Hände bieten werde," erfolgte seiner Seits die Ratification der Elbschifffahrts-Acte. Preußen suchte diese Vereinigung auch so schleunig als möglich zu realisiren und richtete darum bald nach der erwähnten Erklärung des herzoglichen Bevollmächtigten an die anhaltischen Regierungen die Einladung zu Unterhandlungen über die Ausführung derselben. Diesen Regierungen schien es jedoch hiermit wenig Ernst gewesen zu sein. Sie verweigerten die Eröffnung der Unterhandlungen, anfangs unter Vorwänden, später durch vollständiges Stillschweigen. Dies nöthigte nun die preußische Regierung, um die Elbschifffahrts-Acte zu rechter Zeit in Ausführung bringen zu können, die anhaltischen Lande mit Zolllinien zu umgeben. Aus dem spätern Benehmen der anhaltischen Regierungen scheint hervorzugehen, daß es Anhalt-Bernburg und wahrscheinlich auch Anhalt-Dessau von Anfang an mit seinem Anerbieten zu einer freundlichen Vereinigung wahrhafter Ernst gewesen, daß aber Anhalt-Cöthen nicht nur selbst hierin niemals aufrichtig, sondern auch die beiden andern Regierungen auf alle Weise von der Erfüllung ihres gegebenen Versprechens abzuhalten bemüht war. Darum enthielten auch die anhaltischen Propositionen, als man sich derselben nicht länger mehr entschlagen konnte, eine Vergleichsbasis, auf welche die preußische Regierung niemals hätte eingehen können. Gegen die Gestattung eines freien Durchzuges und einen convenirenden Territorial-Tausch auf ewige Zeiten wollten die drei fürstlichen Regierungen durch Special-Vertrag auf bestimmte Zeit dem preußischen Zoll- und

Steuer-Systeme sich anschließen. Nicht ohne den gerechten Unwillen durchscheinen zu lassen, den dieser hauptsächlich von Anhalt-Cöthen betriebene sogenannte Vergleichsvorschlag erregen mußte, wurde derselbe von Preußen unterm 18. Februar 1822 zurückgewiesen.

Diese übertriebenen Forderungen Cöthens hatten jedoch nicht den gewünschten Erfolg; vielmehr fingen Bernburg und Dessau an, sich über ihren Beitritt mit Preußen abgesondert zu verständigen und die Fortsetzung seines bisherigen Systems Cöthen allein zu überlassen. Anhalt-Bernburg schloß denn auch schon unterm 10. October 1823 mehrere Verträge mit Preußen ab, nämlich:

1. einen eventuellen, wegen des mit der Elbe und Saale in Verbindung stehenden bernburgischen Gebietes, für den Fall, daß auch Dessau und Cöthen beitreten würden;

2. zwei unbedingt errichtete, wegen des isolirt und getrennt von dem übrigen Anhalt im preußischen Gebiet liegenden Amtes Mühlingen und wegen des gar nicht von Preußen inclavirten obern Herzogthums.

Auch Anhalt-Dessau zeigte ähnliche Geneigtheit, indem es eine Anschließung des Amtes Alsleben in Antrag brachte und auch später (1. Mai 1824) diese Maaßregel auf die Aemter Sandersleben, Zerbst und Gröbzig auszudehnen bereit war.

Anhalt-Cöthen dagegen lehnte jede Einladung zu ähnlichen Vereinbarungen bestimmt, ja selbst unter Ausdrücken ab, welche für die preußische Regierung verletzend sein mußten. Auch erneuerte Versuche im October 1824 hatten nur den Erfolg, daß Bernburg und Dessau sich wiederholt zu einem Anschlusse an Preußen auf den bereits vereinbarten Grundlagen bereit erklärten, jedoch bemerkten, daß sie ohne Cöthen mit ihren übrigen Landen wegen der vermischten Lage derselben nicht beitreten könnten.

Dies veranlaßte endlich die königlich preußische Regierung, zu entschiedeneren und strengeren Vorkehrungen gegen den immer mehr von Anhalt her überhand nehmenden Schleichhandel zu schreiten. Sie ließ zu dem Ende die bisher noch bewilligt gewesenen Begleitscheine für die über die preußische Landgrenze nach Anhalt transitirenden Waaren versagen. Anhalt-Bernburg und Anhalt-Dessau machten hiegegen Vorstellungen und erboten sich zu Vorkehrungen gegen den Schleichhandel, die jedoch nicht genügend befunden wurden; gleichzeitig lud Preußen dieselben wiederholt zum Anschluß an sein Zollsystem, unter dem Erbieten zur Tragung aller Unkosten, ein. Dieser Einladung folgte Bernburg auch wirklich durch einen am 17. Juni 1826 abgeschlossenen Vertrag, durch welchen der früher abgeschlossene eventuelle Vertrag wegen des obern Herzogthums realisirt ward. Auch Dessau schien geneigt, diesem Beispiele zu folgen, hielt sich jedoch durch Verabredungen mit Cöthen noch gebunden.

Der Schleichhandel aus den anhaltischen Gebietstheilen nach Preußen war mittler Weile zu einer wahrhaft erschreckenden Größe gestiegen. Während die Bevölkerung dieser Gebiete sich zu jener von Preußen wie 9: 1000 verhielt, war das Verhältniß der dorthin unversteuert eingeführten fremden Waaren wie 64: 1000, überstieg sohin siebenfach Dasjenige, was für eine gleiche Anzahl an Waaren in den preußischen Staat zum Verbrauch einging. Einzelne Artikel, wie baumwollene, wollene, halbseidene und seidene Zeuge, dann Wein, wiesen noch größere Verhältnißzahlen, 165, 91, 125, 77, 83: 1000 nach. Die preußische Regierung war darum auch fest entschlossen, diesem heillosen Waareneinschleife und dem notorischen Mißbrauche von der Freiheit der Elbschifffahrt, durch welchen er möglich gemacht war, auf jede zulässige Art zu steuern.

Das königlich preußische Ministerium eröffnete demnach unterm 16. Februar 1827 der herzoglichen Rentkammer zu Cöthen, daß fortan für alle auf der Elbe aus dem Auslande eingehenden und nach Anhalt bestimmten Waaren die Sicherstellung der preußischen Zollgebühren werde verlangt werden. Da diese Maaßregel nur eine Folge der herzoglicher Seits verweigerten Erfüllung des bei Unterzeichnung der Elbschifffahrtsacte gegebenen Versprechens sei, zu einem Vereine mit Preußen auf möglichst ausführbare Art die Hände bieten zu wollen, so werde solche auch nur so lange dauern, bis der Zweck, dem sie dienen solle, auf die eine oder andere Art erreicht sein werde. Preußen werde inzwischen aus dem Ertrage der hinterlegten Abgaben Dasjenige an die herzogliche Rentkammer vergüten, was für solche ausländische Waaren entrichtet worden, die erweislich in den herzoglichen Landen verbraucht worden seien.

Diese Maaßregel rief wiederholt die lautesten Beschwerden von Anhalt-Cöthen am Bundestage hervor, denen sich jedoch Anhalt-Dessau, obwohl in gleicher Weise durch dieselbe belästigt, erst später anschloß.

Uebrigens hatte sich allmälig auch Cöthen in der Voraussicht, daß bei dem Anschlusse von Bernburg, welchem Beispiele zu folgen Dessau ganz unverkennbar geneigt war, die bisherige Opposition nicht länger mehr werde durchgeführt werden können, mit der Idee eines Anschlusses an das preußische Steuersystem einigermaaßen ausgesöhnt. Die ungemeine Demoralisation aller Unterthanen durch den eingerissenen Schleichhandel, die Störung alles rechtlichen Verkehres durch diesen unerlaubten Handel, der wenige reelle Nutzen, den er dem Lande brachte, anderseits aber die unleugbaren Vortheile, welche die übrigen Inclaven durch den freien Verkehr mit den preußischen Landen in staatswirthschaftlicher und gewerblicher Beziehung erlangten, so wie die bedeutende von Preußen gewährte Rente aus den Zollerträgnissen wirkten zu diesem Entschlusse gewiß nicht minder bei als die Voraussicht, daß Preußen durch keine Opposition sich in seinem Systeme werde beirren lassen und die Beschwerde am Bundestage nur geringe Aussicht auf einen günstigen Erfolg darzubieten vermochte. So entschloß sich denn endlich auch Cöthen, dem preußischen Zoll- und Steuerverbande sich anzuschließen und die Ausübung der Zollgerechtsame so wie die Vertretung gegen das Ausland in Bezug auf Zoll- und Handelsverhältnisse gegen einen nach dem Maaßstabe der Bevölkerung bemessenen Antheil an dem reinen Ertrage der Zollrevenuen an Preußen zu überlassen und dadurch diese mit so vieler Aufregung verbundene Streitfrage für immer zu beseitigen. Durch Verträge vom 17. Juli 1828 wurde dieser neue Stand der Dinge definitiv bestätigt.

Es ist schwer, über das preußische Verfahren gegen die anhaltischen Fürstenthümer und die rechtliche Begründung desselben irgend ein entscheidendes Urtheil zu fällen. Wenn einerseits es keinem Zweifel unterliegt, daß dasselbe mit großer Härte, mit einer gewissen Darlegung des preußischen Uebergewichtes und einer anscheinenden Nichtachtung des schwachen Gegners durchgeführt wurde, so kann auch anderseits nicht in Abrede gestellt werden, daß diese kleinen Regierungen durch den notorischen Mißbrauch, den sie, gleichsam zum Hohne der preußischen Zollgesetze, von der ihnen gestatteten freien Durchfuhr machten, nothwendig solche Maaßregeln hervorrufen mußten. Allerdings kann, abgesehen von vertragsmäßigen Bestimmungen, kein unabhängiger Staat als verpflichtet erachtet werden, den Nachbar in der Vollziehung seiner Zoll- und Steuergesetze zu unterstützen; wenn er aber notorisch die Uebertretung dieser Gesetze begünstigt und beschützt, so kann er von dem Nachbar auch nur die äußerste Ausdehnung der demselben zustehenden Gerechtsame gewärtigen. Im vorliegenden Falle aber bestand auf Seite der Fürstenthümer offenbar noch eine vertragsmäßige Verpflichtung, dem Schleichhandel in irgend einer genügenden Weise zu steuern, welcher Verpflichtung auf andere Art als durch Anschluß an das preußische System nachzukommen sie niemals einen ernstlichen Willen gezeigt hatten. Politisch klug konnte ihre Opposition ohnedies niemals genannt werden; wo der kleine Staat in solchem Maaße von seinem großen Nachbarn umschlossen und an Bedeutung überwogen wird, ist eine völlige Gleichstellung geradezu unmöglich, und der Erfolg hat bewährt, daß die politische Selbständigkeit sowie das Interesse der Unterthanen durch ein zweckmäßiges Anschließen an das System des Nachbars besser gewahrt wird als durch hartnäckiges Widerstreben. Nur durch Einheit kann der Kleine einige Bedeutung erhalten; in der Sonderung verschwindet er oder wird, wenn er sich mit Gewalt bemerkbar macht, vernichtet.

Siebentes Kapitel.

Erste Anfänge zur Bildung eines größeren Vereins. Der preußisch-hessische und der mitteldeutsche Verein.

Während auf diese Art Preußen langsam und nur nach harten Kämpfen zu einer theilweisen Arrondirung seiner Zollgrenze sowie zur festeren Begründung seines Systems gelangte, hatte die Idee einer größeren allgemeinen Zolleinigung im Norden nur geringe Fortschritte gemacht.

Wenn vielleicht auch in Preußen der Gedanke einer größeren Vereinigung niemals gänzlich aufgegeben war, so erschien derselbe den preußischen Beamten doch niemals anders als im Gewande einer großen preußischen Zolladministration, in welcher Preußen die alleinige unbeschränkte Direction zustände. Im Süden aber hatten Bayern und Württemberg die Idee eines Vereins mit allseitiger gleicher Berechtigung, mit unabhängiger Verwaltung und gänzlicher Wahrung aller Einzelrechte, unbeschadet der nothwendigen Einheit und des Gesammtzweckes, vollkommen realisirt. Offenbar mußte letzteres System den benachbarten kleineren Regierungen ungleich mehr zusagen als das preußische, bei welchem ein Verlust an ihrer Selbständigkeit unvermeidlich war. Daher erregte auch die Nachricht von der bayrisch-württembergischen Uebereinkunft vom 12. April 1827 und die darauf wirklich erfolgte Zollvereinigung vom 18. Januar 1828 in ganz Deutschland eine gewaltige Aufregung und zugleich eine höchst merkwürdige unruhige Thätigkeit, welche deutlich zeigte, wie sehr alle Staaten die innere Ueberzeugung hegten, daß eine Umgestaltung der bisherigen Zoll- und Mauthverhältnisse Deutschlands zur unbedingten Nothwendigkeit geworden war, wenn sie auch über die Art und Weise, wie solche erzielt werden sollte, nicht immer die richtige Erkenntniß hatten. Oeffentliche und geheime, berufene und unberufene Agenten durchzogen Deutschland von einem Ende zum anderen, priesen oder verwarfen das eine oder das andere der beiden Systeme, intriguirten für oder wider dieselben, je nachdem sie durch politische Ansichten oder auch nur durch persönliche Interessen und Hinneigung hierzu angetrieben waren. Selbst anerkannte officielle Organe einiger Regierungen warfen sich mit Heftigkeit in dieses Treiben, während ihre Regierungen entweder solchen Intriguen völlig fremd blieben, oder wenigstens das Verfahren solcher Organe mißbilligen mußten. So entstand auf künstlichem Wege eine Art von Kampf zwischen dem preußischen und dem bayrisch-württembergischen Systeme, der weder im Interesse der betheiligten Regierungen gelegen, noch durch dieselben hervorgerufen worden war.

Bayern und Württemberg hatten ihren Vertrag vom 12. April 1827 den Regierungen mitgetheilt, welche früher an den Stuttgarter Verhandlungen Theil genommen hatten, und sie eingeladen, dieselben auf der neuen Grundlage wieder aufzunehmen, jedoch von Baden sowohl als von Hessen und Nassau ablehnende Antworten erhalten.

Als jedoch gleich darauf die wirkliche Ausführung des bayrisch-württembergischen Zollvereins zur offenkundigen Gewißheit wurde, sprach sich die öffentliche Meinung im Großherzogthum Hessen laut für einen Anschluß an diesen Verein aus, und es ward in Folge eines desfallsigen Antrags in der hessischen Kammer der Abgeordneten der großherzoglichen Regierung von beiden Kammern die Ermächtigung ertheilt, eine den Bedürfnissen des Landes entsprechende Uebereinkunft über Zoll- und Handelsverhältnisse mit den benachbarten Regierungen zu treffen. Während jedoch die allgemeine Stimmung im Großherzogthume sich mehr zu einem Anschlusse an den Süden, namentlich in der Voraussetzung eines gleichzeitigen Anschlusses von Baden, Kurhessen und Nassau, hinneigte, richtete die Regierung ihre Absichten mehr nach Preußen, obwohl einem solchen Anschlusse weder die geographische Lage, noch die durch die Höhe des preußischen Tarifs und das nicht selten rücksichtslose Verfahren der preußischen Mauthbeamten erzeugte üble Stimmung besonders günstig erschienen.

Noch im Sommer des Jahres 1827 hatte die großherzoglich hessische Regierung ausdrücklich erklärt, daß ihrerseits keine Absicht bestehe, sich über Handelsverhältnisse mit anderen Staaten in Unterhandlungen einzulassen. Gleich darauf wurde jedoch der großherzogliche Staatsrath Hofmann insgeheim unter einem Vorwande nach Berlin abgesandt und wurden dort Verhandlungen eingeleitet, welche schon am 14. Februar 1828 zu einem definitiven Vertragsabschlusse führten.

Da die Verhandlungen mit dem größten Geheimnisse umgeben worden waren, so erregte die Nachricht von dem Vertrage im Lande sowohl als außerhalb nicht geringe Ueberraschung. Nur dem österreichischen Cabinete war am Anfange der Verhandlungen von Hessen eine allgemeine Mittheilung gemacht und dabei bemerkt worden, daß es sich durchaus um keine politische, sondern blos um eine commercielle Annäherung an Preußen handle. Das Wiener Cabinet erwiderte, daß, wenn diese beabsichtigte Verbindung den Interessen und Verhältnissen des Großherzogthums entspräche, seinerseits hiergegen keine Einrede stattfinden könne.

Das ganze Verfahren Hessens, die ungewöhnliche Heimlichkeit, mit welcher die Verhandlung selbst nach wirklich erfolgtem Vertragsabschlusse betrieben wurde, gibt kein günstiges Zeugniß von dem Geiste, der dieselbe geleitet hat.

Der Vertrag selbst weicht wesentlich von denjenigen Verträgen ab, welche Preußen bisher wegen der von seinem Gebiete inclavirten Länder abgeschlossen hatte, indem der großherzoglich hessischen Regierung die Zollverwaltung in ihrem Gebiete verblieb. Doch mußte sie selbe vollständig nach preußischem Muster einrichten, und Preußen stand die Ernennung des einen der beiden Räthe so wie eines Substituten zu. Auch mußten die Etats über die Zollverwaltungsausgaben im Großherzogthum Hessen nach preußischem Fuße regulirt und der preußischen Regierung zur Revision mitgetheilt werden. Dagegen erhielt die großherzogliche Regierung, um auch ihrerseits auf die Zollverwaltung in den westlichen preußischen Provinzen einzuwirken, das Recht, einen Rath in die königlich preußische Steuerdirection zu Köln zu ernennen.

Künftige Abänderungen des Zolltarifs und anderer das Zollwesen betreffenden gesetzlichen oder reglementären Bestimmungen sollten nur gemeinschaftlich verfügt werden, auch verpflichtete sich die preußische Regierung, Handelsverträge, durch welche die Interessen des Großherzogthums und der westlichen preußischen Provinzen berührt würden, nur unter Mitwirkung der großherzoglichen Regierung abzuschließen.

Die reinen Zollerträgnisse sollten nach dem Verhältnisse der Bevölkerung des Großherzogthums zu den westlichen preußischen Provinzen getheilt werden.

Von der Gemeinschaft waren in ähnlicher Weise wie im bayrisch-württembergischen Vereine alle Consumtions- und indirecten Abgaben, sämmtliche Wasserzölle, Octrois, Chaussee-, Canal-, Brücken- und dergleichen Gebühren ausgenommen. Zur Sicherung der Consumtionsabgaben von

Branntwein, Wein, Bier, Essig, Tabacksblättern und Schlachtvieh wurden besondere Uebergangssteuern eingeführt. Gänzlich verboten blieb die Einfuhr von Salz und Spielkarten in Preußen, dann von Salz in Hessen.

Zur Theilung der Revenuen und Abrechnung hierüber, dann zur Erledigung der etwa im Laufe der Verwaltung sich ergebenden Anstände sollten jährlich einmal beiderseitige Abgeordnete zusammentreten.

Beiden Theilen ward das Recht zugetheilt, eine gleiche Anzahl von Controleurs zu den Hauptzollämtern des andern Theils zu ernennen, um von der Geschäftsführung derselben sowohl als aller untergeordneten Erhebungsämter und der Grenzbewachung Einsicht zu nehmen und auf Abstellung etwaiger Mißbräuche anzutragen.

Obwohl in diesem Vertrage Preußen sein bisheriges System in dem wesentlichsten Punkte, nämlich durch die Gestattung einer selbständigen Zollverwaltung, modificirt hatte und mit Ausnahme des höheren Tarifs und des strengeren Verwaltungssystems zwischen den beiden Vereinen nur noch wenige principielle Differenzen von einiger Bedeutung bestanden, so ward dennoch der einmal ins Leben getretene innere Widerstreit zwischen dem süddeutschen und dem norddeutschen Zollsysteme durch den Vertrag vom 14. Februar 1828 in keiner Weise vermindert, vielmehr dadurch noch erhöht worden, daß dieselben sich geographisch näher gerückt und sonach nothwendig veranlaßt waren, die zunächst dazwischen liegenden Staaten zu einem Anschlusse an das eine oder andere zu bestimmen. Am wichtigsten erschien in dieser Beziehung die Entscheidung des kurhessischen Hofes, da einerseits dessen Anschluß an Preußen erst eine wirkliche Verbindung zwischen den östlichen und den westlichen preußischen Provinzen und Hessen-Darmstadt herstellen konnte, anderseits aber ein Anschluß an Bayern eine solche Verbindung geradezu unmöglich gemacht hätte. Darum begab sich der großherzoglich hessische Staatsrath Hofmann sogleich nach dem Abschlusse des Vertrages vom 14. Februar nach Kassel, um die kurhessische Regierung zum Beitritte einzuladen. Gleiche Einladung erfolgte an Nassau, welches jedoch sogleich ablehnend antwortete. Auch Bayern ward durch diese, zum Theil durch die Persönlichkeit der preußischen Agenten mit einigem Aufsehen verbundenen Einleitungen veranlaßt, einen eigenen Bevollmächtigten nach Kassel zu senden und die dortige Regierung zur Eröffnung von Verhandlungen einzuladen.

So ward die sonst politisch ziemlich unbedeutende Hauptstadt Kurhessens der Schauplatz eines Kampfes, der Deutschlands größte Interessen zum Gegenstande hatte, und dessen Ausgang Niemand nur mit einiger

Wahrscheinlichkeit voraus bestimmen konnte. Wenn die geographische Lage, die natürlichen Verkehrsverhältnisse, dann der größere finanzielle Ertrag unstreitig für den Anschluß an Preußen sprachen, waren anderseits die bekannte persönliche Abneigung des Kurfürsten gegen Preußen und der ziemlich allgemeine Widerwille gegen das preußische Zollverwaltungssystem sehr bedeutungsvolle Momente eines gegentheiligen Resultats.

Der persönliche Charakter des Kurfürsten, der Einfluß, welchen manche unberufene Personen auf die Verhandlungen übten, die unlauteren Nebenzwecke, die dabei ins Spiel kamen, die geringe Aufrichtigkeit auf Seite der kurhessischen Beamten, endlich das Geheimniß, in welches das ganze Verfahren gehüllt wurde, gaben diesen Verhandlungen einen wenig ehrenhaften Charakter und mehr das Ansehen eines gewöhnlichen Intriguenspieles als einer Besprechung der wichtigsten Nationalinteressen. So kann es nicht überraschen, wenn der Ausgang keiner Erwartung entsprach.

Während von kurhessischer Seite die Verhandlungen mit dem bayrischen Bevollmächtigten mit wenig aufrichtigem Eifer und, wie die Folge zeigte, mehr zum Scheine fortgesetzt wurden, hatte sich inzwischen, namentlich in den sächsischen Ländern, dann in den Hansestädten eine andere Idee Geltung verschafft, welche dahin zielte, die nördlich von Preußen, dann die zwischen den beiden Zollvereinen gelegenen Staaten zu einem Vereine in der Art auszubilden, daß ein vollkommen freier Verkehr unter den theilnehmenden Staaten hergestellt und ein gemeinschaftliches Zollsystem mit sehr geringen Tarifsätzen angenommen würde.

Diese Idee wurde hauptsächlich durch den Abschluß des preußisch-hessischen Zollvereins befördert, indem nicht blos die meisten kleineren Staaten der Ausdehnung des preußischen Zollsystems theils aus Abneigung gegen die hohen Tarifsätze, theils aus Furcht vor dem überwiegenden Einflusse Preußens und vor der ihnen drohenden Abhängigkeit widerstrebten, sondern selbst die größeren europäischen Staaten, wie Oesterreich, England und Frankreich, mit Ungunst die Ausbreitung des preußischen Zollsystems sahen und größere politische Absichten dabei vermutheten.

Alle diese Elemente vereinigten sich in dem Bestreben, jeden größeren allgemeinen Zollverband in Deutschland zu verhindern und zu diesem Ende zwischen den südlichen und den nördlichen Verein ein Mittelglied einzuschieben, das nicht blos deren Vereinigung hinderte, sondern auch die bisherige Zerrissenheit und Absonderung in eine gewisse, einige Dauer versprechende Form brächte. Hiezu trugen die Sonderinteressen einiger kleinen Staaten nicht wenig bei, welche den theils offenen theils heimlichen Handel mit fremden

Fabrikaten höher stellten als deutsche Einheit und einen Aufschwung deutscher Industrie, weil sie auf diesem Wege am besten ein gemeinsames Zollsystem in Deutschland zu verhindern hofften und nur danach strebten, jede dem englischen Manufactur- und Colonialwaarenhandel nachtheilige Erweiterung der positiven Zollvereine zu hintertreiben. So geschah es auch, daß die einzige positive Grundlage, die man dem sogenannten mitteldeutschen Verein zu geben gedachte, das gemeinsame Zollsystem, bald verlassen wurde und der ganze Verein sich lediglich negativ gestaltete. Die beitretenden Staaten sollten sich nämlich nur verpflichten, nicht allein und ohne Einverständniß der übrigen einem andern Vereine beizutreten. Außerdem enthielten die ersten Anregungen hiezu nur höchst unbedeutende Vorschläge über die Erleichterung des Verkehrs zwischen den beitretenden Staaten unter Beibehaltung der bisherigen Zollorganisation derselben.

Die königlich sächsische Regierung war in dieser Angelegenheit vorzüglich thätig gewesen, wozu vielleicht auch die Befürchtung beigetragen haben mag, daß bei der ungewissen Haltung der angrenzenden kleineren Regierungen dieselben entweder dem einen oder dem andern der beiden größeren Vereine beitreten möchten, wodurch zuletzt das Königreich in eine vollkommen isolirte Lage gerathen würde. Um nun Diesem vorzubeugen und um Zeit zu gewinnen, bis vielleicht die Entwicklung der politischen Ereignisse eine Entscheidung von selbst herbeiführen möchte, wurde eine Zusammenkunft von Bevollmächtigten der sächsischen Häuser verabredet, in welcher ein vorläufiges Uebereinkommen auf die angegebene negative Grundlage abgeschlossen wurde.

Der Kurfürst von Hessen wurde allsogleich durch den coburgischen Geheimen Rath v. Carlowitz, der sich in den ersten Tagen des April nach Kassel begab, zum Beitritte eingeladen.

Dieser Ort war, wie bereits bemerkt, inzwischen der Schauplatz eines merkwürdigen Treibens geworden. Agenten von fast allen Staaten Deutschlands, öffentliche wie geheime, kreuzten sich dort; sie kamen und verschwanden, ohne daß ihre Thätigkeit irgend öffentlich bemerkbar geworden wäre. Dazu kamen noch directe und indirecte Insinuationen der größeren Höfe, namentlich Oesterreichs, das aus diesen Wirren nur ungern die Hoffnung auf eine größere und dauernde Vereinigung der kleineren deutschen Staaten aufdämmern sah. Der Kurfürst selbst, voll persönlicher Leidenschaften, ohne höhere politische Kenntnisse, schwankte rathlos zwischen den ihn umgebenden Intriguen hin und her und gefiel sich in der Wichtigkeit, die ihm das vielseitige Trachten nach seinem Beitritte zu geben schien.

Ende April kam auch der königlich sächsische Bundestags-Gesandte Freiherr von Lindenau in Kassel an. Er traf gerade in dem Momente ein, in welchem die Unterhandlungen mit dem bayrischen Bevollmächtigten in so weit beendigt waren, daß der wirkliche Abschluß nur noch von der definitiven Entscheidung des Kurfürsten abhing. Der mit der Verhandlung beauftragte Finanzkammerrath Meisterlin sowie das kurfürstliche Gesammtministerium hatten sich einstimmig für den Anschluß an Bayern ausgesprochen. Nur der Kurfürst hegte Bedenken, die sich insbesondere auf die den staatswirthschaftlichen und finanziellen Verhältnissen ganz fremden politischen Rücksichten, die in verschiedenen Einflüsterungen bei der Person des Kurfürsten im Hinblicke und unter Beziehung auf Oesterreich geltend gemacht worden waren, gründeten, wobei man das lebhafte Interesse Bayerns an dem Anschlusse Kurhessens nicht blos staatswirthschaftlichen Gründen zuschrieb, sondern dabei geheime politische, in dem gegenwärtigen bedrohlichen Momente für Oesterreich bedenkliche Absichten vermuthen ließ: Absichten, denen nun der insgeheim an Oesterreich sich anlehnende, Preußen und die süddeutschen Vereinsstaaten trennende, neutrale Verein der minder mächtigen mitteldeutschen Staaten hemmend entgegenwirken sollte. Derlei auf die Gemüthseigenthümlichkeit des Kurfürsten und seine politische Richtung wohlberechnete Insinuationen konnten nicht wohl ohne Erfolg bleiben, und er ward durch den sächsischen Abgeordneten dahin bestimmt, sich vorerst weder für Bayern noch für Preußen zu erklären, sondern in seiner bisherigen Isolirung zu verharren. Der Anschluß an den sich bildenden mitteldeutschen Verein war eine fast nothwendige Folge dieses Entschlusses.

Von Kassel begab sich Freiherr von Lindenau nach Braunschweig, wo er gleichfalls geneigte Aufnahme fand. So bildete sich allmählich ein gemeinsames Einverständniß zwischen Hannover, Kurhessen, Sachsen und den sächsischen Herzogthümern, Braunschweig, Nassau, den schwarzburgischen und reußischen Häusern und den freien Städten Frankfurt und Bremen. Baden war eingeladen worden, hatte jedoch den Beitritt abgelehnt. Man kam überein, die weiteren Verhandlungen in Frankfurt zu eröffnen, woselbst auch am 21. Mai eine Präliminar-Convention abgeschlossen und unterzeichnet wurde. Durch dieselbe verpflichteten sich die contrahirenden Regierungen, eine Erklärung dahin abzugeben, daß sie in der gemeinschaftlichen Absicht, den im Art. 19 der Bundesacte in Betreff des Handels und Verkehrs zwischen den verschiedenen Bundesstaaten enthaltenen Bestimmungen, so viel an ihnen liege; Folge zu geben und sich der hierin zu

Aussicht gestellten Freiheiten und Begünstigungen gegenseitig zu versichern, über folgende dem beabsichtigten Handelsvereine zu Grunde zu legende Punkte übereinkommen wollten:

1) während des Zeitraumes der nächsten drei Jahre keinem fremden Zollverbande einseitig beizutreten;

2) während dieser Zeit die in ihren Landen dermalen bestehenden Transitabgaben hinsichtlich der durchzuführenden Waaren, mögen solche aus dem Auslande oder aus den Staaten des Vereins kommen und in diese oder jene gebracht werden, einseitig nicht zu erhöhen;

3) auch ihr Handels- und Gewerbsinteresse in Beziehung sowohl auf die sich unter einander gegenseitig zu gewährenden Erleichterungen als auf etwaige mit anderen zum Verein nicht gehörigen Staaten zu unterhandelnde darauf Bezug habende Tractate in gemeinschaftlichen Betracht zu ziehen und zu diesem Ende bis zum 15. August 1828 nach Kassel Commissarien abzuordnen.

In Berlin wurde die Nachricht von der Frankfurter Convention sehr ungünstig aufgenommen. Man glaubte, in dem Streben von Hannover und Sachsen und der mit ihnen verbündeten kleineren Regierungen eine offenbar feindselige Richtung gegen Preußen und dessen System erblicken zu müssen. Das hannöversche und das sächsische Ministerium bemühten sich zwar auf das Angelegentlichste, das preußische Cabinet durch befriedigende Erklärungen über den Zweck und die Tendenz des mitteldeutschen Vereins zu beruhigen und dem Berliner Hofe zu verdeutlichen, daß die Absicht keineswegs sei, durch Retorsionsmaaßregeln die Ein- und Ausfuhr zu erschweren, vielmehr durch eine gleichförmige Gesetzgebung in einem größern Umfange als bisher zu befördern und sonach die spätere Einleitung zu allgemeineren Handelsverbindungen sowohl nach Süden als nach Norden hin vorzubereiten und zu erleichtern. Dennoch mußte jedem mit der Natur der Verhältnisse Vertrauten klar sein, daß das auf entschieden positiver Grundlage errichtete preußische System, welches zunächst mit dem mitteldeutschen Vereine in Berührung kam, in dem letzteren einen Gegner erblicken und daß jeder Zusammenstoß bei der innern Haltlosigkeit des Mittelvereins mit der Auflösung desselben enden werde.

Schon die Frankfurter Präliminarien ergaben zur Genüge, daß aus ihnen kein bestimmtes klares System sich entwickeln werde; sie enthielten nicht die geringste positive Bestimmung und beschränkten sich lediglich auf Verneinungen, deren Kraft nur so lange dauern konnte, als die unmittelbare Veranlassung hiezu, nämlich die momentane Besorgniß vor den Uebergriffen

Preußens, währte. Schon die Persönlichkeiten des Kurfürsten von Hessen, der Herzoge von Braunschweig und von Sachsen-Coburg, dann die buntscheckigen Gesetzgebungen und Abgabensysteme der verschiedenen Theilnehmer, zu deren Abänderung sich Keiner gutwillig verstehen wollte, ließen wenig Hoffnung für ein längeres Zusammenhalten. Was man nicht wollte, wußte Jedermann; was man aber eigentlich wollte, auf welchem Wege dazu zu gelangen wäre, das blieb Allen ein Räthsel.

Offenbar hatten einige Regierungen, in einer innern Ueberzeugung von der Unzweckmäßigkeit ihres bisherigen Handelssystems und aufgeschreckt durch die preußischen Maaßregeln, welche ihnen im Gefühle ihrer Schwäche als drohende erschienen, die aufrichtige Absicht, irgend Etwas hervorzurufen, was zwischen der ungewohnten Härte des preußischen Systems und ihrer eigenen bisherigen Rathlosigkeit in der Mitte stünde; was aber dieses Dritte eigentlich sei, auf welcher Grundlage, mit welchen Mitteln es erreicht werden könne, dazu fehlte Allen die gehörige Erkenntniß. Man schien sich dem Wahne zu überlassen, daß man, nachdem Preußen und Bayern gehandelt und etwas Positives hervorgerufen hatten, sich zunächst auf Nichthandeln, auf Negatives beschränken müsse.

So rückte der August heran, die Bevollmächtigten, 20 an der Zahl, langten in Kassel an und begannen ihre Verhandlungen. Schon die Grundansichten hierüber waren unter den Theilnehmern selbst höchst verschieden. Mehrere, wie Kurhessen, Nassau und die freien Städte, waren für Aufrechthaltung des gegenwärtigen Standes, andere verlangten irgend eine Gemeinschaftlichkeit oder Erleichterungen im innern Verkehr, wieder andere wünschten Unterhandlungen mit dem preußisch-hessischen oder dem bayrisch-württembergischen Vereine. Obwohl man die Verhandlungen aufs Eifrigste betrieb, konnte dennoch über eigentliche Bestimmungen zu Gunsten des Verkehrs keine Vereinbarung erzielt werden, und als endlich am 24. September ein Vertrag zu Stande kam, enthielt derselbe außer den Bestimmungen der Frankfurter Präliminar-Convention, dann einer Verpflichtung zum Baue mehrerer Verbindungsstraßen und einigen Erleichterungen des Verkehrs mit Lebensmitteln kaum irgend eine Bestimmung von allgemeiner Bedeutung.

Neben diesem größern sogenannten mitteldeutschen Vereine ward von Sachsen auch noch der Abschluß eines kleineren, mehr positiven Vereins betrieben, welcher auch am 29. September unter den sächsischen, reußischen und schwarzburgischen Häusern wirklich zu Stande kam und wenigstens gewissermaaßen eine industrielle und commercielle Gemeinschaft unter diesen

Staaten bezweckte. Ein wirklicher Zollverein kann jedoch dieser Vertrag eben so wenig genannt werden wie der mitteldeutsche Verein, da er weder eine Gemeinschaftlichkeit der Zollerträgnisse noch auch ein völlig gleichförmiges Zollsystem für die contrahirenden Länder festsetzte, sondern lediglich dahin zielte, für den innern Verkehr mit Producten und Fabrikaten dieser Länder möglichst ausgedehnte Erleichterungen einzuführen.

So war zwischen den preußisch-hessischen und den bayrisch-württembergischen Verein ein drittes Glied hineingeschoben, keinem derselben befreundet, ohne klaren Zweck, ohne irgend einen äußern Zusammenhalt, in sich selbst uneins und von entgegengesetzten Interessen geleitet. Dem kläglichen Zustande der deutschen Verkehrsverhältnisse war durch diesen Mittelverein kaum merklich abgeholfen, ihren Zweck schienen nur Diejenigen erreicht zu haben, welche dahin strebten, Deutschland in seiner bisherigen Zerrissenheit und seiner politischen Schwäche zu erhalten und beide im Interesse fremder Industrie auszubeuten. Allerdings schien dadurch eine Annäherung zwischen dem südlichen und dem nördlichen Vereine für längere Zeit unmöglich gemacht, während die innere Uebereinstimmung dieser beiden Vereine sie nothwendig bald zu einer solchen Annäherung führen mußte. Darum stand auch Preußen, welches zunächst durch die Tendenz des Mittelvereins in der Ausbreitung seines Handelssystems behindert war, nicht an, demselben entschieden entgegenzutreten und offen zu erklären, daß es mit demselben, als einem buntscheckigen Vereine widerstrebender Interessen, sich niemals in nähere Unterhandlungen einzulassen gedenke, indem eine bessere Gestaltung der Dinge in Deutschland in Bezug auf Handel und Verkehr nur dann erwartet werden könne, wenn die Verhandlungen hierüber unter wenigen Staaten, deren Verhältnisse und Interessen übereinstimmend und genau erkannt seien, auf einer bestimmten, nach keiner Seite ausschließenden oder feindseligen Grundlage geführt würden. Auf solchem Wege lasse sich das Ziel einer Uebereinstimmung der Grundsätze in Bezug auf Handel und Verkehr in Deutschland allerdings erreichen und eine Vereinigung der verschiedenen Staaten zu einem großen und umfassenden Handelssysteme allmählich und fortschreitend zu Stande bringen.

Wie geringe praktische Resultate von dem mitteldeutschen Verein zu erwarten waren, zeigten schon die ersten Monate seiner Existenz. Gemäß Artikel 3 des Kasseler Vertrages sollte im Jahre 1829 ein Zusammentritt von Bevollmächtigten zu Kassel stattfinden. Die königlich sächsische Regierung, welche wieder die Initiative übernommen hatte, schlug hiezu den 1. Juni vor, und da an selbem Tage bereits einige Bevollmächtigte eingetroffen waren, so wurden auch in den ersten Tagen dieses Monats die Conferenzen eröffnet. Die Verhandlungen, sehr geheim betrieben, betrafen die Bestimmung der Straßenzüge, deren Herstellung in Folge des Vertrages stattfinden sollte, dann eine gemeinsame Regulirung des Münzwesens. Schon die bloße Nachricht, daß zwischen dem preußischen und dem süddeutschen Zollvereine eine Annäherung sowie der Abschluß eines Handelsvertrages stattgefunden habe, reichte hin, in Kassel eine Suspension aller eigentlichen Verhandlungen zu bewirken. Man sah wohl ein, daß der mitteldeutsche Verein bei einer Annäherung Bayerns und Württembergs an Preußen in seiner gegenwärtigen Isolirung nicht bestehen könne und daß er daher auf die eine oder die andere Weise Schritte thun müsse, um seine Handelsverhältnisse für die Zukunft zu reguliren. Alle erkannten, daß der mitteldeutsche Verein sich vor Allem innerlich fester constituiren müsse, um dann auch seine äußere Existenz durch Verträge mit Preußen und Bayern zu sichern. Daher allgemeiner Wunsch nach einem gemeinschaftlichen Systeme gegen das Ausland. Wenn auch offenbar war, daß bei den verschiedenen Verhältnissen der einzelnen Regierungen, dann bei der Individualität einzelner Regenten, namentlich des Kurfürsten von Hessen, diese Vereinigung in Art einer gemeinschaftlichen Zolllinie mit einer gemeinschaftlichen Berechnung und Vertheilung der Zollrevenuen nicht durchgeführt werden konnte, so wünschte und hoffte man doch ein solches gemeinsames System wenigstens durch gleiche Tarife gegen das Ausland hergestellt zu sehen.

Hier aber scheiterte jeder Versuch an den widerstrebenden Interessen, indem einige sich zu keinen Zollsätzen von einiger Bedeutung verstehen, andere von denselben nicht abgehen wollten. Dies führte zuletzt zu dem Plane, die Vereinsstaaten in drei Rayons zu theilen, von welchen jeder ein besonderes gemeinsames Zollsystem und einen eigenen Tarif erhalten sollte. Das Streben nach einer positiveren Gestaltung des Vereins führte zugleich dahin, in die Verhandlungen Gegenstände aufzunehmen, welche dem eigentlichen Zwecke derselben fern lagen, wie die Münzverhältnisse, Vereinbarung über gleiches Maaß und Gewicht, Feststellung allgemeiner Grundsätze über Heimathsrechte, Vorschläge zur Sicherstellung des Buch- und Kunsthandels. Je umfassender aber diese Vorverhandlungen waren, desto kleinlicher war das Resultat; denn als endlich am 11. October 1829 doch eine Uebereinkunft zu Stande kam, enthielt dieselbe außer einer allgemeinen Erklärung der Bereitwilligkeit, sich mit anderen deutschen Staaten über gegenseitige Erleichterungen des Handels und Verkehrs zu verständigen, und einer Verlängerung des Vertrages vom 24. September 1828 bis zum Ende des

Jahres 1841 lediglich einige Bestimmungen über den Transit, deren praktischer Werth, da alle Modalitäten wieder besonderen Verhandlungen vorbehalten blieben, sehr zweifelhaft war.

Ein schlagendes, aber trauriges Beispiel, wie selten in kleineren Staaten in Zeiten der Gefahr eine wahre richtige Erkenntniß des Standes der Dinge und der Verhältnisse und ein offener redlicher Wille vorhanden ist, durch Einigkeit eine größere Bedeutung und Stärke zu erlangen. Fast alle Staaten des mitteldeutschen Vereins waren von einer ängstlichen Furcht erfüllt, durch Preußen und sein Zoll- und Handelssystem umschlungen zu werden, und dennoch vermochte diese gemeinschaftliche Furcht sie zu einem Handeln oder zum Aufgeben auch des unbedeutendsten Separatinteresses eben so wenig zu bewegen, als sie im Stande waren, die Grundursache ihres Nothstandes und die Mittel, demselben abzuhelfen, richtig zu erkennen.

Der Mittelverein hatte sich selbst zwischen zwei Nachbarn gedrängt von denen der eine, südliche, lebenskräftig durch seine territoriale Stellung, ein bestimmtes und abgerundetes Mauthsystem, gleiche Interessen, vor Allem aber durch inniges redliches Zusammenhalten und gleiche Berechtigung der beiden Haupttheile, ruhig der ferneren Entwickelung der Dinge zusah; der andere, aber überwiegend durch politische Größe und Umfang, gehalten durch eine entschiedene, bisweilen sogar etwas rücksichtslose Administration, durch ein strenges, aber gewinnreiches Zollsystem, eben erst die ihm widerstrebenden von ihm umschlungenen Theile unter seinen kräftigen Willen gebeugt und einen kleineren Nachbar in sein System aufgenommen hatte, der sonach mit aller Kraft, die materielles Uebergewicht und eine concentrirte Willenskraft zu geben vermochten, alle Hemmnisse zu beseitigen trachtete, die sich der ihm nothwendig gewordenen weiteren Entwickelung widersetzten. Einem solchen Kampfe war der nur durch Furcht entstandene und zusammengehaltene mitteldeutsche Verein nicht gewachsen, und so brach zum Heile Deutschlands das schwache Gebäude durch die Gewalt der Umstände bei der ersten Erschütterung rettungslos zusammen.

Achtes Kapitel.

Annäherung des bayrisch-württembergischen an den preußisch-hessischen Verein. Handelsvertrag zwischen beiden vom 27. Mai 1829.

So standen nun in Deutschland drei Vereine neben einander, von welchen zwei, der nördliche und der südliche, durch ihre im Wesentlichen übereinstimmenden Zollsysteme nothwendig nach einer Vereinigung, welche beider Interessen förderte, trachten mußten. Nach den gewöhnlichen politischen Anzeichen schien zwar eine solche Vereinigung noch in weite Ferne gerückt, allein die Gewalt der Umstände hatte die deutschen Staaten in eine neue Bahn gelenkt, und es zeigte sich bald, daß die mehr auf persönliche Ansichten und Interessen gebaute ältere Politik dem ungleich mächtigeren Impulse nationaler Politik weichen mußte.

Mißverständnisse vielfacher Art hatten in Berlin gegen den süddeutschen Verein und insbesondere gegen Bayern eine ziemlich gereizte Stimmung hervorgerufen. Die bayrische Regierung, früher mit Gewalt an Frankreich hingedrängt, hatte seit der Gründung des Deutschen Bundes eine mehr selbständige Politik entwickelt, deren Richtung während der Zeit des allgemeinen Wirrwarrs in den deutschen Handels- und Zollverhältnissen das preußische Interesse nicht selten berührte. Seitdem überdies der eingetretene Regierungswechsel der Verwaltung, die früher, vielleicht durch ältere Erinnerungen befangen, sich mit Mühe und nur unsicher in die neuen Verhältnisse fand, eine mehr entschiedene, den nationalen Interessen zugewendete Richtung gegeben hatte, konnte es nicht fehlen, daß die Aufmerksamkeit der preußischen wie der bayrischen Regierung mehr als bisher auf ihr beiderseitiges Verhältniß gelenkt und eine gegenseitige Beobachtung hervorgerufen wurde.

Hatte man früher in Berlin eine Hinneigung Bayerns bald zu Frankreich, bald zu Oesterreich vermuthet, so mußten diese irrigen Annahmen seit den klaren Thatsachen des bayrisch-württembergischen Zollvereins ebenso sehr verschwinden wie die früher im Süden ziemlich allgemein verbreiteten Befürchtungen vor den dictatorischen Bestrebungen Preußens seit dessen vielfachen und unumwundenen Erklärungen über die Handelsverhältnisse Deutschlands. Eine Annäherung beider Theile war hierdurch vorbereitet, und es bedurfte nur eines geringen Anlasses, um dieselbe herbeizuführen.

Diesen ersten Anlaß gab damals ein für Deutschlands höhere Interessen vielverdienter Privatmann, der Freiherr von Cotta. Ihn führten seine literarischen Beziehungen vielfach nach dem Norden, und seine Kenntniß der deutschen Zustände sowie seine gesellschaftliche Stellung machte ihn sehr geeignet, bei den ersten Verhandlungen zwischen dem süddeutschen Zollvereine und Preußen als Mittelsperson zu dienen. Von der Möglichkeit einer solchen Vereinigung lebhaft durchdrungen, hatte er sich zuerst an den bayrischen Staatsminister von Armansperg gewendet und bei demselben volle Zustimmung zu seinem Vorschlage gefunden. Von demselben aufgemuntert verfügte er sich im Sommer 1828 nach Berlin, um auch dort eine Annäherung an den süddeutschen Zollverein in Anregung zu bringen. Unter den preußischen Staatsbeamten ergriff besonders der Finanzminister von Motz lebhaft diese Idee. Er, welcher vorzugsweise als der Schöpfer des preußischen Zollsystems betrachtet werden konnte, hatte schon frühzeitig die Idee eines größeren deutschen Zollverbandes erfaßt und der neueren preußischen Handelspolitik, so viel an ihm lag, diese Richtung gegeben. Darum sprach er sich gegen Cotta unverhohlen über die Stellung Preußens zu Bayern und Württemberg sowie über die verschiedenen Wege aus, auf welchen eine Annäherung oder Vereinigung der beiden Systeme erzielt werden könnte, je nachdem man sich blos über einige Concessionen für den beiderseitigen Verkehr oder über einen wirklichen Handels- und Zollvertrag zu verständigen gedenke.

Als Freiherr von Cotta nach München zurückkam, wurden diese Nachrichten sehr günstig aufgenommen, und er erhielt nunmehr eine förmliche Beglaubigung, mit welcher er nach Berlin zurückkehrte und die weiteren Verhandlungen eröffnete. An diesen nahmen der General Witzleben und Alexander von Humboldt, dann der Finanzminister von Motz Theil. Letzterer entwickelte hierbei seine Ansichten sogleich näher und in das Detail eingehend. Hiernach sollte das Streben der beiden Staaten auf folgende Punkte gerichtet sein:

a) Verminderung der Mauthlinien im Innern Deutschlands nach allen Richtungen;

b) ganz freien gegenseitigen Eingang und Transit der eigenen Producte und Fabrikate;

c) gleichen Schutz für die innere Production und Fabrikation dem Auslande gegenüber;

d) größere Sicherheit der Mauthlinien durch gegenseitige Controle und Unterstützung jeder Art.

So lange wegen der dermaligen Verhältnisse Mitteldeutschlands nicht eine umfassendere Vereinigung abgeschlossen werden könnte, sollte der bayrische Rheinkreis in den preußischen Zollverband aufgenommen und zwischen dem preußisch-hessischen und dem bayrisch-württembergischen Zollvereine ein umfassender Handelsvertrag abgeschlossen werden.

In letzter Beziehung umfaßten die Propositionen Preußens, soweit von Motz sie mittheilte, folgende Puncte:

1) Preußen verlangte die Adoptirung der Grundsätze der preußischen Zollgesetzgebung und des preußischen Tarifs, ohne eine nähere Berathung über die von Bayern und Württemberg zu machenden Bemerkungen auszuschließen.

2) Zollfreien Eingang aller eigenen Producte und Fabrikate der contrahirenden Staaten (mit Ausnahme von Salz und Spielkarten) auf Grund der nach einer zu erlassenden Vorschrift ausgestellten Ursprungszeugnisse.

3) Erhebung der Zölle von fremden Producten und Fabrikaten auf eigene Rechnung.

4) Ueber den Verkehr mit mehreren der inneren Besteuerung unterliegenden Artikeln, als Wein, Bier, Branntwein, Essig, Tabaksblätter, Mahlgut und Fleisch beim Eingang in steuerpflichtige Städte, auch dem inländischen Zucker und Syrup, sollen nähere Verabredungen Platz greifen.

5) Von den Waaren, welche in Folge der Convention oder überhaupt gegenseitig frei eingehen oder durchgeführt werden, sollen auf den Straßen, Canälen, Strömen, Flüssen und in den Seehäfen keine anderen und höheren Abgaben erhoben werden, als für eigene Erzeugnisse und von eigenen Unterthanen erhoben werden, vorbehaltlich einer näheren Bestimmung gelegener Handelsstraßen sowie der Festsetzung mäßiger Transitabgaben und der Erleichterung des Elbecurses zu Gunsten Bayerns.

6) Die contrahirenden Staaten sollen sich jede mögliche gegenseitige Unterstützung und Controle auf ihren Grenzlinien gewähren.

7) In der Folge sollen weitere Vereinbarungen über gleiche Chausseeabgaben, gleiches Maaß und Gewicht, gleichen Münzfuß und Gewerbefreiheit für den gegenseitigen Verkehr getroffen werden.

8) Preußen bietet die Beihülfe der preußischen Consuln in den auswärtigen Seehäfen für die des Schutzes bedürftigen Unterthanen der mitcontrahirenden Regierungen an.

Diesen Vorschlägen standen bayrisch-württembergischer Seits nur wenige erhebliche Bedenken entgegen. Letztere betrafen vorzugsweise die Stellung des bayrischen Rheinkreises, sodann den zollfreien Eingang der beiderseitigen Producte und Fabrikate.

In ersterer Beziehung war die Absicht Preußens dahin gerichtet, die bayrischen Rheinlande mit den zwischen denselben und dem preußischen Gebiete inclavirten kleineren Landestheilen anderer deutscher Staaten in den preußisch-hessischen Verein so lange aufzunehmen, bis durch den Beitritt anderer süddeutscher Staaten die Verbindung der Pfalz mit dem Hauptlande möglich würde. Diesem Plane standen jedoch von bayrischer Seite mehrfache schwer zu beseitigende gesetzliche Hindernisse entgegen, und so erübrigte vor der Hand nur, die bayrischen Rheinlande mit einer besonderen Zolllinie zu umgeben und dem Zollsysteme des bayrisch-württembergischen Vereins zu unterwerfen. Dagegen wurde zu einem umfassenden Zollcartell behufs der Verhinderung des Schleichhandels die Hand geboten und dieser Vorschlag auch preußischer Seits angenommen.

In Bezug auf den zollfreien Eingang der beiderseitigen Fabrikate herrschte auf bayrisch-württembergischer Seite die Befürchtung, daß bei der großen Verschiedenheit der industriellen Verhältnisse eine so generelle Behandlung, wie Preußen sie vorgeschlagen hatte, insbesondere wenn eine solche Veränderung plötzlich eintreten sollte, nachtheilig auf die Industrie des süddeutschen Vereines einwirken würde. Es ward darum eine successive Aufhebung der Eingangszölle für die gegenseitigen Fabrikate vorgeschlagen, wonach dieselben in den zwei ersten Jahren 10%, in den nächsten 6 Jahren 20% Zollbegünstigung erhalten sollten. Diese Befürchtung war insbesondere darum nicht unbegründet, weil nach der damaligen geographischen Stellung der beiden Vereine der südliche in seinem Verkehre mehr auf die westlichen preußischen Provinzen angewiesen erschien, deren überwiegende industrielle Entwickelung in der Concurrenz die kaum erst erwachte und noch durch vielfache Hemmnisse beschwerte Industrie des Südens zu vernichten drohte.

Was die von Preußen gewünschte Adoptirung seiner Grundsätze über Zollgesetzgebung und Zollorganisation betraf, so waren die Einrichtungen des süddeutschen Vereins, wenngleich in ihrer Anwendung ungleich milder, doch auf der gleichen Grundlage entwickelt; und da ohnedies vor der Hand es sich nicht um eine buchstäbliche Gleichstellung handelte, so standen auch hier keine wesentlichen Bedenken entgegen.

In diesem Sinne erfolgten daher auch unverzüglich die bayerisch-württembergischen Instructionen an ihre Bevollmächtigten, worauf unterm 6. März die Verhandlungen förmlich eröffnet wurden. Die oberste Leitung derselben übernahm der Finanz-Minister von Motz mit Zuziehung des Staatsraths und Präsidenten des Steuerwesens, von Maaßen; mit der geschäftsmäßigen Verhandlung waren der Ober-Präsident und Director der zweiten Abtheilung des auswärtigen Ministeriums, von Schönberg, und der

Geheime Legations-Rath Eichhorn betraut; bayrischer Seits war der kgl. Gesandte Graf Luxburg, von Württemberg der Geschäftsträger Freiherr von Blomberg zu Bevollmächtigten ernannt. Freiherr Cotta von war sowohl von Bayern als Württemberg mit Vollmacht versehen; auch ward der großherzoglich hessische Staats-Rath Hofmann zu den Verhandlungen nach Berlin eingeladen. Die Verhandlungen wurden mit dem regsten Eifer und aufrichtigem guten Willen von beiden Seiten begonnen und, so sehr auch anfangs die Ansichten differirten, dennoch in einer Weise fortgesetzt, welche bald einen günstigen Erfolg in Aussicht stellte. Schon am 20. März war man so weit, daß die preußischen Bevollmächtigten den bayrisch-württembergischen Abgeordneten den Entwurf zu einem Haupt- und Separatvertrage nebst erläuternden Beilagen übergeben konnten.

Inzwischen war auch der großherzoglich hessische Abgeordnete Hofmann eingetroffen. .Sein erstes Bestreben war, den Verhandlungen eine breitere Grundlage zu geben. Zu diesem Ende schlug er einen Zollverein in größerer Ausdehnung vor, der nebst Bayern, Württemberg und dem Großherzogthum Hessen den ganzen westlichen Theil der preußischen Monarchie (Westfalen und die Rheinprovinzen) umfassen sollte. Da jedoch der Auftrag und die Vollmachten der bayrisch-württembergischen Abgeordneten auf einen solchen Zollverein nicht gerichtet waren, so hielten sie es für zweckmäßiger, vor der Hand nur den beabsichtigten Handelsvertrag ins Reine zu bringen. Auch Preußen, obwohl dem Hofmann'schen Plane im Grunde keineswegs abgeneigt, wünschte ebenfalls vor Allem zum baldigen Abschlusse des Handelsvertrags zu gelangen, um an die Stelle unbestimmter Verhältnisse ein im gemeinschaftlichen Interesse fixirtes System zu begründen, die öffentliche Meinung zu gewinnen, den Werth des Bodens und der Industrie zu heben, endlich um die entgegenwirkenden Bemühungen fremder Intriguen zu vereiteln und den günstigen Moment zu ergreifen, den spätere unvorhergesehene Hindernisse erschweren oder gar vereiteln könnten.

Die neuen preußischen Entwürfe wichen, namentlich in formeller Hinsicht, nicht unbedeutend von der in den bisherigen Verhandlungen angenommenen Grundlage ab; da jedoch diese Bedenken keine wesentlichen Punkte betrafen, auch preußischer Seits man sich sogleich bereit erklärte, in der Stellung und Fassung der einzelnen Vertrags-Bestimmungen alle zweckmäßigen Aenderungen vorzunehmen, so wurden die preußischen Entwürfe als fernere Grundlage der Verhandlungen angenommen.

Die Voraussetzungen und Bedingungen, an welche man bayrischer Seits die weiteren Verhandlungen knüpfte, waren:

1. daß das Großherzogthum Baden in kurzer oder nach längerer Zeit ausschließlich nur dem bayrisch-württembergischen Vereine zugewandt werde;

2. daß, im Falle die Ausdehnung des bayrisch-württembergischen Zollvereins auf die westlichen Provinzen Preußens und auf die Lande des Großherzogthums Hessen nicht erfolgen sollte, es letzterem forthin frei stehe, wo nicht sogleich mit seinen sämmtlichen Ländern, doch mit Starkenburg und Rheinhessen dem bayrisch-württembergischen Zollverein beizutreten;

3. daß der Transit der Waaren frei von allen Gebühren aus der Pfalz nach Bayern und Württemberg und aus diesen Landen nach der Pfalz (unter Gestattung gleicher Freiheit für die aus dem preußisch-hessischen Vereine kommenden Waaren durch die Pfalz) durch Rheinhessen und Starkenburg zugestanden werde.

Schon die bisher geführten Verhandlungen riefen in den meisten der dabei betheiligten Staatsmänner die feste Ueberzeugung hervor, daß sie eine größere vollständigere Zollvereinigung zwischen Preußen, Bayern, Württemberg, Hessen und Baden herbeiführen würden, indem einerseits hierdurch die finanziellen Schwierigkeiten einer theuren Zollverwaltung vermindert, andererseits die staatswirthschaftlichen Vortheile erst ihre volle Ausdehnung erhalten würden.

Unter lebhaften Erörterungen über einzelne Punkte, wie über die Zollsätze im gegenseitigen Verkehr der beiden Vereine auf rohen und fabricirten Tabak, Wein, rohe Eisenwaaren, Zucker und dergl., rückten indessen die Verhandlungen ihrem Ziele immer näher, und schon am 27. Mai konnte die förmliche Unterzeichnung des Vertrags stattfinden.

In Darmstadt war man durch diesen schleunigen, in Abwesenheit des großherzoglichen Bevollmächtigten erfolgten Abschluß nicht wenig überrascht, zumal da Preußen an Bayern und Württemberg mehrere früher nicht in Aussicht gestellte Zugeständnisse gemacht hatte, durch welche man die hessischen Interessen in hohem Grade gefährdet erachtete. Auch in München und Stuttgart hatte man gegen den Vertrag, obwohl derselbe im Allgemeinen hohe Befriedigung erregte, einige Einwendungen zu machen, und namentlich erachtete man einige nachträgliche nähere Bestimmungen und Berichtigungen für unumgänglich nothwendig. Nachdem auch diese von preußischer Seite zugestanden und in ein Protokoll vom 4. Juli aufgenommen waren, erfolgte endlich die allseitige Genehmigung des Vertrags und unterm 15. Juli 1829 die Auswechslung der Ratificationen. Durch diesen Vertrag waren für die wichtigsten Gegenstände des beiderseitigen Gewerbfleißes (baumwollene, seidne und wollene Fabrikate, Leder-, Kupfer- und

Messingwaaren, Eisen und grobe Eisenwaaren), dann Tabak, Wein und Most, Zucker und Syrup sehr erhebliche Nachlässe in den beiderseitigen Eingangszöllen, von 20—50%, bewilligt, für die der innern Bestimmung unterliegenden Consumtibilien ein System von Uebergangssteuern angenommen, für alle übrigen Gegenstände aber (mit Ausnahme von Salz und Spielkarten und der durch Erfindungs-Privilegien geschützten Fabrikate) vollkommene Verkehrsfreiheit unter den beiden Vereinen eingeführt. Der Durchgangszoll für inländische Erzeugnisse der Natur, des Gewerbfleißes und der Kunst sollte gänzlich aufhören; für die Chaussee- und dergl. Abgaben ward ein Maximum festgesetzt und deren allmähliche Beseitigung gegenseitig zugesichert. Der begünstigte Verkehr war jedoch an die Benutzung gewisser Verbindungsstraßen und Uebergangsorte so wie an die Legitimation durch Ursprungszeugnisse gebunden.

Der Vertrag selbst war unverkennbar der Vorläufer einer noch innigeren Zollvereinigung, indem er gewissermaaßen ein Differentialzollsystem von höchst ausgebreitetem Umfange unter den contrahirenden Staaten feststellte und neben der allgemeinen Versicherung, die beiderseitigen Zollsysteme so viel als möglich einander zu nähern, zugleich die Bestimmung enthielt, daß die nach demselben für den gegenseitigen Verkehr noch bestehenden verminderten Eingangszölle allmählich gänzlich aufhören sollten; so daß die als Grundsatz aufgestellte vollkommene Verkehrsfreiheit zwischen den beiden Vereinen schon nach den Bestimmungen des Vertrags selbst binnen wenigen Jahren (mit Ausnahme einiger Artikel) eintreten konnte. Darum erregte er auch die allgemeine Aufmerksamkeit Deutschlands in hohem Grade und ward von den Einen als ein günstiger Vorbote einer bessern Zeit für deutschen Handel und deutschen Gemeinsinn, von den Anderen mit ängstlicher Erwartung der weiteren Folgen betrachtet. Namentlich war es der mitteldeutsche Verein, der in seiner Haltlosigkeit sich durch die Einigung zwischen dem süddeutschen und dem nördlichen Zollverein in seiner ohnedies schwankenden Existenz bedroht glaubte und dessen Anhänger daher die Welt mit Klagen über die Uebergriffe Preußens und dessen Streben nach Alleinherrschaft in Zollangelegenheiten erfüllten. Gleichzeitig aber führte die innere Ueberzeugung, daß gegenüber der praktischen Lebensthätigkeit der beiden Zollvereine der Mittelverein in seiner bisherigen negativen Resultatlosigkeit nicht länger verharren könne, dessen Leiter zu bald offenen, bald verdeckten Anträgen an die beiden größeren Vereine, die nur zu sehr beurkundeten, wie wenig noch das Wesen dieser letzteren und deren Stellung zum Mittelvereine erkannt wurde. Die königlich preußische Regierung fand sich dadurch veranlaßt, durch eine an alle ihre diplomatischen Agenten in Deutschland gerichtete offene Erklärung vom 18. August 1829 sich über den Vertrag mit dem bayrisch-württembergischen Vereine und ihre Stellung zum Mittelvereine unumwunden und offen auszusprechen. Sie erkannte darin an, daß der Vertrag vom 27. Mai, obwohl kein Zollvereinigungs-, sondern ein bloßer Handelsvertrag, dennoch von einer solchen umfassenden Grundlage und Ausdehnung sei, daß er eine noch engere Vereinigung und die Verwirklichung des Art. 19 der Bundesacte in Aussicht stelle. Mit dem Mittelvereine, dessen Entstehung offenbar durch eine Preußen feindselige Tendenz veranlaßt worden, in seiner Gesammtheit werde sich Preußen in keine Verhandlung einlassen, da es an jeder geeigneten Basis hierzu fehle.

Die unverkennbaren großen Vortheile, welche der Vertrag vom 27. Mai für alle Theilnehmer mit sich brachte, verfehlten ihre Wirkung auch auf viele der übrigen kleineren deutschen Staaten nicht, und manche derselben, obwohl durch ihre Verhältnisse zum mitteldeutschen Vereine gebunden, neigten sich zu einer Zollvereinigung mit Preußen oder mit Bayern und Württemberg hin. Noch immer aber schien die vorgefaßte Meinung, als würden sie dadurch ihrer Selbständigkeit Etwas vergeben, bei vielen von nicht geringem Einflusse. Auch diesem Vorurtheile suchte Preußen in dem erwähnten Erlasse zu begegnen und die kleineren Staaten über ihre wahre commercielle Stellung aufzuklären. Auch mochte wohl manchen derselben eine sorgsamere Betrachtung der Ereignisse belehren, wie geringen Werth diese vermeintliche, durch Isolirung erhaltene Selbständigkeit habe. Gerade durch diese Absonderung mußten schwächere Staaten ihre Unselbständigkeit, die eine natürliche Folge ihres geringen Umfanges und der Armuth ihrer Hülfsquellen war, erst recht fühlen, während auch der kleinste Staat als gleichberechtigter Theil eines größern Ganzen ein Recht und eine Veranlassung erhielt, größere handelspolitische Tendenzen zu verfolgen und seinen Werth zu erkennen und zu behaupten.

Dieses Bestreben der kleineren Regierungen, sich den beiden größeren Vereinen zu nähern, sprach sich am lautesten bei einem Zusammentritte von Bevollmächtigten der Regierungen des Mittelvereins aus, welcher im Sommer des Jahres 1829 zu Kassel statt fand. Zwar gelang es hier denjenigen Wortführern des Vereins, bei welchen die feindselige Tendenz gegen Preußen am meisten hervorleuchtete, eine Verlängerung des mitteldeutschen Vereins und dadurch eine vertragsmäßige Verpflichtung, während dieser Zeit keinem größeren Vereine beizutreten, durchzusetzen; die Beistimmung zu dieser Stipulation erfolgte jedoch nicht ohne Vorbehalte und nur mit dem ausdrücklichen Verlangen, daß mit Preußen und Bayern Verhandlungen über gegenseitige Verkehrserleichterungen angeknüpft würden.

Ueberhaupt zeigten diese Kasseler Verhandlungen die im Mittelvereine eingetretene Spaltung und seine dadurch bevorstehende Auflösung bereits zur Genüge. Während nämlich die nördlich gelegenen Vereinsmitglieder Hannover, Braunschweig, Oldenburg und Bremen mit ängstlicher Besorgniß und Heftigkeit jeder Ausbreitung eines abgeschlossenen, auf Hebung der inneren Industrie berechneten Zollsystems entgegenarbeiteten und darum kein Mittel unversucht ließen, die zwischen den beiden größeren Vereinen gelegenen Staaten an dem Beitritte zu diesen Vereinen zu behindern, zeigte sich bei diesen Zwischenstaaten das unverkennbare Bestreben, sich Preußen oder Bayern zu nähern, zugleich aber auch eine größere Aengstlichkeit und Ungewißheit über den hierbei einzuschlagenden Weg und das zu befolgende System. Um die Ausdehnung des preußischen Systems gegen Norden für immer zu hindern, suchten Hannover, Kurhessen, Braunschweig und Oldenburg auf Grundlage der Kasseler Verhandlungen einen besondern engern Zollverein zu stiften; dagegen konnte die Haltung der thüringischen Staaten über deren fernere Stellung zum mitteldeutschen Vereine bald keinen Zweifel mehr übrig lassen. Sachsen-Weimar hatte sogleich einen Vorbehalt eingelegt, welcher ihm seinen allenfallsigen Rücktritt und Anschluß an einen größern Zollverein möglich machte. Noch während der Dauer der Kasseler Verhandlungen wandten sich die Fürsten Reuß jüngerer Linie durch ihren Bevollmächtigten an den preußischen Geschäftsträger in Kassel und gaben den Wunsch zu erkennen, mit der preußischen Regierung wegen einer Vereinigung über Handels- und Zollverhältnisse in Unterhandlung zu treten. Die Folge war ein Vertrag vom 9. December 1829, durch welchen sich die Fürsten Reuß zu Schleiz, Lobenstein und Ebersdorf bereit erklärten, mit ihren Landen dem Zollverbande der östlichen preußischen Provinzen oder dem bayrisch-württembergischen Zollverbande, je nachdem Dies angemessen befunden würde, beizutreten, sobald die gegen den mitteldeutschen Verein eingegangenen Verbindlichkeiten ihnen Solches gestatten würden. Bis dahin, daß Dies möglich würde, und zwar spätestens bis zum 1. Januar 1835, hatte man sich über einige Erleichterungen des Verkehrs der beiderseitigen Unterthanen vereinigt.

In ganz ähnlicher Weise schloß Preußen mit Sachsen-Coburg und Meiningen Verträge ab, denen später (1831) ein noch bestimmterer Vertrag mit Sachsen-Weimar folgte.

Während Dies geschah, hatte sich Hannover in Folge der Kasseler Verhandlungen an Preußen mit der Anfrage gewendet, ob dasselbe geneigt sei, zu einer gemeinschaftlichen gütlichen Verständigung über die Beseitigung der Hindernisse, welche der freien Handelsbewegung im Innern Deutschlands in manchen Puncten noch entgegenstünden, die Hand zu bieten. Die preußische Antwort hierauf konnte bei den vorausgegangenen offenen Erklärungen dieser Regierung kaum in Zweifel stehen; sie giebt zugleich eine klare Einsicht in das ganze von Preußen dem mitteldeutschen Vereine gegenüber beobachtete System, sowie sie durch ihre Offenheit und Entschiedenheit mit einem Male die innere Nichtigkeit des mitteldeutschen Vereins an den Tag legte und den Wendepunct für die fernere Gestaltung der Vereinsverhältnisse in Deutschland bildete.

„Preußen sei von jeher der Beförderung eines möglichst freien Verkehrs geneigt gewesen; es habe dabei seinem Steuersysteme zwei Hauptgesichtspuncte unterstellt: das Staatsbedürfniß an Abgaben und die Sorge für die inländische Industrie. Auf dieser Grundlage sei es von jeher bereit gewesen, mit allen Staaten, welche es wünschten, in Verhandlung zu treten, ohne jedoch seinerseits hierzu mit irgend einer Aufforderung voranzugehen. Nur der königlich hannövrischen Regierung habe Preußen vor dem Abschlusse des Vertrags mit dem Großherzogthum Hessen Eröffnungen und Vorschläge gemacht, welche dahin zielten, die beiderseitigen Verkehrsverhältnisse durch Erleichterung des Eingangs und Durchgangs noch günstiger als bisher zu stellen. Diese Eröffnungen habe Hannover unerwidert gelassen, dagegen an Unterhandlungen mehrerer Staaten Antheil genommen, welche sich offenkundig zu dem Zwecke vereinigten, die Ausdehnung des preußisch-hessischen und bayrisch-württembergischen Handels- und Zollsystems zu verhindern. Dermalen sei die Lage der zu den vorgenannten beiden Vereinen verbundenen Regierungen eine solche, daß dieselbe keine dringende Veranlassung darbiete, durch Verträge mit anderen Staaten Modificationen ihres Systems herbeizuführen. Es könne daher für dieselben nicht sowohl die Rücksicht auf das eigene abgesonderte Interesse, als vielmehr die Betrachtung ein Anreiz zur Unterhandlung mit anderen deutschen Staaten sein, daß dadurch den Beschwerden, welche die Verschiedenheit der Grundsätze über Handels- und Zollverhältnisse veranlaßt, abgeholfen, den damit zusammenhängenden Reibungen ein Ziel gesetzt, eine engere Verbindung zwischen den deutschen Völkern begründet und durch diese ein neuer Segen über Deutschland und dessen einzelne Staaten verbreitet werde. Diese Betrachtung habe auch in den Augen der preußischen Regierung einen solchen Werth, daß sie zu jeder Unterhandlung gern die Hand biete, durch welche ein so heilsamer, mit der innigeren und festeren Begründung des Deutschen Bundes zusammenfallender Zweck würdig befördert werden könne."

„Sie habe jedoch aus vielfachen Erfahrungen die Ueberzeugung gewonnen, daß eine solche Unterhandlung nur dann mit Erfolg geführt werden könne, wenn der Zustand und die Bedürfnisse des Landes auf jeder Seite genau erkannt würden, mittelst dieser Erkenntniß die gegenseitigen Interessen bestimmt hervorträten und auch die Mittel und Wege mit Sicherheit sich auffinden ließen, um eine Ausgleichung derselben zur Zufriedenheit beider Theile zu bewirken."

„Ein solches Verfahren sei indeß nur bei einer Begrenzung der Unterhandlungen auf einzelne Staaten möglich; dagegen aber sei in der hannövrischen Mittheilung der Wunsch ausgedrückt, daß sich die preußische Regierung mit dem Kasseler Vereine über gemeinsame Maaßregeln verständigen möge."

„Dies führe zu der Frage, welches die gemeinsamen Interessen seien, worüber dieser Verein mit Preußen und denjenigen deutschen Staaten, welche über Handels- und Zollverhältnisse Verträge mit ihm abgeschlossen hätten, sich zu verständigen wünsche, und worin die Vortheile und Zugeständnisse beständen, welche Namens des Vereins angeboten werden könnten."

„Als gemeinschaftlich verfolgtes Interesse habe man bisher nur das Motiv gekannt, worauf der Ursprung des Vereins zurückzuführen sei, im Uebrigen finde man nur ein Aggregat besonderer Interessen, worüber der Natur der Sache nach nicht mit dem Vereine im Ganzen, sondern nur mit den einzelnen Staaten verhandelt werden könne."

Auf diese Bemerkungen hin lehnte die preußische Regierung jede Verhandlung mit dem mitteldeutschen Vereine ab, erklärte sich aber gern bereit, auf eine Unterhandlung mit der königlich hannövrischen Regierung, unter Zugrundelegung der schon früher gemachten Vorschläge, einzugehen.

Wenn auch hierauf noch einige Erörterungen zwischen Preußen und Hannover stattfanden, so waren dieselben dennoch augenscheinlich mehr darauf gerichtet, den beiderseitigen Standpunct zu berichtigen und zu beleuchten, als wirklich irgend ein erhebliches Resultat zu erzielen. Beide Regierungen folgten vielmehr dem einmal gegebenen Impulse, und während Hannover die oben erwähnten Separatverhandlungen eifrigst verfolgte, setzte Preußen anderseits die mit Sachsen und den thüringischen Staaten getroffenen Einleitungen gemeinschaftlich mit Bayern und Württemberg in einer Weise fort, welche eine baldige günstige Beendigung hoffen ließ.

Schon unterm 27. März 1830 vereinigten sich Hannover, Kurhessen,

Oldenburg und Braunschweig in Eimbeck zu einem Vertrage, in welchem es allerdings versucht wurde, die Grundlagen einer Art von Zollvereinigung zu legen, welche aber, da es an der Grundbedingung hierzu, nämlich an der Gleichartigkeit der Grundsätze und Zwecke, fehlte, niemals ins Leben treten konnte.

Zwar trug er an seiner Spitze die Bestimmung, daß sich die vier Staaten zu einem gleichen Steuersysteme für Eingangs-, Ausgangs- und Consumtionsabgaben mit einer gemeinschaftlichen Zolllinie und Aufhebung aller Zwischenlinien vereinigten; bei den zum Theil direct widerstrebenden Ansichten und Interessen der Theilnehmer war jedoch an die Feststellung dieses Steuersystems, namentlich einer gemeinsamen Zollordnung und eines Vereinstarifs, gar nicht zu denken. Der Verein selbst kam daher auch niemals zu einer wirklichen Ausführung, zerfiel vielmehr in Folge der Verhältnisse schon in den nächsten Jahren.

Neuntes Kapitel.

Auflösung des mitteldeutschen Vereins. 1830—1831.

Je mehr die Staaten des mitteldeutschen Vereins sich bestrebten, die Principien, auf welchen sie ihren Verein begründen zu können glaubten, praktisch durchzuführen, desto mehr trat deren Unausführbarkeit sowie die Unhaltbarkeit des mitteldeutschen Vereins als eines dritten selbständigen Ganzen zwischen dem preußisch-hessischen und dem bayrisch-württembergischen Vereine hervor. Darum konnten auch Preußen und Bayern um so ruhiger dem Augenblicke entgegen sehen, wo die durch den Kasseler und den Eimbecker Vertrag gebundenen Theile entweder in corpore oder einzeln sich nach Berlin oder München wenden würden, um auf diesem Wege zu erzielen, was sie auf dem andern vergebens versucht hatten.*) Offenbar war jedoch eine solche Annäherung bei den entgegengesetzten Verwaltungsgrundsätzen, Gewohnheiten und Local-Interessen, bei der Schwierigkeit und dem nöthigen

*) Die von Festenberg S. 181 geäußerte Besorgniß, daß der Eimbecker Vertrag, wäre er zur Ausführung gekommen, einen ziemlich selbständigen norddeutschen Verein hätte begründen können, ist daher kaum gerechtfertigt. Weder der Kasseler noch der Eimbecker Vertrag trugen unter den gegebenen Umständen den Keim einer stabilen Organisation in sich.

Zeitaufwande, um ein gleichförmiges System zu begründen, wo bisher eine an Verwirrung grenzende Verschiedenheit herrschte, nur allmälig und durch vorbereitende Verträge und Einrichtungen möglich. Am meisten fühlte Dies die königlich sächsische Regierung, und sie war es auch, die sich zuerst entschloß, geradezu von dem Systeme des mitteldeutschen Vereins abzugehen und zu jenem der beiden anderen Vereine überzutreten. Sie erklärte Dies schon im August 1830 an Preußen und Bayern, indem sie unverhohlen aussprach, daß sie die Erreichung der volkswirthschaftlichen Zwecke eines Zollvereins bisher in möglichst niedriger Besteuerung der Erzeugnisse aller auswärtigen Staaten, in Begünstigung des Handels auch mit ausländischen Artikeln und in fast abgabenfreier Durchgangsgestattung erstrebt habe, daß sie aber nicht länger mehr zu verkennen vermöge, daß eben diese Zwecke, besonders in Bezug auf die Staaten des Deutschen Bundes, auch, und zwar mit größerer Sicherheit, auf dem von Preußen und Bayern eingeschlagenen Wege durch Annahme eines gemeinschaftlichen Zoll- und Handelssystems erreicht werden können. Sachsen erklärte daher an Preußen sowie an Bayern und Württemberg seine volle Bereitwilligkeit, einer allgemeinen Zoll- und Handelsvereinigung nach den Principien dieser Staaten beizutreten, sobald sie nur Gleichheit der Rechte zur Basis habe.

Diesen Einleitungen der königlich sächsischen Regierung hatte sich die großherzoglich sächsische angeschlossen. Sie hatte in den letzten Jahren durch eine unnütze leidenschaftliche Opposition gegen Preußen, als deren Seele der großherzogliche Minister Schweizer betrachtet wurde, sich in Berlin alle Gemüther entfremdet. So wie sein Einfluß jenem des Finanzministers v. Gersdorff wich, wurde eine Annäherung möglich, und Dieser traf am 31. December 1830 gemeinschaftlich mit dem königlich sächsischen Minister v. Lindenau mit förmlicher Beglaubigung in Berlin ein.

Preußischerseits bestanden nicht unwichtige Einwendungen und Bedenken gegen eine Aufnahme Sachsens in den Verein; zunächst der hohe Stand der sächsischen Industrie und die zu befürchtende Concurrenz derselben, dann der gewohnte Schleichhandel an der böhmischen Grenze, gegen welchen die sächsische Regierung bei ihrer innern Zerrüttung wohl kaum genügende moralische Garantien zu geben vermochte. Auch die Bedenken, die aus der damaligen politischen Lage entnommen waren, erschienen nicht ohne Bedeutung.

Dennoch wurden die sächsischen Anträge im Allgemeinen sehr freundlich und bereitwillig entgegengenommen und beantwortet. Die sächsische Regierung hatte gleich bei den ersten Eröffnungen als Hauptzweck ihrer Einleitungen einerseits die Erzielung einer Vereinigung der Mehrzahl der deutschen Bundesstaaten, namentlich der sächsischen, bayrischen, württembergischen, badischen und hessischen Lande, mit dem Königreich Preußen zu einem gemeinschaftlichen Zoll- und Handelssystem, anderseits die Absicht bezeichnet, für die individuellen Verhältnisse des sächsischen Handels solche besondere Berücksichtigungen zu erlangen, welche die Erhaltung desselben in seinen bisherigen Hauptrichtungen möglich machen würden. Letzteres betraf insbesondere den Leipziger Meßhandel mit ausländischen Erzeugnissen, und es war daher für denselben eine Reihe von Ausnahmsbestimmungen verlangt worden, deren Gestattung allerdings mit dem damaligen preußischen Systeme nicht ganz übereinstimmend erschien. Theils letztere Anträge, theils das Bestreben Sachsens, die Verhandlungen sogleich auf einen größeren Kreis von Staaten auszudehnen, während Preußen es für vortheilhafter hielt, nur mit jedem einzelnen Staate gesondert zu verhandeln und den Verein nur allmählich zu einer größern Ausdehnung hinzuführen, verhinderten den schleunigen Fortschritt der sächsischen Verhandlungen. Um so geneigtere Aufnahme fanden die gleich darauf, im Juni und Juli 1831 erfolgenden Anträge Kurhessens, theils weil die geographischen Verhältnisse die Beiziehung Kurhessens zum preußischen Zollsystem zur Vorbedingung jeder weiteren Entwickelung desselben machten, theils auch weil bei den untergeordneten industriellen und commerciellen Verhältnissen Kurhessens mit demselben eine Verständigung viel leichter zu erzielen war als mit Sachsen, das als größeres abgeschlossenes Ganze bisher einem dem preußischen ganz entgegengesetzten Handelssysteme gehuldigt hatte und dessen besondere Interessen einen Anschluß an das preußische Zollsystem in vielen Puncten ungemein erschwerten.

Als daher Kurhessen den Vorstand des kurfürstlichen Ministeriums des Innern, Geheimen Rath Rieß, und den Finanzkammerrath Meisterlin nach Berlin schickte und gleichzeitig Bayern und Württemberg ersuchte, an den Verhandlungen Theil zu nehmen, wurden die Conferenzen hierüber alsbald mit Lebhaftigkeit aufgenommen und mit großem Eifer betrieben.

Indessen blieben gleichwohl die sächsischen Verhandlungen nicht zurück, obwohl die bayrische Regierung an denselben weniger directen Antheil nahm, vielmehr der preußischen Regierung erklärt hatte, daß sie es mit Dank anerkennen würde, wenn Preußen gleichsam die Einleitung dieser Unterhandlungen übernehmen und vorerst mit Sachsen sich darüber verständigen wollte, ob, wie und in welchem Maaße das große Ziel zu erreichen sei, und daß sonach die Bevollmächtigten der übrigen betheiligten Regierungen zur Theilnahme an den Unterhandlungen erst dann eingeladen werden möchten, wenn einerseits aus dem Ergebnisse dieser vorläufigen Verhandlungen und anderseits aus den Entschlüssen, welche endlich die zwischen den beiden größeren Vereinen gelegenen kleineren Staaten über ihre fernere Stellung fassen würden, mit Sicherheit die Erreichung einer größeren Zollvereinigung entnommen werden könnte. Bis zu einem solchen Grade des Vertrauens hatten bereits die bisherigen Verhandlungen und die durch sie erzielte Gemeinschaftlichkeit zwei Regierungen geführt, welche noch vor wenigen Jahren in ihrer Handelspolitik einander schroff entgegenstanden; aber auch nur durch dieses gegenseitige Vertrauen ward es möglich, die unzähligen Schwierigkeiten, welche einer Vereinigung so vielartiger wahrer und vermeintlicher Interessen und der Beseitigung so mancher kleinlicher Bedenken und Befürchtungen entgegenstanden, zu entfernen und ein Ziel zu erreichen, welches Deutschland seiner materiellen Einigung näher führte, als es alle diplomatischen Kunststücke der Verträge von 1815 bis zum Jahre 1820 vermocht hatten.

Noch im Juli 1831 konnten die sächsischen Bevollmächtigten nach mehreren mündlichen Besprechungen mit einem förmlichen Vertragsentwurfe nach Dresden zurückkehren, um dort die weitere Erwägung ihrer Regierung über denselben zu veranlassen und zu leiten.

Nachdem gegen Ende Juli noch ein großherzoglich hessischer Bevollmächtigter in Berlin eingetroffen, waren bis zum 25. August die Unterhandlungen mit Kurhessen so weit gediehen, daß an demselben Tage der förmliche Anschlußvertrag von Kurhessen an den preußisch-großherzoglich-hessischen Zollverein unterzeichnet werden konnte. Gleichzeitig erfolgte die Unterzeichnung der Separatartikel, dann die eines besondern Separatartikels zu Artikel 18 des offenen Vertrages wegen der Kasseler Messe, so wie eines besondern Protokolls über den Grenzverkehr. Noch an demselben Tage erklärten die bayrisch-württembergischen Bevollmächtigten ihre Zustimmung zu dem Vertrage, unter dem gleichzeitigen Beschlusse, daß zwischen Bayern, Württemberg, den beiden Hessen und den westlichen preußischen Provinzen unter Annahme der preußischen Zollgesetzgebung ein Verein gebildet und zu dessen Ausführung alsbald in Berlin Verhandlungen durch Bevollmächtigte eröffnet werden sollten. Würde dieser Verein nicht gleichzeitig mit dem Anschlusse Kurhessens an Preußen in Ausführung gebracht werden können, so solle letzterer dadurch nicht aufgehalten, vielmehr für diesen Fall die Bestimmungen des Vertrages vom 27. Mai 1829 auch auf Kurhessen angewendet und in Vollzug gesetzt werden.

Die größte Schwierigkeit der kurhessischen Verhandlungen lag in der Persönlichkeit des damaligen Kurfürsten. Sein ganzes Regierungssystem sträubte sich gegen jede Concession zu Gunsten der materiellen Volksinteressen, und alle Mitcontrahenten konnten nicht wohl darüber im Zweifel sein, daß seinerseits die Verhandlung selbst nur widerstrebend eingegangen und die definitive Annahme des Vertrages nichts weniger als gesichert war. Da traten auch hier die bekannten politischen Ereignisse in Kassel, nicht ohne thätige Einwirkung Preußens, dazwischen, das zuletzt erkannt hatte, daß die längere Fortdauer eines solchen unverantwortlichen Regierungssystems die höchsten Interessen aller deutschen Regierungen gefährden würde. Der Kurfürst wurde von der Regierung entfernt, der Kurprinz zwar nominell nur zum Mitregenten, in der That aber zum alleinigen Souverain gemacht. Dadurch waren auch die Schwierigkeiten, die man bezüglich der Ratification von Seite des kurhessischen Hofes befürchtet hatte, beseitigt. Doch war es noch zweifelhaft, ob die kurhessische Regierung Kraft genug haben werde, um alle Bedingungen des Vertrages durchzuführen, da in der letzten Zeit die Auflösung aller Ordnung so groß gewesen, daß im Hanauischen und Fuldaischen die Zollbehörden verjagt und bei der dadurch factisch eingetretenen Zollfreiheit ungeheure Massen von fremden Waaren zollfrei eingeführt worden waren.

Der Vertrag vom 25. August 1831 selbst enthält fast dieselben Bestimmungen wie der Vertrag mit Hessen-Darmstadt; er beruht auf derselben Basis und die einzelnen Artikel sind zum großen Theile wörtlich gleichlautend. Von besonderer Bedeutung ist Artikel 11, durch welchen die kurhessische Regierung sich anheischig machte, die in Preußen bestehenden Productionssteuern für Wein, Most und Tabak künftig einzuführen; eine Verbindlichkeit, welche das Großherzogthum Hessen, in welchem diese Artikel in bei weitem größerer Quantität erzeugt wurden, nicht übernommen hatte.

Auch die Separatartikel enthalten wenig neue Bestimmungen. Nur im Absatz 2 des Separatartikels 3 zu Artikel 5 des offenen Vertrages übernahm Preußen einige neue Verpflichtungen, nämlich

a) den Durchgangszoll auf den Handelszügen des nordwestlichen Deutschlands zwischen der Weser und der Elbe nach dem südöstlichen Deutschland auf den Straßen, welche dahin ohne Berührung des preußisch-hessischen Zollverbandes führen, auf keine Weise durch Ausnahmen von den allgemeinen Durchgangs-Abgabesätzen unter den für jenen letzteren Verband gültigen Durchgangs-Zollsatz zu vermindern;

b) auch für einzelne Straßenzüge in der Richtung von Bremen nach Frankfurt und umgekehrt keine Herabsetzung des Transitzolles zu verfügen, welche nicht auch der in dieser Richtung nach Kassel führenden Straße zu gute käme.

Offenbar geschahen diese Stipulationen deshalb, weil Kurhessen die Erfahrung gemacht hatte, daß der früher so bedeutende Handelszug über Bremen, Hannover und Kassel ins südliche Deutschland sehr abgenommen hatte, indem wegen des Transit-Zollsystems Kurhessens und der Magdeburg zu Theil gewordenen Begünstigungen, dann durch die Regulirung der Elbeschifffahrt und die von Bayern getroffenen Bestimmungen über den Gütertransport zwischen Leipzig und Frankfurt der Handel freiere Verkehrslinien finden konnte.

Das wichtigste Resultat des kurhessischen Vertrages war jedoch die förmliche Auflösung des mitteldeutschen Vereins, indem Kurhessen, in directem Widerspruche mit den Bestimmungen des letzteren, sich durch Artikel 9 des Vertrages vom 25. August 1831 anheischig machte, schon mit dem 1. Januar 1832 in den preußischen Zollverband einzutreten. Die Mitglieder dieses Vereins, nämlich diejenigen, welche selbst noch an den Principien desselben festhielten und nicht schon jetzt an den Anschluß an Preußen dachten, schienen daher auch keineswegs gesonnen, den Vertragsbruch Kurhessens ruhig hinzunehmen. Namentlich Hannover zeigte sich in hohem Grade verletzt, und der in Kürze eintretende Vollzug des preußisch-kurhessischen Vertrags gab Veranlassung zu sehr heftigen Differenzen, welche erst nach Jahren ihr Ende erreichten.

In Folge des Vertrages vom 25. August 1831 erließ nämlich die kurhessische Regierung eine Verordnung vom 30. December 1831 über die Erhebung der Ein-, Aus- und Durchgangs-Abgaben und deren Sicherstellung, wodurch der bisherige niedrige Satz der Transitzölle im kurhessischen Gebiete vom 1. Januar 1832 an bedeutend erhöht wurde. Diese Zölle für die nach Frankfurt a. M. gehenden Güter, welche bisher im kurhessischen Gebiete 3 Gr. pr. Ctr. betragen hatten, wurden anfangs im Allgemeinen auf 24 Gr. erhöht. In Frankfurt, woselbst ohnedies der Vertrag Kurhessens mit Preußen die größte Aufregung erzeugt hatte, weil dadurch die völlige Isolirung Frankfurts in nächste Aussicht gestellt war, wurden dadurch laute Reclamationen hervorgerufen, und es gelang erst nach längeren Verhandlungen, eine Herabsetzung dieses Transitzolles auf 12 Gr. von Preußen zu erlangen. Selbst hiezu verstand sich die preußische Regierung nur ungern, weil sie absichtlich die kleinen Regierungen des mitteldeutschen Vereins ihr

Uebergewicht und das Ungeeignete der gegen Preußen eingenommenen Richtung des Vereins fühlen lassen wollte.

Endlich vereinigten sich Hannover, Oldenburg, Braunschweig, Nassau, Bremen und Frankfurt zu einer förmlichen Beschwerde gegen Kurhessen am Bundestage, welche in der Sitzung vom 6. Juli 1832 eingebracht wurde. Sie war lediglich auf die aus dem mitteldeutschen Vereine hervorgegangenen Vertragsverhältnisse gegründet, Preußen und seine Einwirkung auf die Frage war hierin gar nicht erwähnt.

Kurhessen verzögerte seine Erklärung hierauf so viel als möglich und brachte nach jedem Termins-Ablauf ein neues Fristgesuch ein. Als seine Erklärung endlich erfolgte (September 1832), war sie eine keineswegs befriedigende; das Vermittlungsverfahren hatte, wie vorauszusehen war, keinen Erfolg, und so schritt der Bundestag endlich zur Einleitung des Austrägalverfahrens. Auch hier versäumte Kurhessen alle Termine, sein Gesandter rief überdies durch eine verletzende Aufklärung die heftigste Aufregung in der Bundesversammlung hervor, so daß die Differenzen nachgerade eine sehr bedrohliche Gestaltung annahmen. Mittlerweile waren zwischen Kurhessen und Hannover wegen eines gütlichen Vergleichs mehrere Noten gewechselt worden, nachdem die kurfürstliche Regierung wiederholt das Anerbieten gemacht hatte, den status quo wieder herzustellen; allein so oft das hannövrische Cabinet dieses Anerbieten annahm, wurde es kurhessischer Seits wieder zurückgenommen. Endlich machte in der Bundestagssitzung vom 11. April 1833 der kurhessische Gesandte die Anzeige, daß der Durchgang der Waaren aus Hannover, Oldenburg, Braunschweig, Nassau und den freien Städten Bremen und Hamburg vom 1. Mai 1833 an keinen andern Abgaben als denjenigen unterworfen sein sollte, welche vor dem Beitritte Kurhessens zum preußisch-hessischen Zollverein erhoben worden waren, und daß selbst gegen den frühern Zustand noch dadurch eine Erleichterung eintreten solle, daß von den Waaren, welche durch Kurhessen transitiren, um in Preußen, Bayern, Württemberg oder im Großherzogthum Hessen zu verbleiben, nur der Eingangs- und gar kein Durchgangszoll erhoben werde. Dadurch ward diese ärgerliche Differenz, in welcher sich die kurhessische Regierung ohne Würde und Takt benommen hatte, endlich erledigt.

Dieselbe Frage, nämlich die Erhöhung der kurhessischen Transitzölle zum Vollzuge des Vertrages zwischen Preußen und Kurhessen, hatte auch nicht unerhebliche Differenzen zwischen ersterem und Bayern hervorgerufen, indem sich aus dem Zollanschlusse Kurhessens die ebenso sonderbare als unerwartete Folge ergab, daß Kurhessen jetzt als Bayerns und Württembergs Handelsverbündeter den Transit dieser Staaten höher belastete als früher; wogegen Bayern Vorstellungen in Berlin machte.

Preußen dagegen verlangte von Bayern, daß letzteres auf dem bayrischen Theile der Straße von Fulda nach Frankfurt über Aufenau und Wertheim eine solche erhöhte Transitzollerhebung eintreten lasse, damit dadurch die von Hannover verlangte Herabsetzung des kurhessischen Transitzolles vereitelt würde. Auch diese Differenzen wurden endlich durch theilweises Nachgeben bereinigt, ohne daß dieselben auf den Gang der obschwebenden großen Verhandlungen und die freundliche Stimmung zwischen den betheiligten Regierungen irgend einen ungünstigen Einfluß geäußert hätten. Die Grundursache all dieser Differenzen lag in dem preußischen Transitzollsysteme, dessen Härte vielfach den Verkehr der angrenzenden kleineren deutschen Staaten belästigte und hemmte. In Bayern und Württemberg waren die Verhältnisse des Transits von jeher günstiger. Die Menge von Gebühren, die unter verschiedenen Titeln, wie Accise, Imposten, Geleitsgebühren u. dgl., in Norddeutschland den Transit belasteten, waren in Süddeutschland völlig unbekannt. Die Mißstimmung gegen diese Belästigung des Verkehrs war eine allgemeine, und laut verlangten die Regierungen sowohl wie das gesammte Publicum eine bessere Regelung des Transitzollwesens. Diese Stimmung versuchte nun die königlich hannövrische Regierung zu benutzen und brachte zu diesem Ende bald nach der gegen Kurhessen erhobenen Beschwerde (August 1832) beim Bundestage zwei abgesonderte Anträge ein, welche Erleichterung und Beförderung des Verkehrs unter den deutschen Bundesstaaten bezwecken sollten. Der erste Antrag beschränkte sich auf Erleichterung des Transitoverkehrs. So wie durch die Wiener Congreßacte die freie Schifffahrt auf den mehrere Staaten verbindenden deutschen Flüssen festgesetzt worden, so sollte dasselbe Princip auch auf die Straßenverbindungen ausgedehnt werden. Der zweite Antrag betraf die Erleichterung des Verkehrs mit deutschen Fabrikaten und Rohproducten gegenüber den Erzeugnissen des Auslandes und ein Einverständniß zur Abstellung des Schleichhandels. Hierüber erfolgten mehrfache Verhandlungen, deren Endergebniß aber, wie das aller am Bundestage über dergleichen Fragen geführten Verhandlungen, ein rein negatives war.

Zehntes Kapitel.

Bildung des großen deutschen Zollvereins. 1832—1833.

Während dieser verschiedenen Einleitungen am Bundestage wurden die Verhandlungen, welche in Berlin zwischen dem preußisch-hessischen und dem bayrisch-württembergischen Vereine über eine vollständige Zoll-Einigung eingeleitet worden waren, ununterbrochen fortgesetzt. Am 15. Februar 1832 hatte die preußische Regierung den Entwurf eines Vereins-Vertrages vorgelegt, dem sich sofort eingehende Besprechungen über dessen Inhalt, sodann mehrfache technische Erörterungen über Tarif und dergl. anreihten. Die Redaction des Tarif-Entwurfs war dem preußischen Geheimen Oberfinanzrathe von Schütz in Köln übertragen worden, welcher auch an der Ausarbeitung der ursprünglichen Zollgesetzgebung vom Jahre 1818 Antheil genommen hatte. Hierdurch ward die Sache so weit gefördert, daß schon im April hinsichtlich der wichtigsten Differenzpunkte eine fast vollständige Annäherung und Uebereinstimmung herbeigeführt war. Hierbei ward auch sogleich Rücksicht darauf genommen, alle Bestimmungen so zu stellen, daß die Accession der dazwischen liegenden deutschen Staaten — des Königreichs Sachsen, der sächsisch-thüringischen Herzogthümer, der reußischen Fürstenthümer, des Herzogthums Nassau und der freien Stadt Frankfurt — auf der Basis der im Grundvertrage enthaltenen Bestimmungen möglichst bald erfolgen könne.

Dies schien um so nothwendiger, als inzwischen auch die Verhandlungen mit dem Königreich Sachsen ziemlich vorgeschritten waren. Diese Regierung hatte lange hin und her geschwankt und konnte weder zu einer klaren Ansicht gelangen, noch auch einen festen Entschluß fassen, indem in Sachsen zwei verschiedene Interessen einander direct gegenüber standen. Der sehr zahlreiche Handelsstand, der vorzugsweise einen gewinnreichen Absatz von ausländischen Fabrikaten vermittelte und dessen Mittelpunkt Leipzig und der dortige Meßverkehr bildete, hatte sich bisher fast ausschließend Geltung verschafft, und die sächsische Zollgesetzgebung schien auch ganz besonders darauf berechnet, seine Interessen zu fördern. Dieser einflußreiche Stand widerstrebte entschieden der preußischen Zollgesetzgebung und ihren auf den Schutz der einheimischen Industrie berechneten höheren Zollsätzen, während er auf der andern Seite eine Erleichterung des Transitverkehrs erstrebte. Diesem gegenüber stand die sächsische Industrie, die sich allmählich von den Schlägen der vorangegangenen Kriegsjahre erholt und bereits eine anerkennungswerthe Stufe der Vervollkommnung erreicht hatte. Diese strebte naturgemäß nach einer Erweiterung des inneren Marktes und nach Schutz gegen die übermächtige Concurrenz der größeren Industriestaaten, namentlich Englands. Sie blickte zugleich mit Neid und Hoffnung auf den preußischen Zolltarif und erwartete mit Recht von seinen ergiebigen Schutzzöllen sowie von der Herstellung eines großen deutschen Zollgebietes die nothwendigen Elemente zu ihrer weiteren Entwickelung. Die Industriellen waren es daher auch vorzugsweise, welche die Idee eines deutschen Zollvereins im Volke wach erhielten und die Regierungen, deren im Bureaukratismus ergraute Beamte sich theilweise weder ihrer traditionellen Vorurtheile entschlagen, noch auch die zur Beurtheilung dieser neuen Verhältnisse erforderlichen Kenntnisse und Erfahrungen hatten sammeln können, zum Abschlusse drängten. So bedurfte die königlich sächsische Regierung längerer Zeit, ehe sie einen bestimmten Entschluß zu fassen vermochte, und sie verdankte es vielleicht vorzugsweise der Persönlichkeit ihres Finanz-Ministers von Zeschau, daß diese Frage gerade im rechten Momente zu einer günstigen Lösung gelangte. Dieser, der sich lebhaft für die Idee eines größeren deutschen Zollvereins interessirte, begab sich selbst nach Berlin und drang dort auf eine schleunige Erledigung. Dadurch, daß von seiner Seite eingewilligt wurde, die preußische Tabak-, Wein-, Branntwein- und Braumalzsteuer in Sachsen einzuführen, ließ sich eine Masse von Schwierigkeiten von vorn herein beseitigen. Den größten Stein des Anstoßes für die Verhandlung mit Sachsen bildete jedoch die Behandlung der Meßplätze. Die k. preußische Regierung suchte den Verkehr ihrer Meßplätze, namentlich von Frankfurt a. O. und Naumburg, möglichst zu sichern und zu fördern, während auf der andern Seite Sachsen ein gleiches Interesse für Leipzig zu vertreten hatte. Jetzt, wo eingewurzelte Vorurtheile und kleinliche Interessen längst einer bessern Erkenntniß des größern Verkehrs und seiner Bedürfnisse Platz gemacht haben, dürfte es selbst dem Fachmanne schwer werden, sich die unermeßlichen Schwierigkeiten und Discussionen gegenwärtig zu machen, zu denen diese einzige Frage Anlaß gab, die oftmals nahezu das Hauptziel der Verhandlungen in den Hintergrund drängte und geradezu zweifelhaft machte. Um diese Schwierigkeiten etwas zu erleichtern, kam man endlich zu der Idee einer Präliminar-Uebereinkunft, welche auf der Grundlage des gleichzeitig vorliegenden Entwurfs eines Vertrages mit Bayern und Württemberg die wesentlichsten der bereits vereinbarten Grundsätze enthalten, die streitigen Punkte aber einer weiteren Verhandlung vorbehalten sollte.

Minister von Zeschau kehrte am 15. April mit dem Entwurfe einer solchen vorläufigen Uebereinkunft, der nach mehrfachen Erörterungen mit den preußischen so wie mit den bayrisch-württembergischen Bevollmächtigten festgestellt worden war, nach Dresden zurück.

In allen diesen Verhandlungen war vorzugsweise die Thätigkeit des preußischen Finanz-Ministers von Maaßen von dem besten Einflusse. Durch seinen einfachen und biedern Charakter so wie durch sein conciliatorisches Verfahren hatte er sich allseitiges Vertrauen erworben und vermochte dadurch manche Mißverständnisse und Schwierigkeiten zu beseitigen.

Gleichwohl trat jetzt ein Stadium der Verhandlungen ein, dessen Verlauf zu ernstlichen Besorgnissen Anlaß gab und einige Zeit hindurch die Hoffnungen auf einen baldigen allseitig befriedigenden Abschluß bedeutend herabstimmte. Theils einzelne Mißverständnisse, theils auch die Persönlichkeit mancher Bevollmächtigten führten endlose Discussionen über einzelne Detailfragen herbei. Auch fand eine von den bayrisch-württembergischen Bevollmächtigten Ende Mai übergebene ausführliche Erinnerung zu dem preußischen Entwurfe bei den preußischen Geschäftsmännern keine günstige Aufnahme.

Während diese beiderseitigen Erörterungen allmählich fast die Form und die Tendenz von processualischen Streitschriften annahmen, beschäftigte man sich in München und Stuttgart eifrig mit der Prüfung des preußischen Vertrags-Entwurfes, wodurch ein mehrmonatlicher Stillstand der Verhandlungen eintrat.

Bei dieser Prüfung wurden nun vielfache, zum Theil nicht ungegründete Bedenken gegen diesen Entwurf erhoben. Die wesentlichsten derselben betrafen

1) den preußischen Vorbehalt wegen selbständigen Abschlusses von Zoll- und Handels-Verträgen mit anderen Staaten, und Verfügung von Retorsions-Maaßregeln;

2) die Anforderung Preußens wegen eines Präcipuums, das besonders durch den größern Wein-Consumo in den östlichen Provinzen begründet werden wollte;

3) das Verlangen, daß die bestehende preußische Zollgesetzgebung sofort als gemeinschaftliche Gesetzgebung für die Union gelten solle;

4) die Erhebung der Uebergangs-Abgaben;

5) den Meß-Rabatt;

6) die Repräsentation und Controle im künftigen Verein.

Die in alle Verhältnisse des beabsichtigten Vereines tief eingreifende

Bedeutung dieser Punkte sowie der bisherige Gang der Verhandlungen, der namentlich in dem letztverflossenen Stadium Vieles zu wünschen übrig gelassen und insbesondere deutlich gezeigt hatte, daß unter den Bevollmächtigten Elemente sich befinden mußten, welche einer Verständigung hemmend entgegenstanden, hatte bei allen betheiligten Regierungen den Wunsch rege gemacht, daß in dem Modus der Verhandlungen irgend eine durchgreifende Veränderung vorgenommen werden möchte. Die preußische Regierung gab daher der bayrischen vertraulich zu erkennen, daß sie es für angemessen erachten würde, wenn Bayern, ähnlich wie Sachsen, einen höheren Beamten mit der Vertretung beauftragen würde, dessen Stellung von der Art wäre, daß er, ohne allzu sehr an specielle Instructionen gebunden zu sein, sich verhältnißmäßig frei bewegen könne und nicht über jede im Laufe der Verhandlungen berathene Modification wieder nach München berichten müsse. Die bayrische Regierung griff diese Idee bereitwilligst auf, und als die Berathungen über die preußischen Entwürfe zu Ende gebracht waren, ertheilte sie schließlich dem Finanz-Minister von Mieg den Auftrag, zur Schlußverhandlung nach Berlin abzugehen. Die königlich württembergische Regierung gab hierbei ein schönes Beispiel nachbarlichen Vertrauens, indem sie von der Aufstellung eines eigenen Bevollmächtigten ganz absah, vielmehr ihre Vertretung ebenfalls Herrn von Mieg übertrug. Freilich war dieses auch die glücklichste Wahl, die getroffen werden konnte. Herr von Mieg verband mit einem festen ehrenhaften Charakter eine vollendete Liebenswürdigkeit im Umgange und zugleich so umfassende allseitige und specielle Kenntnisse, wie sie ein von Jugend auf im Beamtenstande lebender und sehr anstrengend beschäftigter Mann nur schwer zu vereinigen vermag. Dazu kam eine ganz unglaubliche Arbeitskraft, die ihn befähigte, die schwierigsten Fragen sogleich zu erfassen und in kürzester Zeit darzustellen.

Indessen war lange Zeit resultatlos verflossen und die Geduld der Regierungen wie des größern Publicums auf eine harte Probe gestellt worden. Die Monate vom Mai 1832 bis zum Januar 1833 waren lediglich über der Prüfung der preußischen Entwürfe von Seite Bayerns und Württembergs verflossen, und namentlich letzteres zögerte mit seiner schließlichen Erklärung in unbegreiflicher Weise. Mieg konnte erst Ende Januar 1833 von München abgehen, traf am 31. in Dresden, wo er zuvor noch mit der sächsischen Regierung sich besprechen sollte, und am 6. Februar in Berlin ein. Seine Instructionen waren für eine Verständigung so günstig gestellt wie nur irgend möglich; er ward in den Stand gesetzt, in Bezug auf alle noch obwaltende Differenzpunkte solche Vorschläge zu machen, welche eine

Annahme erwarten ließen, und hatte in Bezug auf das weitere Detail keinerlei Beschränkung. Es war ihm ausdrücklich bemerkt, daß der König von Bayern den größten Werth darauf lege, daß der Zollverein mit Preußen zu Stande komme, und daß er zu diesem Ende ermächtigt sei, jedes mit den Interessen Bayerns und den Rücksichten, welche man gegen Württemberg zu nehmen habe, nur immer vereinbare Opfer zu bringen. In seiner Person concentrirten sich daher die Hoffnungen aller betheiligten Regierungen, und er rechtfertigte auch vollkommen das in ihn gesetzte Vertrauen.

Er wurde in Berlin sehr zuvorkommend empfangen, besonders von Seite des Königs, der sich in hohem Grade anerkennend über die Bestrebungen des Königs von Bayern zum Zustandebringen des Zollvereins aussprach.

Auch von Seite der preußischen Geschäftsmänner ging man mit dem besten Willen und neuem Eifer an die Wiederaufnahme der Verhandlungen, und es manifestirte sich bald, daß wirklich ein neuer Geist in dieselben gedrungen war. Sie wurden mit dem lebhaftesten Eifer betrieben. Die bayrische Regierung hatte dem preußischen Vertragsentwurfe einen neuen Entwurf entgegengestellt, und es verdient alle Anerkennung, daß die preußischen Bevollmächtigten sofort darauf eingingen, denselben als Grundlage der Verhandlung anzunehmen. Minister von Mieg hatte durch eine offene Darlegung des bayrischen Standpunkts und der Tendenzen der bayrischen Regierung bald viele Mißverständnisse beseitigt, und die Verhandlungen nahmen unter der Mitwirkung des ihm beigegebenen technischen Commissärs Bever, der sich schon früher bei den preußischen Geschäftsmännern durch seine vielseitigen Kenntnisse und sein Benehmen großes Vertrauen erworben hatte, sehr bald einen raschen und günstigen Verlauf. Besonders war es von der besten Einwirkung, daß die principiellen Bedenken der bayrischen Regierung, welche die Stellung der preußischen Regierung zu den künftigen Vereinsgenossen in Bezug auf Leitung der Vereinsangelegenheiten namentlich gegenüber dem Auslande betrafen, sofort von preußischer Seite entfernt wurden. Dadurch daß Preußen für den künftigen Verein das föderative Princip als Grundlage anerkannte und den Anspruch auf jede die gleiche Berechtigung der Mitglieder beeinträchtigende Prärogative fallen ließ, war den bisherigen Differenzen die Spitze abgebrochen. Die Hauptdifferenzen reducirten sich dadurch auf folgende Punkte:

a) das Quantum der Ausgleichungs-(Uebergangs-)Abgaben;

b) die Beseitigung einer zum Nachtheil anderer Vereinshäfen stattfindenden Begünstigung preußischer Häfen am Rhein;

c) den Meßrabatt;
d) Regulirung der Transitzölle;
e) den Zolltarif.

Den schwierigsten Punkt bildete die beabsichtigte Begünstigung der Meßplätze. Außerdem waren die Ausgleichungsabgaben auch noch kein geringer Stein des Anstoßes. Die bayrischen Bevollmächtigten gaben sich alle mögliche Mühe, die preußische Regierung von der Unzweckmäßigkeit derselben zu überzeugen, ohne jedoch diesen Zweck vollständig zu erreichen. Der weitere Verlauf hat die Richtigkeit der bayrischen Ansichten über diese Frage zur Genüge dargethan. Die Uebergangssteuern blieben bis in die neueste Zeit nicht nur ein bedauerliches Hemmniß in dem innern Verkehr, sondern auch ein fortwährend wuchernder Zankapfel zwischen dem Norden und dem Süden des Vereins, der bei jeder Krisis, ja selbst bei jeder größern Verhandlung seine verderbliche Wirkung äußerte und erst in Folge des französischen Handelsvertrags beseitigt wurde.

Die Gründe, welche die preußische Regierung zum Festhalten an den Ausgleichungssteuern bewogen, waren theils finanzieller Natur, theils befürchtete man beim Branntweine eine Benachtheiligung der preußischen Landwirthschaft. Die Weinsteuer aber wurde zugleich als Mittel betrachtet, die Bewohner der östlichen Provinzen, welche ihre Hauptgetränke, Branntwein, Bier und französische Weine, sehr hoch versteuern mußten, hinsichtlich ihrer Beschwerden zu beruhigen, welche dahin gingen, daß die Bewohner der westlichen Provinzen, welche hauptsächlich inländischen Wein consumirten, eine wesentliche Bevorzugung in den Abgaben genössen. Dadurch, daß man sich über das Princip, daß die Ausgleichungsabgaben der innern Steuer entsprechen sollten, und bezüglich des Weins über einen Satz einigte, der so ziemlich zwischen den beiderseitigen Prätensionen in der Mitte stand, ward endlich auch diese Frage ins Reine gebracht.

In ähnlicher Weise verständigte man sich über die übrigen Differenzpunkte.

Preußen gab die Forderung eines Präcipuums für die Transiteinnahmen rechts der Oder in der bisherigen Form auf, während man sich zugleich dahin verständigte, daß der preußischen Regierung für die Wasserzölle und Schifffahrtsabgaben auf der Oder und Weichsel, welche eigentlich nicht in die Gemeinschaft gehörten, aber der leichtern Berechnung wegen gleichwohl unter den allgemeinen Transitabgaben mit begriffen wurden, eine Aversional-Entschädigung von 100,000 Thaler jährlich gewährt werden solle.

Am schwierigsten war die Meßfrage. Die beiden südlichen Vereinsstaaten waren in dieser Frage nicht direct betheiligt und hatten bisher nur im Allgemeinen erklärt, sich Dem anschließen zu wollen, was zwischen Preußen und Sachsen vereinbart werden würde. Diese Verständigung aber hatte ungeachtet der wiederholten ausführlichsten Erörterungen nur geringe Fortschritte gemacht, so daß man zuletzt den Vorschlag machte, diese Frage gänzlich aus dem Vertrage mit Bayern und Württemberg zu entfernen und nur einen Vorbehalt wegen einer nachträglichen Verständigung hierüber mit Sachsen aufzunehmen. Indessen einigte man sich schließlich doch dahin, die Meßprivilegien in gleicher Weise auf sämmtliche größere Meßplätze auszudehnen.

Auf diese Art waren im Verlauf weniger Wochen fast sämmtliche Differenzpunkte erledigt worden. Ueberhaupt war der Einfluß, welchen Mieg auf den ganzen Geist der Verhandlung unverkennbar ausübte, für die Sache im höchsten Grade förderlich. Auch im formellen Theile, in der bessern Zusammenstellung der einzelnen Artikel der Vertragsentwürfe, einer geeigneten Ausscheidung der offenen und der Separatartikel und der Anordnung des ganzen Vertragswerks unterschieden sich die nunmehr vorliegenden Entwürfe vortheilhaft von den früheren. Im Wesentlichen hatte Mieg Alles erreicht, was in den Intentionen der bayrischen Regierung lag, ein Resultat, das der preußischen Regierung und ihren leitenden Geschäftsmännern nicht weniger zur Ehre gereicht als dem bayrischen Bevollmächtigten.

So ward es möglich, schon am 4. März die erste Plenarversammlung sämmtlicher Bevollmächtigten von Preußen, den beiden Hessen, Bayern und Württemberg zur Feststellung des Grundvertrags abzuhalten. Gleichzeitig war der sächsische Finanzminister von Zeschau in Berlin eingetroffen, um wo möglich den mächtigen Stein des Anstoßes für Sachsens Beitritt, den Meßrabatt von Frankfurt a. d. O., zu beseitigen. Der überraschend schnelle Fortgang der Verhandlungen zwischen Preußen und Bayern war ihm unerwartet und wirkte auch auf seine Stellung und Entschließung ein. Die anfangs gehegte Hoffnung, in den Plenarsitzungen so weit zu kommen, um schon nach wenigen Tagen die Haupturkunde unterzeichnen zu können, ward jedoch durch eine Menge unvermutheter Zweifel und Anstände, welche erst in den Plenarsitzungen hervortraten, besonders aber durch den hartnäckigen Widerstand der hessischen Bevollmächtigten gegen die auf Erleichterung der Rhein-, Main- und Neckarschifffahrt abzielenden Bestimmungen des Art. 15 vereitelt. Auch hinsichtlich der Ausgleichungsabgaben so wie der zu erleichternden Transitstraßen ergaben sich noch einige Anstände, die jedoch schließlich beseitigt wurden.

Gleichzeitig mit dem Hauptvertrage wurde auch eine Vereinbarung über mehrere transitorische Bestimmungen berathen, deren Absicht dahin gerichtet war, schon vor dem Vollzuge des wirklichen Zolleinigungsvertrags den Verkehr zwischen den contrahirenden Staaten zu erleichtern und zu erweitern.

Die wirkliche Unterzeichnung des Vertrags zwischen dem preußisch-hessischen und dem bayrisch-württembergischen Vereine fand am 22. März Abends 11 Uhr nach einer fünfstündigen Conferenz sämmtlicher Bevollmächtigten statt. Die vereinbarten Urkunden umfaßten

1) den öffenen Grundvertrag,

2) die Separat-Artikel hierzu,

3) das Zollcartel,

4) die transitorischen Vollzugsbestimmungen,

5) die zu letzteren gehörigen Separat-Artikel,

6) das Schlußprotokoll,

7) 8) und 9) die Plenar-Conferenz-Protokolle vom 4., 5. und 7. März,

10) das zum Zollcartel gehörige Protokoll,

11) einen geheimen Artikel zum Grundvertrag, die Aufkündigungsfrist betreffend.

Durch den Abschluß dieses Vertrags war auch der sächsische Vertrag zur Nothwendigkeit geworden. Staatsminister von Zeschau traf am 24. März wieder in Berlin ein, und nachdem endlich auch die so delicate Frage des Meßrabatts zu einem Abschlusse gelangt war, erfolgte am 30. März unter Theilnahme der Bevollmächtigten von Bayern und Württemberg die Unterzeichnung des Anschlußvertrags von Sachsen.

Es erübrigte also nur noch der Vertrag mit den thüringischen Staaten, der zwar vorbereitet, aber noch nicht zum Abschlusse gereift war. Die Eröffnung der Verhandlungen hierüber greift in eine frühere Periode zurück.*) Schon während der ersten Verhandlungen zwischen Preußen, Bayern, Württemberg und Sachsen hatten gleichzeitig umfassende Erörterungen stattgefunden, deren Tendenz dahin gerichtet war, die zwischen den beiden Zollvereinen und Sachsen liegenden verschiedenen kleineren Territorien zu einem Vereine mit gemeinschaftlicher Zollorganisation zu vereinigen. Den ersten Anstoß gab hierzu Sachsen-Meiningen, das schon unterm 3. Juli

---

*) Die veröffentlichten Notizen über die Bildung des thüringischen Vereins sind höchst dürftig und mangelhaft. Die Schrift „Der große preußisch-deutsche Zollverein in besonderer Beziehung auf den thüringischen Zollverband" von Krause, Ilmenau 1834, enthält z. B. nicht die geringste Notiz über die Entstehung des Vereins.

1829 mit Preußen einen vorläufigen Vertrag über seinen eventuellen Beitritt abgeschlossen hatte. Aehnliche Verträge waren mit Sachsen-Coburg und Sachsen-Weimar unterm 4. Juli 1829 und 11. Februar 1831 erfolgt. Seitdem hatte Sachsen-Meiningen vielfach versucht, sich vom mitteldeutschen Vereine loszusagen. Es benahm sich zu diesem Ende hierüber zunächst mit der königlich sächsischen Regierung, wandte sich hierauf nach Berlin und stellte den Antrag, daß schon jetzt Verhandlungen über die künftigen Zollverhältnisse des Herzogthums und dessen Anschluß an das preußische Zollsystem aufgenommen werden möchten. Das preußische Ministerium erwiderte hierauf unterm 5. Juli 1831, daß, sobald der mitteldeutsche Verein aufgelöst oder doch die betheiligten Staaten in den Stand gesetzt sein würden, über Handels- und Zollverhältnisse mit aller Freiheit anderweitige Verbindungen einzugehen, das preußische Ministerium nach vorgängigem Benehmen mit Bayern nicht ermangeln werde, die großherzoglich und herzoglich sächsischen, dann die fürstlich schwarzburgischen und reußischen Regierungen einzuladen, gemeinschaftlich näher in Erwägung zu ziehen, in welcher Art der beabsichtigte Anschluß zur Ausführung gelangen könne. Da die Verhandlungen mit Bayern und Württemberg sich in die Länge zogen, so wandte sich Sachsen-Weimar im Februar 1832 mit einem gleichen Antrage nach Berlin und sandte im August desselben Jahres den Kammerrath Thon abermals dahin, während gleichzeitig die meiningische Regierung ebenfalls durch einen Abgeordneten auf das Angelegentlichste um unverweilte Aufnahme der Verhandlungen bat. — Indem die preußische Regierung ihre Bereitwilligkeit hierzu erklärte, bemerkte sie zugleich, daß es einer ihrer wichtigsten Gesichtspunkte sein würde, Nichts zu verabreden, was irgendwie die Unterhandlungen mit Bayern und Württemberg stören könnte. Zugleich machte sie darauf aufmerksam, daß wegen der vermischten Lage, worin sich die sachsen-weimarischen Lande mit anderen kleineren Staaten befänden, auch die Interessen dieser letzteren beachtet werden müßten. Es sei daher am natürlichsten, daß diese kleineren Staaten sich mit Weimar zu einem gemeinschaftlichen Zollverbande vereinigten, welchem Preußen durch Hinzufügung seiner von ihrem Gebiete umschlossenen Territorialparcellen Abrundung geben könnte und auch Kurhessen mit Schmalkalden beizutreten haben würde. Die Idee eines besondern Zollverbandes der thüringischen Lande ward in dieser Weise zuerst von Preußen angeregt, und seinen Bemühungen ist es zu verdanken, daß die Realisirung dieses Projectes, die bei der Vielheit von Regierungen, die hier zu einem gemeinschaftlichen Verbande vereinigt werden sollten, von denen jede ihre Separatinteressen um so eifriger vertrat, je kleinlicher sie waren, besondere Schwierigkeiten bot, in verhältnißmäßig kurzer Zeit wirklich erfolgte.

Gegen Ende des Jahres 1832 waren in Folge dieser Einleitungen Abgeordnete aller thüringischen Staaten in Berlin eingetroffen. Bis November war ihre Hauptaufgabe gewesen, die in diesen kleineren Staaten noch bestehende ungleiche Besteuerung des Branntweins und des Salzes der preußischen Besteuerungs- und Behandlungsmethode dieser zwei wichtigen Consumtionsartikel anzupassen, um Preußen gegen Unterschleife zu sichern und sonach den Hauptzweck — Herstellung eines freien Verkehrs im Innern — zu erreichen.

Die großherzoglich sächsische Regierung bemühte sich dabei am meisten, alle obwaltenden Hindernisse aus dem Wege zu räumen. Ihre bedrängte Lage, zumal seit dem erfolgten Anschlusse Kurhessens an Preußen, verlangte schnelle Hülfe. Die in Weimar versammelten Landstände erwarteten den Anschluß der großherzoglichen Landestheile mit Ungeduld als das einzige Mittel, den Ackerbau und die Gewerbe zu heben und zu beleben. Alle wünschten, daß die Vereinigung des preußisch-hessischen Zollvereins mit dem bayrisch-württembergischen vorangehen, sonach die Verschmelzung zu einem Ganzen gleichsam in einem Acte erfolgen möchte; bei der Ungewißheit jedoch, die in letzter Zeit über den Erfolg der Hauptverhandlung entstanden war, geriethen die kleineren Länder, die ihren gegenwärtigen äußerst lästigen Zustand nicht mehr ertragen konnten, in eine Ungeduld, die sie zu jeder Veränderung bereit machte. Selbst die nachtheiligen Folgen des Schmuggels, der nur wenige Speculanten bereicherte, die Gesammtindustrie dieser Länder aber keineswegs förderte, waren ihnen (namentlich den Betriebsameren) allgemach bemerklich geworden. Sogar Coburg zeigte sich bereit, obwohl es noch am meisten dem Schmuggel anhing und eine Verlängerung des bisherigen Standes deshalb nicht gerade ungern sah.

Am 7. December fand in Berlin die erste Conferenz mit den thüringischen Bevollmächtigten statt. Die Errichtung eines besonderen thüringischen Zoll- und Handelsvereins, wie solche von Preußen angeregt und dem vorgelegten Entwurfe zu Grunde gelegt war, wurde acceptirt, ebenso der Anschluß dieses Vereins an den preußisch-hessischen Verein und die künftige Vereinigung mit Bayern und Württemberg. Hierauf folgte eine Reihe weiterer Conferenzen. Die wichtigsten Berathungspunkte waren die Einführung des preußischen indirecten Besteuerungssystems, die Salzsteuer, die Gemeinschaftlichkeit und Vertheilung der Revenuen. Der preußische Entwurf hatte als Grundlage der Vertheilung das Territorium angenommen, ein Maaßstab, der nur geringe Zustimmung fand. Die Mehrzahl der Bevollmächtigten strebte vielmehr dahin, eine Gemeinschaft mit den östlichen preußischen Provinzen herzustellen und hiebei die Bevölkerung zu Grunde zu legen, war aber auch bereit, eventuell keine Erinnerung gegen eine künftige Gemeinschaft mit dem gesammten preußisch-hessischen Zollverein zu erheben, sobald nicht das Territorium, sondern die Bevölkerung als Grundlage der Theilung angenommen werden würde.

Auch die Zollorganisation bildete einen Gegenstand lebhafter Erörterungen. Die preußische Regierung wollte die Zollerhebung und Verwaltung so wie den Salzdebit innerhalb der thüringischen Staaten einer gemeinschaftlichen Centralbehörde anvertrauen, während die einzelnen Staaten lebhaft einer solchen Centralisirung widerstrebten, der gemeinschaftlichen Zollbehörde nur eine controlirende Stellung einräumen, im Uebrigen aber die Zollverwaltung jeder Regierung im Innern ihres Gebietes gewahrt wissen wollten. Aehnliche Differenzen erhoben sich bezüglich der Erhebung und Verwaltung der inneren Steuern, bei welchen die einzelnen Regierungen ebenfalls ihre Autonomie nicht beeinträchtigen lassen wollten.

Gleichwohl rückten die Verhandlungen ziemlich rasch ihrem Ziele näher, besonders durch die Einwirkung des bayrischen Commissairs Bever, der sich überhaupt um Förderung derselben große Verdienste und bei allen Theilhabern ein gegründetes Vertrauen erworben hatte. Als gegen Ende März die Verhandlungen zwischen Preußen, Bayern und Sachsen bereits dem Abschlusse nahe standen, war nicht blos der Vertrag der thüringischen Staaten über Bildung einer besondern Vereinigung unter sich, sondern auch der Vertrag über den Anschluß an den gesammten Zollverein zum Abschlusse vorbereitet. (Conferenzen vom 26. bis 30. April.)

Gleichwohl zogen sich die Verhandlungen noch mehrere Wochen hindurch in die Länge. Die thüringischen Bevollmächtigten zeigten den besten Willen, brachten aber häufig Bedenken vor, welche zu weitläufigen Discussionen Anlaß gaben, so daß die Schlußconferenzen über die thüringischen Verträge erst am 30. April ihr Ende erreichten. Da in Bezug auf die formelle Redaction mehrerer Artikel von verschiedenen Seiten Wünsche angeregt worden waren, so wurde am 2. Mai nochmals eine Conferenz zum Zwecke einer vollständigen Erledigung derselben abgehalten und in derselben nach fast siebenstündiger Discussion endlich die Redaction sämmtlicher Vertrags-Instrumente erzielt. Am 10. Mai wurde der thüringische Vereinsvertrag und am 11. der Anschlußvertrag an den großen Zollverein unterzeichnet.

Es lagen sonach außer den schon oben erwähnten Verträgen zwischen dem preußisch-hessischen und dem bayrisch-württembergischen Vereine noch folgende unterzeichnete Urkunden vor, welche mit den obigen zusammen die Grundlage des großen deutschen Zollvereins bilden:

1) Zollvereinigungsvertrag von Preußen und den beiden Hessen, dann Bayern und Württemberg mit dem Königreich Sachsen vom 30. März 1833;

2) Separatartikel hiezu;

3) Schlußprotokoll zu demselben;

4) ein Vertrag zwischen Preußen und Sachsen wegen gleicher Besteuerung innerer Erzeugnisse, gleichfalls vom 30. März 1833;

5) Separatartikel hiezu;

6) Schlußprotokoll hiezu;

7) Vertrag zwischen Preußen, Kurhessen, Sachsen-Weimar, Sachsen-Meiningen, Sachsen-Altenburg, Sachsen-Coburg, Schwarzburg-Sondershausen, Schwarzburg-Rudolstadt, Reuß-Schleiz, Reuß-Greiz, Reuß-Lobenstein und Ebersdorf wegen Errichtung des thüringischen Zoll- und Handelsvereins vom 10. Mai 1833;

8) Separatartikel dazu;

9) Schlußprotokoll dazu;

10) Vertrag zwischen Preußen, Kurhessen, dem Großherzogthum Hessen, Bayern, Württemberg und Sachsen einerseits und dem thüringischen Vereine anderseits über den Anschluß des letztern an den Gesammt-Zollverein, vom 11. Mai 1833;

11) Separatartikel dazu;

12) Schlußprotokoll dazu;

13) ein Separatprotokoll zu demselben Vertrage;

14) Zollcartell mit den thüringischen Staaten vom 11. Mai 1833 nebst Protokoll hiezu;

15) Vertrag zwischen Preußen, Sachsen und dem thüringischen Vereine wegen gleicher Besteuerung der inneren Erzeugnisse vom 11. Mai 1833;

16) Separatartikel und

17) Schlußprotokoll hiezu.

So groß auch die Anzahl und der Umfang dieser Vertrags-Documente sind, so geben sie gleichwohl nur annähernd einen Maßstab der vielfachen und zum großen Theil höchst bedeutenden Schwierigkeiten, welche zu überwinden waren, um zu diesem großen Ziele zu gelangen.

So groß bisher die Spannung war, mit welcher ganz Deutschland den

Ergebnissen der Berliner Verhandlungen entgegensah, eben so groß war jetzt auch die Befriedigung, welche die Nachricht von dem erfolgten Abschlusse allenthalben hervorrief. Bei den verschiedenartigen Interessen, die hier in Frage standen, ist es übrigens nicht zu verwundern, daß auch die Zahl der Gegner eines großen deutschen Zollvereins keine geringe war. Ganz abgesehen von den schmutzigen Interessen des Schmuggels, die sich allmählich fast über sämmtliche kleinere Staaten ausgebreitet hatten, gab es zahlreiche Stimmen, welche theils von den erhöhten Zöllen eine Vertheuerung mancher Waaren, theils aber auch von einem solchen Vereine eine Beeinträchtigung der wirklichen oder vermeintlichen Souverainetätsrechte der mittleren und kleineren Staaten oder sonstige politische Nachtheile befürchteten. Diese Gegner waren gerade in der letzten Zeit am thätigsten gewesen und hatten in öffentlichen Blättern allenthalben eifrigst gegen den projectirten Verein declamirt. Die Thatsache des erfolgten Abschlusses machte indessen die meisten derselben verstummen.

Bedenklicher war eine Reihe von anderen Gegnern, deren Mittel sich nicht auf leere Declamationen beschränkten. Daß der englische Handel und die englische Regierung die Ausbreitung eines Zollsystems nicht mit günstigen Augen betrachten konnten, dessen Tendenz offenkundig auf Hebung der deutschen Industrie und Beschränkung der fremden Concurrenz gerichtet war, durfte Niemanden überraschen. Von dem bisherigen Zustande Deutschlands in Bezug auf Zollwesen hatte fast nur England Vortheil gezogen, seine Waaren waren es, welche allenthalben den Schmuggel belebten oder in Folge der geringen Zölle die einheimischen Waaren verdrängten und die Entstehung von Fabriken verhinderten. So weit war damals die national-ökonomische Bildung noch nicht vorgeschritten, daß die allgemeine Ueberzeugung unter dem englischen Handelspublicum sich hätte Bahn brechen können, daß ein geordneter regelmäßiger Verkehr mit einem großen Zollcomplexe größeren Werth habe als ein Schmuggelsystem, das zwar Einzelne bereicherte, der größern soliden Industrie aber nur geringen Vortheil brachte. Die englische Regierung arbeitete daher sowohl durch ihre Diplomatie wie durch zahlreiche Specialagenten offen wie insgeheim der Bildung eines größeren deutschen Zollvereins entgegen, während einzelne größere Handelsfirmen, die sich in ihrem Absatze bedroht erachteten, ihre keineswegs unbedeutenden Bemühungen hiemit vereinten. Wenn auch die Presse jener Zeit noch nicht die Bedeutung erlangt hatte, die sie sich später erwarb, so war sie doch schon eine Macht und ihre Einwirkung um so fühlbarer, je weniger national-ökonomische Bildung oder industrielle und Handelskenntnisse ein Gemeingut des größeren Publicums waren. Selbst in den industriellen Ständen waren nur Wenige, welche in Bezug auf internationale Handelspolitik eine selbständige, über ihre unmittelbaren Interessen hinausgehende Ansicht hatten. Die Meisten entnahmen die Grundlage ihrer Anschauungen irgend einem öffentlichen Blatte, von denen nicht wenige englischen Interessen verkauft oder wenigstens theilweise englischem Gelde zugänglich waren. Es ist daher nicht zu verwundern, daß sich die Angriffe auf das preußische Zollsystem und dessen bedrohliche Ausbreitung über den größten Theil von Deutschland in eben dem Grade mehrten, wie die Wahrscheinlichkeit eines Erfolgs der Berliner Verhandlungen stieg. Einer dieser Angriffe erschien der preußischen Regierung so bedeutend, daß sie sich veranlaßt fand, demselben durch eine umfassende Mittheilung an ihre Agenten im Auslande und die mit ihr verbündeten oder in Unterhandlungen stehenden Regierungen entgegen zu treten. Die Presse auf ihrem eigenen Gebiete zu bekämpfen, lag damals noch nicht im System der preußischen Regierung.

Wichtiger und namentlich für die Folge bedenklicher waren die Versuche Englands, der Ausbreitung eines größeren Zollsystems in Deutschland durch Abschluß von Handelsverträgen mit einzelnen kleineren Staaten entgegen zu arbeiten. Diese Versuche waren auch nicht ohne Erfolg. So kam ein Vertrag mit Frankfurt a. M. zu Stande,*) welcher einige Zeit hindurch als ein Hinderniß des Anschlusses dieser Stadt an den Zollverein betrachtet wurde.

Ungleich weniger thätig war Frankreich. Sein abgeschlossenes, auf zahlreichen Prohibitionen beruhendes Zollsystem brachte es wenig mit dem auswärtigen Handel in Berührung und vertheuerte seine innere Production in einer Weise, daß nur wenige seiner Erzeugnisse, die sich, wie seine Mode- und Luxuswaaren und seine Weine, einer ganz besondern Gunst erfreuten, massenhaft zur Ausfuhr nach Deutschland gelangten. Doch betrachtete es keineswegs mit Gleichgültigkeit die Bewegung in Deutschland, wenn ihm auch deren Tragweite damals noch ziemlich verborgen bleiben mochte. Seine Gesandten und Agenten in Berlin, Dresden, München und an den kleineren Höfen verfolgten lebhaft den Gang der Verhandlungen und ließen es an Insinuationen der verschiedensten Art nicht fehlen, in denen sie bald die Bedenken eines näheren politischen Anschlusses an Preußen hervorhoben, bald die Erinnerung an die früheren Allianzen mit Frankreich und deren Vortheile aufzufrischen versuchten.

*) Vergl. hierüber das dreizehnte Kapitel.

In ganz anderer Weise als England und Frankreich war Oesterreich*) bei der vorliegenden Frage betheiligt. Sein Verkehr mit Bayern, Sachsen und Preußen, so bedeutend er auch sein mochte, war durch den projectirten Zollverein nicht in dem Maaße bedroht wie der englische Absatz nach Deutschland, und es lag nicht in dem Systeme und den Traditionen Oesterreichs, einem in den Augen der damaligen österreichischen Staatsmänner so unbedeutenden Gegenstande, wie dem Industrie- und Handelsverkehre mit Nachbarländern, eine solche Wichtigkeit beizumessen, um sich dadurch aus seiner politischen Ruhe aufregen zu lassen. So wie die ersten selbständigen Bewegungen der deutschen Industriellen im Jahre 1819 den österreichischen Staatsmännern völlig unverständlich geblieben waren und sie für deren Beurtheilung keinen andern Maaßstab fanden als den polizeilichen, so mangelte es ihnen auch an dem richtigen Verständnisse des aus diesen ersten kleinen Anfängen hervorgegangenen mächtigen Aufschwunges, der in Deutschland alle besseren Geister erfüllt und sich endlich selbst der Fürsten und Regierungen bemächtigt hatte.

Die Erscheinung, daß Oesterreich bei allen größeren geistigen Bewegungen in Deutschland immer hinter der Mehrzahl der übrigen Staaten zurückblieb und dadurch nicht nur seine Stellung gefährdete, sondern auch die Stärke und die Zahl seiner Gegner vermehrte, wiederholte sich auch hier. In der Reformations-Periode hatte es die Kraft der religiösen Bewegung vollständig verkannt und dadurch, daß es jeder, auch der berechtigtsten Forderung einer Besserung der clericalen Zustände mit Härte entgegentrat, nicht nur einen Krieg heraufbeschworen, der 30 Jahre lang alle deutschen Länder verwüstete, sondern auch eine Spaltung in Deutschland unvermeidlich gemacht, die seine Kraft als Oberhaupt des Reiches lähmte und die Grundlage zu der künftigen Größe Preußens bildete. — Als in den Jahren 1812 bis 1815 zum erstenmale wieder der Geist des deutschen Volkes erwachte, als es sich einmüthig erhob, um die auf ihm lastende Fremdherrschaft abzuschütteln, folgte Oesterreichs Regierung nur widerwillig und widerstrebend

*) Die wichtigsten Notizen über das Verhalten Oesterreichs befinden sich in einem Werke, dessen Titel sie keineswegs andeutet. Es sind dies die Zeitgenössischen Geschichten von Dr. Adolf Schmidt, Berlin 1859. Die Notizen selbst stammen aus den Berichten des schweizerischen Geschäftsträgers Effinger in Wien. So vortrefflich sie sind und so sehr sie von der richtigen und scharfen Auffassung des Verfassers zeugen, so sind sie gleichwohl von den gewöhnlichen Mängeln diplomatischer Berichte nicht ganz frei. Es ist häufig über der momentanen Situation und den in ihr sich geltend machenden kleinlichen Einflüssen und Triebfedern der höhere nationale Gedanke, der die Grundlage der ganzen Bewegung bildet, übersehen oder wenigstens nicht genügend hervorgehoben.

diesem Impulse; und als dennoch das große Ziel erreicht war, hatte sie für das Volk, das in diesem großen Kampfe Alles gewagt, Alles geopfert und Alles geleistet hatte, nichts als leere Versprechungen, die am Morgen nach dem Kampfe vergessen waren und einer politischen und polizeilichen Bevormundung Platz machten, die schlimmer war als die früheren Tage. In der inneren Verwaltung, im Unterrichte, in religiöser wie politischer Freiheit trat keine Besserung ein, während die übrigen deutschen Regierungen, wenn sie auch der politischen Freiheit sich abgeneigt zeigten, gleichwohl die innere Verwaltung, den Volksunterricht, die gewerbliche Entwickelung in jeder Art förderten und unterstützten. Denselben Widerwillen und dieselbe Unthätigkeit setzte Oesterreich unter dem Systeme Metternichs der constitutionellen Entwickelung entgegen, die damals in Frankreich sowohl wie in den mittleren und kleineren Staaten mächtig um sich griff und alle Geister lebhaft erregte. Preußen, das in seinem polizeilich-militairischen Systeme sich der freiheitlichen Entwickelung nicht weniger abgeneigt zeigte als Oesterreich, hatte gleichwohl erkannt, daß der Geist des Volkes unbedingt einer angemessenen Thätigkeit bedürfe, und wenn es daher auch den constitutionellen Theorien entschieden entgegentrat, so gewährte es dennoch der wissenschaftlichen wie industriellen Entwickelung seiner Länder alle mögliche Förderung und erzielte vielleicht gerade durch diese Beschränkung das industrielle Uebergewicht, das es später im Zollverein so gut zu verwerthen verstand.

Es war also kein Wunder, daß auch das Drängen nach einer besseren nationalwirthschaftlichen Gestaltung Deutschlands, das aus dem unscheinbaren Anfange eines Vereins weniger Industrieller endlich sich in alle Schichten der Bevölkerung verbreitete und zuletzt auch die Regierungen mit sich fortriß, die zur rechten Zeit seine Bedeutung erkannten und seine Leitung übernahmen, in Wien bei Fürst Metternich und seinen Collegen kein rechtes Verständniß fand. Sie glaubten dasselbe ebenso behandeln zu dürfen wie die constitutionellen und liberalen Ideen, und waren nicht wenig verwundert, als dasselbe, weit entfernt durch die schläfrigen Verhandlungen am Bundestage zur ewigen Ruhe protokollirt zu sein, plötzlich unter der Aegide Preußens und Bayerns in einer Weise zu Tage trat, die das gefürchtetste Schreckbild der österreichischen Politik, nämlich eine Hegemonie Preußens über die mittleren und kleineren Staaten Deutschlands, in nächste Nähe rückte. Daß diese Staaten freiwillig sich mit Preußen zum Schutze ihrer industriellen Interessen vereinigen würden, erschien dem österreichischen Gouvernement so unmöglich und abnorm, daß es das Eintreten einer solchen Eventualität kaum zu glauben vermochte. Darum zeigten auch alle Maaßregeln, die es gegen den projectirten Zollverein ergriff, daß es weder die Intensität noch die Bedeutung dieser Bestrebungen richtig erkannt hatte. Allerdings vermochte es bei seinen inneren Zuständen, bei seiner mangelhaften Zollorganisation, der notorischen Bestechlichkeit seiner Zollbeamten und dem dadurch herbeigeführten unsicheren Zollschutze, seinen Monopolien und aus vielen ähnlichen Gründen weder den übrigen deutschen Staaten die Aussicht auf eine gleiche Leistung, wie sie von Seite Preußens zu erwarten war, zu eröffnen, noch auch dem projectirten Vereine beizutreten; dessen ungeachtet hätte es dem so sehr gefürchteten Anschlusse der Mittelstaaten an Preußen ungleich wirksamer entgegen arbeiten können, wenn es, statt sich auf eine reine Negative zu beschränken und allenfalls die Besorgnisse einzelner Regenten und Regierungen gegen preußische Uebermacht und Anmaaßung aufzustacheln, irgend etwas Positives geboten und mindestens den ernsten Willen gezeigt hätte, die Versprechungen des Artikels 19 der Bundesacte in einigermaaßen genügender Weise zu realisiren. Die Darmstädter Verhandlungen hatte es nur wenig beachtet, thätiger war es bei den Verhandlungen in Kassel, und das lebhafte Intriguenspiel, das sich dort zum Ekel aller ehrlichen Staatsmänner abwickelte, ist neben dem bekannten Charakter des Kurfürsten zum großen Theile dem Einflusse Oesterreichs und seiner Agenten zuzuschreiben. Der notorische Mangel positiver nationalwirthschaftlicher Kenntnisse, der bis in die neuere Zeit bei den meisten Vertretern Oesterreichs im Auslande und seinen höheren Staatsbeamten vorwaltete und sie vorzugsweise mehr der politischen Intrigue zuwandte, macht es erklärlich, daß die Regierung in Wien weder die Bedeutung der in Deutschland eingetretenen Bewegung richtig erkannte, noch auch die geeigneten Mittel ergriff, um derselben eine andere Richtung zu geben. Die Insinuationen über preußische Hegemonie und dergleichen blieben ohne Erfolg oder mußten vor der Gewalt der materiellen Interessen in den Hintergrund weichen, und den vereinzelten Anerbietungen zum Abschluß von Handelsverträgen fehlte es an Offenheit, Nachdruck und materiellem Gehalte. Zunächst mußte hier Bayern in Betracht kommen. Nach München wurde einer der bedeutendsten österreichischen Diplomaten, Freiherr von Münch, abgesendet, theils um den Gang der Verhandlungen mit Preußen zu verfolgen, theils auch um durch das Anerbieten eines Handelsvertrages in diese Verhandlungen eine Diversion einzubringen. Statt nun, wie es hier sicher am Platze gewesen wäre, Bayern wirklich erhebliche Vortheile zu bieten und die Verhandlungen mit Offenheit und Nachdruck zu betreiben, verlangte Oesterreich von dem bayrisch-württembergischen Vereine anfangs nur geringe Concessionen für böhmisches Eisen und dergleichen; im Laufe der Verhandlung aber trat Freiherr von Münch mit den ausgedehntesten Forderungen an Einfuhrbegünstigungen hervor, ohne zugleich Bayern und Württemberg irgend entsprechende Aequivalente anzubieten. Wenn auch bei der entschiedenen Stimmung der bayrischen Regierung für den einmal projectirten Zollverein mit Preußen und den übrigen deutschen Staaten selbst die glänzendsten Anerbietungen von Seiten Oesterreichs sicherlich ohne Erfolg geblieben wären, so zeigte ein solches Verfahren doch zu deutlich, daß selbst diese geringen Einleitungen nicht einmal ernstlich gemeint waren. Es war daher natürlich, daß die Verhandlungen nur zum Scheine betrieben wurden und gar bald gänzlich ins Stocken geriethen. — Als im Sommer 1832 die oben erwähnte längere Stockung in den Berliner Verhandlungen eintrat, glaubte die österreichische Regierung mit Zuversicht auf deren gänzliches Scheitern rechnen zu können, und so sehr sie die Sendung Mieg's nach Berlin mit Mißtrauen betrachtete, so war sie doch weit entfernt, von derselben einen so raschen Erfolg zu erwarten. Die Nachricht von dem erfolgten Abschlusse in Berlin kam daher unerwartet und überraschte die österreichischen Staatsmänner in hohem Grade. Freiherr von Münch reiste sogleich von München ab und begab sich nach Wien, wo man einen solchen Erfolg der im deutschen Volke aufgetauchten Ideen nicht zu begreifen vermochte und Alles der preußischen Politik zuschrieb. Ungeachtet aller vorhergegangenen Erfahrungen vermochte die österreichische Regierung auch jetzt noch nicht zu der Erkenntniß zu gelangen, daß ein Volk wie das deutsche unbedingt einer Fortbildung und Entwickelung seiner gesammten Zustände bedürfe, und daß seine Forderungen, wenn auch zeitweise ignorirt und zurückgedrängt, sich zuletzt mit unwiderstehlicher Kraft Bahn brechen müssen, daß endlich eine Regierung, welche im rechten Moment es versteht, mit diesen Forderungen sich zu identificiren und sie zu leiten, Herr der ganzen Situation wird, während die Widerstrebenden bei Seite geschoben oder verdrängt werden.

Darum erschöpfte man sich in Wien mit nutzlosen Erörterungen, was jetzt zu thun sei, während der einzige Weg, der zu einem günstigen Ziele führen konnte, nämlich der eines entschiedenen Fortschrittes, als gänzlich außer Frage stehend gar nicht beachtet wurde.*)

Uebrigens waren durch die erfolgte Unterzeichnung der Vertrags-Urkunden noch keineswegs alle Schwierigkeiten beseitigt, ja es schien viel-

*) Vergl. Schmidt, Zeitgen. Gesch. S. 459 flg.

mehr, als wenn noch im letzten Stadium — im Stadium der Ratification — das Ganze wieder in Frage gestellt werden sollte.

Im bayrischen Ministerium erhoben sich nämlich gegen einige Bestimmungen des Vertrages vom 22. März ernstliche Erinnerungen, die bald einen bedenklichen Charakter annahmen und die Empfindlichkeit des inzwischen nach München zurückgekehrten Ministers von Mieg in so hohem Grade berührten, daß er seinen Rücktritt verlangte und zum allgemeinen Bedauern auch erhielt. Die geltend gemachten Bedenken fußten theils auf legislativen Bestimmungen, theils aber auch auf politischen Erwägungen und waren ausschließend gegen die transitorischen Bestimmungen gerichtet.

Sie betrafen:

1) die durch Artikel 4 dieser Bestimmungen in Aussicht gestellte Wiedereinführung eines Weggeldes, während durch eine Vereinbarung mit den Ständen vom Jahre 1831 dasselbe für immer aufgehoben sein sollte;

2) eine ähnliche Schwierigkeit in Bezug auf die Durchgangszölle. Bisher betrugen selbe in Kurhessen 22 Kr., in Bayern bei Wertheim 1 Kr., in Summa also 23 Kr. Gemäß den transitorischen Bestimmungen sollten sie bei Wertheim $56^1/_4$ Kr. pro b. Centner brutto betragen, was mit dem schon erwähnten Ständeabschied in Widerspruch gestanden wäre.

3) In politischer Beziehung glaubte man, daß die transitorischen Bestimmungen mit den früheren offenen Erklärungen Bayerns über die Durchgangszölle sowohl am Bundestage als in Wien und Hannover im Widerspruche ständen; auch befürchtete man, daß der schnelle und unvorhergesehene Eintritt der neuen Durchgangszölle vielfache Reclamationen hervorrufen würde.

4) Der Haupteinwurf gegen die transitorischen Bestimmungen bestand jedoch in der Nothwendigkeit, welche sie der bayrischen Regierung auferlegten, entweder den preußischen Zolltarif von 1827 oder jenen von 1831 bei den Zollerhebungen zu Grunde zu legen, noch ehe derselbe vertragsmäßig in Bayern eingeführt sein würde, daß es sonach der Zollerhebung an jeder gesetzlichen Grundlage oder Berechtigung gefehlt hätte.

Diese Bedenken waren nun allerdings nach den bayrischen Verfassungs-Verhältnissen vollkommen begründet, und die bayrische Regierung befand sich durch dieselben in ernstlicher Verlegenheit. Endlich entschied sie sich dafür, zu dem Grundvertrage ihre eventuelle Genehmigung zu erklären, dagegen in Bezug auf die transitorischen Bestimmungen von einer Ratification abzusehen, vielmehr der preußischen Regierung den Wunsch auszudrücken, daß von jedem Interim dieser Art Umgang genommen werden möge.

In Berlin machte diese Erklärung (Anfang Mai), verbunden mit dem Rücktritte des Ministers Mieg, nicht blos großes Aufsehen, sondern erregte anfangs auch einige Empfindlichkeit, indem man den Rücktritt des Ministers irriger Weise fremdem Einflusse zuschrieb und eine Aenderung des bayrischen Systems befürchtete. Indessen machte diese kleine Mißstimmung bald wieder einer besseren Auffassung Platz, besonders nachdem einige unterlaufene Mißverständnisse beseitigt waren. Die Mitte Mai erfolgte preußische Rückäußerung über die bayrische Ratificationsverweigerung bezüglich der transitorischen Bestimmungen enthielt keine Spur von Mißstimmung, war vielmehr in sehr verbindlicher, ruhiger und gemessener Weise abgefaßt. Den gleichen Charakter trug die bayrische Antwort (Ende Mai), in welcher ausdrücklich und offen dargelegt war, daß wirkliche legale Gründe existirten, welche der bayrischen Regierung die Möglichkeit benahmen, den transitorischen Bestimmungen so wie sie lauteten die Genehmigung zu ertheilen, daß hingegen der Hauptvertrag hierdurch in keiner Weise afficirt werde.

Ein weiterer Aufschub ergab sich durch den Umstand, daß Bayern und Württemberg auf vorheriger Festsetzung des Zollgesetzes, des Tarifs und der Zollordnung bestanden. In Berlin waren nämlich beim Abschlusse des Unionsvertrags wohl die Entwürfe dieser wesentlichen Beilagen desselben gefertigt, nicht aber weiter berathen und festgestellt worden, und diesen Entwürfen wurden nun in München und Stuttgart wesentliche Bedenken entgegengestellt.

Die preußische Regierung wurde durch diese Schwierigkeiten veranlaßt, im Juli den Ministerialdirector Eichhorn nach München abzuordnen, dem es auch wirklich gelang, in wenig Tagen eine Verständigung herbeizuführen. Von einer transitorischen Uebereinkunft war keine Rede mehr; die Zollordnung aber ward so vorbereitet, daß sie in Berlin nur unterschrieben zu werden brauchte. Auf gleiche Weise blieb bezüglich des Tarifs Nichts weiter zu thun übrig, als denselben auf Grund des vorliegenden Verhandlungs-Protokolls (22. Juli) abzufassen und zu unterzeichnen.

Die Verhandlung selbst oder vielmehr deren Resultat wurde vorläufig noch geheim gehalten.

So sehr übrigens von allen Seiten auf schleunige Erledigung gedrängt wurde, so konnten doch in Folge von Verzögerungen, die sich in Stuttgart ergaben, der bayrische und der württembergische Zollcommissar, Sibein und Müller, welche nach Berlin abgeordnet wurden, dort erst am 1. September eintreffen. Auch in Berlin ergaben sich noch mehrfache Verzögerungen und Anstände, sodaß eine vollständige Vereinigung sämmtlicher dem Vereine angehörigen Regierungen über Zolltarif und Zollordnung nicht früher als am 23. October erfolgen konnte. Die Unterzeichnung fand am 31. October 1833 statt.

Gleichzeitig ward ein besonderer Artikel zu Artikel 41, die Kündigung betreffend — früher als geheimer Artikel bezeichnet — neu redigirt und abgeschlossen. Zu den Sonderbarkeiten, die beim Verlaufe langwieriger Verhandlungen manchmal vorkommen, gehört, daß dieser Artikel, auf welchen das preußische Ministerium im Monat März desselben Jahres einen so hohen Werth legte, daß es denselben sogar als eine conditio sine qua non den bayrisch-württembergischen Bevollmächtigten aufgedrungen hatte, jetzt als von sehr geringfügiger, ja von gar keiner Bedeutung mehr betrachtet wurde.

Die Berliner Verträge, wie selbe nunmehr durch die Verhandlung vom 23. resp. 31. October modificirt waren, wurden in München schon am 9. November von S. M. dem Könige von Bayern ratificirt, der, obwohl von einigen Seiten noch immer eine heftige Opposition stattfand und der Nachfolger v. Miegs, Graf Seinsheim, geradezu jede Mitwirkung ablehnte, offen und unumwunden seine volle Befriedigung über dieses Ergebniß im deutschen Sinne aussprach.

In Stuttgart wurden die Verträge den eben versammelten Kammern vorgelegt, in denen sich eine unerwartet große Majorität sofort für den Zollverein aussprach. Auch die öffentliche Stimme war laut dafür, und allgemein sprach man die Ansicht aus, daß man diese Gelegenheit einer näheren Vereinigung Deutschlands, wenn dieselbe sich auch vorläufig nicht auf das politische Gebiet erstrecke, sondern lediglich Handels- und Zollverhältnisse umfasse, nicht vorübergehen lassen dürfe.

Die Auswechslung der Ratificationsurkunden fand in Berlin am 28. November, jene über die Verträge zwischen und mit den thüringischen Staaten am 2. December statt.

Selbst hierbei fanden, durch Erklärungen von Bayern und Württemberg veranlaßt, noch lange Erörterungen statt.

Mit dem 1. Januar 1834 traten die Vereinsverträge in Kraft.*)

*) Es wurde bei der Darstellung des Ganges der Verhandlungen absichtlich unterlassen, auf die einzelnen Vertragsartikel speciell einzugehen, weil bei dem Umfange der Verhandlungen es, ohne dem Zusammenhange allzu sehr zu schaden, absolut unmöglich gewesen wäre, die Entwicklung jeder einzelnen Frage zu verfolgen. Gar mancher Artikel, dessen Erörterung im Jahre 1833 Tage, Wochen oder Monate in Anspruch nahm, ist bis zum gegenwärtigen Augenblick wiederum wesentlich modificirt worden oder hat inzwischen wohl auch seine ganze Bedeutung verloren.

Elftes Kapitel.

Inhalt der Vereinsverträge.

Der Verein umfaßte sohin am 1. Januar 1834, wo sämmtliche im Vorjahre abgeschlossene Verträge in Vollzug traten, die Staaten Preußen, Bayern, Sachsen, Württemberg, die beiden Hessen und die thüringischen Staaten, sodann diejenigen in Preußen inclavirten anhaltischen Länder, welche schon früher dem preußischen Zoll- und Steuersysteme sich angeschlossen hatten, endlich die beiden Hohenzollern, die sich ebenfalls schon früher mit dem württembergischen Zollsysteme vereinigt hatten. Es bildete dieser Verein ein zusammenhängendes Zollgebiet von 7719 Quadratmeilen mit einer Bevölkerung von circa 23 Millionen Einwohnern.

Dagegen waren, abgesehen von Oesterreich, noch außer dem Vereine geblieben Hannover, Braunschweig, Oldenburg, die beiden Mecklenburg, Baden, Nassau, Frankfurt, die beiden Lippe, die drei Hansestädte sowie die mit fremden Staaten vereinigten Luxemburg (Limburg), Holstein und Lauenburg. Ausgeschlossen waren ferner noch diejenigen kleineren Ländertheile der Vereinsstaaten, welche entweder als Inclaven in fremden Zollgebieten lagen, oder welche sich sonst wegen ihrer Lage noch nicht zur Aufnahme in den Verein eigneten.

Nach den Verträgen sollte in den den Verein bildenden Staaten ein vollkommen übereinstimmendes Zollsystem mit gleichem Tarife für die Eingangs-, Ausgangs- und Durchgangsabgaben mit wenigen localen Ausnahmen, dagegen im Innern der Vereinsstaaten vollkommene Verkehrsfreiheit mit Wegfall aller bisherigen Zollgrenzen sowie sämmtlicher noch bestehender Stapel- und Umschlagsrechte bestehen. Ausgenommen von dieser Verkehrsfreiheit waren nur:

1) die zu den Staatsmonopolien gehörigen Gegenstände, namentlich Spielkarten und Salz.

Ueber den Salzverkehr hatten äußerst schwierige und zum Theil sehr verwickelte Verhandlungen stattgefunden, bis es endlich gelungen war, die Bestimmungen über denselben zu vereinbaren. Da jedes Land seine eigenen Bestimmungen über den Salzverkehr und die Salzbesteuerung hatte, so waren fast für jeden Vereinsstaat auch besondere Verabredungen über den Salzverkehr nothwendig. Gegenwärtig haben alle diese zum Theil sehr umfassenden Beschränkungen des Salzverkehrs nur mehr einen noch dazu ziemlich zweifelhaften historischen Werth, da die Aufhebung des Salzmonopols erfolgt ist.

2) Gegenstände, welche einer Ausgleichungs-(Uebergangs-)Abgabe unterliegen.

Auch diese Frage, welche stets zu den schwierigsten Differenzen im Zollvereine gehörte und einen stehenden Artikel für fast alle Generalconferenzen bildete, ist nunmehr erledigt, nachdem Preußen, das während mehr als drei Decennien das System dieser Uebergangsabgaben mit einer kaum erklärlichen Hartnäckigkeit festgehalten hatte, sich in Folge des Handelsvertrags mit Frankreich zu deren Aufhebung verstanden hat, ohne daß diese Aufhebung seitdem irgend einen bemerkbaren Einfluß auf den Verkehr mit den betreffenden Gegenständen ausgeübt hätte.

Durch Gesetz vom 8. Februar 1819 waren in Preußen die zahlreichen früher bestandenen Consumtionsabgaben auf folgende Artikel beschränkt worden:

inländischen Branntwein, Braumalz, Wein, Most und Tabacksblätter.

Diesem Besteuerungssysteme schlossen sich später Sachsen, Thüringen, Kurhessen und sämmtliche nördliche Vereinsstaaten an. — In Bayern dagegen bestand lediglich die Malzsteuer, und zwar in einer Höhe und Form, die sich nicht wohl mit dem preußischen Systeme vereinigen ließ. Zugleich war der Ertrag dieser bayrischen Malzsteuer verfassungsmäßig zur Tilgung der Staatsschulden bestimmt, so daß man fürchtete, durch allenfallsige Aenderungen hierin den Staatscredit zu beeinträchtigen.

Dieser Unterschied der beiderseitigen Steuersysteme konnte bisher nicht beseitigt werden, und er hat mehr Schwierigkeiten, Differenzen und Belästigungen des Verkehrs hervorgerufen als irgend eine andere Angelegenheit des Zollvereins. Es wird sehr schwer sein, den noch vorhandenen Rest dieser Ungleichheit gänzlich zu beseitigen, weil die verfassungsmäßige Bestimmung und der ungemein hohe Ertrag der Malzsteuer in Bayern es nahezu unmöglich machen, ohne bedenklichen Eingriff in die Creditverhältnisse dieses Staats eine Gemeinschaftlichkeit der Bier- oder Malzsteuer einzuführen, selbst wenn die übrigen Vereinsstaaten sich dazu verstehen würden, das bayrische Malzsteuersystem anzunehmen, das sich allerdings durch Einfachheit, geringe Belästigung der Producenten und äußerst mäßige Erhebungskosten empfiehlt.*)

*) Die Differenz in der Bierconsumtion ist eine ganz abnorme. In Preußen hat sich zwar der Bierverbrauch von 1854—1864 von 9,18 auf 14,03 Quart und der

Die erwähnte Differenz in den Steuersystemen hatte zur Folge, daß der Verkehr der betreffenden Artikel einer Controle und einer Ausgleichungssteuer unterstellt wurde, die nach den verschiedenen Ländern auch verschieden normirt war.

Solche Ausgleichungsabgaben wurden erhoben:

a) in Preußen und allen seinem innern Steuersystem beigetretenen Staaten

von Bier, Branntwein, Taback, Traubenmost und Wein,

b) in Bayern und Württemberg

von Bier, Branntwein und geschrotenem Malz,

c) im Großherzogthum Hessen

von Bier.

Da diese Abgaben sowohl unter sich ungleich waren, als auch sogar in einem und demselben Lande differirten, je nachdem der Gegenstand aus einem Lande mit höherer oder niederer innerer Steuer eingeführt wurde, so bildete das ganze Verfahren ein äußerst verwickeltes System, das wenig praktischen Werth, aber sehr viele Belästigung für den Verkehr darbot.

Als Princip ward angenommen, daß die Ausgleichungsabgaben nach dem Abstande der gesetzlichen Steuer im Lande der Bestimmung von der denselben Gegenstand betreffenden Steuer im Lande der Herkunft bemessen werden solle.

3) Vom freien Verkehre waren endlich noch ausgenommen worden: alle Gegenstände, welche ohne Eingriff in die von einem Vereinsstaate ertheilten Erfindungspatente oder Privilegien nicht nachgemacht oder eingeführt werden können.

Die Einführung eines allgemeinen Patentgesetzes in sämmtlichen Vereinsstaaten ist seitdem vielfach versucht worden und selbst bis zur Anfertigung eines von den meisten Staaten bereits acceptirten Entwurfs vorgeschritten, gleichwohl aber hat bis jetzt noch keine allgemeine Annahme stattgefunden.

Alle Abgaben für Benutzung öffentlicher Wege und dergl. sollten nur in dem Betrage beibehalten oder neu eingeführt werden, als sie den gewöhnlichen Herstellungs- und Unterhaltungskosten angemessen wären. Als höchster Satz für Chausseegelder gilt der preußische Tarif vom Jahre 1828. Kanal-, Schleußen-, Brücken- und dergl. Gebühren sollten nur bei Benutzung wirklich bestehender solcher Einrichtungen von den Benutzenden gefordert werden.

Steuerertrag von 1,8 auf 2,8 Sgr. für den Kopf der Bevölkerung gesteigert. In Bayern, d. h. in den rechtsrheinischen Kreisen, aber ist der Ertrag 31 Sgr. für den Kopf (in Sachsen 5,33; in Thüringen 9,2).

Die Verminderung und eventuell Aufhebung der Wasserzölle wurde im Princip ausgesprochen, die Ausführung aber weiterer Vereinbarung vorbehalten.

In gleicher Weise verpflichteten sich die Vereinsstaaten, für ein gleichmäßiges Münz-, Maaß- und Gewichtssystem zu wirken. Auch hier ward das Nähere weiteren Verhandlungen vorbehalten.

Alle eigentlichen Zollrevenuen, nämlich die nach dem allgemeinen Vereinstarife erhobenen Ein-, Aus- und Durchgangsabgaben — sonach mit Ausschluß der inneren Consumtionssteuern und der Ausgleichungsabgaben, der Schifffahrtsgebühren, dann der Weggelder, Pflasterzölle, Kanal-, Hafen- und dergl. Gebühren so wie der Zollstrafen und Confiscate — sollten gemeinschaftlich sein und nach der Bevölkerungszahl vertheilt werden. Ueber die Berechnung des Reinertrags, der Zollnachlässe und Zollbegünstigungen sowie die Erhebung der Bevölkerungszahl waren nähere Normen vereinbart.

Jedem Vereinsstaate stand die Organisation der Zollbehörden und deren Ernennung für sein Gebiet zu, wobei jedoch sämmtliche Kosten von ihm getragen werden. Nur für diejenigen Kosten, welche an den gegen das Ausland gelegenen Grenzen und innerhalb des dazu gehörigen Grenzbezirks für die Zollerhebungs- und Aufsichts- oder Controlbehörden und Zollschutzwachen erforderlich sind, vereinigte man sich über bestimmte Aversionalentschädigungen — Bauschsummen — welche jeder Staat an den Zollgefällen in Abzug bringen kann.

Um jedoch eine gegenseitige Controle der Zollverwaltung einzuführen, wurde bestimmt, daß jedem Vereinsstaate das Recht zustehen solle: 1) den Hauptzollämtern auf den Grenzen anderer Vereinsstaaten Controleure beizuordnen — Vereins- oder Stationscontroleure — und 2) in gleicher Weise an die Zolldirectionen der anderen Vereinsstaaten Beamte abzuordnen, um von dem Geschäftsgange Einsicht zu nehmen — Vereinsbevollmächtigte. — Die Vertheilung dieser beiden Arten von Controlbeamten wurde durch besondere Uebereinkommen geordnet.

Außerdem ward noch eine Art von Vereinsbehörde aus Bevollmächtigten aller selbständigen Vereinsstaaten gebildet, welcher übertragen wurde:

a) die Verhandlungen über alle sich ergebenden und nicht im gewöhnlichen Correspondenzwege erledigten Beschwerden und Mängel;

b) die definitive Abrechnung zwischen den Vereinsstaaten über die gemeinschaftlichen Einnahmen;

c) Berathung über Wünsche und Vorschläge einzelner Vereinsstaaten;

d) die Verhandlungen über Abänderungen des Zollgesetzes, des Zolltarifs, der Zollordnung und der Verwaltungsorganisation.

Diese Bevollmächtigten sollten jährlich einmal zusammentreten, außerdem bei besonderen Anlässen; welche Zusammenkünfte die Benennung Generalconferenzen erhielten.

Bezüglich der Verhandlung von Verträgen mit anderen Staaten unterscheiden die Vereinsverträge zwischen Verträgen über die Aufnahme in den Verein und gewöhnlichen Handels- oder Schifffahrtsverträgen. — Erstere sollten in der Regel von denjenigen Vereinsregierungen geführt werden, deren Gebiet an das Land der deutschen Regierung angrenzt, welche die Aufnahme in den Verein wünscht. Hieraus ergibt sich zugleich, daß die Aufnahme nicht deutscher Staaten in den Zollverein nicht im Sinne der Vereinsverträge liegt.

Das Recht, mit anderen außerhalb des Zollverbandes gelegenen Staaten Handelsverträge u. s. w. zu schließen, blieb jeder Vereinsregierung vorbehalten, jedoch durften die Vereinsverträge hierdurch nicht verletzt werden.

Betrachtet man das Gesammtresultat dieser Zollvereinigungsverträge, so läßt sich der Charakter des Vereins in folgende Hauptsätze zusammenfassen.

Der Zollverein bildete hiernach einen Verein vollkommen selbständiger Staaten mit gleicher Zollgesetzgebung, gleichen Zolltarifen, einem gemeinsamen Zollgebiete mit vollkommener (vielmehr nahezu vollkommener) Verkehrsfreiheit im Innern und mit gemeinschaftlichen, gleichheitlich nach der Bevölkerungszahl zu theilenden Zolleinnahmen. Unter den Aufgaben, welche man allenfalls für eine bessere Ordnung der Zoll- und Verkehrsinteressen in Deutschland zu stellen berechtigt war, konnten demnach folgende für den Verein als gelöst betrachtet werden:

Entfernung sämmtlicher Binnenzölle im Innern des Vereins und dadurch Aufhebung des Schmuggels im Innern;

Gleichheit der Zollgesetzgebung in Bezug auf Zollgesetz, Zollordnung und Zolltarif;

gleiche Berechtigung aller Vereinsangehörigen in Bezug auf Besuch von Messen und Märkten und Absatz ihrer Producte;

Erleichterung der Schifffahrtsabgaben und Festsetzung bestimmter Normen für Chausseegelder und analoge Abgaben.

Dagegen blieb noch mancher Punct übrig, welcher einer besseren Ordnung bedurfte und bei dem Mangel an Uebereinstimmung einer künftigen Zeit und einer weiteren Entwickelung des Vereins überlassen werden mußte. Dahin konnte man rechnen:

Beseitigung aller Staatsmonopole;

Gleichmäßigkeit der inneren Besteuerung von Consumtions-Artikeln;

Uebereinstimmende Gesetzgebung über alle auf Handel und Verkehr Bezug habende Gegenstände,

also Handelsrecht, Wechselrecht, Patente und Erfindungs-Privilegien, Musterschutz und dergleichen;

Gleichmäßigkeit der Gewerbegesetzgebung;

Gleichmäßigkeit der Zollorganisation;

Gleiches Münz-, Maaß- und Gewichtssystem;

Aufhebung aller Wasserzölle;

Aufhebung aller Straßen- und Weggelder, Brückenzölle und dergleichen;

Gemeinschaftliche Handels-Consulate;

Gleiche Einrichtung der Handels- und Gewerbekammern;

Vertretung der Bevölkerung bei Feststellung der Tarife und Handelsverträge — Zoll-Parlament.

Die Entwickelung des Zollvereins, die der Natur der Sache nach anfangs sehr langsam ging, hat in neuerer Zeit sehr rasche Schritte gemacht und zum Theil selbst in Wege eingelenkt, welche seiner ersten Bildung fremd waren.

Jetzt hat er bereits diejenige territoriale Ausdehnung erlangt, die ihm durch seinen nationalen Zweck vorgeschrieben war, und gleichzeitig eine innere Verfassung, welche ihm eine leichtere Bewegung, namentlich in legislativer Beziehung, möglich macht, und er ist dadurch ohne Zweifel dem Höhenpuncte seiner inneren Organisation sehr nahe gerückt worden.

Mit dem 1. Januar 1834 trat der neue Zollverein ins Leben. Es fielen unter großem Jubel der Bevölkerung alle noch vorhandene Schlagbäume und Zollschranken im Innern der Vereinsstaaten. Alle Mühe und Arbeit, die das Zustandebringen dieses großen Werkes gekostet hatte, zugleich aber auch die kleinlichen Anfeindungen und Besorgnisse, die es hervorgerufen hatte, waren zum größten Theile vergessen, und die Regierungen sowohl als die Völker sahen mit Befriedigung und Vertrauen der weiteren Entwickelung des großen Werks entgegen. Noch aber fehlte viel an der inneren Organisation des Vereins. Man hatte sich über die vertragsmäßigen Bestimmungen, über den Tarif, über die Organisation der Zollbehörden, über die Grundlagen eines Zollgesetzes und einer Zollordnung geeinigt; allein es waren noch vielfache einzelne Vollzugsmaaßregeln und Regulative zu verfassen, um in allen Theilen des Vereins einen gleichmäßigen Gang der Zollverwaltung zu erzielen. Mehrere der neuen Vereinsstaaten waren mit der Natur und dem Wesen einer strengen und geordneten Zollverwaltung noch ziemlich unbekannt und fügten sich nur ungern und schwer den zum Theil ziemlich beengenden Formen der preußischen Verwaltung, welche als Muster gelten sollte. Die Detailverhandlungen hierüber nahmen daher lange Zeit in Anspruch, und es währte fast bis zum Jahre 1836, bis alle einzelnen Vollzugsvorschriften und Regulative vollständig vereinbart waren. Die officielle Sammlung der Vereinsverträge*) zählt allein aus dem Jahre 1834 nicht weniger als 48 einzelne Regulative und Vorschriften auf, welche fast das ganze Gebiet der Zollverwaltung umfassen und die Detailausführung der Vereinsverträge bezwecken. Der bald darauf folgende Anschluß von Baden, Nassau und Frankfurt hat diese Zahl noch bedeutend vermehrt.

Zwölftes Kapitel.

Anschluß Badens an den Zollverein.

Nach dem resultatlosen Ausgange der Darmstädter Verhandlungen hatte die badische Regierung längere Zeit hindurch an den Zollverhandlungen unter den einzelnen deutschen Staaten keinen thätigen Antheil mehr genommen, vielmehr ihre Zollgesetzgebung und Zollorganisation vollständig den vermeintlichen Separatbedürfnissen und Interessen ihres kleinen Landes angepaßt. Die territoriale Lage desselben, die bei einer Länge von 50 deutschen Meilen eine Breite von nur 3—6 Meilen und einen Flächenraum von nur 272 Quadratmeilen darbot, machte jedoch ein eigenes selbständiges Zollsystem zur Unmöglichkeit. Es blieb also bei der vollständigen Isolirung, welche für Baden eingetreten war, kaum etwas Anderes übrig, als ein Zollsystem anzunehmen, das jede strengere Grenzbewachung, die bei einem Grenzumfange von 170 deutschen Meilen ohnedies kaum möglich war, überflüssig machte. Die badische Regierung setzte daher ihren Zolltarif allmälig so sehr herab, daß er dem Zutritt der auswärtigen Erzeugnisse, vorzüglich jenem der ausgebildeten Fabrikate, fast gar keine Schwierigkeiten mehr darbot.

*) Band I. S. 253—466, Nr. 53—100.

Die englische und französische Industrie verdankte diesem Systeme nicht nur eine leichte Concurrenz auf dem Markte in Baden selbst, sondern auch im Absatze nach Württemberg, Bayern und Hessen manche Begünstigungen.

Hierdurch hatte sich aber zugleich ein sehr ausgedehnter Schmuggel gebildet, welcher von der badischen Regierung, wenn auch nicht beschützt, doch jedenfalls geduldet wurde und daher nicht blos die allgemeine Moralität in hohem Grade verdarb, sondern auch allmälig fast ganz an die Stelle des rechtmäßigen Verkehrs trat und so zum allgemeinen Landes-Interesse ward. Dieser Schmuggelhandel wurde aber ebenso lebhaft, ja selbst in noch größerem Belange nach Frankreich betrieben, als mit französischen und englischen Waaren nach den angrenzenden deutschen Staaten. In der Richtung nach Frankreich waren es vorzugsweise Vieh und landwirthschaftliche Producte, dann Taback, Leinwand, Leder, Eisen- und Glaswaaren sowie verschiedene Artikel des Kramhandels, und insbesondere jene gehaltlosen Manufacturwaaren, mit denen damals die englische Industrie die Märkte des Continents überschwemmte, welche dieser Schmuggelhandel umfaßte, während er nach Deutschland außer mit englischen und französischen Manufacturwaaren sich noch mit Colonialwaaren aller Art beschäftigte. Die angrenzenden Staaten, so aufgebracht sie auch über diese offenkundigen Mißstände waren, hatten gleichwohl bei der Natur und der langen Ausdehnung der badischen Grenzen kein Mittel, denselben vollständig zu steuern, da ohne ein entsprechendes Zollcartell auch die strengste Zollaufsicht nicht im Stande war, einem fast von der gesammten Bevölkerung geübten und von der Staatsregierung geduldeten gesetzwidrigen Treiben Einhalt zu thun.*)

Hiezu kam noch, daß Baden in Folge des eingetretenen Wechsels in der Dynastie mit Bayern in sehr ernsthafte politische Differenzen gerieth, indem letzteres die Successionsfähigkeit des badischen Regenten bestritt und bedeutende Territorial-Ansprüche erhob. (Die bekannte Sponheimer Erbschaftsangelegenheit.) Diese Differenzen gaben im Jahre 1830 Veranlassung, auch die Zollfrage wieder zum Gegenstande von Verhandlungen zu machen.

Es wurden nämlich unter der Vermittelung von Preußen und Württemberg in Berlin hierüber Verhandlungen angeknüpft, wobei man auch den

*) Gleichzeitige Schriften geben mannigfache Belege dafür, wie dieses System anderwärts beurtheilt wurde. So sagt z. B. eine in Offenbach im Jahre 1832 erschienene Brochure: „Baden bis auf letztere Zeit festhaltend an einer Freiheit, die ihm in seiner Stellung zu Frankreich nöthig schien, vielleicht auch in dem Sinne Einzelner einen lebhaften aber gefährlichen und unzuverlässigen Verkehr sichern sollte" u. s. w. Vergl. auch Kühne, Ueber den deutschen Zollverein, Berlin 1836, S. 55 flg.

Beitritt Badens zum bayrisch-württembergischen Zollverein in Aussicht stellte. Die Verhandlungen selbst führten zwar zu keinem positiven Resultate, doch ward am 10. Juli 1830 eine Präliminar-Uebereinkunft abgeschlossen und in derselben unter Anderem festgesetzt,

> daß das Großherzogthum Baden dem durch Grundvertrag vom 18. Januar 1828 zwischen Bayern und Württemberg errichteten Zollvereine beitreten und daß hierwegen die weiteren Unterhandlungen in Berlin gepflogen werden sollten.

Diese Verhandlungen wurden hierauf auch unverzüglich unter der Vermittlung Preußens eröffnet, es zeigte sich jedoch bald, daß die badische Regierung nicht im Entferntesten daran dachte, denselben eine ernstliche Folge zu geben. Zwar ward von Bayern im September ein Vertragsentwurf und von Baden im October ein Gegenentwurf vorgelegt; letzterer enthielt jedoch solche Forderungen, daß hiedurch die Grundlage und das ganze System des bayrisch-württembergischen Zollvereins total verändert worden wäre. Bayern und Württemberg mußten der Natur der Sache nach darauf bestehen, daß ihre gegenseitig durch den Vertrag vom Jahre 1828 festgestellten Relationen nach kaum eingetretenem Vollzuge durch die Accession von Baden nicht wieder gestört würden. Auch die preußische Regierung trat dieser Ansicht bei und ihre Vermittlungsvorschläge verfolgten daher entschieden den Zweck, dem bayrisch-württembergischen Zollvereine die einmal gewonnene Grundlage, namentlich so weit solche mit dem preußischen Zollsysteme und dem preußisch-hessischen Zollvereine übereinstimmte, zu erhalten. Nach vielfachen fruchtlosen Verhandlungen entwarf daher die preußische Regierung einen Accessionsvertrag und theilte diesen den betreffenden Regierungen gleichsam als Ultimatum im April 1831 mit. Die Zustimmung Bayerns erfolgte noch in demselben Monate. Auch die badische Regierung war scheinbar geneigt, auf die preußischen Vermittlungsvorschläge einzugehen, wagte jedoch nicht, in dieser Angelegenheit irgend einen entscheidenden Schritt ohne die Beistimmung ihrer Stände zu thun.

Die Wogen der ständischen Opposition gingen gerade damals in Baden ungewöhnlich hoch; ihre Koryphäen führten eine Sprache, wie sie bis dahin in Deutschland noch nicht gehört worden war, und der Aufruhr der parlamentarischen Elemente war unverkennbar ein so tiefgreifender, daß an eine ruhige Abwägung volkswirthschaftlicher Gründe und Interessen nicht zu denken, vielmehr zu erwarten war, daß die Entscheidung vorzugsweise von Parteitendenzen, Vorurtheilen und vorgefaßten Meinungen abhängen werde. Der Erfolg zeigte Dies im vollsten Maaße. Am 17. Mai 1831 wurden der badischen Kammer in geheimer Sitzung die Eröffnungen wegen der bisherigen Verhandlungen über den Zollverein und die Aufhebung des Sponheimer Erbvertrages gemacht. Erst am 5. October erfolgte die Abstimmung, und zwar wurde der großherzoglichen Regierung mit Stimmeneinhelligkeit die Ermächtigung verweigert, dem bayrisch-württembergischen Zollvereine beizutreten. Mit einer Mehrheit von 35 gegen 23 Stimmen wurde dagegen die Regierung ermächtigt, mit Preußen, den beiden Hessen, Bayern, Württemberg und anderen deutschen Staaten, welche geneigt sein würden sich anzuschließen, einen Zoll- und Handelsverein abzuschließen, jedoch unter Aufstellung einer Reihe von Bedingungen, von denen viele von der Art waren, daß man zum Voraus sicher sein konnte, daß Preußen und die anderen Staaten nicht darauf eingehen würden, abgesehen davon, daß es eine gänzliche Verkennung der Stellung Badens zu den übrigen deutschen Staaten war, wenn ersteres den letzteren die Bedingungen für seinen Beitritt zu einem Zollvereine vorschreiben wollte, während offenkundig es für Baden völlig unmöglich war, in seiner damaligen Isolirung zu verbleiben. Die badische Regierung scheint Dies auch gefühlt zu haben, denn sie ließ fast volle acht Monate verstreichen, ehe sie dem preußischen Ministerium den Wunsch ausdrückte (19. Mai 1832), an den Verhandlungen über einen größeren deutschen Zollverein gleichfalls Theil zu nehmen.

Die preußische Regierung theilte zwar unverweilt diese Eröffnung den übrigen betheiligten Regierungen mit; da aber das ganze bisherige Verfahren Badens den Verdacht rechtfertigte, daß seine Anträge nicht besonders ernst gemeint seien oder es wenigstens im Laufe der Verhandlungen sofort wieder Bedingungen aufstellen werde, die ein Ergebniß abermals in Frage stellen würden, so unterließ es die preußische Regierung, dem Verlangen der badischen Regierung eine weitere Folge zu geben. Auch befürchtete man von Seite Preußens und der übrigen bereits in Verhandlung stehenden Regierungen, daß es auf die zwischen ihnen bereits ziemlich weit vorgeschrittenen Verhandlungen nur von hemmendem Einflusse sein könnte, wenn ein dritter, zu keinem der beiden Zollvereine gehöriger Staat, mit welchem die Erörterungen völlig von vorn wieder aufzunehmen wären, hinzuträte. Auch badischer Seits ward die Sache nicht weiter in Anregung gebracht, so daß sie bis Ende 1833 völlig ruhte.

Im November dieses Jahres erschien die halbofficielle Schrift von Nebenius für den Beitritt Badens zum Zollvereine. Diese Schrift, ein glänzender Beleg der hohen Begabung und der gediegenen Kenntnisse des Verfassers, spiegelt gleichwohl durch Das, was sie verschweigt oder nur leicht berührt, die bisherige badische Zollpolitik, ihre inneren Widersprüche, zugleich aber die fatale Lage, in welche sie das Ländchen gebracht hatte, und die Unhaltbarkeit derselben klar ab. Die Argumentation gipfelt sich in der Stelle:

„Wie früher, so könnte uns auch jetzt nur die Höhe der Zolltarife vom Beitritte abhalten.

„Es ist nun wohl nicht zu verkennen, daß selbst dem großen Vereine gegenüber die Vortheile unserer geographischen Lage nicht verloren gehen, daß unser Land, an drei schiffbaren Strömen gelegen, einer freien Communication mit dem Weltmarkt sich erfreut, daß wir die Verbindungen zwischen dem südwestlichen Deutschland und Frankreich, einem Theile der Schweiz rc. beherrschen, daß bisher schon die Mauthen der beiden Vereine mit ungefähr gleich hohen Tarifen an unseren östlichen und westlichen Grenzen unsern natürlichen Handelsverkehr hemmten und jeder Verkehr, den andere Staaten nicht ihres eigenen Vortheils wegen gestatteten, uns erschwert, nichtsdesto weniger aber unsere Lage keineswegs hülflos war; wir verkennen nicht, daß unser Zustand durch eine Vereinigung der beiden Gebiete, welche das Großherzogthum im Osten und Norden begrenzen, im Wesentlichen nicht verschlimmert wird, daß die Wirkungen der Beschränkungen, die wir bisher empfanden, ungefähr dieselben bleiben, es mag der preußisch-hessische Tarif oder der bayrisch-württembergische oder jeder andere, der, wie beide, ein gewisses Maaß überschreitet, an den Grenzen dieser Nachbarländer gelten. Allein nicht die Möglichkeit, in dem Zustande der Isolirung ohne wesentliche Verschlimmerung unserer Verhältnisse zu verharren, kann als entscheidend betrachtet werden.

„Wir haben vielmehr uns die Frage vorzulegen, ob nicht dieser isolirten Stellung, dem Vereine gegenüber, der Beitritt zu demselben, selbst auf die Bedingung eines höhern Mauthtarifes, vorzuziehen sei?"*)

Nach definitivem Abschlusse und der Veröffentlichung der Zollvereinsverträge wurde Anfangs December 1833 der preußische Gesandte in Karlsruhe beauftragt, der badischen Regierung diese Verträge nebst Separat-Artikeln mitzutheilen, damit sie in reifliche Erwägung ziehen könne, was unter den gegebenen Verhältnissen am füglichsten zu geschehen habe, um im Interesse Deutschlands wie speciell in demjenigen des eigenen Landes

*) Die Schrift selbst rief eine Menge anderer Kundgebungen für und wider hervor. Unter denselben ist wegen ihres Verfassers merkwürdig: „Betrachtungen über den Beitritt Badens zu dem deutschen Zollverein" von Mathy, Karlsruhe 1834, ein Abdruck von Aufsätzen aus der Zeitschrift „der Zeitgeist".

der nachtheiligen Isolirung des Großherzogthums Baden zuvorzukommen. In einem gleich darauf in Gegenwart des Großherzogs gehaltenen Ministerrathe wurde auch einstimmig anerkannt, daß nunmehr nach Constituirung des großen deutschen Zollvereins der Anschluß Badens sich gleichsam als eine unvermeidliche Lebensfrage darstelle, und es ward daher auch die preußische Mittheilung in diesem Sinne erwidert. Zur Vorbereitung der Verhandlungen wurde auch sofort unter dem Vorsitze des Finanzministers von Böckh eine Commission niedergesetzt, zu welcher außer mehreren Staatsbeamten auch Notable aus dem Fabrik- und Handelsstande sowie aus der Reihe der größern Grundbesitzer beigezogen wurden. Die Verhandlungen dieser Commission währten bis 27. Februar 1834. Am schwersten waren die Urproducenten oder Ackersmänner zu überzeugen, die Fabrikanten stimmten fast einstimmig der Regierung bei, auch die Handelsleute waren ungleich willfähriger und empfänglicher, als man nach den bisherigen Vorgängen und den notorischen Interessen dieses Standes an dem dermaligen Zustande erwartet hatte. Hierauf leitete von Böckh auf Veranlassung der preußischen Regierung eine persönliche Zusammenkunft mit dem großherzoglich hessischen Finanz-Minister von Hofmann ein, um mit demselben über Badens Anschluß vorläufige Rücksprache zu nehmen. Die Eröffnung der eigentlichen Verhandlungen in Berlin fand nach mehreren Zwischen-Erörterungen erst am 19. Juni statt, wobei Böckh die badischen Propositionen in Form von Entwürfen eines Anschlußvertrages nebst Separat-Artikeln und übrigen Nebenbestimmungen, einer Zollordnung, eines Zollstrafgesetzes und der zum Tarif beantragten Modificationen übergab.

Bis dahin hatten die Vereinsregierungen keine genaue Kenntniß der von Baden gewünschten Anschluß-Bedingungen erhalten. Im Allgemeinen befriedigten diese Entwürfe, da, wenn auch gegen viele der verlangten Bestimmungen und Modificationen der bisherigen Vereins-Verträge gewichtige Bedenken bestanden, gleichwohl aus denselben sich mit Sicherheit entnehmen ließ, daß diesmal die badische Regierung mit Ernst und gutem Willen in die Verhandlungen eintrete. Die Verhandlungen wurden mit Eifer bis gegen Ende Juli fortgesetzt, wo die preußische Regierung sich bereits in der Lage befand, eine sehr umfassende (vom Geheimen Legations-Rath von Eichhorn verfaßte) Zusammenstellung der hauptsächlichsten badischen Propositionen und der preußischen Ansichten über dieselben den betheiligten Regierungen zuzustellen.

Die wichtigsten Punkte, um welche es sich damals noch handelte, waren:

1) Die Nachversteuerung.

Die Erfahrungen und Folgen der mangelhaften Ausführung der Nachversteuerung in Sachsen und Thüringen hatten in Berlin eine entschiedene Abneigung gegen eine abermalige Wiederholung dieser Maaßregel hervorgerufen, deren Anwendung mit so offenbarem Nachtheil für das Vereins-Interesse verbunden war. Dazu kam noch der bestimmte Wunsch Badens, von einer Nachversteuerung befreit zu bleiben. Man beabsichtigte daher die Bedingung zu stellen, daß der Verein mit Baden nicht auf einmal, sondern allmählig ausgeführt und insbesondere der Tarif schon sechs Monate vor der vollständigen Ausführung des Vereines in Baden eingeführt werde. Nachdem Baden im Allgemeinen sich hierzu bereit erklärte, erübrigte nur, die näheren Modificationen der Ausführung festzustellen.

2) Die Verhältnisse zur Schweiz.

Baden stand bereits in Vertragsverhältnissen zur Schweiz und wünschte in Bezug auf dieselben und deren fernere Entwickelung freie Hand zu bekommen. Seine Anträge standen jedoch in vielfacher Beziehung im Widerstreite theils mit den Bestimmungen der Vereinsverträge über den Abschluß von Handelsverträgen mit dem Auslande, theils mit dem Vereins-Tarife und den Interessen der anderen Vereinsstaaten.

3) Die badischen Tarifvorschläge.

Diese waren früher sehr weit gegangen und hatten nichts Geringeres beabsichtigt, als das ganze Tarifsystem des Vereins in Bezug auf Colonialartikel und theilweise auch in Bezug auf fremde Manufacturwaaren wesentlich zu modificiren. Die Ueberzeugung jedoch, daß die Vereinsstaaten auf eine solche Umgestaltung ihres bisherigen Tarifsystemes in keinem Falle eingehen würden, hatte die badische Regierung vermocht, ihre Tarifanträge bedeutend herabzustimmen und vorzugsweise auf die Transitgebühren zu beschränken, in welcher Beziehung allerdings das preußische System sehr Vieles zu wünschen übrig ließ.

4) Die Main- und Neckarschifffahrt.

Bayern und Württemberg hatten im Schlußprotokolle vom 22. März 1833 erklärt, daß sie einem Beitritte Badens zu dem Zollverein nur dann zuzustimmen vermöchten, wenn zuvor wegen der Schifffahrts-Verhältnisse auf dem Main und dem Neckar eine entsprechende Uebereinkunft abgeschlossen worden wäre.

5) Einrichtung des Grenzzollbezirks.

Mit Rücksicht auf die lang und schmal gestreckte Figur des Landes verlangte Baden den Grenzzollbezirk, welcher grundsätzlich in den bisherigen

Vereinsstaaten eine Breite von zwei Meilen hatte, auf eine Stunde beschränken zu dürfen.

6) Einführung der Zollordnung und des Zollstrafgesetzes.

Die großherzogliche Regierung erklärte sich bereit, die gemeinschaftlichen Zollgesetze, die bisher nur in ihren Grundlagen festgestellt waren, anzunehmen. Bis zu einer definitiven Redaction derselben wolle sie die bayrisch-württembergischen Zollgesetze provisorisch einführen.

Ueber diese Punkte fanden vom August bis November 1834 vielfache Verhandlungen statt, ohne daß übrigens die Verständigung irgend wesentlich gefördert wurde. Namentlich war es die württembergische Regierung, welche nicht nur ernstliche Bedenken und Schwierigkeiten erhob, sondern auch so vielfache Verzögerungen veranlaßte, daß endlich die königlich preußische Regierung auf mehrfaches Andringen Badens sich veranlaßt fand anzudeuten, daß bei noch längerer Zögerung Württembergs den übrigen zunächst betheiligten Regierungen Nichts übrig bleiben würde, als die Verhandlungen mit Baden ihrer Seits bis zu völligem Einverständnisse über den Vertrag und dessen Nebenbestimmungen fortzusetzen, der württembergischen Regierung aber freizustellen, in jedem Augenblick den Verhandlungen beizutreten, oder nach erfolgtem Abschlusse sich über den Vertrag zu erklären. Auch Bayern schloß sich auf das Entschiedenste diesen Schritten an, indem die württembergische Zögerung um so auffallender sein mußte, als sie in keinen gemeinschaftlichen Interessen der süddeutschen Vereinsstaaten begründet sein konnte.

Als ostensibler Grund dieser Zögerungen waren bisher von Württemberg die Frage der Neckarzölle und die Handelsverhältnisse zur Schweiz angegeben worden. Bayern hatte schon früher (20. August 1834) erklärt, daß es bereit sei, die vollständige Regulirung der Schifffahrts-Verhältnisse auf dem Main einer gesonderten Verhandlung vorzubehalten, bei dem damaligen Abschlusse mit Baden aber sich lediglich auf die Festsetzung derjenigen Erleichterungen zu beschränken, welche sich die zollverbündeten Staaten für die Dauer des Vereins nach Art. 15 des Zollvereinsvertrages gegenseitig zuzugestehen hätten. — Auch bezüglich der Verhältnisse zur Schweiz war im October bei einer in München eingeleiteten Separat-Besprechung zwischen Bayern, Württemberg und Baden verabredet worden, welche Begünstigungen man gemeinschaftlich in Berlin beantragen wolle, so daß also diese beiden Punkte kein wesentliches Hinderniß einer Fortsetzung der Verhandlungen darbieten konnten.

Auf Antrag Preußens sollten die allgemeinen Conferenzen in Berlin am 18. November eröffnet werden, zu welchen endlich auch noch ein württembergischer Bevollmächtigter in der letzten Stunde eintraf.

Allein auch jetzt war es nicht möglich, zu einem Verständnisse zu gelangen. Immer noch ward von der württembergischen Regierung der unwandelbare Wille ausgesprochen, den Vertrag über den Beitritt Badens nicht eher zu ratificiren, bis die Neckarangelegenheit definitiv erledigt sei, während sich Baden durchaus zu einer solchen Herabminderung der Neckarzölle, wie sie von Württemberg verlangt wurde, nicht herbeilassen wollte.

Bezüglich der Verhältnisse zur Schweiz hatte Bayern einen vermittelnden Antrag dahin gestellt, daß auch nach Ablauf des Handelsvertrags zwischen Württemberg und der Schweiz, woran Baden participirte, den drei an die Schweiz grenzenden südlichen Vereinsstaaten eine gewisse Ermächtigung belassen werde, die Handelsverhältnisse mit der Schweiz durch einige, wenngleich dem System des Zollvereins nicht entsprechende Concessionen und Begünstigungen zu reguliren. Von preußischer und kurhessischer Seite war man aber einer solchen Begünstigung, namentlich der Schweizer Seiden- und Baumwollenwaaren, entschieden abgeneigt.

Auch über die Salzfrage erhoben sich noch vielfache Anstände. Preußen hatte wiederholte Versuche gemacht, die Salzpreise im gesammten Vereinsgebiete gleichzustellen, seine Anträge waren jedoch von Bayern und Württemberg abgelehnt worden. Dieser ungenügende Zustand der Verhandlungen dauerte fort bis März 1835. Alle Unterhandlungspunkte waren, mit Ausnahme des Salzartikels und der Schifffahrts-Angelegenheit, so weit gediehen, daß voraussichtlich alsbald der Vertrags-Abschluß erfolgen konnte, wenn nicht jene beiden Punkte Anstände gebildet hätten. Allein selbst bis zu diesem Resultate hatte man nur unter den größten Anstrengungen und Schwierigkeiten gelangen können, wobei es vorzugsweise der Vermittlung Preußens zu verdanken war, daß man überhaupt so weit gekommen war.

Zunächst war die Weigerung der badischen Regierung, auf eine erhebliche Minderung der Neckarzölle einzugehen, der größte Stein des Anstoßes; wäre diese Schwierigkeit nicht der Verhandlung von vorn herein in den Weg getreten, so würde wohl der Verlauf überhaupt ein ungleich günstigerer gewesen sein. So aber wirkte diese Frage lähmend auf den ganzen Gang der Verhandlungen und bildete auch die Quelle von noch anderen Schwierigkeiten. Hierzu kamen sodann die gewöhnlichen Bedenklichkeiten und der retardirende Geschäftsgang der württembergischen Regierung, verbunden mit einem tief eingewurzelten Mißtrauen, beinahe könnte man sagen Haß, zwischen den württembergischen und den badischen Autoritäten, welche vielfach, oft bei den kleinsten Dingen zum Vorschein kamen. Auch die Hartnäckigkeit und der Egoismus der beiden hessischen Regierungen, die in allen Fragen Vortheile für sich erringen wollten, ohne irgend Etwas dagegen zu geben, wirkten hemmend auf den Gang der Verhandlungen. Dagegen war die feindliche Stellung, welche kurz zuvor noch Bayern gegen Baden aus Anlaß der Sponheimer Angelegenheit eingenommen hatte, bei den letzten Verhandlungen kaum irgend mehr bemerkbar.

Die Verhandlungen konnten jetzt wohl als beendigt betrachtet werden, denn sie waren auf einem Punkt angelangt, wo von weiteren Conferenzen Nichts mehr zu erwarten war und die Regierungen sich lediglich über Genehmigung oder Verweigerung des Abschlusses zu entscheiden hatten. Die bayrische Regierung war die erste, welche schon in den ersten Tagen des April ihren Bevollmächtigten zur Unterzeichnung der Verträge autorisirte. Diese ungemeine Beschleunigung trug wesentlich dazu bei, auch die übrigen Regierungen zu treiben. Auch die württembergische Regierung wollte sich endlich zur Unterzeichnung verstehen, jedoch dabei zu Protokoll erklären, daß die Ratification nicht eher erfolgen würde, als bis die Neckarschifffahrtsfrage mit Baden ausgeglichen und die Entschädigung Württembergs wegen der durch Badens Anschluß außer Activität tretenden württembergischen Zollbeamten regulirt sein würde. Letzterer Punkt war bisher nicht in dieser Art zur Sprache gebracht worden. Es erklärten sich daher auch alle Bevollmächtigte aufs Bestimmteste gegen diese württembergischen Vorbehalte. Im Falle die württembergischen Bevollmächtigten durchaus von jener Bedingung nicht abstehen wollten, bleibe Nichts übrig als den Vertrag ohne sie zu unterzeichnen, so daß also die württembergische Regierung in die Lage gekommen wäre, ihre Zustimmung zu dem abgeschlossenen Vertrage zu ertheilen oder direct zu verweigern.

Am 12. Mai 1835 erfolgte endlich die wirkliche Unterzeichnung nach sechsmonatlicher ununterbrochener Schlußverhandlung. Die württembergischen Bevollmächtigten übergaben hierbei eine auf obige Vorbehalte bezügliche Note, welche von den übrigen Bevollmächtigten mit Protest und Verwahrung erwidert wurde.

Die königlich sächsische Regierung und die thüringischen Staaten waren von Preußen bei den Verhandlungen vertreten und stets vom Gange derselben in Kenntniß erhalten worden. Sie hatten schon im Voraus ihre Zustimmung zu dem Vertragsabschlusse gegeben, obwohl einige Stipulationen auch ihre Interessen direct berührten.

Sobald die Nachricht von dem Vertrags-Abschlusse nach Karlsruhe gelangte, schritt die großherzogliche Regierung sogleich mit anerkennenswerther Energie zu dessen Ausführung. Mit Verordnung vom 16. Mai ward der Eingangstarif des Zollvereins provisorisch in Baden eingeführt. In der Nacht vom 17.—18. Mai wurden an allen badischen Grenzzollstellen die Zollbücher abgeschlossen und der neue Vereinstarif eingeführt; zum großen Verdruß der Kaufleute, welche große Lagervorräthe angehäuft, deren Eingangs-Verzollung aber unterlassen hatten, in der Hoffnung daß die badische Regierung den Vertrag vor der Ausführung ihren Ständen vorlegen und ihnen so Zeit zur Einfuhr nach den bisherigen geringen Zollsätzen gewähren würde. Die badische Regierung hatte kluger Weise diese Frage dadurch umgangen, daß sie für den Fall einer Verweigerung der ständischen Zustimmung den Rückersatz des Mehrbetrages der erhobenen Zölle zusicherte.

Die Vorlage der Verträge an die badischen Stände erfolgte unverweilt. — Die Opposition gegen dieselben war keine geringe, namentlich waren die an der Spitze der Bewegung stehenden Männer fast sämmtlich dagegen. Die badische Regierung hatte daher nicht blos diese ihr abgeneigte in der Kammer sehr zahlreiche Partei, sondern auch alle jene schlimmen Elemente zu bekämpfen, die sie durch ihr bisheriges falsches Zollsystem und die an dasselbe geknüpften unlauteren Interessen selbst herauf beschworen hatte. Sie mußte nun selbst die isolirte Stellung des Landes, die sie bisher als eine so glückliche gepriesen hatte, als eine üble bezeichnen und, was sie bisher als Blüthe des Handels, als eine ergiebige Einnahmsquelle geschildert hatte, ein unehrliches Schmugglergewerbe nennen, vor dessen schlimmen Folgen für die Zukunft warnen und die Nothwendigkeit des Anschlusses mit Dem begründen, was sie als Klage der Nachbarn so oft mit Hohn zurückgewiesen hatte. Die Ultras der Opposition boten Alles auf, um die große Angelegenheit scheitern zu machen, riefen im ganzen Lande Petitionen dagegen hervor und benutzten alle Umstände, die sich ihren Argumentationen nur zu reichlich darboten. Die Regierung drang jedoch durch; die Verträge erhielten die Zustimmung, und Mitte Juli traf die badische Ratification in Berlin ein, wo die Auswechslung am 31. Juli vorgenommen wurde. Nur Kurhessen fehlte hierbei, erhob vielmehr noch mehrere Anstände von ziemlich unbedeutendem Belange, so daß selbe von preußischer Seite eine ziemlich herbe Kritik hervorriefen. Am 1. September erfolgte endlich auch die Auswechslung der Ratificationen mit Kurhessen.

Gemäß Art. 40 des Vertrags wurden Mitte September in Karlsruhe die Vollzugsverhandlungen eröffnet.

Durch den Beitritt Badens erhielt der Verein nicht blos einen Zuwachs von mehr als einer Million Seelen und 272 Quadratmeilen Land, sondern auch eine sehr zweckmäßige Regulirung seiner Grenzen nach Süden und Westen, wo jetzt an die Stelle der bisherigen vielfach durchbrochenen Landgrenze auf einer Länge von mehr als 100 Stunden eine einfache, leicht zu bewachende Flußgrenze trat. Vor Allem aber entledigte er sich eines höchst unbequemen und gefährlichen Nachbars, der es bisher in seinem Interesse gefunden hatte, ein ausgedehntes und die ganze Bevölkerung demoralisirendes Schmuggelsystem nicht blos zu dulden, sondern durch seine Zolleinrichtungen gleichsam hervorzurufen und zu fördern. Der Beitritt Badens machte zugleich den Beitritt Frankfurts und Nassaus zur unausbleiblichen Folge, mit welchen zwar längst Verhandlungen angeknüpft, aber eben wegen des zweifelhaften Standes der Verhältnisse zu Baden nicht zum förmlichen Abschlusse gebracht worden waren.

Dreizehntes Kapitel.

Anschluß der freien Stadt Frankfurt.

Die große Handelsstadt Frankfurt hatte sich aus dem nationalwirthschaftlichen Chaos, das nach den Friedensschlüssen von 1815 in Deutschland eingetreten war, vielleicht zuerst von allen selbständigen Theilen des Bundes diejenige Stellung herausgefunden, die ihren particularen Interessen unter den gegebenen Umständen am Besten zusagte. Ihr großer Capitalreichthum, ihre günstige Lage, ihr bereits bestehender bedeutender Speditionshandel trugen in ganz natürlicher Weise dazu bei, die Stadt zum Stapelplatz aller fremden, namentlich englischen Waaren zu machen, die von hier aus ihren Weg nach allen nahe gelegenen Theilen Deutschlands, nach der Schweiz und nach Oesterreich fanden. So lange diese Nachbarstaaten ihre geschlossenen Zollsysteme nicht ausgebildet hatten, bewegte sich dieser Handel in vollkommen gesetzlichen Wegen; als aber nach und nach alle größeren deutschen Staaten es für nothwendig erkannt hatten, ihre einheimische Industrie gegen die übermächtige Concurrenz Englands zu schützen, schlug dieser Handel wenigstens theilweise auch die illegitimen Wege des Schmuggels ein. Dieser Richtung jedoch stellten sich vom Jahre 1828 an die gebildeten größeren Zollvereine entgegen, namentlich war es das preußische System der Transitabgaben, das den fremden Zwischenhandel ungemein erschwerte. Dasselbe rief, besonders nach dem Anschlusse Kurhessens an Preußen, in Frankfurt große Mißstimmung und laute Klagen hervor. Gerade in jener Zeit hatte auch die englische Regierung das Bedenkliche der deutschen Zollbewegung erkannt und versuchte der Bildung eines größeren Zollvereins durch Separatverträge mit einzelnen deutschen Staaten entgegen zu wirken. Der Frankfurter Senat ging bei der damaligen Stimmung der Stadt nur zu leicht auf eine solche Idee ein und schickte zu diesem Ende den Senator Dr. Harnier nach London. Dieser schloß am 13. Mai 1832 mit Lord Palmerston und Lord Auckland einen anfangs sehr geheim gehaltenen Vertrag ab, von welchem erst Ende Juli etwas Näheres bekannt wurde. Der Vertrag selbst war ein reiner Reciprocitätsvertrag, und nur der Artikel 5, welcher festsetzte:

„daß allen Gütern ꝛc. der beiderseitige Eingang gegen Bezahlung der nach dem dermaligen Tarif (nach der zur Zeit geltenden Parlamentsacte) bestehenden Gebühren verstattet werden solle",

war insofern von Bedeutung, als er die Auslegung zuließ, daß keinem der Contrahenten eine Erhöhung dieser Zollsätze zustehe.

Aus diesem Vertrage, in welchem des Erscheinens englischer Schiffe in Frankfurt erwähnt ist, konnte man die Absicht Englands ableiten, die freie Rheinschifffahrt auch für sich in Anspruch zu nehmen, eine Frage, die damals noch keineswegs entschieden war. Er war einer von den negativen Verträgen, wie jener des sogenannten mitteldeutschen Vereins und alle die aus demselben hervorgingen, welche den einen oder andern Contrahenten in einer Zeit, in welcher eine bessere Organisation seines Zollwesens seine Aufgabe gewesen wäre, verhinderten etwas Neues zu schaffen, ohne aus sich selbst irgend einen wesentlichen Nutzen zu bringen. Welches Interesse eigentlich den Senat zu diesem Abschlusse bewogen hatte, ist aus dem Vertrage gar nicht zu ersehen, da er der Stadt in ihrem Verkehr auch nicht den geringsten Vortheil zu gewähren vermochte. Er konnte nur den Zweck haben, den dermaligen Zustand des Frankfurter Verkehrs, der schon manches Bedenkliche darbot, und die unlauteren Interessen, die sich daran knüpften, dauernd zu machen, während er andererseits für die Fesseln, die er der Stadt in Bezug auf eine anderweitige Ordnung ihrer Verkehrsverhältnisse anlegte, gar keine Entschädigung darbot. Offenbar war es nur kleinlicher kaufmännischer Geist, welcher ohne alle Rücksicht auf allgemeine deutsche Interessen zum particularen Vortheile einiger kleinstädtischen Optimaten diesen Vertrag dictirt hatte.

Die Reue blieb nicht aus.

Noch vor Abfluß eines Jahres war der Zollvereinsvertrag vom 22. März 1833 geschlossen; rasch nahm sowohl seine vollständige Organisation und innere Befestigung wie die allgemeine Anerkennung seiner Bedeutung zu; der Beitritt Badens konnte bereits als wahrscheinlich angenommen werden, eben so der von Nassau; und Frankfurt, gänzlich vom Zollverein umschlossen und höchstens noch auf den Flußverkehr angewiesen, durfte schwerlich eine bessere Behandlung erwarten, als sie die anhaltischen Fürstenthümer bei der ersten Entwicklung des preußischen Zollsystems gefunden hatten. Waren die Zolllinien des Zollvereins einmal bis an die Thore Frankfurts vorgerückt, dann war es mit dem Schmuggel, aber wahrscheinlich auch mit dem Frankfurter Speditionshandel zu Ende. Die Frage des Anschlusses an den Verein stand also ziemlich drohend vor der Thür. Der Vertrag mit England, die Interessen vieler einflußreicher Handlungshäuser, das gesammte engherzige Zunftwesen der Stadt standen dem Anschlusse entgegen. Andern Falls waren von dem Anschlusse große Vortheile für den Detailhandel und eine großartige Entwicklung des gesammten Verkehrs der Stadt zu hoffen.

Darum einerseits eifrige Agitation, lebhafte Bewegung in allen Schichten der Bevölkerung, in der Presse und in den städtischen Collegien, andererseits heftiger, bald offener, bald verdeckter Widerstand. (Anfang 1834.) Auch der Senat blieb nicht müssig — die Handelskammer wurde zum Gutachten aufgefordert und übergab dasselbe Anfang März, worauf die Sache an den gesetzgebenden Körper überging. Als Hauptbedingungen eines Anschlusses betrachtete man damals Gewährung derselben Meßbegünstigungen, wie sie Leipzig erhalten hatte, und Theilnahme an den Revenuen im zehnfachen Maaßstabe der Bevölkerung.

Auf das Gutachten der Handelskammer wurde im April im Senate der Beschluß gefaßt, Einleitungen wegen des Anschlusses zu treffen und eine desfallsige Eröffnung an den preußischen Bundestagsgesandten v. Nagler zu machen.

Die preußische Regierung beauftragte ihren Bundestagsgesandten, hierauf mündlich zu antworten:

„daß man sowohl preußischerseits als auch ohne Zweifel von Seite der Vereinsstaaten die Absicht habe, auf keine Weise den Beitritt der freien Stadt Frankfurt zu dem Zollvereine zu erschweren, daß aber bei derselben eigenthümliche Verhältnisse obwalten, die erst näher in Betracht zu ziehen seien, bevor man von Seiten des Vereins zur Aufnahme einer förmlichen Unterhandlung würde schreiten können. Dieses betreffe vorzüglich die äußeren Verhältnisse der Stadt Frankfurt. Früher habe der Senat selbst der kurhessischen Regierung die rechtliche Fähigkeit bestritten, dem Zollvereine beizutreten, und man werde daher veranlaßt, einen Blick auf die Verhältnisse zu werfen, worin die freie Stadt Frankfurt sich zu den Staaten des mitteldeutschen Vereins befinde, und zu fragen, wie der Senat das Verhältniß der Stadt zu England in Bezug auf die Berechtigung derselben zum Anschlusse an den Zollverein nach dem bekannten Vertrage vom 13. Mai 1832 betrachte. Hierüber sehe man einer näheren Aeußerung entgegen. Ebenso erwarte man eine Angabe der besonderen Wünsche der Stadt."

Es wurde hierauf eine Besprechung zwischen dem Senator Ihm und dem großherzoglich hessischen Minister Freiherrn von Hofmann eingeleitet (23. bis 25. Mai), wobei folgende wesentliche Momente der Anschauungen Frankfurts verzeichnet wurden:

1) Frankfurt halte sich durch den mitteldeutschen Verein nicht gebunden;

2) wegen Auflösung des Vertrages mit England seien bereits Einleitungen in London getroffen, ein Resultat noch nicht erzielt;

3) Frankfurt beabsichtige die volle Theilnahme an allen Vereinsrechten in Anspruch zu nehmen;

4) es gedenke ferner, den bestehenden Zunftzwang und die Handelsprivilegien aufrecht zu erhalten, wie

5) nicht minder eine größere Theilnahme an den Zollrevenuen zu beanspruchen, als nach der bloßen Bevölkerungszahl;

6) desgleichen die Beibehaltung seines Freihafens und Errichtung von Freilagern;

7) es verlange das Contirungsrecht wie Leipzig;

8) desgleichen eine geminderte Anwendung der Nachversteuerung u. s. w.

Die preußische Regierung erwiderte diese frankfurtischen Propositionen im Juli 1834 und machte hierin besonders darauf aufmerksam, daß die Zollverwaltung in Frankfurt jedenfalls so bestellt werden müsse, daß sie nicht im Wesentlichen von der dortigen Regierung abhänge. Von einer Gleichstellung in den Administrationsrechten mit den größeren Vereinsstaaten könne bei ganz verschiedenen Verhältnissen wohl nie die Rede sein. Ebenso sei die Beibehaltung des Zunftzwanges und der Handlungsprivilegien unvereinbar mit den Principien des Vereins.

Im Monat Juli fand eine zweite Besprechung zwischen Senator Ihm und dem großherzoglich hessischen Finanzminister von Hofmann statt, ohne daß jedoch hiedurch eine wesentliche Annäherung erzielt wurde, indem man frankfurtischerseits besonders auf einer selbständigen und von dem Vereine unabhängigen Zolladministration und auf Beibehaltung des Zunftzwanges und der Handelsprivilegien bestand.

Der Senat wandte sich hierauf schriftlich an den preußischen Bundestagsgesandten und beantragte die Eröffnung förmlicher Verhandlungen in Berlin. Es währte jedoch bis zum Januar 1835, ehe es zu diesen Verhandlungen kam. Bei Eröffnung derselben am 24. Januar übergab der frankfurtische Abgeordnete Schöff von Guaita ein Memorandum, das sämmtliche Verlangen Frankfurts enthielt.

Dieses Memorandum schien, theils weil es sich nur auf allgemeine Sätze beschränkte, theils auch weil es Ansprüche andeutete, auf welche von Seite des Vereins in keinem Falle eingegangen werden konnte, nicht geeignet, als Grundlage der Verhandlung zu dienen. Es ward darum von Seiten des preußischen Ministeriums ein förmlicher Vertragsentwurf angefertigt. Derselbe enthielt folgende wesentliche Abweichungen von den bereits bestehenden Vereinsverträgen:

1) Es solle Frankfurt zu allen Abänderungen des Zolltarifs und der Zollordnung, welche von den Vereinsregierungen in Zukunft beliebt würden, im Voraus seine Zustimmung ertheilen, eben so zu allen Vereinsverträgen und Handelsverträgen mit Vorbehalt besonderer Einsprache bei allen Abänderungen der Transitsätze auf Straßen, die von oder nach Frankfurt führen.

2) Dasselbe solle zu den jährlichen Generalconferenzen keinen besonderen Bevollmächtigten stellen, sondern nur einen der übrigen Bevollmächtigten mit seinen Wünschen und Anträgen zu beauftragen haben.

3) Solle die eine Hauptverwaltungsstelle in Frankfurt zugleich die Geschäfte der Zolldirection und der äußern Zoll- und Steuerämter versehen, zu Zollbeamten sollten aber von der freien Stadt Frankfurt nur solche Personen ernannt werden, die ihr von den benachbarten beiden Hessen präsentirt worden.

Das Begnadigungsrecht in Zolldefraudationssachen bliebe dem Senate, könne sich aber nie auf den Denunciantenantheil erstrecken.

4) Es solle der freien Stadt Frankfurt ein größerer Antheil an den Zollrevenuen gewährt werden, als ihr nach der Bevölkerung zustehe. Der Verein übernehme die Zollrückvergütungen für die fremden, nicht zum

Zollverein gehörigen Gesandtschaften, und jeder Vereinsstaat die für seinen Gesandten.

5) Es solle nicht blos Nachversteuerung, sondern auch einige Monate lang eine Controle des Ueberganges bezüglich der Hauptartikel stattfinden.

Dieser Entwurf war keineswegs den Erwartungen der frankfurtischen Bevollmächtigten entsprechend. In einer zweiten Conferenz, am 2. April 1835, trat ihre Verstimmung klar hervor. Namentlich betraf dies die der Stadt Frankfurt in dem preußischen Entwurfe angewiesene zollpolitische Stellung, indem man in Frankfurt den höchsten Werth darauf legte, in dieser Beziehung den übrigen größeren Vereinsstaaten vollkommen gleich gestellt zu werden. Die Verhandlungen rückten daher auch wenig vor, der frankfurtische Bevollmächtigte von Guaita verließ Berlin, und als er Ende Juni wieder dahin zurückkehrte, führten auch wiederholte vertrauliche Besprechungen mit dem Geheimen Legationsrath von Eichhorn zu keinem andern Resultate, als die Divergenz der Ansichten über einzelne Hauptfragen noch deutlicher und bestimmter hervorzuheben. Beide versuchten zwar durch wiederholte Umarbeitung ihrer Entwürfe dieselben einander zu nähern, ohne hierin jedoch irgend wesentliche Fortschritte zu machen. Diese Arbeiten fielen in eine Periode (Juni und Juli 1835), in welcher das Schicksal des Vertrages mit Baden vom 12. Mai 1835 in der zweiten Kammer der badischen Landstände noch zweifelhaft war und auch die Unterhandlungen über den Beitritt Nassaus noch eine sehr weite Aussicht darboten. Diese Umstände mochten wohl auch einigen Einfluß auf die Haltung des frankfurtischen Bevollmächtigten ausüben.

Erst im September wurden die Verhandlungen wieder mit größerem Eifer erneuert und nahmen, obwohl sie einige Male wieder ausgesetzt wurden, doch bald eine solche Wendung, daß der Abschluß mit Sicherheit vorauszusehen war. Der Schmuggel von Frankfurt aus hatte in letzter Zeit, zum Theil wegen der unverhältnißmäßigen Anhäufung von Waaren aller Art in der Stadt, ganz ungewöhnliche Dimensionen angenommen. Er wurde in Banden von 60 bis 80 Mann betrieben, und bei der offenkundigen Theilnahme und Begünstigung, deren er sich von Seiten der Bevölkerung zu erfreuen hatte, war es auch trotz der vermehrten Grenzbewachung nahezu unmöglich, diesem schreienden Mißstande zu steuern. Alles drängte daher zu einem baldigem Abschlusse, und Ende December waren nur noch drei Puncte übrig, die den Schluß der Verhandlungen mit Frankfurt hinderten:

1) eine Differenz zwischen den beiden hessischen Regierungen über die

Ausübung des Präsentationsrechts für die Stelle eines Zolldirectors in Frankfurt;

2) die Weigerung Kurhessens, der Stadt Offenbach das Recht der fortlaufenden Contirung einzuräumen;

3) die Frage, ob die sämmtlichen Mainhäfen mit Frankfurt und Mainz in Bezug auf die Transitabgaben gleichgestellt werden sollten oder nicht.

Dagegegen waren folgende Puncte festgestellt:

1) die politische Stellung Frankfurts und die Organisation seiner Zollbehörde;

2) das Theilnahmeverhältniß der Stadt an den Zollrevenüen;

3) die Regulirung und Vertheilung der Nachsteuer.

Endlich nach langer Arbeit, vielseitigen Bemühungen und zuletzt gelungener Ausgleichung divergirender Interessen wurde am 2. Januar 1836 der Anschlußvertrag mit Frankfurt unterzeichnet. Der Vertrag mit Nassau war formell früher zu Stande gebracht worden, obwohl seine Verhandlung erst später begonnen worden war.

Die Vollzugsverhandlungen wurden schon am 29. Januar in Frankfurt eröffnet und schritten rasch vorwärts. Die ersten Aufgaben, welche die Vollzugscommission beschäftigten, waren die Errichtung eines provisorischen Hauptzollamtes und die Erhebung der Nachsteuer. Am 7. März fand die Auswechslung der Ratificationen statt.

Von dem Vertrage mit England war bei den Verhandlungen keine Rede mehr. Die englische Regierung, die wohl eingesehen haben mochte, daß die Gewalt der Umstände unwiderstehlich den Anschluß Frankfurts an den Zollverein fordere, verstand sich dazu, aus dem Vertrage vom 13. Mai 1832 keine Einrede gegen diesen Anschluß abzuleiten.

Der Vertrag vom 2. Januar 1836 gewährte der freien Stadt Frankfurt, worauf sie am meisten Werth legte, vollkommen die Rechte eines selbständigen Vereinsmitglieds mit der Befugniß, an den Generalconferenzen und sonstigen Verhandlungen Theil zu nehmen, jedoch in der Art, daß sie verpflichtet war, in gewöhnlichen Fällen dem herzoglich nassauischen Bevollmächtigten ihre Vertretung zu übertragen. Es ward ihr eine erhöhte Theilnahme an der Vertheilung der Revenuen des Zollvereins in der Art zugestanden, daß sie für den Kopf der städtischen Bevölkerung $4^2/_5$ fl. oder 2 Thlr. 15 Sgr. $5^5/_7$ Pf. und für den Kopf der ländlichen Bevölkerung 1 fl. oder 17 Sgr. $1^1/_7$ Pf. erhalten sollte. Für jedes der Jahre 1836 und 1837 ward der Antheil der Stadt Frankfurt auf 230,000 fl. angenommen. Dieser Antheil betrug ungefähr den $4^1/_2$fachen Betrag der nach der einfachen Bevölkerungszahl sich berechnenden Rente. In Bezug auf die Meßconti und die Meßcontrolen ward die Stadt Frankfurt Leipzig gleichgestellt. Die Zollbefreiungen aller nicht zum Vereine gehörigen beim Bunde beglaubigten Gesandtschaften wurden auf Vereinsrechnung übernommen, jene der Vereins-Gesandten für Rechnung der betreffenden Regierungen.

Auch in Beziehung auf die Zollorganisation hatte die Stadt ihre Wünsche im Wesentlichen erreicht. Es wurde in der Stadt Frankfurt eine Zolldirection mit den nöthigen Expeditionsstellen errichtet, erstere bestand aus einem Director und zwei Mitgliedern. Der Director und eines der Mitglieder sollten von den Regierungen der angrenzenden Vereinsstaaten präsentirt und von dem Senate der Stadt Frankfurt ernannt werden, das dritte Directionsmitglied konnte von dem Senate unmittelbar ernannt werden. Nach gleichem Princip sollte das Unterpersonal gewählt werden, doch war das Nähere der Vollzugscommission vorbehalten worden. Der Vertrag enthielt genauere Bestimmungen über die Organisation und den Geschäftskreis dieser Zolldirection. Im Vertrage ward ferner noch die Nachversteuerung der in Frankfurt gelagerten zollpflichtigen Waaren festgestellt, der Stadt Frankfurt aber ein Antheil von 10 pCt. an dem Ertrage der Nachsteuer eingeräumt.

Im Uebrigen trat Frankfurt allen bereits bestehenden Vereinbarungen, insbesondere der Vereinszollgesetzgebung und dem Zollcartell, den Bestimmungen über den Salzverkehr, die Uebergangssteuern, den Gewerbsbetrieb, das Münzwesen u. s. w. bei.

Vierzehntes Kapitel.

Anschluß des Herzogthums Nassau.

Unter allen Staaten, deren Beitritt zur Herstellung der vollen Continuität des Zollvereins unbedingt erforderlich war, hatte Nassau zuletzt ernstliche Schritte gethan, um seinen Anschluß vorzubereiten. Erst gegen den Monat Juli 1834 erfolgten solche. Der Hauptanstandspunct, nämlich ein Handelsvertrag Nassaus mit Frankreich, wurde von der nassauischen Regierung für beseitigt erachtet, weil in demselben stipulirt worden, daß er, wenn er nicht binnen einer gewissen Zeitfrist den französischen Kammern zur Zustimmung vorgelegt sein würde, als aufgehoben betrachtet werden solle, die französische Regierung aber den Zeitraum ohne die zugesagte Vorlage an die Kammern hatte vorübergehen lassen. Es ward daher der herzogliche Geschäftsträger in Paris beauftragt, in diesem Sinne der französischen Regierung eine Erklärung zu übergeben.

Erst am 8. October 1834 erklärte sodann der herzoglich nassauische Ministerresident in Berlin dem königlich preußischen Ministerium:

> „daß das Herzogthum Nassau, seiner Verbindlichkeiten gegen Frankreich und den mitteldeutschen Verein gänzlich enthoben, jetzt vollkommen frei, keinen sehnlicheren Wunsch hege, als in den großen deutschen Zollverein aufgenommen zu werden, daß die herzogliche Regierung sich deshalb mit unbedingtem Vertrauen nach Berlin wende, um durch Preußens Vermittelung diesen Anschluß zu erreichen, und mit Ungeduld der näheren Angabe der Mittel und Wege entgegensehe, wodurch diese Vereinigung am sichersten und in der kürzesten Zeit zu Stande kommen könne."

Das preußische Ministerium erwiderte hierauf unterm 23. October 1834, daß es gern bereit sei, mit der herzoglichen Regierung über deren Beitritt zum Zollvereine zu verhandeln. Zugleich wurden die beiden hessischen Regierungen als Nachbarstaaten Nassaus von Preußen eingeladen, an der Verhandlung Theil zu nehmen.

Indessen verfloß bis zur wirklichen Eröffnung der Verhandlungen noch immer einige Zeit. Der nassauische Bevollmächtigte, Regierungsdirector Magdeburg, kam zwar schon im Februar 1835 nach Berlin; es war jedoch damals die Thätigkeit der preußischen Geschäftsmänner durch die Verhandlungen mit Baden zu sehr in Anspruch genommen, auch erschien es für den Fortgang der Geschäfte ersprießlicher, vor Allem die herzogliche Regierung zu einer vollständigen Zusammenstellung ihrer besonderen Wünsche und Anträge zu veranlassen. Dies geschah denn auch von ihrer Seite.

Diese Zusammenstellung betraf vorzüglich folgende Puncte:

1) Rhein- und Mainschifffahrt.

Die herzogliche Regierung sei gänzlich außer Stande, den Vereinbarungen über eine Ermäßigung der Schifffahrtsgebühren beizutreten; übrigens wünsche sie Beibehaltung der bisherigen Freihäfen und Errichtung einiger anderen Freilager, und zwar auf Kosten des Vereins.

2) Ausgleichungsabgaben von Wein und Tabak.

Da die nassauischen Weinberge durchgehends zehntpflichtig seien, und da im Herzogthume einige Tabakfabriken beständen, welche ausschließlich amerikanische Blätter verarbeiteten, so werde beantragt, daß die Uebergangssteuer von nassauischen Weinen mit Berücksichtigung der Zehntlast regulirt und von den betreffenden Tabakfabrikaten außer Ansatz gelassen werde.

3) Theilung der Zolleinkünfte.

Wurde wegen stärkerer Consumtion der Badeorte eine höhere Quote verlangt.

4) Meßverkehr in den Badeorten.

Wurde für Wiesbaden eine Einrichtung verlangt, wonach ausländische nicht abgesetzte und wieder in das Ausland zurückgehende Waaren von Entrichtung des Eingangszolles dispensirt werden könnten.

5) Die nassauische Regierung rechne auf eine Virilstimme bei den Generalconferenzen sowie auf Gewährung aller politischen Rechte eines selbständigen Vereinsmitgliedes.

Auf mehrere dieser Bedingungen konnte nicht wohl eingegangen werden, namentlich war die preußische Regierung der Ansicht, daß auch bei Nassau eine angemessene Beschränkung der politischen Rechte eintreten müsse. — Es wurde hierauf im preußischen Ministerium der Entwurf eines Anschlußvertrags vorbereitet und Ende Mai dem nassauischen Bevollmächtigten mitgetheilt.

Zur Vorbereitung des Anschlusses erließ die nassauische Regierung aus eigenem Antriebe am 28. Mai eine Verordnung, wodurch die Haupteinfuhrgegenstände einer höheren Eingangssteuer unterworfen wurden. Die eigentliche Veranlassung zu dieser Verordnung waren die auffallend großen Zufuhren von Kaffee, Zucker und Tabak, welche nach der Publication des neuen badischen Tarifs in das nassauische Gebiet und nach Frankfurt dirigirt wurden. Grund hiervon war die im Publicum allgemein verbreitete Meinung, daß der Anschluß von Frankfurt und Nassau schon in wenig Wochen erfolgen werde, worin jedoch die Speculanten sich ebenso wie früher bei Baden getäuscht sahen.

Der herzogliche Bevollmächtigte überreichte, ohne sich über den preußischen Entwurf näher zu äußern, am 7. Juli dem geheimen Legationsrathe Eichhorn einen Gegenentwurf, welcher fast wörtlich mit dem badischen Accessionsvertrage vom 12. Mai übereinstimmte und der dann auch den vom 14. bis 21. Juli dauernden Conferenzverhandlungen zu Grunde gelegt wurde. Nassau hatte hierin einige seiner früheren Prätensionen aufgegeben, aber auch die preußisch-hessischen Bevollmächtigten hatten hinsichtlich der formellen Fassung des Vertrags, dann auch in einigen materiellen Puncten — nämlich in Bezug auf die Schifffahrt — abweichend von den früheren Zollvereinsverträgen — wesentlich nachgegeben. Dadurch waren die Verhandlungen so weit gefördert worden, daß die nunmehr vorliegenden Entwürfe den übrigen Vereinsmitgliedern zur Erklärung zugestellt werden konnten.

Bayern, Sachsen und Baden stimmten sofort bei; Württemberg dagegen verweigerte wegen des an Nassau gemachten Zugeständnisses der Nichtermäßigung der Rheinoctroi-Gebühren seine Zustimmung, und die thüringischen Staaten wollten Nassau mit Rücksicht auf seinen unbedeutenden Umfang und seine geringe Bevölkerung keine selbständige Stimme in der Generalconferenz zugestehen.

Diese Anstände verzögerten den Abschluß bis Ende November, worauf am 10. December die Unterzeichnung des Vertrags stattfand, nachdem Württemberg und die thüringischen Staaten ihre Einreden zurückgezogen hatten. Die Auswechslung der Ratificationen erfolgte am 24. Februar 1836.

Da inzwischen auch der Anschlußvertrag von Frankfurt unterzeichnet worden war, so wurden Ende Januar gleichzeitig die Vollzugsverhandlungen in Frankfurt und Wiesbaden eröffnet. Letztere boten keine Schwierigkeit dar, wohl aber erstere. Die öffentliche Stimmung in Frankfurt war dem Anschluß keineswegs günstig, was bei den vielfachen Interessen, die sich an den bisher geübten Schmuggel knüpften, nicht gerade zu verwundern war. Diese Stimmung, obwohl durch die erfolgte Entscheidung zurückgedrängt, machte sich gleichwohl noch vielfach geltend und trat nicht allein in öffentlichen Blättern, Carricaturen und dergleichen zu Tag, sondern manifestirte sich ganz besonders auch durch einen stillen Widerstand gegen alle Vollzugsmaaßregeln, namentlich gegen die Nachversteuerung.

Die eigenthümlichen Handelsverhältnisse von Frankfurt, dann die herannahende Meßzeit förderten eine besondere Berücksichtigung der Umstände, namentlich aber eine möglichste Beschleunigung. Die dringendsten Arbeiten für die Vollzugscommission waren die Feststellung des Nachsteuertarifs und die Organisation der Zollbehörde.

Am 4. Februar erließ der Senat das nach der Berathung bei der Vollzugscommission beschlossene Nachversteuerungsgesetz. Gleichzeitig ward ein provisorisches Hauptzollamt errichtet, welches am 5. seine Geschäfte begann. Die Nachversteuerung erstreckte sich auf alle ausländischen Waarenvorräthe auch bei nicht Gewerbtreibenden, welche über $^1/_2$ Centner Manufacturwaaren, 1 Oxhoft oder 5 Centner Wein, oder 1 Centner anderer

Waaren betrugen. Die Verpflichtung zur Anmeldung war binnen drei Tagen von der Publication an; als Grundlage war der Stand vom 8. Februar anzunehmen; während dieser Zeit war die Verbringung größerer Waarenquantitäten nach anderen Räumen untersagt. Der Zwischenzustand, welcher während der Nachversteuerungsgeschäfte den Verkehr in der Stadt hemmte, war natürlich für den Handel höchst unbequem und veranlaßte eine bedenkliche Stimmung im Publicum. Um diese zu beruhigen, wurden allmälig Erleichterungen zugestanden, so daß die Meßwaaren-Transporte bald keine Stockung mehr erlitten. Auch waren die wenigen Tage bald verflossen, und als nach Verlauf derselben Alles wieder in das gewohnte Geleis trat, ja sogar die Messe eine ungewöhnliche Lebhaftigkeit entwickelte, war die Mißstimmung im Allgemeinen beseitigt, ja man schrieb sogar diese Steigerung des Meßverkehrs dem Anschlusse an den Zollverein zu.

Die preußische Regierung hatte von der Nachversteuerung in Frankfurt einen sehr großen Ertrag erwartet, und als diese Erwartung nicht zutraf, schienen die preußischen Bevollmächtigten nicht übel Lust zu haben, die Erhebung der Nachsteuer durch vexatorische Maaßregeln, Belohnung von Denuncianten und dergleichen zu verschärfen. Glücklicherweise fand diese Tendenz keinen Anklang, und die beabsichtigten Maaßregeln unterblieben. Im Ganzen ergab die Nachversteuerung die Summe von 1,680,000 fl., welche zum großen Theil baar erlegt wurde, ohne daß die Geldverhältnisse hierdurch irgend merklich alterirt wurden. In den Artikeln Kaffee und Tabak wurden die aus den bisherigen Ueberfuhr-Notizen geschöpften Erwartungen weit übertroffen, in anderen, besonders im Zucker, zeigte sich ein verhältnißmäßig geringer Betrag declarirter Waaren. Nach allem Anscheine hatte der bei weitem größte Theil der eigentlichen Großhändler gewissenhaft declarirt, Defraudanten fanden sich fast nur unter den Kleinkrämern und Schacherjuden.

Nach Beendigung der Nachversteuerung fanden neue Bewilligungen von Verkehrs-Erleichterungen an den Frankfurter Grenzen statt.

Auffallend und zugleich ein günstiges Moment waren die großen Waaren-Zufuhren unmittelbar nach Einführung des Vereins-Zolltarifs. In den ersten 14 Tagen waren bei dem provisorischen Hauptzollamte nahe an 40,000 fl. eingegangen.

Die zweite Hauptfrage bildete die Stellung und Einrichtung der Frankfurter Zolldirection.

Schon bei der ersten Berathung war man darüber einverstanden, daß die Zolldirection und die executive Unterbehörde genau geschieden werden müßten, wenn nicht große Verwickelungen und Unregelmäßigkeiten entstehen und der Gang der Verwaltung wesentlich gehemmt werden sollten. Es war ferner klar, daß die Competenz der Unterbehörde mit wenigen Ausnahmen der regelmäßigen Stellung eines Hauptzollamtes im Innern entsprechen müsse. Schwierig war die Bestimmung der Stellung eines Meß-Inspectors. Sachsen verlangte für denselben (der von ihm ernannt werden sollte) Sitz und Stimmrecht bei der Zolldirection und ward hierin von Bayern unterstützt, während alle anderen Commissaire dagegen waren. Endlich ergriff man den Ausweg, die Stellung eines Meß-Inspectors mit jener eines Oberzoll-Inspectors zu vereinigen, so daß er zugleich Vorstand des Hauptzollamtes wurde.

Preußen führte demnach durch seinen Bevollmächtigten die Oberaufsicht über das Frankfurter Zollwesen, die beiden Hessen hatten das Regiment der Zollverwaltung in der Direction und Sachsen den Meß-Inspector resp. Vorstand des Hauptzollamtes zu ernennen.

Der Constituirung der Zolldirection und der Organisation des Hauptzollamtes folgte die Redaction der Meßordnung und der Bestimmungen über Meß- und fortlaufende Conti, nach dem Muster der Leipziger Regulative; sodann die Regulirung der Bauschsummen, welche durch den Anschluß von Frankfurt und Nassau für Preußen und die beiden Hessen einige Aenderungen erlitten. Bei diesem Anlasse ward auch noch die Begünstigung der Neufchateller Erzeugnisse bei der Einfuhr nach dem Zollverein berathen und festgestellt.

Am 19. März 1836 fand noch eine besondere Verhandlung wegen der Uebergangs-Abgaben statt, in deren Folge ein eigenes Regulativ hierüber erlassen wurde.

Durch den Anschluß von Nassau und Frankfurt hatte der Zollverein nunmehr seine vollständige territoriale Abrundung erhalten. Er umfaßte jetzt ein Gebiet von 8252,71 □Meilen mit einer Bevölkerung von 25,153,847 Köpfen.*) Alle Zollschranken im Innern dieses Territoriums waren, mit Ausnahme der Bestimmungen über die sogenannten Ausgleichungsabgaben und die Steuermonopolien, vollständig aufgehoben. Selbständige Mitglieder traten von jetzt an bis zum Anschlusse von Braunschweig nicht mehr bei. Dagegen blieben noch die Verhältnisse derjenigen kleineren Ländertheile zu ordnen, welche entweder schon früher einem der größeren Vereinsstaaten sich angeschlossen hatten oder welche nachträglich noch dem Zollvereine beitraten,

---

*) Vergl. Kühne, Ueber den deutschen Zollverein, Berlin 1836.

ohne dabei die Rechte selbständiger Vereinsmitglieder zu erhalten. Es geschah Dies durch folgende Verträge:

1) für die Landgrafschaft Hessen-Homburg
vom 20. Februar 1835,
2) für das Herzogthum Anhalt-Cöthen
vom 26. Januar 1836,
3) für das Herzogthum Anhalt-Dessau
vom 26. Januar 1836,
4) für das großherzoglich oldenburgische Fürstenthum Birkenfeld
vom 31. December 1836,
5) für das Fürstenthum Waldeck
vom 9. Januar 1838,
6) für das Herzogthum Anhalt-Bernburg
vom 11. Juli 1839,
7) für das landgräflich hessische Amt Meisenheim
vom 5. December 1840,
8) für das Fürstenthum Lippe-Detmold
vom 18. October 1841,
9) für die kurfürstlich hessische Grafschaft Schaumburg
vom 13. November 1841,
10) für das Fürstenthum Pyrmont
vom 11. December 1841.

Alle hierauf bezüglichen Verhandlungen haben jetzt nur noch geringen historischen Werth und bieten auch an und für sich für die Entwickelung des Zollvereins nur ein untergeordnetes Interesse.

Fünfzehntes Kapitel.

Innere Entwickelung des Vereins. Die ersten General-Conferenzen.

Für die weitere Entwickelung der inneren Vereins-Angelegenheiten war in den Zollvereins-Verträgen das Institut der General-Conferenzen geschaffen worden. Diese sollten aus Bevollmächtigten sämmtlicher selbständigen Vereins-Mitglieder bestehen und in der Regel jährlich einmal zusammentreten. Ihre Aufgabe war zunächst die Feststellung der Abrechnung über die Vereins-Einnahmen, die authentische Interpretation aller Vereins-Gesetze und Reglements, Feststellung des Tarifs, Vereinbarung neuer Einrichtungen und Anordnungen, so wie überhaupt Ueberwachung des Vollzuges und Fortbildung aller gemeinsamen Einrichtungen des Vereins. Da der Verein den Grundsatz der vollständigen Gleichberechtigung aller seiner Mitglieder an die Spitze seiner Organisation gestellt hatte, sonach in allen Vereinsangelegenheiten nicht Stimmenmehrheit entscheiden sollte, sondern nur Uebereinstimmung aller Betheiligten zu einem Beschlusse zu führen vermochte, so war die General-Conferenz keine administrative, sondern eine rein politische Behörde, und ihre Mitglieder waren ausschließend an die Instructionen ihrer Regierungen gebunden.

Diese Einrichtung hat in der Folge zu sehr bedenklichen Differenzen und Mißständen geführt und deshalb auch in späteren Jahren fast allgemeinen Tadel gefunden. Sie hat in Zeiten großer industrieller Aufregung und im lebhaften Kampfe entgegenstehender Systeme jeden formellen Beschluß verhindert und mitunter einzelnen Vereinsmitgliedern von untergeordneter commercialer Bedeutung die Möglichkeit geboten, der bessern Einsicht der größeren Vereinsstaaten erfolgreich zu widerstreben und hartnäckig an vermeintlichen Sonder-Interessen und Ansichten zum offenbaren Nachtheile des Ganzen festzuhalten.

Gleichwohl wäre es Unrecht, um deßwillen die im Jahre 1833 getroffene Einrichtung an und für sich zu verdammen. Sie war unter den gegebenen Umständen die einzige mögliche. Keine der damaligen Vereins-Regierungen, die kleinen so wenig wie die größeren, würde — wie der Verlauf der Darmstädter Verhandlungen vom Jahre 1820 bis 1823 zur Genüge gezeigt hatte — sich zu Majoritäts-Beschlüssen verstanden oder denselben ohne das lebhafteste Widerstreben gefügt haben.

Allerdings würden vielleicht in den ersten Jahren des Bestandes des Zollvereins bei Einführung von Majoritätsbeschlüssen einige Verwaltungsfragen von untergeordneter Bedeutung rascher geordnet worden sein, als es in der Wirklichkeit der Fall war; allein bei der damals noch unentwickelten Natur des Vereins, bei den in allen Vereinsstaaten vorherrschenden übertriebenen Ansichten von Particular-Souverainetät und dem hartnäckigen Festhalten an Sonderinteressen würde sicherlich bei der ersten Frage von Wichtigkeit, in welcher sich diese Ansichten oder Interessen schroff gegenüber standen, ein Kampf entbrannt sein, der nicht nur diese Institution, sondern auch den ganzen Verein in Frage gestellt hätte.

Auf der andern Seite hat gerade die Selbständigkeit und die Gleichberechtigung, die durch das angenommene System vollständig gewahrt erschien, nicht blos manche Vorurtheile gegen den Verein beseitigt, sondern auch das Interesse der einzelnen Regierungen an demselben wach erhalten und dieselben zur größten möglichen Thätigkeit, zur Entwicklung ihrer Industrie und der eigenen Geltung angespornt, ein Wettkampf, der schließlich zum allgemeinen Besten ausgefallen ist und dem Zollvereine die ungetheilte lebendige Zustimmung und Anerkennung der Bevölkerungen wie der Regierungen erworben hat, die ihm fast allein unter allen deutschen Schöpfungen aus der Bundestagsperiode zu Theil geworden ist.

Es ist daher kurzsichtig und ungerecht, wenn man über das Princip der Gleichberechtigung der einzelnen Vereinsstaaten, das der Zollverein im Jahre 1833 an seine Spitze gestellt hatte, ohne Weiteres den Stab brechen will; dasselbe war bei der Gründung des Vereins eine unbedingte Nothwendigkeit, es hat in den drei Jahrzehnten seines Bestandes reichlich Dasjenige geleistet, was als seine Aufgabe betrachtet werden kann, und wenn es mit dem Jahre 1867 vom Schauplatze abtreten mußte, so ist dies eine ganz natürliche Folge der Entwicklung des Vereins und der eingetretenen Aenderung aller politischen Verhältnisse in Deutschland.

Nach dem Vereinsvertrag (Artikel 33) sollte die erste Generalconferenz in München abgehalten werden. Die Verhandlungen der Vollzugscommission in München hatten sich jedoch bis Mitte Februar 1834 ausgedehnt, was die Commissäre veranlaßte, am Schlusse derselben zu erklären, daß eine Generalconferenz für 1834 nicht angemessen erscheine, dieselbe vielmehr auf 1835 verschoben werden solle. Inzwischen traten aber die Verhandlungen über den Anschluß Badens an den Zollverein ein, sie hatten den Vertrag vom 12. Mai 1835 und unmittelbar darauf den Zusammentritt der Vollzugscommission in Karlsruhe zur Folge, weshalb die Generalconferenz abermals vertagt wurde. Die erste Generalconferenz wurde daher erst 1836 in den ersten Tagen des Juni in München eröffnet. Sie dauerte bis Mitte September.

Es lag in der Natur der Sache, daß, so reichhaltig auch das Material war, das der Generalconferenz zur Berathung vorlag, gleichwohl sich darunter keine wesentlichen principiellen Differenzen, keine in den Bestand des noch jungen Zollvereins tief einschneidenden Fragen befanden. Noch war die ganze Schöpfung, so segensreich sie sich auch zeigte, den Regierungen selbst in ihren verschiedenen Consequenzen zu neu, um irgendwie ihrer ferneren

Entwicklung hemmend entgegen zu treten oder Principien zur Sprache zu bringen, über welche eine wesentliche Differenz bestehen konnte. Dagegen umfaßt das Protokoll dieser Conferenz eine Masse von Nachweisungen über bisher nicht vollzogene Vertragsbestimmungen, Entscheidungen bestrittener Fragen der Verwaltung, Erörterung von Dingen, welche, weil sie im Laufe der früheren Verhandlungen nicht ausgemacht werden konnten, an die Generalconferenz verwiesen wurden, endlich neue Anträge, die während derselben vorgebracht wurden. Die wichtigste Aufgabe dieser Conferenz war außer der Revision des Zolltarifs die Vereinbarung eines gemeinschaftlichen Zollgesetzes, einer Zollordnung und eines Zollstrafgesetzes. Nach langen Verhandlungen wurden die beiden ersteren festgestellt;*) für die Zollstrafgesetzgebung konnte jedoch, bei der Verschiedenheit der Strafgesetzgebung in den einzelnen Vereinsstaaten und der Schwierigkeit, in dieselbe modificirend einzugreifen, kein gemeinschaftliches Gesetz hergestellt werden, weshalb man sich damit begnügte, sich über leitende Grundsätze zu verständigen, so daß die Redaction des Zollstrafgesetzes nach Maaßgabe derselben den einzelnen Vereinsregierungen überlassen blieb.**)

Ein weiterer wichtiger Verhandlungspunkt betraf die Handelsverhältnisse zur Schweiz. Preußen hatte schon im Jahre 1831 den Neufchateler Erzeugnissen, namentlich einigen Sorten von Baumwollenfabrikaten, erhebliche Zollerleichterungen bei der Einfuhr nach Preußen gewährt und bei dem Abschlusse der Zollvereinsverträge Vorbehalte über die Fortdauer dieser Begünstigungen gemacht. Preußen verlangte nun, daß als Maaßstab des Quantums, auf welches sich diese Zollbegünstigung erstrecken sollte, der Durchschnitt der Einfuhr der Jahre 1833 bis 1835 angenommen werden solle, wodurch sich das einzuführende Quantum um 360 Ctr. erhöhte. Nach einigen Bedenken wurde Dies zugestanden. Andererseits hatten Bayern und Württemberg sowie später auch Baden beim Abschluß der Vereinsverträge ebenfalls Vorbehalte bezüglich des Verkehrs mit der Schweiz gemacht, und es wurden daher derselben auf Antrag obiger Staaten einige besondere Begünstigungen eingeräumt.

Die Klagen gegen die preußische Rheinoctroi-Erhebung, die schon bei Abschluß der Vereinsverträge eine so große Rolle gespielt hatten, traten auch bei der ersten Generalconferenz wieder auf, ohne zu einem Ziele zu gelangen, und kehrten seitdem bis zu ihrer sehr späten Erledigung bei jeder Gelegenheit wieder.

*) Besonderes Protokoll vom 22. August 1836 nebst Beilagen A. und B.
**) Besonderes Protokoll vom 24. August 1836 nebst Anlage A.

Die zweite Generalconferenz, für welche Dresden gewählt worden war, wurde auf Antrag der königlich sächsischen Regierung bis 1838 vertagt, theils weil nicht hinreichendes Material vorlag, theils auch weil die Beschlüsse der ersten Conferenz in mehreren Vereinsstaaten noch nicht vollständig zum Vollzug gelangt waren. Sie dauerte vom 25. Juni bis 12. August 1838.

Gleichzeitig mit derselben oder vielmehr vorangehend wurde in Dresden die Münzconferenz abgehalten. Nachdem in Folge der ärgerlichen Münzwirren der Jahre 1835 und 1836 es endlich im Jahre 1837 zu einer Vereinbarung über die süddeutschen Münzverhältnisse und zur Bildung des süddeutschen Münzvereins gekommen war, durch welche wenigstens die Münzverhältnisse der Staaten, die den Guldenfuß süddeutscher Währung angenommen hatten, geordnet wurden, sollte die Dresdener Münzconferenz das Verhältniß des Thalersystems zum süddeutschen Gulden, die gegenseitige Abrechnung ꝛc. ordnen, was endlich nach ziemlich langen nnd schwierigen Verhältnissen auch gelang. Die Verhandlungen wurden durch die Münzconvention vom 30. Juli 1838 geschlossen.

Für die Zollconferenz lag als wichtigster Berathungsgegenstand die definitive Abrechnung über das erste Quartal 1834, die bisher zu großen Differenzen geführt hatte, vor. Diesem ersten Quartal der Vereinsrechnung waren nämlich die in Sachsen und Thüringen erhobenen Nachsteuerbeträge beizurechnen, wogegen Preußen, Sachsen, Thüringen und die beiden Hessen wegen der Voreinnahmen Bayerns und Württembergs in den Monaten October, November und December 1833 große Forderungen erhoben und Bayern und Württemberg von der Theilnahme an den Nachsteuerbeträgen in Sachsen und Thüringen und von der gemeinschaftlichen Revenuentheilung ausschließen wollten. Nachdem alle vorhergehenden Verhandlungen über diese Frage zu keinem Resultate geführt hatten, wurde endlich bei der Generalconferenz eine Vereinbarung auf folgenden Grundlagen erzielt:

1) daß Bayern und Württemberg eine Nachsteuersumme von 175,000 Thalern in die Gemeinschaft einwerfen;

2) die Vereins-Einnahme von der Nachsteuer in Sachsen auf 100,000 Thaler, jene von Thüringen auf 78,000 Thaler festgestellt und

3) die gegen einen Theil der Zollverwaltungs-Ausgaben von Bayern erhobene Einsprache sowie überhaupt alle sonstigen Vorbehalte und Einreden zurückgenommen wurden.

Die Verhandlungen dieser Generalconferenz drohten übrigens, sich sehr auszudehnen und selbst zu bedenklichen Mißstimmungen zu führen.

Die preußische wie die sächsische Regierung hatten zahlreiche Anträge gebracht, welche auf die nächste Tarifsperiode Bezug hatten oder Anordnungen berührten, welche in keiner directen Beziehung zu Zollvereinsangelegenheiten standen. Auch die Zahl der Anträge von anderen Seiten war keine geringe. Im Ganzen waren an fünfzig Promemorias, theilweise sehr umfassenden Inhaltes und Umfanges, vorgelegt oder vorbereitet worden. Dazu kam noch eine Frage, die sehr bedenklich in den ganzen Geist und das Princip der Zollvereinsverträge einzugreifen drohte. Der Umstand nämlich, daß mehrere der Vereinsstaaten die Beschlüsse der letzten Generalconferenz ihren Ständen zur Zustimmung vorgelegt und dadurch deren Vollzug bedeutend verzögert hatten, hatte die preußische Regierung veranlaßt, die Frage anzuregen, wie weit überhaupt die Betheiligung der Stände in den constitutionellen Vereinsstaaten sich erstrecken könne; und wenn auch diese Frage nicht eigentlich zum Gegenstande eines Antrages oder einer Berathung gemacht wurde, so mußte sie gleichwohl, bei der damaligen Stellung Preußens zu den constitutionellen Ideen und Forderungen, die Besorgnisse derjenigen Vereinsstaaten, welche bereits seit längerer Zeit und mit aufrichtigem Ernste in die constitutionelle Bahn eingelenkt hatten, erregen.

Es war also hinreichender Grund zur Befürchtung vorhanden, daß nicht nur die Berathungen der Conferenz mit wenig Aussicht auf einen praktischen Erfolg in eine unabsehbare Länge gezogen, sondern auch Discussionen und gespannte Verhältnisse herbeigeführt werden könnten, die am Ende zu ernstlichen Zerwürfnissen hätten führen können.

Glücklicher Weise dauerten diese Besorgnisse nur kurze Zeit. Der redliche ernste Wille, an dem Vereine festzuhalten und Alles zu vermeiden, was dessen Entwickelung hindern könnte, der alle Vereinsregierungen beseelte, führte bald über diese Klippe weg. Beinahe mit jedem Tage nahm die anfangs sichtbar gereizte Stimmung einiger Bevollmächtigten ab und nach wenig Wochen waren fast alle bedenklichen Fragen in der einen oder andern Weise beseitigt. Wesentlich trug zu diesem günstigen Resultate der persönliche Charakter mehrerer Bevollmächtigter und der Credit, den sie bei ihren Collegen genossen, bei. Besonders der bayrische Commissar v. Bever, der sich schon bei den Berliner Verhandlungen so große Verdienste erworben hatte, war in dieser Beziehung mit Erfolg thätig gewesen.

Unter den Verhandlungsgegenständen dieser Conferenz nimmt zum ersten Male die Rübenzuckerfrage eine wichtige Stelle ein. Von Bayern schon in der ersten Conferenz angeregt, war sie damals bei Seite gesetzt worden. Die Bevollmächtigten aller übrigen Vereinsstaaten hatten die

Runkelrüben-Zuckerfabrikation so gleichgültig angesehen, daß sie selbst einer einfachen Erwähnung derselben im Protokolle entgegentreten wollten. Preußen, welches im ersten Augenblicke dieser Fabrikation nur eine geringe Aufmerksamkeit zuwenden zu dürfen glaubte, wurde gar bald von dem Irrthume in seiner Voraussetzung factisch überzeugt. Bald regte sich in den preußischen Provinzen diese neue Industrie, welche, trotz ihrer anfänglichen Unvollkommenheit, in der damaligen Zolldifferenz zureichenden Lohn fand. Die Unternehmer von Runkelrüben-Zuckerfabriken versuchten aber auch an mehreren Orten gleichzeitig die Verbindung der Zuckerfabrikation aus Colonialzucker, weil tarifmäßig diese Raffinerien im Bezuge des Materials eine erhebliche Begünstigung genossen und durch eine solche Verbindung die damals noch nothwendige Unterbrechung der Zuckerfabrikation aus Runkelrüben beseitigt wurde. Dieser Umstand führte zuerst zur Erwägung der Frage einer Besteuerung des Rübenzuckers, und Preußen beantragte dieselbe. Die Sache schien noch nicht genügend vorbereitet; namentlich fehlte es den meisten Regierungen noch an jeder Kenntniß der nähern Verhältnisse dieser neuen Industrie. Die Bevollmächtigten mehrerer constitutionellen Vereinsstaaten opponirten zudem gegen die Nothwendigkeit der Genehmigung einer neuen Steuer von Seite ihrer Stände, die ihnen schwer zu erlangen schien. Nach sehr lebhaften und umständlichen Discussionen wurde endlich vereinbart, daß die älteren Begünstigungen für Bezug von Rohzucker beibehalten, für die Zukunft solche aber nur dann gewährt werden sollten, wenn die Zucker-Raffinerien am Sitze eines Zollamtes liegen.

Ferner einigte man sich über folgende Bestimmungen:

1) Raffinerien von Colonialzucker können nebenbei auch Runkelrübenzucker verarbeiten und den geringeren Zollsatz auf ersteren genießen, wenn Colonialzucker ihr Hauptgeschäft bildet;

2) Runkelrübenzuckerfabriken dürfen Colonialzucker nicht gleichzeitig verarbeiten, sondern nur in getrennten Perioden;

3) in jedem Falle sind die bestehenden Controlen genau einzuhalten, namentlich bleibt den Fabriken jeder Handel mit Zucker so wie der Betrieb eines jeden Gewerbes, zu welchem Zucker gehört, untersagt; auch soll von jeder Ausfuhr-Bonification Umgang genommen werden.

Die Hauptfrage, nämlich die Belegung des Runkelrübenzuckers mit einer eigenen Steuer, wurde auf die nächste Conferenz verwiesen.

Die dritte Conferenz, welche vom 18. Juli bis 16. September 1839 dauerte, fand in Berlin statt und war verhältnißmäßig von sehr ruhigem Verlaufe, obwohl eine große Masse von Berathungsgegenständen vorlag.

Sie hatte sich zum ersten Male mit der Abfassung eines neuen Tarifes zu beschäftigen, der auch nebst Waarenverzeichniß, dann einer Instruction über das Begleitscheinverfahren bald vereinbart wurde. Auch die definitive Abrechnung für die Jahre 1836, 1837 und 1838 erfolgte ohne besondere Schwierigkeit.

Ein besonderes Interesse hatte die Conferenz deshalb, weil sie mit demjenigen Termine zusammenfiel, welcher gemäß dem sogenannten geheimen Artikel zum Zollvereinigungsvertrage für die außerordentliche Kündigung vereinbart worden war. Indessen hatte keine Regierung von dieser Kündigungs-Befugniß Gebrauch gemacht, und die Conferenz verlief, ohne daß diese Frage irgend officiell zur Erörterung gebracht wurde.

Die wichtigste Frage, nämlich die Besteuerung des Rübenzuckers, gelangte auch diesmal noch zu keiner Eledigung, obwohl die bei der vorigen Conferenz getroffenen Abreden erneuert und theilweise etwas modificirt wurden. Auch die preußischen Rheinzölle wurden abermals erfolglos zur Sprache gebracht. Gleiches Schicksal hatten die Bestimmungen über den Großhandel mit ausländischem Weine und den hierfür bewilligten Zollrabatt, eine Frage, die bis zur Stunde eine bedenkliche Anomalie in der Zollgesetzgebung und den Gegenstand von Differenzen und Klagen bildet.

Die Berathungen der vierten Conferenz, welche vom October 1839 bis Anfang Mai 1840 in Berlin abgehalten wurde, bewegten sich der Hauptsache nach auf administrativem Felde; Anwendung des Zolltarifs, Interpretation einiger Punkte der Zollordnung, Geschäftsordnung, Abrechnung, Fixirung der Bauschsummen für die gemeinschaftliche Grenzzollverwaltung u. dgl. waren die hauptsächlichsten Gegenstände der Berathungen. Als ein wichtiger Fortschritt, welcher in dieser Conferenz für den Vollzug der Vereinsverträge erreicht wurde, ist die Vereinbarung über ein allgemeines Niederlage-Regulativ zu betrachten.

Sechszehntes Kapitel.

Die Verträge mit Holland vom 3. Juni 1837 und 21. Januar 1839.

Nachdem sich der Zollverein durch die Zutritte von Baden, Frankfurt und Nassau im Innern vollständig constituirt und geschlossen hatte, versuchte er es bald darauf, sich auch als Ganzes mit benachbarten Staaten in Verbindung zu setzen und durch Schifffahrts- und Handelsverträge mit denselben die neu gewonnene Einheit und Organisation zu erproben. Der Zufall fügte es, daß er zuerst mit den gewandtesten und erfahrensten Handelspolitikern der Welt, den Holländern, in nähere Berührung kam. Wenn auch dieser erste Versuch auf dem schwierigen Felde der äußern Zollpolitik kein besonders glücklicher war und der geschlossene Vertrag schon nach Verlauf weniger Jahre wieder gelöst werden mußte, so war doch die Verhandlung selbst, die ganze durch dieselbe hervorgerufene Aufregung und Bewegung ein wichtiges Moment für die weitere Entwickelung des Vereins.

Bis zum Beginne der französischen Revolution hatte Holland den größten Theil des Handels nach dem südlichen und westlichen Theil von Deutschland in Händen; es versorgte die Rheinlande, Westfalen, Franken, Bayern, Schwaben, Böhmen, Tirol und andere Theile von Oesterreich mit Colonialwaaren und empfing von diesen Ländern einen großen Theil ihrer Rohproducte und Manufacte. Dieser gewinnreiche Handel war die Grundlage von Hollands Reichthum; ihm verdankte es die ungeheuren in dem kleinen Lande aufgehäuften Capitalien, ihm die Blüthe seiner Colonien.

Die französische Revolution und ihre Folgen änderten auch diesen Stand der Dinge. Holland verlor seine maritime Bedeutung, einen großen Theil seiner Colonien und seines heimischen Reichthums so wie seine freie Verfassung; verhältnißmäßig verarmt ging es aus den Pariser Friedensverträgen von 1815 hervor; zugleich beschwert mit neuen Provinzen, deren Volksstämme, nationale Anschauungen, Sprache, Religion wie industrielle Interessen gänzlich von den seinigen verschieden waren. Die ganze holländische Industrie hatte sich bis dahin fast nur auf Zucker-Raffinerien, Tabacks- und Papierfabriken, Appretur von Leinwand und einige Reste von Tuchfabrikation beschränkt. Seine eigene landwirthschaftliche Production reichte zu seinem Bedarfe nicht aus, und es zog daher bei einem äußerst einfachen Zollsystem den größten Theil seines Bedarfes an Getreide und Holz aus Deutschland.

Die neuen belgischen Provinzen mit einer in allen Zweigen reich entwickelten Industrie und Agricultur, dagegen geringem Seehandel, boten das gerade Gegentheil seiner Zustände; statt sich zu ergänzen, hinderten sich beide Theile in ihrer Entwickelung. Die belgischen Provinzen, gewöhnt an ein strenges, auf Protection und Prohibition gegründetes Zollsystem, verlangten dessen weitere Entwickelung und Schutz für ihre Industrie und ihren Ackerbau und zogen dadurch Holland ins Verderben. Complicirte Getreidezölle und ein System von Schutzzöllen und Prohibitionen hielten die bisherigen Einfuhren aus Deutschland ab; gleichzeitig aber sank ihre Ausfuhr dahin sowie sein überseeischer Handel, seine Häfen verödeten, seine Schifffahrt minderte sich mit jedem Jahre, und das Land hatte ungeachtet eines noch immer aufrecht erhaltenen Scheines von Prosperität und vererbtem Reichthum mit einem unverkennbaren commerciellen Deficit zu kämpfen.

Die belgische Revolution von 1830 löste endlich diese unnatürliche Verbindung, und der praktische Geist der Holländer, wenn er auch die seiner Natur und seiner früheren republikanischen Vergangenheit widerstrebenden buraukratischen Formen nicht mehr ganz abzuschütteln vermochte, fand sich doch bald in die neue Lage der Dinge.

Vor Allem galt es den Markt für Colonial-Producte in West- und Süddeutschland, auf welchem ihm die Hanseaten bereits den Rang abzulaufen drohten, wieder für sich zu gewinnen. Hier trat ihm nun der neue Zollverein mit seinem großen einheitlichen Systeme und seinen dem preußischen Tarife entnommenen hohen Zollsätzen entgegen. An die Stelle des früheren, durch eine Masse kleinerer Zollsysteme vielfach behinderten und in Folge der Verschiedenheit der Tarife nicht selten auf Umwegen sich bewegenden Handels trat nun ein regelmäßiger gesetzlich geordneter Verkehr, der keine Defraudationen mehr duldete. Derselbe nahm sehr bald in Folge des Aufschwunges der deutschen Industrie viel größere Dimensionen an, als der frühere unregelmäßige jemals hatte hoffen lassen. Namentlich war es der Absatz von Zucker, der in kurzer Zeit zu einer unerwarteten Höhe stieg und dem holländischen Handel reichen Ertrag lieferte. Die holländische Regierung, welche bald nach der Lostrennung Belgiens ihre Zollgesetzgebung geändert und insbesondere den Transit erheblich erleichtert hatte, suchte sich durch Verträge mit deutschen Staaten diesen günstigen Stand der Dinge zu sichern und machte deshalb an Preußen, Bayern und Württemberg Eröffnungen wegen Abschluß von Handelsverträgen, die jedoch ohne Erfolg blieben. Theils um diese Versuche zu unterstützen, theils aber auch um den Klagen über die gedrückte Lage der niederländischen Landwirthschaft und die zunehmende Entwerthung von Grund und Boden zu begegnen, erließ die niederländische Regierung im October 1835 ein Decret, wodurch eine höhere Eingangsbelegung des Getreides verkündet und einstweilige Cautionsleistung für den künftigen Zoll-Mehrbetrag angeordnet wurde. Die Annahme des Gesetzes durch die General-Staaten erfolgte am 24. December 1835, jedoch nur nach heftigem Widerspruche, mit einer sehr geringen Majorität.

Das Gesetz selbst rief eine große Aufregung hervor; mehrere Zollvereinsstaaten verlangten sofort bei Preußen Retorsions-Maaßregeln. Noch im Laufe des Jahres 1836 that die niederländische Regierung Schritte in Berlin, um eine Unterhandlung über gegenseitige Verkehrs-Erleichterungen herbeizuführen. Ihre Anträge wurden jedoch ziemlich lau aufgenommen, weil man sie als eine bloße Demonstration der holländischen Handels-Politik betrachtete, von der man nichts Ersprießliches erwarten zu können glaubte, und weil der specielle Zweck und die Grundlage der Verhandlungen nur im Allgemeinen angedeutet waren, ohne daß jemals genauere Angaben erfolgten. Vielmehr hatten die Zollmaaßregeln der niederländischen Regierung bezüglich der Getreide-Einfuhr die Folge, daß auf der Münchener General-Conferenz (1836) die Vereinsstaaten sich leicht zu einer Verfügung verständigten, wodurch der holländische Zucker-Export nach Deutschland hart betroffen wurde. Der vereinsländische Zolltarif, der raffinirten Zucker sehr hoch (11 Thlr. pr. Ctr.), dagegen Rohzucker verhältnißmäßig sehr niedrig (8 Thlr., für Siedereien sogar nur mit 5 Thlr.) besteuerte, hatte nämlich die Folge gehabt, daß die speculativen Holländer ein Halbfabrikat — die sog. Lomps oder Lumps, vulgo Lumpenzucker — herstellten, dasselbe als Rohzucker declarirten und nun massenhaft für die vereinsländischen Siedereien einführten. Zunächst waren es finanzielle Rücksichten wegen des dadurch erzeugten Ausfalles an Zoll-Revenuen, welche diesem Verfahren zu steuern suchten; indessen bei vielen Vereins-Regierungen trug auch die Verstimmung über die holländische Zollpolitik wesentlich dazu bei, daß man sich dahin verständigte, daß diese Lomps dem raffinirten Zucker gleich geachtet und als solcher versteuert werden sollten. Diese Verfügung und die späterhin von Preußen auf dem Rheine getroffenen Vorkehrungen, wodurch die holländische Flagge den Anspruch auf die bisherigen Begünstigungen im Rheinoctroi verlor, gaben den Schritten des niederländischen Gouvernements einen neuen Impuls. Seine Anträge in Berlin wurden dringender und erreichten auch ihr Ziel in so weit, daß die preußische Regierung sich endlich bereit erklärte, mit holländischen Abgeordneten in nähere Discussion über die Frage treten zu wollen, ob und auf welcher Basis ein Uebereinkommen zu Gunsten der beiderseitigen Handels- und Schifffahrts-Interessen sich werde herbeiführen lassen.

Kaum war diese Erklärung im Haag eingetroffen, so wurden auch sofort die niederländischen Bevollmächtigten nach Berlin abgesendet (Ende März 1837). Dieselben brachten gleich bei der ersten Conferenz vor, daß ihre Regierung einen Handelsvertrag mit dem deutschen Zollverein auf möglichst breiter Basis abzuschließen wünsche, daß aber ihre Anträge in dieser Beziehung jedenfalls zunächst auf Herabsetzung der Vereinszölle von den Producten der holländischen Colonien und der holländischen Zucker-Raffinerien und Tabaksfabriken gerichtet seien. Diese Anträge wurden von preußischer Seite als unerfüllbar von der Hand gewiesen, und damit fiel auch die ganze Frage des Abschlusses eines umfassenderen Handelsvertrages vorläufig aus dem Bereiche der Unterhandlung weg. Letztere beschäftigten sich demnach zunächst mit den Schifffahrts-Verhältnissen, in welcher Beziehung die holländische Regierung

a) einen Rheinschifffahrts-Vertrag vorerst mit Preußen und dessen Ausdehnung auf die oberrheinischen Vereinsstaaten,

b) einen Seeschifffahrts-Vertrag ausschließlich mit Preußen

im Auge hatte.

Der letztere bot am wenigsten Schwierigkeiten dar, da holländischer Seits, wenn auch nicht vorgeschlagen, doch in Aussicht gestellt wurde, die preußischen Seeschiffe in den holländischen Häfen hinsichtlich der Tonnen- und Hafengelder eben so wie die niederländischen Schiffe selbst zu behandeln, ohne eine weitere Gegenleistung als die einfache Reciprocität zu Gunsten der holländischen Schiffe in den preußischen Häfen in Anspruch zu nehmen; eine Eröffnung, die um so überraschender für die preußischen Bevollmächtigten war, als es den eifrigsten Bestrebungen der preußischen Regierung seit mehreren Jahren nicht gelungen war, irgend ein Zugeständniß von Seite der Niederlande für die gegenseitige Schifffahrt zu erlangen.

In Bezug auf die Rheinschifffahrt verlangten die holländischen Bevollmächtigten auf Grund der in der preußischen Cabinets-Ordre vom 28. December 1836 ausgesprochenen Zusicherung:

„daß Preußen dieselben Vortheile, welche es zu Gunsten der Zollvereins-Staaten hinsichtlich der Schifffahrts-Gebühren eingeräumt habe, auch der holländischen Schifffahrt gewähre";

und boten dagegen an:

„die Rheinzölle in Holland für die preußische Schifffahrt zu Thal ganz und zu Berg mit der Hälfte zu erlassen, jedoch vorbehaltlich das sogenannten droit fixe, welches als reine Transit-Abgabe beibehalten werden solle.“

Preußischer Seits wurde erklärt, daß man auf Erleichterung der Rheinschifffahrt nur unter der doppelten Bedingung eingehen werde,

a) daß alle beabsichtigten Erleichterungen nicht blos für Preußen, sondern auch für alle mit Preußen zollvereinten Uferstaaten gelten müßten; und

b) daß im Maaß der Erleichterung volle Gegenseitigkeit beobachtet werde.

Die holländischen Bevollmächtigten boten Alles auf, um den preußischen Finanz-Minister und die einflußreichsten Mitglieder des Ministeriums zu überzeugen, daß Holland unter den gegenwärtigen Verhältnissen außer Stand sei, die Rheinschifffahrts-Abgaben für die Bergfahrt weiter als zur Hälfte zu ermäßigen. Indessen standen sich die beiderseitigen Ansichten und Forderungen längere Zeit ziemlich schroff gegenüber, ohne eine Aussicht auf baldige Verständigung zu eröffnen. Erst im Anfang Mai erhellte sich mit einem Male die Aussicht. In einer Conferenz vom 6. Mai wurde der von den niederländischen Bevollmächtigten übergebene Entwurf eines Schifffahrts-Vertrages als Basis der Verhandlung angenommen und die Besprechung hierüber eingeleitet. Indessen dauerte es noch bis Ende Mai, ehe die preußischen Bevollmächtigten die Instruction erhielten, das holländische Anerbieten wegen des Erlasses der Hälfte der niederländischen Rheinoctroi-Gebühren für die Bergfahrt anzunehmen resp. von der bisherigen Forderung des ganzen Erlasses abzustehen. Erst nach schwierigen weiteren Erörterungen verständigte man sich über die Ausdehnung dieses Nachlasses auf die übrigen betheiligten Zollvereins-Staaten, wobei Preußen mit anerkennenswerther Energie und Consequenz die Rechte dieser Staaten und das dem Zollverein inne wohnende Princip der Gemeinschaftlichkeit der Interessen vertrat. Auch die anfangs ziemlich schwierige Frage der gegenseitigen Zulassung der Dampfschiffe, in welcher sich die niederländischen Bevollmächtigten zu keinen oder nur zu bedingten Concessionen herbeilassen wollten, war in der Zwischenzeit erledigt worden.

Besonders bemerkenswerth waren zu jener Zeit die Schritte des holländischen Kaufmanns Wythof aus Amsterdam, welcher anscheinend und angeblich aus eigenem Antrieb und auf eigene Kosten die meisten Hauptstädte der Zollvereinsstaaten bereiste, an alle Regierungen ausführliche Denkschriften zu Gunsten eines umfassenden Handelsvertrags zwischen Holland und den Vereinsstaaten übergab und namentlich dieselben von den

Nachtheilen des mit dem 1. Januar 1837 eingetretenen hohen Tarifsatzes auf Lumpenzucker zu überzeugen suchte.

Am 3. Juni 1837 erfolgte der Abschluß des Vertrags,*) der aus einem offenen Vertrage und fünf Separatartikeln, dann einem Schlußprotokolle bestand. Er enthielt blos Schifffahrtsbestimmungen, und der wirkliche Erfolg aller Bemühungen der holländischen Bevollmächtigten zur Erzielung eines Handelsvertrags reducirte sich auf die Verabredung, daß innerhalb 9 Monaten nach der Ratificationsauswechselung weitere Unterhandlungen über gegenseitige Zoll- und Handelserleichterungen beginnen sollten; und daß in der Zwischenzeit kein Theil den andern in Bezug auf Eingangs- und Ausgangsverbote und Zölle härter als nach den allgemeinen Gesetzen und Tarifen behandeln wolle, so wie daß die gegenseitigen Unterthanen und Erzeugnisse von den Prämien, Zollrückvergütungen und sonstigen Begünstigungen, welche gewissen Artikeln ganz allgemein gewährt werden, nicht ausgeschlossen sein sollten.

Wenige Tage vor Abschluß des Vertrags hatten die niederländischen Bevollmächtigten noch einen letzten Versuch gemacht, Dasjenige, was sie von den preußischen Bevollmächtigten nicht erlangen konnten, mit Umgehung derselben zu erreichen. Sie wendeten sich an einen hochgestellten und einflußreichen Staatsbeamten, welcher, so wie bisher die Zollvereinsangelegenheiten, so auch die in Verhandlung stehenden Fragen hauptsächlich vom Gesichtspunkte der finanziellen Interessen Preußens beurtheilt und in dieser Richtung in den höchsten Kreisen sich mit besonderer Energie thätig gezeigt hatte, und stellten ihm vor, daß es der niederländischen Regierung unmöglich sein würde, die Lumpenzucker, den wichtigsten Artikel für ihre Interessen, noch wenigstens ein ganzes Jahr lang von dem Absatze nach den Zollvereinsstaaten ausgeschlossen zu sehen, und daß sie demnach zum Abschlusse eines transitorischen Vertrags bereit seien, welcher einerseits die Einnahmen des Vereins aus den Zuckerzöllen bedeutend erhöhen und anderseits den national-wirthschaftlichen Interessen der Vereinsstaaten eine vollkommen entsprechende Garantie gewähren solle, um des Beifalls aller Glieder des Zollvereins theilhaft zu werden. Sie wollten sich damit begnügen, wenn die Einfuhr der holländischen Lumpenzucker, statt mit 5 Thaler pr. Ctr. wie die Rohzucker, um 10 Procent höher, also mit $5^1/_2$ Thaler pr. Ctr. belegt

*) Derselbe ist abgedruckt in der preußischen Gesetzsammlung 1837 Nr. 14; ferner in Pochhammer's Annalen 1838 S. 161, sodann in Kamptz, Handels- und Schifffahrtsverträge des Zollvereins.

würden. Dagegen wären sie ermächtigt, Zollerleichterungen auf Weine, Holz, Getreide und Seidenwaaren zu versprechen.

Allein auch dieser Versuch blieb für den Augenblick ohne Erfolg, und sie mußten sich vor der Hand mit dem erzielten Schifffahrtsvertrage begnügen.

Die wesentlichsten Bestimmungen dieses letzteren waren:

1) Die Schiffe beider Nationen werden in den beiderseitigen (europäischen) Häfen in Ansehung der Schifffahrtsabgaben, Hafen- und sonstigen Gebühren auf gleichem Fuße wie die Nationalschiffe behandelt.

2) Das Gleiche gilt bezüglich der Berechtigung zur Ein- oder Ausfuhr von Waaren.

3) Beim Absatz der auf den beiderseitigen Schiffen eingeführten Gegenstände soll keinerlei Art von Vorkaufs- oder Vorzugsrecht ausgeübt oder zugelassen werden.

4) Bei directer Schifffahrt sollen die beiderseitigen Schiffe in Bezug auf Ein- und Ausfuhr den Nationalschiffen gleichgestellt werden.

5) In Ansehung der Rheinschifffahrt hatte Preußen der holländischen Schifffahrt alle Befreiungen von Schifffahrtsabgaben zugestanden, die es seinen eigenen und den Schiffen der übrigen deutschen Rheinufer-Staaten bewilligt hatte. Holland dagegen bewilligte:

a) gänzliche Befreiung von den im Tarif C der Rheinschifffahrtsacte bezeichneten Abgaben für alle Gegenstände, welche zu Thal auf deutschen Schiffen zur Ausladung in einem holländischen Hafen eingeführt werden würden;

b) Herabsetzung dieser Abgabe für alle Gegenstände, welche, in einem niederländischen Hafen geladen, zu Berg auf dem Rhein ausgeführt werden würden;

c) volle Befreiung von derselben Abgabe für die Binnenfahrt auf dem holländischen Rheine.

Ueber den Handelsvertrag, namentlich über die der holländischen Regierung am meisten am Herzen liegende Zuckerfrage hatten ihre Bevollmächtigten zu wiederholten Malen, am 22. April und 23. Mai, ausführliche Darstellungen übergeben. Es ward darin der Vereinszoll auf raffinirten Zucker von 11 Thaler pr. Ctr. als unverhältnißmäßig hoch dargestellt, am meisten aber darüber Beschwerde erhoben, daß dieser Tarifsatz nach dem neuen Vereinstarife nunmehr auch von den Lompen erhoben würde, wodurch den Niederlanden das Debouché für ihren Colonialzucker entzogen werde.

Die zweite Denkschrift, vom 23. Mai 1837, enthielt zugleich die niederländischen Vorschläge für den Handelsvertrag und bezeichnete als Gegenstand desselben:

1) Gegenseitige Verminderung der Einfuhrzölle von einigen der hauptsächlichsten Handelsartikel;

2) Ermäßigung der beiderseitigen Durchgangsabgaben.

In ersterer Beziehung ward vorgeschlagen eine Ermäßigung der Eingangszölle des Vereins zu Gunsten der Niederlande von rohem, ganz und halb raffinirtem Zucker, Kaffee, rohem und fabricirtem Tabak, Spezereiwaaren, Reis, Thee, Heringen, Käse, Saatöl, Branntwein u. s. w. und dagegen angeboten ein verhältnißmäßiger Nachlaß der niederländischen Eingangszölle auf Getreide, irdene Waaren, Eisenwaaren, Manufactur- und Modewaaren, Bänder, Glas, Kriegsmunition, Wein, Holz, Steine aller Art, seidene Waaren u. s. w. Diese Denkschrift sollte sohin die Grundlage derjenigen Verhandlungen bilden, welche nach Art. 11 des Vertrags vom 3. Juni 1837 neun Monate nach Auswechselung der Ratificationen, sohin spätestens am 13. April 1838 in Berlin eröffnet werden sollten.

Gleichzeitig trug die niederländische Regierung darauf an, daß so schleunig als möglich eine interimistische Uebereinkunft getroffen werden möge, wonach vorläufig der auf dem Rhein in das Vereinsgebiet eingehende Lompenzucker, welcher zum Gebrauche der Raffinerien in Preußen und den übrigen Staaten des Zollvereins bestimmt sei, nur mit $5^1/_2$ Thaler pr. Ctr. verzollt werden sollte. Es war damit der Antrag in Verbindung gesetzt, während eines solchen Provisoriums auch Butter, Käse und Rindvieh aus den Niederlanden gegen die Hälfte der allgemeinen Eingangszölle einzulassen, wogegen sofortige Ermäßigung der niederländischen Eingangsabgaben auf Wein, Holz, Getreide und alle Seidenfabrikate angeboten wurde.

Im August 1837 theilte die preußische Regierung alle diese Anträge den übrigen Vereinsregierungen zur Aeußerung mit; sie selbst hatte ihre eigene Ansicht noch in keiner Weise festgestellt.

Der schon erwähnte Kaufmann Wythof, der schon vor dem Abschlusse des Schifffahrtsvertrags einen großen Theil von Deutschland bereist und überall die Regierungen wie den Kaufmannsstand zu Gunsten der niederländischen Anträge in ziemlich auffälliger Weise bearbeitet hatte, der dann während der Verhandlungen in Berlin anwesend gewesen war und seine guten Rathschläge allenthalben aufgedrängt hatte, wiederholte jetzt seine Reisen nach allen Haupt- und Handelsstädten der Zollvereinsstaaten, um die Regierungen wie die öffentliche Stimmung zu Gunsten eines Handelsvertrags mit den Niederlanden zu bearbeiten. So plump diese Agitation auch war und so leicht der Zweck derselben, nämlich das einseitige Interesse der holländischen Raffinadeurs, zu durchschauen war, so scheint sie doch nicht allenthalben ohne Wirkung geblieben zu sein.

Die Aeußerungen der einzelnen Vereinsregierungen gingen zum Theil erst spät (bis April 1838) in Berlin ein und wichen in der Hauptsache sowohl wie in den verschiedenen Details sehr bedeutend von einander ab. Nur wenige derselben zeigten eine tiefere Einsicht in Zoll- und Handelsverhältnisse, die meisten schienen nur durch die nächsten particularen Interessen dictirt zu sein.

Die preußische Regierung entschied sich erst ziemlich spät für eine bestimmte Ansicht bezüglich der gegen Holland zu verfolgenden Grundsätze. Vor Allem war sie der Tendenz der niederländischen Regierung, für die holländischen Hauptartikel eine differentielle Besteuerung zu erlangen, entgegen; sie ging vielmehr von der Aussicht aus, daß alle dem holländischen Handel gewährten Erleichterungen auch dem allgemeinen Handel, namentlich aber jenem der Hansestädte, gewährt werden müßten. Hiermit stimmte auch die Mehrzahl der Vereinsregierungen überein, namentlich hatte sich die königlich sächsische Regierung entschieden und ausführlich in diesem Sinne geäußert. Sobald man einmal von diesem Satze ausging, mußte der Antrag der niederländischen Regierung wegen einer provisorischen Einfuhrbegünstigung des Lompenzuckers auf dem Rheine von selbst als unzuläßig erscheinen. Dagegen war man preußischer Seits zu einer allgemeinen Ermäßigung des Zolls von allem fremden Lompenzucker, dann zu einigen Ermäßigungen für holländische Erzeugnisse und zur Verminderung der Durchgangsabgaben für den holländischen Transit nach Oesterreich und der Schweiz bereit.

Die maaßgebenden Gründe für die Herabsetzung des Lompenzuckerzolls waren vorzugsweise finanzieller Natur. Offenbar war das Verhältniß zwischen dem Zolle auf raffinirten Zucker (11 Thlr.) und jenem auf Rohzucker (5 Thlr.) nicht richtig gewählt. In Folge dessen hatte sich der Ertrag der Zuckerzölle bedeutend vermindert, während sich allerdings die Industrie der Zuckerraffinerien im Zollverein bedeutend hob. Dieselbe hatte jedoch vorzugsweise einen Weg eingeschlagen, der den vorwaltenden finanziellen Tendenzen keineswegs entsprach, indem sie weniger gewöhnlichen Rohzucker als vielmehr die schon halb raffinirten Lompen, und als diese ebenfalls mit dem hohen Zolle belegt wurden, solche Zuckersorten verwendete, welche bereits eine Stufe der Verfeinerung durchgemacht hatten, aber gleichwohl von dem Rohzucker nicht recht unterschieden werden konnten. Auch überzeugte man sich bald, daß die nationalwirthschaftliche Bedeutung der Zuckerraffinerien etwas überschätzt worden war.

Mit wenigen Ausnahmen vereinigten sich daher die Ansichten der Zollvereins-Regierungen dahin, daß eine Verminderung des Zollsatzes für Lompenzucker im Allgemeinen für zulässig erachtet wurde.

Als Gegenforderungen hatte Preußen in seinem und der übrigen Zollvereins-Regierungen folgende aufgestellt:

1) Verminderung des droit fixe bei dem Wassertransporte auf dem Rhein und der holländischen Transitzollsätze für einige der wichtigsten Durchfuhr-Artikel aus den Vereinsstaaten.

2) Verminderung der Eingangsabgaben von vereinsländischem Getreide und Wein.

3) Begünstigungen für die indirecte Schifffahrt nach den holländischen Häfen und für den Absatz vereinsländischer Erzeugnisse nach den holländischen Colonien.

4) Eine Vereinbarung über gegenseitige Maaßregeln zur Verhinderung des Schleichhandels.

Die niederländischen Bevollmächtigten waren schon Ende August 1838 in Berlin eingetroffen, die eigentlichen Verhandlungen wurden jedoch erst am 3. October eröffnet, nachdem in der Zwischenzeit nur vertrauliche Unterredungen stattgefunden hatten. Schon die ersten Verhandlungen zeigten eine nicht unwesentliche Annäherung in den Hauptpuncten. In der Sitzung vom 3. November konnte bereits eine Punctation aufgestellt werden, welche die beiderseitigen Zugeständnisse einander gegenüberstellte. Die preußische Regierung verfaßte hierauf über den Stand der Sache eine Denkschrift und theilte diese (17. November) den übrigen Zollvereins-Regierungen zu ihrer Erklärung mit.

Schon bisher hatten auf die erste Nachricht von den Verhandlungen mit Holland die vereinsländischen Interessenten, die Besitzer von Zuckerraffinerien und von Runkelrübenzucker-Fabriken, Alles aufgeboten, um die von Holland mit so vielem Eifer verlangte Herabsetzung des Zolls auf Lompenzucker zu vereiteln. Namentlich waren einige Fabrikanten von Berlin und Potsdam thätig gewesen, ihre Gewerbsgenossen im Vereine aufmerksam zu machen und zu einer gleichzeitigen Erhebung lauter und dringender Beschwerden bei den Regierungen zu veranlassen. Sämmtliche preußische Raffinerien und Rübenzuckerfabriken waren mit Petitionen gegen die Zollermäßigung aufgetreten und hatten solche bei den verschiedenen Ministerien massenweise in Vorlage gebracht. Auch das königliche Cabinet ward von den Reclamanten bestürmt, die übrigens noch von Seiten einflußreicher großer Grundbesitzer namentlich aus der Classe des hohen Adels sehr lebhafte Unterstützung fanden. Hatten sich früher die Raffinadeurs an die Spitze der Bewegung gestellt, so waren in letzter Zeit die inzwischen zahlreich entstandenen Runkelrübenzucker-Fabriken mehr in den Vordergrund getreten. Diese noch junge und neue Industrie konnte auch mit ungleich größerem Rechte als die Raffinerie Berücksichtigung ihrer Interessen verlangen und namentlich beanspruchen, daß man ihr gegenüber die finanziellen Rücksichten nicht als entscheidend gelten lassen könne, da sie offenbar dem Nationalreichthum die enormen Summen, die bisher für Colonial-Zucker ins Ausland gingen, bewahrte.

Die preußische Verwaltung verhielt sich diesen Bewegungen gegenüber ziemlich unsicher und schwankend. Noch waren ihre bureaukratischen Anschauungen und Vorurtheile von der Art, daß sie principiell jede eigentliche Berechtigung der Interessenten zur Vertretung ihrer Forderungen abzuweisen bemüht war und nur ungern und widerstrebend eine Rücksicht darauf nahm. Auf der anderen Seite drängte Alles zu einem Abschlusse des Vertrags; die Mehrzahl der Vereinsregierungen hatte sich für einen solchen ausgesprochen, die holländische Regierung hatte alle möglichen Hebel in Bewegung gesetzt, um das so heiß ersehnte Ziel zu erreichen, vielfache dynastische Rücksichten sprachen dafür, und die preußische Regierung selbst hielt sich bereits für zu weit engagirt, um mit Anstand wieder zurückzutreten.

Unter dem Einflusse dieser verschiedenartigen Strömungen waren die Verhandlungen endlich zu ihrem formellen Abschlusse bereift, der denn auch am 21. Januar 1839 wirklich stattfand.

Der Vertrag selbst enthielt zuerst mehrfache Bestimmungen über die Zulassung verschiedener Waaren auf Schiffen der Vereinsstaaten seewärts und stromwärts in den Niederlanden, sodann die Zusicherung von Seiten der Niederlande, die Erzeugnisse des Bodens und des Kunstfleißes der Zollvereinsstaaten in den niederländischen Colonien auf dem Fuße der meistbegünstigten europäischen Nation zu behandeln, sowie das Zugeständniß der Theilnahme der vereinsländischen Schifffahrt an den in den niederländischen Rheinschifffahrtsabgaben eingetretenen Befreiungen und Erleichterungen. Sodann folgen die vom Vereine den Niederlanden gewährten Tarifbegünstigungen, nämlich

1) Zulassung von Butter, Käse, Ochsen, Stieren und Jungvieh niederländischen Ursprungs zur Hälfte des dermalen bestehenden Tarifsatzes;

2) von niederländischem Lompenzucker zur Hälfte des bestehenden Tarifsatzes;

3) von niederländischem raffinirten Zucker zu dem Satze von 10 Thlrn.;

4) von niederländischem Reis zu dem Satze von 2 Thlrn.;

5) Verpflichtung der Vereinsstaaten, die bestehenden Zollsätze für Kaffee, Tabak, Gewürze, Thee, Häringe, Saatöl und Branntwein für die Einfuhr aus den Niederlanden nicht zu erhöhen.

Außerdem enthielt der Vertrag noch Bestimmungen über eine Eisenbahn zwischen den Niederlanden und Preußen, über Ein- und Ausfuhr-Verbote, über Gleichstellung der beiderseitigen Unterthanen in Bezug auf Prämien, Zollvergütungen und dergleichen Vortheile sowie über Bewilligung von Vergünstigungen an andere Nationen.

Die Dauer des Vertrags war bis zum Ende des Jahres 1841 und von da an für je ein Jahr mit gegenseitiger Aufkündigung binnen eines Termins von sechs Monaten bestimmt.

Die Separatartikel enthielten noch mehrfache Bestimmungen über Ursprungszeugnisse, einen Vorbehalt wegen Zollbegünstigungen für dritte Staaten, dann eine Bestimmung über die Kündbarkeit des Vertrags im Falle einer Auflösung des Zollvereins.

Die Ratificationen des Vertrags wurden am 2. April 1839 zu Berlin ausgewechselt.

Alsbald nach Abschluß des Vertrags hatte Hamburg Schritte gethan, um die in demselben festgesetzte Begünstigung der Lompenzucker-Einfuhr auch für sich zu erlangen, was sodann sowohl Hamburg als auch Bremen durch besondere Uebereinkünfte zugestanden wurde.

Die ohne Zweifel von Seiten der preußischen Regierung im Stillen gehegte Hoffnung, daß die Opposition gegen den Vertrag sich mildern oder vielleicht ganz verstummen werde, wenn er einmal als vollendete Thatsache in Kraft getreten sein würde, wurde bitter getäuscht. Die Bewegung wurde vielmehr mit jedem Tage intensiver, die allgemeine Stimmung gegen denselben feindseliger. Namentlich im Norden war die Stimmung furchtbar aufgeregt, besonders da man einige Zeit hindurch glaubte, es werde der holländischen Regierung ein vollständiger Differentialzollsatz für Zucker gewährt werden.

Allgemein citirte man die vorausgegangenen Machinationen der holländischen Maatschappy, der großen Zuckerfabrikanten Kupe und Zorn, dann Wythof in Amsterdam, die notorischen Bemühungen des Königs der Niederlande; und obwohl bisher die preußische Verwaltung in Bezug auf Integrität sich eines völlig ungetrübten Rufes erfreut hatte, gingen einzelne Stimmen so weit, daß sie ungescheut von dem Einflusse holländischer Ducaten, von naher Verwandtschaft der holländischen Zuckerspeculationen mit dem Vermögen einer hohen fürstlichen Person, von eifrigst in Bewegung gesetzten Familien-Connexionen sprachen. Ein solcher Grad der Erregung der öffentlichen Stimme ist doch wohl ein sicherer Beleg dafür, daß die Bewegung keine blos künstlich erzeugte und erhaltene war, sondern daß sie tief in einer innersten Ueberzeugung des gesammten Volkes wurzelte. Auch zeigte der weitere Verlauf gar bald, daß das Volk die commercial-politische Frage, um die es sich bei dem holländischen Vertrage handelte, ungleich richtiger erfaßt hatte als die Regierungen.

Die positiven Resultate des Vertrags zeigten, daß die dem holländischen Zuckerhandel zugestandenen Begünstigungen in Verbindung mit der von der niederländischen Regierung gewährten Ausfuhr-Prämie den holländischen Raffinerien und dem holländischen Großhandel ein factisches Monopol gegen die vereinsländischen Raffinerien in die Hände gegeben hatten; daß den letzteren alle Möglichkeit benommen war, fernerhin Rohzucker auf den vortheilhaftesten anderweitigen Handelswegen je nach günstigen Combinationen zu beziehen; daß daher auch die den Hansestädten gewährte gleiche Zuckerverzollung eine vollkommen illusorische Maaßregel war, indem diese unter den gegebenen Umständen davon keinen Gebrauch machen konnten, vielmehr der gesammte Colonialwaarenhandel, namentlich aber die ganze vereinsländische Zucker-Industrie, in völlige Abhängigkeit von dem niederländischen Großhandel gerathen mußte.

Auch die finanziellen Resultate des Vertrags waren nichts weniger als befriedigend. Die erwartete vermehrte Einfuhr von raffinirtem Zucker blieb aus, und die Einfuhr concentrirte sich immer mehr in dem durch den Vertrag vorzugsweise begünstigten Lompenzucker. Ebenso ergab sich, daß die Ausfuhr derjenigen Erzeugnisse des Zollvereins, für welche im Vertrage eine Herabsetzung der niederländischen Eingangszölle stipulirt war, nach Holland nicht im Mindesten zunahm. Dabei mehrten sich Beschwerden und Reclamationen aller Art in wahrhaft erschreckender Weise, so daß sich die preußische Regierung schon im Sommer 1840 veranlaßt sah, in Berlin eine eigene Commission zur Prüfung derselben unter persönlicher Theilnahme der Beschwerdeführer niederzusetzen. Mehrere Provinzial-Verwaltungsstellen hatten sich sehr eifrig zu Gunsten der Beschwerdeführer ausgesprochen, sodaß das preußische Finanzministerium sich schon im December 1840 ernstlich damit beschäftigte, ein Gutachten über die Frage vorzubereiten, ob der Vertrag mit den Niederlanden gekündigt werden solle, und eventuell bei welchen Vertragspuncten Modificationen im Interesse des Zollvereins zu beantragen sein würden.

Mit den gerade versammelten Bevollmächtigten der übrigen Zollvereins-Regierungen fanden hierüber in zwei Sitzungen Besprechungen statt. Das vorläufige Resultat dieser verschiedenen Einleitungen war ein ausführliches Promemoria, das besonders wegen der darin enthaltenen historischen Notizen über die preußische Zuckerzollgesetzgebung interessant ist. Hiernach war schon dreimal, nämlich 1801, 1803 und 1819, derselbe Zustand eingetreten wie 1837, daß nämlich den Zuckersiedereien die Einführung von Lompen zu einem geringeren Zollsatze gänzlich entzogen war.

Während die preußischen Ministerien noch mit dem Sammeln der Materialien über diese Frage beschäftigt waren, erging unerwartet am 20. Februar 1841 an den Finanzminister eine Cabinetsordre, worin der König die bestimmte Ansicht ausdrückte, den Handelsvertrag mit den Niederlanden weder ausdrücklich noch stillschweigend verlängern, sondern mit dem nächsten Termine aufkündigen zu lassen, verbunden mit dem Auftrage, hiernach sofort die nöthigen Einleitungen bei den Vereinsregierungen zum Zweck der Verständigung zu treffen. Fast zur gleichen Zeit (3. Februar) hatte ebenfalls aus völlig eigenem Antriebe und ohne alle äußere Veranlassung der König von Bayern seinem Ministerium die gleiche Absicht kund gegeben.

In Folge dieser Verfügung eröffneten die preußischen Bevollmächtigten bei der Generalconferenz am 27. Februar den übrigen Commissarien die Absicht ihrer Regierung, die drei Verträge mit den Niederlanden, Hamburg und Bremen zu kündigen. Die wirkliche Kündigung erfolgte unmittelbar darauf, mit dem Beisatze, daß man jedoch zu der Erneuerung vertragsmäßiger Verhältnisse unter Modificationen des bisherigen Vertrags welche dem Interesse des Zollvereines genügen würden, vollkommen bereit sei. Die niederländische Regierung hatte Takt genug, von jedem Versuch einer weitern Verhandlung Umgang zu nehmen.

Bezüglich des Zuckers war schon am 3. Mai 1841 bei der Generalconferenz ein Protokoll abgehalten worden, in welchem preußischer Seits die Absicht erklärt wurde, nicht blos bei der nächsten Tarifsrevision für die Jahre 1843—1845 eine Erhöhung des Zollsatzes von dem zum Versieden eingehenden Lompenzucker, sondern auch schon für die Zeit vom Ablauf des Handelsvertrags mit den Niederlanden, also vom 1. Januar 1842 an, eine solche Erhöhung zu beantragen.

Dasselbe Protokoll enthielt auch den Antrag der großherzoglich hessischen Regierung, daß der Lompenzucker gänzlich und zwar vom 1. Januar 1842 an von dem geringeren Zollsatz für die Versiedung ausgeschlossen werden möchte, welcher Antrag jedoch damals keine weitere Unterstützung fand.

Die preußische Regierung richtete hierauf gegen Ende Juli 1841 an sämmtliche Vereinsregierungen eine Mittheilung, um sich über die mit 1. Januar 1842 eintretende Zuckersteuer zu vereinigen. Sie trug darauf an, vom genannten Termine an den Zollsatz vom Lompenzucker wiederum allgemein, auch für die Zuckersiedereien, dem von raffinirtem Zucker gleichzustellen. Diesem Vorschlage traten theils unbedingt, theils mit verschiedenen Bedingungen die meisten Regierungen bei, nur Kurhessen nicht, und auch die thüringischen Staaten vermochten sich über die Frage nicht zu einigen. Preußen stellte daher die Fragen alternativ auf (1. October 1841):

a) ob nunmehr beigestimmt werde, daß vom 1. Januar 1842 an der Zollsatz von Lompen allgemein auf 10 Thaler gestellt werde;

b) ob, wenn hierüber Einhelligkeit nicht zu erzielen wäre, dafür gestimmt werde, daß der Zollsatz von Lompenzucker von $5^1/_2$ Thaler auf $6^1/_2$ Thaler, aber mit der gegenwärtigen Beschränkung für Zuckersiedereien erhöht werde?

Auch hierüber konnte rechtzeitig eine Stimmeneinhelligkeit nicht erzielt werden, indem die württembergische Erklärung hierauf erst am 23. October, jene von Kurhessen aber noch später in Berlin eintraf. Es war darum nicht mehr an der Zeit, mit der Publication einer Tarifsänderung in sämmtlichen Vereinsstaaten in der vom Zollgesetze vorgeschriebenen Frist so schleunig vorzuschreiten, daß der neue Zollsatz mit dem 1. Januar 1842 hätte Gültigkeit haben können. Die preußische Regierung schlug daher und wegen der noch obwaltenden Meinungsdifferenz vor, eine gemeinschaftliche Berathung eintreten zu lassen und sich insbesondere darüber zu vereinigen, daß der zu beschließende Tarifsatz auch in der neuen Tarifsperiode, d. h. vom Jahre 1843 an, Gültigkeit haben sollte.

Diese Specialconferenz wurde am 2. December eröffnet und brachte endlich bis 20. December eine Vereinbarung über folgende Punkte zu Stande:

1) Gleichstellung des Eingangszolles von Lompenzucker mit jenem für Raffinade und zwar zu 10 Thaler, statt des bisherigen Zolles zu 11 Thaler.

2) Herabsetzung des Eingangszollsatzes von Rohzucker und Farin zur allgemeinen Consumtion von 9 Thaler auf 8 Thaler.

3) Beginn dieser beiden Tarifsänderungen mit dem 16. März 1842.

So endete dieser offenbar mit geringem Geschicke auf deutscher Seite verhandelte Vertrag, der erste Versuch des jungen Zollvereins auf handelspolitischem Felde. Wenn auch der Ausgang den unbestreitbaren Beweis geliefert hat, daß die deutschen Regierungen sämmtlich die Tragweite der

Bestimmungen über den Lompenzucker, über den Wein, über die von Holland angebotenen Begünstigungen für Einfuhr deutscher Erzeugnisse nicht richtig beurtheilt hatten; wenn sie ferner, als bereits über die nothwendige Auflösung des Vertrags kein Zweifel mehr bestehen konnte, noch das klägliche Schauspiel innerer Uneinigkeit und zähen Festhaltens an particularistischer Rechthaberei darboten, so verdient gleichwohl ihr ganzes Verhalten nicht die maaßlosen Angriffe, die es von der Publicistik, namentlich im deutschen Norden und von Seite der Hansestädte erfahren hat; am allerwenigsten aber die Verdächtigungen, die leichtsinniger Weise gegen die Integrität der preußischen Verwaltung geschleudert wurden.

Die preußische Verwaltung war, so viel an ihr lag, redlich bemüht gewesen, die volkswirthschaftlichen Grundlagen für den Vertrag durch sorgfältige Vorstudien festzustellen, wobei sie allerdings auf Abwege gerieth und z. B. glaubte, Alles gethan zu haben, wenn sie durch die mühevollsten und sorgfältigsten Calculationen festgestellt hatte, daß, wenn gewöhnlicher Rohzucker zu 5 Thlr. für Siedereien eingehen darf, die Proportionalsätze für den Lompenzucker sich zwischen $5^1/_4$ und $5^3/_4$, oder genau zu 5,52 Thlr. berechnen lassen; wobei sie ferner übersah, daß unter den gegebenen Umständen, insbesondere bei dem Verfahren Hollands in Bezug auf Ausfuhrprämien, es sich nicht um die genaue richtige Proportionalzahl, sondern darum handelte, daß überhaupt jede Begünstigung der Einfuhr holländischen Lompenzuckers die gesammte vereinsländische Zucker-Industrie, in welcher die inzwischen bedeutend herangewachsene Rübenzuckerbereitung bereits die erste Stelle einnahm, von Holland abhängig machte. Das Experimentiren mit Zolltarifsveränderungen hatte diesmal üble Früchte getragen. Als man auf der Münchener Generalconferenz auf preußischen Antrag die bisherige Zollbegünstigung für Lompenzucker, die allerdings in diesem Umfange unzweckmäßig war, gänzlich aufhob, hatte man keine Ahnung davon, daß diese Tarifmaaßregel, im Zusammenhange mit dem Fortbestande eines überaus hohen Zollsatzes von 11 Thalern für ausländische Raffinade, das Signal zum Entstehen einer großen Menge von Rübenzuckerfabriken im Zollvereinsgebiet werden würde, und man fand bald Veranlassung, zu bereuen, daß der auf derselben Conferenz vorgebrachte Antrag, sich über die Besteuerung des Rübenzuckers zu vereinbaren, ohne Weiteres von der Hand gewiesen worden war. Bei der täglich wachsenden Concurrenz des Rübenzuckers und bei der vorliegenden Erfahrung, daß die Einführung von Lompenzucker doch nicht verhindert werden könne, indem er vielfach im gestoßenen Zustande und mit Rohzucker vermischt unter der Firma des letzteren einging, machte sich bei der preußischen Regierung die Besorgniß vor großen Ausfällen in der Zolleinnahme geltend, und man glaubte in diesem Dilemma von finanziellen und volkswirthschaftlichen Rücksichten es als einen günstigen Ausweg betrachten zu sollen, als die holländische Regierung für den Fall der Wiederzulassung des Lompenzuckers zu einem ermäßigten Zollsatze einige Gegenconcessionen anbot.

Allerdings wäre es vielleicht besser und der Herstellung eines rationellen Verhältnisses zwischen der Rübenzucker- und der Colonialzucker-Industrie förderlicher gewesen, wenn man sich zu einer weitern Herabsetzung der ohnedies übermäßig hohen Zölle auf fremden Zucker und zu einer höheren Besteuerung des Lompenzuckers als zu $5^1/_2$ Thaler entschlossen hätte. Dieser Weg wollte aber um deswillen nicht betreten werden, weil man glaubte, daß eine solche Herabsetzung nicht allein zum Schaden der Rübenzuckerfabriken, sondern zugleich durch eine wesentliche Verminderung des Totalertrags aus den Zuckerzöllen zum Schaden der Vereinszollcasse ausfallen würde, um so mehr als dadurch dem Uebelstande der oben erwähnten mißbräuchlichen Miteinfuhr von Lompen nicht abgeholfen worden wäre.

Unter diesem Gesichtspunkte stellte sich also die Festsetzung eines Zollsatzes von $5^1/_2$ Thaler für Lompenzucker und von 10 Thaler für Raffinade als eine Maaßregel dar, welche nicht zur Begünstigung der niederländischen Interessen, sondern zur Abwehr finanzieller Einbußen ergriffen wurde und welche wohl auch ohne einen Vertrag mit den Niederlanden zur Ausführung gebracht worden wäre. Der Umstand, daß schließlich alle Zollvereins-Regierungen, so verschieden auch sonst ihre Interessen und Anschauungen waren, hiermit einverstanden waren, ist ein unzweideutiger Beleg dafür, daß der preußische Standpunkt in der Hauptsache von ihnen getheilt wurde, und daß es zur Erklärung desselben keiner gewaltsamen Herbeiziehung anderweitiger Motive bedarf.

Der Erfolg dieser doppelten Maaßregel war jedoch insofern ganz irrig berechnet, als man den eigentlichen finanziellen Zweck nicht erreichte, die inländische Industrie zudem wesentlich schädigte und obendrein diejenigen Vortheile, die man von den holländischen Tarifsminderungen für den Export vereinsländischer Producte zu erreichen hoffte, sich als gänzlich illusorisch darstellten.

Nach dieser Erfahrung blieb dem Zollvereine nichts Anderes übrig, als nunmehr vor Allem die innere Besteuerung des Runkelrübenzuckers und sein Verhältniß zum Colonialzucker zu ordnen, was denn auch noch im Jahr 1841 bei Anlaß der Erneuerung der Vereinsverträge geschah.

Siebenzehntes Kapitel.

Handels- und Schifffahrtsverträge mit England, Griechenland und der Türkei.

Dem Handelsvertrage mit den Niederlanden folgten mehrere andere nach, von welchen jedoch nur jener mit England ein größeres historisches Interesse beanspruchen kann.

Die frühere englische Zoll- und Schifffahrts-Gesetzgebung darf wohl als im Allgemeinen bekannt vorausgesetzt werden. Sie beruhte auf einem äußerst complicirten Prohibitiv- und Schutzzoll-System, das fast jeden fremden Handel, so weit er nicht mit den eigenen Landesproducten und in eigenen Schiffen betrieben wurde, absolut ausschloß und selbst in dem gestatteten Bereiche dem Handel und der Schifffahrt der englischen Unterthanen so große und zahlreiche Bevorzugungen einräumte, daß fremder Handel und fremde Schifffahrt so ziemlich als von England ausgeschlossen betrachtet werden konnten. Bis zum Jahre 1824 bestanden nämlich in England gegen sämmtliche seefahrende Nationen von Europa folgende Anordnungen:

1) Nur von Briten gefangene Fische durften und zwar nur in britischen Schiffen eingebracht werden.

2) Der Küstenhandel war nur britischen Schiffen gestattet.

3) Die 28 wichtigsten Artikel der europäischen Production (die sog. enumerated articles), nämlich:

> Maste, Bauholz, Bretter, Theer, Hanf, Talg, Flachs, Korinthen, Rosinen, Feigen, Pflaumen, Baumöl, Getreide, Wein, Branntwein, Tabak, Wolle, Sumach, Krapp, Soda, Schwefel, Eichenrinde, Kork, Orangen, Limonen, Leinsaat, Repssaamen, Kleesaat,

durften nach England nur a) in britischen Schiffen oder b) in Schiffen des Landes, das sie erzeugte und importirte, gebracht werden. Manufacte aller Art wurden als Producte des Landes angesehen, das sie fabricirte und importirte, und von ihnen galt Dasselbe. Dabei aber zahlten die fremden Schiffe, welche solche Güter einführten, eine mehr oder weniger hohe Schiffsabgabe, welche die Einfuhr neben den frei oder mit geringerer Abgabe einlaufenden britischen Schiffen erschwerte, ja unmöglich machte.

4) Von britischen Colonien durfte nur in britischen Schiffen eine Ausfuhr nach England stattfinden; nach denselben durften auch Güter

fremder Länder in Schiffen des producirenden und ausführenden Landes verführt werden.

5) Asiatische, afrikanische und amerikanische Güter durften nur in britischen Schiffen oder Schiffen des producirenden Landes eingehen.

6) Die Ausfuhr britischer Güter aus Großbritannien war jedem fremden Schiffe erlaubt; die früher bestandenen höheren Ausgangszölle waren nur noch bei Steinkohlen in Anwendung, die sonach nur in englischen Schiffen ausgeführt werden konnten.

Bereits im Jahre 1815 opponirten sich die Vereinigten Staaten von Nordamerika ernstlich gegen dieses engherzige und kleinliche System und bewirkten einen Reciprocitätsvertrag, nach dessen Vorgang Preußen im Jahre 1824 durch einen Vertrag vom 2. April das Zugeständniß erhielt, daß forthin der Unterschied in der Bezollung preußischer Schiffe bei der Einfuhr preußischer Waaren in England und dessen Colonien aufhörte und die preußischen Schiffe den englischen hierin gleich geachtet wurden. Alle anderen Punkte blieben in Kraft.

In gleicher Weise war 1815 von den drei Hansestädten ein Reciprocitätsvertrag mit England abgeschlossen worden, der sich auf alle drei Städte und ihre Schiffe gemeinschaftlich bezog.

In Folge einer Parlaments-Acte vom 5. Juli 1825 erhielt der preußisch-englische Vertrag im Jahre 1826 noch eine kleine Erweiterung.

Erst im Jahre 1838 machte England durch einen Schifffahrts-Vertrag mit Oesterreich (vom 3. Juli 1838) das Zugeständniß, daß österreichische Schiffe auch aus den nicht österreichischen Donau-Häfen in die Häfen des vereinigten Königreiches und seiner Colonien Waaren, wie aus österreichischen Häfen unter gleichen Abgaben, als wenn die Einfuhr unter britischer Flagge geschähe, einführen durften.

Mit dem Zollvereine als solchem war England in keinerlei Berührung getreten; es hatte sogar, nachdem das erste Aufsehen, das seine Bildung verursacht hatte, sich gelegt und die durch dieselbe bedingten Zollverhältnisse in Deutschland, die allerdings den Absatz englischer Producte nach Deutschland vielfach afficirten, sich einmal consolidirt hatten, demselben scheinbar keine weitere Aufmerksamkeit mehr geschenkt. Erst der Vertrag mit Holland änderte diese scheinbare Ruhe. Die Thatsache, daß der Zollverein eine ihm erwiesene Feindseligkeit sofort durch eine dem Gegner empfindliche Retorsionsmaaßregel erwidert und sodann auf eine Art von Differential-Zoll-System eingelenkt hatte, war eine für die englische Handelspolitik viel zu bedeutsame, als daß sie unbemerkt hätte bleiben können, und der englische

Gesandte in Berlin ward daher sofort beauftragt, an die preußische Regierung die Anfrage zu stellen, wie sich nunmehr das Verhältniß der englischen Zucker-Einfuhr nach dem Zollverein stellen werde. Es wurde hierauf der englischen Regierung der Vertrag vom 21. Januar 1839 mitgetheilt und von Preußen die Bereitwilligkeit erklärt, die den Niederlanden bewilligten Zollermäßigungen auf Zucker und Reis auch den englischen Einfuhren zuzugestehen, wenn von englischer Seite hiergegen dem Handel Preußens und der übrigen Zollvereins-Regierungen Compensationen gewährt würden. Die in Folge hiervon in London gepflogenen Verhandlungen ergaben, daß die großbritannische Regierung geneigt war, den preußischen Schiffen, welche aus den nicht preußischen Häfen am Ausflusse der Elbe, der Weser, der Ems, des Rheines, der Maas und der Schelde nach Großbritannien oder dessen Colonien gehen, die Gleichstellung mit den eben dahin aus preußischen Ostseehäfen gehenden preußischen Schiffen in der Art zuzugestehen, daß aus jenen Häfen, welche als Vorhäfen des Zollvereins angesehen werden können, Erzeugnisse Preußens und der übrigen Zollvereinsstaaten zu gleichen Rechten wie auf englischen Schiffen nach England und dessen Colonien würden eingeführt werden können.

Die weitere Verhandlung über einen desfallsigen Vertrag hing jedoch davon ab, daß vorerst im englischen Parlament ein Gesetz angenommen würde, welches die Regierung zu dieser Abänderung der Navigations-Acte ermächtigte. Dies geschah in der Session 1840, worauf sodann die Verhandlungen zwischen dem preußischen Gesandten und dem englischen Handelsminister Labouchère eröffnet wurden. Sie fanden ganz auf der oben erwähnten Grundlage statt, nur wurden hierbei die Scheldehäfen ausgenommen, da England gleiche Ansprüche von Seite Frankreichs, als eines Uferstaates der Schelde, besorgte.

Schon im Januar 1841 konnte Preußen den übrigen Vereinsstaaten das Ergebniß der Verhandlungen in Form eines vollständigen Vertrags-Entwurfes mittheilen, worauf, da von Seite der letzteren eine irgend wesentliche Einrede nicht erhoben worden war, die Unterzeichnung des Vertrages am 2. März 1841 in London stattfand.

Derselbe enthält in seinen 5 Artikeln nur die bereits erwähnte Gleichstellung der sog. Vorhäfen des Zollvereins, d. h. der an den Mündungen der Maas, der Ems, der Weser und der Elbe oder zwischen denselben gelegenen Häfen mit denjenigen Häfen, welche sich innerhalb des Gebietes von Preußen oder eines anderen Zollvereinsstaates befinden, sodann die Bestimmung, daß die vom Zollverein an Holland zugestandene Begünstigung in Bezug auf Einfuhr von Zucker und Reis auch auf England ausgedehnt und letzteres rücksichtlich dieser beiden Artikel der begünstigtsten Nation gleichgestellt werden soll.

Die Dauer des Vertrages war in Uebereinstimmung mit dem holländischen Vertrage bis 1. Januar 1842 und sodann 6 Jahre darüber hinaus, falls nicht von einem der Contrahenten 6 Monate vorher Kündigung erfolgt, festgestellt.

Auch gegen diesen Vertrag erhob sich, wie gegen den holländischen, eine heftige Polemik in der Presse, und zwar nicht, wie bei dem letzteren, vorzugsweise von Norddeutschland, sondern vielmehr von Süddeutschland. Auch darin war diese Opposition von der früheren verschieden, daß sie viel weniger von den eigentlichen Interessenten, den Raffineriebesitzern und Rübenzuckerfabrikanten, als vielmehr von Männern der Wissenschaft, vorzugsweise vom doctrinairen Standpunkte aus, erhoben und unterhalten wurde. Beim holländischen Vertrage waren die Gründe, die gegen denselben sprachen, sehr natürlich und einfach sie waren unzweifelhaft im Interesse der inländischen Zucker-Industrie gegen die unverhältnißmäßig begünstigte Einfuhr holländischen Lompenzuckers geltend gemacht, und von diesem Standpunkte aus theilweise auch gerechtfertigt. Gegen England, das bei dieser Einfuhr nur in untergeordneter Weise betheiligt war, konnten daher dieselben Gründe nicht vorgebracht werden, es mußte vielmehr, nachdem der holländische Vertrag einmal abgeschlossen war, als vollkommen consequent und gerechtfertigt erscheinen, wenn dieselbe Begünstigung jetzt auch England zu Theil wurde.

Die nicht selten in den leidenschaftlichsten Ton übergehende Polemik gegen den Vertrag brachte folgende Punkte vor, welche als Einwendungen gegen denselben gelten sollten:

1) „Der Vertrag scheine nicht mit dem Zollvereine als solchem, sondern mit den einzelnen Vereinsstaaten abgeschlossen zu sein."

Die Grundlosigkeit dieser Behauptung ergibt sich zum Theil aus obigen Bemerkungen über den Hergang der Sache. Die preußische Regierung hatte die Verhandlung im Namen und im Auftrag aller Vereins-Regierungen geführt, den Vertrag selbst im Entwurfe denselben mitgetheilt und erst nach erhaltener allseitiger Zustimmung die Unterzeichnung vornehmen lassen.

2) „Die Gleichstellung deutscher Schiffe mit den englischen in den großbritannischen Häfen werde in dem Vertrage nur stillschweigend vorausgesetzt, dadurch sei aber die Fortdauer dieser Bestimmungen nicht gesichert,

das englische Parlament könne die Sonderzölle wieder herstellen und die Navigationsgesetze von 1833 modificiren."

Auch diese Behauptung ist vollkommen irrig. Der Vertrag ist nach englischer Weise stylisirt, und diese Fassung ist allerdings für continentale Anschauungen etwas geschraubt und entbehrt der einfachen und klaren Darstellungsweise französischer und deutscher Verträge. Nach den in England geltenden juristischen Grundsätzen war aber diese Fassung nicht zu umgehen, und sie ist von diesem Standpunkte aus vollkommen correct und unzweideutig.

3) „Die Befugniß der Schiffe der einzelnen Zollvereins-Staaten zur Einfuhr nach England bleibe auch bezüglich der Häfen zwischen der Elbe und der Maas auf die Producte des Staates beschränkt, dem das Schiff angehöre, und umfasse nicht die Gesammt-Producte des Zollvereins. Es fehle ferner die Begriffsbestimmung eines Schiffes der binnenländischen Staaten."

Es ist diese Behauptung Nichts weiter als eine absichtliche gezwungene Interpretation, deren Unrichtigkeit nicht nur an und für sich zu Tage lag, sondern sich auch sofort in der Praxis ergab.

4) „Die Begünstigung bezüglich der Häfen zwischen Elbe und Maas sei selbst in Bezug auf Preußen illusorisch, weil die Möglichkeit ihrer Ausübung davon abhänge, ob die betreffenden Regierungen eine solche freie Ausfuhr von preußischen und anderen Vereinsgütern aus ihren Häfen zugeben würden. Dabei seien die Zugeständnisse auch noch dadurch bedingt, daß in diesen Häfen die englischen Schiffe und Ladungen beim Einlaufen und beim Abgange mit den Schiffen der Zollvereinsstaaten gleich behandelt würden."

Auch dieser Einwand ist ein so gezwungener und in sich nichtiger, daß er jetzt einer weiteren Erörterung wohl nicht mehr bedarf.

5) „Es sei zweifelhaft, ob das britische Cabinet nach der Navigations-Acte das Recht gehabt habe, den in Rede stehenden Vertrag abzuschließen," eine Frage, deren Untersuchung und Entscheidung jedenfalls nicht Aufgabe der deutschen Publicistik war.

6) „Für den Zollverein sei gar Nichts geschehen, die Producte seiner einzelnen Staaten würden als die Producte einander ganz fremder Staaten angesehen," was nach dem, was oben zu Nr. 1 und 3 bemerkt worden, vollkommen falsch ist.

7) „Der Vertrag habe die nachtheilige Wirkung, die außerhalb des

Vereins noch befindlichen deutschen Staaten an der Nordsee vom Beitritte abzuhalten.“

Auch hierfür blieben die Opponenten jeden Beweis schuldig. Jetzt, wo die Ursachen, welche den Beitritt der norddeutschen Staaten so lange verzögert haben, offen zu Tage liegen, bedarf es über diese Behauptung, die von Seite der süddeutschen Publicistik sicherlich etwas anmaaßlich klang, keiner Bemerkung mehr.

Die preußische Regierung veröffentlichte gegen diese Angriffe in der Allgemeinen Preußischen Staatszeitung vom 16. und 18. Juni 1841 ausführliche Widerlegungen, welche auch unter dem Titel: „Die Handels- und Schifffahrts-Convention zwischen dem Zollverein und England vom 2. März 1841“ besonders abgedruckt erschienen.

Die Polemik gegen denselben, so leidenschaftlich sie auch eröffnet und eine Zeit lang unterhalten wurde, verstummte sehr bald, da sie in keinen positiven Interessen wurzelte, sondern mehr durch doctrinairen Eigensinn und Rechthaberei hervorgerufen war. Sie ist aber deshalb von geschichtlichem Interesse, weil sich in ihr bereits diejenigen Kämpfe abspiegeln, welche die zweite Vereins-Periode bringen sollte und welche vorzugsweise durch die schwäbische nationalwirthschaftliche Schule und deren Vertreter hervorgerufen wurden.

Die eigentliche und nächste Veranlassung zu dem Vertrage fiel bald darauf mit der Kündigung und Auflösung des holländischen Vertrags weg; gleichwohl blieb er noch längere Zeit in Kraft bis zum Jahre 1848, nachdem er im Mai 1847 von Seite Preußens im Einverständniß mit allen übrigen Vereins-Regierungen gekündigt worden war.

Vertrag mit Griechenland.

Es war dies eigentlich kein Vertrag des Zollvereins, sondern derselbe wurde von Preußen nur für sich, im eigenen Namen abgeschlossen und den übrigen Vereins-Staaten nur der Beitritt vorbehalten.

Im Sommer 1839 wurde der preußischen Regierung durch das griechische Gouvernement der Abschluß eines Schifffahrts- und Handels-Reciprocitäts-Vertrags nach Analogie eines von Griechenland unterm 10. December 1837 mit den Vereinigten Staaten von Nordamerika abgeschlossenen Vertrags vorgeschlagen, welcher letzterer Vertrag seiner Seits im Wesentlichen dem Handels- und Schifffahrts-Vertrage zwischen

Preußen und Nordamerika vom Jahre 1829 nachgebildet war. Preußischer Seits wurde auf das Anerbieten eingegangen und der preußische Geschäftsträger in Athen mit den nöthigen Instructionen versehen. Der Vertrag sollte außer den eine Herstellung vollständiger Reciprocität in den Schifffahrts-Verhältnissen bezweckenden Verabredungen nur noch die üblichen allgemeinen Bestimmungen wegen der Befugniß der Unterthanen des einen Staats, in dem Gebiete des andern Theils Handels-Geschäfte zu treiben, dann wegen der Gleichstellung der Einfuhren aus, oder der Ausfuhren nach dem Gebiete des anderen Theiles mit den Ein- und respectiven Ausfuhren im Verhältnisse zu andern Ländern, sowie eine Stipulation wegen gegenseitiger Befugniß zur Anstellung von Consuln enthalten. Die preußische Regierung glaubte daher auch den Vertrag nicht zu denjenigen Handelsverträgen rechnen zu sollen, auf welche sich der Separat-Artikel 15 zu Artikel 39 des Vereinsvertrags bezog, gemäß welchem für jeden Vereinsstaat die Verbindlichkeit bestand, nicht nur vor der Eröffnung der Verhandlungen die übrigen Mitglieder des Vereins zur Mittheilung aller erforderlichen Notizen über ihre besonderen Interessen einzuladen, sondern auch vor der förmlichen Ratification den übrigen Vereinsstaaten den vollständigen Inhalt zum Zwecke ihrer zustimmenden Erklärung zu eröffnen, behandelte ihn vielmehr als einfachen Schifffahrtsvertrag.

Zu diesem Ende wurde in den Vertrag ein Artikel aufgenommen, durch welchen die griechische Regierung sich bereit erklärte, den Stipulationen des Vertrages, so weit sie nicht als lediglich die gegenseitigen Schifffahrts-Verhältniße betreffend ihrer Natur nach auf das Verhältniß zwischen Preußen und Griechenland beschränkt bleiben müßten, auch in dem Verhältniße zu denjenigen der mit Preußen im Zollverbande stehenden deutschen Regierungen Anwendung geben zu wollen, welche ihrer Seits erklären würden, gegen Griechenland die Reciprocität ausüben zu wollen. Von dieser Befugniß machte später nur ein Theil der Vereins-Regierungen Gebrauch.

Die preußische Regierung theilte übrigens den Vertrag im Entwurf sämmtlichen Vereins-Regierungen mit, ließ jedoch, ohne deren Antworten abzuwarten, am 12. August 1839 die Unterzeichnung in Athen vornehmen. Der Vertrag hat übrigens so viel bekannt zu weiteren Erörterungen keinen Anlaß geboten und dürfte jetzt, wenigstens in Griechenland, ziemlich in Vergessenheit gerathen sein.

Vertrag mit der Türkei.

Ungleich wichtiger ist ein bald darnach mit der Türkei eingeleiteter Vertrag.

Preußen hatte schon seit längerer Zeit mit der Pforte diplomatische Beziehungen und vertragsmäßige Handelsverhältnisse. Der erste Vertrag, ein sogenannter Freundschafts- und Handelsvertrag, wurde am 22. März 1761 abgeschlossen und in dem späteren Allianz-Vertrage vom 31. Januar 1790 bestätigt. In Folge dieses Vertrags, der bis nach der Gründung des Zollvereins in anerkannter Gültigkeit verblieb, genossen die preußischen Unterthanen im Gebiete der Pforte völlig dieselben Rechte, welche dem Handel und den Unterthanen anderer Staaten in den von der Pforte abgeschlossenen Verträgen und Capitulationen eingeräumt worden waren.*)

Nach diesen bisher zwischen der Pforte und den Staaten des Abendlandes bestandenen Verträgen war den Unterthanen der letzteren die Freiheit der Waaren-Einfuhr in das Gebiet der Pforte sowie die Ausfuhr aus selbigem gegen einen Ein- und respective Ausfuhrzoll von 3 % des Werthes zugesichert, und der Betrag dieser Procente in deren Anwendung auf den Werth der einzelnen Waaren-Artikel wurde periodisch auf eine Reihe von Jahren im Gelde durch Tarife festgestellt, die zwischen der Pforte und den einzelnen Gesandtschaften der betheiligten Staaten unterhandelt und vereinbart wurden. Die finanziellen Bedrängnisse der Pforte führten selbe allmählich zu einem System, bei welchem sie zwar dem Wortlaut der Verträge hinsichtlich der Erhebung von nur 3 % als Eingangs- und Ausgangs-Zoll treu blieb, in der Wirkung aber dennoch die Einfuhren und Ausfuhren sehr erschwerte und mit höheren Abgaben belastete. Besonders nachtheilig für die Ausfuhren war das System der Monopole, indem die türkische Regierung theils selbst gewisse Landesproducte zu willkürlich festgesetzten Preisen von den Producenten aufkaufen ließ, um sie zu weit höheren Preisen wieder zu verkaufen oder für eigene Rechnung ausführen zu lassen, theils Erlaubnißscheine (teskere) verkaufen ließ, auf deren Grund die Besitzer solcher Scheine das Recht erhielten, gewisse Landesproducte zu sehr niedrigen von den Provinz-Behörden festgesetzten Preisen einzukaufen, um sie nachher im Lande oder an den Stapelplätzen zu höheren Preisen zu veräußern oder

---

*) Der erwähnte Vertrag ist niemals amtlich publicirt worden; derselbe ist jedoch in der zweiten Ausgabe der Memoiren-Sammlung des Grafen Hertzberg abgedruckt und aus dieser in das bekannte Recueil von Martens übernommen worden.

auszuführen. Hierzu kamen noch Abgaben für die Verführung der Waaren von einem Orte zum andern, so daß die Hauptartikel der türkischen Ausfuhr, bevor sie an den Ausfuhrort gelangten, oft schon 15—20 % und selbst noch mehr an Zöllen zu tragen hatten.

Ein ähnliches Verfahren fand bei den Einfuhren statt.

Der zweckmäßigste Weg der Abänderung bestand offenbar darin, die Monopole, inneren Zölle und anderen Beschränkungen aufzugeben, dagegen die eigentlichen Ausgangs- und Eingangs-Zölle zu erhöhen, wozu jedoch die Beistimmung derjenigen Regierungen nöthig war, mit welchen die Pforte in Vertrags-Verhältnissen stand.

Hierzu hatte England, der bei dem Handel im Gebiete der Pforte in erster Linie betheiligte Staat, zuerst die Hand geboten, und es kam in Folge hiervon zwischen jener Macht und der Pforte unterm 16. Aug. 1838 ein Handelsvertrag zu Stande, dessen wesentlichste Punkte darin bestanden, daß unter Bestätigung der früheren vertragsmäßigen Rechte der englischen Unterthanen und Schiffe, so weit sie durch den neuen Vertrag nicht modificirt wurden, die Pforte den oben gedachten Monopolen und den inneren auf der Einfuhr oder Ausfuhr haftenden Zöllen zu Gunsten der englischen Unterthanen entsagte, zu deren Compensation hinsichtlich der Ausfuhr eine Abgabe von 9 Procent bei der Ankunft der Waaren aus dem Innern an dem Orte, wo sie ausgeführt werden sollten, sodann aber bei der Ausfuhr selbst der bisherige Ausfuhrzoll von 3 Procent, hinsichtlich der Einfuhr aber neben dem bisherigen Einfuhrzolle von 3 Procent noch eine Additionalabgabe von 2 Procent eintreten sollte, nach deren Erlegung es dem Einführer freistehen sollte, die Waaren an Ort und Stelle zu verkaufen oder nach anderen Theilen des Gebiets der Pforte zu führen, ohne daß von dem Verkäufer, Käufer oder Commissionair irgend eine weitere Abgabe erhoben werden durfte.

In Betreff der Durchfuhr wurde das bisher schon factisch Bestehende vertragsmäßig festgestellt, daß nämlich die Waarendurchfuhr durch die Dardanellen und den Bosporus, selbst im Falle der Verladung von Bord zu Bord, oder augenblicklicher Ausladung der Waaren am Lande, zollfrei, und übrigens alle zum Transit eingehenden Güter nur dem Zolle von 3 Procent unterworfen waren.

Der Vertrag enthielt ferner eine Bestimmung, wonach die Pforte ihre Bereitwilligkeit erklärte, die Stipulationen desselben auch gegen die übrigen befreundeten Mächte auf deren Verlangen eintreten zu lassen.

Dem Beispiele Englands folgte sofort Frankreich durch eine unterm

25. November 1838 mit der Pforte abgeschlossene Convention. Die übrigen Seestaaten hielten anfangs etwas zurück, um die factische Ausführung dieser Verträge zu beobachten, zumal in dieser Beziehung vielfache Zweifel erhoben wurden; indessen hatten bis Ende 1839 bereits Oesterreich, Spanien, Sardinien, Schweden, Niederlande, Belgien und die Vereinigten Staaten von Nordamerika mit der Pforte abgeschlossen oder doch Verhandlungen eröffnet.

Im Sommer 1839 erhielt nun auch der preußische Gesandte in Konstantinopel, Graf Königsmark, den Auftrag, Einleitungen zu einem neuen Vertrage Preußens und eventuell des Zollvereins mit der Pforte auf der Basis des englischen Vertrags zu treffen. Bezüglich der Betheiligung der übrigen Zollvereinsstaaten war er beauftragt, der Pforte einen nach dem Vorbild des Art. 21 des Vertrags mit Griechenland gefaßten Artikel vorzuschlagen, dabei aber zu erklären, daß die preußische Regierung auch bereit wäre, wenn die Pforte etwa die Form eines die sämmtlichen Zollvereinsstaaten ausdrücklich als Paciscenten aufführenden Handelsvertrags vorziehen sollte, hierzu mitzuwirken und die Zustimmung der übrigen Zollvereinsstaaten zu vermitteln. Wider Erwarten erklärte sich Reschid Pascha für die letztere Form, und die preußische Regierung erließ daher im März 1840 an die übrigen Zollvereinsstaaten die erforderliche Einladung. Da diese sämmtlich einstimmten, so erhielt der preußische Gesandte in Konstantinopel die geeignete Instruction, worauf von ihm mit dem Bevollmächtigten der Pforte der beabsichtigte Vertrag am 22. October 1840 abgeschlossen wurde. Die Auswechselung der Ratificationen fand am 29. Mai 1841 in Konstantinopel statt, worauf nach Art. X des Vertrags unter Zuziehung der in Konstantinopel ansässigen Kaufleute aus Preußen der im Wesentlichen mit dem englischen und französischen Tarife übereinstimmende Vertragstarif vereinbart wurde. *)

Der Vertrag selbst erhält zunächst alle älteren Vertragsbestimmungen zwischen Preußen und der Pforte, so weit solche mit dem neuen Vertrage nicht im Widerspruche stehen, aufrecht, dehnt dieselben auf alle übrigen Vereinsstaaten aus und sichert allen Unterthanen der Vereinsstaaten die Behandlung auf dem Fuße der meistbegünstigten Nation zu. Ebenso gewährt

*) Ueber den Vertrag wurde von der preußischen Regierung ein umfassender Aufsatz in der Staatszeitung veröffentlicht. Derselbe erschien auch besonders abgedruckt als Brochüre unter dem Titel: „Der Handelsvertrag zwischen Preußen und den übrigen Staaten des Zoll- und Handelsvereins mit der Pforte. Berlin 1841, in der Decker'schen geheimen Oberhofbuchdruckerei."

er denselben Freiheit des Handels; die Pforte verpflichtet sich alle Monopole abzuschaffen, leistet auf den Gebrauch der Teskeres Verzicht und setzt für die Ausfuhr ein- für allemal eine Abgabe von 9 Procent und außerdem für die wirkliche Ausfuhr von 3 Procent des Werthes fest; desgleichen für die Einfuhr fremder Waaren einen Einfuhrzoll von 3 Procent mit einem Zuschlage von 2 Procent des Werthes. Die übrigen Bestimmungen betreffen theils die nähere Ausführung dieser Stipulationen, theils die Rechte der Vereinsunterthanen in Bezug auf Handel und Verkehr, auf Passirung des Bosporus und der Dardanellen und den Handel in den in Afrika gelegenen Theilen des türkischen Reiches.

Beigefügt ist dem Vertrage der conventionelle Tarif mit der Werthszollberechnung der einzelnen Waaren.

Derselbe wurde unterm 20. März 1862 durch einen neuen, etwas modificirten Vertrag ersetzt.*)

Achtzehntes Kapitel.

Erste Erneuerung der Vereinsverträge. 1841.

Durch den Artikel 41 des Zollvereinsvertrags war die Dauer des Vereins bis zum 1. Januar 1842 festgesetzt worden. Nach dem geheimen Artikel, dessen Fassung zu so vielen Anständen Anlaß gab und der auch bei der Ratification von Bayern beanstandet worden war, sollte unter gewissen Voraussetzungen eine außerordentliche Kündigung zuläßig sein, und zwar bis 1. Januar 1837, in welchem Falle die Auflösung des Vertrags am 1. Januar 1838 eingetreten wäre. Der einfache Vorbehalt einer außerordentlichen Kündigung blieb zwar, mußte aber in Folge der späteren Accession von Baden, Frankfurt und Nassau bis 1. Januar 1840 verlängert werden. Da bis zu dem für die außerordentliche Kündigung zuletzt vereinbarten Termine vom 31. März 1839 kein Vereinsstaat von diesem Vorbehalte Gebrauch gemacht hatte, so stand die Vertragsdauer bis 1. Januar 1842 fest, und da die Kündigung zwei Jahre vor diesem Termine stattfinden mußte, so konnte das Jahr 1839 nicht zu Ende gehen, ohne daß die Vereins-

*) Vergl. Dittmar, Der deutsche Zollverein, I. S. 39 flg.

regierungen ihre Absichten bezüglich der Erneuerung der Vereinsverträge irgendwie festgestellt hätten. Für Alle aber lag eine dringende Veranlassung vor, die politischen, volkswirthschaftlichen und finanziellen Resultate des Vereins ernstlich ins Auge zu fassen.

Nur wenige Jahre waren verflossen, seit sich der Zollverein durch den Beitritt von Baden, Frankfurt und Nassau territorial geschlossen und vollständig constituirt hatte, und gleichwohl hatte diese kurze Zeit hingereicht, nicht blos um das gesammte deutsche Verkehrswesen vollständig umzugestalten und durch die eröffnete freie Bewegung im Innern in völlig neue Bahnen zu lenken, sondern auch um die Wirkungen der neuen Institution zu erproben und die Ansichten der Regierungen sowohl wie der Nation über dieselbe in einer Weise festzustellen, welche als bestimmendes Element in die künftigen Verhältnisse Deutschlands einzugreifen berufen war. Nicht blos einzelne Männer und Parteien, sondern selbst ganze Volksstämme und Regierungen hatten in dieser kurzen Zeit ihre Anschauungen und Interessen vollständig gewechselt; der Zollverein war als deutsche Institution ins wirkliche Leben getreten, hatte seine Lebensfähigkeit erprobt und sich gar bald neben dem Bundestage eine Bedeutung und Geltung verschafft, die letzteren in den Schatten stellen zu wollen drohte. Die nationale Bedeutung, die der Bundestag in einem zwanzigjährigen Bestande anzustreben versäumt hatte, war dem Zollvereine in Folge seiner gemeinsamen materiellen Grundlage schon in den ersten Jahren gleichsam von selbst zugefallen. Alle die nationalen Ideen, welche seit dem Jahre 1812 die deutsche Jugend begeistert und seitdem unter dem Drucke politischer und polizeilicher Bevormundung manchen illegalen Auswuchs getrieben hatten, wandten sich jetzt dem Zollvereine zu, und je mehr sich die Regierungen und der Bundestag die fruchtlose Mühe gaben, sie auf dem politischen Gebiete zu ersticken, um so kräftiger und gesunder entwickelten sich dieselben an der Hand der materiellen Interessen. Von diesen getragen und ihrerseits selbst wieder diese Interessen stützend und fördernd durchdrangen sie allmälig alle Schichten der Bevölkerung und gaben dadurch dem Zollvereine eine politische Richtung, die seiner ersten Gründung noch ziemlich fern gelegen hatte. Der heiße und leidenschaftliche Kampf, den diese Verbindung bald darauf hervorrief, war nur eine nothwendige Folge ihrer Entwickelung, es waren die ersten Jugendjahre der nationalen Ideen, die in dem Zollvereine die bisher fehlende materielle Grundlage ihrer Existenz gefunden hatten und ihre noch völlig ungeregelten Kräfte im Kampfe versuchen wollten. Die leidenschaftlichen Angriffe gegen den holländischen und den englischen Vertrag waren das erste Symptom dieses aufsteigenden Gewitters, ein noch unbeholfener Versuch, dem Zollvereine in dem politischen Staatensysteme Europas die äußere Anerkennung zu verschaffen, die ihm die bisherige ausschließend bureaukratische Leitung verkümmern zu wollen schien.

Diese höhere politische Aufgabe und Bedeutung des Zollvereins war indessen damals wohl nur von sehr wenigen Männern erkannt worden. Die meisten Staatsmänner begnügten sich zu constatiren, daß die Bedenken, die bei seiner Gründung in Bezug auf die Stellung der mittleren und kleineren Staaten und ihre von Preußen bedrohte Selbständigkeit geltend gemacht worden waren, sich nicht realisirt hatten. Die preußische Regierung hatte ihrerseits zu diesem Erfolge nicht wenig beigetragen. Sie war aufrichtig bemüht gewesen, das Princip der Gleichberechtigung und Selbständigkeit, das der Zollverein einmal adoptirt hatte, in keiner Weise zu verletzen, und obwohl sie factisch die Leitung der Geschäfte, namentlich der Verhältnisse zum Auslande, in der Hand hatte, gleichwohl bestrebt, Dies in einer Weise zu üben, welche nach keiner Seite hin verletzen konnte. Kleinere formelle Differenzen, welche hin und wieder, namentlich bei Verträgen mit dem Auslande, vorkamen, waren von ihr sofort, meist in der zuvorkommendsten Weise, beseitigt worden, und selbst die inclavirten Territorien, wie die anhaltischen Fürstenthümer, deren Regierungen früher so vielfache und so laute Remonstrationen gegen die preußische Regierung erhoben hatten, fanden in dieser Periode, nachdem einmal ihre Zollverhältnisse geordnet waren, keinen irgend erheblichen Grund zu einer Klage mehr. Die Ständekammern der einzelnen constitutionellen Regierungen, die im Anfange vielfache Besorgnisse über eine allenfallsige Beschränkung ihrer Befugnisse und mögliche Eingriffe in das constitutionelle System hatten laut werden lassen und selbst hie und da hindernd in den raschen Vollzug der Vereinsbeschlüsse eingegriffen hatten, versöhnten sich mit dem neuen Stande der Dinge, da sie sahen, daß die befürchteten Eingriffe ausblieben, Preußen vielmehr, obschon es seinerseits noch weit entfernt war, selbst in die constitutionelle Bahn einzulenken, gleichwohl sich bemühte, im Zollvereine die constitutionellen Formen seiner Mitverbündeten unangetastet zu lassen.

In politischer Beziehung mußten daher die bisherigen Resultate des Zollvereins allseitig als befriedigend anerkannt werden.

Noch günstiger waren ohne Zweifel die volkswirthschaftlichen Ergebnisse. Der demoralisirende Schmuggel im Innern Deutschlands war mit den zahlreichen Zolllinien, die ihn hervorgerufen hatten, vollständig verschwunden; an die Stelle dieser Zolllinien und der vielfachen dem Verkehre bereiteten Hemmnisse war eine Verkehrsfreiheit getreten, deren sich in gleichem Maaße Deutschland noch nie erfreut hatte und die von dem Handelsstande wie von dem Publicum, das der vielfachen und zum Theile kleinlichen Mauthplackereien in hohem Grade überdrüssig war, mit lauter Anerkennung begrüßt wurde. Zwischen den einzelnen deutschen Staaten bildete sich sehr rasch ein lebhafter Zwischenverkehr; viele Provinzen, die bisher für ihre Producte nur ein sehr begrenztes Absatzgebiet hatten, erhielten nun mit einem Male einen freien Absatz nach allen Theilen des Zollvereins, und dieser rechtliche Erwerb verbreitete nicht nur Wohlstand, sondern erwies sich in jeder Beziehung so viel wohlthätiger als der frühere Schmuggelverkehr, daß der letztere selbst von den dabei betheiligten Bevölkerungen nicht vermißt wurde. Dagegen hatten sich in allen Theilen des Vereins Handel und Verkehr gehoben, die Industrie, die früher theils gänzlich darnieder gelegen, theils nur ein verkümmertes Dasein gefristet hatte, lebte allgemein frisch auf, neue Industriezweige entstanden in Menge, die alten erweiterten und verbesserten sich. Die Fabrikthätigkeit, die früher auf einzelne wenige Orte beschränkt war, verbreitete sich über ganze Districte, und gar bald sammelten sich an besonders begünstigten Localitäten zahlreiche Fabriken gleicher oder analoger Art an, welche nun nicht mehr blos für den Absatz nach den nächsten Gegenden und Provinzen arbeiteten, sondern ihren Verschleiß über ganz Deutschland erstreckten. Bereits wagten sich einige derselben auf den allgemeinen Weltmarkt, auf welchem früher nur einige wenige deutsche Industrien erschienen waren, und machten dort der englischen und französischen Industrie selbst in solchen Artikeln Concurrenz, in welchen diese bisher allein das Feld behauptet hatten.

Die Verwendung von Maschinen, die bisher nur in sehr beschränktem Maaße stattgefunden hatte, mehrte sich in kolossalem Maaßstabe, so zwar, daß die einheimische Maschinen-Industrie, die ohnedies in den ersten Anfängen begriffen war und der es an Vertrauen wie an den nöthigen technischen Kenntnissen fehlte, nur allmälig dem Bedürfnisse zu entsprechen vermochte und der Bezug der neueren und complicirten Maschinen noch größtentheils aus dem Auslande stattfinden mußte. Am auffallendsten waren diese Resultate in denjenigen Gegenden, in welchen bereits ältere Industrien bestanden und wo sich daher bereits technische Kenntnisse und Unternehmungsgeist sowie Capital vorfanden oder wo kluge und einsichtige Regierungen durch zweckmäßige Institutionen den Unternehmungsgeist und technische Bildung förderten; weniger in den ackerbauenden und denjenigen Districten, in welchen die Bevölkerung allzu sehr an dem Hergebrachten hing und Neuerungen wenig zugänglich war oder wo der allgemeine und technische Unterricht nur mangelhaft gepflegt wurde.

So wie die höhere Industrie den allgemeinen Wohlstand förderte und einem zahlreichen Theile der Bevölkerung neue Quellen des Unterhalts verschaffte, so blieb die Rückwirkung dieser Resultate auf die anderen Stände nicht aus. Der geringere Gewerbsstand sowohl wie die Landwirthschaft fühlte sehr bald die steigende Consumtionskraft der Bevölkerung im eigenen Wohlergehen, und obwohl einzelne Mißjahre die ländliche Bevölkerung hart betrafen, so vermochte sich dieselbe gleichwohl bei dem Steigen des allgemeinen Wohlstandes sehr bald wieder von den Folgen derselben zu erholen. Im Vergleich zu den fast unerträglich gewordenen Zuständen, wie sie vor Bildung des Zollvereins in den meisten Theilen von Deutschland bestanden, war eine so unverkennbare allgemeine Besserung eingetreten, daß allenthalben sich die einstimmige Zufriedenheit der Bevölkerung mit dieser neuen Schöpfung und das Verlangen nach seiner Fortdauer und Erweiterung aussprach.

Auch die Mehrzahl der Regierungen hatte vollen Grund mit den finanziellen Ergebnissen des Zollvereins zufrieden zu sein. Bisher hatte man in den meisten kleineren Staaten das Institut der Zölle lediglich als eine Finanzquelle betrachtet und seine volkswirthschaftliche Grundlage weniger erkannt und beachtet. Daher waren in den Regierungskreisen die Augen vorzugsweise auf die finanziellen Ergebnisse gerichtet, und manche der älteren Staatsmänner schienen geneigt, den Werth eines Zollsystems lediglich nach seinen finanziellen Resultaten zu beurtheilen.

Die kleineren Staaten Deutschlands hatten der Natur der Sache nach vor Bildung des Zollvereins theils gar keine, theils nur verhältnißmäßig geringe Erträgnisse aus Zöllen. An vielen Orten waren sie mit den übrigen Consumtionssteuern in einer Weise vermischt, daß ihr eigentlicher Betrag nicht festzustellen war. Nur die größeren Staaten und vor allen Preußen (seit 1818) hatten ein geordnetes Zollwesen, und letzteres bezog daher aus demselben eine nicht unerhebliche Rente. Da das preußische Zollsystem die Grundlage für das Vereinszollsystem gebildet hatte und mit dem Jahre 1834 keine Erhöhungen, sondern vielmehr zahlreiche Minderungen der früheren preußischen Tarifsätze eingetreten waren, so konnte Preußen keine Erhöhung seiner Zollrevenuen erwarten. Um so reichlicher traten die Erhöhungen bei den übrigen Vereinsstaaten in dem Verhältnisse ein, wie deren frühere Systeme mangelhaft und ungenügend gewesen waren. Alle diese hatten in dem neuen Zollsysteme eine unerwartete Quelle ergiebigen Einkommens gefunden, und ihre Interessen waren daher aufs Innigste mit dem unveränderten Bestande des Zollvereins verknüpft, wenn auch hie und da noch ihre natürliche Tendenz sich gegen eine Unterordnung unter eine gemeinsame Leitung oder das Aufgeben unberechtigter particularer Vortheile oder Interessen sträubte.

In ganz anderer Lage befand sich Preußen. Allerdings waren die volkswirthschaftlichen Vortheile für Preußen dieselben wie für die übrigen Vereinsstaaten, ja es hatte sogar in Folge der höheren geistigen und industriellen Entwickelung eines Theiles seiner Provinzen, insbesondere der Rheinlande, dann in Folge der verständigen und überaus thätigen Pflege, die es seiner Industrie angedeihen ließ, einen großen Vorsprung vor den meisten übrigen Vereinsstaaten gewonnen und in denselben ein höchst ergiebiges Absatzgebiet für seine Industrie gefunden. Allein der Erfolg für seine Staatsfinanzen konnte unmöglich der gleiche sein wie für die übrigen Vereinsstaaten; und da einige derselben im Anfange noch nicht die gleiche Consumtionsfähigkeit wie mehrere der preußischen Provinzen hatten, die Einnahmen gleichwohl aber nach dem Maaßstabe der Bevölkerung vertheilt wurden, so war eine momentane Minderung des Erträgnisses in Preußen nicht blos möglich, sondern auch wahrscheinlich. In Preußen hatten die Erträgnisse aus den Zöllen und indirecten Steuern bis zum Jahre 1834 den Betrag von 20 Sgr. pr. Kopf der Bevölkerung erreicht, während dieser Betrag im Jahre 1834 plötzlich auf 15 Sgr. $6_{,74}$ Pf. gefallen war und sich seitdem erst langsam wieder bis 21 Sgr. $11_{,13}$ Pf. im Jahre 1840 gehoben hatte. In ganz anderem Maaße waren dagegen die Zolleinnahmen der übrigen Vereinsstaaten gewachsen. So hatten z. B. in Bayern die Antheile an den gemeinschaftlichen Zollrevenuen des bayrisch-württembergischen Vereins betragen:

im Jahre 1830/31 1,893,847 fl. }
im Jahre 1831/32 2,104,951 fl. } oder im Durchschnitt 1,999,399 fl.,

dagegen im Jahre 1834 an den Revenuen des großen Zollvereins
3,859,054 fl.*)

Allerdings war diese Erhöhung theilweise eine Folge der höheren Sätze des neuen Vereinstarifs, welche dem preußischen Tarife entsprachen. Allein auch bei einer Vergleichung der einzelnen Sätze ergab sich eine auffallende Ungleichheit der Steigerung, welche sich nicht dadurch erklären ließ, daß für Preußen die Zollsätze die alten geblieben, für die übrigen Vereinsstaaten aber gesteigert worden waren.

*) Vergl. Kühne, Der deutsche Zollverein während der Jahre 1834—1845.

Bei der fast ausschließend finanziellen Leitung, unter welcher bisher in Preußen die Zollangelegenheiten gestanden hatten, mußte ein solches Resultat bei seinen Staatsmännern Bedenken erregen. Wenn man auch die volkswirthschaftlichen und politischen Vortheile, die der Zollverein Preußen brachte und von welchen es erstere in höherem Maaße als die übrigen Vereinsmitglieder, letztere aber ganz allein genoß, nicht in Abrede zu stellen vermochte, so sträubte man sich doch entschieden gegen die Idee, daß die übrigen Vereinsstaaten relativ höhere finanzielle Erträgnisse aus dem Verein ziehen sollten als Preußen, letzteres also gewissermaaßen von seinen Erträgnissen Etwas an die übrigen abzugeben hätte, und dachte daher auf Mittel und Wege, um Diesem abzuhelfen. So wie also der Termin für den vertragsmäßigen Ablauf des Vereinsvertrages, resp. für die Kündigung desselben herannahte, war die preußische Finanzverwaltung auf das Eifrigste bemüht, ihre Ansprüche auf eine für Preußen günstigere Vertheilung der Vereinsrevenuen zu formuliren und die Materialien zur Begründung derselben zu sammeln. Die meisten der übrigen Vereinsstaaten hatten von diesen Absichten der preußischen Finanzverwaltung theils keine Kenntniß, theils legten sie denselben keine so große Tragweite und Bedeutung bei, wie dieselben nachher zu ihrer Bestürzung wirklich entwickelten. Zwar hatte Preußen schon gegen das Ende des Jahres 1837 die sächsischen und thüringischen Staaten auf den bedeutenden Verlust aufmerksam gemacht, der für Preußen aus der bestehenden Revenuentheilung nach dem Bevölkerungs-Maaßstabe entstehe. Damals war jedoch, wie es scheint, auf diese Erklärung kein besonderer Werth gelegt worden, weil man in derselben nur ein von Preußen benutztes Argument für die von ihm beantragte Erhöhung der Branntweinsteuer zu sehen glaubte.

Erst gegen Schluß des Jahres 1839, als die preußischen Finanzbehörden mit ihren Vorarbeiten fertig waren und nun die Regierung in Folge eines Vortrages des General-Steuerdirectors Kühlmayer sich damit beschäftigte, ihren Entschluß bezüglich der Erneuerung der Vereinsverträge festzustellen, wurden die meisten der übrigen Vereinsregierungen auf diese Frage aufmerksam und beschäftigten sich nun auch ihrerseits mit Vorarbeiten für dieselbe oder sahen mit Spannung den Eröffnungen Preußens entgegen.

Die preußische Erklärung erfolgte denn auch unterm 22. Decbr. 1839. Diese für die Geschichte der inneren Entwicklung des Zollvereins höchst wichtige Urkunde hebt im Eingange die Vortheile hervor, welche der Zollverein für die deutschen Staaten gebracht habe, und bemerkt dabei, „daß der preußischen Regierung von Seiten der übrigen Vereinsregierungen keine Erklärungen zugegangen seien, welche irgend einen Zweifel darüber übrig ließen, daß sie die Fortdauer des Vereins aufrichtig wünschen. In einer ganz andern Lage als alle übrigen deutschen Staaten befinde sich jedoch Preußen, wenn es seinen jetzigen Zustand, wie sich solcher in Folge des Zollvereins entwickelt habe, mit dem früheren vergleiche. Preußen habe bereits vor Gründung des Zollvereins ein vollendetes, durch Erfahrung bewährtes Zollsystem besessen, welches, indem es der Industrie seiner eigenen Bevölkerung neben dem innern freien Markte Schutz gegen nachtheilige fremde Concurrenz gewährte, zugleich eine erhebliche Einnahme für seine Casse abwarf. Wenn auch Preußen nicht verkenne, daß seine Unterthanen an den allgemeinen vortheilhaften Resultaten des Vereins Antheil erhalten haben, so stelle sich die Sache doch ganz anders aus dem finanziellen Gesichtspunkte dar. Man wolle die Opfer nicht aufrechnen, welche Preußen schon im Laufe der jetzigen Vereinsperiode bei dem allmäligen Anschlusse einzelner Staaten gebracht habe, und man behalte sich nur vor, darüber allenfalls noch besondere Nachweise vorzulegen, welche zum Zeugnisse von den aufrichtigen und ernsten Bemühungen Preußens für die Gründung des Vereins, dessen Erhaltung und weitere Ausbildung dienen mögen. Indem man im Uebrigen nicht auf die Vergangenheit zurückgehen wolle, würden es jedoch die anderen Vereinsstaaten gewiß nicht unbegründet finden, daß Preußen ungeachtet aller seiner Bereitwilligkeit zur Fortsetzung des Vereins dennoch bei der Frage über den Beginn einer neuen Vereinsperiode erhebliche Bedenken hegen müßte, wenn sich ihm für selbige nicht eine andere Aussicht eröffnete, als auch künftig in finanzieller Hinsicht Opfer zu bringen, während alle anderen Mitglieder des Vereins eine vermehrte Einnahme fortdauernd sich berechnen können."

Die Denkschrift geht sodann auf die einzelnen Punkte über, bei welchen Preußen eine Modification der bisherigen Vereinsbestimmungen verlangen müsse, wobei in erster Stelle der Wein erwähnt wird. Die Denkschrift sagt hierüber:

„Ganz insbesondere sind es nämlich die Abgaben vom Wein, an denen die preußischen Staatscassen durch die Zollverhältnisse höchst bedeutende Verluste erleiden. Diese Verluste entstehen einerseits durch die den besonderen Consumtionsverhältnissen nicht entsprechende unbedingte Theilung der Eingangsabgaben vom fremden Weine, andererseits durch die verhältnißmäßig zu niedrige Besteuerung der nach Preußen übergehenden vereinsländischen Weine. Preußen muß daher eine Vereinbarung wünschen, welche ihm und auch allen anderen Vereinsstaaten nicht allein den ausschließlichen Bezug der in der Eingangsabgabe enthaltenen Consumtionssteuer von dem im Inlande zur Verzehrung kommenden fremden Weine sichert, sondern ihm auch freie Hand gewährt, den vereinsländischen und inländischen Wein mit einer den übrigen Getränkesteuern und mit der Steuer vom fremden Wein in angemessenem Verhältnisse stehenden Abgabe für eigene Rechnung in ähnlicher Art zu belegen, wie Dies in dem größten Theile der süddeutschen Vereinsstaaten wirklich geschieht rc."

Die Denkschrift zählt sodann die übrigen Gegenstände auf, worüber Preußen neue Vereinbarungen verlangte, nämlich:

1) die Besteuerung des Runkelrübenzuckers;

2) Entfernung der Hemmnisse, welche bisher dem Abschlusse von Handelsverträgen mit auswärtigen Staaten besonders aus dem Grunde entgegenstanden, weil die Ratificationen einzelner Regierungen von der vorherigen Zustimmung der Stände abhängig gemacht worden waren;

3) Feststellung von entsprechenden Normen für die Waarenabfertigung auf dem Rheine und dessen Nebenflüssen;

4) eine Vereinigung über die Perception der Rheinzollgefälle zur Beseitigung der deshalb bestehenden Differenzen;

5) Maaßregeln zur besseren Sicherstellung des Einkommens vom Salzregal;

6) Modificationen bezüglich der Erhebung und Controlirung der Ausgleichungsabgaben;

7) definitive Regulirung der Grundsätze über die Zollbegünstigungen und resp. die an mehreren Grenzstrecken bestehenden Tarifsausnahmen zur Beseitigung der bestehenden Ungleichheiten in der Theilnahme an den Vortheilen und Lasten;

8) definitive Regulirung der bisherigen Differenzen, welche sich auf die Liquidation der Zollverwaltungskosten und der Entschädigung für die Alimentation der bei den Zollanschlüssen dienstlos gewordenen Beamten beziehen;

9) Entlastung der preußischen Staatscasse von den Vorschüssen, welche sie nach den bisherigen Abreden für die in Frankfurt a. M. auf Credit ausstehenden Zollgefälle zu leisten hatte.

So ruhig und conciliatorisch im Ganzen die Sprache der Denkschrift vom 22. December 1839 auch war und so sehr in derselben auch Alles vermieden war, was eine Auflösung des Vereins in Aussicht hätte stellen können, so machten gleichwohl die preußischen Forderungen bei allen Vereinsregierungen einen peinlichen Eindruck, der noch dadurch vermehrt wurde, daß Preußen auch bezüglich der Branntweinsteuer mit Forderungen auf eine seinen Finanzen günstigere Vertheilungsweise auftrat. Noch Ende December 1839 fand hierüber eine vertrauliche Zusammenkunft des preußischen Finanzministers v. Alvensleben und des General-Steuerdirectors Kuhlmayer mit den sächsischen und weimarischen Ministern von Zeschau und von Gersdorff statt, bei welcher von preußischer Seite Berechnungen vorgelegt wurden, nach denen Preußen bei der bestehenden Vertheilung der Branntweinsteuer jährlich um eine halbe Million Thaler zu kurz gekommen sein sollte.

Da die preußische Regierung in der Denkschrift selbst die Mittheilung ausführlicher Ausarbeitungen über alle einzelnen Punkte angekündigt hatte, so beschränkten sich die Antworten der einzelnen Regierungen zunächst auf allgemeine Aeußerungen. Noch im Januar 1840 waren fast von sämmtlichen Vereinsstaaten die Erklärungen eingetroffen, so daß nur noch jene von Thüringen, Nassau und Frankfurt fehlten. Bayern hatte sich im Allgemeinen zustimmend zu den meisten Punkten und mit der Verhandlung derselben einverstanden erklärt, jedoch sofort Einsprache gegen das angeregte neue Princip einer Modification des Weinzolles erhoben. Aehnliches war von Seite anderer Vereinsregierungen erklärt worden.

In Berlin war die definitive Redaction der Denkschriften über die einzelnen Anträge der preußischen Regierung, wie sie in der Erklärung vom 22. December angekündigt waren, einige Zeit zurückgelegt worden, weil man das Gutachten des hierin allgemein als Autorität geachteten Geheimen Oberfinanzrathes Windhorn darüber hören wollte, der seit mehreren Monaten als Pensionair in Erfurt sich niedergelassen hatte und zu diesem Zwecke nach Berlin berufen worden war, wo er Mitte Januar 1840 ankam. Die von ihm gemachten Bemerkungen über die Weinfrage veranlaßten eine völlige Umarbeitung der ganzen Vorlage.

Die neue Ausarbeitung war Ende Februar fertig und gelangte im März zur Vertheilung. Sie beginnt mit einer ausführlichen historischen und kritischen Darstellung der finanziellen und nationalwirthschaftlichen Resultate, welche für Preußen aus den verschiedenen, theils im Gesetzgebungs-, theils im Vertragswege entstandenen Modalitäten des Systems der Besteuerung ausländischer und inländischer Weine seit dem Jahre 1815 hervorgegangen waren. Nicht undeutlich sind die meisten vom Jahre 1822 an vorgenommenen Veränderungen als Fehlgriffe bezeichnet, welche zuletzt in den Verträgen von 1833 und 1835 ihren Höhepunkt zum Nachtheile Preußens erreichten. Nachdem insbesondere der Ausfall in den Zoll-Einnahmen Preußens für die drei Jahre 1836, 1837 und 1838 gegen die Periode 1832/33 auf durchschnittlich 627,028 Thlr. per Jahr berechnet worden, wird zu zeigen gesucht, daß die Ursache dieses Ausfalles theils der den Consumtionsverhältnissen nicht entsprechenden Theilung des Zollaufkommens, theils der verhältnißmäßig zu geringen Normirung der Ausgleichungs-Abgaben vom vereinsländischen Weine zuzuschreiben sei. Um nun diese finanziellen Nachtheile für die Zukunft abzuwenden, wurde eine Reihe von Vorschlägen aufgestellt, die ein ganz neues System einer Weinbesteuerung in sich begriffen. In der Hauptsache war die Idee festgehalten, die bisherige Abgabe vom ausländischen Weine in einen zwischen den Vereinsstaaten theilbaren Zoll von 1 Thaler pr. Centner und eine nicht gemeinschaftliche Consumtionsabgabe von $7^1/_2$ Thaler zu spalten; außerdem sollte die Abgabe von der Consumtion vereinsländischen Weines auf $^1/_3$ der Steuer vom ausländischen Wein gesetzt werden.

Gleichzeitig wurde auch die Redaction der Denkschriften über die übrigen preußischen Anträge festgestellt, so daß die wichtigsten derselben im März und April vertheilt werden konnten; mehrere derselben wurden jedoch viel später vollendet, so daß selbe erst unterm 16. August 1840 zur Vertheilung gelangten. Es wird hier genügen, nur einige der wichtigeren derselben näher zu berühren.

Bezüglich der Ausgleichungsabgaben stellte die hierüber ausgearbeitete preußische Denkschrift folgende Neuerungen als Verlangen Preußens auf:

a) Das Wegfallen der Schranke, wonach Ausgleichungsabgaben von vereinsländischen Erzeugnissen nur bezüglich gewisser Artikel und nur bis zu einem gewissen Maximalsatze erhoben werden durften.

b) Die Verwandlung des Grundsatzes, daß das Erzeugniß eines anderen Vereinsstaates nicht höher als das inländische belastet werden dürfe, in den Grundsatz, daß jenes nicht verhältnißmäßig höher belastet werden dürfe als dieses; wodurch eine absolut höhere Belastung der süddeutschen Tabaksblätter und Tabaksfabrikate sowie der Weine unter dem Gesichtspunkte relativer Gleichheit (wegen des höheren Werthes derselben) gerechtfertigt werden sollte.

c) Die allgemeine Aufhebung der Schranke, wonach Rückvergütung der inländischen Staatssteuer bei der Ueberfuhr des besteuerten Gegenstandes in ein anderes Vereinsland nicht gewährt werden durfte.

d) Die Aufstellung der Regel, daß die Erhebung der Ausgleichungsabgabe nicht bei der Uebergangs- oder Anmeldungsstelle, sondern am Bestimmungsorte stattfinden solle.

Die Besteuerung des Runkelrübenzuckers hatte, wie schon früher*) erwähnt worden, bisher bei mehreren Staaten, zum Theil aus constitutionellen Gründen, Widerstand gefunden. Die Absicht der preußischen Regierung war daher darauf gerichtet, die Erneuerung der Vereinsverträge als Mittel zu benutzen, um diesen Widerstand zu beseitigen. Dabei waren jedoch die preußischen Finanzmänner weit davon entfernt, eine Gemeinschaftlichkeit einer solchen Steuer und eine Vertheilung derselben nach der Bevölkerung im Auge zu haben, vielmehr gedachten sie auch hierin einen Modus der Erhebung und Vertheilung zu erzielen, welcher der angeblichen größeren Consumtion von Zucker in den nördlichen Vereinsstaaten zum Vortheile der preußischen Staatscasse Rechnung tragen sollte.

Bezüglich des Salzes war die Absicht der preußischen Regierung darauf gerichtet, eine Erhöhung des Salzverkaufspreises in denjenigen Vereinsstaaten herbeizuführen, wo derselbe gegen den Satz von 15 Thlr. per Tonne d. h. von 1 Sgr. $1^1/_3$ Pfg. per Pfund zurückstand.

Am 26. Juni 1840 schlug Preußen vor, die Verhandlungen im September in Berlin zu beginnen, welcher Termin später auf den November verlegt wurde. Die wirkliche Eröffnung der Conferenzen fand am 7. November statt.

Das Verhalten der einzelnen Vereins-Regierungen gegenüber diesen preußischen Anforderungen war ziemlich verschieden.

Bayern machte aus seiner Abneigung, dem Principe des preußischen Vorschlages wegen der Weinsteuer beizustimmen, kein Hehl, schien jedoch nicht abgeneigt, auf eine billige Berücksichtigung der finanziellen Interessen Preußens einzugehen. Vor Allem suchte es sich mit den übrigen süddeutschen Regierungen über das einzuschlagende Verfahren zu verständigen und proponirte daher in Folge einer von Württemberg ausgegangenen Anregung eine vorläufige Besprechung der Bevollmächtigten von Bayern, Württemberg, Baden, Großherzogthum Hessen, Nassau und Frankfurt. Die preußische Regierung, welche hierin eine Scheidung des Vereins in Parteien und förmliche Vor-Conferenzen zu finden glaubte, äußerte sich in einer Depesche vom 21. Juni sehr empfindlich über diesen Schritt Bayerns und suchte die Berechtigung zu einem solchen in Abrede zu stellen. Einige weitere Correspondenzen hierüber hatten bereits einen etwas gereizten Ton angeschlagen, bis Bayern in einer Depesche vom 27. Juli zwar entschieden das Recht der Vereins-Regierungen zu Besprechungen unter sich wahrte, gleichzeitig

*) Vergl. Kapitel XV. S. 148 flg.

aber auch über die seiner Einladung zu Grunde liegenden Absichten so befriedigende Erklärungen gab, daß Preußen in einer Depesche vom 6. August das eingetretene Mißverständniß bedauerte und die Frage nicht weiter berührte. Eine gemeinschaftliche Besprechung der Bevollmächtigten fand auch nicht statt, sondern der bayrische Bevollmächtigte benahm sich nach und nach mit einzelnen Bevollmächtigten anderer Vereinsstaaten. Auf die ausführlichen preußischen Denkschriften antwortete Bayern nicht wie viele der übrigen Regierungen mit Gegenausführungen, concentrirte vielmehr seine Thätigkeit vorzugsweise auf die späteren Conferenz-Verhandlungen, bei welchen es auch seinem Vertreter Bever, der schon bei den Verhandlungen über die Gründung des Zollvereins einen so wohlthätigen Einfluß ausgeübt und sich allgemeines großes Vertrauen erworben hatte, gelang, wesentlichen Einfluß auszuüben und in den schwierigsten Fragen eine günstige Entscheidung herbeizuführen.

In Württemberg hatten die preußischen Anträge eine sehr unangenehme Sensation hervorgebracht, nicht allein wegen der ultra-finanziellen Tendenzen, die darin vorherrschten, sondern hauptsächlich deswegen, weil die württembergische Regierung, die mit lebhafter Theilnahme an dem Vereine und dessen Bestand hing, befürchtete, daß, wenn der in den preußischen Anträgen zu Tage tretende Geist bleibend auf die Leitung der Vereins-Angelegenheiten einwirken würde, die bisher vorherrschende Eintracht und Verschmelzung der Interessen bald einem allgemeinen Bestreben, die eigenen Sonder-Interessen über jene des Vereins zu stellen, Platz machen würde. Sie bedauerte es daher lebhaft, daß die preußische Regierung den finanziellen Rücksichten eine so große Bedeutung eingeräumt hatte, indem das Ueberwiegen derselben über die volkswirthschaftlichen Interessen nothwendig in seiner weiteren Entwickelung zur Auflösung des Vereins führen müßte. Im Einzelnen waren es außer der Weinfrage noch besonders die Anträge wegen des Salzes und wegen Beschränkung der Rückvergütung von Flußzöllen, dann die Uebergangs-Abgaben, welche die Interessen Württembergs berührten. Auch die württembergische Regierung unterließ es, den preußischen Denkschriften ähnliche umfangreiche Erklärungen entgegen zu stellen.

Ganz anders war die Stellung, welche Sachsen zur vorliegenden Frage einnahm. Dieses Land war neben dem thüringischen Vereine zunächst durch die an diese beiden speciell gerichteten preußischen Anträge wegen der Branntweinsteuer bedroht und ordnete diesem nächsten finanziellen Interesse mehr oder minder seine sonstigen Ansichten über die Vereins-Angelegenheiten unter. Die königlich sächsische Regierung setzte daher den preußischen

Ausführungen über die Branntweinsteuer eine 25 Bogen starke Denkschrift entgegen, in welcher sie versuchte, die Ziffern und amtlichen Nachweisungen der preußischen Behauptungen zu entkräften und eine andere Berechnung aufzustellen, welche den bestehenden Vertheilungsmodus rechtfertigen sollte.

Eine zweite sächsische Denkschrift, jedoch von viel geringerem Umfange, ward den sämmtlichen übrigen preußischen Anträgen entgegengestellt.

Eben so lebhaft wie in Sachsen war die Stimmung in Thüringen gegen die preußischen Anträge wegen der Branntweinsteuer. Schon die erste Antwort des thüringischen Vereins vom Anfang April 1840 verbreitete sich gar nicht näher über die den größeren Zollverein berührende Frage, sondern beschäftigte sich fast ausschließend mit der Branntweinsteuer. Derselben war eine sehr ausführliche Denkschrift: „Entgegnung der großherzoglich sächsischen Regierung auf die von dem königlich preußischen Ministerium mitgetheilte Denkschrift über die Branntweinsteuergemeinschaft zwischen Preußen, Sachsen und den thüringischen Staaten" beigefügt. Die thüringischen Staaten verfolgten jedoch bei ihrer Argumentation gegen die preußischen Behauptungen einen ganz anderen Weg als Sachsen. Während letzteres die preußischen Berechnungen zu entkräften suchte, gründeten sich die Argumente von Thüringen im Wesentlichen darauf, nachzuweisen, daß seit dem Jahre 1834 eine sehr beträchtliche Menge preußischen Branntweins mehr als früher nach Thüringen eingegangen sein müsse; ferner wurde, und zwar mit ziemlich gültigen Gründen, nachgewiesen, daß in Preußen die Production seit 1834 ganz ungemein gestiegen war. Es folgt dann eine weitläufige Deduction, wie unzuverlässig die Argumente seien, die Preußen aus den durch die Binnen-Controle gelieferten Nachweisungen hergeholt hatte. Endlich suchte Weimar in einer Gegenrechnung nachzuweisen, daß der Gewinn aus der Branntweinsteuer nur unvollkommen die bei gemeinschaftlicher Vertheilung anderer Zollerträgnisse erlittenen Verluste decke. Insbesondere wird dieser Nachweis beim Zucker, Kaffee und anderen Colonialwaaren versucht, wonach der Zoll in Thüringen 5 Sgr. pro Kopf mehr betragen sollte als in Preußen. So vortrefflich diese ganze, von dem damaligen weimarischen geh. Legationsrath Thon gefertigte Deduction auch ausgearbeitet ist, so macht sie gleichwohl den Eindruck, als wenn sie darauf abgesehen wäre, die preußischen Forderungen noch zu überbieten; und wenn letztere, vielleicht nicht ohne Grund, der Vorwurf der Uebertreibung trifft, so scheinen die thüringischen Ausarbeitungen der Wahrheit nicht viel treuer geblieben zu sein.

Eine Wahrheit prägen die zahlreichen über die Besteuerung des

Weins und Branntweins im Jahre 1840 gewechselten Schriften und Gegenschriften dem unparteiischen Leser ganz unverkennbar ein, daß nämlich bei einer Vereinigung mehrerer Staaten zu einem gemeinschaftlichen Zoll-Systeme die Gewährung eines Präcipuums für einen einzelnen Staat bei der Vertheilung der gemeinschaftlichen Revenuen eine dem Princip eines Zollvereins durchaus widersprechende Einrichtung sei. Es ist vollkommen unmöglich, die aus einer solchen Verbindung für die einzelnen Theilnehmer hervorgehenden Vortheile ganz genau abzuwägen; sie können bei der Verschiedenheit politischer, socialer und wirthschaftlicher Zustände weder an und für sich gleich sein, noch auch längere Zeit dieselben bleiben, müssen vielmehr in längeren Perioden einem fortwährenden Wechsel unterliegen. Selbst wo sich gewisse Unterschiede einigermaaßen rechnungsmäßig darstellen lassen, muß jeder Versuch, dieselben bei einzelnen Gegenständen einer separaten Berechnung zu unterstellen, zu schlimmen Consequenzen führen. Er trägt entweder den Keim einer Auflösung des Vereins an sich, oder ruft einen Antagonismus hervor, der gegenseitiges Vertrauen und allmälige Annäherung und Verschmelzung der Interessen, die doch das Ziel eines solchen Vereins sind, aufhebt. So wie man bei einem Besteuerungs-Artikel die Gleichheit der Vertheilung aufhebt, erlangt jeder Theilnehmer das Recht, für jeden anderen Artikel, bei welchem er dadurch für sich einen Vortheil zu erzielen hofft, dasselbe zu fordern. Daß Dies zur Aufhebung des Vereins führen müsse, ist klar. Berechnen und in Zahlen darstellen lassen sich ferner allenfalls noch die finanziellen Ergebnisse eines Vereins, nicht aber die politischen, volkswirthschaftlichen und socialen, und doch sind diese in der Regel von überwiegender Bedeutung.

Treten Staaten von nicht ganz gleichartigen volkswirthschaftlichen Zuständen zu einem Zollvereine zusammen, so wird es zwar mitunter nothwendig werden, für längere oder kürzere Perioden einzelne Ausnahmszustände eintreten zu lassen, um offenbare Benachtheiligungen einzelner Mitglieder zu vermeiden; allein das Princip der Gleichheit der Berechtigung muß unter allen Umständen als Endziel festgehalten werden, wenn überhaupt der Verein als solcher erhalten und nicht eine Unterordnung an dessen Stelle gesetzt werden soll.

Die Absichten der preußischen Regierung waren sowohl beim Weinzoll als bei der Branntweinsteuer unverkennbar auf Erlangung eines Präcipuums gerichtet und die Verhandlungen hierüber nahmen nach Eröffnung der Conferenzen eine Gereiztheit und eine Schärfe an, welche längere Zeit einen günstigen Erfolg nicht in Aussicht stellten. Indessen hatte schon vor dieser

Eröffnung die allzu weit gehende Tendenz der Berliner Finanz-Männer in der preußischen Regierung selbst eine Opposition hervorgerufen. Namentlich machte man die politischen Vortheile, die der Zollverein für Preußen gebracht, so wie den Satz geltend, man dürfe nicht um bloßer finanzieller Zwecke willen die Existenz des Vereins aufs Spiel setzen. Diese Vorstellungen blieben nicht ohne Erfolg; sie äußerten sich zuerst darin, daß ein politischer Beamter, der geh. Legationsrath Eichhorn, als preußischer Mitbevollmächtigter zu den Conferenzen ernannt wurde, und stimmten später, als die Opposition gegen die preußischen Präcipualforderungen eine fast allgemeine wurde und bedenkliche Formen annahm, die preußische Regierung einer billigen Ausgleichung geneigter.

Es dürfte nicht blos schwierig, sondern auch völlig unnütz sein, ein vollständiges Bild des ganzen Ganges der Conferenzverhandlungen bezüglich aller einzelnen Gegenstände zu geben; die meisten der damals verhandelten Fragen sind ohnedies durch spätere Vereinbarungen längst überholt und bieten jetzt kein positives Interesse mehr dar. Es wird daher hier genügen, nur die wichtigsten Gegenstände und auch diese nur nach ihren Endresultaten aufzuführen.

In erster Linie stand natürlich die Weinzollfrage, nämlich die Forderung Preußens wegen Trennung des Eingangszolles vom Wein in eine gemeinschaftliche Zollabgabe und eine privative Verbrauchssteuer. Wenn auch fast alle Vereinsstaaten dem hierdurch begründeten Principe einer Präcipualleistung zu Gunsten Preußens entgegen waren, so hatte doch fast jeder Bevollmächtigte hierüber eine von den anderen abweichende Instruction, so daß längere Zeit gar nicht abzusehen war, wie dieses Chaos gelöst werden sollte. Dieser für alle gleich peinliche Zustand verschaffte einem von dem bayrischen Bevollmächtigten ausgehenden Vorschlage Eingang. Dieser war von seiner Regierung ermächtigt worden, eventuell selbst, wenn Dies zur Erhaltung des Vereins sich als nothwendig darstellen sollte, einem an Preußen zu gewährenden Präcipuum beizustimmen, zögerte jedoch bei der allgemeinen Confusion der Meinungen, von dieser Ermächtigung Gebrauch zu machen, sondern suchte die widerstrebenden Ansichten auf einem anderen, die mißliebige Form eines Präcipuums ausschließenden Wege zu vereinigen. Er kam hierbei auf eine Combination, deren Zweckmäßigkeit so augenscheinlich war, daß sie bald alle Stimmen für sich vereinigte, und die selbst von Preußen acceptirt wurde, obwohl sie die anfängliche Ziffer preußischer Forderungen bedeutend herabstimmte.

Aus genauen Berechnungen ergab sich nämlich, daß:

1) wenn Dasjenige, was in den östlichen preußischen Provinzen, in Sachsen und Thüringen an Durchgangs- und Ausgangszöllen anfiel, der Gemeinschaft zwischen Preußen, Sachsen und Thüringen nach einem unter diesen Staaten selbst näher zu bestimmenden Vertheilungs-Maaßstabe überlassen wurde;

und

2) Das, was bei den Zollstellen in den westlichen preußischen Provinzen und in sämmtlichen übrigen Vereinsstaaten an Durchgangs- und Ausgangszöllen anfiel, zwischen diesen nach dem Verhältniß der Volkszahl getheilt wurde;

und dagegen:

3) Preußen den letzteren Staaten gegenüber auf das bisherige Präcipuum von 300,000 Thlr. aus den Transitzoll-Einnahmen verzichtete:

Preußen in Gemeinschaft mit Sachsen und Thüringen nach den vorliegenden Durchschnitts-Berechnungen gegen bisher eine Mehr-Einnahme von 165,855 Thlr. erhalten würde.

Diese Combination stellte zwar der preußischen Regierung im Vergleiche zu ihrer ursprünglichen Forderung nur eine geringe Vermehrung ihrer Einnahmen in Aussicht, setzte sie aber in den Stand, sich mit Sachsen und Thüringen wegen der Branntweinsteuer, worüber die Verhandlungen eine keineswegs erfreuliche Richtung genommen hatten, in einer allen Theilen entsprechenden Weise zu verständigen.*)

Fast noch größere Schwierigkeiten als die Weinzollfrage bot die Verhandlung über die Ausgleichungs-Abgaben dar, und auch hier lagen die Schwierigkeiten nicht allein in den preußischen Anträgen, sodern auch zum Theil in den divergirenden Instructionen der einzelnen Bevollmächtigten. Nicht weniger als 15 Sitzungen waren erforderlich, um nur einigermaaßen zu einer Annäherung der Ansichten und einem Resultate zu gelangen.

Wie schon oben erwähnt, gingen die preußischen Anträge dahin, alle die Schranken zu beseitigen, welche dem Ueberhandnehmen der Ausgleichungsabgaben dadurch gesetzt waren, daß solche den Verkehr störende Abgaben nur für gewisse Gegenstände, nicht über einen gewissen Maximalsatz hinaus, und selbst innerhalb dieses Spielraumes nur in einem Betrage angelegt werden durften, worin weiter nichts als eine Ausgleichung mit den Steuern von

*) Diese Verständigung erfolgte auch Mitte März 1841 und zwar in der Art, daß Preußen von Sachsen und Thüringen eine Abfindung für seine Mehrconsumtion von Branntwein erhielt.

den gleichartigen inländischen Erzeugnissen liegen konnte. Bei der Ueberfuhr der besteuerten Gegenstände in ein anderes Vereinsland durften Rückvergütungen der inländischen Staatssteuern, selbst in Form von Steuernachlässen, nicht gewährt werden, sofern nicht wegen besonderer örtlicher Verhältnisse die betheiligten Nachbarstaaten sich über eine Ausnahme von diesem Grundsatze geeinigt hatten. Die Ausgleichungs-Abgaben sollten zur Vermeidung der Nachtheile dienen, welche für die Producenten des eigenen Staates im Verhältnisse zu den Producenten in anderen Vereinsstaaten bei freiem Verkehr aus der ungleichen Besteuerung erwachsen würden.

Offenbar war das System der Ausgleichungs-Abgaben ein verfehltes und mangelhaftes. Dadurch, daß der einzelne Staat die Abgaben auch dann erhob, wenn der besteuerte Gegenstand nicht im Inlande verbraucht wurde, verloren sie den Charakter von Consumtions-Abgaben und nahmen jenen von Ausgangszöllen an.

Auch in dieser schwierigen Angelegenheit war es vorzugsweise der Einwirkung und den zweckmäßigen Vorschlägen des bayrischen Commissärs zu verdanken, daß das anfangs sehr grelle Chaos der verschiedenen Meinungen allmählich gelichtet und zuletzt eine Vereinbarung erzielt wurde, die nicht nur allen billigen Forderungen entsprach, sondern auch die Mängel des bisherigen Systems wesentlich besserte.

An die Stelle der Ausgleichungs-Abgaben sollte ein ganz neues System, jenes der Uebergangs-Abgaben, treten. Auch diese hatten neben dem fiscalischen Zwecke, dem Schutze der innern Steuern der einzelnen Staaten, die weitere Aufgabe, die aus der Verschiedenartigkeit der Steuersysteme für die Producenten hervorgehenden Nachtheile zu beseitigen, erreichten jedoch diese Aufgabe auf die gerade entgegengesetzte Weise, indem sie an die Stelle der Erhebung einer Ausgangs-Abgabe von Seite des producirenden Staates die Erhebung einer Eingangsabgabe in demjenigen Staat setzten, wohin das Product verführt wurde, und ersterem Staate es vollkommen frei stellten, von ausgeführten Producten die Consumtionssteuer unerhoben zu lassen.

Die Uebergangssteuern waren daher wirkliche Consumtionssteuern, und der Grundsatz gegenseitiger Gleichmäßigkeit der Behandlung war dadurch gewahrt, daß das Erzeugniß eines andern Vereinsstaates unter keinem Vorwande höher oder in einer lästigeren Weise als das inländische oder als das Erzeugniß der anderen Vereinsstaaten besteuert werden durfte.

Es waren sonach die Schranken für die inneren Steuern nicht erweitert, es war die zulässige Höhe dieser Steuern bestimmt, und deren Rückvergütung nur in beschränktem Maaße gestattet; es war ferner bestimmt worden, daß die Uebergangs-Abgaben für Wein und Tabak nicht die bisherigen Sätze von 25 und 20 Sgr. übersteigen sollten, so daß in allen diesen Punkten die preußischen Forderungen, die alle Beschränkungen für die inneren Steuern entfernt haben wollten, nicht realisirt wurden. Gleichwohl waren das angenommene System sowohl als auch die einzelnen Bestimmungen so unverkennbar zweckmäßig, daß sie auch die Zustimmung von Preußen erhielten.

Verhältnißmäßig geringere Schwierigkeiten machte die Besteuerung des Runkelrübenzuckers. Sobald sich einmal die preußische Regierung entschieden hatte, das Princip der Gemeinschaftlichkeit dieser Steuer anzunehmen, fand dieselbe keinen Widerspruch mehr, und es handelte sich daher nur noch um die Höhe der Steuer und den Modus der Anlage; Fragen, die allerdings bei der Neuheit der Sache und dem Mangel an hinreichenden Erfahrungen Schwierigkeiten genug darboten.

Die Frage der Zustimmung der Ständekammern zu den neu abzuschließenden Handels-Verträgen, die im Anfang großes Aufsehen erregt hatte, weil man in dem preußischen Antrage den Versuch einer Beschränkung des constitutionellen Systems zu sehen glaubte, löste sich bei der Berathung bald in befriedigender Weise. Es ergab sich nämlich bei der Discussion, daß Preußen lediglich die Verhältnisse in beiden Hessen im Auge hatte. Im Großherzogthum Hessen war nämlich von den Ständen zwar die Ermächtigung zum Vollzuge solcher Handels-Verträge gegeben, welche mit deutschen Staaten abgeschlossen wurden, zu allen Gesetzes- oder Tarifs-Aenderungen aber, welche in Folge von Handels-Verträgen mit außerdeutschen Staaten eintreten sollten, bedurfte die großherzogliche Regierung einer vorgängigen Special-Zustimmung der Stände.

Die kurhessische Regierung konnte zwar einzelne Tarifs-Aenderungen mit Vorbehalt der nachträglichen Zustimmung ihrer Stände eintreten lassen, sobald aber der Tarif neu hergestellt werden sollte, hatte sie diese Befugniß nicht, weshalb bei dem neuen Tarife für 1840/42 Kurhessen auch mit Ratification und Publication im Rückstande geblieben war.

Es war daher nicht schwierig, sich über die Fassung einer Bestimmung zu verständigen, welche jeder Regierung das Recht vorbehielt, je nach den Bestimmungen ihrer Verfassung die geschlossenen Vereinbarungen und Verträge der ständischen Zustimmung zu unterstellen. — Der Gegenstand kam später bei der Erneuerung der Zollvereinsverträge im Jahre 1853 nochmals ausführlicher zur Sprache.*) Die dort vereinbarten Grundsätze hatten unbestrittene Geltung, bis selbe in Folge des Vertrages vom 8. Juli 1867 durch eine völlig neue Gestaltung der Dinge überflüssig wurden.

Schwieriger war eine Verständigung über die Rheinzölle, in welcher Beziehung von Baden in Berlin Vorschläge gemacht worden waren, welche mit den preußischen Anträgen nicht in Einklang zu bringen waren. Nach langen Verhandlungen wurden die badischen Vorschläge zurückgenommen, und die preußische Regierung entschloß sich, den Beschwerden der übrigen Regierungen auf einem Wege gerecht zu werden, den sie bisher stets als unausführbar und allzu bedenklich für das Interesse der preußischen Rheinhäfen gehalten hatte. Dieser Weg bestand darin, daß Preußen die fremden, notorisch außerdeutschen Waaren auch dann dem Rheinzoll unterwerfen wollte, wenn sie im freien Verkehr über Coblenz hinaus nach den oberhalb belegenen Staaten verschifft würden.**)

Eine Frage von an und für sich untergeordneter Bedeutung — die sogenannten Zollbegünstigungen — gab zu vielen Erörterungen Anlaß. Preußen hatte in einer schon 1840 vertheilten Druckschrift darzulegen versucht, daß in der Beibehaltung dieser Begünstigungen eine Quelle von Ungleichheit und Uebervortheilung einzelner Vereinsstaaten und namentlich Preußens geschaffen sei; daß Ausnahmsbehandlungen nunmehr nach längerem Bestande des Vereins überhaupt so viel möglich entfernt werden sollten, wo aber specielle und örtliche Verhältnisse gewisser Industriezweige ihren Fortbestand noch angemessen erscheinen lassen, solche nur auf privative Rechnung des gewährenden Staates beizubehalten seien. Indessen verständigte man sich auch hier über die Beibehaltung einiger besonderen Begünstigungen auf einzelnen Grenzstrecken, und zwar für Getreide***), Vieh†) und rohe ungeschliffene Spiegelgläser.

*) Vergl. Kapitel XXVIII.

**) Nr. 7 des Schlußprotokolls vom 8. Mai 1841 und bes. Protokoll vom gleichen Tage, Beilage zu Nr. 7. Die preußische Regierung vermochte sich damals zwar noch nicht definitiv über die Annahme dieses Vorschlages zu entscheiden, stellte aber dessen Ausführung für den 1. Januar 1842 in Aussicht und nahm ihn später auch wirklich an.

***) Die Ausnahmsbehandlung des Getreides bestand neben erleichterten Eingangszöllen auf gewissen Grenzstrecken in einem besonderen Tarife für Bayern (laut Beilage A und B zum Vereinstarife), nach welchem die Ein- und Ausgangssätze gemäß den periodischen Mittelpreisen des Getreides sich regulirten. Nachdem sich dieses System sehr bald als unhaltbar erwiesen hatte, verzichtete Bayern auf dasselbe.

†) In Ansehung des Viehes bestand seit langer Zeit eine besondere Begünstigung auf mehreren Grenzstrecken Bayerns wegen unabweislichen Bedürfnisses der Landwirthschaft, mageres Vieh um einen geringeren Zollsatz (bisher ¼ des Tarifsatzes) einbringen zu dürfen.

Am Schlusse der Verhandlung entstand noch eine ziemlich lebhafte Differenz über die beabsichtigte Dauer des Vereinsvertrags. Von verschiedenen Seiten wollte man nur auf eine sechsjährige Vereinsperiode eingehen; insbesondere wollten die preußischen Finanzmänner, die sich über ihre Besorgnisse wegen der preußischen Finanzen nur schwer zu beruhigen vermochten, auf keine längere Zeitfrist eingehen. Dagegen bestand Bayern mit Entschiedenheit auf einer zwölfjährigen Periode, und sein Bevollmächtigter erklärte mit aller Bestimmtheit, daß er eher abberufen werden würde, als daß seine Regierung eine nur sechsjährige Periode annehmen möchte. Schließlich gab Preußen nach, und es sollte nur in einem Separatartikel gesagt werden, daß bei Abmessung der Tarifsätze dahin gewirkt werden solle, daß die auf fremde Verzehrungsgegenstände gelegten Zölle mindestens den gleichen Ertrag für den Kopf der Bevölkerung ergeben wie bisher in der Periode 1838/40. Bei der schließlichen Redaction der Vertragsurkunden wurde auch dieser wenig praktische Vorbehalt fallen gelassen.

So kam nach sechsmonatlichen schwierigen und anstrengenden Verhandlungen der neue Vereinsvertrag zu Stande und wurde am 8. Mai 1841 unterzeichnet. Das ganze Vertragswerk umfaßt folgende Urkunden:

I. Den offenen Hauptvertrag in 8 Artikeln.

II. Die 6 Separatartikel.

III. Das Schlußprotokoll mit 3 Beilagen:
1) Protokoll den Schutz des Salzregales betr.;
2) Protokoll zur der Uebereinkunft wegen Besteuerung des Runkelrübenzuckers;
3) Protokoll wegen Erhebung der preußischen Rheinzölle.

IV. Das besondere Protokoll über die Vereinbarungen:
1) wegen Behandlung des Gütertransportes und der Waarenabfertigung auf dem Rheine und dessen conventionellen Nebenflüssen;
2) wegen eines Niederlage-Regulatives.

V. Weiteres besonderes Protokoll:
1) wegen Vergütung der Zollverwaltungskosten;
2) wegen Verwendung der Bauschsummen;
3) wegen der Alimentationsentschädigung für die durch die Zollanschlüsse dienstlos gewordenen Beamten;
4) wegen der Portofreiheit in Zollvereinsangelegenheiten.

VI. Provisorische Uebereinkunft wegen Erhebung und Controlirung der

Uebergangsabgaben von Wein, Branntwein, Bier, Obstwein und Tabak.

VII. Protokoll zu dieser Uebereinkunft.

VIII. Separatartikel über die ständische Mitwirkung beim Abschlusse von Verträgen und bei Genehmigung der Vereinstarife.

Eine allgemeine Befriedigung des gesammten Publicums wie der Regierungen war die nächste Folge dieses Vertrags. Der Verein, der schon in der ersten Periode seines Bestandes feste Wurzeln im gesammten deutschen Volke geschlagen hatte, war auf weitere 12 Jahre gesichert, die Eintracht unter den Vereinsstaaten befördert und die Hoffnung auf eine gedeihliche Entwickelung sowohl der innern Wohlfahrt wie der politischen Stellung des Zollvereins fest begründet.

Neunzehntes Kapitel.

Anschluß von Braunschweig, Lippe-Detmold, der Grafschaft Schaumburg und von Luxemburg. 1841—1842.

Während sich der Verein durch den Vertrag vom 8. Mai 1841 in seinem Innern neu befestigte und seinen Fortbestand sicherte, bereiteten sich bereits neue Anschlüsse an denselben vor, welche ihm theils bessere geographische Abrundung, theils aber auch eine Stellung gaben, welche seine weitere Ausdehnung nach dem Norden Deutschlands in Aussicht stellten. Am wichtigsten ist in dieser Beziehung der ziemlich unerwartet eingetretene Anschluß von Braunschweig.

Zwischen Hannover, Oldenburg und Braunschweig fanden über die Fortsetzung ihres Steuervereins-Vertrags*) Verhandlungen statt, welche bereits bis zum Abschluß, ja selbst bis zur theilweisen Ratification gediehen waren, als sie im März 1841 plötzlich in einer Weise unterbrochen wurden, welche das Ausscheiden Braunschweigs aus diesem Vereine und dessen Anschluß an den großen Zollverein zur unmittelbaren Folge hatte.

Bei den erwähnten Verhandlungen hatte nämlich Braunschweig zur Bedingung gemacht, daß mehrfachen Beschwerden, die vorzugsweise auf

*) Ueber die Gründung dieses Vereins siehe Kapitel XXV.

Straßenverbindungen Bezug hatten und die es schon mehrere Jahre hindurch gegen Hannover erhoben und vergeblich geltend gemacht hatte, abgeholfen werde. Von den hannövrischen Bevollmächtigten war in zwei hierüber aufgenommenen Protokollen Abhülfe zugesichert worden. Der Ratificationsaustausch erfolgte, die fraglichen Protokolle aber wurden von dem Könige von Hannover verworfen, worauf der Herzog von Braunschweig seine unter der Bedingung der Genehmigung dieser Protokolle ertheilte Ratification für nicht geschehen und somit seinen Austritt aus dem Steuervereine vom 1. Januar 1842 an erklärte.

Unmittelbar darauf schickte Braunschweig den Finanzdirector v. Amsberg nach Berlin, um die Aufnahme des Herzogthums in den großen Zollverein zu bewirken. Im Mai 1841 theilte Preußen den übrigen Vereinsregierungen den Antrag Braunschweigs mit, welche sämmtlich sich mit den getroffenen Einleitungen einverstanden erklärten. Die Verhandlungen selbst wurden gegen den Juli hin eröffnet und hatten bis Ende dieses Monats bereits ein Einverständniß über alle wesentlichen Puncte erzielt.

Braunschweig erklärte sich bereit, dem preußischen Steuersysteme für Bier, Wein, Branntweine und Tabak beizutreten und zugleich sämmtliche Vereinsbestimmungen mit wenigen transitorischen Modificationen anzunehmen, welche durch die territoriale Lage zu Hannover bedingt waren. Preußischerseits dagegen wurde das Verlangen Braunschweigs, als selbständiges Mitglied in den Verein einzutreten, nicht beanstandet. Eine wichtige Frage war durch die territorialen Verhältnisse Braunschweigs hervorgerufen. Dasselbe hatte nämlich darauf angetragen, alle Haupttheile seines Landes, mithin auch seine nicht im Zusammenhange mit den Hauptlanden liegenden Harz- und Weserdistricte, in den Zollverein aufzunehmen. Diese Districte bilden einen ganz schmalen, aber von der Weser bis zum Harze reichenden Landstrich, durch welche der ganze hannövrische Kreis Grubenhagen mit Göttingen und der Grafschaft Hohenstein von dem hannövrischen Hauptlande abgeschnitten wurde. Dieser Kreis wäre also durch den Beitritt Braunschweigs zu einer völligen Inclave des Zollvereins gemacht und dadurch factisch zum Beitritte gezwungen worden. Es war also für Hannover allerdings hinreichende Veranlassung zu ernstlichen Befürchtungen und zu Versuchen, diesen Beitritt Braunschweigs zu hintertreiben, gegeben. Ebenso benutzte Preußen auf der andern Seite diese Lage der Dinge, um zu versuchen, Hannover zu einem Beitritte zu bestimmen. Es fanden daher auch einige Verhandlungen in dieser Beziehung statt, Hannover gab jedoch eine ausweichende Erklärung, indem es den Beitritt zwar nicht ganz ablehnte, jedoch (zum Theil wegen der damaligen ständischen Verwickelungen) auf eine günstigere Zeit verschob. Dies veranlaßte die preußische Regierung, Hannover den Vorschlag zu machen, die braunschweigische Regierung dahin zu bestimmen, den westlichen oder Weserdistrict für ein Jahr noch nicht in den Zollverein aufnehmen zu lassen, sondern für diesen Zeitraum noch in dem hannövrischen Verbande zu belassen, wenn Hannover anderseits die Zusicherung gebe, während dieses Zeitraums die Verhandlungen über seinen Anschluß an den Zollverein aufnehmen zu wollen. Braunschweig erklärte sich hiermit einverstanden, Hannover acceptirte diesen Vorschlag, und so kam der Vertrag mit Braunschweig am 19. October 1841 zum Abschlusse. Derselbe wurde sofort von allen betheiligten Staaten ratificirt und erhielt hierauf Anfang December, jedoch nicht ohne erhebliche Opposition, die Zustimmung der braunschweigischen Stände.

Während dieser Verhandlungen hatte Lippe-Detmold seine Geneigtheit erklärt, ebenfalls dem Vereine beizutreten. Der Abschluß hierüber war am 18. October 1841 erfolgt. Durch diesen Beitritt war auch die Möglichkeit gegeben, die bisher vom Zollverein ausgeschlossene kurhessische Grafschaft Schaumburg in denselben aufzunehmen. Der desfallsige Vertrag ist vom 13. November 1841.

Schon im Frühjahr 1839 verlautete in Berlin aus nicht officiellen Quellen der Wunsch der niederländischen Regierung, das Großherzogthum Luxemburg nach Beendigung der belgischen Frage in den Zollverein aufnehmen zu lassen. Das Gerücht hiervon war auch dergestalt im Publicum verbreitet gewesen, daß die preußischen Ministerien schon im April 1839 Gegenvorstellungen aus der Rheinprovinz, besonders von den Lederfabrikanten in Malmedy, empfangen hatten, welche durch den Anschluß Luxemburgs einen herben Schlag für ihre Industrie befürchteten. Am 19. Juni 1839 übergab der niederländische Gesandte in Berlin eine Note, worin erklärt ward, sein König wünsche von der im Art. 38 der Vereinsverträge allgemein ausgesprochenen Bereitwilligkeit Gebrauch zu machen und mit dem zum Deutschen Bunde gehörigen Großherzogthum Luxemburg dem Zollvereine beizutreten.

Preußischerseits bestanden gegen diesen Anschluß nicht unerhebliche Bedenken. Man befürchtete eine wesentliche Beeinträchtigung der preußischen und Vereinsinteressen wegen der schwer zu bewachenden und durch luxemburgische Beamte jedenfalls schlecht bewachten Grenze von Luxemburg gegen Frankreich und Belgien; wegen der Verwickelungen, welche bezüglich der localen Zolladministration und der höhern Leitung derselben entstehen müßten; wegen des Widerstandes, welchen die Stimmung der Bevölkerung erwarten lasse; wegen der Verluste, welche die Theilung der Vereinsrevenuen nach Verhältniß der Seelenzahl bei den im Luxemburgischen bestehenden Consumtionsverhältnissen mit sich bringen würde; wegen der Gefährdung des preußischen Salzregales und der übrigen indirecten Abgaben.

Als daher im October 1839 der niederländische Bevollmächtigte Legationsrath von Scherff begleitet von dem Obersteuerinspector Wahlen aus Luxemburg zur Eröffnung der Verhandlungen in Berlin eintraf, wurde demselben fürs Erste proponirt, die Idee eines Zollanschlusses fallen zu lassen und dafür einen Handelsvertrag, beschränkt auf die gegenseitige Begünstigung der Erzeugnisse des Bodens, der Gewerbe und der Industrie, abzuschließen.

Seine Erklärung fiel jedoch dahin aus, daß für Luxemburg, welches bis jetzt fast gar keinen Verkehr mit den Vereinsländern habe und dagegen fast ausschließend mit Frankreich und Belgien in commerciellem Rapport gestanden, jeder Handelsvertrag, er sei auch noch so liberal, von Seiten des Zollvereins werthlos erscheine; daß die Beibehaltung eines eigenen Zollsystems für das Großherzogthum Luxemburg unthunlich sei, und daß daher, wenn der Anschluß an den Zollverein nicht sollte bewilligt werden, der königlich niederländischen Regierung nichts Anderes übrig bliebe, als die Zollverwaltung in Luxemburg ganz aufzuheben, wodurch natürlich das ganze Land eine Freistätte für den Schmuggel werden würde. — Wenn man auch in Folge dieser Erklärung von preußischer Seite wieder den völligen Zollanschluß von Luxemburg ins Auge faßte, so bestanden doch noch viele Zweifel und Bedenken gegen die Art und Weise der Ausführung. Gleichwohl entschloß sich das preußische Ministerium einen Vertragsentwurf anfertigen zu lassen und denselben dem niederländischen Bevollmächtigten zuzustellen. Indessen dienten dieser Entwurf und die über denselben entstandenen Discussionen im Wesentlichen nur dazu, die Differenzen in den beiderseitigen Ansichten noch bestimmter und klarer als bisher hervorzuheben. Die Instruction des niederländischen Bevollmächtigten war auf die positive Voraussetzung begründet, daß Luxemburg als selbständiges Vereinsmitglied eintrete, während man preußischer Seits von der Ansicht ausging, daß Luxemburg weder eine selbständige Zollverwaltung noch viel weniger eine Stimme im Vereine erhalten könne, daß vielmehr hier im Wesentlichen dasselbe Verhältniß eintreten müsse, was den Verträgen über den Anschluß einzelner inclavirter hannövrischer und braunschweigischer Gebietstheile an das preußische Zollsystem zu Grunde lag. Auch einige Nebenpuncte, wie z. B. die städtischen Octroiabgaben in Luxemburg, erschwerten die Sache. Diese konnten unmöglich in der bisherigen Weise fortbestehen, da sie einen förmlichen Binnenzoll bildeten und überdies einige Gegenstände je nach ihrem Ursprung zu verschieden belastet waren.

Unter diesen Verhältnissen machte die Verhandlung nur sehr geringe Fortschritte.

Endlich (Juli 1840) gestand die niederländische Regierung zu:

1) die Einführung der preußischen Besteuerung auf innere Consumtionsgegenstände, wie Wein, Most, Branntwein ꝛc. im Großherzogthum Luxemburg;

2) den Erfordernissen der Vereins-Controle durch Annahme eines preußischen Zolldirectors an der Spitze der im Großherzogthum zu bildenden Zollverwaltung zu genügen. Gleichzeitig führte die königlich niederländische Regierung durch Beschluß vom 20. Juli 1840 einen neuen Zolltarif in Luxemburg ein, der im Wesentlichen mit dem Vereinstarife übereinstimmte.

Die preußische Antwort auf die niederländischen Vorschläge erfolgte schon in den ersten Tagen des Monats August 1840, dann aber trat, zum Theil in Folge des Thronwechsels in den Niederlanden, ein völliger Stillstand in den Verhandlungen von der Dauer eines Jahres ein, bis endlich am 8. August 1841 zwischen den preußischen Commissarien, Geheimräthen Eichmann und Pochhammer, und dem niederländischen Bevollmächtigten, Scherff, ziemlich unerwartet der Abschluß erfolgte.

Kurz vor dem Abschlusse hatte der niederländische Bevollmächtigte noch versucht, mehrere nicht unbedeutende Zollerleichterungen für Belgien zu erlangen. Bei der Abtrennung des belgischen Antheils von Luxemburg war nämlich in Belgien unterm 6. Juni 1839 ein Gesetz erlassen worden, welches, um den Handelsverkehr zwischen den beiden Landestheilen nicht plötzlich zum Schaden beider gänzlich aufzuheben, gewisse Zoll- und Verkehrs-Erleichterungen für Getreide und andere Rohproducte, wie Eisen, Fayence und einige grobe Tuchwaaren, bei dem Uebergange aus dem deutschen in das belgische Luxemburg bewilligte. Für das letztere war hingegen nur die freie Ausfuhr des Roheisens zugestanden worden. Die niederländische Regierung fürchtete nun durch den Anschluß des Großherzogthums an den Zollverein der belgischen Regierung einen Vorwand zu gewähren, die im Gesetz vom 6. Juni 1839 bewilligten Vortheile zurückzuziehen. Die preußische Regierung glaubte jedoch auf diese neuen Forderungen nicht eingehen zu können, worauf gleichwohl die Unterzeichnung des Vertrags von niederländischer

Seite ohne Anstand erfolgte. Indessen schon wenige Wochen nach dieser Unterzeichnung erhielt man zu Berlin die Notiz, daß die Ratification von Seiten Niederlands beanstandet werde, und Ende September traf auch der niederländische Bevollmächtigte wieder in Berlin ein, um Dies der preußischen Regierung formell zu erklären.

Dieser Entschluß der niederländischen Regierung erregte eine ungewöhnliche Sensation und rief zugleich eine Correspondenz zwischen den beiden Cabineten von Berlin und vom Haag und Denkschriften von der einen wie von der anderen Seite hervor, deren Ton ein ziemlich gereizter war. Offenbar hatte sowohl in Luxemburg selbst als im Haag diejenige Partei, welche jedem Anschluß an Deutschland entgegen war, die Oberhand erhalten, und diese versuchte nun den Vertrag als den Interessen Luxemburgs widerstrebend und nachtheilig darzustellen.

Im December 1841 traf v. Scherff abermals in Berlin ein, und zwar mit dem Auftrage, ein Provisorium zu verabreden, durch welches der Status quo aufrecht erhalten und bedungen werden sollte, daß das Großherzogthum Luxemburg für eine gewisse Reihe von Jahren mit keinem fremden Nachbarstaate (Frankreich oder Belgien) sich in einen Handelsvertrag einlasse, dagegen aber der Zollverein seinerseits auf die Ratification und Ausführung des Vertrags vom 8. August verzichten solle. Etwas später wurden mit dieser Verhandlung zwei luxemburgische Abgeordnete Simon und Theodor Pescatore betraut, und es war niederländischer Seits beabsichtigt, die Frist für den Nichtbeitritt Luxemburgs zu einem fremden Zollverein oder einem Handelsvertrag auf ein Jahr zu beschränken. Indessen auch diese Anträge wurden von Seiten Preußens abgelehnt, indem man es für besser erachtete, vorerst auf keinerlei Verhandlungen einzugehen, vielmehr die Entwickelung der Dinge in Luxemburg, wo sich die künstliche Aufregung gegen den Vertrag vom 8. August bereits gelegt hatte, abzuwarten.

Diese vernünftige Politik trug bald ihre Früchte. Während des Aufenthalts des Königs von Preußen in London kamen am 29. Januar 1842 zwei niederländische Bevollmächtigte, v. Heckeeren und Rochussen, bei ihm an, welche neue Vorschläge wegen Luxemburgs überbrachten und verschiedene Modificationen des Vertrags vom 8. August, namentlich auch die Beschränkung seiner vorläufigen Dauer auf zwei, dann auf drei Jahre beantragten. Er wies jedoch alle diese Propositionen entschieden zurück, worauf endlich Jene die Bereitwilligkeit des Königs der Niederlande erklärten, den Vertrag wie er war anzunehmen, und nur dringend befürworteten, daß durch einen einzuschaltenden Artikel die möglichste Förderung des Grenzverkehrs zwischen dem deutschen und dem belgischen Luxemburg zugesagt und eine Verminderung der im Großherzogthum anzustellenden preußischen Zollbeamten in Aussicht gestellt werden möge.

Bei diesen Verhandlungen, die größtentheils in Gegenwart des Königs von Preußen und unter seiner Leitung stattfanden, zeigte Derselbe eine bemerkenswerthe Festigkeit und Bestimmtheit, während die niederländischen Bevollmächtigten kleinlich marktend und handelnd im Laufe der Negociation immer noch Etwas zu erreichen suchten, obgleich sie die Vollmacht zur unbedingten Annahme bereits in Händen hatten. Nach dem Haag gingen hierauf sogleich die Herren Michaelis und Pochhammer als preußische Bevollmächtigte ab, welche dort den neuen Vertrag, der mit dem früheren fast vollkommen gleichlautend war, am 8. Februar 1842 unterzeichneten. Er wurde unmittelbar darauf von beiden Monarchen ratificirt.

Der Vertrag selbst differirt nur in sofern wesentlich von den übrigen Anschlußverträgen, als, wie schon erwähnt, die eigenthümliche Stellung Luxemburgs und namentlich die Rücksicht, daß durch den Anschluß des Großherzogthums die niederländische Regierung nicht etwa ein Mittel erlange, auf die Zollpolitik des Vereins einzuwirken, besondere Bestimmungen nothwendig machte. Darum konnte Luxemburg keine selbständige Stimme im Vereine erhalten, mußte vielmehr seine Vertretung an Preußen übertragen und wurde die Zollorganisation in einer Weise vereinbart, durch welche der Verein und namentlich Preußen eine directe Einwirkung auf dieselbe erhielt.

Die in Luxemburg errichtete Zolldirection wurde zu diesem Ende dem preußischen Finanzministerium unterstellt, welchem auch die Befugniß zustand, zu der Stelle eines Directors einen preußischen Beamten zu präsentiren; eben so hatte dasselbe bei allen Hauptzollämtern den dritten Beamten (Controleur) sowie die Ober-Grenzcontroleure vorzuschlagen. Sämmtlichen Vereins-Regierungen ward es endlich freigestellt, Beamte an die luxemburgische Zolldirection abzusenden.

Das Großherzogthum nahm das preußische Steuersystem bezüglich der inneren Abgaben an und trat den bereits bestehenden Vereinbarungen über Salz, Spielkarten, Patente, Besteuerung des Rübenzuckers u. s. w. bei.

Zwanzigstes Kapitel.

Der Handelsvertrag mit Belgien.*)

Bald nach dem verunglückten Handelsvertrage des Zollvereins mit den Niederlanden, der einen längeren Stillstand aller Verhandlungen zwischen den beiderseitigen Regierungen zur Folge hatte, traten die Handelsbeziehungen des Zollvereins zu Belgien in den Vordergrund und führten Verhandlungen herbei, die ziemlich ernstlich in die innere Entwickelung des Vereins eingriffen.

Die erste Anregung hierzu war von Belgien kurz nach der Constituirung dieses neuen Königreichs ausgegangen. Schon im Jahre 1831 hatte der belgische Gesandte in London van de Weyer dem dortigen preußischen Gesandten v. Bülow den Vorschlag zum Abschlusse eines Handelsvertrags zwischen Belgien und Preußen gemacht. Die damaligen politischen Verhältnisse sowie der Stand der Zollverhältnisse in Deutschland ließen es jedoch der preußischen Regierung nicht räthlich erscheinen, hierauf einzugehen, und es wurde deshalb eine ablehnende Antwort ertheilt. Eine erneuerte Anregung erfolgte im Jahre 1834, jedoch nur in der Beschränkung auf einen Schifffahrtsvertrag, ohne auch diesmal eine ernstliche Folge herbeizuführen. Nachdem sich indessen die Verhältnisse Belgiens dauernd constituirt hatten und seine territorialen Beziehungen, insbesondere zu Luxemburg, durch das Londoner Protokoll vom 9. April 1839 geordnet waren, zeigten sich die Umstände zu einer Verständigung mit dem Zollvereine günstiger. Hierzu trug ganz besonders die Vollendung der Schienenverbindung zwischen Köln und Lüttich bei, die einen bedeutenden Verkehr zwischen Belgien und dem Zollverein und namentlich einen Transitverkehr aus dem Verein durch Belgien theils nach Frankreich, theils nach überseeischen Ländern hoffen ließ. Es lag im eigenen Interesse Belgiens, diesem Verkehr durch Verminderung der Durchgangsabgaben alle möglichen Erleichterungen zu gewähren und sich hierüber mit dem Zollverein zu verständigen.

Im August 1839 legte daher der belgische Geschäftsträger in Berlin dem preußischen Ministerium einen Entwurf zu einem Handels- und Schiff-

*) Die Verhandlungen mit Belgien und der Abschluß des Vertrags vom 1. Sept. 1844 greifen zum Theil in die nächstfolgende Periode über; es schien jedoch geeignet, dieselben hier in ihrem Zusammenhange darzustellen und die folgende wichtige Periode, den Kampf zwischen Schutzzoll und Freihandel, nicht zu trennen. Vergl. übrigens über den Vertrag mit Belgien: Kamptz, Die Handels- und Schifffahrtsverträge des Zollvereins, Braunschweig 1845, Nr. V; und Festenberg, S. 224 flg.

fahrtsvertrage vor, der jedoch dem letzteren ungenügend erschien, weshalb es mehrfache Modificationen verlangte, die jedoch wieder von Belgien nicht angenommen wurden. Die Verhandlungen geriethen daher gar bald ins Stocken. Auch ein weiterer Schritt der belgischen Regierung, indem sie im October 1841 die von ihr proponirten Grundlagen eines Handels- und Schifffahrtsvertrags mittheilte, führte nur zu einigen allgemeinen Erörterungen, ohne die beiderseitigen Ansichten einander näher zu bringen. Namentlich war es eine Prätension der belgischen Regierung, welche bei Preußen erhebliche Anstände hervorrief.

Bei der Theilung des Großherzogthums Luxemburg in Folge des Londoner Vertrags hatte nämlich Belgien, um den bisherigen Verkehr dieses nunmehr getrennten Landes nicht allzu sehr zu beeinträchtigen, durch ein Gesetz vom 6. Juni 1839*) für die wichtigsten Verkehrsgegenstände zwischen den beiden Theilen von Luxemburg wesentliche Zollerleichterungen gewährt und diese Begünstigungen vorläufig auch aufrecht erhalten, nachdem der niederländische Theil von Luxemburg durch den Vertrag vom 8. Februar 1842 an den Zollverein angeschlossen worden war. Für die fernere Belassung dieser Begünstigungen forderte nun Belgien sehr bedeutende Ermäßigungen des Vereinstarifs, insbesondere auf Eisen und Leinengarn, sowie Aufhebung des Ausgangszolls auf rohe Wolle, während es sich seinerseits zu einer Minderung der eigenen Eingangszölle auf Seidenwaaren und Weine bereit erklärte.

Zu diesen Schwierigkeiten kam im Sommer des Jahres 1842 eine Verwickelung ernsterer Art. Frankreich hatte seine ohnedies schon sehr hohen Eingangszölle auf Leinengarn und Leinwand, die vorzugsweise gegen Deutschland gerichtet waren, am 26. Juni 1842 plötzlich auf das Doppelte erhöht und hierdurch gleichzeitig die belgische Leinen-Industrie, welche bisher einen erheblichen Absatz nach Frankreich hatte, in eine sehr bedenkliche Lage versetzt. Die belgische Regierung, von ihren Fabrikanten bestürmt, glaubte keinen anderen Ausweg finden zu können, als sich Frankreich anzuschließen, und verpflichtete sich durch einen Vertrag vom 16. Juli 1842, die gleichen Eingangszölle auf Leinengarn und Leinenwaaren wie Frankreich einzuführen, wogegen Frankreich auf der Grenze gegen Belgien die bisherigen Zölle beibehielt. Die Ausfuhr deutscher Leinen war hierdurch sowohl nach Frankreich wie nach Belgien fast vollständig prohibirt, weshalb denn auch der Zollverein sofort zu Retorsionsmaaßregeln gegen Frankreich schritt.**) Der

---

*) Vergl. hierüber das vorige Kapitel über den Anschluß von Luxemburg.

**) Vergl. hierüber unten Kapitel XXI.

belgischen Regierung wurden gleiche Retorsionsmaaßregeln, insbesondere in Bezug auf Eisen, in Aussicht gestellt, was dieselbe in nicht geringe Verlegenheit versetzte, indem eine Bedrohung dieses für Belgien höchst wichtigen Industriezweiges eine große Aufregung und Mißstimmung der Betheiligten zur Folge haben mußte. Sie entschloß sich daher einige den französischen Seidenwaaren und Weinen in dem Vertrage vom 16. Juli 1842 gemachten Concessionen vorläufig auch auf Deutschland auszudehnen, um dadurch, ohne förmliches Uebereinkommen, einstweilen die von Seiten des Zollvereins in Aussicht gestellte Retorsionsmaaßregel abzuwenden. Während Dies in Belgien geschah, war Preußen bemüht, auf der in Stuttgart versammelten General-Conferenz eine Verständigung der Vereinsregierungen über das ferner gegen Belgien einzuhaltende Verfahren und die bei weiteren Verhandlungen zu verfolgenden Zwecke zu erzielen. Die Propositionen Preußens, denen auch die übrigen Vereinsregierungen beistimmten, waren sehr mäßig. Sie waren darauf gerichtet:

1) eine wesentliche Erleichterung des beiderseitigen Transits und Herabsetzung der Durchgangsabgaben auf einen gleichen Satz;

2) die Zusage Belgiens, das Gesetz vom 6. Juni 1839 über die Modificationen des Zolltarifs an den Grenzen Luxemburgs und Limburgs in Beziehung auf Luxemburg aufrecht zu erhalten, und

3) wo möglich noch einige andere geringere Verkehrserleichterungen zu erlangen.

Eine Meinungsverschiedenheit bestand nur insofern, als die südlichen Vereinsregierungen verlangten, daß die Transitzollermäßigungen auch auf die Straßenstrecken zwischen Belgien und der südlichen Vereinsgrenze ausgedehnt werden sollten, indem außerdem die von Belgien nach der Schweiz, Tirol und Italien transitirenden Waaren ausschließlich auf den Rhein gedrängt und den durch die südlichen Vereinsstaaten führenden Landwegen völlig entzogen werden würden. Nur Kurhessen schien einige Zeit hindurch Schwierigkeiten machen zu wollen, indem es, verstimmt darüber, daß seine eigenen, sehr weit gehenden Anträge auf Ermäßigung des Transitzolles bezüglich der durch Kurhessen führenden Straßen Widerspruch fanden, seinem Commissar die Weisung ertheilte, weder bei der Revision des allgemeinen Transitzolltarifs noch speciell in der belgischen Frage irgend eine anderseitig gewünschte Veränderung zuzugestehen, vielmehr gegen jede Ermäßigung ein Veto einzulegen. Indessen gelang es später dennoch, die entstandenen Mißhelligkeiten zu beseitigen, indem der Vorschlag des bayrischen Bevollmächtigten, die höheren Transitzölle, welche nach dem Tarif für die Transversalen des Rheins bestanden, zu Gunsten der belgischen Grenze aufzuheben, angenommen wurde.*)

Das belgische Ministerium war übrigens wegen des an Deutschland gemachten Zugeständnisses in Bezug auf Weine und Seidenwaaren heftigen Angriffen ausgesetzt, und seine Lage verschlimmerte sich fortwährend durch zudringliche Insinuationen und Anerbietungen von Seiten Frankreichs, die unverkennbar dahin zielten, Belgien von jeder näheren commerciellen Verbindung mit Deutschland abzuhalten und französischer Leitung zu überantworten. Die desfallsige Thätigkeit der französischen Diplomatie war so bemerklich, daß sie ernstliche Gegenschritte von Seiten Englands und Rußlands hervorrief und Preußen sich beeilte, die in Stuttgart vereinbarten Anerbietungen von Transiterleichterungen zur Kenntniß der belgischen Regierung zu bringen und Verhandlungen hierüber einzuleiten (Novbr. 1842). In Belgien war jedoch die öffentliche Stimmung den Verhandlungen mit dem Zollverein keineswegs günstig; man glaubte durch die für Weine und Seidenwaaren anscheinend ohne Entgelt gewährte Vergünstigung eine Entschädigung beanspruchen zu dürfen und antwortete daher dem preußischen Gesandten auf seine Anträge, daß die von Preußen angebotene Bewilligung einer Transiterleichterung auf der Köln-Aachener Eisenbahn nicht mehr Gegenstand der Vertragsunterhandlungen sein könne, sondern noch vorher als Erwiderung der von Belgien bereits gemachten Zugeständnisse eintreten müsse. Preußen hielt es bei der bedenklichen politischen Lage in Brüssel für das Geeignetste, diesem Ansinnen zu entsprechen, worauf sich das belgische Gouvernement mit der beantragten Eröffnung von Verhandlungen einverstanden erklärte (Mai 1843). Die wirkliche Eröffnung der Verhandlungen verzögerte sich jedoch bis zum Herbst, und als sie eingetreten war, zeigten sie einen keineswegs raschen Fortgang. Beide Bevollmächtigte, sowohl der belgische Finanzminister Goblet als der preußische Gesandte Frhr. von Arnim, gingen mit großer Aengstlichkeit und Zurückhaltung zu Werke, so daß sich die ersten Verhandlungen nur auf einen geringen Theil der vorliegenden Aufgabe, die Aufrechthaltung des Statusquo der belgischen Zollmaaßregeln und die hierfür geforderten Compensationen, erstreckten und alle weitergehenden Verkehrserleichterungen sowie die Verabredungen über Schifffahrtsverhältnisse nur oberflächlich berührt wurden. Der Gang der Verhandlungen war daher ein sehr langsamer, und als Herr Goblet

*) Das Nähere hierüber enthalten ein besonderes Protokoll der Stuttgarter Conferenz über die Handels- und Zollverhältnisse zu Belgien d. d. 23. September 1842 und das Tarifsprotokoll vom gleichen Tage § 21. Vergl. auch das folgende Kapitel.

dem preußischen Bevollmächtigten endlich erklärte, daß Belgien außer Stand sein würde, mit dem Zollverein einen Handelsvertrag abzuschließen, wenn der Artikel „Eisen“ nicht unter die vereinsländischen Concessionen aufgenommen würde, hielt es die preußische Regierung für geeignet, die Verhandlungen für einige Zeit zu unterbrechen und sich vorerst mit ihren Zollverbündeten über diese neue Forderung Belgiens zu verständigen Dieselbe war übrigens in keiner Weise geneigt, hierin den belgischen Forderungen nachzugeben, sie stellte vielmehr bei der in Berlin eröffneten Conferenz den Antrag: für den Fall, daß Belgien das arrêté vom 28. August 1842, wodurch die Frankreich gewährten Zollbegünstigungen für Weine und Seidenwaaren auf Deutschland ausgedehnt worden waren, nicht mehr verlängern wolle, Preußen zu ermächtigen, Belgien eine differentielle Zollerhöhung auf belgisches Eisen als Retorsionsmaaßregel förmlich anzukündigen.*)

Unter den Vereinsregierungen herrschte jedoch über diese wichtige Frage keine Uebereinstimmung. Nach langen Verhandlungen war man endlich dahin gelangt, sich über die Einführung eines Eingangszolles auf Roheisen und Erhöhung der übrigen Eisenzölle zu verständigen; darüber aber, wie man diese Maaßregel gegen Belgien in Anwendung bringen oder modificiren sollte, war lange Zeit hindurch keine Vereinbarung zu erzielen. Während Preußen sich dahin aussprach, die Eisenzoll-Erhöhung sofort allgemein einzuführen und eventuell Belgien im Falle eines günstigen Vertragsabschlusses Erleichterungen zu gewähren, wollte Bayern die allgemeine Tarifserhöhung erst in Folge des mit Belgien abzuschließenden Vertrages eintreten lassen. Diese Differenz hatte eine lange, zum Theil ziemlich gereizte Correspondenz sowie eine mehrmonatliche Verzögerung der Verhandlungen mit Belgien zur Folge und endigte schließlich damit, daß Bayern im März 1844 dem Vorschlage Preußens auf eventuelle Androhung einer Retorsion durch differentielle Zollbelastung belgischen Eisens mit der Einschränkung zustimmte, daß diejenigen belgischen Eisenbahnschienen, deren Lieferung auf bereits feststehenden Accorden in der Art beruhe, daß der Empfänger den Eingangszoll zu zahlen habe, hiervon ausgenommen würden. Gleichzeitig erklärte Bayern seine bisher zurückgehaltene Zustimmung zur neuen Tarifirung des Eisens für die Dauer der laufenden Tarifsperiode (Ende 1845) unter der Bedingung, daß von Seite der andern Vereinsstaaten die Zustimmung zu einer eventuellen Begünstigung des belgischen Eisens bis zur

*) Besonderes Protokoll vom 2. November 1843.

Hälfte des neuen Zollsatzes für Roheisen und bis zur Hälfte der Zollerhöhung für Stabeisen ertheilt werde.

Diese Idee einer differentiellen Begünstigung war übrigens nicht von Bayern, sondern zuerst von Preußen angeregt worden, welches schon im October 1843 einen hierauf gerichteten Vorschlag den Vereinsregierungen mitgetheilt hatte. Nachdem derselbe bis Mai 1844 die Zustimmung aller Vereinsregierungen erhalten hatte, war die von Belgien so sehnlich gewünschte Grundlage einer Verständigung gewonnen und ein wirklicher Vertragsabschluß stand nunmehr in sicherer Aussicht. Belgien hatte zwar die mehrerwähnte Begünstigung für Weine und Seidenwaaren nicht erneuert, ja sogar die Wiedererstattung des Scheldezolles für preußische Schiffe aufgehoben, und ebenso der Zollverein im Juni 1844 die Aenderungen in der Tarifirung des Eisens sowie die Anordnungen bezüglich der Repressalien gegen Belgien publicirt. Der Eindruck der vom Zollverein getroffenen Repressalien war jedoch ein so überwiegender, daß er sofort die ganze betheiligte belgische Eisen-Industrie in Bewegung setzte und auch das belgische Ministerium von der unbedingten Nothwendigkeit überzeugte, sich entweder mit dem Zollverein zu verständigen oder sich an Frankreich anzuschließen. König Leopold, der schon einige Zeit sich mit der Idee eines französisch-belgischen Zollvereins getragen, schien zu letzterem geneigt, auch wurde wirklich der Minister van Praet nach Paris gesendet, fand aber dort, wo die Regierung ganz in den Ideen des Schutzzolles befangen war und die Concurrenz der belgischen Industrie fürchtete, eine so wenig günstige Aufnahme, daß das belgische Ministerium sich nur noch dringender nach Deutschland wandte. Es folgten hierauf mehrfache, sehr entscheidende, directe Verhandlungen zwischen dem König Leopold und dem preußischen Gesandten, sodann Besprechungen des Letzteren mit dem Minister Goblet (Ende August) und am 1. September die wirkliche Unterzeichnung des Vertrags. Dieser rasche Abschluß kam selbst für das preußische Ministerium unerwartet, das noch am 30. August einen Courier mit mehreren Einwendungen gegen den projectirten Vertrag an Freiherrn von Arnim abgesendet hatte, der erst nach der Unterzeichnung des Vertrages in Brüssel eintraf. Diese von dem preußischen Gesandten auf eigene Verantwortung vorgenommene Beschleunigung des Abschlusses war vorzugsweise durch die Befürchtungen vor den Einflüssen aus Paris herbeigeführt und in dieser Beziehung auch vollkommen gerechtfertigt. Einige unwesentliche Modificationen des Vertrages wurden nachträglich von Belgien bereitwillig zugestanden.

Der Vertrag bestimmte zunächst die Gleichstellung der beiderseitigen

Schiffe in Bezug auf die Entrichtung von Zöllen und allen Arten anderer Abgaben und sicherte den Schiffen des Zollvereins die Theilnahme an der von Belgien gewährten Rückerstattung des Scheldezolles zu. Er bestimmte ferner die gegenseitige gleichmäßige Behandlung der directen Waareneinfuhr und gestattete dem Zollverein die Erhebung einer besonderen Flaggengebühr von belgischen Schiffen in so lange, als die Schiffe des Zollvereins, welche in indirecter Fahrt nach Belgien kommen, dort einer differentiellen Besteuerung unterworfen sein würden. Producte des Zollvereins, welche aus den Häfen an den Mündungen der Ströme von der Elbe bis zur Maas auf Zollvereinsschiffen direct nach Belgien eingeführt werden, sollten ebenso behandelt werden, als wenn sie direct aus einem Hafen des Zollvereins kämen. Dasselbe sollte umgekehrt für die belgischen Einfuhren aus den Häfen der Maas gelten. Die Küstenschifffahrt behielten sich beide contrahirende Theile vor nach den Landesgesetzen zu regeln; indirecte Schifffahrt war beiderseits gestattet. Außer mehreren analogen, dem damaligen Stande der Schifffahrtsgesetzgebung entsprechenden Bestimmungen enthielt der Vertrag folgende specielle Stipulationen über gegenseitige Zollbegünstigungen.

1) Von Seite des Zollvereins:

a) Herabsetzung der Durchgangsabgabe für die aus Belgien kommenden oder dahin gehenden Waaren auf 1/2 Sgr. pr. Zollcentner für die rheinische Eisenbahn und den Rhein, dann für alle Straßenzüge von der belgischen Grenze durch den Zollverein nach dem Rhein, von Belgien nach Frankreich und den Niederlanden, ebenso für die Straßen von Belgien durch den Zollverein von Saarbrücken bis Mittenwald;

b) Herabsetzung der Durchgangsabgabe auf 10 Sgr. pr. Centner für alle das Gebiet des Zollvereins durchschneidenden und auf der Linie von Mittenwald bis zur Donau ausgehenden Straßen;

c) Gewährung eines Differentialzolles für Eisen belgischen Ursprungs mittelst einer Zollermäßigung von 50 pCt. der mit 1. September 1844 neu eingetretenen Zollbelegung für Roheisen und von 50 pCt. der gleichzeitig eintretenden Zollerhöhung für Materialeisen;

d) Verminderung der Ausgangsabgabe für die nach Belgien bestimmte Wolle um die Hälfte;

e) Verminderung der Eingangsabgabe für Käse belgischen Ursprungs um die Hälfte;

f) zollfreie Einfuhr von 15,000 Stück Hämmeln aus Belgien in den Zollverein.

2) Von Seite Belgiens:

a) Aufrechterhaltung der bereits bestehenden Durchfuhrfreiheit für die aus dem Zollverein kommenden oder dahin bestimmten Waaren;

b) Durchfuhrsbefreiung resp. Erleichterung für verschiedene Tuchwaaren und Schiefer, dann für Lohrinde aus Luxemburg;

c) Wiederherstellung resp. Erweiterung der früher für deutsche Weine und Seidenwaaren gewährten Zollbegünstigungen;

d) Festsetzung des Ausgangszolles für Lohrinde über gewisse Aemter zu 6% vom Werthe;

e) desgleichen des Eingangszolles für Nürnberger Waaren zu 5% vom Werthe;

f) Wiederherstellung des früheren Zollsatzes für Modewaaren;

g) zollfreie Einfuhr für Mineralwasser;

h) Beibehaltung der bisher gewährten begünstigten Einfuhr von westfälischem und braunschweigischem Leinengarn;

i) Beibehaltung der bisherigen Zollbegünstigungen für Luxemburg.

Der Vertrag war auf 6 Jahre abgeschlossen, vom 1. Januar 1845 an gerechnet, sollte jedoch sofort in Vollzug gebracht werden können.

Die materiellen Vortheile waren sonach entschieden auf Seite Belgiens denn während dasselbe lediglich sich verpflichtete, den bisherigen Status aufrecht zu erhalten resp. wieder herzustellen, und keine einzige erhebliche neue Zollbegünstigung einräumte, gewährte der Zollverein seiner Seits eine ganz exorbitante Differential-Begünstigung für den wichtigsten Verkehrsartikel, Eisen. Aber auch abgesehen von dieser Differenz in den materiellen Vortheilen können die ganze Verhandlung und der aus ihr hervorgegangene Vertrag nicht als besonders glücklich bezeichnet werden. Die fortwährende Einwirkung politischer Momente hatte die eigentlichen volkswirthschaftlichen Interessen ganz in den Hintergrund gedrängt; die belgische Regierung hatte während der ganzen Dauer der Verhandlung sehr geschickt ihre politische Schaukelstellung zwischen Deutschland und Frankreich und die Eifersucht der Großmächte benützt, um bald die eine, bald die andere zu einer Concession zu bewegen, ohne selbst Etwas dafür zu leisten; und als endlich die entschiedene Androhung von Retorsions-Maaßregeln von Seite des Zollvereins diesem Spiele ein Ende machte und sie nöthigte, das bisher ungestraft befolgte System der Rücksichtslosigkeit gegen Deutschland aufzugeben, war es ihr noch gelungen, die vorwaltende zum Theil übertriebene Besorgniß vor einem Anschluß Belgiens an Frankreich in hohem Grade zu verwerthen und den Abschluß des Vertrages gleichsam als ein vom Zollverein errungenes politisches Resultat darzustellen. So wie daher später die politischen Verhältnisse eine andere Gestaltung annahmen, traten die unleugbaren volkswirthschaftlichen Nachtheile des Vertrags für den Zollverein in Geltung, und derselbe fiel nach Ablauf seiner ersten Periode und wurde erst in neuester Zeit durch einen auf ganz neuer Basis abgeschlossenen Vertrag wieder ersetzt.

Einundzwanzigstes Kapitel.

Zweite Vereinsperiode.

Der Kampf zwischen Schutzzoll und Freihandel.

Unter allgemeiner Befriedigung war der Vertrag vom 8. Mai 1841 über die Erneuerung des Zollvereins abgeschlossen worden; die bald darauf folgenden Anschlußverträge von Braunschweig, Lippe und Luxemburg hatten die Expansivkraft des Vereins neuerdings dargethan, sein Gebiet abgerundet und ihn in der politischen Bedeutung und Achtung gehoben; die Einführung der Runkelrübenzuckersteuer hatte seine finanzielle Kraft und Competenz erweitert und die Hoffnung erweckt, daß er allmälig wohl auch in anderen Gebieten des öffentlichen Lebens seine Einwirkung geltend machen werde. Alles schien anzudeuten, daß seine weitere Entwickelung in derselben ruhigen Art und Weise vor sich gehen würde wie bisher.

Der Lauf der Ereignisse nahm jedoch eine andere Richtung und führte einen innern Kampf herbei, der den Zollverein auf eine harte Probe stellte und mehrmals selbst seine Existenz bedrohte. Nichts vermag die dem Zollverein zu Grunde liegende nationale Idee und deren Kraft besser zu documentiren, als die Geschichte dieser inneren Kämpfe und deren endliches Resultat. Statt zu der drohenden und von seinen Gegnern erwarteten Auflösung des Vereines, haben diese Kämpfe zu einer unerwarteten Erweiterung und zur Befestigung desselben sowie zu einer neuen Organisation geführt, welche mehr als alles Andere den nothwendigen innern Zusammenhang der volkswirthschaftlichen mit den politischen Interessen und Institutionen eines Volkes darthut.

Während der bisherigen achtjährigen Dauer des Zollvereins war in der deutschen Industrie eine wichtige Veränderung vorgegangen. Durch die Freiheit des Verkehrs im Innern hatte sie sich zunächst zu einer nationalen herangebildet. Naturgemäß war, so lange Deutschland von einer Menge von Zollinien durchschnitten war, fast jede Industrie in den kleineren Staaten eine mehr oder minder locale geblieben, nur einige Industriezweige, und diese fast nur in den größern Staaten, waren auf größern Absatz nach außen berechnet, ja in den meisten der kleineren Staaten war sogar der Zwischenhandel mit fremden Waaren vorzugsweise begünstigt worden. Wenige Jahre des freien innern Verkehrs hatten hingereicht, diese Verhältnisse vollständig auszugleichen; der erweiterte Absatz im Innern sowie der Schutz gegen fremde Concurrenz hatte alle Industriezweige gestärkt, bei allen größere Thätigkeit erzeugt, neue hervorgerufen, und manche Zweige, die früher entweder gar nicht oder nur ärmlich neben der fremden Concurrenz bestehen konnten, wagten sich bereits nicht ohne Erfolg auf auswärtige Märkte. Der allgemeine Aufschwung war ganz unverkennbar, und der industrielle Stand, der dadurch an Selbständigkeit und Achtung gewann, erhielt zugleich größern Gemeingeist und erhöhtes Selbstgefühl. Nicht wenig trug dazu die gesteigerte wissenschaftliche Ausbildung, die ihm von Seite der Regierungen allenthalben durch Errichtung von Gewerbe-, Real- und polytechnischen Schulen geboten wurde, bei. Die Presse, wenigstens ein Theil derselben, trat in seine Dienste; er war nicht blos ein Gegenstand der Fürsorge der Staatsbehörden, sondern gleichsam ein geschlossener Stand geworden und begann als solcher seine Interessen selbständig zu vertheidigen und seine Rechte anzusprechen.

Der Kaufmannsstand, der bisher vorzugsweise seinen Gewinn aus dem Absatze fremder Manufacte und Producte gezogen hatte, hielt hiermit nicht gleichen Schritt. Wenn er auch durch den erleichterten Verkehr und die erhöhte Gewerbsthätigkeit und Consumtion wesentlich gewann, so schwanden doch nach und nach so manche Quellen guten Verdienstes, die der Handel mit fremden Waaren geöffnet hatte, wieder dahin; der fremde Import nahm, wenn auch nicht an seinem Umfange, doch jedenfalls an relativer Bedeutung ab, es bildete sich allmälig ein nicht unbedeutender Export, bei welchem der größere Verdienst dem Fabrikanten verblieb, der selbständig fremde Märkte aufsuchte und der Zwischenhändler mehr und mehr zu entbehren lernte. So wie daher der industrielle Stand erstarkte und seine mitunter etwas übertriebenen Forderungen formulirte, so rief er auf der anderen Seite den Antagonismus der Importeure hervor, die es gar bald verstanden, die Stimmen vieler Consumenten für sich zu gewinnen. So entstand der Kampf zwischen Schutzzoll und Freihandel, der zuerst bei der Stuttgarter Conferenz als Zollvereinsfrage zu Tage trat, bald in lichten Flammen aufloderte und einige Male den Bestand des Zollvereins gefährdete, bis er in neuester Zeit in eine neue Phase trat, in der er aller Wahrscheinlichkeit nach nur noch einer ruhigen Entwickelung genießen und vielleicht binnen Kurzem gänzlich erlöschen wird.

Den Anstoß zu diesen Bewegungen gab eine Krisis der Eisenproduction in England, wo der Absatz plötzlich stockte, was die Producenten bewog, große Massen von Eisen zu ermäßigten Preisen nach dem Continent zu werfen. Die dadurch zunächst bedrohte rheinische Eisenindustrie erhob sofort laute Klagen, und die nassauische Regierung war es, welche zuerst diesen Industriezweig vertrat und eine Erhöhung der Eisenzölle verlangte.

Aehnlich stand es mit den Baumwollenspinnereien. Vor der Gründung des Zollvereins hatten sich in Deutschland nur wenige und unbedeutende Spinnereien einrichten und erhalten können; diese wichtige Industrie, auf welche sich in England und theilweise auch in Frankreich die größten industriellen Kräfte geworfen hatten, welche von der Gesetzgebung in ganz ungemessener Weise beschützt und gefördert wurde, war dort zu einem solchen Aufschwung gelangt, daß sie als die Grundlage oder der Hauptfactor der industriellen Größe Englands angesehen werden konnte. So lange in Deutschland Dutzende von Zolllinien bestanden, so lange einzelne Regierungen gar keinen Begriff von der Wichtigkeit der Industrie überhaupt hatten und in der Förderung des fremden Zwischenhandels ihre Interessen suchten, war an eine Entwickelung dieser Industrie gar nicht zu denken. Sie erforderte unbedingt ein großes gesichertes Absatzgebiet, sie erforderte große Capitalien, kostspielige und complicirte Maschinen, ausgebildete technische Kenntnisse, was Alles in Deutschland nicht vorhanden war. Als endlich der Zollverein ins Leben trat, wandte sich die gesteigerte industrielle Thätigkeit zunächst auf diejenigen Zweige, in welchen entweder schon einzelne geringere Anfänge vorhanden, oder in welchen keine so schwierigen Vorbedingungen zu erfüllen waren, sohin in der Bearbeitung der Baumwolle auf die Weberei. In demselben Maaße wie sich diese hob, stieg die Einfuhr der hierzu unentbehrlichen englischen Garne. Nur langsam erhoben sich einzelne Spinnereien, und es dauerte geraume Zeit, ehe sich diese Fabriken in Preußen und Sachsen, am Rhein, in Baden und Württemberg und an einigen Orten in Bayern zu einer erheblichen Bedeutung emporgeschwungen hatten. Der geringe Zollschutz von 2 Thlr. per Ctr., den sie gegen die englische Concurrenz genossen, wurde reichlich durch die günstigere Lage der englischen Fabriken für den Bezug der Rohstoffe, durch billigeres Brennmaterial, billigere und bessere Maschinen und größere Capitalkraft aufgewogen. Bis zum Jahre 1842 überstieg die Garneinfuhr in das Vereinsgebiet die innere Garnproduction um mehr als das Doppelte, und während die Webereien unter dem Schutze eines Zollsatzes von 30 bis 50 Thlr. per Ctr. sich so gehoben hatten, daß der Export der vereinsländischen Baumwollenwaaren einen Werth von 14 bis 15 Millionen Thaler repräsentirte, war die Existenz der meisten Spinnereien eine höchst schwankende und precaire. Beide Industriezweige standen sich hier in ihren Interessen direct entgegen, und es war zu erwarten, daß auch die Regierungen, je mehr sie bei der einen oder anderen dieser Industrien betheiligt waren, verschieden Partei ergreifen würden.

Bisher hatte die preußische Regierung in den Zollangelegenheiten vorzugsweise den finanziellen Gesichtspunkt vorwalten lassen; die ganze Zollverwaltung lag ausschließend in den Händen des Finanz-Ministeriums und alle bisherigen preußischen Conferenz-Bevollmächtigten waren nur aus dem Personal der Abtheilung für Finanz entnommen worden. Im Mai 1842 war in Berlin in der Person des Vorstandes des Finanz-Ministeriums und in der Leitung der Steuer-Abtheilung desselben ein Wechsel eingetreten, und man erwartete allgemein, daß Dies auch eine Veränderung der Ansichten in Bezug auf die Zollangelegenheiten zur Folge haben werde. Es wurde auch wirklich der Bevollmächtigte für die Conferenz nicht mehr wie bisher aus der Steuer-Abtheilung, sondern aus jener für „Handel und Gewerbe" gewählt, und dadurch zu erkennen gegeben, daß man preußischer Seits nicht gemeint sei, dem finanziellen Interesse gegenüber die Handels- und Gewerbs-Interessen ohne gehörige Berücksichtigung zu lassen. Auch enthielten die preußischen Anträge für die Conferenz einen Vorschlag zu einer Zollerhöhung auf Wollenwaaren und aus Baumwolle und Wolle gemischte Waaren.

Bald jedoch erhielt eine andere Richtung die Oberhand, und zwar, wie es scheint, hauptsächlich durch diplomatische und politische Einflüsse.

So wie in Deutschland die ersten Regungen für einen ergiebigeren Schutz der inneren Industrie sich zeigten, war auch die englische Regierung, welche zu Hause ihre eigene Industrie seit mehr als einem Jahrhundert durch Prohibitionen aller Art und übermäßige Schutzzölle gedeckt und dadurch zur dermaligen Höhe gebracht hatte, zur Hand, um diesen bedenklichen Symptomen entgegen zu arbeiten. Sie versuchte allenthalben von diesem thörichten Beginnen abzurathen, scheint aber fast nur in Berlin, und zwar vorzugsweise an der Hand politischer Gründe, einen fruchtbaren Boden für ihre Insinuationen gefunden zu haben. Sie richtete daher ihre Thätigkeit vorzugsweise auf diesen Punkt und remonstrirte bei Preußen nachdrücklichst gegen die von mehreren Vereins-Regierungen beantragte Erhöhung der Garnzölle, dann der Zölle auf baumwollene und gemischte Waaren, und stellte für den Fall der Belassung des gegenwärtigen Zolles eine Eingangszoll-Erleichterung für deutsche Weine und Baumwollensammt in Aussicht, während für den entgegengesetzten Fall auf eine Verschärfung des englischen Prohibitiv-Systems hingewiesen wurde.

Leider waren diese Schritte nicht ohne sehr merkbaren Erfolg, so zwar, daß Preußen nicht nur jeder Erhöhung der Garnzölle entgegen war, sondern sogar daran dachte, die von ihm selbst beantragte Zollerhöhung auf Wollenwaaren und gemischte Waaren wieder zurückzunehmen.

Unter diesen Auspicien wurde die fünfte General-Conferenz am 4. Juli 1842 in Stuttgart eröffnet.

Auf Seite der deutschen Industrie standen die süddeutschen Vereins-Regierungen, ganz besonders Baden und Württemberg; gemäßigter Bayern. Während Württemberg für Garne eine Erhöhung des Zolles auf 5 Thlr. und bei Zetteln bis zu 8 Thlr. verlangte, beschränkte sich Bayern auf 3 und resp. 4 Thlr., welchem Antrage beizutreten zuletzt die Mehrheit der Vereins-Regierungen nicht abgeneigt schien.

Preußen erklärte sich jedoch in einer am 20. August abgehaltenen Conferenz-Sitzung in Verbindung mit Sachsen, Thüringen, Braunschweig und Frankfurt gegen jede Zollerhöhung für rohes Baumwollengarn und alle Arten von Leinengarn und Leinenwaaren. Damit war die lange und mühevolle Discussion über diese Frage mit einem rein negativen Resultate geschlossen. Beide Parteien beharrten entschiedener als vorher auf ihrem Standpunkte, und das betheiligte Publicum, das mit Ungeduld und lebhafter Theilnahme dem Schlusse der Conferenz und ihren erwarteten Ergebnissen entgegen sah, griff jetzt in der Presse den Streit mit neuem Eifer und erhöhter Leidenschaftlichkeit auf. Die schon am Anfang der Conferenz beschlossene von Preußen selbst beantragte Erhöhung des Zollsatzes für das bereits in Zettel geordnete Garn auf 3 Thlr. war die einzige vereinbarte Erhöhung in den Garnzöllen.

Nicht besser erging es den Anträgen auf Erhöhung der Eisenzölle. Den Anträgen Nassaus auf allgemeine Erhöhung dieser Zölle stand ein Antrag Preußens auf Ermäßigung der dermaligen Zölle für façonnirte Stabeisensorten entgegen, der wieder seiner Seits an dem positiven Widerspruche von Nassau und Württemberg scheiterte. Indessen war die Lage der deutschen Eisen-Industrie eine so unbestreitbar bedenkliche, daß Preußen sich vorbehielt, bei gesteigerter Bedrängniß des Eisenhüttenbetriebes eine nähere Berathung mit den übrigen Vereins-Regierungen zu veranlassen, um noch im Laufe der Tarifsperiode eine mäßige Besteuerung des fremden Roheisens und eine entsprechende Erhöhung des Zolles für die gröberen Sorten des Schmiedeeisens herbeizuführen.

Ein Antrag Bayerns auf Zollerhöhung für feine Glaswaaren, dem alle anderen Staaten beigetreten waren, blieb wegen preußischen Widerspruches erfolglos.

Als daher die Conferenz nach langen Debatten schloß, war Nichts weiter vereinbart worden als einige unbedeutende Modificationen des bisherigen Tarifs, einige Aenderungen im Durchgangstarif, dann die von Preußen vorgeschlagene Erhöhung der Runkelrübenzuckersteuer von $^1/_3$ auf $^2/_3$ Thlr. Die preußische Rückvergütung des Rheinzolles kam abermals erfolglos zur Sprache, man vereinigte sich nur über einige unwesentliche allgemeine Grundsätze.

Von principieller Wichtigkeit war eine Vereinbarung über eventuelle Zoll-Retorsionsmaaßregeln gegen Frankreich. Dieses hatte nämlich eine Erhöhung seines Eingangszolles auf Leinengarn und Leinenwaaren verfügt, und es galt nun, diese gegen Deutschland gerichtete Maaßregel entweder durch geeignete Gegenmaaßregeln zu erwidern oder deren Rücknahme zu erwirken. Preußen, welches bisher so wenig Lust an den Tag gelegt hatte, der englischen Prohibitiv-Zollgesetzgebung irgend wie entgegen zu treten, zeigte sich hierin besonders eifrig, und so wurde auf seinen Antrag vereinbart, daß, falls Frankreich seine Zollerhöhung nicht zurücknehmen würde, eine Verdoppelung der dermaligen Tarifsätze auf Gold- und Silberwaaren, verschiedene Galanteriewaaren, Parfümerien, künstliche Blumen, lederne Handschuhe, Franzbranntwein und Papiertapeten eintreten solle.

Die nächste (VI.) Conferenz war keine Tarifs-Conferenz, es konnte also bei ihr ein etwas ruhigerer Verlauf präsumirt werden. Als Ort für dieselbe war bei der Stuttgarter Conferenz Karlsruhe gewählt worden; da sich jedoch der Vollzug der Beschlüsse der V. Conferenz in einigen Staaten bedeutend verzögert hatte, so schlug Preußen vor, die Conferenz bis zu der im Herbste 1843 abzuhaltenden besonderen Conferenz über die Besteuerung des Rübenzuckers auszusetzen und sodann mit letzterer zu verbinden. Die General-Conferenz wurde daher am 4. September in Berlin eröffnet und am 11. November geschlossen.

Die Frage wegen der Zollsätze für Leinengarn und Leinenwaaren scheiterte abermals am Widerspruche derselben Regierungen, die schon bei der Stuttgarter Conferenz dagegen gestimmt hatten. Eben so scheiterten die wiederholten Anträge von Württemberg und Baden wegen Zollerhöhung für ungebleichte Baumwollengarne und für gezettelte Garne, wie voraus-zusehen war.

Auch über eine Aenderung der Eisenzölle kam kein Beschluß zu Stande, obwohl nunmehr auch die preußische Regierung sich den Anträgen auf Einführung eines Zolles für Roheisen und Erhöhung der Zölle für Materialeisen angeschlossen hatte. Sachsen, Württemberg, Baden, Großherzogthum Hessen und Nassau hatten unter Hinweis auf die höchst bedenkliche Steigerung der Einfuhr fremden Eisens, die sich im Jahre 1842 für Roheisen auf 1,195,925 Ctr. und für Stabeisen auf 930,686 gehoben hatte, einen Zoll von ½ Thlr. auf Roheisen und von 1½ Thlr. für die gröberen Sorten von Schmiedeeisen beantragt. Preußen schlug dagegen einen Roheisenzoll von 10 Sgr., einen Stabeisenzoll für die gröberen Sorten von 1½ Thlr. und für die feineren Eisensorten eine Ermäßigung des dermaligen Zollsatzes von 3 Thlr. auf 2½ Thlr. vor. Ein directer Widerspruch gegen Einführung eines Roheisenzolles und Erhöhung der Zölle auf gröberes Schmiedeeisen erfolgte eigentlich von keiner Seite, indessen kam es wegen der Weigerung Bayerns, eine Erhöhung der Eingangszölle auf Eisenbahnschienen zuzulassen, zu so erheblichen Differenzen, daß eine Verständigung nicht erzielt wurde. Der preußische Bevollmächtigte erklärte daher am Schlusse der Conferenz: „seine Regierung bedaure es zwar lebhaft, daß die als dringend nothwendig erkannte Regulirung der Eisenzölle zum Schutze der vereinsländischen Eisenproduction nicht schon mit dem Beginn des nächsten Jahres ins Leben treten könne; da dieser Anfangstermin für Tarifveränderungen indessen, wenn gleich er die gesetzliche Regel bilde, kein unerläßlich inne zu haltender sei, so wolle sie die Hoffnung nicht aufgeben, daß es weiteren Verhandlungen gelingen werde, binnen Kurzem eine Verständigung über die vorgeschlagenen Zollsätze zu erzielen, und sie werde zu diesem Ende den Gegenstand im Correspondenzwege weiter verfolgen."

Uebrigens vermieden es diesmal sämmtliche Vereinsregierungen sorgfältig, über die Schutzzollfrage irgend eine ernstliche Discussion herbeizuführen, obwohl in der Oeffentlichkeit der Kampf mit unverminderter Heftigkeit fortdauerte. Beide Theile schienen im Vorgefühle, daß es demnächst zu einem größern entscheidenden Kampfe kommen werde, ihre Kräfte sammeln zu wollen.

Das wichtigste Ergebniß dieser Conferenz war eine wesentliche Verbesserung des Transitzolltarifs, dessen höchst unzweckmäßige complicirte Bestimmungen schon längst allgemeine Klagen, zum Theil sogar von den Zollbehörden, hervorgerufen hatten.

Schon bei der vorigen Conferenz war von Bayern eine durchgreifende Revision des Transitzolltarifs beantragt und zu diesem Ende eine ausführliche Denkschrift übergeben worden. Die vorherrschende Verstimmung über die Differenzen wegen der Garnzölle sowie der Mangel an Instruction von Seiten mehrerer Bevollmächtigter verhinderten jede eingehende Erörterung, weshalb die Frage unter günstigeren Auspicien bei der Conferenz von 1843 wieder aufgenommen und auch glücklich beendigt wurde. Die Hauptgrundlage hiefür war durch die bayrischen Vorschläge gegeben, welche die Idee angeregt hatten, den Transitzolltarif von seinen vielfachen Complicationen durch Annahme eines einzigen Zollsatzes von $^1/_3$ Thlr.*) für die Hauptrichtungen des Verkehrs links der Elbe und zwar wenigstens für die Linien von Salzwedel (an der hannövrischen Grenze) bis Mittenwald und für die Linie von Saarbrücken und resp. den Rheinhäfen bis Weidhaus zu befreien.

Inzwischen war Kurhessen mit Anträgen wegen Erleichterung des Transits im Wesergebiete in sehr ernstlicher Weise aufgetreten, welche Anträge in die bei den concurrirenden Straßenrichtungen zwischen der Weser und Elbe zunächst betheiligten Interessen von Preußen, Sachsen, Thüringen und Braunschweig so tief eingriffen, daß Widersprüche von diesen Seiten her mit Sicherheit zu erwarten waren. Auch von großherzoglich hessischer Seite lagen Anträge über Transiterleichterungen vor.

Anfangs verursachte diese Frage große Aufregung und es schien sich eine ernstliche Opposition gegen die verlangte Erleichterung und Vereinfachung des Transitzollsystems bilden zu wollen. Die innere Ueberzeugung von der Unzweckmäßigkeit und Unhaltbarkeit des geltenden Systems war jedoch glücklicher Weise so stark und so allgemein, daß bald alle Staaten von den wirklich zweckmäßigen Vorschlägen Bayerns, welche die kurhessischen Anträge zum größten Theil in sich begriffen, eingenommen wurden. Sie erhielten daher auch mit einer einzigen Modification am Ende die allgemeine Zustimmung. Nach dieser Modification sollten die Transiterleichterungen, welche nach dem Vorschlage auf das ganze Gebiet links der Elbe ausgedehnt werden sollten, nur noch

*) Der damalige Transitzollsatz für die Straßen links der Elbe war 1 Thaler für Gegenstände des zweiten Abschnittes des Transittarifs, und $^1/_2$ Thaler für alle nicht speciell ausgenommenen Routen und Gegenstände.

a) für die westliche Linie von Wittenberg an der Unterelbe bis zur Donau inclusive, und

b) für die südliche Linie von Saarbrücken bis zur Oberelbe resp. Neustadt bei Stolpen in Sachsen zur Anwendung kommen.

Ein weiteres Ergebniß dieser Conferenz war die Vorbereitung eines Münzcartels, worüber bereits eine vorsorgliche Bestimmung im Schlußprotokolle zu dem Vertrage über Erneuerung des Zollvereines vom 8. Mai 1841 getroffen worden war. Es wurde der Entwurf hiezu vorgelegt, eine Vereinbarung aber konnte wegen noch mangelnder Instructionen einzelner Bevollmächtigter nicht erfolgen.

Die definitive Rechnung pro 1840 und 1841 wurde ohne Anstand bereinigt.

Nicht unwichtig ist endlich die bei dieser Conferenz vereinbarte Veranstaltung eines officiellen Abdruckes der Vereinsverträge, welche Sammlung, bis in die neueste Zeit fortgesetzt, eine diplomatische Urkundensammlung von historischem Werth bildet.

Auch die Aufgabe der bestehenden Conferenz wegen einer übereinstimmenden Gesetzgebung über Besteuerung des Runkelrübenzuckers wurde ohne ernstliche Discussionen glücklich gelöst. Nach der bei Gelegenheit der Erneuerung der Zollvereinsverträge getroffenen besonderen Uebereinkunft vom 8. Mai 1841 sollte die Rübenzuckersteuer für die ersten drei Jahre eine privative bleiben, jedoch vom 1. September 1844 an für die Gemeinschaft der Zollvereinsstaaten nach einer übereinstimmenden Gesetzgebung erhoben werden. Durch Vereinbarung vom 6. November 1843 wurde nun diese Steuer festgestellt und deren Erhebung und Verrechnung geordnet.*)

Inzwischen war durch die Vertragsverhandlungen mit Belgien**) die Eisenzollfrage neuerdings angeregt worden, und Preußen sah sich dadurch veranlaßt, mittelst eines Promemoria vom 16. November 1843 seine bei der letzten Generalconferenz gestellten Anträge wegen Tarifirung des Eisens neuerdings zu empfehlen und namentlich zu befürworten, daß Bayern seinen damaligen Widerspruch gegen die höhere Belastung der Schienen fallen lassen möge. Eine weitere preußische Denkschrift vom 17. Febr. 1844 enthält eine umfassende Darstellung der Behandlung dieser Frage auf der letzten Generalconferenz, sodann die Correspondenzen, welche Preußen hierüber mit Bayern, Sachsen, Baden und Hessen-Darmstadt gepflogen. Bayern zögerte lange, auf die preußischen Vorschläge einzugehen, und erklärte seine Zustimmung erst

*) Vergl. über die Besteuerung des Rübenzuckers das Kapitel XXX.

**) Vergl. hierüber oben S. 210 flg.

unterm 22. März 1844, und auch da nur unter dem ausdrücklichen Vorbehalte, daß die Dauer der neuen Zollsätze vorläufig auf die Zeit bis Ende 1845 beschränkt bleibe. Mit dem 1. September 1844 traten nunmehr diese neuen Eisenzölle in Kraft.

Auf den Antrag Preußens wurde 1844 keine Generalconferenz abgehalten, vielmehr dieselbe auf 1845 verlegt und sodann zu Karlsruhe am 1. Juli 1845 eröffnet und am 23. October geschlossen.

Schon vor Eröffnung und noch mehr während der Dauer derselben war die allgemeine Aufmerksamkeit und Erwartung von ihr in hohem Grade in Anspruch genommen. Nicht blos die deutsche Industrie und ihre Gegner, die Fachgelehrten, und die mehr oder minder Partei ergreifende Presse, ja selbst das gesammte Publicum, erwarteten von dieser Conferenz die Entscheidung der großen Tagesfrage: Schutzzoll oder Freihandel. Die Gesandten von England, Frankreich und Belgien sowie handelspolitische Agenten aller Art suchten auf diplomatischen und nicht diplomatischen Wegen Kenntniß von dem Gange der Verhandlungen zu erlangen und die Entschließungen der einzelnen Regierungen zu beeinflussen. Alles wußte, daß die letzte Entscheidung von Berlin abhänge; dorthin richteten sich alle Blicke und alle Anstrengungen.

In Berlin aber hatten sich über die Frage, ob nicht das gegenwärtige Zollsystem des Vereins nach den nunmehr hervortretenden Anforderungen einer nationalen Zollpolitik einer Verbesserung bedürftig sei, ernste Gegensätze gebildet. Der eine Theil, welcher seinen Stützpunkt in dem neugebildeten Handelsamte und dem auswärtigen Ministerium hatte, neigte sich mehr und mehr der Ansicht von der Nothwendigkeit einer bessern Ausbildung des bisherigen Zollsystems zu, sowohl in seinen inneren Zuständen durch angemessene Erhöhung des Zollschutzes für die vereinsländische Industrie, als nach außen durch Annahme von Maaßregeln, welche geeignet sein dürften, dem deutschen Handel und der deutschen Industrie nach und nach eine größere Betheiligung am Welthandel zu verschaffen.

Der andere Theil dagegen, welcher seine Vertretung vorzugsweise im Finanzministerium fand, hielt starr an dem bisherigen Zollsysteme und am Princip mäßiger Zölle fest und war daher den Zollerhöhungen, überhaupt jeder Richtung abhold, welche sich von der preußischen Zollgesetzgebung von 1818 entfernen würde, wobei die Rücksicht auf die finanziellen Erfolge des gegenwärtigen Systems nicht in letzter Linie stand. Außerhalb der eigentlichen Regierungskreise fand diese Richtung in der großen und einflußreichen Classe des höheren Handelsstandes, welcher in der Einfuhr fremder Waaren eine ergiebige Quelle seines Reichthums fand, dann in den Vertretern der Agriculturinteressen und der Consumenten ihre Vertheidiger. Diese bildeten mit denjenigen gelehrten Autoritäten, welche principiell jedem Zolle entgegen waren, die eigentlichen Vertreter des Freihandels und hatten ihren Sitz vorzugsweise in den großen Meßplätzen und den Handelsstädten des Nordens. Grundsätzlich waren diese Freihändler eben so sehr von den Anhängern des bisherigen Zollsystems als von den Vertretern der Schutzzolltheorie entfernt, ihre momentane Vereinigung mit ersteren gründete sich nur auf den zufälligen Umstand, daß die Anhänger des bisherigen Systems jeder Abänderung desselben, sonach auch der geforderten Erhöhung einzelner Zollsätze, widerstrebten.

In den preußischen Ministerien hatten sich übrigens die Gegensätze bereits so scharf ausgeprägt, daß ohne erfolgende Nachgiebigkeit vielleicht der Rücktritt des einen oder andern Theils von der Leitung der Geschäfte hätte erwartet werden können.

Seit Ende des Jahres 1844 hatten sich unter dem Gebote eines höheren Willens die Ansichten der Anhänger des bisherigen Systems etwas modificirt, und man hatte sich wenigstens dahin verständigt, die Frage über die Nothwendigkeit eines höheren Zollschutzes für einige der wichtigsten Industriegegenstände, nämlich für

Leinengarn und Leinenwaaren, Baumwollengarn und -waaren, Wollengarn und -waaren und Soda,

unter Zuziehung und Einvernehmung sachverständiger Männer aus dem preußischen Fabrikanten- und Handelsstande einer Vorberathung zu unterwerfen. Die vernommenen Industriellen sprachen sich fast einstimmig für eine Zollerhöhung aus. Zugleich verlangten sie aber auch Rückzölle. Die Schwierigkeiten eines Rückzolles, eines dem bisherigen Zollsysteme völlig fremden Instituts, machten die Frage neuerdings wieder höchst zweifelhaft. Die nach vielfachen Discussionen endlich erfolgte Feststellung der preußischen Anträge zur Generalconferenz waren daher in der That das Resultat eines förmlichen Compromisses und entsprachen in ihrer Gesammtheit den Intentionen weder der einen noch der andern Partei.

Man hatte sich verständigt:

1) für ungebleichtes ein- und zweidrähtiges baumwollenes Garn eine Zollerhöhung von 2 Thlr. auf 3 Thlr. 10 Sgr. und zugleich für auszuführende Baumwollengewebe einen Rückzoll von 1 Thlr. 10 Sgr.;

2) für rohes und gebleichtes (gefärbtes) Leinengarn, dann Zwirn

eine Zollerhöhung von 5 Sgr., 1 Thlr. und 2 Thlr. auf 4, 5 und 6 Thlr.;

3) ferner für wollene Waaren die Vereinigung der beiden bisherigen Classen von 30 und 50 Thlr. in eine einzige von 50 Thlr.

vorzuschlagen. Während man also einerseits eine Zollerhöhung einzelner Gegenstände zugestand, trat im Allgemeinen auch diesmal die Tendenz zu Tage, jeder durchgreifenden Revision des Tarifs nach einem bestimmten Principe, welches dem damaligen Zolltarife unverkennbar fehlte, also namentlich der Ausbildung eines angemessenen Zollschutzes, möglichsten Widerstand entgegenzusetzen und nur Schritt für Schritt und allenfalls so weit nachzugeben, als es preußische Zustände selbst unabweisbar gemacht hatten, wie z. B. in der Leinengarnfrage.

Ganz anders standen die Verhältnisse in den mittleren und kleineren Vereinsstaaten.

Sachsen hatte schon vor seinem Eintritte in den Zollverein seine Handelspolitik großentheils auf die Interessen des Leipziger Großhandels und der dortigen Messe beschränkt, und wenn auch seitdem seine gesammte Industrie einen gewaltigen Aufschwung genommen hatte, so standen bei der Beurtheilung commercieller Fragen doch immer jene Interessen in erster Linie. Hiezu kam noch, daß bei der Entwickelung der sächsischen Industrie die Weberei und die ihr zunächst verwandten Zweige allen andern Industrien, und namentlich der Spinnerei, weit vorausgeeilt waren. Letztere hatte in Sachsen nur in geringem Umfange und an wenigen Orten Boden gefaßt und vermochte noch lange nicht das Bedürfniß der Weberei an Garn zu decken. Die fremde Garneinfuhr, insbesondere der feineren Sorten, nahm mit jedem Jahre zu. Es war daher auch ganz natürlich, daß die sächsische Regierung, deren Hauptinteressen alle auf einer Seite standen, sich nur ungern für Concessionen an die Gegenpartei entschied und den zum Theil übertriebenen Forderungen der Schutzzollpartei entgegentrat.

Unter den anderen norddeutschen Vereinsstaaten neigte sich noch Braunschweig wegen der Interessen seiner Messe am meisten auf die Seite der Freihandelspartei, obwohl es einer Erhöhung der Zölle auf Leinengarn und Leinenwaaren nach dem Beispiele Preußens nicht entgegen war. Bisher hatte Braunschweig an den Generalconferenzen keinen selbständigen Antheil genommen, sondern seine Stimme an Preußen übertragen; die Wichtigkeit der Situation und der Ernst der entstandenen Gegensätze hatte jedoch diesmal die herzogliche Regierung vermocht, einen eigenen Bevollmächtigten zur Generalconferenz abzusenden.

Kurhessen war, wie immer, schwankend. Seine industriellen Interessen waren nach keiner Seite hin entscheidend, und der rücksichtslose und autokratische Charakter seiner Regenten machte in diesem unglücklichen Lande zu jeder Zeit die Entwickelung einer selbständigen Handelspolitik sowie überhaupt eines jeden consequenten und vernünftigen Systems unmöglich.

Nassau, welches erst 1842 für Schutzzölle auf Eisen eingetreten war, schloß sich diesmal den Gegnern an, und zwar nicht aus irgend einer principiellen Ueberzeugung, sondern lediglich aus finanziellen Gründen. Dieses von der Natur mit Producten so reich gesegnete Ländchen stand allen industriellen Bewegungen noch zu fern, als daß seine Regierung aus eigenem Antriebe an dem Streite hätte Theil nehmen können. Für Nassau, das bei seinem geringen Umfange und dem Mangel eines eigentlichen Zollsystems vor seinem Eintritte in den Zollverein fast gar keine Zollrevenuen genoß, hatte der Verein so unerwartet reichliche finanzielle Erträgnisse gebracht, daß es nicht zu verwundern war, wenn die finanzielle Rücksicht, wie bei der Rheinschifffahrt, so auch bei der Zollpolitik nahezu der einzige leitende Gesichtspunkt der Regierung wurde.

Frankfurt, das nur seinen Großhandel zu vertreten hatte, stellte sich natürlich ganz auf die Seite der Freihandelspartei.

An der Spitze der Gegenpartei stand Württemberg.

Dort hatte die Industrie der Baumwollspinnerei sich am meisten ausgebreitet, und obwohl der Absatz an inländischen Garnen keineswegs im Abnehmen begriffen war, vielmehr bei dem so ungemein gesteigerten Bedarf der Weberei sichtlich zunahm, so war gleichwohl unverkennbar, daß die Baumwollspinnerei des Zollvereins in jeder Beziehung noch so tief unter jener von England und Belgien stand, daß sie ohne gesteigerten Zollschutz für einige Zeit sich nur kümmerlich würde erhalten können. Diese Ueberzeugung hatte alle Schichten der Bevölkerung und der Regierung tief durchdrungen, sie ward durch eine eifrig gepflegte Wissenschaft theoretisch ausgebildet und hatte namentlich durch den geistvollen und rastlos thätigen Friedrich List, den Begründer des nationalen Systems der Volkswirthschaft und des Zollvereinsblattes, einen einflußreichen Vertreter in der Presse. Hiezu kam noch, daß die Regierung im Geiste ihrer constitutionellen Principien bei der Berathung dieser Fragen dem industriellen Stande eine sehr eingehende Betheiligung einräumte und dadurch nicht blos dessen Erwartungen und Forderungen steigerte und die Theilnahme und Agitation in einem großen Theile der Bevölkerung erhöhte, sondern sich auch gleichsam mit diesen Forderungen identificirte. So kam es, daß die Regierung diese

Frage auch bei den Zollconferenzen mit der dem schwäbischen Volksstamme eigenthümlichen Entschlossenheit und Zähigkeit aufgriff und mit einer Lebhaftigkeit vertrat, die nicht selten den Charakter von Herbheit annahm und bei Freund und Feind die Besorgniß erweckte, es möchte dieses System, wenn es einmal im Zollvereine zu ausgedehnterer Geltung gelangen würde, sich zum Extrem ausbilden und ein Schutzzollsystem begründen, welches der freien Entwickelung der Industrie eher nachtheilig als förderlich sein könnte.

Aehnliche Verhältnisse walteten in Baden ob. In diesem Lande, das vor seinem Eintritt in den Zollverein kaum eine andere Industrie als den Schmuggel kannte, hatte sich in wenigen Jahren an der Hand eines geistig aufgeweckten, intelligenten und unternehmenden Volksstammes eine reich verzweigte, blühende Industrie entwickelt, unter welcher die Baumwollspinnerei bereits eine ehrenvolle Stelle einnahm; eine intelligente, freisinnige und von constitutionellen Grundsätzen durchdrungene Regierung suchte auf alle Weise Industrie und Wohlfahrt sowie allgemeine Bildung zu fördern, und sie griff daher ebenfalls mit Entschiedenheit das Princip auf, welches der deutschen Industrie Schutz im Innern und Achtung nach außen gewähren sollte.

Nicht ganz dieselben Elemente waren es, welche die Haltung der Regierung in Bayern bezüglich dieser Frage entschieden. Zwar hatte sich auch hier, in Augsburg und dessen Nähe, eine bedeutende Spinnerei-Industrie gebildet, in anderen Landestheilen hatte dagegen die Weberei eine überwiegende Ausdehnung gewonnen, so daß sich die beiderseitigen Interessen nahezu die Waage hielten; die wichtigste Industrie des Landes, die Nürnberger, seit Jahrhunderten auf eigenthümlicher, vollkommen selbständiger Grundlage entwickelt und längst auf allen Märkten der Welt eingebürgert, war von der vorliegenden Frage kaum merklich berührt und bedurfte nur für die feineren Waaren eines Schutzes. Der bayrische Beamtenstand, fast ohne Ausnahme von vorwiegend juristischer Ausbildung, stand im Allgemeinen nationalwirthschaftlichen Studien ziemlich fern. Das in der inneren Verwaltung dominirende System des Ministers von Abel, unter dessen Leitung die industriellen Fragen standen, war vorzugsweise der polizeilichen und religiösen Richtung zugewandt und weder für industrielle Verhältnisse überhaupt noch auch für eine Pflege des technischen oder naturwissenschaftlichen Unterrichts empfänglich. Nicht ohne Mühe war es diesem Systeme eben erst gelungen, den langjährigen Vertreter Bayerns bei allen Zollverhandlungen, v. Bever, der sich für die Begründung des Zollvereins so große Verdienste erworben und dessen ehrenhafter und versöhnlicher Charakter selbst in dieser Krisis bei der Gegenpartei ungetheilte Anerkennung gefunden hatte, aus dieser Stellung zu entfernen. Das entscheidende Moment für die Stellung der bayrischen Regierung in der Schutzzollfrage lag in der Persönlichkeit des Regenten. König Ludwig I. hatte schon in seiner Jugend mit aller Schwärmerei eines künstlerischen Geistes seine Sympathien für eine höhere politische Gestaltung Deutschlands, für seine Geltung im europäischen Staatensystem an den Tag gelegt; als die Ereignisse sich gegen ihn erklärten, der Deutsche Bund seinen Erwartungen nicht entsprach, hatte er später als Regent sich ganz besonders, im scheinbaren Widerspruche mit seinen früheren Tendenzen, die Entwickelung der particularen Selbständigkeit Bayerns angelegen sein lassen und war, so weit es überhaupt möglich war, den polizeilichen und reactionairen Eingriffen der Großstaaten in die Rechts- und Verfassungsverhältnisse der mittleren und kleineren Staaten entgegen getreten. Gleichwohl verleugnete er bei keiner Gelegenheit seine früheren Ideen, und wo allgemeine Interessen Deutschlands in Frage standen, nahm er sich immer derselben mit Eifer und Enthusiasmus an.

An und für sich weder ein Freund der Industrie noch ihrer Vertreter betrachtete er dieselbe gleichwohl als die nothwendige Grundlage jeder nationalen Größe, und von diesem Standpuncte aus entschied er sich, aller particularistischen Bedenken ungeachtet, wie im Jahre 1833 für den Zollverein, so in der nunmehr entstandenen Krisis für die Schutzzoll-Theorie. Die Hoffnung, daß dadurch die deutsche Industrie in ihrer Gesammtheit allmälig den anderen nationalen Industrien ebenbürtig werden könne, war für ihn der leitende Gedanke; ihm lag das kleinliche Abwiegen einzelner localer Vortheile und Nachtheile fern. Auch prägte sich sein entscheidender Wille den Kreisen der höheren Verwaltung so fest und dauernd ein, daß selbst nach seinem Rücktritte im Jahre 1848 der Einfluß seiner Ansichten noch lange Jahre hindurch bemerkbar blieb. Für die deutsche Gesinnung und Richtung, die seitdem das bayrische Volk und die bayrische Regierung in so unverkennbarer Weise an den Tag gelegt haben, ist der Einfluß der Ansichten des Königs Ludwig I., so wenig solche auch für die jetzige Zeit noch anwendbar sein möchten, viel bedeutender gewesen, als gewöhnlich angenommen wird.

Diese Verhältnisse erklären es auch, warum in den Zollverhandlungen bei der Frage über Schutzzoll oder Freihandel die bayrische Regierung niemals in erster Linie stand.

Nicht der Einfluß der specifisch industriellen Interessen oder der Eifer für eine angenommen Theorie war es, der ihre Richtung entschied. Sie blieb darum auch von aller Leidenschaftlichkeit und Extravaganzen frei und ordnete nicht selten dem höheren Zwecke der Erhaltung des Vereins die Interessen der Partei, der sie angehörte, unter.

Im Großherzogthum Hessen waren keine entscheidenden industriellen Interessen vorhanden, doch neigte sich die Regierung, ohne an dem Streite einen hervorragenden Antheil zu nehmen, mehr den Anschauungen der übrigen süddeutschen Regierungen zu.

Dasselbe war bei Thüringen der Fall, wo übrigens der Einfluß Preußens auf die Entschließungen dieser Vereinsgruppe so maaßgebend war, daß deren Stimme am Ende immer für Preußen gerechnet werden konnte.

Den oben erwähnten preußischen Anträgen standen nun die Anträge von Bayern, Württemberg und Baden gegenüber, welche im Allgemeinen auf eine Zollerhöhung für alle Gespinnste, also auch für Wollengarn, für welches Preußen gar keine Zollerhöhung für zulässig erachtete, auf 5 Thlr. und Gewährung eines Rückzolles von 3 Thlrn. für alle Gewebe gerichtet waren.

Offenbar konnte unter den gegebenen Verhältnissen und bei der entschiedenen Parteistellung der einzelnen Regierungen von einer Verständigung keine Rede sein, und es war ein großer Fehler, daß man, statt die Verhandlungen über die Hauptfrage sofort abzubrechen und die Conferenz auf dasjenige Material zu beschränken, in welchem ein gemeinsamer Beschluß möglich erschien, sie gleichwohl mit lebhaften und theilweise sogar erregten Discussionen resultatlos fortsetzte, ja sogar durch mannichfaltige Verhandlungen unter der Hand und Intriguen das gegenseitige Mißtrauen und die Gereiztheit nährte und verstärkte. Mit unverkennbarer Befriedigung betrachteten die zahlreichen Vertreter der ausländischen Concurrenz, die sich in und um Karlsruhe gesammelt hatten, dieses traurige Schauspiel innerer Differenzen im Zollvereine, die sie bereits als ein Sympton seines Zerfalles darzustellen sich bemühten.

Es erscheint fast als unverkennbarer Hohn, daß, als das negative Resultat der Conferenz bekannt wurde, der englische Gesandte plötzlich alle Conferenzbevollmächtigte zu einem großen Diner im Gasthause zum englischen Hofe in Karlsruhe einlud, obwohl ihn der badische Minister v. Dusch auf das Unpassende eines solchen Schrittes aufmerksam gemacht hatte. Glücklicherweise hatten sämmtliche Bevollmächtigte den guten Takt, die Einladung abzulehnen.

Nachdem auf diese Weise mehrere Monate in fruchtlosen Discussionen verloren worden waren, blieb der Conferenz nichts Anderes übrig, als in dem Tarife die bisherigen Sätze auf alle Sorten von Garn zu belassen und zu dessen Schlußredaction zu schreiten. Vereinbart wurden hierbei:

1) die Befreiung mehrerer Rohmaterialien und Farbstoffe vom Eingangszoll zur Erleichterung der Baumwollenmanufactur;

2) eine Eingangszollerhöhung für Fischbeinfabrikate;

3) die Einreihung der Näh- und Stricknadeln unter den höheren Zollsatz von 50 Thlrn. für kurze Waaren;

4) Erhöhung des Eingangszolles für mehrere in dieselbe Kategorie gehörige Waaren, wie feine lackirte Waaren aus Metall und Pappmasse, feine bossirte Wachswaaren, Aufhebung des Unterschiedes bei Blattgold und Blattsilber zwischen ächtem und unächtem Metall, Erhöhung des Eingangszolles für Gold- und Silberpapier;

5) Zollminderung und resp. Gleichstellung aller Gattungen Harze mit dem Peche;

6) Normirung des Zolls für gemustertes weißes Glas;

7) Erweiterte Classification der vergoldeten Bijouterien und kleinen Luxusgegenstände aus unedlen Metallen;

8) Erweiterung des Begriffes „brochirte Zeuge";

9) Zollerhöhung auf gebrannten Kaffee;

10) einige Verbesserungen des Transitzolltarifs.

Eben so fand eine Vereinigung über die Rübenzuckersteuer und über das schon bei der vorigen Conferenz vorgelegte Münzcartel statt.

Unter den Gegenständen, deren Erörterung zu lebhaften Discussionen führte und die wegen der Hauptfrage ohnedies schon gereizte Stimmung vermehrten, sind noch zwei besondere Punkte zu erwähnen.

Vom württembergischen Bevollmächtigten wurden mit etwas grellen Farben die Mißbräuche und Unterschleife angedeutet, welche bei dem Contirungsverfahren in den Meßplätzen sowohl zur Benachtheiligung der Zollcasse als der vereinsländischen Gewerbtreibenden möglich seien und nach mehrfachen Indicien auch wirklich stattfänden; was zu eben so heftigen Erwiderungen von Seiten des sächsischen, braunschweigischen und frankfurtischen Bevollmächtigten Veranlassung gab. Die Discussion blieb natürlich für den Augenblick ohne Resultat, indeß ergab sich erst nach Jahren, daß die Angaben des württembergischen Bevollmächtigten wenigstens theilweise nicht ohne Begründung waren.*)

*) Die Untersuchung über die großartigen Unterschleife, welche man in Leipzig mit den Meßconti getrieben hatte, wurde nach vielfachen Reclamationen von Seite der süddeutschen Staaten erst im Jahre 1853 begonnen, von der sächsischen Regierung mit äußerster Lässigkeit betrieben und erst im Jahre 1863 beendigt. Sie umfaßte 54 einzelne Untersuchungen und gegen 200 Beklagte; die Zollsumme, um die es sich handelte,

Ein zweiter Gegenstand, der lebhafte Opposition hervorrief, waren die bayrischen Vorbehalte wegen der Eisen- und Getreidezölle. Nach dem schon erwähnten Vorbehalt, welchen Bayern bei Einführung der neuen Eisenzölle im Jahre 1844 gemacht hatte, sollten diese nur bis Ende 1845 gelten, wofern nicht eine neue Verständigung zu Stande kam. Zu dieser verstand sich zwar Bayern, jedoch ebenfalls nur wieder auf die Dauer eines Jahres, wozu die Berechtigung von Seiten mehrerer Regierungen bestritten wurde. Im Schlußprotokoll vom 8. Mai 1844 hatte sich ferner Bayern die Berechtigung vorbehalten, im Falle eintretenden Bedürfnisses für den Eingang von Getreidefrüchten einseitig Zollerleichterungen zu gewähren, gegen welchen Vorbehalt ebenfalls von Seiten mehrerer Vereinsregierungen Bedenken erhoben wurden.

Sieht man auf den ganzen Verlauf dieser General-Conferenz zurück, so zeigt sich unverkennbar, daß sie die schwerste Prüfung bildet, welcher der Zollverein seit seinem Bestande noch ausgesetzt gewesen war. Der schon 1842 entstandene Zwiespalt zwischen Schutzzoll und Freihandel war 1845 unzweifelhaft auf seinen Höhepunkt gelangt; er hatte alle Schichten der industriellen Bevölkerung ergriffen, unter den Vereinsstaaten selbst eine tiefgehende principielle Spaltung hervorgerufen, und der Streit wurde zwischen den Regierungen so wie in der Presse mit einer Hartnäckigkeit und Heftigkeit geführt, welche noch ernstere Zerwürfnisse und bei längerer Dauer selbst eine Auflösung des Vereins befürchten ließ. Glücklicher Weise realisirte der weitere Verlauf des Streites diese Besorgnisse keineswegs; nach kurzer Zeit verlor sich auf beiden Seiten die anfängliche doctrinäre Heftigkeit, und wenn auch die Differenz der Ansichten und Interessen noch immer dieselbe war, so fehlte es an dem gleichen Eifer, sie geltend zu machen.

Die preußische Regierung, veranlaßt durch den Ausgang der General-Conferenz von 1845, richtete Anfangs Februar 1846 an alle Vereins-Regierungen eine ausführliche Denkschrift über die Tarifirung des baumwollenen und leinenen Garnes, worin sie die Frage stellte, ob die Vereins-Regierungen gesonnen seien, das bisherige Tarifsystem des Zollvereines zu verlassen und ein neues anzunehmen, und ob sie geneigt wären, auf eine neue Berathung des Gegenstandes einzugehen. In dieser Denkschrift hatte

30,000 Thaler, die Strafsumme 600,000 Thaler. Die sächsische Regierung trieb diese jedoch nicht ein, sondern erließ sie bis auf etwa 30,000 Thaler. Unter den Beklagten befanden sich mehrere der ersten Berliner Firmen.

die preußische Regierung — abweichend von ihrer früheren Ansicht — das System der Rückzölle gänzlich bei Seite gelassen und sich nur für eine Erhöhung der Garnzölle, und zwar mit Ausschluß des leinenen Handgespinnstes, ausgesprochen. Letzteres war mit Rücksicht auf die preußischen Webereien geschehen, welche viel Handgarn aus Böhmen bezogen.

Da sich alle Vereins-Regierungen zu einer erneuten Erörterung der Angelegenheit bereit erklärten, so wurde die Eröffnung der achten General-Conferenz in Berlin auf Anfang Juni 1846 anberaumt und am 8. desselben Monats vorgenommen. Sämmtliche Vereins-Regierungen waren hierbei durch dieselben Bevollmächtigten vertreten, welche bereits in Karlsruhe verhandelt hatten, nur in der Person des württembergischen Bevollmächtigten war eine Veränderung eingetreten, und Preußen hatte als ersten Commissar den Director im Ministerium der auswärtigen Angelegenheiten bestellt, während der frühere Commissar, Geheimerath Pochhammer, als zweiter Bevollmächtigter verblieb. Diese von der preußischen Regierung getroffene Wahl erwies sich als eine sehr glückliche, indem die ausgezeichnete Persönlichkeit des ersten preußischen Bevollmächtigten viel zu einer günstigeren Gestaltung der Verhandlung beitrug.

Die Ansichten der Vereins-Regierungen über die wichtige Frage der Garnzoll-Erhöhung gruppirten sich übrigens im Wesentlichen in derselben Weise wie bei der vorigen Conferenz. Sachsen brachte vor Allem den principiellen Antrag, von einer höheren Einfuhrbesteuerung der Garne ganz Umgang zu nehmen. Die Argumentation der sächsischen Regierung ging davon aus, daß von dem Augenblicke an, wo nicht mehr von einer bedeutenden Zollerhöhung auf Garne, mit Anwendung von Rückzöllen, sondern nur von einer mäßigen Erhöhung des Eingangszolles die Rede sei, der eigentliche Zweck der Maaßregel als verfehlt erscheine, indem ein derlei mäßiger Zollsatz nicht hinreichen würde, um neue Unternehmungen ins Leben zu rufen und die darauf bezügliche Industrie wahrhaft zu heben, während andererseits doch die Weberei darunter leiden würde und die Vereins-Regierungen in den Verdacht kommen könnten, die Erhöhung nur in der Absicht vorgenommen zu haben, um die Einnahmen des Vereins zu mehren.

Merkwürdiger Weise stimmte diese Argumentation in der Hauptsache mit den Aeußerungen mehrerer der eifrigsten Agitatoren für Schutzzölle — der „Hauptschreier", wie man sie im freihändlerischen Lager nannte — überein. Auch diese erklärten halbe Maaßregeln für verfehlt und perhorrescirten eine ihren Anträgen nicht genügende mäßige Erhöhung der Garnzölle.

Die Conferenz verlief übrigens gleichwohl ruhig und ohne heftige

Erörterungen. Alle Bevollmächtigten sowohl wie ihre Regierungen waren davon durchdrungen, daß eine so leidenschaftliche Verhandlungsweise, wie sich solche allmälig auf der Karlsruher Conferenz herausgebildet hatte, nicht zum Guten führen könne, und unter dem Eindruck des höheren Zweckes der ungestörten Erhaltung des Vereins waren alle Theile zu einer Verständigung bereit. Schon am 29. Juli waren die Verhandlungen so weit vorgerückt, daß sämmtliche Tarifs-Positionen festgestellt werden konnten, nachdem auch sächsischer Seits in der Garnzollfrage nachgegeben worden war und Bayern zur allseitigen Befriedigung die Zurücknahme seines Vorbehalts wegen der Eisenzölle sowie seiner Einreden gegen den Vertrag mit dem Steuerverein vom 16. October 1845 erklärt hatte.*) Der Schluß der Conferenz erfolgte am 17. August 1846.

Die wichtigsten Resultate derselben waren:

1) Erhöhung des Eingangszolles von rohem Leinen-Maschinen-Garn von 5 Sgr. auf 2 Thaler, unter Beibehaltung des ersteren Tarifsatzes für das rohe Handgarn.

2) Sicherungs-Maaßregeln gegen Unterschiebung von Leinen-Maschinen-Garn als Handgarn.

3) Erhöhung der Zölle von veredeltem Leinengarn und Leinen-Fabrikaten

a) von gebleichtem und gefärbtem Garn von . 1 auf 3 Thlr.
b) von Zwirn von . . . . 2 „ 4 „
c) von roher Leinwand, Zwillich und Drillich . . . 2 „ 4 „
d) Zollerhöhung für die pos. 22, f, g, h des Tarifs genannten Waaren in runden Sätzen

gebleichte Leinwand auf .	20 Thlr.
Leinenbänder und Battist	30 „
Zwirnspitzen	60 „

3) Verständigung, daß sogenanntes gebüktes (blos abgekochtes geäschertes) Leinengarn, welches bisher blos der allgemeinen Eingangs-Abgabe unterstellt war, dem gebleichten Garne im Zolle gleichgestellt, d. h. mit 3 Thlr. belegt werden solle.

4) Erhöhung des Eingangszolles für rohes ein- und zweidrähtiges Baumwollengarn vom 1. Januar 1847 an von 2 auf 3 Thlr., unter Beibehaltung aller übrigen, für die verschiedenen Unterabtheilungen dieses Tarifsartikels bestehenden Zollsätze.

---

*) Vergl. hierüber Kapitel XXIV.

5) Aufhebung des Eingangszolles von Farbhölzern in Blöcken und dagegen Ausgangszoll von 10 Sgr. für dieselben.

6) Ermäßigung der Eingangszölle von Rindvieh.

7) Behandlung des Transits auf dem Rhein, dem Main und der Donau, mittelst des Ludwig-Canals.

8) Definitive Abrechnung über die Vertheilung der Zollvereins-Revenuen in den letzten Jahren, die ohne alle Anstände erledigt wurde.

Die Postulate der süddeutschen Vereinsstaaten wegen der Uebergangsabgaben auf Wein waren auch bei dieser Conferenz abermals vergeblich zur Sprache gebracht worden.

Die preußische Regierung hatte eine besondere Denkschrift über das Consulatswesen übergeben und in derselben auf die Zweckmäßigkeit der Errichtung von Vereinsconsulaten hingewiesen. Eine Verständigung hierüber war jedoch wegen des Widerspruchs mehrerer Vereinsregierungen nicht zu erzielen.

Die bei der Erhöhung der Garnzölle besonders betheiligten fremden Regierungen, namentlich England und Belgien, hatten auch diesmal wieder dieser Frage eine besondere Aufmerksamkeit gewidmet, und ihre zahlreichen Agenten jedes Mittel versucht, auf deren Entscheidung einzuwirken. Am thätigsten war Belgien gewesen. Es suchte vor Allem die Zollerhöhung auf Zwirn zu beseitigen, und der belgische Gesandte v. Nothomb insinuirte den preußischen Geschäftsmännern, daß, wenn man eine Ausnahme zu Gunsten Belgiens in diesem Artikel machen, also einen Differentialzoll constituiren wollte, Belgien verspreche, einige in seinen Tarifsätzen in Aussicht gestellte Erhöhungen auf Krystall und dergl. nicht in Ausführung zu bringen.

Als dieses Anerbieten nicht ohne die verdiente Entrüstung zurückgewiesen wurde, erneuerte Belgien dieselben in bestimmterer und erweiterter Form. Seine Anerbietungen umfaßten:

1) Transitzollfreiheit und resp. Ermäßigung für mehrere Arten von destillirten Getränken, Essig, Salz und raffinirten Zucker;

2) Zulassung des Eisens zum Transite, wenn es von einem Theile des Vereins durch Belgien und von da zu Wasser weiter versendet werden würde;

3) das Versprechen, die Eingangszölle auf Stahl, Glas und Bänder zollvereinsländischen Ursprungs nicht zu erhöhen;

4) desgl. den Mineralwassern in Kruken den begünstigten Eingang zu gestatten.

Dagegen nahm es vom Zollverein in Anspruch:

1) größere Ausdehnung der Transitzöllerleichterungen auf mehrere eigens benannte Artikel;

2) die Nichterhöhung der dermaligen Eingangszölle auf Gespinnste jeder Art belgischen Ursprungs.

Auch diese Anträge wurden von preußischer Seite entschieden abgelehnt.

Das Resultat dieser Conferenz konnte in jeder Beziehung als ein erfreuliches betrachtet werden. Die bei der vorigen Conferenz so schroff zu Tage getretene Divergenz der Ansichten hatte einer viel ruhigeren Auffassung Platz gemacht; alle Vereinsregierungen waren von dem Bestreben durchdrungen, nicht wieder ein so trauriges Schauspiel inneren Zerwürfnisses zu geben, vielmehr die Erhaltung des Vereins als höchsten Zweck im Auge zu behalten und in den verschiedenen Interessen und Ansichten so weit nachzugeben, als Dies ohne gänzliches Aufgeben der bisherigen Stellung möglich war. Namentlich war es der preußischen Regierung und ihren wohlbemessenen vermittelnden Vorschlägen zu verdanken, daß — ohne gleichwohl von dem bisherigen Systeme des Vereinszolltarifs abzuweichen — die dringendsten Forderungen der vereinsländischen Spinnindustrie eine Befriedigung erhielten. Das Band der Eintracht und des Einverständnisses im Verein, welches auf der vorjährigen Karlsruher Conferenz durch schroffes Entgegentreten einiger in divergenten Ansichten befangenen Stimmen gefährdet erschien, ward hierdurch neu befestigt, und der Verein, dessen baldige Auflösung bereits das Ausland zu hoffen gewagt hatte, war offenbar neu gefestigt und gestärkt. Unzufrieden waren nur die Ultras der beiden Parteien, unter denen wohl Manche sich zu einer Höhe der Parteileidenschaft hinaufgeschraubt hatten, daß sie die Befriedigung ihrer persönlichen Eitelkeit und Rechthaberei höher anschlugen als das allgemeine Beste und sich in ihre Theorien so verrannt hatten, daß sie die praktische Möglichkeit und Zweckmäßigkeit ganz aus dem Auge verloren.

Der Kampf zwischen Schutzzoll und Freihandel war noch nicht zu Ende, für den Verein aber war die von ihm heraufbeschworene Gefahr offenbar beseitigt, sobald die Vereinsregierungen zu der Einsicht gelangt waren, daß die Erhaltung des Vereins ungleich höher stehe als die Durchführung des einen oder andern — noch keineswegs erprobten — Systems, und bei ihnen der feste Wille eingetreten war, sich in diesem höheren Zwecke durch kein Gezänke interessirter Parteien beirren zu lassen.

Zu diesem Ergebnisse hatte das eigene Verfahren der thätigsten Wortführer der beiden Parteien nicht wenig beigetragen. Sie hatten seit Jahren eine systematische Agitation für ihre Zwecke organisirt, mit dem unverkennbaren Bestreben, die Staatsbehörden als unfähig zur genügenden Beurtheilung dieser und ähnlicher Fragen darzustellen und den Betheiligten oder vielmehr deren Repräsentanten eine Berechtigung zur unmittelbaren Theilnahme an den Regierungsacten bezüglich der Verhandlungen zwischen den Zollvereinsregierungen zu erwirken.

Wenn auch durchaus nicht in Abrede gestellt werden kann, daß der Beamtenstand noch vielfach der zu solchen Fragen erforderlichen technischen wie nationalwirthschaftlichen Vorbildung entbehrte, und daß es zu allen Zeiten ihm schwer werden wird, allen begründeten Ansprüchen in dieser Beziehung zu genügen, so konnten doch die Regierungen unmöglich darein willigen, den Schwerpunkt der Zollgesetzgebung in die Hände der hierbei einseitig interessirten Wortführer, sei es der Industrie oder der Importeurs, zu legen und die höheren Staatsrücksichten so wie die Interessen der Consumenten gänzlich bei Seite zu setzen. Solche maaßlose Anforderungen trugen ihr Gegenmittel in sich, und die Besonnenen aller Parteien, namentlich aber diejenigen, welche durch keinerlei eigene Interessen an dem Streite betheiligt waren, fingen ernstlich an, sich von demselben zurückzuziehen oder ihn offen zu mißbilligen.

Auf Antrag der preußischen Regierung wurde die Conferenz pro 1847 ausgesetzt, da nichts Besonderes vorlag und die Verhandlungen über die neue Tarifsperiode (1849—51) erst 1848 beginnen konnten. Ueber die Zuckerzölle für die Periode vom 1. September 1847 bis dahin 1850 sollte ebenso, wie es im Jahre 1844 geschehen, eine Verständigung im Correspondenzwege erfolgen.

Nun kam das Jahr 1848 mit seinen politischen Bewegungen, die alle Staaten Deutschlands aufs Tiefste erschütterten, Throne zum Wanken brachten, die man für die sichersten hielt, Fürsten und Minister beseitigten und dem deutschen Volke eine scheinbar volksthümliche Institution brachten, an die sich anfangs die schönsten Hoffnungen knüpften, die aber nach kurzer, wenig ehrenvoller Thätigkeit an innerer Haltlosigkeit zusammenbrach. Von allen diesen Stürmen wurde der Zollverein nur wenig und oberflächlich bewegt; während sein Antipode und Gegner, wie man füglich den Bundestag nennen kann, beim ersten Windstoße schmachvoll hinweggefegt wurde, zeigte der Zollverein in dieser Zeit des allgemeinen Zerfalls aller bisherigen staatlichen Grundlagen in Deutschland erst recht die ihm innewohnende nationale Kraft. Der Kampf zwischen Schutzzoll und Freihandel verstummte keineswegs, er erhielt vielmehr durch die Beimischung des politischen Elements eine gesteigerte Intensität; gleichwohl vermochte auch dieser innere Widerstreit die Existenz des Zollvereins in dieser gefährlichen Zeit nicht einen Augenblick in Frage zu stellen. Der bisherige Kampf und die glückliche Ueberwindung der ersten Krisis hatte die innere Kraft des Vereins gestärkt und ihn zum lebendigen Repräsentanten der nationalen Einheit gemacht, an welchen sich Alle ohne Ausnahme um so inniger anschlossen, je mehr der Verlauf und der Ausgang der politischen Kämpfe die Realisirung dieser nationalen Einheitsbestrebungen in die Ferne zu rücken schienen.

Im April 1848 beantragte Preußen eine abermalige Vertagung der Zollconferenz, theils mit Rücksicht auf die mit Hannover eingeleiteten Verhandlungen über dessen Beitritt zum Zollverein, theils aber auch und zwar vorzugsweise wegen der eingetretenen politischen Bewegungen, welche in den meisten Vereinsländern einen Wechsel in der Leitung der Finanz- und Handelsangelegenheiten herbeigeführt hatten und noch weitere Personenwechsel in Aussicht stellten. Es wurde deshalb die Verlängerung des bestehenden Tarifs auf ein Jahr sowie, um den Schein zu vermeiden, als ob diese Prolongation zunächst auf fiscalischen Gründen beruhe, vorgeschlagen, sich im Correspondenzwege über verschiedene Zollerleichterungen zu verständigen.

Mit der Vertagung der Conferenz waren alle Vereinsstaaten einverstanden, dagegen gingen die Ansichten über die vorgeschlagenen Tarifsermäßigungen weit aus einander und stellten keine Verständigung in Aussicht.

Inzwischen hatte Baden am 18. April 1848 beim Bundestage einen Antrag auf Einführung allgemeiner Verkehrs- und Handelsfreiheit zwischen allen deutschen Bundesstaaten eingebracht, ein Antrag, zu dessen Bewältigung der rasch absterbende Bundestag offenbar zu schwach war. Auch die bald nachher eintretende Nationalversammlung, die mit jugendlichem Eifer diese Erbschaft des Bundestags antrat und im Juli 1848 die Zollangelegenheiten in den Bereich ihrer Berathungen zog, erwies sich dieser großen Aufgabe nicht gewachsen. Zwar berief sie Zollbevollmächtigte aus allen deutschen Staaten nach Frankfurt, die auch im August eintrafen; allein wie alle Verhandlungen der Nationalversammlung, verliefen sich auch die von ihr veranlaßten Zollverhandlungen, obwohl sie im Einzelnen vortreffliche Arbeiten zu Tage förderten,*) zu sehr in die Breite, ohne irgend ein wirklich praktisches Resultat.**)

Die Vereins-Regierungen verständigten sich, den in Frankfurt stattfindenden Zusammentritt von Bevollmächtigten zugleich als eine außerordentliche General-Conferenz zu constituiren und hierbei diejenigen Fragen, welche für die nächste ordentliche General-Conferenz vorlagen, also namentlich die provisorische Verlängerung des Vereinstarifs und die von Preußen beantragten Zollermäßigungen zu berathen.

Hierbei manifestirte sich vor Allem, daß die Uebereinstimmung der süddeutschen Staaten in der Schutzzollfrage, die, wie schon bei Gelegenheit der V. General-Conferenz bemerkt worden, nicht auf inneren Gründen und einer völligen Gleichmäßigkeit der Interessen und Anschauungen beruhte, nahe daran war, gänzlich zu zerfallen. Während nämlich Bayern die von Preußen vorgeschlagenen Tarifsermäßigungen nicht blos sämmtlich acceptirte, sondern sogar noch weiter gehende Zollbefreiungen und Ermäßigungen vorschlug, gab Württemberg (Anfang October) die Erklärung ab, auf die preußischen Vorschläge so lange nicht eingehen zu wollen, als man von Seite der übrigen Vereins-Regierungen die Annahme eines für die deutsche Industrie unumgänglich nothwendigen Schutzzollsystems beharrlich verweigere. Durch diese württembergische Erklärung war jede weitere Verhandlung abgeschnitten, und es blieb Nichts übrig, als einfach die Prolongation des bestehenden Tarifs vorzunehmen, wobei man einverstanden war, Dies nicht auf bestimmte Zeit (1 Jahr), sondern auf unbestimmte Zeit zu thun. Prot. v. 16. October 1848. Die Verhandlungen dieser Conferenz wurden nicht wie jene der ordentlichen General-Conferenzen in ein Gesammt-Protokoll aufgenommen, sondern bestehen in lauter einzelnen Protokollen, deren Fassung theilweise ebenfalls von der bisher üblichen abweicht. So enthält das Protokoll vom 16. October zunächst allgemeine Notizen über den Verlauf der Sache, dann eine Zusammenstellung aller zu einzelnen Tarifspositionen von den verschiedenen Vereins-Regierungen gestellten Anträge, die Begründung

*) Ausgezeichnet ist namentlich eine Arbeit von dem vieljährigen Bevollmächtigten Thüringens, Gustav Thon, die unter dem Titel: „Die vertragsmäßigen Verhältnisse hinsichtlich der Besteuerung des Branntweins und Biers im Zollverein" später gesondert erschien.

**) Festenberg gibt eine sehr ausführliche, mit vielen politischen Betrachtungen untermischte Darstellung der Frankfurter Verhandlungen. Leider ist dieselbe sehr einseitig gehalten. Für die äußere wie innere Entwickelung des Zollvereins waren diese Verhandlungen fast ohne alles praktische Resultat, und sie haben daher auch nur eine untergeordnete Bedeutung.

dieser Anträge und endlich den Beschluß der einfachen Verlängerung des Tarifs auf unbestimmte Zeit, welcher Beschluß in allen Vereinsstaaten am 4. November verkündigt werden sollte.

Die gleichzeitig eingeleiteten Verhandlungen über die Abrechnung und verschiedene Verwaltungsfragen zogen sich bei dem Mangel an Uebereinstimmung und unter dem Eindrucke der immer bedenklicher sich gestaltenden politischen Lage in die Länge. Man hatte sich dahin verständigt, daß, falls die Verhandlungen über die deutsche Verfassung bis zu Anfang Juni 1849 die Herstellung einer einheitlichen Zollverfassung Deutschlands nicht herbeigeführt haben würden, alsdann die gewöhnliche General-Conferenz einberufen werden sollte.

Ende März 1849 waren die Berathungen über den vom Reichs-Ministerium verfaßten Entwurf einer Reichszollacte noch nicht zu Ende, während die Verfassungsfrage so wie die politische Lage überhaupt bereits eine solche Gestalt angenommen hatten, daß eine bevorstehende Katastrophe mit Sicherheit angenommen werden konnte. Unterm 14. Mai 1849 war von der Zoll-Conferenz noch eine Art von Hauptprotokoll angenommen und unterzeichnet worden, welches jedoch keine Zusammenstellung der Beschlüsse enthielt. Letztere sind vielmehr in Separatprotokollen enthalten, die dem Hauptprotokolle beigefügt sind.

Bald darauf verließen einzelne Zollbevollmächtigte Frankfurt, in Berlin beschäftigte man sich bereits mit den Vorarbeiten zu einer dortigen Zoll-Conferenz und namentlich mit dem Entwurfe eines allgemeinen Zolltarifs für den engeren Bundesstaat und der Zollorganisation des letzteren. Als endlich auch die Erfurter Verhandlungen fruchtlos verliefen und in der deutschen Verfassungsfrage die bekannte Reactions-Periode eintrat, geriethen auch alle Zollverhandlungen ins Stocken, und der übrige Theil des Jahres 1849 verlief, ohne daß von der beabsichtigten Einberufung der ordentlichen General-Conferenz die Rede war oder innerhalb des Zollvereins nur eine wichtigere gemeinschaftliche Frage auftauchte. Die kriegerischen Ereignisse des Jahres 1849 hatten jedoch eine Differenz zur Folge, die tief in die Principien des Zollvereins eingriff und anfangs ernstliche Zerwürfnisse befürchten ließ.

Die preußische Regierung hatte nämlich in Folge ihres militairischen Einschreitens gegen die Revolution in der Pfalz und in Sachsen gegen die bayrische und die sächsische Regierung bedeutende Forderungen wegen

---

*) Vergl. Kapitel XXVIII.

Erstattung von Kriegskosten erhoben und, als diese nicht sofort anerkannt wurden, die Verabfolgung der nach den Abrechnungen über die Zoll-Einnahmen diesen Staaten gebührenden Hinauszahlungen aus preußischen Zollcassen an die genannten beiden Staaten sistirt. Dies hatte lebhafte Reclamationen von Seiten der letzteren zur Folge, welche auch von anderen Vereins-Regierungen Unterstützung fanden. Diese Differenz blieb lange unerledigt und eine Verständigung fand erst im Jahre 1853 bei Gelegenheit der Verhandlungen über die Erneuerung der Vereins-Verträge*) statt, durch welche vertragsmäßig der Grundsatz adoptirt wurde, daß die Herauszahlungen aus den gemeinschaftlichen Zollrevenuen von keiner Regierung unter was immer für einem Vorwande, der nicht in der Abrechnung selbst begründet ist, zurückbehalten werden dürfen.

Im Frühjahr 1850 war endlich eine scheinbare politische Ruhe wieder eingetreten, und da nach dem Beschlusse der VIII. General-Conferenz die nächste ordentliche General-Conferenz in Kassel zusammentreten sollte, so erließ im April die kurhessische Regierung die Einladung zur Eröffnung der IX. General-Conferenz für den 1. Juli.

Bei den Vorverhandlungen über diese Conferenz trat die Schutzzollfrage abermals in den Vordergrund, jedoch in einer Weise, welche eine wesentliche Aenderung in ihrer bisherigen Grundlage und Gestaltung beurkundete und zugleich einen merkwürdigen Abschnitt in ihrer Entwickelung bildet. Bisher war nämlich der Kampf zwischen Schutzzoll und Freihandel ausschließlich auf dem industriellen Gebiete geführt worden; die Interessen der deutschen Industrie, des deutschen Handels und Ackerbaues waren es, welche von den Wortführern der beiden Parteien als Gründe ihrer Forderungen benutzt wurden. In allen bisherigen Verhandlungen der Regierungen sowohl wie in jenen der National-Versammlung in Frankfurt und der Reichs-Regierung war der volkswirthschaftliche und nationale Standpunkt ausschließend in den Vordergrund getreten. Der Ausgang der politischen Bewegungen der Jahre 1848 und 1849, namentlich die dadurch herbeigeführte eigenthümliche Stellung der beiden Staaten Oesterreich und Preußen zu einander, hatte jedoch auch in die Verhältnisse des Zollvereins ein neues Element — das politische — gebracht, und die Wirkungen dieses Einflusses traten gar bald zu Tage und führten eine neue und zwar die bedenklichste Krisis des Zollvereins herbei, wozu der bevorstehende Abfluß der Vereinsverträge die nächste Veranlassung darbot.

---

*) Vergl. Kap. XXVIII.

Zur näheren Würdigung dieses neuen Elementes in der Entwickelung des Zollvereins ist es vor Allem nothwendig, die Stellung zu verfolgen, welche Oesterreich zum Zollvereine seit seiner Gründung eingenommen und welche Wirkungen derselbe auf die eigene Zollpolitik Oesterreichs ausgeübt hat.

Zweiundzwanzigstes Kapitel.

Beginn der politischen Krisen des Zollvereins. Verhältnisse zu Oesterreich.

Nach den verunglückten Versuchen, die Bildung des großen deutschen Zollvereins im Jahre 1833 zu verhindern, hatte die österreichische Regierung sich scheinbar von jeder ferneren Thätigkeit gegen diesen Verein zurückgezogen und denselben gleichsam ignorirt. Die Entfremdung, die im ersten Augenblicke zwischen Preußen und Oesterreich eingetreten war, legte sich bald, da sich beide Regierungen in der übrigen deutschen Politik, insbesondere den liberalen und constitutionellen Ideen gegenüber, auf dem gleichen Wege begegneten. Bereits im Jahre 1834 hatten sich die beiden Regierungen auf den Wiener Minister-Conferenzen wieder vollständig geeinigt, und der ganze Eindruck der Begründung des Zollvereins schien in neuen Maaßregeln gegen den Liberalismus, die Universitäten und die Presse vollständig begraben. Oesterreich hatte vorläufig jeden Versuch einer Thätigkeit auf volkswirthschaftlichem Felde aufgegeben. Erst nach dem Tode des Kaisers Franz I. zeigte sich im österreichischen Handels-Departement wieder eine größere Thätigkeit. Mit dem 1. April 1836 trat eine neue Zoll- und Monopols-Ordnung in Wirksamkeit, begleitet von einer neuen Strafgesetzgebung für Gefällsübertretungen. Auch wurden um dieselbe Zeit Verhandlungen mit Preußen eingeleitet. Es wurde der preußische Geheime Ober-Finanzrath Kühne, welchem der Oberbürgermeister Francke von Magdeburg beigegeben war, zu dem Zwecke nach Wien gesendet, um die Basis eines künftigen Handelsvertrages und Zollcartels zwischen dem Zollvereine und Oesterreich zu vermitteln. Die vorgenommenen Besprechungen ergaben jedoch binnen Kurzem das Resultat, daß ein Handelsvertrag ohne bedeutende Modification des österreichischen Zollsystems nicht wohl möglich sei, und Kühne verließ Wien nach kurzem Aufenthalte wieder (Anfang Mai 1836). Oesterreich wollte daher die Verhandlungen, die im Herbste wieder aufgenommen werden sollten, vorerst nur auf das Zollcartel beschränken. Dazu aber hatte Preußen keine Lust, weil die Vortheile eines Zollcartels nur auf österreichischer Seite gewesen wären und Preußen daher ein Zollcartel nur als Preis für einen Handelsvertrag, der der vereinsländischen Industrie wenigstens einigermaaßen einen Markt in Oesterreich eröffnet hätte, zuzugestehen gedachte. Indessen mehrte sich von Jahr zu Jahr die innere Agitation gegen das unvernünftige Prohibitiv-System in Oesterreich. Selbst in den höheren Regierungskreisen, in denen man noch vor Kurzem dasselbe als eine nothwendige Ergänzung und Stütze des geistigen und politischen Repressiv-Systems betrachtet hatte, mehrten sich die Stimmen für eine Milderung der Zoll-Prohibitionen und eine Annäherung an das Zollsystem des Vereins, dessen günstige Wirkungen auf die industrielle Entwickelung der Vereinsstaaten so offen zu Tage traten, daß sie nicht geleugnet werden konnten. Die Frage eines Anschlusses Oesterreichs an den deutschen Zollverein wurde allgemein erörtert und soll nach den Angaben von Effinger*) selbst vom Fürsten Metternich in ernstliche Berathung gezogen worden sein. Immer mehr verbreitete sich die Erkenntniß, daß das übermäßige Prohibitiv- und Protections-System die Entwickelung des volkswirthschaftlichen Lebens in Oesterreich im Ganzen zurückhalte, statt dasselbe zu fördern; daß insbesondere die ins Unendliche gesteigerte Controle, die Chicane der Zollverwaltung, der durch die hohen Zölle und die Prohibitionen hervorgerufene Schmuggel, die Bestechlichkeit der Beamten die volkswirthschaftlichen Interessen eben so sehr und vielleicht noch mehr beschädigten, als es eine mäßige Concurrenz des Auslandes gethan haben würde, und daß daher eine principielle Aenderung des Zollsystems im eigenen Interesse Oesterreichs gelegen sei.

Insbesondere seitdem im Jahre 1840 der Freiherr von Kübeck zum Präsidenten der allgemeinen Hofkammer ernannt worden war, schien ein neuer Geist die österreichische Verwaltung zu beleben. Durch seine ausgezeichneten Fähigkeiten hatte er, der Sohn eines Schneiders, sich bis zu dieser hohen Stufe emporgearbeitet und zeigte sich in derselben bald der von ihm gehegten Erwartung entsprechend. Er rief in allen Zweigen der ihm anvertrauten Verwaltung eine Reihe zweckmäßiger Reformen ins Leben und brachte bessere Ordnung und Regelmäßigkeit in den Dienst.

*) Vergl. das Kapitel X. Seite 106 angeführte Werk von Schmidt: Zeitgenössische Geschichten, S. 534.

Auf seine Veranlassung setzte der Wiener Gewerbeverein eine Commission nieder, um die Klagen der Industriellen über den Schmuggel und Vorschläge zur Abhülfe zu vernehmen. Damit war das Signal zum Kampfe gegen das bisher herrschende Protectionssystem gegeben. Die Frage des Anschlusses an den Zollverein ward sofort in den Bereich der Erörterungen gezogen, welche nun von Seiten der Betheiligten wie der Publicistik mit steigendem Eifer eröffnet und fortgesetzt wurden. In den industriellen Kreisen hatten die Anhänger des Prohibitivsystems unverkennbar die Oberhand; desto thätiger waren die Gegner auf dem politischen Gebiete, und zwar waren es gerade die Ansichten, deren erste Vertreter Oesterreich vor wenigen Jahren auf das Aeußerste verfolgt hatte, die jetzt sich am meisten Geltung verschafften. Man wollte Oesterreich nicht von einer Gestaltung ausgeschlossen wissen, in der man einen unzweifelhaften Fortschritt zur Herstellung der Einheit Deutschlands erblickte. Der Zollverein biete die wesentlichsten Bedingungen für die Macht und Freiheit der deutschen Nation dar. Deutschland habe erst durch den Zollverband seine Nationalität gewonnen, der „deutsche Fürstenbund“ habe innerhalb fünfundzwanzig Jahren nicht Das gewirkt, was der deutsche Zollverein innerhalb 8 Jahren für die politische Einheit des deutschen Volks gethan.*)

Bis zu einer solchen Anschauung verstiegen sich nun allerdings die leitenden österreichischen Staatsmänner noch nicht; indessen blieben doch auch ihnen die bedeutenden Ergebnisse des großen Zollvereins, seine Rückwirkung auf die nationalen Ideen des deutschen Volkes, seine steigende politische Bedeutung und die gewaltige Wirkung, die er auf Preußens Stellung in dessen gesammter politischer Machtsphäre ausübte, nicht verborgen. Immer mehr ward ihnen zu ihrem eigenen Leidwesen klar, daß der deutsche Zollverein mit der gewaltigen Entwickelung der gesammten volkswirthschaftlichen Thätigkeit, die er erzielt hatte, in der Hand Preußens einen furchtbaren Hebel bilde, der die Suprematie Oesterreichs ernstlich zu erschüttern vermöge, und daß daher für letzteres eine dringende Nothwendigkeit gegeben sei, seine bisherige abgeschlossene und abwartende Stellung zum Zollverein zu ändern. Die erste Vorbedingung hiezu aber war unverkennbar eine durchgreifende Reform des österreichischen Prohibitiv- und Protectionssystems.

Schmidt in seinen Zeitgenössischen Geschichten vindicirt diese Idee vorzugsweise dem Fürsten Metternich, und die Effinger'schen Berichte bestätigen

*) Vergl das Werk: Oesterreich im Jahre 1840, Band III. S. 261.

auch diese Ansicht.*) Metternich stellte im November 1841 an die Staatsconferenz den Antrag, die Zweckmäßigkeit eines Anschlusses Oesterreichs an den Zollverein und die Möglichkeit eines solchen Schrittes in Erwägung zu ziehen. Der Vorschlag blieb nicht ohne Anklang, die Ausarbeitung wurde dem Grafen Hartig, Sectionschef des Staatsrathes für Inneres und Finanzen, übertragen, und dieser stattete schon im December 1841 der versammelten Staatsconferenz seinen Bericht ab, dessen wesentlicher Inhalt dahin ging, daß unter den gegenwärtigen Verhältnissen der Anschluß schlechterdings unausführbar sei. Die hiefür angeführten Gründe waren vorzugsweise aus der besonderen Stellung Ungarns entnommen. Dieses Land war mit Oesterreich nur politisch und militärisch, keineswegs aber administrativ verbunden. Es zahlte weder Grundsteuer noch die Menge anderer Abgaben, die in anderen Theilen des Reiches bestanden.

Da in Ungarn keine Zölle bestanden, so blieb nichts Anderes übrig, als in allen angrenzenden österreichischen Provinzen einen Grenzzoll gegen Ungarn einzurichten und alle ungarischen Producte bei ihrem Uebergange nach anderen Provinzen des Reiches mit hohen Zöllen zu belasten. So nachtheilig und unvolkswirthschaftlich eine solche Einrichtung offenbar auch war, so bestand dennoch damals keine Aussicht, auf verfassungsmäßigem Wege in Ungarn eine Abänderung derselben zu Stande zu bringen.**)

Dadurch war vorläufig die weitere Verfolgung des Planes einer Zolleinigung mit dem Zollverein beseitigt; denn wenn auch die Staatsconferenz ihre Ueberzeugung von der Zweckmäßigkeit einer Annäherung oder Gleichstellung der gegenseitigen Zollsätze aussprach, so fehlte es doch an einem ernsten und energischen Willen zu einem bestimmten Ziele zu gelangen. Durch den Beschluß, auf die Zolleinigung verzichten zu wollen, hatten die Anhänger des Prohibitiv- und Schutzzollsystems unverkennbar die Oberhand erlangt, und diese versäumten nun auch nicht, ihren Sieg sofort in der Art auszubeuten, daß sie jeden ernstlichen Fortschritt auf dem Wege einer Reform der Zollverwaltung verhinderten.

Auffallend ist die Sorglosigkeit, um nicht zu sagen Naivetät, mit welcher

---

*) Indessen scheint diese Anregung von Seite des Fürsten Metternich weder sehr ernstlich gemeint, noch auch auf einer Ueberzeugung von der politischen Nothwendigkeit und Bedeutung eines solchen Schrittes begründet gewesen zu sein. Er hätte sonst unmöglich die weitere Erörterung ohne directe Beeinflussung vor sich gehen lassen, oder später fortwährend von einem langsamen allmäligen Eintritt in den Zollverein sprechen können, ohne etwas Positives zur Verwirklichung dieser Idee zu thun.

**) Vergl. Schmidt a. a. O. 550.

die österreichische Regierung in dieser ganzen Verhandlung die Frage behandelte, ob denn auch der Zollverein, und insbesondere Preußen, zu einer Zolleinigung mit Oesterreich geneigt sein würden; und doch waren gerade von dieser Seite her die größten Schwierigkeiten, wahrscheinlich viel ernstlichere als die auf Seite Ungarns bestehenden, zu fürchten. Die österreichische Regierung scheint im Gefühle der eigenen Wichtigkeit diese Frage viel zu leicht behandelt zu haben. Auf Seite der mittleren und kleineren Zollvereinsstaaten würde man allerdings den Anschluß Oesterreichs an den Zollverein aus politischen Gründen nicht ungern gesehen haben, weil Preußen, das in den ersten Jahren mit ungewöhnlicher Vorsicht und Zurückhaltung die dynastischen Vorurtheile und particularistischen Empfindlichkeiten geschont hatte, bereits anfing, sein Uebergewicht geltend zu machen, und namentlich bei den Verhandlungen über die erstmalige Erneuerung der Vereinsverträge mit Forderungen hervorgetreten war, welche allenthalben große Bedenken erregten. Bei den großen finanziellen Resultaten des Zollvereins aber konnten auch diese Staaten einem Anschlusse Oesterreichs auf der Grundlage der bisherigen Vereinsverträge, der eine höchst bedeutende finanzielle Einbuße zur Folge gehabt hätte, unmöglich das Wort reden. Während im Zollverein die Brutto-Einnahme von Zöllen fast 1 Thlr. per Kopf der Bevölkerung betrug, erreichte sie in Oesterreich trotz der bedeutend höheren Zollsätze nicht einmal halb so viel. Sollte aber ein Zollanschluß unter Wahrung der bisherigen Zollrenten für die Mitglieder des Zollvereins stattfinden, so setzte dies wieder so viele Verkehrsbeschränkungen und andere Controlen voraus, daß dadurch die volkswirthschaftlichen Vortheile des Anschlusses ernstlich in Frage gestellt wurden.

Ganz anders waren die Interessen auf preußischer Seite. Die preußische Regierung hatte in dem Zollvereine dadurch, daß Oesterreich theils in Folge seines Prohibitivsystems, theils in Folge seiner verkehrten Politik in Bundesangelegenheiten der Fürsorge für die materiellen Interessen des deutschen Volkes sich völlig entfremdet hatte, einen ungeheuren Zuwachs an allgemeiner politischer Bedeutung und eine Stellung erhalten, welche sie Oesterreich völlig gleichstellte. Diese Leitung der materiellen Interessen Deutschlands, welche Preußen dadurch zugefallen war, konnte einen mächtigen Hebel darbieten, um Oesterreich mit der Zeit auch die Leitung der politischen Angelegenheiten des Deutschen Bundes, die es ohnedies nur noch scheinbar besaß, zu entreißen. Es war daher ganz natürlich, daß Preußen nichts weniger als geneigt war, die Leitung der Vereinsangelegenheiten mit Oesterreich zu theilen oder wohl gar die erste Stelle an dasselbe zu überlassen. Der Fehler, den Oesterreich im Jahre 1819 durch seine Nichtbeachtung der materiellen Interessen Deutschlands begangen hatte, war jetzt nicht mehr so leicht wieder gut zu machen, und nur durch eine vollständige Aufgebung des Protections- und Prohibitivsystems und eine energische Verbesserung seiner wirthschaftlichen Gesetzgebung und Verwaltung hätte Oesterreich die Möglichkeit erlangt, die überwiegende Stellung, die Preußen durch Gründung des Zollvereins erlangt hatte, wieder etwas zu paralysiren. Das exclusive Protectionssystem, dessen Tendenz darauf gerichtet war, die wirthschaftlichen Kräfte eines großen Volkes nur zum Vortheile einiger Weniger auszunutzen, hat dadurch, sowie es einerseits die materielle Entwickelung Oesterreichs gehemmt hat, auf der andern Seite den Dualismus in Deutschland gefördert und den Grund zu der Katastrophe des Jahres 1866 gelegt.

In Wien scheint man aber im Jahre 1841 eben so wenig klare Ansichten über das innere Wesen des Zollvereins gehabt zu haben, wie man in den Jahren 1819 bis 1833 die in Deutschland eingetretene volkswirthschaftliche Bewegung zu beurtheilen verstanden hatte. Man hätte sonst unmöglich die politische Stellung zu Preußen und die daraus hervorgehenden Schwierigkeiten so gänzlich unbeachtet lassen oder nach dem einmal genommenen Anlauf wieder so ruhig in die alte Protectionsbahn einlenken können, wie es wirklich geschehen ist. Zwar sollte nach dem Beschlusse der Staatsconferenz zu einer Gleichstellung der Eingangszölle mit jenen des Zollvereins und deshalb zu Verhandlungen mit letzterem geschritten werden; die jetzt übermächtige Protectionspartei aber sorgte schon dafür, daß Dies mit der gehörigen bureaukratischen Langsamkeit und Kraftlosigkeit geschah, um jedes ernstliche Resultat in der gewünschten Ferne zu halten. So verliefen die Bestrebungen zu einer Reform der österreichischen Zollgesetzgebung, die anfangs ziemlich lebhaft von der Staatsconferenz bethätigt worden waren, trotz der Anstrengungen des Freiherrn von Kübeck, nach wenigen Jahren resultatlos im Sande.*)

Erst im Jahre 1847 gab die österreichische Regierung wieder ein äußeres Zeichen, daß die Idee einer Besserung der wirthschaftlichen Zustände des Reiches nicht vollständig erloschen sei, indem sie in den königlichen Propositionen an den ungarischen Landtag vom 11. November 1847 die gänzliche unbedingte Einbeziehung Ungarns in den allgemeinen Zollverband der

*) Es ist höchst interessant, das Detail dieser Verhandlungen in den Effinger'schen Depeschen bei Schmidt nachzulesen. Es gibt kaum ein treffenderes Bild dieser lähmenden Protectionswirthschaft und bureaukratischer Unfähigkeit in den wichtigsten staatswirthschaftlichen Fragen.

Monarchie in Anregung brachte. Die Verhandlungen des Landtags nahmen indessen gar bald einen Gang, der eine Verständigung über diese wichtige Frage keineswegs in Aussicht stellte, und die im Jahre 1848 eingetretenen politischen Ereignisse machten auch diesem Versuche der österreichischen Regierung ein trauriges Ende. Kurz zuvor, im Juni 1847, hatte sie auch einen Versuch gemacht, mit dem Zollverein in nähere Beziehungen zu treten, und den Hofrath Eck nach Berlin gesandt, um wegen Abschluß eines Zollcartels und wegen mehrerer Verkehrsverhältnisse in Verhandlung zu treten. Das Resultat seiner Verhandlungen war ein sehr beschränktes, denn da die preußische Regierung auf ein Zollcartel nicht einging, so verständigte man sich nur über die zollfreie Einfuhr böhmischer aus schlesischem Garne gewirkter Leinwand auf der Zolllinie von Leobschütz bis Lindenberg und einige unwesentliche Erleichterungen des Grenzverkehrs.

Nach den erschütternden Krisen der Jahre 1848 und 1849 traten an die Spitze der österreichischen Verwaltung zwei Männer, Fürst Schwarzenberg und Freiherr von Bruck, welche an Begabung die gewöhnlichen Koryphäen des österreichischen Adels und der österreichischen Bureaukratie weitaus überragten und der österreichischen Politik eine Energie und praktische Richtung gaben, deren sie bisher so sehr entbehrt hatte.

Am 26. October 1849 begann die Wiener Zeitung eine Reihe von Artikeln über die allmälige Ausführung einer österreichisch-deutschen Zoll- und Handelseinigung. Die Wirkung dieser Artikel, deren amtlicher Ursprung unverkennbar vor Augen lag, war eine gewaltige. Zum ersten Male ward diese Handelseinigung ernstlich und mit der unzweifelhaften Absicht ihrer praktischen Durchführung zur Sprache gebracht, und diese Vorschläge mußten in der damaligen Periode, unmittelbar nach dem Scheitern der Idee eines kleindeutschen Kaiserthums, die Interessen und Ideen von ganz Deutschland in hohem Grade in Bewegung setzen.

Nach einer kurzen Charakteristik der drei in Deutschland bestehenden Zollgruppen — Oesterreich, der Zollverein und die Nordseestaaten — berührte dieser Aufsatz ausführlich die in Oesterreich bereits eingeführten und noch weiter beabsichtigten Zollreformen, insbesondere die Aufhebung der Prohibitionen, die Ermäßigung der Schutzzölle und die Annäherung an den Vereinszolltarif. Für den Uebergang bis zur wirklichen Zolleinigung ward zuerst ein Handelsvertrag und eine stufenweise Assimilation der beiderseitigen Zollsysteme in vier Perioden vorgeschlagen, worauf sodann die wirkliche Zolleinigung folgen sollte.

Dieser Kundgebung der Wiener Zeitung folgte bald ein officieller Act.

In einer Denkschrift des Freiherrn von Bruck vom 30. December 1849 bekannte sich die kaiserliche Regierung ausdrücklich zu der Autorschaft jener Vorschläge, die sie nunmehr sowohl bei der erst kurz ins Leben getretenen Bundescommission wie bei den einzelnen deutschen Regierungen angelegentlichst befürwortete. Um aber schon in der ersten Periode die künftige Einigung anzubahnen und die inneren verwandten Beziehungen nach außen werkthätig auszuprägen, schlug Oesterreich jetzt vor, durch eine sofort einzuberufende Zollcommission aus den verschiedenen Handels- und Zollgebieten als ein Minimum der gegenseitigen Zugeständnisse verhandeln und stipuliren zu lassen:

a) den gegenseitigen zollfreien Austausch sowohl bei der Einfuhr als bei der Ausfuhr vieler einheimischer Roherzeugnisse und Nahrungsstoffe, ebenso mehrerer inländischer Halbfabrikate, wenn für letztere ein gleichmäßiger ausgiebiger Zollschutz an den Grenzen der gegenseitigen Zollgebiete gegen die nicht zu denselben gehörenden Länder zu erzielen wäre;

b) die freie Durchfuhr durch die deutschen Staaten nach Oesterreich und umgekehrt;

c) eine durchgreifende wechselseitige Erleichterung und Unterstützung in der Grenzbewachung;

d) Regelung der Flußschifffahrt und Ermäßigung der Flußzölle;

e) Regelung der gemeinsamen Post-, Eisenbahn-, Telegraphen- und Dampfschifffahrtslinien.

Ob für diese erste Periode, deren Eintritt im Interesse der Industrie und des Verkehrs möglichst zu beschleunigen wäre, auch noch über andere Gegenstände, wie über ein gemeinsames Münz-, Maaß- und Gewichtssystem und über eine gemeinsame Gesetzgebung in allen Handels-, Gewerbe- und Schifffahrtsangelegenheiten zu verhandeln sei, solle der Entscheidung der Zollcommission überlassen werden. Jedenfalls müßten diese Verhandlungen getrennt von den eigentlichen Zollverhandlungen geführt und letztere nicht durch die ersteren behindert oder aufgehalten werden.

Die Dauer des Uebergangs zur völligen Zoll- und Handelseinigung wäre auf möglichst wenige Jahre zu beschränken. Anfangs habe Oesterreich einen dreifach abgestuften Uebergang in Vorschlag gebracht, um allen Interessen die sorgsamste Beachtung und Schonung angedeihen zu lassen. Allein die kaiserliche Regierung habe sich mit Vergnügen überzeugt, daß ein etwas rascherer und einfacherer Gang nicht blos der Wunsch im Zollvereine sei, sondern auch in Oesterreich mehr Anklang als die hinauszögernde Abstufung zu finden scheine. Sie stimme daher bereitwillig einer Abkürzung des Uebergangs in der Weise zu, daß zwischen die erste Periode der bloßen Gleichartigkeit des Systems und gegenseitiger Verkehrserleichterungen und jene zu erstrebende Periode der völligen Zolleinigung nur eine einzige kurze Zwischenperiode einzuschalten wäre, die den letzten großen Schritt selbst einzuleiten hätte.

In diesem weiteren Uebergange solle nun auch den eigenen Ganzfabrikaten wechselseitig allmälig das Thor geöffnet werden. Demnach hätten in dieser Periode die Zölle von einheimischen Manufacturerzeugnissen, überhaupt von allen Industrieproducten, die nicht schon frei aus- und eingingen, im gegenseitigen Verkehr von Deutschland und Oesterreich beiderseits blos die Hälfte oder in einzelnen Fällen vielleicht auch nur ein Drittel des allgemeinen Zollsatzes gegen fremde Staaten zu betragen. Diese Waaren müßten, um jenes Vortheils theilhaft zu werden, mit Ursprungszeugnissen versehen sein, und ebenso würde bis auf einen gewissen Punkt eine gegenseitige amtliche Zollcontrole erforderlich werden.

Ferner wäre mit Eintritt dieser zweiten Periode für solche Industriezweige, welche in beiden Gebieten sich ziemlich gleicher Entfaltung erfreuen, der Verkehr in der Ein- und Ausfuhr gegen Ursprungszeugnisse schon völlig frei zu geben, doch natürlich unter der Voraussetzung eines gleichmäßigen, die einheimische Industrie wirksam schützenden Zollsatzes an den verschiedenseitigen Gebietsgrenzen gegen das Ausland.

Zugleich wäre auch die weitere Ausbildung des gemeinsamen Schifffahrtssystems, die Anbahnung einer gemeinsamen Handelsvertretung im Auslande und überhaupt eine Gemeinsamkeit in der gesammten Handelspolitik vertragsmäßig festzusetzen. Der letzte entscheidende Schritt, der Uebergang zur völligen Zollvereinigung, bliebe einem neuen Vertrage vorbehalten.

Nachdem sodann noch der Verhältnisse Oesterreichs zu Italien kurz gedacht worden, faßt die Denkschrift den ganzen Plan der kaiserlichen Regierung nochmals in folgender Weise zusammen:

1) Allseitige unmittelbare Reform des Zollwesens, wie in Oesterreich, so auch in den verschiedenen deutschen Handelsgebieten, im Sinne eines nationalen Schutzzollsystems zu dem Ziele, den Abschluß der Zolleinigung zwischen Deutschland und Oesterreich zu erleichtern und herbeizuführen.

2) Zur Verständigung über die geeigneten dahin führenden Wege und Maaßregeln, sowohl was das möglichst gleiche Zolltarifsystem gegen das allen gemeinsame Ausland als was die gleichartigen, zweckmäßigen, gleich strengen und correcten Erhebungsnormen betrifft, tritt binnen kürzester Zeit

eine allgemeine Zollconferenz zusammen, zu welcher Oesterreich und die verschiedenen deutschen Handelsgruppen ihre Bevollmächtigten und Stellvertreter mit genügender Vollmacht absenden.

3) Außer diesem allgemein leitenden Zwecke liegen dieser Zollconferenz noch folgende Aufgaben zu erfüllen ob:

a) Sofort alle thunlichen wechselseitigen Erleichterungen im Grenzverkehr bei der Ein-, Aus- und Durchfuhr sowie in der Grenzbewachung einzuleiten.

b) Die Fluß- und Seeschifffahrt nach übereinstimmenden Grundsätzen zu regeln, gleiche Behandlung der Schiffe auf den Flüssen und in den beiderseitigen Häfen.

c) Erleichterungen im gegenseitigen Austausche der eigenen Erzeugnisse anzubahnen, indem bei solchen, welche durch einen gleichen Grenzzoll gegen das allgemeine Ausland und die fremde Concurrenz zu schützen sind, und die sich daheim einer ziemlich gleichen Ausbildung erfreuen, allmälig bis zu völliger Zollfreiheit im Innern vorgegangen werden kann. Alle einheimischen Roherzeugnisse, Nahrungsstoffe und verschiedene Halbfabrikate werden dagegen dem zollfreien Austausche sofort übergeben. Hinsichtlich der Halbfabrikate und der Fabrikate eigener Erzeugung, welchen freier Zugang anfänglich unter Begleitung von Ursprungszeugnissen gewährt werden wird, müssen jedoch die schützenden Zölle auf die gleichartigen Waaren des Auslandes festgestellt werden.

d) Eine Verständigung auch über die einer gemeinsamen Handels- und Schifffahrts-Politik nach außen zu Grunde zu legenden Principien sowie über den Modus einer gemeinsamen commerciellen Vertretung im Auslande und eines gemeinschaftlichen Abschlusses von Handelsverträgen.

e) Eine weitere Vereinbarung in Bezug auf Post-, Eisenbahn- und Telegraphenwesen, Handelsstraßen, Dampfschifffahrtslinien u. s. w. einzuleiten.

f) Endlich Vorbereitung und Ausarbeitung eines allgemeinen österreichisch-deutschen Zolltarifs.

4) Der genannten Zollconferenz oder, bestimmter ausgedrückt, der für mehrere Jahre ständigen österreichisch-deutschen Zollcommission wird die Befugniß eingeräumt, behufs der geeigneten Durchführung ihrer Aufgaben Specialcommissionen zu ernennen, Erhebungen zu veranstalten, gutachtlichen Beirath einzuholen und Sachverständige zu vernehmen.

Schließlich spricht Freiherr von Bruck Namens der österreichischen Regierung die Ansicht aus, daß die Anbahnung und die geeignete Leitung des ganzen Vollzugs des Zolleinigungswerkes in die Hände der als deutsches Centralorgan bestellten Bundescommission zu legen sein werde. Die kaiserlich königlich österreichische Regierung stelle daher den Antrag an die provisorische deutsche Bundescommission:

> es möge derselben gefallen, sofort eine Zollconferenz aus Bevollmächtigten deutscher Staaten zu Berathung der Zoll- und Handelsfrage zu veranlassen.

Unterm 30. Mai 1850 trat die österreichische Regierung nochmals vor die deutschen Staaten mit einer umfassenden Denkschrift über Zollverfassung und Handelspolitik der zollvereinten Staaten von Oesterreich und Deutschland. In derselben ist die Zolleinigung im engsten Zusammenhange mit der politischen Einigung Deutschlands und Oesterreichs aufgefaßt; übrigens beigefügt, daß schon die Denkschrift vom 30. December 1849 mit Anschluß an die bestehenden Verhältnisse des Zoll- und Steuervereins eine Verhandlung weniger zwischen Staat und Staat als zwischen den verschiedenen Zoll- und Handelsgruppen angestrebt habe. Oesterreich wolle nicht die Auflösung der vorhandenen Vereine, sondern deren Verschmelzung und Ausdehnung über ganz Deutschland und Oesterreich.

Die Bundescommission wäre aber unzweifelhaft competent, zu einem solchen Congresse die deutschen Regierungen einzuladen; das Werk der Zolleinigung selbst solle dann erst durch Vertrag der Bundesmitglieder zu Stande gebracht werden.

In der Denkschrift werden sodann in §§ 1—14 Bestimmungen vorgeschlagen, welche bezüglich der Zoll- und Handelsverhältnisse in die zu vereinbarende Bundesverfassung aufzunehmen wären. Das Zollwesen solle zur Bundessache werden, die Aufnahme benachbarter Staaten in den Zollverband aber gleichwohl nicht ausgeschlossen sein. Im Innern der gemeinschaftlichen Zolllinie würde der Verkehr frei werden, vorbehaltlich der wegen innerer Verbrauchssteuern oder Finanzmonopole bestehenden oder gestatteten Beschränkungen. Die Leitung der Zoll- und Handelsverhältnisse (Tarife, Consulate, Handels- und Schifffahrtsverträge) sowie die Oberaufsicht über die Verkehrsanstalten würde der Bundesgewalt zustehen, welcher ein Bundesrath für Handel und Schifffahrt vorbereitend zur Seite stände, der wieder in einen alljährlich zusammentretenden großen Rath und einen Ausschuß (für die Vorbereitung und Vollziehung der Verfügungen der Bundesgewalt) zerfiele. Die Bundesgewalt werde ihr Handelsamt, ihr statistisches Bureau und ihre Zollcontrol- und Rechnungskammer besitzen.

Nach § 9, bei welchem eine Anmerkung sich gegen Präcipuums-Ansprüche erklärt, sollte der ganze Zollertrag zunächst in die gemeinschaftliche Casse fließen, aus welcher die durch die Bundesgewalt auszuschreibenden

Matricularbeiträge der Einzelstaaten zuvörderst entnommen und nur der Rest zur Vertheilung gebracht werden sollte.

Nach Aufzählung dieser Vorschläge über die zur Ausführung der Zolleinigung zu treffenden Einrichtungen geht die Denkschrift zur Darlegung von Ansichten über die in dem großen Handelsgebiet zwischen der Adria und der Nord- und Ostsee zu befolgende Handelspolitik über.

Hier wird die Bedeutung eines den größten Theil von Mittel-Europa umfassenden einheitlich geleiteten Handelskörpers von 70 Millionen Menschen vor Augen zu führen gesucht. Die Gegensätze und der Kampf zwischen Schutzzoll und Freihandel würden dabei ihre Versöhnung und Ausgleichung finden, es würde dem schließlichen Zerfall zwischen Süd und Nord vorgebeugt, die Stellung zum Auslande eine unabhängige und freie werden. Handels- und Schifffahrtsvereine mit Italien, Holland, Belgien und Dänemark, Handelsverträge mit überseeischen Ländern werden empfohlen, dagegen vor bloßen Handelsverträgen mit in der Industrie und Cultur vorangeschrittenen europäischen Staaten eher gewarnt. Auf diesem Wege gelangte das österreichische Handelsministerium zu folgenden Sätzen als Directive für die österreichisch-deutsche Handelspolitik:

1) Sie ist aufzurichten so wenig auf der agricolen und einseitig das Land aufschließenden Basis, als auf der gewerblich-prohibitionistischen oder das Land einseitig absperrenden, sondern auf der wahrhaft national-ökonomischen, alle Zweige der Volkswirthschaft ebenmäßig umfassenden Basis; ebenso behält sie fortwährend den Zweck einer gleichmäßig harmonischen Entfaltung aller dieser Zweige fest im Auge, erkennt dabei jedoch die sorgfältigste Pflege, den wirksamsten Schutz für die Großziehung der heimischen gewerblichen Concurrenzkraft sowohl auf dem eigenen wie auf dem Weltmarkte als nothwendig an, indem sie darin die Grundbedingung des Aufschwungs nicht blos der Industrie, sondern auch der Landwirthschaft und des Handels, überhaupt die allgemeine Wohlfahrt gesichert und gewahrt sieht.

2) Die gewerbliche Concurrenzkraft wird sich wesentlich auf die möglichst ausgedehnte Urproduction, auf die Freiheit des Bodens und der Arbeit, auf die völlig freie Concurrenz im Innern, auf den möglichst wohlfeilen und unmittelbaren Bezug aller Roh- und Hilfsstoffe für die Industrie, endlich auf einen dem Schutzbedürfnisse möglichst genau entsprechenden Zolltarif, überhaupt auf eine angemessene Handels- und Schifffahrts-Gesetzgebung stützen müssen.

3) Vermöge der im Ganzen gleichmäßigen Wirthschaftszustände der europäischen Länder kann der Abschluß von eigentlichen Handelsverträgen

(abgesehen von der Schifffahrt) nur mit wenigen derselben von wesentlichem Nutzen sein; dagegen erscheint ein völliger Zollanschluß des einen oder andern Nachbarlandes an den österreichisch-deutschen Handelsbund den Verhältnissen ganz entsprechend und als ein natürlicher Zuwachs an wirthschaftlicher und maritimer Kraft zur Erringung gemeinschaftlicher Ziele.

4) Die große Verschiedenheit im Klima, in der Erzeugung, in den gesellschaftlichen Zuständen von Europa und den übrigen Erdtheilen empfiehlt einer österreichisch-deutschen Handelspolitik die kräftigste Förderung des Austausches diesseitiger Natur- und Gewerbserzeugnisse mit den überseeischen Erzeugnissen und zwar im unmittelbaren Verkehre mit den Erzeugungsländern. Maaßregeln zu diesem Zwecke erscheinen um so dringender, als der bedeutendste Theil der Zufuhren an Colonialproducten nach Deutschland und Oesterreich in den Händen fremder Staaten ist. Jedoch von einer verspäteten Nachahmung der alten britischen Schifffahrtsacte oder des französischen Differentialzollsystems ist nicht entfernt die Rede, ein Anachronismus soll um so weniger begangen werden, als die deutsche Schifffahrt ohne allen Schutz sich aus und durch sich selbst unter den ungünstigsten Verhältnissen in achtunggebietender Weise entwickelt hat.

Nachdem sich die Denkschrift noch über die Zulässigkeit von Differentialzöllen, in so weit sie als Retorsionsmaaßregeln in Betracht kommen könnten, verbreitet, schließt sie damit, daß die österreichische Regierung darauf dringe, die Verhandlungen über die deutsche Zolleinigung unverweilt aufgenommen zu sehen, damit dieselben von allen Seiten mit redlichem Eifer einem gedeihlichen Ende zugeführt werden.*)

Die Idee, die diesen Vorschlägen zu Grunde lag, die Bildung eines einheitlichen geschlossenen Handelskörpers, der fast ganz Mitteleuropa und eine Bevölkerung von 70 Millionen umfaßte, ist unbestreitbar eine sehr großartige; sie mußte um so überraschender wirken, als sie in vielfachem Widerspruche mit der bisherigen Handelspolitik des österreichischen Kaiserstaates stand, und sie wird daher nur erklärlich, wenn man die dominirende Persönlichkeit der beiden Hauptträger derselben, des Fürsten Schwarzenberg und des Freiherrn von Bruck, in Anschlag bringt. Man würde jedoch sehr

*) Vergl. die Brochure: Die Denkschrift des österreichischen Handelsministers über die österreichisch-deutsche Zoll- und Handelseinigung, beleuchtet mit Rücksicht auf die Neugestaltung des Bundes. Wien 1850. Die österreichischen Vorschläge haben jetzt allerdings nur noch einen historischen Werth; gleichwohl erschien es angemessen, sie hier etwas ausführlicher zu behandeln, weil sie vielfache nicht uninteressante Streiflichter auf die späteren Ereignisse werfen und Momente zur Vergleichung mit den jetzigen Zuständen darbieten.

irren, wenn man ihre Entstehung einzig und allein auf volkswirthschaftliche Gründe zurückführen wollte, sie verdankte dieselbe vielmehr vorzugsweise, wo nicht ausschließlich, politischen Combinationen. Die Ereignisse von 1848/49, die versuchte Bildung eines kleindeutschen Kaiserstaates mit dem Ausschlusse Oesterreichs aus Deutschland hatten den österreichischen Staatsmännern endlich die Augen geöffnet und ihnen begreiflich gemacht, welche Stellung Preußen an der Spitze des Zollvereins gewonnen habe, daß die Politik der materiellen Interessen die dynastische Politik überrage, und daß nur ein sehr entschiedenes thatkräftiges Eingreifen in die handelspolitische Organisation Deutschlands Oesterreich seine frühere Stellung wieder zu gewinnen vermöge. Eine solche thätige Politik war aber so sehr im Widerspruche mit den bisherigen Traditionen des Kaiserstaates, mit den Tendenzen und Gewohnheiten seiner Bureaukratie so wie mit den Interessen und Anschauungen seiner protectionistischen hohen Industrie, daß von allen diesen Elementen nur ein zäher Widerstand gegen solche weitgehende Plane zu erwarten war. Die Schwäche des ganzen Planes lag in seiner Großartigkeit, die nothwendig alle kleinlichen Interessen zum Widerstande aufrief, in seiner politischen Tendenz und in dem Mangel der nachhaltigen materiellen Kraft, die zu seiner Durchführung unbedingt nothwendig gewesen wäre. Die Mehrzahl der deutschen Bevölkerung war endlich der österreichischen Führung und des Geistes, in welchem sie seit Jahrhunderten geübt worden, ernstlich überdrüssig geworden und sehnte sich nach einem freieren Systeme, wozu die österreichischen Zustände keine Aussicht darboten. Wenn daher auch die richtige volkswirthschaftliche Begründung des Planes nicht bestritten werden konnte, wenn die Mehrzahl der mittleren und kleineren Regierungen demselben im Allgemeinen beistimmte, so fehlte es gleichwohl an einer wirklichen freudigen Aufnahme, an einem Vertrauen in den wahren Beruf Oesterreichs, in solcher Weise neuerdings an die Spitze Deutschlands zu treten und dessen materielle Interessen in ganz anderem Geiste zu leiten, als es bisher die eigenen gewahrt und gefördert hatte.

Von Seite der Gegner Oesterreichs ist mitunter versucht worden, diesen Plan der Herstellung eines Handelsgebietes von 70 Millionen ins Lächerliche zu ziehen und als chimärisch oder schwindelhaft zu bezeichnen. Der beste Beweis gegen einen solchen Angriff ist das Verfahren der preußischen Regierung. Sie behandelte den Schritt der österreichischen Regierung keineswegs leichtfertig, sondern war sich der Gefahr, die er für Preußen darbot, sehr wohl bewußt. Ihre ganze weitere Commercial-Politik, der Vertrag mit Hannover so wie der nachmalige mit Frankreich, alle Anstrengungen, die später gemacht wurden, um den Vertrag mit Oesterreich vom 19. Februar 1853 wieder abzuschütteln, sind ein klarer Beweis dafür, daß die Vorschläge vom 30. December 1849 und 30. Mai 1850 eine wirkliche ernstliche Gefahr für Preußen und dessen Stellung in Deutschland enthielten und in politischem Boden wurzelten. Sobald die großen Männer, denen dieser Plan seinen Ursprung verdankte, durch das Schicksal und die Intrigue von ihrer Stellung entfernt waren, verminderte sich allerdings diese Gefahr um ein Bedeutendes, ihren Nachfolgern fehlte die geistige Befähigung und die Entschlossenheit, in der Verfolgung des einmal gefaßten Planes alle Kräfte anzuspannen und selbst vor den äußersten Mitteln nicht zurückzuschrecken, wenn dadurch das Ziel erreicht werden konnte.

Die preußische Regierung war natürlich von den österreichischen Vorschlägen, deren Richtung und Tragweite sie vollkommen erkannte, nichts weniger als erbaut, sie erachtete es jedoch fürs Klügste, vorerst denselben nicht direct entgegen zu treten. Zu diesem Ende erklärte sie sich nur gegen die von Oesterreich vorgeschlagene formelle Behandlung, nämlich gegen die Verweisung an die neu gebildete Bundes-Central-Commission, und schlug dagegen den Weg einer Verständigung zwischen Oesterreich, dem Zollverein, dem Steuerverein und einer Vertretung der außer diesen Vereinen stehenden deutschen Staaten vor. Bot schon eine solche Verhandlung bei den sich zum Theil direct widerstrebenden Interessen viel weniger Aussicht auf Erzielung eines Resultates dar, als eine Bundes-Commission, in welcher Oesterreich immerhin einen Einfluß auszuüben vermochte, so suchte gleichwohl Preußen auch diese Chancen noch zu vermindern und die Verhandlung ganz in seine alleinige Hand zu bekommen. Deshalb wurde die Bereitwilligkeit erklärt, nach zuvörderst mit Oesterreich gepflogener Verabredung hierüber unter zuversichtlicher Voraussetzung der Zustimmung der übrigen Zollvereins-Regierungen auf jenem Wege, sei es mit Oesterreich allein, sei es mit ihm und den Vertretern der übrigen deutschen Zollgebiete und Staaten, in Berlin oder Wien in eine Unterhandlung zu treten, welche freien Austausch von Roherzeugnissen, freie Durchfuhr, Erleichterung der Grenzbewachung, Regelung von Flußschifffahrt, von Post-, Eisenbahn- und Telegraphenlinien zum Gegenstande haben, auf eine Tarifsrevision hingegen sich noch nicht erstrecken sollte und eine vollständige Zolleinigung zwischen Deutschland und Oesterreich als letztes Ziel natürlich in noch weitere Ferne gestellt haben würde.

Da sich Oesterreich bei einer allgemeinen Verhandlung vorzugsweise auf die süddeutschen Vereinsstaaten, auf Sachsen und Kurhessen, welche auch im Allgemeinen den österreichischen Vorschlägen geneigt waren, stützen und vor Allem dahin trachten mußte, bei dem bevorstehenden Ablaufe der vertragsmäßigen Dauer der Zollvereinsverträge jede Erneuerung derselben so lange zu verhindern, bis Oesterreichs neue Stellung zum Zollverein vollkommen gesichert war, so lag es ganz in der Natur der Sache, daß die Absicht Preußens dahin gerichtet sein mußte, die Einwirkung der Mittelstaaten auf die Verhandlungen zu beseitigen, die letzteren so lange hintan zu halten, bis die Fortsetzung des Zollvereins gesichert war, und wo möglich die allenfallsigen weiteren Verhandlungen mit Oesterreich unter Beschränkung derselben auf das allergeringste Maaß allein zu führen.

Die Entscheidung dieser formellen Frage enthielt daher unter den gegebenen Umständen das Schicksal der Hauptfrage in sich, und es ist daher sehr erklärlich, daß dieselbe mit besonderer Lebhaftigkeit von beiden Seiten erörtert wurde. Preußen schickte noch im Frühjahr 1849 einen eigenen Bevollmächtigten, den Geheimen Rath Delbrück, nach Wien, um sofort Sonderverhandlungen mit Oesterreich zu eröffnen, die sich jedoch nur auf einem sehr beschränkten Terrain, Gewährung einiger Verkehrs-Erleichterungen, bewegen sollten. Da Oesterreich sich auf eine solche Verhandlungsbasis nicht einließ, so wurden die Verhandlungen nach kurzer Zeit wieder abgebrochen.

Oesterreich seiner Seits strebte vor Allem dahin, die bevorstehende General-Conferenz in Kassel als Gelegenheit zu einer Erörterung seiner Vorschläge zu benutzen, worin es von Bayern und mehreren anderen Vereins-Regierungen unterstützt wurde. Hatte jedoch die Sendung des Geh. Rathes Delbrück und ihr den österreichischen Vorschlägen so wenig genügender Zweck in Wien schon verstimmt, so konnte die österreichische Regierung bei der im nächsten Jahre erfolgenden Eröffnung der General-Conferenz in Kassel (7. Juli 1850) sich vollständig von den Absichten der preußischen Regierung überzeugen. Diese letztere hatte hierbei der österreichischen Vorschläge, die doch unverkennbar das wichtigste und folgenreichste Anerbieten waren, welches dem Zollverein seit seinem Entstehen gemacht worden, auch nicht einmal andeutungsweise gedacht, ja einige der von Preußen an die Zoll-Conferenz gemachten Vorlagen (Aufhebung der bisherigen Zollfreiheit für böhmische Leinen, Erhöhung des Einfuhrzolles von mehreren speciell österreichischen Erzeugnissen, wie Shawls, Shawltücher, Halbseiden- und Kammgarnwaaren, unbearbeitete Seide ꝛc.) widersprachen sogar direct den österreichischen Interessen und Anträgen, was die österreichische Regierung veranlaßte, sich mittelst eines Erlasses des Fürsten Schwarzenberg an den kaiserlichen Gesandten Freiherrn v. Prokesch-Osten in Berlin vom 21. Juli 1850 direct an die preußische Regierung mit der dringenden Aufforderung zu einem aufrichtigen Eingehen auf die österreichischen Zolleinigungsvorschläge zu wenden, und zu verlangen, daß entweder unmittelbar eine allgemeine deutsche Zoll-Conferenz zur Vorbereitung und eventuell zum Abschluß der österreichisch-deutschen Zolleinigung berufen, oder, was mit den früheren Aeußerungen der preußischen Regierung mehr im Einklang stünde, daß Preußen, Sachsen und Bayern von den übrigen Zollvereins-Regierungen ermächtigt würden, im Namen des Zollvereins mit Oesterreich auf Grund der in dessen Denkschriften entwickelten Vorschläge in Wien in Verhandlung zu treten.

Eine Unterbrechung der Kasseler Conferenz wurde hierdurch nicht erzielt, vielmehr nahm dieselbe ihren Verlauf und zwar in einer Weise, durch welche die österreichischen Anträge für einige Zeit in den Hintergrund gedrängt erschienen.

Dreiundzwanzigstes Kapitel.

Die Generalconferenz in Kassel und Wiesbaden. Dresdener Conferenzen.

Die neunte regelmäßige Generalconferenz war inzwischen, wie oben bemerkt, von Kurhessen auf den 1. Juli 1850 einberufen und am 7. Juli eröffnet worden, ohne daß hierbei Preußen die österreichischen Vorschläge irgendwie erwähnt hätte. Dagegen brachten andere Vereinsregierungen, namentlich Bayern durch ein Schreiben des Staatsministers v. d. Pfordten vom 7. Juli, diesen Gegenstand sofort zur Sprache. Doch waren auch diese Regierungen keineswegs geneigt, unbedingt auf die österreichischen Anträge einzugehen, vielmehr war man in München wie in Stuttgart der Ansicht, daß vor Allem der Zollverein zu consolidiren und seine inneren Angelegenheiten unbeirrt durch Einflüsse von außen her zu regeln seien, ehe auf Erweiterung desselben eingegangen werden könne, daß aber allerdings über die Tendenz, mit welcher auf die weiteren Verhandlungen eingegangen werden solle, irgend eine Verständigung vorliegen müsse.

Für die Generalconferenz lag übrigens außer vielfachen Verwaltungsfragen noch eine nicht unbedeutende Anzahl wichtiger Verhandlungsgegenstände vor. Zunächst wieder die Tarifsfrage, worin sich noch immer die Schutzzoll- und die Freihandelspartei einander schroff gegenüber standen. Sodann handelte es sich um die Erneuerung des Handelsvertrags mit Belgien, um die Ermäßigung der Rheinschifffahrtsabgaben und die damit im Zusammenhange stehenden Handels- und Schifffahrtsverhältnisse zu den Niederlanden, um eine Minderung der Durchgangszölle, um ein Regulativ über die Zollabfertigung auf Eisenbahnen und über die Niederlagen in den Seestädten, um eine Vereinbarung wegen der Industrieausstellung in London, so wie endlich um die verschiedenen Beschwerden gegen Preußen wegen Vorenthaltung von Zoll- und Steuerrevenuen-Antheilen.

In der Tariffrage stand diesmal Bayern voran, welches für Baumwollengarne, für feinere Gewebe aus Baumwolle, Wolle und Seide, für Leinengewebe so wie für verschiedene Eisen- und Stahlwaaren mäßige Erhöhungen vorgeschlagen hatte. Durch diese Vorschläge, welche wegen ihrer Mäßigung Aussicht hatten von dem größten Theile der Vereinsstaaten angenommen zu werden, ward die sächsische Regierung in eine eigenthümliche Verlegenheit versetzt. Sie hatte, zunächst aus politischen Gründen, die Idee einer Zolleinigung mit Oesterreich lebhaft erfaßt und vertreten. Durch den Beitritt von Oesterreich aber würde die Schutzzollpartei im Zollvereine unverkennbar verstärkt worden sein, ja es lag in der Natur und der ganzen Tendenz der österreichischen Vorschläge, daß der Zollverein, wenn er überhaupt ernstlich auf dieselben einzugehen gedachte, schon jetzt einzelne seiner Tariff ätze hätte erhöhen müssen, um zu einer allmäligen Assimilation der beiderseitigen Zollsätze zu gelangen, da nicht zu erwarten war, daß Oesterreich unbedingt die zum Theil irrationellen Zollsätze des Zollvereins sammt und sonders annehmen werde. Das aber stand mit der bisherigen Stellung Sachsens und seinen Interessen in der Schutzzollfrage in directem Widerspruche, und die sächsische Regierung suchte sich aus diesem Dilemma dadurch zu retten, daß sie die Theorie aufstellte, der Zollverein dürfe dermalen überhaupt an seinem Tarifsysteme gar Nichts ändern, weil er dadurch den Anschluß der Nachbarstaaten erschweren würde. Es führte Dies zum Austausch mehrerer Erklärungen zwischen Bayern und Sachsen, jedoch zu keiner Verständigung.

Preußen hatte seinerseits in ganz richtiger Würdigung der Lage erkannt, daß unter den gegebenen Umständen es nicht in seinem Interesse liegen könne, die Differenz wegen der Schutzzölle fortzusetzen oder zu verschärfen, und deshalb eine Reihe von Vorschlägen gemacht, welche den bayrischen ziemlich nahe standen.

Wenn diese Anträge auch den Ansichten der eigentlichen Schutzzöllner nicht entsprachen, so waren sie doch von der Art, daß sie viele Interessen, und namentlich alle diejenigen zu versöhnen vermochten, welchen es weniger um einen extremen Parteistandpunkt, als vielmehr um eine billige Ausgleichung der nun schon so lange bestehenden Differenzen zu thun war. Es konnte daher schon bald nach Eröffnung der Conferenz mit ziemlicher Sicherheit angenommen werden, daß die preußischen Vorschläge im Wesentlichen die Zustimmung fast sämmtlicher Vereinsregierungen erhalten würden. Hier trat jedoch die Weigerung der sächsischen Regierung, an einer Beschlußfassung, welche eine Aenderung der dermaligen Tarifsätze involviren würde, Theil zu nehmen, jeder Vereinbarung hindernd in den Weg. Preußen hatte in einer Conferenz vom 15. August erklärt, daß im Falle fortgesetzten Widerspruches der sächsischen Regierung die ganze Tarifsrevision unterlassen und der gegenwärtige Tarif noch weiter prolongirt werden müsse. Sämmtliche übrige Bevollmächtigte richteten daher an die beiden sächsischen Bevollmächtigten die dringende Aufforderung, ihrer Regierung nochmals die höchst unerfreulichen und für die Einigkeit des Zollvereins bedenklichen Folgen des bisherigen Widerspruches vorstellig zu machen.

In der Conferenz vom 26. August zeigten die sächsischen Commissare an, daß sie nunmehr mit neuen Instructionen ihrer Regierung versehen seien, welche hoffentlich auch von den übrigen Commissaren wenigstens in der Richtung befriedigend gefunden werden dürften, daß nunmehr sächsischer Seits

1) die bisher gemachte Vorbedingung einer vorgängigen Verhandlung über die Zolleinigung mit Oesterreich fallen gelassen und nicht länger geweigert werde, sich an der Tarifrevision zu betheiligen, jedoch unter der Voraussetzung, daß noch bei der gegenwärtigen Conferenz über die Anschlußfrage nach dem bayrischen Antrage Beschluß gefaßt werde; und

2) daß vor der wirklichen Einführung der etwa zum Beschluß gelangenden Tarifsveränderungen, insbesondere der Garnzollerhöhungen in Verbindung mit dem Rückzollsystem, über deren Stabilität eine befriedigende Erklärung von sämmtlichen Regierungen dahin ertheilt werde, an den neuen Tarifsprincipien auch bei der Erneuerung des Zollvereins nach Ablauf der gegenwärtigen Periode festzuhalten.

Es war jetzt nur die braunschweigische Regierung, welche noch keine definitive Erklärung über die preußischen Tarifvorschläge abgegeben hatte, und der braunschweigische Commissar wurde daher von allen übrigen Bevollmächtigten auf das Dringendste aufgefordert, nunmehr auch eine beistimmende Erklärung seiner Regierung zu veranlassen. Da eine solche allseitig vorausgesetzt wurde, so fanden hierauf bis Ende September beinahe ununterbrochen und mit ziemlicher Aussicht auf Erfolg eingehende Berathungen auf Grundlage der preußischen Anträge statt. Am 26. September gab jedoch der braunschweigische Commissar, der an den bisherigen Verhandlungen Antheil genommen, aber allerdings seiner Regierung die definitive Entschließung hierüber vorbehalten hatte, die Erklärung ab:

> „daß seine Regierung, nachdem sie auf allgemeinen Wunsch die ganze Angelegenheit nochmals in Erwägung gezogen, sich dennoch nicht bewogen finden könne, zu der Einführung der mit höheren Garnzöllen verbundenen Rückzölle ihre Zustimmung zu ertheilen."

Dadurch war die ganze bisherige Tarifsberathung vereitelt, da natürlich, wenn die wichtige Garnzollfrage wegfiel, die meisten Regierungen, wie Württemberg es zum voraus erklärt hatte, auch ihre Zustimmung zu den übrigen Tarifsänderungen zurückzogen oder modificirten. Es war ferner dadurch die Hoffnung auf endliche Beseitigung der Differenz zwischen Schutzzoll und Freihandel vereitelt und der in der bisherigen Uebereinstimmung der Vereinsregierungen entstandene Riß neuerdings verschärft. Alle Versuche, Braunschweig zu einer Aenderung seiner Abstimmung zu bewegen, insbesondere die von Preußen angeordnete Absendung eines besonderen Commissars, des Geh. Finanzrathes Dach, nach Braunschweig, waren erfolglos, und es blieb nichts Anderes übrig, als die ganze Tarifsrevision abermals einer späteren Zeit aufzubewahren.

Die Gründe, welche die braunschweigische Regierung zu einem so unerwarteten und sonderbaren Verfahren bewogen haben, sind niemals genügend aufgeklärt worden. Die eigenen industriellen Interessen und Zustände des kleinen Landes, seine äußerst geringe Betheiligung an der Baumwollen-Industrie boten sicherlich keine genügende Veranlassung dar, um sich mit den so laut und lebhaft ausgesprochenen Wünschen aller übrigen Vereinsregierungen in Opposition zu setzen und eine Vereinbarung zu hindern, welche so unverkennbar im allgemeinen Interesse des Zollvereins lag, und in einer durch die bedenklichsten politischen Zustände ohnehin so kritischen Zeit einen Kampf wieder anzufachen, der erst kürzlich ganz Deutschland feindlich gespalten hatte und dessen Consequenzen und Tragweite Niemand zu bestimmen vermochte. Es war daher natürlich, daß man nach anderen Gründen suchte; allein auch Diejenigen, welche von der einen oder der anderen Seite angeführt wurden, reichen nicht hin, um ein solches Verfahren für befriedigend zu erklären. Die von Einigen angeführte Rücksicht auf Hannover, das seinerseits wieder von England beeinflußt gewesen, dürfte wohl kaum genügend gewesen sein, da die Verhältnisse zwischen Braunschweig und Hannover, die durch den Beitritt des ersteren zum Zollverein nichts weniger als freundschaftlich geworden waren, in der seitdem verflossenen kurzen Zeit sich noch keineswegs zu einer solchen Intimität gestaltet hatten, um einen so auffallenden Schritt möglich zu machen. Ebenso wenig genügt die von Anderen angeführte Besorgniß, daß die braunschweigischen Stände die fraglichen Tarifserhöhungen nicht würden genehmigt haben. Am allerunwahrscheinlichsten aber ist die von einzelnen Stimmen aus dem schutzzöllnerischen Lager erhobene Beschuldigung, daß das Verfahren Braunschweigs von Preußen veranlaßt worden sei. Abgesehen davon, daß auch nicht der mindeste Umstand vorliegt, der einen Beleg für ein solches zweideutiges Verfahren der preußischen Regierung bilden könnte, fehlt es auch an jedem genügenden Motive hiezu auf Seite Preußens. Der preußischen Regierung mußte unter den damaligen politischen Zuständen, namentlich wegen der bedrohlichen Stellung Oesterreichs, unter allen Regierungen am meisten daran gelegen sein, eine Ausgleichung des bisherigen Kampfes zwischen Schutzzoll und Freihandel herbeizuführen und Alles zu vermeiden, was die süddeutschen Regierungen zu entfremden geeignet war; und ihr ganzes Verfahren während der Conferenz liefert hiefür den unzweideutigsten Beweis.

Das Verfahren der braunschweigischen Regierung rief übrigens eine lebhafte Erörterung von zwei Fragen hervor, von welchen wenigstens die eine dieser Regierung höchst unangenehm sein mußte. Der unverkennbare Mißstand, daß eine von sämmtlichen übrigen Vereinsregierungen lebhaft gewünschte und im Interesse des ganzen Zollvereins gelegene Maaßregel durch den Widerspruch einer einzelnen, noch dazu materiell nicht besonders betheiligten Regierung ohne Angabe genügender Gründe vereitelt werden konnte, wurde allgemein beklagt und führte nothwendiger Weise zu der Folgerung, daß solchen Vorkommnissen nur durch die Einführung von Majoritätsbeschlüssen begegnet werden könne. So wenig die meisten Regierungen, namentlich die mittleren, einer solchen Abänderung der Grundprincipien des Vereins geneigt waren, so konnten sie doch auch nicht in Abrede stellen, daß eine solche Anwendung des absoluten Veto nothwendig in seinen Consequenzen den Verein jeder Fähigkeit einer besseren Entwicklung entkleiden würde. Die momentane Lage war allerdings nicht von der Art, um jetzt schon Anträge auf Einführung von Majoritätsbeschlüssen hervorzurufen, es war aber vorauszusehen, daß diese Frage bei nächster Gelegenheit auftauchen und schwerlich wieder gänzlich beseitigt werden würde.

Die zweite durch das Verfahren der braunschweigischen Regierung hervorgerufene Frage berührte dieselbe unmittelbar. Es wurde nämlich versucht, der braunschweigischen Regierung das Recht zu einem solchen Einspruche zu bestreiten. Schon bei den Verhandlungen über den Beitritt Braunschweigs zum Zollverein war das Bedenken rege geworden, diesem kleinen Lande, dessen Verhältnisse vielfach von jenen der übrigen Zollvereinsstaaten differirten, eine selbständige Stellung einzuräumen, und man hatte sich endlich mit der in einem besondern Protokolle vom 19. October 1841 niedergelegten Erklärung zufriedengestellt:

> „daß Braunschweig Demjenigen, was in Bezug auf Zolleinrichtungen sowie auf Handels- und Verkehrsverhältnisse des ganzen Vereins für nützlich und nothwendig erkannt werden würde, auch seinerseits beistimmen und sich nicht durch untergeordnete Particularinteressen zurückhalten lassen werde."

Wirklich hatte Braunschweig bisher an den Verhandlungen des Vereins nur geringen Antheil genommen und sich bei den früheren Generalconferenzen durch Preußen vertreten lassen; es war daher natürlich, daß nunmehr obige Erklärung hervorgeholt und gegen dasselbe geltend gemacht wurde. Braunschweig gab jedoch derselben die Auslegung, daß sich solche nur auf das beim Eintritte des Herzogthums in den Verein bestehende Zollsystem beziehe. Jetzt aber handle es sich nicht, wie bei Abgabe jener Erklärung vorausgesetzt worden, um eine Anwendung des bestehenden Zollsystems, sondern vielmehr um eine principielle Aenderung desselben, um Einführung von Rückzöllen, einer dem bisherigen Systeme völlig fremden Einrichtung, und hier müsse der herzoglichen Regierung, wie jeder anderen Vereinsregierung, das Recht der völlig freien Zustimmung gewahrt bleiben. Nach einigen ziemlich gereizten gegenseitigen Erklärungen wurde die Frage fallen gelassen.

Während die resultatlosen Verhandlungen über die Tarifrevision bei allen Betheiligten eine ziemliche Verstimmung erzeugt hatten, gelang es gleichwohl, über die der Conferenz vorliegende wichtigste Frage, nämlich über die Verhandlungen mit Oesterreich, ein vorläufiges Einverständniß zu erzielen, indem man sich durch ein besonderes Protokoll dahin verständigte, daß Preußen, Bayern und Sachsen als Grenzstaaten die Verhandlungen mit Oesterreich Namens der sämmtlichen Zollvereinsstaaten zu führen ermächtigt sein sollten. Ueber die Ausdehnung und Tendenz dieser Verhandlungen konnte jedoch noch keine Verständigung erzielt werden, weshalb Bayern (Ende October) den Vorschlag machte:

„daß den Verhandlungen zwischen dem deutschen Zollverein und Oesterreich zunächst der unterm 27. Mai 1829 zwischen Bayern und Württemberg einerseits und Preußen und Hessen-Darmstadt andererseits abgeschlossene Handelsvertrag, welcher dem großen Zollvereinsvertrage vorausgegangen war und denselben angebahnt hatte, und der daher die natürlichste Analogie für die dermalige Sachlage darbot, zur Grundlage dienen solle."

Während auf diese Weise die Conferenzverhandlungen in Kassel sich zum größten Theile in resultatlosen Erörterungen hinschleppten, hatten die allgemeinen politischen Verhältnisse in Deutschland und insbesondere im Kurfürstenthum Hessen eine Gestaltung angenommen, welche eine baldige gewaltsame Katastrophe befürchten ließen. Der preußische Bevollmächtigte, der bisher eine bedeutsame Thätigkeit entwickelt hatte, verließ Kassel und war Ende October noch nicht zurückgekehrt. Der Druck dieser politischen Verhältnisse wirkte unverkennbar auf die Zollconferenz; Jedermann war von der Fruchtlosigkeit ihrer Fortsetzung überzeugt, und als mit dem Monate October noch der Ausbruch der Cholera in Kassel hinzukam, entsprach die kurhessische Regierung einem allgemeinen Wunsche, als sie am 25. October eine Vertagung der Conferenz bis zum Januar des nächsten Jahres beantragte. Am 3. November fand die Vertagung statt, nachdem mehrere der Bevollmächtigten schon früher Kassel verlassen hatten. Als nächster Zusammenkunftsort ward Wiesbaden bestimmt.

Gleichzeitig war die politische Krisis zum Ausbruch gekommen. Am 1. November 1850 war ein combinirtes österreichisch-bayrisches Truppencorps in Hanau, am 2. ein preußisches in Kassel eingerückt, und Deutschland stand abermals am Vorabend eines Bürgerkrieges, der jedoch in kurzer Zeit ein unerwartet unblutiges Ende nahm. Es folgten die Verhandlungen in Olmütz, deren politische Resultate allgemein bekannt sind. Weniger genau bekannt ist, ob daselbst Verabredungen zwischen Oesterreich und Preußen in Bezug auf die handelspolitische Frage getroffen wurden. Es ist vielfach behauptet worden, daß Preußen sich in Olmütz verpflichtet habe, seine bisherige Opposition gegen die österreichischen Anträge wenigstens theilweise aufzugeben und sich zu einer auf Grundlage dieser Propositionen abzuschließenden Vereinbarung herbeizulassen; der weitere Verlauf der Verhandlungen scheint jedoch eine solche Annahme keineswegs zu bestätigen.

An die Verhandlungen in Olmütz schlossen sich die Ministerconferenzen in Dresden an, bei denen der handelspolitische Charakter der ganzen Krisis durch die Bildung einer besonderen Commission für Handel und Verkehr Ausdruck erhielt. Von Bayern wurde daher vorgeschlagen, auch die in Kassel am 3. November 1850 vertagte Generalconferenz statt nach Wiesbaden nach Dresden zu verlegen, worauf jedoch Preußen nicht einging. Da inzwischen die Generalconferenz in Wiesbaden am 23. Januar, resp. am 3. Febr. 1851 eröffnet wurde, während die Dresdener Verhandlungen fortgesetzt wurden, so tagten gleichzeitig zwei verschiedene Verhandlungskörper, die sich theilweise mit demselben Gegenstande beschäftigten, was der Förderung der Sache nichts weniger als günstig war. Sachsen stellte deshalb am 19. Februar in Wiesbaden den Antrag, daß die neunte Generalconferenz, um der Berathung der dritten Commission der Dresdener Minister-Conferenzen in keiner Weise vorzugreifen, sich auf die Berathung und Erledigung innerer Vereins- und Verwaltungsangelegenheiten beschränken und auf allgemeine Fragen, welche auch die außerhalb des Zollvereins befindlichen deutschen Staaten betreffen, nicht eingehen, insbesondere aber alle Verhandlungen ablehnen solle, welche

a) principielle oder solche Tarifsänderungen, wodurch der allgemeinen deutschen Zolleinigung irgendwie präjudicirt werden könnte;

b) die Regulirung der Durchgangszölle oder

c) den Abschluß von Verträgen mit anderen, nicht im Zollverein befindlichen Staaten betreffen.

Diese Erklärung, die vollkommen mit der oben erwähnten Haltung der sächsischen Regierung in den ersten Monaten der Kasseler Conferenz übereinstimmte, schloß also die Ermäßigung der Rheinzollgebühren sowie der Elbzölle, welche mit der Herabsetzung der Durchgangszölle in unerläßlichem Zusammenhange standen, dann die Verhandlungen über einen Handels- und Schifffahrtsvertrag mit Belgien sowohl als mit den Niederlanden von der Thätigkeit der Generalconferenz aus. Sie machte daher auch den lebhaftesten Eindruck und rief große Mißstimmung hervor, welche der preußische Commissar auch unverhohlen äußerte. Er bemerkte in der Conferenz,

„daß er diese Erklärung um so mehr bedauern müsse, als sie factisch die Wirkung äußern und den Beweis liefern würde, daß der Zollverein in die Lage gebracht sei, auf alle inneren Reformen und Verbesserungen verzichten zu müssen, wenn sie sich im eigenen wohlverstandenen Interesse seiner Mitglieder und deren Angehörigen auch schon längst als nützlich und wohlthätig, ja als dringend herausgestellt hätten, und daß ein solches Verhältniß, wodurch namentlich eines der wichtigsten Institute des Zollvereins, die Generalconferenz, in ihrer Wirksamkeit so wesentlich gestört würde, nicht dazu dienen könne, den Zollverein zu consolidiren und dessen Dauer in seinem gegenwärtigen Bestande zu verbürgen."

Während dieser unfruchtbaren Discussionen war es gleichwohl gelungen, einige wichtige Gegenstände zur Erledigung zu bringen. Schon am 6. Februar war eine Verständigung über die Behandlung der zur Londoner Industrie-Ausstellung bestimmten Gegenstände erfolgt. Ungleich wichtiger waren das Regulativ über die Zollabfertigung auf Eisenbahnen, dann jenes über die Errichtung von freien Niederlagen (Entrepots) in den Hansestädten. In letzter Beziehung gelang es zwar nicht, eine dem Zwecke vollkommen entsprechende Vereinbarung zu erzielen, indessen verständigte man sich gleichwohl über den nächsten Zweck, die Niederlegung vereinsländischer Erzeugnisse, für welche die zollfreie Zurückführung nach dem Vereine vorbehalten bleiben sollte. (Bes. Prot. vom 12. Mai 1851.)

Ein umfangreiches Protokoll vom 24. Mai behandelt die Tariffragen. Nachdem in Folge des Widerspruchs von Braunschweig alle wichtigeren Tarifsanträge ohne Resultat geblieben waren, konnten die Aenderungen im neuen Tarif nur sehr wenige und verhältnißmäßig unbedeutende sein. Die wichtigste darunter war die auf Antrag von Preußen beschlossene Erhöhung des Eingangszolles für Cigarren und Schnupftabak von 15 auf 20 Thlr.

Die Erwartung eines höheren Ertrags, die diese Tarifserhöhung hervorgerufen hatte, wurde durch den Erfolg bitter getäuscht, indem statt eines Mehrertrags eine sehr bedeutende Minderung eintrat.*) Dagegen hatte diese Zollerhöhung eine ganz außerordentliche Entwickelung der inländischen Cigarrenfabrikation zur Folge, die sich in den nächstfolgenden Vereinsperioden so bedeutend hob, daß sie nicht blos den inländischen Markt — mit Ausnahme der feinsten Sorten — vollständig beherrschte, sondern auch zu einem sehr erheblichen Export gelangte, obwohl in Folge der allenthalben bestehenden hohen Eingangszölle auf Tabakfabrikate und der Prohibitionen das Absatzgebiet ein ziemlich beschränktes war. Unter den übrigen Zollerhöhungen

*) Die Einfuhr fremder Cigarren nach dem Zollverein, die bisher 22,000 bis 27,000 Centner im Jahre betragen hatte, fiel in Folge der Zollerhöhung im Jahre 1852 auf 17,964 Centner und nahm bis 1858, wo sie 9102 Centner betrug, fortwährend ab. Sie hat sich auch seitdem nur wenig, bis 12,075 Centner, wieder gesteigert. Dagegen hat allerdings die inländische Fabrikation von Cigarren seitdem einen ungemeinen Aufschwung gewonnen. Der Export ist sehr wechselnd, das Maximum betrug (1857) 74,604 Centner, das Minimum (1843) 2010 Centner. Vergl. Bienengräber, Statist., und Mährlen, Besteuerung des Tabaks im Zollverein.

sind noch jene für Brillen, feine Holzwaaren, dann für mehrere Artikel der sogenannten Quincaillerie oder kurzen Waaren zu erwähnen.

Zollerleichterungen traten ein für mehrere Rohmaterialien. Die wesentlichste Verkehrserleichterung, die man dieser langen und bewegten Verhandlung zu danken hatte, war eine Herabsetzung der allgemeinen Durchgangsabgabe, die von 15 auf 10 Sgr. festgesetzt wurde, während gleichzeitig auch für mehrere geringer belegte Durchgangsrouten noch weitere Minderung erfolgte und auch die speciellen Begünstigungen der sogenannten kurzen Straßenstrecken erhalten wurden.

Ueber die materiellen Grundlagen, unter welchen von Seiten des Zollvereins ein Handelsvertrag mit Oesterreich abzuschließen sein würde, konnte auch jetzt noch keine Verständigung erzielt werden, doch einigte man sich zu einem vom 7. Juni 1851 datirten Protokoll, in welches die Ansichten der verschiedenen Vereinsregierungen niedergelegt, die Verständigung über die mehr oder minder erweiterten Grundlagen der Verhandlungen mit Oesterreich aber zunächst den Regierungen von Preußen, Bayern und Sachsen überlassen und letztere wiederholt zur Führung der Verhandlungen autorisirt wurden.

Am 23. Juni 1851 wurde endlich das Hauptprotokoll dieser IX. General-Conferenz abgeschlossen.

Die Dresdener Conferenzen hatten schon einige Zeit früher, am 18. Mai, ihr Ende erreicht. Auch dort waren gemäß einem Beschlusse der Commission für Handel und Verkehr vom 8. Januar Sachverständige beigezogen worden zu dem Zwecke:

„um über die Mittel zu möglichst baldiger Herbeiführung einer allgemeinen deutschen Zoll- und Handels-Einigung zu berathen.“

Am 22. Januar begannen diese Berathungen, wobei die österreichischen Denkschriften von 1849 und 1850, sodann zwei Erklärungen von Bayern und Sachsen zu Grunde gelegt wurden. Beide letzteren gingen davon aus, daß die Zolleinigung Oesterreichs mit dem übrigen Deutschland nicht sofort zu erreichen, sondern erst durch geeignete Uebergangsmaaßregeln vorzubereiten wäre. Als eine solche war zunächst ein Handelsvertrag auf möglichst ausgedehnter Grundlage und mit successiver Erweiterung bis zur völligen Verschmelzung der beiden Zollgebiete vorgeschlagen. Die österreichische Regierung hatte sich schließlich mit diesen Propositionen einverstanden erklärt und nur noch die Gewährung der erforderlichen Bürgschaften für das wenn auch erst nach einer Reihe von Jahren zu erreichende wirkliche Zustandekommen der definitiven vollständigen Einigung verlangt.

Das wesentliche Ergebniß dieser Dresdener Conferenzen, die übrigens in Bezug auf ihre handelspolitische Aufgabe ohne alles praktische Resultat blieben, ist in einem Protokolle vom 11—28. April 1851, welches die Erklärungen der verschiedenen Conferenzmitglieder enthält, dann in einem Entwurfe einer Uebereinkunft zwischen den deutschen Bundesstaaten zur Beförderung des Handels und Verkehrs und dessen Anlagen enthalten.

Vierundzwanzigstes Kapitel.

Verhandlungen mit Belgien und den Niederlanden.

Neben diesen Verhandlungen über die Stellung zu Oesterreich nahmen auch noch die Verhältnisse zu Belgien und den Niederlanden die Aufmerksamkeit der Vereinsregierungen vielfach in Anspruch.

Der Vertrag mit Belgien vom 1. September 1844 lief, wie bereits früher erwähnt worden, mit dem 31. December 1850 ab.

Im Zollvereine hatte der Vertrag nur geringen Beifall gefunden, und sowie die politischen Motive, die zunächst seinen Abschluß herbeigeführt hatten, verschwunden waren oder sich geändert hatten, fing man an, die wirthschaftlichen Resultate desselben einer strengeren Prüfung zu unterstellen, die nicht immer zu Gunsten des Vertrags ausfiel. So stellte sich z. B. heraus, daß im Jahre 1847 die belgische Zollcasse durch die an den Zollverein gewährten Zollerleichterungen einen Ausfall von 76,528 fl. erlitt, während im gleichen Jahre die Einbuße des Zollvereins durch die an Belgien gewährten Begünstigungen 842,377 fl. betrug. Die Stimmung im Zollverein neigte sich daher unverkennbar einer Kündigung des Vertrags zu, während Belgien seinerseits wiederholt vergebliche Versuche machte, theils die Aufrechterhaltung der bisherigen differentiellen Begünstigung, theils deren Ausdehnung auf andere Artikel zu erlangen. Die Ansichten der Vereinsregierungen gingen jedoch in Bezug auf das gegen Belgien einzuhaltende Verfahren ziemlich weit aus einander. Am günstigsten für Erhaltung des Differentialzolles auf Eisen war Bayern gestimmt, das hierin von Sachsen, Kurhessen und Frankfurt unterstützt wurde, die sämmtlich den Vertrag in seiner Wesenheit erneuert und nur eine entsprechende Erweiterung und Ausdehnung der von Belgien dem Zollverein zu gewährenden Zugeständnisse wünschten.

Dagegen wollten Preußen, Baden und Nassau die bisherige Zollbegünstigung des belgischen Eisens von 5 Sgr. auf $2^1/_2$ Sgr. vermindert, d. h. den Differentialzoll auf $7^1/_2$ Sgr. erhöht wissen, während Württemberg sich zu keiner Verlängerung dieser Begünstigung verstehen wollte. Bei dieser Sachlage kündigte Preußen im Juni 1850 in Brüssel Namens des Zollvereins den Vertrag, indem es für den Fall, daß eine Verständigung über einen neuen Vertrag bis Ende 1850 nicht erfolgt wäre, eine provisorische Verlängerung des Vertrags von 1844 in Aussicht stellte. Auch über den Termin dieser Verlängerung waren die Vereinsstaaten nicht einig, die Mehrzahl wollte ein ganzes Jahr, eine Minderheit nur ein halbes Jahr zugestehen. Es verfloß auf diese Weise der Rest des Jahres 1850 und das erste Quartal 1851, ehe es nur unter den Zollvereinsstaaten zu einer Verständigung über die Grundlagen der weiteren Verhandlung mit Belgien, geschweige denn zur wirklichen Eröffnung der letzteren kam. Erst am 10. April 1851 konnte zu Wiesbaden das besondere Protokoll, welches die Erklärungen der verschiedenen Regierungen hierüber enthält, unterzeichnet werden, und die erste eingehende Berathung zwischen dem belgischen Gesandten in Berlin und preußischen Commissaren fand erst im October statt. Zu derselben war auch der Eisenproducent Behr aus Lüttich beigezogen worden, der auch an den späteren Verhandlungen mehrfach Antheil nahm und auf dieselben von Einfluß war. Derselbe kehrte sodann nach Brüssel zur Berichterstattung zurück und traf im November in Begleitung eines belgischen Regierungscommissars abermals in Berlin ein, um die belgischen Propositionen zu überreichen. Ein Abschluß schien in ziemlich gesicherter Aussicht zu stehen, besonders da die gleichzeitig zwischen dem Zollverein und den Niederlanden eingeleiteten Verhandlungen schon sehr weit vorgerückt waren und deren Abschluß bevorstand, welcher Umstand für Belgien ein Sporn sein mußte, die gleichen Verhandlungen mit dem Zollverein nicht zu erschweren. Bald geriethen diese jedoch ins Stocken. Das ganz natürliche Verlangen Preußens, daß der Zollverein in Bezug auf die Einfuhr von Wollengarn und Wollenwaaren den meistbegünstigten Nationen gleichgestellt werde, wurde von Belgien (das im Jahre 1845 eine desfallsige Begünstigung Frankreich zugestanden hatte) abgelehnt. Nach einigem Zögern entschied sich Preußen für Aufgebung dieser Forderung, worauf auch der Entwurf einer Additional-Convention festgestellt und von Preußen den Vereinsregierungen in den ersten Tagen des Monats Januar 1852 mitgetheilt wurde. Während die übrigen ihren Beitritt erklärten, knüpfte Württemberg seine Zustimmung an die Bedingung, daß Steinsalz aus den Vereinsstaaten auf den Binnengewässern und der Schelde unter belgischer Flagge in Belgien zollfrei zugelassen werde. Nach einigen Erörterungen ließ jedoch Württemberg diese Forderung fallen, so daß endlich diese Additional-Convention unterm 18. Februar 1852 zu Berlin abgeschlossen werden konnte. Sie setzte die bisherige Differentialzollbegünstigung für belgisches Eisen nach dem preußischen Vorschlage auf die Hälfte, d. h. auf $2^1/_2$ Sgr. herab, bestimmte den Eingangszoll für rohes Steinsalz auf dem Rhein und der Schelde nach Belgien auf 1 Fr. 40 Cent., befreite definitiv die belgischen Schiffe von der im Vertrage von 1844 festgesetzten außerordentlichen Flaggen-Abgabe in Preußen und gewährte mehrere beiderseitige Durchfuhr-Erleichterungen, sollte aber vier Monate vor Ablauf des Jahres 1852 gekündigt werden können und in diesem Falle mit dem Vertrage vom 1. September 1844 am 31. December 1852 außer Kraft treten. Um über die Bedeutung dieser Clausel der belgischen Regierung keinen Zweifel zu lassen, erklärte die preußische Regierung derselben schon im nächstfolgenden April, daß, wenn Belgien gesonnen sein sollte, den Vertrag mit Frankreich vom 13. December 1845 zu erneuern, ohne die demselben eingeräumten Begünstigungen auf den Zollverein auszudehnen, Dies ein Anlaß zur Kündigung des Vertrags vom 1. September 1844 und der Additional-Convention vom 18. Februar 1852 werden würde. Diese Voraussetzung trat nun nicht ein, indem die Verhandlungen zwischen Belgien und Frankreich zu keinem Ziele führten, der erwähnte belgisch-französische Vertrag vielmehr am 10. August 1852 außer Wirksamkeit trat. Es wurde daher, um den ferneren Verhandlungen zwischen Frankreich und Belgien folgen zu können, von Preußen eine Verlängerung der Kündigungsfrist bis 20. December 1852 vorgeschlagen und von Belgien acceptirt. Die von Frankreich hierauf gegen Belgien versuchte Gewaltmaaßregel, indem der belgischen Regierung ein Termin von nur vierundzwanzig Stunden zur Annahme der französischen Propositionen gesetzt wurde, hatte zwar den gewünschten Erfolg nicht, indessen kam doch am 9. December 1852 eine Convention zu Stande, welche bis zum Abschluß eines förmlichen Handelsvertrags den Vertrag vom 13. December 1845 wieder in Kraft setzte. Auf den Wunsch Belgiens schritt zwar Preußen nicht zur Kündigung, jedoch wurde bestimmt, daß eine solche jederzeit in der Art erfolgen könne, daß vier Wochen danach der Vertrag von 1844 und die Additional-Convention außer Kraft treten sollten. Die Vereinsregierungen vermochten sich über das Verfahren gegen Belgien eben so wenig zu einigen, wie die Verhandlungen zwischen Belgien und Preußen zu einem Ziele führten. Letzteres drang immer entschiedener auf definitive Aufhebung der Belgien gewährten differentiellen Begünstigung, während Bayern und einige andere Regierungen deren Beibehaltung wünschten. Belgien wollte seinerseits für die Aufrechterhaltung des Zollcartels weitere Begünstigungen eingeräumt erhalten, zu denen sich wieder Preußen nicht verstand. In dieser Lage der Sache entschloß sich endlich Preußen diesem Zustande dadurch ein Ende zu machen, daß es mit Ende December 1853 den Vertrag mit Belgien außer Kraft setzte und dadurch vorläufig weitere Verhandlungen abschnitt.

Günstiger war der Verlauf der Verhandlungen mit den Niederlanden. Nach der Aufkündigung des Vertrages vom 3. Juni 1857 verflossen mehrere Jahre, ohne daß die Handelsverhältnisse Niederlands zu dem Zollverein zu irgend welchen Erörterungen Anlaß gaben. Beide Theile enthielten sich jeder feindseligen Maaßregel, suchten vielmehr den bestehenden factischen Zustand aufrecht zu erhalten, so daß das Verhältniß, wenn auch kein vertragsmäßiges, jedenfalls ein geordnetes und freundschaftliches war. Im März 1850 gab die niederländische Regierung, veranlaßt durch eine Erörterung in der ersten preußischen Kammer über die Folgen des niederländisch-belgischen Schifffahrtsvertrages vom 29. Juli 1840, dem preußischen Ministerium den Wunsch zu erkennen, sich in Ansehung der gegenseitigen commerciellen Beziehungen mit dem Zollverein zu verständigen. Die preußische Regierung ließ sofort eine Zusammenstellung derjenigen Punkte fertigen, welche bei einer solchen Verhandlung zur Sprache zu bringen sein würden, und theilte diese sowohl der niederländischen Regierung als den Vereins-Regierungen mit. Ehe es noch zu förmlichen Verhandlungen kam, erließ die niederländische Regierung eine Reihe von Gesetzen, die mit dem 1. Januar 1851 in Kraft treten sollten, durch welche

1) alle differentiellen Rechte, welche bisher die nationale Schifffahrt begünstigt hatten,

2) alle Durchfuhrzölle sowie alle Abgaben, die auf dem Rhein und der Yssel zu entrichten waren, endlich

3) das bisherige Verbot der Ertheilung von Seebriefen an nicht in Holland gebaute Schiffe

aufgehoben wurden. Durch diese neue Gesetzgebung beseitigte die niederländische Regierung mit einem Male das seit Jahrhunderten ängstlich gepflegte und durch Particular-Interessen festgehaltene Absperrungs- und Protections-System und öffnete die holländischen Häfen den Schiffen aller Nationen. Die Schifffahrtsgebühren auf den niederländischen Gewässern des Rheins und der Yssel, die seit dem Jahre 1816 und trotz der Rheinschifffahrts-Acte vom 31. März 1831 unausgesetzt der Gegenstand lebhafter Beschwerden gewesen waren, wurden aufgehoben, ohne daß die Regierung auch nur einen Versuch gemacht hatte, diese wichtige Concession, die allerdings in ihrem eigenen wohlverstandenen Interesse lag, irgend wie zu verwerthen. Bei einer solchen Disposition der niederländischen Regierung war allerdings ein günstiger Ausgang der Verhandlungen mit Sicherheit zu erwarten. Die schwierigste Frage auf Seite des Zollvereins war dabei die Aufhebung oder Herabsetzung der von den deutschen Staaten erhobenen Rheinzölle, wobei die großherzoglich hessische Regierung ihren entschiedenen Widerspruch geltend zu machen versuchte. Doch ließ sie sich endlich dahin bewegen, in dem bei der General-Conferenz zu Wiesbaden am 30. Mai 1851 aufgenommenen besonderen Protokolle ihr Einverständniß damit zu erklären, daß den Niederlanden auch bezüglich einer Herabsetzung des Rheinzolles auf der deutschen Rheinstrecke eine Zusage ertheilt werde. Noch ehe die eigentlichen Verhandlungen über den Handels- und Schifffahrtsvertrag begannen, hatte die preußische Regierung mit den Niederlanden bei Gelegenheit der Verhandlungen über die Amsterdam-Arnheimer Eisenbahn unterm 11. Juli 1851 ein umfassendes Zoll-Cartel abgeschlossen. Inzwischen waren die Vorbereitungen zum Handelsvertrage vollendet worden, und man konnte zur gemeinschaftlichen Berathung des bereits vorliegenden Vertragsentwurfs schreiten (im Herbst 1851). — Die Verhandlungen nahmen einen sehr raschen Verlauf, da man von beiden Seiten redlich bemüht war, zu einem Verständnisse zu gelangen, so daß die Unterzeichnung am 31. December 1851 im Haag erfolgte. Der Vertrag ist sehr umfassend.*) Die von der niederländischen Regierung bereits gesetzlich gewährten Abgaben-Befreiungen und Erleichterungen auf dem Rhein und den niederländischen Gewässern wurden vertragsmäßig festgestellt; die Erhebung des bisher noch für den unmittelbaren Transit vorbehaltenen droit fixe wurde unbedingt beseitigt, die niederländischen Lootsen-, Brücken- und Schleußengelder wurden um 50% gemindert und alle Zugeständnisse für die Schifffahrt auch auf die niederländischen Wasser-Communicationen mit dem Schelde-Gebiet erstreckt. In Rotterdam sollte ein freies Entrepot für den Güterverkehr der Vereinslande sowohl nach Niederland als über die See errichtet werden. Die Zugeständnisse von Seite des Zollvereins betrafen theils verschiedene Durchgangs-Erleichterungen, theils die Theilnahme der niederländischen Flagge an den

*) Er ist abgedruckt u. a. in Dittmar, II. Band, S. 224 flg.

für die Zollvereinsstaaten auf dem Rhein bestehenden Schifffahrts-Erleichterungen und Abgaben-Ermäßigungen. Der Vertrag war für beide Theile gleich vortheilhaft,*) und so blieb er denn auch, obwohl seine erstmalige Dauer nur bis zum 1. Januar 1854 festgesetzt war und er jedes Jahr gekündigt werden kann, seitdem ununterbrochen in Kraft.

Fünfundzwanzigstes Kapitel.

Beitritt von Hannover und Oldenburg zum Zollverein.

Während die politische Krisis in Deutschland, die in Olmütz nur scheinbar eine formelle Ausgleichung gefunden hatte, in den Zoll-Conferenzen zu Wiesbaden und Dresden fortwucherte und die Besorgniß einer Auflösung des Zollvereins ziemlich nahe rückte, hatte Preußen auf Mittel und Wege gedacht, die für den Verkehr der preußischen Lande höchst bedenklichen Folgen einer solchen Eventualität zu paralysiren und seine durch die österreichischen Operationen und den Anklang, den sie bei vielen Vereins-Regierungen fanden, gefährdete handelspolitische Stellung zu stärken. Das bedenklichste Moment lag in der Trennung der beiden Hauptkörper der preußischen Monarchie, die ihren Handelsverkehr nur mittelst Transits durch fremdes Gebiet zu erhalten vermochten. Erste Aufgabe der preußischen Regierung mußte es daher sein, für den Fall einer Auflösung des Zollvereins sich die Contiguität der beiden Reichshälften mittels einer abgerundeten gemeinschaftlichen Zollgrenze zu erhalten, was nur durch den Anschluß von Kurhessen oder von Hannover an das preußische Zollsystem geschehen konnte. Ersteres bot bei dem unzuverlässigen Charakter seiner Regierung und der Hinneigung derselben zu Oesterreich nicht genügende Garantien, und so war die preußische Regierung von selbst darauf hingewiesen, den Versuch zu machen, Hannover, selbst mit bedeutenden Opfern, zu einem Beitritte an sein Zollsystem zu bewegen, obwohl die Resultate der bisherigen langjährigen Verhandlungen hierzu nichts weniger als einladend waren. Die Nothwendigkeit drängte jedoch. Preußen mußte versuchen, im Norden

*) Vergl. über denselben die der preußischen Kammer der Abgeordneten unterm 4. Januar 1852 vorgelegte Denkschrift.

entweder einen Ersatz für den Süden zu finden, wenn die südlichen Vereinsstaaten wirklich aus dem Vereine ausscheiden sollten, oder, falls sie darin verbleiben würden, einen Gegenhalt gegen die südliche Opposition, die bei der einmal eingetretenen Entfremdung immer bedenklichere Formen annahm. Alles dieses konnte nur Hannover im Verein mit Oldenburg gewähren, dem dann Kurhessen, dessen Interessen ohnedies nicht nach dem Süden gravitirten, von selbst folgen mußte. Der Versuch wurde gemacht, und der rasche und unerwartete Erfolg, der ihn begleitete, trug nicht wenig dazu bei, der in ihrem Culminations-Punkte angelangten Krisis eine Richtung zu Gunsten Preußens zu geben und eine Verständigung herbeizuführen, die, so wenig sie anfangs den Anschein dazu hatte, gleichwohl eine Hauptgrundlage der späteren preußischen Erfolge auf dem handelspolitischen Gebiete bildete.

Zur richtigen Würdigung der Stellung Hannovers zum Zollverein ist es jedoch nothwendig, dieselbe von der Bildung des Zollvereins an bis zum Eintritt Hannovers in denselben im Zusammenhange aufzufassen.*)

Nachdem durch das Ausscheiden Sachsens und Kurhessens aus dem mitteldeutschen Verein, welchem Beispiele bald auch die thüringischen Staaten folgten, dieser Verein vollständig aufgelöst worden und bald darauf die Constituirung des großen deutschen Zollvereins erfolgt war, der unverkennbar die Anzeichen einer längeren Dauer an sich trug, blieb denjenigen Mitgliedern des mitteldeutschen Vereins, welche keine Lust trugen, dem Zollvereine beizutreten, keine andere Wahl übrig, als entweder unter sich zu einem neuen Vereine zusammenzutreten, oder in vollständiger Isolirung zu verharren. Die Hansestädte, die vermöge ihrer besonderen Verhältnisse und Interessen ohnehin jedem strengeren Zollsystem abgeneigt waren, wählten das Letztere und ordneten nach und nach ihren Verkehr ganz nach eigenem Gutdünken; auch einige kleine Staaten, die theils aus territorialen Gründen dem großen Zollvereine noch nicht beitreten konnten oder wollten, wie die beiden Fürstenthümer Lippe und die beiden Mecklenburg, verharrten vorläufig in ihrer Isolirung und warteten den weiteren Verlauf der Dinge ab, wobei sie, da sie wegen ihrer Kleinheit kein Zollsystem zu bilden vermochten, ganz natürliche Depots für den Schmuggel wurden und denselben

*) Es wurde daher auch unterlassen, die Bildung des Steuervereins und die vielfachen Verhandlungen zwischen diesem und dem Zollverein oben chronologisch zu erwähnen, da dieselben auf die bisherige Entwickelung des Zollvereins ohne wesentlichen Einfluß geblieben waren und der Beitritt von Hannover nur im Zusammenhange mit den früheren Verhandlungen richtig dargestellt werden kann.

auch, bei der Zerrissenheit der preußischen Grenzen, sehr bald in großem Maaßstabe ausübten.

Unter den norddeutschen Staaten vermochte nur Hannover im Verein mit Oldenburg eine selbständige Stellung einzunehmen. Ihnen konnte sich auch Braunschweig anschließen, dessen unregelmäßiger und getheilter Länder-Complex es halb an Hannover, halb an den Zollverein anwies und gleichsam entweder zum Mittel der Vereinigung zwischen beiden oder zum Zankapfel machte.

Die Verhältnisse dieser Nordseeküstenländer waren einem Anschlusse an den Zollverein nichts weniger als günstig. Hannover war durch seine längere Verbindung mit England den in Deutschland entstandenen Ideen und Bewegungen ziemlich entfremdet worden; zugleich hatte es sich an den Bezug und Verbrauch englischer und überseeischer Producte gewöhnt und aus leicht begreiflichen Gründen die Entwickelung einer einheimischen Industrie völlig vernachlässigt. Der hannövrischen Regierung und größtentheils auch dem hannövrischen Volke mußte also das Tarifsystem des Zollvereins mit seinen hohen Sätzen auf Colonial-Producte und fremde Manufacte widerstreben. Hierzu kamen noch die der hannövrischen Regierung eigenthümlichen hohen Ideen von ihrer Wichtigkeit und Souverainetät, die ihr jede Verbindung mit einem größeren Körper als eine Unterordnung und Machtverringerung erscheinen ließen. In manchen leitenden Kreisen in Hannover behandelte man es fast als Landesverrath, wenn ein Anschluß des Landes an den Zollverein angerathen oder dessen Möglichkeit und Zweckmäßigkeit besprochen wurde.*) Gleichwohl fehlte es auch nicht an Personen, welchen eine solche kleinliche und engherzige Politik fremd war und welche mit richtigem Blicke in die Zukunft theils die Vortheile einer Vereinigung mit dem übrigen Deutschland, theils die Unmöglichkeit einer dauernden Trennung erkannten. Als mit dem 1. Januar 1834 der große deutsche Zollverein wirklich ins Leben trat und diese Thatsache alle Geister in Deutschland mächtig ergriff, regten sich auch in Hannover die Freunde des Vereins, und in der ersten Hälfte des Jahres 1834 gingen beim hannövrischen Ministerium zahlreiche Adressen aus verschiedenen Städten (Minden, Osnabrück, Duderstadt, ja sogar aus Hannover selbst) ein, um

*) Hannover hatte schon im Jahre 1832 in Folge des Anschlusses Kurhessens an den preußisch-hessischen Zollverein und der dadurch hervorgerufenen großen Streitfrage Veranlassung gehabt, sich mit der Frage eines eventuellen Anschlusses an Preußen zu beschäftigen. Ein damals sorgfältig ausgearbeitetes und vielfach verbreitetes Memoire erörtert ausführlich alle aus einem solchen Anschlusse für Hannover zu befürchtenden Nachtheile.

dasselbe zur Einleitung und Vorbereitung des Anschlusses aufzufordern. Dieses folgte jedoch einer anderen Richtung und glaubte den dynastischen wie den hannövrischen Particular-Interessen besser zu dienen, wenn es dem Vereinszoll-Systeme ein anderes, weniger industrielles System entgegenstellte und dasselbe durch eine Vereinigung der drei Staaten von Hannover, Oldenburg und Braunschweig kräftigte. Die beiden letzteren waren hierzu geneigt, da auch ihre Interessen so ziemlich dieselben waren und vorerst noch die industriellen und höheren Rücksichten dem nächsten Interesse, dem billigeren Bezuge ausländischer Producte und Manufacte, hintangesetzt werden mußten. So ward am 1. Mai 1834 ein Vereinigungs-Vertrag zwischen Hannover, Oldenburg und Braunschweig abgeschlossen, der in der äußeren Form zwar manche Aehnlichkeit mit dem Zollvereins-Vertrage hat, in seinem Wesen aber, namentlich in seinem Tarifsysteme, auf ganz anderer Grundlage beruht. Der Verein selbst nahm den Namen Steuerverein an.

Der innere Widerstreit der beiden Vereine kam sehr bald zum offenen Ausbruche, wozu das Verhältniß der Inclaven die erste Veranlassung gab. Hannover wandte nämlich das neue Zollsystem des Steuervereins auf die preußischen Inclaven in der Art an, daß dieselben einerseits als Ausland und anderseits als Inland behandelt wurden. Während Alles, was aus diesen Inclaven nach dem benachbarten hannövrischen und braunschweigischen Gebiete versendet wurde, dort dem vollen tarifmäßigen Eingangszolle unterlag, und Alles, was aus diesem Gebiete dahin bezogen wurde und nach dem Tarife ausgangszollpflichtig war, diesem gemäß belegt war, also in diesen beiden Fällen die Grundsätze für den Verkehr mit dem Auslande beobachtet wurden, wurde von Hannover der Verkehr dieser Landestheile mit dem Zollvereinsgebiete, z. B. mit den ganz nahe gelegenen preußischen Ortschaften des Halberstädter und Nordhäuser Bezirks, dadurch gehemmt, daß die Durchfuhr nur gegen Erlegung des vollen hannövrischen Eingangszolles gestattet ward, so daß also in dieser Beziehung die preußischen Inclaven in Hannover gleichsam als Inland behandelt wurden. War schon ein solches Verfahren zwischen befreundeten Regierungen in hohem Grade rücksichtslos und unfreundlich, so mußte die preußische Regierung mit vollem Rechte noch mehr durch die Art und Weise erbittert werden, wie Hannover dasselbe zu rechtfertigen versuchte, indem es in völlig wahrheitswidriger Weise auf das von Preußen früher gegen die anhaltischen Inclaven eingehaltene Verfahren hinwies.*)

*) Preußen hatte, wie im sechsten Kapitel erwähnt worden, gegen die anhaltischen

Gleichwohl schritt die preußische Regierung zu keinen Maaßregeln, welche diese Stimmung bemerken ließen, sondern sie beantragte durch ihren Gesandten in Hannover lediglich den Abschluß eines Zollcartels, wozu ein Entwurf mitgetheilt wurde. Auch die hierauf nach langer Zögerung erfolgte Antwort war im unfreundlichsten Sinne abgefaßt und charakterisirt den Geist der ganzen damaligen hannövrischen Verwaltung. Sie erklärte sich gegen eine gesetzliche gegenseitige Unterdrückung des Schleichhandels, indem es unthunlich sei, denselben den eigenen Unterthanen dem Auslande gegenüber zu verbieten und zu bestrafen. Der mitgetheilte Entwurf ward als unzulässig verworfen und nur die Bereitwilligkeit zu einigen administrativen Maaßregeln erklärt. Aber auch hierauf könne man nur gegen Gewährung von Verkehrs-Erleichterungen eingehen, da eine Beschränkung des Schleichhandels nur zum Vortheile Preußens und des Zollvereins dienen würde.

Während diese unerquicklichen und für Hannover wenig ehrenvollen Verhandlungen sich in die Länge zogen, nahm der Schleichhandel aus dem Steuerverein nach dem Zollverein in immer steigendem Maaße überhand und führte zu bedauerlichen Thätlichkeiten. Erst im April 1836, als endlich Preußen Miene machte, zu ernsteren Maaßregeln zu schreiten, erklärte sich der Steuerverein zur Eröffnung von Verhandlungen bereit, lehnte jedoch noch immer den Abschluß eines umfassenderen Zollcartels, insbesondere die Anerkennung des Grundsatzes des Verbotes und der Bestrafung der gegen die Zollgesetze des anderen Theiles verübten Zolldefraudationen ab. Die Regierungen des Steuervereins erklärten sich nur bereit:

1) eine Uebereinkunft über administrative Maaßregeln zur Beseitigung des Schleichhandels mit unversteuerten Transitgütern abzuschließen und

2) auf die von Preußen angebotene Verabredung wegen gegenseitiger Aufnahme der inclavirten Ortschaften in den Zoll- und Steuerverband der umschließenden Länder einzugehen, wobei insbesondere gefordert wurde, daß die kurhessische Grafschaft Schaumburg dem Steuervereine beitrete.

Inclaven nothgedrungen wegen des von denselben aus verübten notorischen Schmuggels einige strengere Maaßregeln in Anwendung gebracht, und insbesondere für alle vom Auslande importirten fremden Waaren die Sicherstellung des Zolls und den Nachweis des Verbrauches im Inlande verlangt. Eine Beschränkung des Verkehrs mit anderen Gebietstheilen und noch weniger eine gleichzeitige Behandlung als Inland und als Ausland aber war niemals von Preußen angeordnet worden. Zudem konnte von einem Schmuggel aus den preußischen Inclaven in Hannover nach dem Steuerverein schon an und für sich keine Rede sein. Das hannövrische Verfahren war also lediglich eine durch nichts gerechtfertigte Gehässigkeit.

Preußen seinerseits legte Werth darauf, die hannövrische Grafschaft Hohenstein und die braunschweigische Grafschaft Blankenburg mit dem Zollverein zu verbinden und auf diese Weise die beiderseitigen Zollgrenzen abzurunden und den Zollschutz zu erleichtern. Daher wurde auch auf Veranlassung von Preußen bei der I. General-Conferenz im Jahre 1836 von sämmtlichen Vereins-Regierungen das Ansuchen an Kurhessen gerichtet, die Zustimmung zu dem Anschlusse des kurhessischen Antheiles an der Grafschaft Schaumburg an den Steuerverein zu ertheilen und dadurch eine Verständigung mit letzterem zu ermöglichen. Kurhessen verweigerte jedoch seine Zustimmung, erklärte vielmehr unterm 24. November 1836 bestimmt, niemals in eine Zollvereinigung seiner schaumburgischen Besitzung mit Hannover willigen zu wollen. Durch diese in ziemlich schroffer Form abgegebene Erklärung war der von Hannover mit besonderer Vorliebe verfolgte Plan einer Befestigung und Ausdehnung des Steuervereins vereitelt, und seine Verstimmung äußerte sich zunächst dadurch, daß es sich außer Stand erklärte, die angeknüpften Verhandlungen wegen Unterdrückung des Schleichhandels mit einem kurhessischen Bevollmächtigten fortzusetzen, worauf auch die Verhandlungen mit Preußen längere Zeit liegen blieben.

Die fortwährende bedrohliche Zunahme des Schleichhandels an der hannövrischen und braunschweigischen Grenze so wie die durch vielfache Erfahrungen gewonnene Ueberzeugung, daß demselben nur durch ein Zollcartel oder durch die strengsten polizeilichen Maaßregeln gesteuert werden könne, bewog das preußische Ministerium im Sommer des Jahres 1837 den General-Steuer-Director Kuhlmayer und den bayrischen Bevollmächtigten Bever, welche gemeinschaftlich die Rheinhäfen bereisten, zu veranlassen, den Rückweg über Hannover zu nehmen, um dort entweder den Abschluß des schon so lange vorbereiteten Uebereinkommens zu fördern, oder entgegengesetzten Falles die volle Gewißheit seiner Unerreichbarkeit zu erlangen. Glücklicher Weise war das Erstere der Fall. Das größte bisher bestandene Hinderniß, nämlich die Schaumburger Frage, war dadurch beseitigt worden, daß Hannover in Folge der schroffen Zurückweisung dieser Forderung von Seiten Kurhessens sich überzeugt hatte, daß es seinen Zweck nicht zu erreichen vermöge, und deshalb diese Bedingung zurückzog. So hatte das wenig freundliche Verfahren Kurhessens, das in Berlin wie in Hannover gleichmäßig verletzt hatte und anfangs das ganze mühsam erlangte Resultat der bisherigen Verhandlungen zu vereiteln drohte, unerwartet einen fördernden Einfluß ausgeübt. Auch benutzte Preußen sehr geschickt die zwischen den Cabineten von Kassel und Hannover entstandene Mißstimmung, theils um die Schaumburger Frage definitiv zu beseitigen, theils auch um Hannover geneigter zu einer Uebereinkunft mit Preußen und zur Annahme eines Cartels zu machen.

So gelang es 1. November 1837 endlich, den Abschluß eines Vertrags herbeizuführen, der mit dem Jahre 1838 ins Leben trat. Der für Preußen und den Zollverein wichtigste Theil dieses Vertrages, das Zollcartel, war weit umfassender, als es die widerstrebenden Ansichten Hannovers im Anfange hatten hoffen lassen; es war Preußen durch kluge Unterdrückung jeder Aeußerung eigener Empfindlichkeit und durch Benutzung fremder Fehler gelungen, von dem Steuervereine nahezu die Anerkennung aller derjenigen Grundsätze zur Unterdrückung des Schleichhandels zu erlangen, auf welche der erste Entwurf eines Zollcartels basirt war. Die zweite, für beide Theile gleich wichtige Abtheilung des Vertrages umfaßte die gegenseitige Abrundung der Zollgrenzen und die zu diesem Ende stipulirten Ueberweisungen einzelner Inclaven oder vorspringender Territorien an das jenseitige Zollgebiet. Hannover und Braunschweig überließen an den Zollverein die auf eine den Schleichhandel so sehr beschützende Weise in das preußische Gebiet vorspringenden Territorien von Hohenstein, Elbingerode, Blankenburg sowie die Inclave Calvörde; Hannover nahm dagegen den Bezirk von Hannövrisch-Minden, der bisher in keinem Zollverbande war, in den seinigen auf; zugleich überließ Preußen eine kleine Strecke bei Petershagen an der Weser zur Aufnahme in den Zollverband des Steuervereins. Der Vertrag enthielt endlich noch Bestimmungen zur Erleichterung des Braunschweiger Meßverkehrs und verschiedene Zollbegünstigungen von Seite des Zollvereins für den Eingang hannövrischer und braunschweigischer Producte, wie für rohe Leinwand und Leinengarn, Getreide, Leinsaamen, Hopfen, Cichorien, Eisen, Blei, Kupfer, Rindvieh, Schweine, Rüböl, Butter, Käse, Eisenguß- und Eisenblechwaaren, Porzellan, Leder und grobe Schuhmacherarbeiten, Honig und Pfefferkuchen.

Für den Zollverein war dieser Vertrag von unverkennbarem Werthe. Die bisherige Zollgrenze gegen Hannover und Braunschweig war mit allem möglichen Aufwande wegen ihrer Zerrissenheit nicht zu schützen. Wenn auch dieser verderbliche Schleichhandel von Seite der genannten Regierungen keine eigentliche Gunst erfuhr, so war es doch schwer, sie für die strengeren Maaßregeln eines Zollcartels zu gewinnen, da bei den geringen Sätzen des Zolltarifs des Steuervereins für letzteren unmittelbar kein Bedürfniß vorhanden war, die im Gefolge des Zollcartels nothwendigen und immerhin etwas lästigen Maaßregeln bei sich einzuführen. Es war daher ganz natürlich, daß den Steuervereinsregierungen einige nicht unerhebliche

Zugeständnisse in Bezug auf die Einfuhr ihrer Producte nach dem Zollverein gewährt wurden, um sie zu bewegen, sich auf ein Zollcartel einzulassen.

Noch während des Laufes dieser Verhandlungen hatte Hannover es versucht, den durch Kurhessen vereitelten Plan einer Erweiterung des Steuervereins in anderer Weise, nämlich durch Aufnahme der beiden lippeschen Fürstenthümer zu realisiren. Schaumburg-Lippe zeigte sich auch hiezu nicht abgeneigt und die Verhandlungen stellten ein günstiges Resultat in Aussicht. Minder günstig war Lippe-Detmold gestimmt. Diese Regierung gab vielmehr zu verstehen, daß sie es vielleicht dem Landesinteresse entsprechender finden würde, sich dem großen Zollverein anzuschließen, selbst wenn Lippe-Schaumburg dem hannövrischen Steuerverbande beiträte. In Folge dessen versuchte Hannover, Preußen zu einer geheimen Stipulation zu bewegen, durch welche sich letzteres verpflichten sollte, Lippe innerhalb eines bestimmten Zeitraums nicht in sein Zollsystem aufzunehmen; konnte jedoch nicht mehr erreichen als eine allgemeine Erklärung, daß, wenn Unterhandlungen wegen eines Anschlusses von Lippe an den Zollverein eröffnet werden sollten, Hannover hievon Kenntniß erhalten sollte.

Durch den Vertrag vom 1. November 1837 war der Schleichhandel an der Grenze des Zollvereins gegen den Steuerverein zwar nicht vollständig unterdrückt, allein doch dessen Ueberhandnahme ein Ziel gesetzt und die schädliche, demoralisirende Wirkung desselben sehr bedeutend vermindert. Die nächsten Jahre verliefen daher auch ruhig und ohne alle Anstände. Unerwartet trat jedoch aus scheinbar ganz unbedeutendem Anlasse eine Katastrophe ein, welche die Auflösung des Steuervereins zur Folge hatte. Dieser letztere, im Jahre 1834 auf sieben Jahre gegründet, mußte im Jahre 1840 erneuert werden, und die Verhandlungen hierüber wurden auch mit allem Anschein eines günstigen Erfolges eröffnet, da bei der Gleichartigkeit der Interessen keine Vereinsangelegenheiten vorlagen, welche eine erhebliche Differenz der Ansichten erwarten ließen. In dem Augenblicke jedoch, als der neue Vereinsvertrag fertig vorlag, ja bereits von den Bevollmächtigten unterzeichnet war, entzweiten sich die Regierungen von Hannover und Braunschweig. Den Anlaß hiezu gab die Erbauung einer neuen Hochstraße zwischen Magdeburg und Hamburg, welche Hannover in Verbindung mit Preußen über Lüneburg und Salzwedel bauen, Braunschweig aber durch die eigenen Lande geführt wissen wollte. Dessen ungeachtet ging der Bruch eigentlich von Hannover aus, welches die von seinem Bevollmächtigten bereits unterzeichnete neue Vereinsurkunde nicht vollständig ratificirte, sondern nachträglich auf Abänderung mehrerer Punkte des Vertrages drang.

Da trat Braunschweig seinerseits von dem Vertrage zurück und kündigte seinen Entschluß an, mit dem 1. Januar 1842 aus dem Vereine auszutreten; that auch sogleich in Berlin die nöthigen Schritte, um die Aufnahme in den großen Zollverein zu erwirken. Die preußische Regierung, von diesem Resultate im ersten Augenblicke mehr überrascht als erfreut, trat zuerst nur mit Zögern in diese Verhandlungen ein, die jedoch gar bald den wirklichen Anschluß von Braunschweig an den Zollverein zur Folge hatten.*)

Noch während der Verhandlungen über die Fortsetzung des Steuervereins, im December 1840, hatte Hannover im Verein mit Oldenburg und Braunschweig den mit dem Zollverein am 1. November 1837 abgeschlossenen Vertrag gekündigt. Der Entschluß der braunschweigischen Regierung, aus dem bisherigen Verbande mit Hannover auszuscheiden und dagegen dem großen Zollvereine beizutreten, überraschte und erschreckte die hannövrische Regierung in nicht geringem Grade, und sie bedauerte es lebhaft, hiezu die Veranlassung gegeben zu haben. Auch versuchte sie es sofort, die braunschweigische Regierung wiederum auf andere Gedanken zu bringen, und setzte alle Hebel in Bewegung, um die Ausführung dieses Vorhabens zu hindern, an dessen Möglichkeit sie bisher nicht gedacht hatte. Hannover erkannte sehr wohl, daß eine Trennung Braunschweigs vom Steuervereine die Lage der südlichen hannövrischen Provinzen sowie seine eigene Stellung zum Zollverein wesentlich verschlimmern würde. Das einzige Mittel, diese Wirkung etwas abzuschwächen, lag darin, Braunschweig zu bewegen, seine südlichen Gebietstheile, nämlich den Harz- und Weserdistrict, durch welchen Göttingen und Grubenhagen von den nördlichen hannövrischen Provinzen getrennt wurden, bei dem Steuervereine zu belassen, wobei zugleich bemerkt wurde, daß, wenngleich der Beitritt der südlichen hannövrischen Gebietstheile allein zum Zollverein unthunlich sei, dies doch eine größere Annäherung der beiden Zollsysteme befördern werde. Eine solche unbestimmte Erklärung, aus welcher sowohl die Verlegenheit der hannövrischen Regierung als auch ihre Abneigung, sich ernstlich in Verhandlungen mit dem Zollvereine einzulassen, hervorleuchtete, konnte natürlich weder Braunschweig noch Preußen befriedigen, und beide ließen der hannövrischen Regierung hierüber keinen Zweifel übrig. Jetzt erst sprach Hannover im Allgemeinen den Wunsch aus, mit dem Zollverein in nähere Verhandlungen zu treten, jedoch mit der Voraussetzung, daß, so lange beide Vereine neben einander beständen,

*) Siehe das Nähere über den Anschluß von Braunschweig oben im neunzehnten Kapitel.

der braunschweigische Harz- und Weserdistrict noch beim Steuervereine belassen werde. Als Braunschweig auch Dies noch nicht für genügend erachtete, ging Hannover noch einen Schritt weiter und beschränkte sein Verlangen darauf, daß der Harz- und Weserdistrict noch für die Dauer des Jahres 1842 beim Steuervereine belassen werde, um der hannövrischen Regierung Zeit zu gewähren, die Verhandlungen wegen des Beitrittes zum Zollverein zu eröffnen und zu Ende zu bringen. Mit diesen Verhandlungen war ein großer Theil des Jahres 1841 verflossen, und das Jahr 1842, mit dessen Eintritt die Lösung der bisherigen Verhältnisse Braunschweigs zum Steuerverein sich verwirklichen sollte, rückte heran. Während dieser Zeit war die Frage des Beitritts von Hannover zum Zollverein sowohl in Hannover als im übrigen Deutschland allenthalben lebhaft erörtert worden. Die unverkennbar segensreichen Wirkungen des Zollvereins auf Hebung des Verkehrs und der Industrie lagen bereits vor Aller Augen und verstärkten mit jedem Tage die Zahl der Anhänger desselben sowie die Kraft ihrer Argumente. Noch war der Kampf zwischen Schutzzoll und Freihandel nicht entbrannt, und die Gegner des Anschlusses konnten sich daher nicht auf die Theorien vom Freihandel stützen, sondern ihre Gründe nur aus den bisherigen Particularinteressen Hannovers, aus der Vertheuerung der fremden Producte und aus Souverainetätsbedenken entnehmen. Gleichwohl war die Zahl dieser Gegner und ihr Einfluß kein geringer. Bei der hannövrischen Regierung hatten sie offenbar das Uebergewicht, und dieselbe ließ sich nur nothgedrungen und mit dem unverkennbaren Bestreben auf Verhandlungen ein, jeden Umstand zu benutzen, der dieselben verzögern oder wohl selbst resultatlos machen könnte.

Braunschweig hatte sich inzwischen mit Preußen über seinen Beitritt zum Zollverein geeinigt und nur die Frage wegen des Beitritts seiner südlichen Gebietstheile für den Fall offen behalten, daß die Verhandlungen mit Hannover zu keinem Resultate führen sollten. Um die Entscheidung hierüber zu fördern, verlangte Braunschweig eine bis zum 15. November 1841 abzugebende Erklärung, aus welcher die Geneigtheit der hannövrischen Regierung, sich während des Jahres 1842 mit den Staaten des Zollvereins über den Anschluß des Königreichs Hannover zu verständigen, mit Bestimmtheit ersehen werden könnte, wogegen Braunschweig versprach, den Harz- und Weserdistrict noch während des gleichen Zeitraums bei Hannover zu belassen. Noch vor Ablauf jener Frist erklärte Hannover officiell: „Die gewünschte Zusage über baldige Eröffnung von Verhandlungen wegen des Beitrittes von Hannover zum Zollverein habe um so weniger Bedenken gefunden, als sie im Wesentlichen schon den früher abgegebenen Erklärungen zu Grunde gelegen. Die erforderlichen Untersuchungen und Prüfungen würden fördersamst begonnen werden, auch werde die königlich hannövrische Regierung sich angelegen sein lassen, die Hindernisse, welche den Beginn der Verhandlung verzögerten und der Erreichung einer Vereinbarung sich entgegenstellten, soviel als in ihren Kräften liege, zu beseitigen." Obwohl noch immer einige Zweifel über die Aufrichtigkeit dieser Erklärung bestanden, so wurde dieselbe doch in Berlin als genügend erachtet.

Gleichwohl verging längere Zeit, ehe die hannövrische Regierung Miene machte, ihre Erklärung zu bethätigen. Sie ließ mehr als die Hälfte des Jahres 1842 verstreichen, ohne irgend welche ernstliche Schritte zu thun; und als sie endlich Einleitungen traf, waren dieselben von der Art, daß sie eher die Absicht des Gegentheils vermuthen ließen. Zwar schickte sie im October 1842 den Hofrath Witte nach Berlin, jedoch ohne ihn mit einer bestimmten Vollmacht zu versehen oder ihm einen mit Zollangelegenheiten speciell vertrauten Beamten beizugeben. Er sollte angeblich nur die Forderungen näher besprechen, welche Hannover gleichsam als Vorbedingungen seines Eintrittes schon im August desselben Jahres aufgestellt hatte. Gleichzeitig sollte er die preußische Regierung ersuchen, daß selbe die braunschweigische Regierung dazu bewegen möchte, die Convention mit Hannover und Oldenburg wegen seines Harz- und Weserdistricts noch auf ein Jahr zu erneuern, was auch sofort von dem preußischen Ministerium zugesagt und bewirkt wurde. Die erwähnten Vorbedingungen Hannovers (acht an der Zahl) umfaßten das Verlangen um bedeutende Herabsetzung der Eingangszölle auf Tabak, Weine und Colonialwaaren, sodann um zwei Präcipua für sich, eines wegen des Transits, das andere bei Vertheilung der Zollrevenuen wegen des größeren Verbrauchs an hochbesteuerten fremden Waaren. Die weiteren, minder wichtigen Punkte bezogen sich auf Grenzcontrole, Nachsteuer, Salz, Schifffahrtszölle und Chausseegelder. Witte blieb bis zum Februar 1843 in Berlin, obwohl von eigentlichen Verhandlungen keine Rede war. Die preußische Regierung hatte nämlich gleich im Anfange erklärt, daß sie auf die gestellten Vorbedingungen gar nicht eingehen könne; und so sehr man auch preußischer Seits den Anschluß von Hannover an den Zollverein wünschen mußte, so hütete man sich dennoch, Hannover gegenüber mit Anträgen hervorzutreten oder nur sich zu bestimmten Opfern bereit zu erklären, um die hannövrische Regierung nicht in ihrer Einbildung von ihrer eigenen Wichtigkeit und in ihren übertriebenen Forderungen zu bestärken.

Um diese Zeit sprach auch die braunschweigische Regierung, trotz der wiederholten Versuche Hannovers, dieselbe von einem solchen Entschlusse abzubringen, mit Bestimmtheit ihre Absicht aus, mit allen ihren Landestheilen mit dem Jahre 1844 in den Zollverein einzutreten. Hiezu hatte nicht wenig der Umstand beigetragen, daß schon die bisher gewonnenen Erfahrungen die früher gehegten und namentlich von Hannover aus mit Lebhaftigkeit vertretenen Befürchtungen über die Wirkungen des Zollvereins auf die speciellen Verhältnisse der deutschen Nordseestaaten sich als völlig unbegründet erwiesen hatten. So war insbesondere in den mit dem Zollverein verbundenen braunschweigischen Landestheilen, in welchen ganz gleiche Zustände wie in Hannover bestanden, eine verminderte Consumtion von Colonialwaaren nicht eingetreten und dadurch die Behauptung, auf welche Hannover seine Forderung eines Präcipuums gründete, zum großen Theile entkräftet worden. Durch diese Erklärung Braunschweigs war aber auch für Preußen und die Zollvereinsstaaten die Nothwendigkeit gegeben, darüber zu einer positiven Gewißheit zu gelangen, ob Hannover die ernstliche Absicht hege, die Unterhandlungen zu verfolgen, was nach dem bisherigen Verlaufe derselben sehr zweifelhaft erschien. Preußen theilte daher Ende März den übrigen Zollvereinsregierungen die Ergebnisse der bisherigen Verhandlungen und seine Ansichten hierüber mit. In dieser Darstellung ward in Bezug auf die hannövrischen Forderungen bemerkt:

„Wenn gleich bei manchen Punkten, wie z. B. im Betreff der Zoll-Controle und der Nachsteuer, eine den Wünschen der königlich hannövrischen Regierung entsprechende Verständigung sich erreichbar zeigte, so war Dies dennoch bei anderen, wie z. B. bei den Ansprüchen auf ein Präcipuum für behauptete größere Consumtion ausländischer Gegenstände und auf Garantie der bisherigen jenseitigen Einnahmen an Durchgangszöllen, nicht der Fall; vielmehr erschienen Zugeständnisse irgend einer Art ganz unthunlich und mit den zwischen den Vereinsregierungen bestehenden Verhältnissen und Grundsätzen nicht vereinbar. Die königlich preußische Regierung hat es für ihre Pflicht erachtet, der königlich hannövrischen Regierung in einem unmittelbar dorthin gerichteten Schreiben die aus den bisherigen Verhandlungen hervorgegangene Lage dieser Angelegenheit vorzustellen. Insbesondere ist hierbei darauf aufmerksam gemacht worden, daß der Zollverein nicht weiter umhin können werde, dem Verlangen Braunschweigs wegen Erfüllung der vertragsmäßigen Verabredungen rücksichtlich der Einverleibung der Harz- und Weser-Districte mit dem 1. Januar 1844 in den Zollverein zu genügen."

Bald hierauf, Ende April 1843, erschien in Hannover eine Schrift von Zimmermann: „Bruchstück aus dem Thema vom Anschluß Hannovers an den Zollverein", deren officieller Ursprung unverkennbar war und welche in der leidenschaftlichsten und verletzendsten Sprache mit Heftigkeit gegen den Eintritt Hannovers in den Zollverein declamirte. Sie rief eine große Polemik in allen öffentlichen Organen hervor. Ueber den definitiven Entschluß der hannövrischen Regierung konnte hiernach kein Zweifel mehr obwalten, und die am 29. Mai erfolgte officielle Antwort derselben bestätigte Dies.

In dieser Antwort berief sich die hannövrische Regierung bezüglich ihrer Forderung eines Präcipuums auf die der freien Stadt Frankfurt vom Zollvereine gemachten Zugeständnisse; ferner auf das dem Königreiche Preußen wegen der Durchgangsabgaben vorbehaltene Präcipuum von 300,000 Thlrn. sowie auf diejenigen Verhandlungen, welche zwischen der preußischen Regierung und den übrigen Zollvereinsregierungen rücksichtlich der von ersterer früher behaupteten größeren Consumtion in den preußischen Staaten stattgefunden hatten. Zum Schluß erklärte Hannover seine Bereitwilligkeit, über eine Erneuerung der Verträge vom 1. November 1837 zu verhandeln.

Die preußische Regierung theilte diese Note den übrigen Vereinsregierungen mit und eröffnete zugleich die Verhandlungen mit Braunschweig über die Aufnahme des Harz- und Weser-Districtes in den Zollverein. Obwohl hierdurch die Verhandlungen über den Beitritt Hannovers zum Zollverein als definitiv abgebrochen betrachtet werden mußten, sandte die hannövrische Regierung gleichwohl im Anfang Juni den Hofrath Witte abermals nach Berlin ab, angeblich zu dem Zwecke, um bei den Verhandlungen zwischen Braunschweig und dem Zollverein die Interessen Hannovers zu wahren. Veranlassung zu dieser Sendung war eine von der preußischen Regierung an Hannover gemachte Mittheilung über die Modalitäten der Einverleibung des braunschweigischen Harz- und Weser-Districts in den Zollverein und die hierbei erklärte Bereitwilligkeit, über etwaige sich hierauf beziehende Wünsche und Anträge Hannovers in Verhandlung zu treten. Witte stellte der preußischen Regierung eine Denkschrift zu, in welcher er vorzüglich über zwei Hauptpunkte, die einer Verständigung bedurften, nämlich

1) die gegenseitigen Gebiets-Einverleibungen und
2) die Behandlung des Transits auf den durch den Harz- und Weser-District führenden Straßen zwischen den nördlichen und den südlichen Provinzen des Königreichs Hannover,

die Ansichten seiner Regierung vorlegte. In dem Schreiben, womit diese in dem unfreundlichsten und unangenehmsten Tone abgefaßte Denkschrift begleitet war, ließ der hannövrische Commissar der preußischen Regierung nur die Wahl, entweder die aus seiner Mittheilung hervorgehende Basis anzunehmen und in diesem Falle Commissarien für die weiteren Unterhandlungen zu ernennen, oder dieselben abzulehnen. Da man hierüber preußischer Seits gar nicht in Zweifel sein konnte, so wurde sofort dem hannövrischen Commissar unter Hinweis auf den Mangel seiner Bevollmächtigung und die Form und den Sachinhalt seiner Mittheilung angedeutet, daß mit ihm nicht weiter unterhandelt werden könne und das preußische Ministerium sich vorbehalte, die nach dem Umständen erforderliche weitere Eröffnung direct an das hannövrische Ministerium gelangen zu lassen. Ungeachtet dieses mißliebigen Zwischenfalles war Preußen gleichwohl bemüht, die Verhältnisse zu Hannover in einer Weise zu ordnen, wie sie in der gegebenen Lage am meisten den Wünschen der hannövrischen Regierung zu entsprechen vermochte, und veranlaßte daher die braunschweigische Regierung, zu einer Lösung der mit Hannover obschwebenden Fragen auf einer anderen Basis die Hand zu bieten, die in der Hauptsache dahin ging, daß der Harz- und Weser-District mit Ausnahme der östlichen Aemter Harzburg, Lutter am Barenberg und Seesen beim Steuerverein verbleiben, Hannover dagegen sein zwischen diesen östlichen Aemtern und dem braunschweigischen Hauptlande belegenes Gebiet zugleich mit diesen Aemtern dem Zollverein anschließen sollte. In diesem Sinne wurden auch an das hannövrische Ministerium Eröffnungen gemacht, und letzteres zeigte sich auch nicht abgeneigt hierauf einzugehen, zu welchem Ende der Generaldirector der Steuern, Dommes, im August nach Berlin abgeordnet wurde. Derselbe erkrankte jedoch, so daß erst im September die Verhandlungen eröffnet werden konnten, die jedoch bald in Stocken geriethen. Auch eine Sendun des hannövrischen Geheimen Finanzrathes Albrecht nach Berlin blieb ohne Erfolg, wozu die mit jedem Tage steigende Erbitterung zwischen den Regierungen von Hannover und Braunschweig am meisten beitrug. Dieselbe hatte einen solchen Grad erreicht, daß an directe Verhandlungen zwischen beiden gar nicht mehr zu denken war und es selbst Preußen ebenso unmöglich wurde irgend eine Vermittlung zwischen denselben eintreten zu lassen, als sich mit Hannover über eine angemessene Erneuerung der Verträge von 1837 zu verständigen. So verfloß das Jahr 1843 ohne Resultat, und mit dem 1. Januar 1844 trat die Aufnahme des braunschweigischen Harz- und Weser-Districtes in den Zollverein, wodurch die südlichen hannövrischen Provinzen vom Hauptlande abgeschnitten wurden, ins Leben. Bereits unterm 24. Juni 1843 waren durch ein Protokoll die Vollzugsmaaßregeln für diesen Eintritt eventuell für den Fall festgestellt worden, daß mit Hannover kein anderweitiges Uebereinkommen abgeschlossen werden könnte. Die Voraussicht dieser Eventualität hatte die Stimmung der hannövrischen Regierung noch verschlimmert, und unter dem Eindruck dieser durch die momentane Lage geschaffenen Gefühle veröffentlichte sie noch im Januar 1844 unter dem Motto „Sine ira et studio“ eine Staatsschrift,*) die den Zweck hatte, das Verhalten Hannovers in dieser Angelegenheit zu rechtfertigen, die aber, wie es unter den obwaltenden Verhältnissen nicht anders zu erwarten war, das an ihre Spitze gestellte Motto geradezu Lügen strafte.

Die braunschweigische Regierung folgte bald mit der Veröffentlichung einer Gegenschrift: Der Anschluß Braunschweigs an den Zollverein, eine Staatsschrift, Braunschweig 1844. — Diese giebt eine vollständige und genaue Geschichte des Austritts Braunschweigs aus dem Steuerverein mit manchen ziemlich sonderbaren Details, über deren Veröffentlichung in jener Zeit man mit Recht erstaunte. Die Aufzählung der kleinlichen Differenzen zwischen den beiden Regierungen und das Verfahren, das Braunschweig dabei mitunter beobachtete, sind keineswegs geeignet zu seinen Gunsten zu stimmen, wenn man auch Hannover weder formell noch materiell Recht zu geben vermag.

Die preußische Regierung, die anfangs daran gedacht hatte, die hannövrische Staatsschrift ohne Erwiderung zu lassen, entschloß sich gleichwohl zu einer solchen, und so erschien am 18. April die vom Geheimrath Michaelis verfaßte Gegenschrift von Preußen: Bemerkungen auf Veranlassung der königlich hannövrischen Staatsschrift „Der große Zollverein“ rc. (amtlich) Berlin 1844. Sie macht unverkennbar unter den drei Staatsschriften den besten Eindruck. Während in der hannövrischen Ton und Charakter nur dem Scheine nach ruhig und überall die innere Aufregung und Absichtlichkeit zu erkennen sind, ist die preußische durchaus objectiv, ruhig und würdevoll und darum auch überzeugend.

Hatte schon bisher diese Frage die allgemeine Aufmerksamkeit in hohem Grade in Anspruch genommen und alle öffentlichen Organe zu zahlreichen Erörterungen für und wider veranlaßt, so mußte dieser Ausgang und das betrübende Schauspiel, daß deutsche Regierungen öffentlich gegen einander auftraten und sich gegenseitig der Unfreundlichkeit und Zweideutigkeit bebeschuldigten, die allgemeine Aufmerksamkeit im höchsten Grade erregen. Fast die gesammte Presse Deutschlands nahm für Preußen Partei, während

*) Der Titel derselben ist: Der große Zollverein deutscher Staaten und der Hannover-Oldenburg'sche Steuerverein am 1. Juli 1844. Hannover 1844.

Hannover seine Vertreter vorzugsweise in England und Frankreich, einzelne auch in den Hansestädten fand.*)

Die hannövrische Regierung, statt sich durch die einstimmige Mißbilligung, welche ihr Verfahren in Deutschland gefunden, auf bessere Wege leiten zu lassen, gab bald darauf dem Streite neue Nahrung durch einen wenig überlegten Schritt, indem sie unterm 22. Juli 1844 mit England einen Schifffahrtsvertrag abschloß, durch welchen sie der englischen Schifffahrt für mehrere der wichtigsten Einfuhrartikel eine bedeutende Minderung der Elbzölle zugestand.

Es war natürlich, daß in Folge dieses Vertrags der Streit in der Publicistik heftiger als zuvor entbrannte. Aber auch die preußische Regierung hatte hinreichende Gründe, mit Aeußerungen ihrer Mißstimmung gegen jenen Vertrag nicht zurückzuhalten. Hierdurch wohl noch mehr als durch die ungünstigen Urtheile in den öffentlichen Blättern fand sich das hannövrische Cabinet veranlaßt, durch eine ausführliche Denkschrift vom 1. Januar 1845 den Versuch zu machen, den Vertrag vom 22. Juli 1845 zu rechtfertigen und sich namentlich von dem Vorwurfe zu reinigen, als sei dieser Vertrag gegen Preußen und den Zollverein gerichtet. Die preußische Regierung blieb mit ihrer Antwort nicht zurück und theilte dieselbe nebst dem hannövrischen Memoire schon unterm 20. Februar 1845 den Zollvereinsregierungen sowie gleichzeitig der Oeffentlichkeit mit.

Während auf diese Weise der Streit der Regierungen, der während

*) Unter den zahlreichen Publicationen aus jener Zeit verdienen besonders folgende Beachtung:

Deutsche und Stadt-Hannoverische Ansichten vom deutschen Handels- und Zollverein, beleuchtet von einem Deutschen, der zugleich Hannoveraner ist. Berlin 1843.

Klefecker, Der Zollverein und die Küstenstaaten Norddeutschlands, Hamburg 1844.

Verhandlungen zwischen Hannover und Braunschweig und dem Zollverein, Köln 1844.

Bemerkungen auf Veranlassung der königlich hannoverischen Staatsschrift, Berlin 1844.

Hannover und der Zollverein, oder Bruchstücke aus dem Thema Hannover und der Zollverein. Von einem Preußen. Braunschweig 1844.

G. Weißbrodt, Die hann. Staatsschrift und der deutsche Zollverein, Berlin 1844.

Dr. Faber (Zimmermann), Politische Dachpredigten.

K. Steinacker, Die politische und staatsrechtliche Entwickelung Deutschlands ꝛc. mit Bemerkungen über Dr. Faber's politische Dachpredigten. Braunschweig 1844.

Unter den Veröffentlichungen für Hannover ist eine der auffälligsten ein Aufsatz von Dr. Tögel im II. Heft der Deutschen Vierteljahrsschrift 1844.

des ganzen Jahres 1844 fortdauerte und sich bis in das Jahr 1845 fortsetzte, fast den Charakter eines öffentlichen Scandals annahm, litten unter demselben das öffentliche Interesse, das Wohl und die Moralität der Unterthanen in den betheiligten Grenzdistricten in gleicher Weise. Die Grenzverhältnisse wurden immer verwickelter und schwieriger, der Schleichhandel nahm zu, und Differenzen aller Art ergaben sich bald zwischen den beiderseitigen Behörden, bald zwischen denselben und den Unterthanen, so daß endlich selbst die hannövrische Regierung sich nicht mehr der Ueberzeugung verschließen konnte, daß eine längere Fortsetzung der bisherigen Zustände unmöglich sei. In Folge dieser Erkenntniß hatte die hannövrische Regierung bei einer wegen der Verhältnisse der Inclaven eingeleiteten Correspondenz in einem nach Braunschweig gerichteten Schreiben unterm 2. Januar 1845 zu erkennen gegeben, daß sie gern bereit sei, wegen Regulirung der Verhältnisse des Zollvereins und des Steuervereins, und zwar vor allen Dingen wegen gründlicher Beseitigung des Schleichhandels, wegen vertragsmäßiger Feststellung der beiderseitigen Gebiete und wegen möglichster Wiederherstellung von Verkehrserleichterungen zwischen beiden Vereinen auf commissarische Verhandlungen einzugehen. Zugleich war der Wunsch beigefügt, daß die braunschweigische Regierung diese Erklärung nach Berlin übermitteln möge. Obwohl man in Berlin nicht ganz damit zufrieden war, daß Hannover sich nicht direct an die preußische Regierung gewandt hatte, so ging man doch sofort auf den Antrag ein, und Braunschweig erwiderte im Einverständnisse mit dem preußischen Ministerium, daß man bereit sei, in Verhandlungen zu treten, vorausgesetzt, daß Hannover geneigt sein würde, die aus den Verträgen von 1837 und 1841 sich ergebenden Grundsätze im Allgemeinen zur Richtschnur zu nehmen und auf angemessene Ueberweisung der betreffenden Gebietstheile, namentlich des Amtes Polle und des Städtchens Bodenwerder, einzugehen, worauf auch die Verhandlungen in Braunschweig eröffnet wurden.

So wenig es bisher den Anschein hatte, daß es hannövrischerseits mit den Verhandlungen in Braunschweig ernstlich gemeint sei, und so sehr auch anfangs die unverkennbar noch vorhandene beiderseitige bittere Stimmung störend einwirkte, so kam es doch allmälig zu einer befriedigenden Annäherung. Bis Juli hatte man sich fast über alle Punkte geeinigt. Nur die Frage der Wiederherstellung der früheren Zugeständnisse des Zollvereins in Bezug auf Leinengarn und Leinenwaaren hielt längere Zeit die Verhandlungen auf, da Preußen sich nicht für ermächtigt hielt, hierauf neuerdings einzugehen, vielmehr vorzog, einstweilen die Verhandlungen in Braunschweig auszusetzen und das Resultat der Berathungen wegen der Leinenzölle auf der Generalconferenz in Karlsruhe abzuwarten.

Schließlich ward auch diese Frage dadurch geordnet, daß ein bestimmtes Quantum festgesetzt wurde, welches jährlich zollfrei aus Hannover eingehen durfte.

Am 16. Oct. 1845 erfolgte der Abschluß in Braunschweig. Es wurden die bisher so schwierigen Grenzverhältnisse durch eine zweckmäßige Abrundung der Zollgrenzen, welche jedem Theile den Grenzschutz erleichterte, geordnet und das Zollcartel erneuert, auch ziemlich ausgedehnte gegenseitige Verkehrserleichterungen zugestanden. Die einzelnen Vertragsurkunden sind ziemlich zahlreich und umfassen:

1) den im Namen des Zollvereins geschlossenen Hauptvertrag wegen Beförderung der gegenseitigen Verkehrsverhältnisse, dessen Dauer bis 1. Januar 1854 festgesetzt war, und dessen Inhalt im Wesentlichen mit dem Vertrage vom 1. November 1837 übereinstimmte;

2) die diesem Vertrage beigefügte, ebenfalls im Namen des Zollvereins abgeschlossene Uebereinkunft wegen Unterdrückung des Schleichhandels, nebst den dazu gehörigen Separatartikeln;

3) eine ebenfalls im Namen des Zollvereins abgeschlossene Uebereinkunft wegen des Anschlusses verschiedener Theile des Königreichs Hannover an den Zollverein;

4) eine zwischen Braunschweig und Hannover abgeschlossene Uebereinkunft wegen der Besteuerung innerer Erzeugnisse in den dem Zollverein anzuschließenden hannövrischen Gebietstheilen;

5) eine Uebereinkunft zwischen Hannover und Braunschweig wegen des Anschlusses verschiedener braunschweigischer Landestheile an den Steuerverein;

6) eine Uebereinkunft zwischen denselben über die in den Communionbesitzungen zu erhebenden indirecten Steuern;

7) eine Uebereinkunft zwischen dem Zollverein und Hannover wegen Begünstigung der Einfuhr verschiedener Erzeugnisse des Steuervereins nach dem Zollverein;

8) Schlußprotokoll;

9) ein besonderes Protokoll über die auf verschiedenen Straßen zu erhebenden Durchgangszölle.

Dieser nach so vielen Mühen und Unterbrechungen endlich erzielte Vertragsabschluß sollte jedoch ganz unerwartet von einer Seite beanstandet werden, von welcher nach der bisherigen Sachlage Dies nicht zu erwarten war.

Einige von Kurhessen gegen die Ratification erhobene Bedenken waren bald beseitigt; dagegen verweigerten Württemberg und Baden entschieden die Ratification, und auch Bayern verlangte mehrfache Aufklärungen und schloß sich allmälig dem Widerstande von Württemberg und Baden an. Der Grund hiervon lag in dem kurz zuvor heftig entbrannten Kampfe zwischen Schutzzoll und Freihandel. Dieser war bei der Generalconferenz in Stuttgart (1845) entstanden und hatte sich bald darauf zu einer Höhe gesteigert, welche ernstliche Zerwürfnisse zwischen den Vereinsregierungen befürchten ließ. Preußen hatte daher auch mit Recht bei den Verhandlungen in Braunschweig Bedenken getragen, die früheren Zugeständnisse an Hannover wegen zollfreier Einfuhr von Leinengarn und roher Leinwand zu erneuern, und schließlich nur deshalb, weil außerdem der Vertrag mit Hannover gar nicht zu erreichen gewesen wäre, sich dazu verstanden, sie in der Weise zu limitiren, daß die Einfuhr von rohem Leinengarn-Handgespinnst in unbegrenzter Menge, die freie Einfuhr von Leinwand aus solchem Garn aber nur in der Beschränkung auf ein jährliches Quantum zugestanden wurde.

Hiergegen erhoben nun sofort die Regierungen von Württemberg und Baden lebhafte, zum Theil nicht ohne Leidenschaftlichkeit behauptete Einreden.

Bayern, welches bisher großentheils in Folge des persönlichen Charakters seines Bevollmächtigten in Berlin und des großen Vertrauens, welches sich derselbe bei der preußischen Regierung erworben hatte, mit derselben in allen Zollvereinsfragen auf dem freundschaftlichsten Fuße gestanden hatte und auf dieselben einen entscheidenden Einfluß ausübte, hatte kurz vor dem Abschlusse des braunschweigischen Vertrags diesen Bevollmächtigten entfernt und, wie das Verfahren seines neuen Commissars bei den Conferenzen in Stuttgart und Karlsruhe zur Genüge darthat, eine andere Richtung in seiner Handelspolitik eingeschlagen.*)

Obwohl es der Schutzzolltheorie, die vorzugsweise von Württemberg und Baden mit Lebhaftigkeit ergriffen worden war, nur in beschränktem Maaße beitrat, äußerte sich diese neue Richtung doch in einem hauptsächlich auf politischen und religiösen Ideen beruhenden Antagonismus gegen die preußische Führung im Zollverein, und die bayrische Regierung schloß sich daher immer mehr dem Bestreben Württembergs und Badens an, Schwierigkeiten gegen die Verstärkung des preußischen Uebergewichts im Norden zu erheben. Die über die Ratification der Verträge vom 16. Oct. 1845

*) Siehe das einundzwanzigste Kapitel.

geführte Correspondenz*) gibt ein sehr anschauliches Bild der steigenden inneren Entfremdung im Zollvereine. Die preußische Regierung wies daher auch mit Recht darauf hin, daß dieser Zustand nicht länger andauern dürfe, wenn nicht der Zollverein die Augen des Auslandes auf sich ziehen und den Vorwurf auf sich laden wolle, daß er, der nöthigen Uebereinstimmung in den Grundsätzen ermangelnd, auch anderen Staaten gegenüber nicht mehr als Einheit aufzutreten im Stande sei.

Offenbar befanden sich in der hannövrischen Vertragsfrage die süddeutschen Staaten materiell im Unrechte. Sie hatten früher den Beitritt von Hannover an den Zollverein lebhaft befürwortet, und die Zustände an der hannövrischen Grenze waren von der Art, daß eine längere Fortsetzung derselben mit unverkennbaren allgemeinen Nachtheilen für den Verein sowie für die zunächst betheiligten Provinzen verbunden war. Die Zugeständnisse, welche durch den Vertrag von 1837 an Hannover in Bezug auf die Einfuhr von rohem Leinengarn und Leinwand gemacht worden waren, hatten sich in der Praxis nicht als solche ergeben, welche die Vereinsinteressen wesentlich beeinträchtigten; sie waren durch den Vertrag vom 16. October 1845 noch beschränkt worden, und die Möglichkeit allein, daß dieselben zu Mißbräuchen führen könnten, wenn die Zollvereinsregierungen sich entschließen würden, eine erhebliche Erhöhung der Eingangszölle auf rohes Leinengarn aus Handgespinnst und auf daraus bereitete Leinengewebe eintreten zu lassen, war kaum ein genügendes Motiv, um eine mit so vieler Mühe erreichte Verständigung mit Hannover und die vielen Vortheile derselben für den Zollverein von der Hand zu weisen. Nach mehrfachen Correspondenzen nahm Bayern (Juli 1846) seine Einreden gegen den Vertrag zurück, worauf auch Württemberg und Baden denselben ratificirten. Erst am 3. Septbr. 1846 konnte die Auswechslung der Ratificationsurkunden stattfinden und dadurch diese bedauerliche Differenz beendigt werden.

Durch den Octobervertrag hatte die Frage des Beitrittes von Hannover zum Zollverein für einige Zeit ihren Abschluß erhalten. Die Verhältnisse zwischen dem Zollverein und dem Steuerverein waren geordnet und die hannövrische Regierung bezeigte keine Lust, vorerst weiter zu gehen. Auch machte in Hannover selbst die Anschlußidee nur geringe Fortschritte. Die

*) Preußische Note vom 27. December 1845, badisches Promemoria vom 27. Febr., bayrische Note vom 24. März und schließlich die preußische Erklärung v. 26. April 1846.

inneren Verfassungszerwürfnisse waren derselben keineswegs günstig, und die aristokratischen Elemente, deren Einfluß auf die Regierung von jeher prädominirend war, bezeigten sich dem Anschlusse noch ebenso feindlich gesinnt wie früher. Die Ereignisse des Jahres 1848 drängten ohnedies die Entwickelung des Zollvereins zurück, und erst als die österreichische Regierung sich endlich davon überzeugt hatte, daß ohne gleichzeitige Thätigkeit auf dem volkswirthschaftlichen Felde jede politische Wirksamkeit in Deutschland eine unfruchtbare sein müsse, und als sie demnach den Versuch machte, in die Verhältnisse des Zollvereins direct einzugreifen, trat die Frage der Stellung Hannovers zum Zollverein wieder in den Vordergrund. Je mehr in Folge der Einwirkung Oesterreichs die Möglichkeit einer Auflösung oder Trennung des Zollvereins an Wahrscheinlichkeit gewann, um so mehr mußte Preußen daran denken, den bisher noch nicht zum Zollverein gehörigen Norden von Deutschland, und vor Allem Hannover, für sich zu gewinnen, und es überzeugte sich, daß es zur Erreichung dieses Zweckes selbst solche Opfer nicht scheuen dürfe, die es früher unter anderen Umständen für völlig unzuläſſig gehalten hatte. Als daher die Conferenzen in Dresden und Wiesbaden die oben erwähnte Richtung genommen hatten, schien es der preußischen Regierung Zeit, ihre in hohem Grade gefährdete Stellung im Zollvereine durch eine Verbindung mit Hannover und Oldenburg zu befestigen und sich dadurch für den Fall einer Trennung des Zollvereins wenigstens die Möglichkeit eines geschlossenen eigenen Zollsystems zu sichern. Zu diesem Ende wurde beschlossen, bei Hannover Einleitungen zu treffen; jedoch in der Art, daß dieselben nicht, wie früher, langwierige und vielleicht vergebliche Verhandlungen zur Folge haben, sondern vielmehr sofort die Entscheidung über Annahme oder Ablehnung des proponirten Abschlusses mit sich bringen sollten. Zu diesem Ende wurden mit der ersten vertraulichen Eröffnung an Hannover (27. Juli 1851), daß Preußen Verhandlungen über den Eintritt des Steuervereins in den Zollverein anzuknüpfen wünsche, zugleich diejenigen Vorschläge mitgetheilt, welche Preußen zu diesem Behufe zu machen beabsichtige und auf deren Grund der Vertrag später in der That auch abgeschlossen wurde; dabei übrigens der hannövrischen Regierung bedeutet, wie die von Preußen vorzuschlagenden Bedingungen so günstig für den Steuerverein seien, daß sich die preußische Regierung einer weitläufigen Verhandlung oder wohl gar einer Ablehnung derselben nicht aussetzen könne und daher zu einer officiellen Mittheilung der Propositionen erst dann schreiten werde, wenn eine positive Gewißheit darüber gegeben wäre, daß die hannövrische Regierung wirklich bereit sei, auf der proponirten

Grundlage abzuschließen. Die ganze Situation brachte es mit sich, daß Preußen Hannover bedeutende Zugeständnisse machen mußte, und in der That enthielten die preußischen Propositionen auch im Wesentlichen die wichtigsten von Hannover gestellten, von Preußen aber bisher entschieden abgelehnten Forderungen. Namentlich in finanzieller Beziehung waren Hannover und Oldenburg Vortheile geboten, die sie unter anderen Umständen niemals zu erreichen hoffen durften und die daher auch wesentlich zu ihrer raschen Entscheidung beitrugen.

Zugleich wurden die Verhandlungen mit dem größten Geheimnisse umgeben und dieses auch — ein ziemlich seltener Fall — so glücklich gewahrt, daß von dem Inhalte der Verhandlungen fast gar Nichts transpirirte und selbst in diplomatischen Kreisen kaum mehr bekannt wurde, als daß einige vertrauliche Mittheilungen über Zollverhältnisse zwischen Preußen und Hannover gewechselt würden. Am meisten trug hierzu bei, daß die Verhandlungen weder in Berlin, noch in Hannover, sondern an einem dritten Orte, in Magdeburg, durch die beiderseitigen Bevollmächtigten bei der Elbe-Schifffahrtscommission, Delbrück und Klenze, geführt wurden. Besonders thätig für die Förderung des Abschlusses zeigte sich der Minister von Manteuffel, der, von der politischen Nothwendigkeit dieses Schrittes lebhaft durchdrungen, alle volkswirthschaftlichen wie finanziellen Einwendungen zu beseitigen wußte. Schon am 16. August erfolgte in Hannover durch Minister von Manteuffel ein vorläufiger Abschluß, die eigentliche Vertrags-Unterzeichnung aber am 7. September in Berlin, und zwar durch die beiderseitigen Minister.*)

Das Erscheinen der hannövrischen Minister in Berlin sowie das Bekanntwerden des Anlasses ihrer Reise und die unmittelbar darauf erfolgende Unterzeichnung des Vertrages erregten gewaltiges Aufsehen und große Bewegung in allen nur irgend betheiligten Kreisen.

Mit der größten Eile wurde von beiden Regierungen zur Ratification geschritten, und die Auswechslung der Ratifications-Urkunden schon am 11. September vorgenommen. Noch an demselben Tage theilte Preußen den Vertrag mit einer Denkschrift den sämmtlichen Zollvereinsregierungen mit, ohne jedoch daran irgend einen Antrag wegen einer Erklärung über

*) Von preußischer Seite: der Minister der auswärtigen Angelegenheiten Ministerpräsident Freiherr von Manteuffel, der Handelsminister von der Heydt, der Finanzminister von Bodelschwingh; von hannövrischer Seite: der Ministerpräsident und Minister der auswärtigen Angelegenheiten Freiherr von Münchhausen, der Finanzminister Freiherr von Hammerstein.

Zustimmung oder Beitritt zum Vertrage zu knüpfen. Die meisten Vereinsregierungen beschränkten sich daher auch in ihrer Antwort auf eine einfache Empfangsbestätigung.

Das Vertragswerk selbst besteht aus dem Hauptvertrage in 15 Artikeln, den hierzu gehörigen 14 Separatartikeln nebst Anlage zu Separatartikel 11 und einem geheimen Separatartikel.

Nach dem Hauptvertrage, Artikel 1, verpflichtet sich Hannover, vom 1. Januar 1854 an mit den dem Vertrage beitretenden dermaligen Steuervereinsstaaten in einen gemeinschaftlichen Zollverband mit Preußen und den alsdann mit Preußen zollvereinten Staaten zu treten. Hannover verpflichtete sich, vom gleichen Zeitpunkte ab die preußische Branntweinfabrikationssteuer anzunehmen (Art. 3). Da Hannover weder das Salzmonopol einführen, noch die Salzsteuer erhöhen wollte, so übernahm es (Art. 5) nur die Verpflichtung, die verbotene Salzeinfuhr nach den angrenzenden Vereinsstaaten mit hohen Strafen zu belegen. Ebenso wurde ihm in Bezug auf die Chausseegelder das wesentliche Zugeständniß gemacht, statt der im Artikel 13 der Zollvereinsverträge enthaltenen Verpflichtung nur die zu übernehmen, seine dermaligen Chausseegeldsätze nicht zu erhöhen (Art. 6). Ebenso wurde ihm Befreiung von jeder Nachsteuer zugestanden, wogegen es sich lediglich verpflichtete, vom 1. März 1853 an seine Zollsätze für die wichtigsten Einfuhrartikel bis zu einem bestimmten Satze zu erhöhen (Art. 13, Sep.-Art. 11 und Beilage hiezu). Die wichtigsten Zugeständnisse aber waren:

1) daß bei der Erneuerung des Zollvereins mit den bisherigen Zollvereinsstaaten eine wesentliche Minderung der bisherigen Tarifsätze für Franzbranntwein, Kaffee, Syrup, Tabaksblätter, Thee und Wein, dagegen eine Erhöhung der Rübenzuckersteuer eintreten solle (Sep.-Art. 14);

2) die zollfreie Einfuhr von Eisenbahnschienen für die hannövrischen Eisenbahnen;

3) daß Hannover bei der künftigen Vertheilung der Vereinsrevenuen ein bedeutendes Präcipuum zufallen solle. Dieses sollte in der Art bemessen werden, daß nach Feststellung des Ertrages der Zölle und der Runkelrübensteuer der auf Hannover im Verhältniß seiner Bevölkerung treffende Antheil um drei Viertheile, jedoch was den Antheil an der Eingangsabgabe nebst Rübensteuer betrifft, um höchstens 20 Sgr. in einem Jahre für jeden Einwohner vermehrt würde.

An den gemeinschaftlichen Verwaltungsausgaben sollte dagegen Hannover nur im einfachen Verhältnisse seiner Bevölkerung Antheil nehmen (Art. 11).

Der Vertrag selbst war von Preußen weder im Namen des Zollvereins abgeschlossen, noch enthielt er irgend eine Bestimmung, welche auf die Zustimmung der übrigen Vereinsregierungen Bezug hatte; Preußen konnte also denselben nur dadurch zur praktischen Geltung bringen, daß es bei dem bevorstehenden Ablaufe der Vereinsverträge (31. December 1853) die Annahme desselben zur Bedingung der Erneuerung des Zollvereins machte. Darum ward auch in der preußischen Mittheilung sofort eine eventuelle Kündigung der Vereinsverträge in Aussicht gestellt.*)

Auch in Wien theilte die preußische Regierung den Vertrag vom 7. September mit, und zwar mit dem Bemerken, daß sie sich der zuversichtlichen Erwartung hingebe, die kaiserliche Regierung werde mit ihr in diesem Vertrage, wie solches auch im Eingange desselben ausdrücklich gesagt sei, einen Fortschritt zur Anbahnung einer allgemeinen deutschen Zolleinigung erblicken und die Ansicht theilen, wie die erreichte Verschmelzung des Zollvereins mit dem Steuervereine ihrem ganzen Wesen nach dazu geeignet sei, jeden weiteren Schritt auf dem Wege zu einer allgemeinen Verständigung zu erleichtern. In Wien war man übrigens weit davon entfernt, sich durch solche Worte täuschen zu lassen, man betrachtete vielmehr, wie im gesammten übrigen Deutschland, den Septembervertrag als ein sehr geschicktes, lediglich auf politischen Gründen beruhendes Manöver, dessen Spitze zunächst gegen Oesterreich gerichtet war.

Auch konnte über die politische Natur dieses Schrittes gar kein Zweifel obwalten. Preußen hatte in dem Vertrage Hannover die bedeutendsten materiellen wie finanziellen Vortheile eingeräumt, welche in den bisherigen Zollvereinsverhältnissen ohne Beispiel waren und welche für Preußen selbst die ernstlichsten administrativen Schwierigkeiten und pecuniären Opfer zur Folge haben mußten.

Es war Hannover gestattet, bei sich den freien Salzhandel fortbestehen zu lassen, während in den übrigen Zollvereinsstaaten das Salzmonopol bestand; seinen Seestädten waren freie Entrepots, für Emden, Harburg, Geestemünde und die hannövrischen Inseln Zollausschluß gewährt,

*) Die Stelle lautet: So sehr man auch auf die Genehmigung der übrigen Zollvereinsstaaten zu rechnen und so viel Werth man darauf zu legen habe, so würde man sich doch im entgegengesetzten Falle genöthigt sehen, den Zollvereinsvertrag zu kündigen, um den gegen Hannover vom 1. Januar 1854 an übernommenen Verpflichtungen nachkommen zu können.

seinen Schiffen ward in Preußen die lange vergebens erstrebte Cabotage gestattet, seine niedrige Biersteuer, seine hohen Chausseegelder waren ihm belassen, die Eingangszölle für viele der wichtigsten Artikel sollten vermindert, seine nach Hamburg, Altona und Bremen ausgeführten Bergwerks- und landwirthschaftlichen Producte sollten zollfrei wieder zurückgehen dürfen; es ward ihm Befreiung von aller Nachsteuer sowie zollfreie Einfuhr alles zur Vollendung seiner Eisenbahnen erforderlichen Eisens gestattet, seinen Schiffbauern wurden Prämien als Vergütung der durch die höheren Zölle auf Metalle beim Bau erwachsenden Mehrauslagen zugesichert, und trotz aller dieser großen und für die Vereinseinnahmen schwer ins Gewicht fallenden Begünstigungen ward Hannover noch ein Präcipuum an diesen Einnahmen von vollen 75 pCt. gewährt. Es war klar, daß solche Zugeständnisse, die Preußen früher selbst zu wiederholten Malen als absolut unzulässig erklärt hatte, auf preußischer Seite nicht durch volkswirthschaftliche Gründe, und noch weniger durch Rücksichten auf die Interessen der übrigen Vereinsmitglieder begründet waren, und der Versuch, sie durch die Hoffnung zu rechtfertigen, daß der etwaige Verlust durch die in Folge des Anschlusses von Hannover und Oldenburg eintretenden Ersparnisse in den Verwaltungskosten werde gedeckt werden, war ein ziemlich überflüssiger. Der Vertrag war, wie schon früher angedeutet worden, die nothwendige Folge der Stellung, die Oesterreich zum Zollvereine eingenommen hatte, und der zwischen Preußen und dem größern Theile der übrigen Vereinsregierungen eingetretenen Entfremdung.*) Wollte Preußen nicht die Führung des Zollvereins an Oesterreich überlassen, wollte es nicht bei der bevorstehenden Erneuerung der Vereinsverträge zu anderweitigen Concessionen gezwungen werden, so mußte es vor Allem seine Stellung im Norden befestigen und für den Fall einer Auflösung des Zollvereins ein Mittel gegen die Trennung seiner beiden Reichshälften in Händen haben. Beides gewährte ihm der Vertrag mit Hannover; mit ihm konnte es den Operationen der auf den Beitritt von Oesterreich dringenden Vereinsregierungen widerstehen und äußersten Falles selbst eine Auflösung des bisherigen Zollverbandes mit dem Süden sich gefallen lassen, ohne sich einem gänzlichen Scheitern seiner bisherigen Zollpolitik auszusetzen. War der Preis für diese Zwecke auch ein sehr hoher, so war er dennoch kein übermäßiger, und der Vertrag wurde daher auch in Preußen von der Regierung sowohl wie von dem

*) Vergl. hierüber Hōnth-Weber, Der Zollverein seit seiner Erweiterung durch den Steuerverein, Hannover 1861. Einleitung S. XIII. Anm. Dieses Werk enthält auch die meisten auf die Verhältnisse zu Hannover bezüglichen Urkunden.

Publicum mit großer Befriedigung begrüßt. Insbesondere war es die Freihandelspartei, welche in ihm eine sichere Garantie ihres endlichen Sieges erblickte und ihn daher in der Publicität lebhaft vertrat. Für sie war nicht allein die dadurch in Aussicht gestellte Zollminderung für die wichtigsten Importartikel von hohem Werth, sondern mehr noch die Aussicht, daß durch den Beitritt von Hannover und Oldenburg, welche beide Staaten keine innere Industrie zu schützen hatten und von jeher die Interessen des fremden Handels zu bevorzugen gewohnt waren, den Schutzzolltendenzen der südlichen Vereinsstaaten ein neuer wirksamer Damm entgegengesetzt werden würde.

Eine weniger günstige Aufnahme fand der Vertrag in Hannover selbst, wo eigentlich keine der beiden Hauptparteien mit demselben recht zufrieden war. Die aristokratische Partei war von jeher einem Anschlusse an den Zollverein ungünstig gestimmt gewesen, weil sie eine größere Abhängigkeit von Preußen und eine Beeinträchtigung ihrer particularistischen Stellung befürchtete. Aber auch die liberale Partei, welche bisher in der Ständekammer und in der Presse den Anschluß an den Zollverein befürwortet hatte, fand an dem Vertrage jetzt, da er als Thatsache vorlag, Vieles zu tadeln. Namentlich erweckte die dadurch eintretende Erhöhung der Zölle für viele fremde Verbrauchs- und Verzehrungsartikel, welche der bisherige hannövrische Tarif sehr gering belegt hatte, vielfach Unzufriedenheit und gab zu manchen Declamationen Anlaß.

Für die hannövrische Regierung als solche aber lagen allerdings genugsame und gewichtige Gründe zu dessen Abschluß vor. Sie sah sehr wohl ein, daß sie die bisher eingenommene isolirte handelspolitische Stellung nicht lange mehr behaupten konnte. Noch näher gelegen und dringender waren die Motive, die sich aus den Verhältnissen der hannövrischen Eisenbahnen ergaben. Das hannövrische Eisenbahn-System konnte unmöglich für sich selbst bestehen, es verlangte dringend Anschlüsse nach allen Seiten, und so lange keine Verkehrsfreiheit mit dem Zollverein bestand, war wenig Aussicht vorhanden, daß die benachbarten Vereinsstaaten und insbesondere Preußen sich zu Anschlüssen verstehen würden, die bei den bestehenden Zollverhältnissen dem Verkehre dieser Länder nach Hannover nur sehr geringe Vortheile boten. Es war vielmehr zu befürchten, daß das Eisenbahn-System dieser Nachbarstaaten allmälig Hannover ganz umgehen und letzteres den bisherigen Transitverkehr vollständig verlieren würde. Der hannövrischen Regierung mußte es daher sehr erwünscht sein, daß die Umstände ihr Gelegenheit darboten, den Anschluß an den Zollverein, zu welchem sie durch ihre eigenen Interessen gedrängt wurde, gegen Zugeständnisse zu verwerthen, die sie bei einem regelmäßigen Verlaufe der Dinge sicherlich nicht erlangt haben würde. Sie erlangte in der That Alles was sie wünschen konnte. Namentlich waren die finanziellen Vortheile, die Preußen eingeräumt hatte, so groß, daß sie für sich allein ein mehr als genügendes Motiv des Anschlusses hätten darstellen können. Dessen ungeachtet war, wie schon bemerkt, die Aufnahme des Vertrages in Hannover im Allgemeinen keine günstige, und es schien einige Zeit hindurch zweifelhaft, ob er die Zustimmung der Stände erhalten werde. Erst nach einiger Zeit siegte die Erkenntniß der unleugbaren Vortheile des Vertrages über kleinliche Partei-Interessen und Vorurtheile.

Bei den übrigen Vereins-Regierungen rief der Vertrag, wie zu erwarten war, zum Theil Aerger und Befürchtungen hervor. Am lebhaftesten äußerte Dies Sachsen, dessen Minister v. Beust ohnedies in der eingetretenen Krisis eine hervorragende Rolle spielte und seine Abneigung gegen die preußische Hegemonie im Zollverein und seine Bestrebung, sie zu paralysiren, keineswegs verhehlte. Die sächsische Regierung schickte sofort den Oberpostdirector v. Schimpff nach München, Stuttgart und Karlsruhe, um sich über das diesem Vertrage gegenüber einzuhaltende Verfahren zu berathen.

An der Spitze der bayrischen Verwaltung stand seit Anfang des Jahres 1849 Minister von der Pfordten, ein Mann, der durch außerordentliche Talente, gelehrte Bildung und Energie des Charakters so sehr die meisten Staatsmänner Deutschlands überragte, daß er wahrscheinlich viel entscheidender in die Entwickelung der deutschen Verhältnisse eingegriffen hätte, wenn nicht seine Thätigkeit durch unleugbare Fehler, namentlich durch persönliche Heftigkeit so wie durch Hinneigung zu einer doctrinairen, mit der Richtung der Zeit im Widerspruche stehenden Reaction, sich selbst unüberwindliche Hindernisse bereitet hätte. Er hatte mit richtigem Blicke vom ersten Augenblicke an die politische Grundlage der volkswirthschaftlichen Bewegung erkannt und war ein entschiedener Gegner der preußischen Tendenzen, von denen er mit Recht Gefahr für die Machtstellung und Selbständigkeit der Mittelstaaten befürchtete. So wie seine Persönlichkeit die damalige Politik der bayrischen Regierung bestimmte, so war sie auch von entscheidendem Einflusse auf die Haltung der übrigen süddeutschen Regierungen, die sich, zwar immer widerstrebend, aber gleichwohl seinem höheren Talente und seiner Energie unterordneten. Er gab daher auch sehr bald seine Absicht zu erkennen, dem Vertrage Preußens mit Hannover entgegenzutreten und sich durch die in Aussicht gestellte Kündigung der Zollvereinsverträge in keiner Weise einschüchtern zu lassen.

Weniger lebhaft äußerte das württembergische Ministerium seine Mißbilligung. Man betonte in Stuttgart nicht so sehr die politische Seite des Vertrages als vielmehr die finanziellen Opfer, die er dem Vereine auferlegte, und das von Preußen beim Abschlusse eingehaltene Verfahren. In Karlsruhe sprach sich anfangs Minister von Regenauer für den Vertrag aus, und das badische Ministerium trat erst allmälig und unverkennbar in Folge äußerer Einflüsse zu den Gegnern des Vertrages über. Am meisten war man natürlich in Wien verstimmt, und schon am 22. September gab das österreichische Ministerium in einer sehr entschieden gehaltenen Depesche seinen Gefühlen Ausdruck. Bald folgten weitere, ernstlichere Schritte. Der österreichische Ministerial-Rath Hock, der als Commissar zu Verhandlungen in Frankfurt a. M. abgehen sollte, wurde beauftragt, bei den Regierungen von Sachsen, Bayern und Württemberg Einleitungen zu treffen, um eine Verständigung über ein gemeinsames Verfahren der genannten Regierungen gegenüber den verschiedenen Verhandlungen, welche sich aus Anlaß der Erneuerung des Zollvereins und über den damit in engem Zusammenhang stehenden preußisch-hannövrischen Vertrag vom 7. September ergeben könnten, zu erreichen. Er begann mit der Versicherung, daß seine Regierung nichts weniger als die Auflösung des Zollvereins wünsche, die eben so sehr den Interessen Oesterreichs widerstreite, wie sie für die betheiligten Vereinsstaaten als ein höchst unerwünschtes Ereigniß, ja als ein wahres Unglück zu betrachten sei. Um so dringender sei es für diese Staaten, sich bei Zeit die Lage zu vergegenwärtigen, in welche sie versetzt würden, falls Preußen die unveränderte Annahme des Vertrages mit Hannover zur Bedingung der Zollvereins-Erneuerung machen oder diese überhaupt an Bedingungen knüpfen wollte, durch welche die Interessen und die Selbständigkeit der Vereinsstaaten wesentlich gefährdet würden. Um gegen solche Bestrebungen Preußens mit Sicherheit und Nachdruck auftreten zu können, sei ein gemeinsames Benehmen und eine Verständigung über die ihrerseits aufzustellenden Forderungen und Propositionen nicht nur unter sich, sondern auch, des nöthigen Rückhaltes wegen, mit Oesterreich nothwendig. Die österreichische Regierung aber rechne zugleich auch darauf, daß hierbei auch auf die Erlangung der nöthigen Garantien für das Zustandekommen der österreichisch-deutschen Zoll- und Handelseinigung werde Bedacht genommen werden, da eine Erneuerung des Zollvereins unter Hinzutritt von Hannover ohne solche Garantien die Erreichung dieses Zieles auf eine lange Reihe von Jahren in Frage zu stellen geeignet wäre.

Bei der näheren Erörterung rückte der österreichische Commissar mit dem Projecte eines Handelsvertrages zwischen Oesterreich und dem Zollverein heraus, der von den Regierungen von Bayern, Sachsen und Württemberg und denjenigen, welche sich denselben noch anschließen würden, bei Preußen ebenso als Vorbedingung zur Erneuerung der Zollvereins-Verträge beantragt werden sollte, wie Preußen Dies hinsichtlich des hannövrischen Vertrages gethan hatte. Dieser Vertrag würde in zwei Abtheilungen zerfallen, von welchen die erstere den eigentlichen Handelsvertrag bilden und die Bestimmungen über gegenseitige Verkehrs-Erleichterungen und Annäherung der Tarife, sodann auch gegenseitige Zollbegünstigungen bis zum Betrage von 25 % der bestehenden Tarifsätze enthalten, die zweite aber bereits die Grundzüge für die definitive Zolleinigung geben sollte.

Nächstdem halte aber Oesterreich für räthlich und nothwendig, für den Fall, daß Preußen diesen Vertrag, selbst bei zu gewärtigender Trennung der süddeutschen Staaten vom Zollverein, nicht eingehen wollte, oder überhaupt eine Verständigung über die Erneuerung des Zollvereins nicht zu Stande käme, jetzt schon eine eventuelle Verabredung über eine Zoll- und Handelseinigung zwischen Oesterreich einerseits, Bayern, Sachsen, Württemberg und nach Umständen auch Baden und den beiden Hessen anderseits zu treffen. Zur Vorbereitung und zum Abschluß dieser Verträge wurden Verhandlungen der betheiligten Staaten in Wien vorgeschlagen. Bayern und Sachsen ließen sofort in Wien ihr Einverständniß mit diesen Grundlagen erklären, Württemberg wünschte zwar eine Verständigung mit Bayern, Sachsen und anderen Vereinsstaaten, hegte aber Bedenken gegen sofortige Verhandlungen mit Oesterreich, ließ sich indeß gleichwohl bestimmen, eine auch die letzteren nicht ausschließende Erklärung in Wien abzugeben.

Sechsundzwanzigstes Kapitel.

Zollvereins-Krisis von 1852. Conferenzen zu Wien, Darmstadt und Berlin.

Während sich diese Verhandlungen durch den Monat October und die erste Hälfte November hinzogen, ließ Preußen durch Schreiben des Finanz-Ministeriums an sämmtliche Vereinsstaaten vom 15. November 1851 die Zollvereinsverträge auf den 1. Januar 1854 kündigen. Es enthielt dieses Schreiben eine ausführliche Darlegung der Ansichten und Bestrebungen der preußischen Regierung.

„Die königlich preußische Regierung befinde sich, wie Dies auch bereits bei der Mittheilung des Vertrages vom 7. September angedeutet worden, in der Lage, die Absicht zu erkennen zu geben, die Zollvereinsverträge nur unter denjenigen Modificationen in die neue Vereinsperiode übergehen zu lassen, welche sich einestheils unmittelbar oder mittelbar aus dem Vertrage vom 7. September, anderentheils aus den gesammelten Erfahrungen ergeben — Modificationen, welche in der einen oder anderen Weise auch auf Seiten der übrigen Mitglieder des Zollvereins als wünschenswerth betrachtet werden. Indem der äußerste Termin für eine Erklärung darüber in Rücksicht auf die im Art. 8 des Vertrages vom 8. Mai 1841 vorgesehene Verpflichtung und Befugniß mit dem letzten December des Jahres 1851 herannahe, glaube die preußische Regierung, um dem vertragsmäßigen Erforderniß einer solchen ausdrücklichen Eröffnung zu genügen, sich nicht entziehen zu dürfen gegenwärtige Erklärung an sämmtliche Zollvereins-Regierungen zu richten, zu keinem anderen Zwecke, als um die durch jenen Vertrag als nothwendig gebotene Kündigung formell nicht zu verabsäumen und damit den Weg zu betreten für die Eröffnung der Verhandlungen über die Fortsetzung des Zollvereins. Preußen glaube, indem es die Pflicht erfülle mit dieser Erklärung vorzugehen, dabei nicht blos im eigenen, sondern auch im Namen anderer Vereinsstaaten zu handeln, die auch wohl ihrerseits den einen oder anderen Punkt zur Sprache gebracht hätten, Dies aber in der zuversichtlichen Erwartung unterließen, daß die Anregung von Preußen erfolgen werde. Die preußische Regierung werde von dem festen Vertrauen getragen, daß alle Mitglieder des Vereins die Lage der Verhältnisse auffassen werden wie sie selbst, und mit ihr die Ueberzeugung theilen werden, daß es unter fernerem einmüthigen Zusammenwirken gelingen werde, sich über die Fortsetzung des Zollvereins in der durch die Vereinigung mit dem Steuerverein erweiterten Gestalt zu allseitigem Gedeihen zu verständigen" ꝛc.

Da eine baldige Entscheidung im allseitigen Interesse lag, so lud die preußische Regierung schon für die ersten Monate des Jahres 1852 zu Conferenzen in Berlin ein.

Die nächsten Verhandlungen über die handelspolitische Frage sollten aber gleichwohl nicht in Berlin, sondern in Wien gepflogen werden. Unmittelbar nachdem durch kaiserliches Patent vom 6. November 1851 ein neuer Zolltarif für die Ein-, Aus- und Durchfuhr in Oesterreich veröffentlicht worden war, erfolgte mittelst einer Circular-Depesche vom 25. November die Einladung an die Regierungen sämmtlicher deutscher Bundesstaaten zu Unterhandlungen über einen Zoll- und Handelsvertrag, durch welchen

a) mittelst Zollbefreiungen und Zollnachlässen zu Gunsten der gegenseitigen Erzeugnisse und mittelst ähnlicher Maaßregeln ein enges Verhältniß zwischen den betreffenden Zollgebieten begründet;

b) ein gegenseitig bestimmender Einfluß auf den Zolltarif und die Zollmanipulation eingeräumt würde, der die principielle Entfremdung der verschiedenen Systeme zu verhüten geeignet wäre, und

c) die nöthigen Garantien für das dereinstige Zustandekommen einer sofort in ihren Grundsätzen festzustellenden deutsch-österreichischen Handels- und Zolleinigung dargeboten würden.

Außer dieser an sämmtliche deutsche Bundesstaaten gerichteten Einladung hatte die österreichische Regierung gleichzeitig an die Regierungen von Bayern, Sachsen und Württemberg *vertrauliche* Anträge über eine besondere Verständigung für gewisse Eventualitäten gestellt. Als solche Eventualitäten waren vorläufig bezeichnet worden:

1) Die Weigerung Preußens und der mit ihm zusammenhängenden Staaten, mit Oesterreich in eine nähere Verbindung auf Grundlage der desfalls vorbereiteten allgemeinen Artikel einzugehen;

2) das Dringen auf Zollsätze, welche dem vorhandenen Schutzbedürfnisse der Industrie entgegen wären;

3) das Bestehen auf Aenderungen in der Organisation des Zollvereins, welche die Selbständigkeit der Mitglieder gefährden würden, und

4) die Weigerung, in dem Vertrage mit Hannover die das finanzielle Interesse der anderen Vereinsstaaten allzu sehr gefährdenden Bestimmungen abzuändern.

Zu einem solchen Separat-Uebereinkommen waren in Wien schon die

Grundzüge entworfen und den betheiligten Regierungen zum Zwecke der Instruction ihrer Commissarien mitgetheilt worden. Die Verhandlungen selbst sollten am 2. Januar 1852 in Wien eröffnet werden.

Die preußische Regierung lehnte schon unterm 5. December 1851 die Theilnahme an den Verhandlungen für jetzt und bis zu erfolgter neuer Feststellung des Zollvereins ab indem sie als Grund dafür Folgendes anführte:

„Ein Handelsvertrag mit Oesterreich, wie er von der kaiserlichen Regierung beabsichtigt werde und wie er auch in Berlin nur gedacht werden könnte, werde auf einer sehr umfassenden Grundlage abzuschließen sein und deshalb von beiden Seiten vielfache Concessionen enthalten, welchen, wenn sie eine erhebliche Wirkung äußern sollten, eine lange, von Eventualitäten keinerlei Art abhängige Dauer gesichert sein müsse. Diese Sicherheit aber lasse sich nur dann gewähren, wenn man für dieselbe Zeitdauer des factischen Zustandes gewiß sei, welcher zum Ausgangspunkte der Verhandlungen zu nehmen wäre. Eine solche Gewißheit mangle aber in dem gegenwärtigen Augenblicke und könne erst nach Abschluß der Verhandlungen über die Fortdauer des Zollvereins gewonnen werden."

Ungeachtet dieser Weigerung der preußischen Regierung wurden die Verhandlungen in Wien gleichwohl eröffnet, da die meisten übrigen Regierungen, wenn sie auch wenig Hoffnung auf einen günstigen Erfolg hegten, es nicht wagten der österreichischen Aufforderung, wie Preußen, eine directe Ablehnung entgegen zu setzen. Am 4. Januar 1852 wurde zu Wien die Conferenz durch den Fürsten Schwarzenberg feierlich mit einer Rede eröffnet, die keinerlei Animosität gegen Preußen, vielmehr eine sehr versöhnliche Stimmung zeigte. Vertreten waren Bayern, Sachsen, Hannover, Württemberg, Baden, die beiden Hessen, Braunschweig, Nassau, Oldenburg, Hessen-Homburg, die Hansestädte und Frankfurt; nicht vertreten außer Preußen noch die beiden Mecklenburg, Thüringen, Anhalt, Lippe und Liechtenstein.

Von der österreichischen Regierung wurden sofort die Entwürfe von zwei Verträgen:

A) eines Handelsvertrags zwischen dem Zollverein und Oesterreich,

B) eines bereits die spätere Zolleinigung aussprechenden Vertrags,

der Conferenz vorgelegt und von derselben auch alsbald in Berathung gezogen. Die Verhandlungen wurden wohl nur von wenigen der Theilnehmer sehr ernsthaft genommen, da alle fühlten, daß die Entscheidung der großen Frage, welche Stellung Oesterreich fernerhin zum Zollverein einnehmen werde, nicht von der gegenwärtigen Conferenz herbeigeführt werden könne.

Hannover, Oldenburg, die Hansestädte und Frankfurt nahmen schon der Natur der Sache nach eine ziemlich indifferente Haltung an, während Braunschweig aus gleichem Grunde sich mehr den preußischen Interessen zuneigte. Von größerer Wichtigkeit waren die geheimen Verhandlungen, welche zwischen Oesterreich und den Bevollmächtigten von Bayern, Sachsen, Württemberg, den beiden Hessen, Baden und Nassau wegen des eventuellen Abschlusses eines Special-Vertrags mit Oesterreich geführt wurden. Auch in Bezug auf diesen Vertrag herrschte keine sonderliche Uebereinstimmung, indem die meisten Regierungen Bedenken trugen, sich durch Verhandlungen mit Oesterreich irgendwie zu binden, so lange Preußen sich gegen die Verbindung mit Oesterreich ablehnend verhielt. Auf der andern Seite wollte Oesterreich eben so wenig den Zollvereins-Regierungen eine unbedingte Garantie für ihre Zoll-Revenuen geben, die natürlich bei einer allenfallsigen Auflösung des Zollvereins sehr in Frage gestellt worden wären.

Um in die Verhandlungen etwas mehr Uebereinstimmung zu bringen, waren die Minister von Bayern, Sachsen und Württemberg am 25. März 1852 zu Bamberg zusammengetreten, wobei sich jedoch ergab, daß Sachsen überhaupt keine Lust zeigte, den sogenannten Vertrag C (den Separatvertrag für gewisse Eventualitäten) jetzt schon zum Abschluß zu bringen. Es wurde daher eine zweite Minister-Conferenz verabredet, an welcher auch die Minister der beiden Hessen und von Nassau Theil nahmen, und diese zu Darmstadt am 4. April 1852 eröffnet. Die Einladungen zu dieser Conferenz waren von der bayrischen Regierung ausgegangen, die sich hiebei ausführlich über Zweck und Tendenz der Verhandlungen ausgesprochen hatte.

Insbesondere waren von ihr die Bedenken gegen die von preußischer Seite gemachten Schritte und Vorschläge erörtert, und hervorgehoben worden, daß:

1) der Septembervertrag mit Hannover und Oldenburg wesentlich modificirt,

2) die preußischen Vorschläge wegen Zulassung von Majoritäts-Beschlüssen und Errichtung von Zollvereins-Consulaten abgelehnt, und

3) der von Preußen aufgestellten Ansicht, daß die Verhandlungen mit Oesterreich erst nach Abschluß der Verhandlungen über Erneuerung des Zollvereins stattfinden könnten,

entgegen getreten werden müsse. Zugleich wurde darauf hingewiesen, daß die mit Preußen dissentirenden Regierungen sich den in einem geschlossenen Verhältniß auftretenden Regierungen von Preußen, Hannover und Oldenburg gegenüber so lange im entschiedenen Nachtheile befinden würden, als sie nicht auch ihrerseits für die Verhandlungen in Berlin einen gemeinschaftlichen Stützpunct durch einen bindenden Vertrag gefunden haben würden. Zu diesem Ende wurde eine gegenseitige Verpflichtung vorgeschlagen, den bisherigen Zollvereinsvertrag noch als bindend anzuerkennen und daher ohne einstimmigen Beschluß keinerlei Vertrag über Zollangelegenheiten mit anderen Staaten abzuschließen.

Die Eröffnung der Darmstädter Conferenz fiel mit einem tragischen, für die vorliegende Frage sowie überhaupt für die weitere Entwicklung der deutschen Krisis höchst folgenreichen Ereignisse zusammen. Am zweiten Tage der Verhandlungen war die Nachricht vom dem plötzlich erfolgten Ableben des österreichischen Ministers Fürsten Schwarzenberg eingetroffen. Mit ihm war der kräftigste und hauptsächlichste Träger der bisherigen activen österreichischen Politik aus der Welt geschieden, und es war mit ziemlicher Wahrscheinlichkeit anzunehmen, daß der thatkräftige Impuls, den seine Persönlichkeit dieser Politik eingeprägt hatte, bei den zahlreichen widerstrebenden Elementen nicht lange vorhalten, vielmehr dieselbe bald wieder in das alte System der Passivität zurückfallen werde.

Die in Darmstadt versammelten Minister beeilten sich unter dem Eindrucke dieser Nachricht, ihre Verhandlungen zu schließen, und so sehr auch alle von dem Bedürfniß einer Verständigung unter den Mittelstaaten überzeugt waren, so gingen die Ansichten doch so weit aus einander, daß nur eine Verständigung über das zunächst Liegende erzielt wurde, dagegen über die wichtigste Frage, nämlich über eine gemeinschaftliche Action Preußen gegenüber, falls letzteres, wie zu erwarten war, auf dem September-Vertrag beharrte, keine Uebereinstimmung aller in Darmstadt vertretenen Regierungen erzielt werden konnte. Die Verhandlungen in Darmstadt währten nur drei Tage; schon am 6. wurden dieselben beendigt, wobei drei Uebereinkünfte unterzeichnet wurden.

Die Uebereinkunft Nr. I., an welcher sich sämmtliche anwesende Minister betheiligten und welche daher auch fast ohne alle Discussion zu Stande kam, enthält folgende Verabredungen:

1) in Wien das Schlußprotokoll zu den Entwürfen A und B (Handelsvertrag mit Oesterreich — und Grundlage eines künftigen Zolleinigungsvertrages mit Oesterreich) vorbehaltlich definitiver Feststellung des Tarifs zu genehmigen und unterzeichnen zu lassen;

2) sofort bei Eröffnung der Zollconferenz in Berlin auszusprechen, daß man eine Verhandlung mit Oesterreich unter Zugrundelegung dieser Vertrags-Entwürfe für nothwendig halte;

3) die Vertrags-Entwürfe A und B vorzulegen und zu verlangen, daß das österreichische Cabinet zu Verhandlungen hierüber eingeladen werde;

4) so lange diese Verhandlungen nicht stattgefunden haben, die Verhandlungen wegen Erneuerung und Erweiterung des Zollvereins nicht zum Abschlusse zu bringen.

Der badische Minister hatte sogleich bei Eröffnung der Verhandlungen bestimmt erklärt, daß seine Regierung zwar wünsche, mit den übrigen in Darmstadt vertretenen Regierungen im Einverständnisse zu bleiben, daß sie aber eine förmliche Verpflichtung zu mehr als der Vorlage und der Empfehlung der Wiener Entwürfe bei der bevorstehenden Zollvereinsconferenz in Berlin nicht übernehmen könne und namentlich an Verabredungen für weitere Eventualitäten sich nicht betheiligen werde. Baden unterzeichnete also nur die Uebereinkunft Nr. I. Die beabsichtigte Wirkung der ganzen Conferenz war dadurch zum größten Theile vereitelt.

Die II. Uebereinkunft, an welcher sich Bayern, Sachsen, Württemberg, beide Hessen und Nassau betheiligten, enthielt folgende Bestimmungen:

1) Die contrahirenden Regierungen erkennen die Zollvereinsverträge von 1833 und 1841 nebst den seither dazu gekommenen Verabredungen auch fernerhin unter sich als fortbestehend und verbindlich an;

2) sie sind daher gegenseitig verpflichtet, nur unter ihrer allseitigen Einwilligung und Zustimmung mit irgend welchen anderen Staaten eine Uebereinkunft oder einen Vertrag in Zoll- und Handels-Angelegenheiten einzugehen;

3) sie werden ferner, — obschon es keineswegs ihr Wunsch ist, durch die hier eingegangene Vereinbarung eine weitere Spaltung Deutschlands in Zoll- und Handelssachen zu begründen, vielmehr stets die größte mögliche Einigung Deutschlands in dieser Beziehung von ihnen allen angestrebt werden wird, — nichts desto weniger, sofern nicht vor Ablauf des Jahres 1853 unter ihrer allseitigen Zustimmung eine Zolleinigung zwischen ihnen und einem oder mehreren anderen Staaten zu Stande gebracht sein wird, die bisherigen Zollvereinsverträge in ihrer Anwendung auf den alsdann aus den Staaten Bayern, Sachsen, Württemberg, Kurhessen, Großherzogthum Hessen und Nassau bestehenden Zollverein zum Vollzuge bringen lassen.

Die Uebereinkunft Nr. III. bezog sich auf den in Wien entworfenen Vertrag C und den dazu gehörigen sogenannten geheimen Artikel und enthielt daher Bestimmungen über das künftige Verhältniß zu Oesterreich, die der Natur der Sache nach, da Oesterreich nicht mit contrahirte, nur Präliminarien oder vorläufige Abreden der in Darmstadt vertretenen Regierungen sein konnten. Diese Abreden waren folgende:

1) Es sollen mit Oesterreich weitere Verhandlungen über Modificationen des Entwurfs C gepflogen werden;

2) Oesterreich solle sich den contrahirenden sechs Regierungen gegenüber verpflichten, mit diesen den Vertrag C (entweder unverändert oder mit vereinbarten Modificationen) abzuschließen und namentlich die in diesem Vertrage enthaltene Garantie ihrer Zollrevenuen zu gewähren, sofern diese Regierungen den Wunsch, daß Dies geschehe, der österreichischen Regierung vor dem 31. Januar 1853 ausdrücken würden.

3) Dagegen verpflichten sich die genannten sechs Staaten der österreichischen Regierung gegenüber, daß sie einen Vertrag über die Verlängerung des Zollvereins mit Preußen auf keinen Fall vor dem 1. Januar 1853 abschließen werden, sofern nicht vor diesem Termin eine Verständigung zwischen Oesterreich und den sämmtlichen Zollvereinsstaaten über das gegenseitige Verhältniß in Zoll- und Handelssachen zu Stande kommen sollte.

Obwohl die Darmstädter Verhandlungen in Bezug auf ihren materiellen Inhalt mit großem Geheimnisse umgeben wurden, so erschienen doch schon am 24. April sämmtliche Verträge ihrem ganzen Inhalte nach in der Berliner Voß'schen Zeitung in Folge einer, wie es scheint, in Darmstadt von untergeordneter Seite geübten Indiscretion. Der Eindruck der Verhandlungen selbst konnte kein bedeutender sein. In Berlin war man natürlich darauf gefaßt und vorbereitet. Der Mangel an Uebereinstimmung unter den contrahirenden Staaten diente nicht dazu, die Bedeutung ihrer Coalition zu erhöhen; und die Aengstlichkeit, den Bestand des Zollvereins zu gefährden, die sie bei jeder Gelegenheit an den Tag legten, zeigte hinreichend, daß hier die schwache Seite der Verbündeten war. In dieser Frage befanden sich die verbündeten Regierungen in entschiedenem Widerspruche mit der Majorität der Bevölkerungen. Es darf sicherlich nicht befremden, daß es den Regierungen der mittleren und Kleinstaaten sowohl vor als nach dem Jahre 1848 nicht gelungen war, bei ihren Bevölkerungen einen bedeutenden particularen Patriotismus zu erzeugen. Es war daher ganz natürlich, daß jetzt, wo das particulare Interesse mit den allgemeinen materiellen Interessen der industriellen Stände in Collision gerieth, diese sich keineswegs zu Opfern bereit zeigten.

Das Verfahren Preußens beim September-Vertrage und die von ihm unverkennbar angestrebte Hegemonie in Zollvereinsfragen bedrohte die bisherige, zum Theil aber thatsächlich schon nicht mehr bestehende, particulare

Selbständigkeit der Mittelstaaten. Gleichwohl waren die Bevölkerungen und vor Allem die industriellen Stände nichts weniger als bereit, diesen particularen und dynastischen Interessen irgend erhebliche materielle Interessen zum Opfer zu bringen, und als daher diese Regierungen Miene machten, den Fortbestand des Zollvereins in Frage zu stellen, entstand allenthalben eine gewaltige Bewegung und lebhafte Opposition.*) Diese Bewegung in der Bevölkerung, die vielleicht zunächst die Haltung der badischen Regierung bei den Darmstädter Verhandlungen hervorgerufen hatte, war unverkennbar auch auf die übrigen Regierungen von Einfluß und verhinderte sie, die Auflösung des Zollvereins als eine mögliche Eventualität zu bezeichnen. Am entschiedensten trat dieser Opposition der bayrische Ministerpräsident Frhr. v. d. Pfordten entgegen, der die politische Grundlage der ganzen Krisis vielleicht am besten erkannt hatte und bei jeder Gelegenheit betonte. Allein auch er überschätzte die Kraft der Coalition gegen Preußen, die durch den Mangel an Uebereinstimmung und den Widerstand der Bevölkerungen gegen die drohende Auflösung des Zollvereins gelähmt war, während die preußische Regierung stark in ihrer Einheit und in ihrem Vorschreiten durch keinerlei Rücksicht gehemmt war.

Nur solche Regierungen können mit vollem Rechte von ihren Bevölkerungen freiwillige materielle Opfer verlangen und erwarten, deren ganze Verwaltung mit den Anschauungen der großen Majorität in vollständigem Einklange steht.

Am 20. April 1852 fand in Wien im Wesentlichen nach Ziffer 1 der Darmstädter Vereinbarungen die Feststellung des Schlußprotokolls mit den beiden Entwürfen A und B und dessen Unterzeichnung statt. Dadurch hatten die von Oesterreich berufenen Conferenzen ihr Ende erreicht.

Die preußische Regierung hatte ihrerseits mit Schreiben vom 8. März 1852 als Zeitpunkt für den Beginn der Verhandlungen in Berlin den 14. April in Vorschlag gebracht. Als wesentlicher Gesichtspunkt, von welchem man preußischer Seits bei diesen Verhandlungen auszugehen gedenke, war bezeichnet worden, daß es sich nicht handle um Schließung eines neuen Vereins mit neuen Grundsätzen, Einrichtungen und Gesetzen, sondern um die Fortsetzung und Erweiterung des bestehenden Vereins auf Grund der vorhandenen Einrichtungen und Gesetze in dem Sinne, daß alle

*) Das interessanteste Actenstück in dieser Beziehung ist vielleicht die ausführliche Erwiderung, welche der sächsische Minister von Beust dem Bankdirector Poppe in Leipzig unterm 30. April 1852 auf eine im Namen des Leipziger Handelsvorstandes gemachte Eingabe vom 26. desselben Monats zugehen ließ.

bestehenden Verhältnisse, soweit nicht deren Aenderung beantragt werde, als unverändert fortbestehend vorausgesetzt werden. Nach diesem Gesichtspunkte habe die preußische Regierung die nach ihrer Ansicht zur Sprache zu bringenden Anträge bemessen. Dieselben bezögen sich:

1) auf diejenigen Abänderungen an den bisherigen Grundverträgen, welche sich aus dem am 7. September 1851 wegen der Vereinigung des Steuervereins mit dem Zollvereine abgeschlossenen Vertrage ergäben;

2) auf die Bildung verbindlicher Beschlüsse unter den Vereinsregierungen;

3) auf die Maaßregeln wegen des Verkehrs mit Getreide u. dergl. in Theuerungszeiten und

4) auf die Errichtung von Zollvereins-Consulaten.

Die königlich hannövrische und die großherzoglich oldenburgische Regierung seien zur Theilnahme an den Verhandlungen gleichfalls eingeladen worden. Es werde ferner nicht erst der Versicherung bedürfen, daß man bei diesen Verhandlungen das Augenmerk auch darauf zu richten haben werde, daß eine engere Vereinigung mit Oesterreich auf dem Gebiete der materiellen Interessen in Aussicht zu nehmen bleibe. Die preußische Regierung halte fest an den von ihr in dieser Beziehung wiederholt abgegebenen Erklärungen und Zusicherungen, aber sie vermöge es nach sorgsamer und reiflicher Erwägung nicht für zweckmäßig zu erachten, daß man in dieser Hinsicht anders verfahre als unter allmäligem Vorschreiten. Sie sei der Ansicht, daß es zunächst darauf ankomme, den Zollverein in seiner durch die Vereinigung mit dem Steuervereine zu erweiternden Gestalt wieder fest zu begründen und dann zu den sich als zweckmäßig darstellenden weiteren Gestaltungen überzugehen.

Die Conferenzen in Berlin wurden am 19. April durch den Ministerpräsidenten von Manteuffel eröffnet. Als Verhandlungsgegenstände lagen außer den oben schon erwähnten drei preußischen Vorlagen noch folgende Anträge vor:

von Bayern:

auf Erweiterung des Geschäftskreises des Centralbureaus des Zollvereins;

auf Revision der vertragsmäßigen Bestimmungen über Meßprivilegien;

auf Revision der Uebergangssteuer auf Wein und Tabak und der Steuervergütung für Branntwein;

auf Regulirung der Bauschsummen;

auf Bestimmung der Art und Weise der Herauszahlung gemeinschaftlicher Zollgefälle;

von Sachsen:

bezüglich des Artikels 5 des Vertrages vom 8. Mai 1841, Münzwesen betreffend;

bezüglich des Artikels 18 der Verträge von 1833, Gewerbs-Messen- und Marktverkehr betreffend;

von Baden:

auf Minderung der Uebergangssteuern von Wein und Tabak;

auf nähere Bestimmungen über die jährlichen Generalconferenzen;

auf Bestimmungen über Verabfolgung der Zollguthaben.

Wie unter den gegebenen Umständen kaum anders erwartet werden konnte, waren der Verlauf und die Ergebnisse der Berliner Conferenz nichts weniger als erfreulich und befriedigend.

Die preußische Regierung hatte auch das Wiener Cabinet von der an die Zollvereinsregierungen ergangenen Einladung zur Eröffnung der Zollconferenz in Berlin am 14. April 1852 benachrichtigt und dabei bemerkt, daß sie bereit sei, mit Oesterreich in Verhandlung über einen Handelsvertrag zu treten, sobald die Verhandlungen über die Zukunft des Zollvereins geschlossen sein würden.

Die auch in dieser Mittheilung berührte wichtigste Streitfrage, die künftige Stellung des Zollvereins zu Oesterreich und die Priorität der Verhandlungen hierüber, kam übrigens sofort bei der Eröffnung der Conferenz zum Ausdruck. Minister von Manteuffel hatte in seiner Eröffnungsrede, nachdem er erwähnt, wie fern der preußischen Regierung der Gedanke liege, den Zollverein zu lösen, ein Band, das allen Staaten, die es umschlang, eine Quelle des Segens geworden war, mit besonderem Nachdrucke betont, daß erst dann, wenn die Berathungen über die fernere Fortsetzung des Zollvereins unter Hinzutritt derjenigen neuen Mitglieder, welche sich bereits vertragsmäßig zum Beitritt verpflichtet haben, ihr Ziel erreicht haben würden, die Berathungen darauf gerichtet werden dürften, wie zwischen dem neubegründeten Zollverein und den anderen, Deutschland ganz oder für einen Theil ihres Gebietes angehörigen Staaten umfassende Handelsverträge zu schließen sein werden. Dies veranlaßte den bayrischen Bevollmächtigten nunmehr auch den abweichenden Standpunkt der verbündeten Regierungen zu bezeichnen, indem er die Bestrebungen der bayrischen Regierung und namentlich ihren Wunsch auf Erweiterung des Zollvereins nicht nur in der Richtung nach dem Norden, sondern auch in Bezug auf Oesterreich darlegte.

In der darauf folgenden ersten geschäftlichen Sitzung vom 26. April kam diese Frage specieller zur Erörterung, indem von preußischer Seite die Erörterung des Vertrages vom 7. September 1851 proponirt wurde, worauf der bayrische Commissar durch Verlesung der von seiner Regierung kurz zuvor abgegebenen officiellen Erklärung über die preußischen Propositionen antwortete. Es hatte diese Erklärung, obwohl dieselbe den preußischen Forderungen unumwunden entgegentrat, gleichwohl in Berlin durch ihre Offenheit und Geradheit, im Vergleich zu den mitunter etwas geschraubten Antworten der anderen Regierungen, einen günstigen Eindruck gemacht. Der bayrische Bevollmächtigte stimmte sofort zu, daß nach dem preußischen Vorschlage der mit Hannover abgeschlossene Vertrag zum Gegenstande der Verhandlungen genommen werde, stellte aber gleichzeitig namens seiner Regierung den Antrag, daß mit diesen Verhandlungen zugleich auch eine Verhandlung mit Oesterreich, unter Zugrundelegung der aus den Wiener Conferenzen hervorgegangenen Entwürfe eines Zoll- und Handelsvertrages und eines Zolleinigungsvertrages, eröffnet werde.

Den ersten Verhandlungen wohnte auch der Vertreter Hannovers bei, der jedoch nur den Standpunkt einnehmen zu wollen schien, über den Septembervertrag die allenfalls erforderlichen Aufklärungen zu geben. Auch die von ihm abgegebene Erklärung, daß Hannover eigentlich zu dem Abschlusse dieses Vertrages kein Bedürfniß empfunden habe, vielmehr die Anregung hiezu lediglich von Preußen ausgegangen sei, mußte, obwohl er hiermit nur ein öffentliches Geheimniß aussprach, etwas überraschen.

Die preußischen Bevollmächtigten gaben schon in der nächstfolgenden Sitzung (1. Mai) die Erklärung ihrer Regierung auf den bayrischen Antrag dahin ab, dieselbe halte an der Ueberzeugung fest, daß zunächst die Erneuerung und Erweiterung des Zollvereins unter Hinzutritt des Steuervereins zu sichern und erst alsdann zu Verhandlungen mit Oesterreich über einen Handelsvertrag zu schreiten sein werde. Ungeachtet dieser ablehnenden Erwiderung erklärte sich der bayrische Bevollmächtigte gleichwohl bereit, unter Festhaltung des bereits kund gegebenen Standpunktes seiner Regierung, die Verhandlungen über den Septembervertrag, jedoch in unverbindlicher Weise, einstweilen fortzusetzen.

Bisher hatte das österreichische Cabinet seit dem Tode des Fürsten Schwarzenberg sich in der handelspolitischen Frage ziemlich passiv verhalten und namentlich Preußen gegenüber keine Schritte gethan. Erst unterm 7. April theilte es der preußischen Regierung das Schlußprotokoll der Wiener Verhandlungen mit den beiden Entwürfen A und B mit und verlangte die Zuziehung eines österreichischen Bevollmächtigten zu den Berliner Conferenzen. Gleichzeitig hatte auch das preußische Cabinet eine Mittheilung nach Wien gerichtet, in welcher mit vielem Geschick, unter Hinweisung auf die Zustände in Frankreich, das Bedenkliche eines Zerwürfnisses in Deutschland hervorgehoben und gleichsam ein einleitender Schritt zu einer directen Verständigung mit Oesterreich gemacht wurde.*)

---

*) Diese für die Entwickelung der damaligen Krisis höchst bedeutungsvolle Depesche vom 8. Mai 1852 enthält folgende Stelle: „Dies sind die Erwägungen, welche dem königlichen Cabinete die jetzige Lage der Verhandlungen über die handelspolitischen Beziehungen Deutschlands aufdrängt. Wir glauben das erste Wort zu einer Verständigung mit Oesterreich mit um so größerer Zuversicht auf bereitwillige Aufnahme sprechen zu dürfen, als wir unsererseits nur die Erhaltung und Befestigung längst bestehender Institutionen, nicht die Gründung neuer, noch nicht erprobter Verhältnisse uns als Ziel vorgesteckt haben.

„Der Zollverein, dessen Kern vor beinahe 25 Jahren entstand, hat für Preußen weder finanzielle Vortheile geschaffen, noch eine politische Bedeutung gehabt. Was die finanziellen Resultate des Zollvereins für Preußen gewesen sind, liegt offenkundig vor. Nicht Preußen, wohl aber die anderen Zollvereinsstaaten haben durch den Verein ihre Einnahmen über das Maaß der steigenden Bevölkerung hinaus vermehrt. Von dem erweiterten und unbeschränkten Verkehr im Innern des Gesammtterritoriums aller Vereinsstaaten haben preußische Unterthanen einleuchtend den relativ geringsten Nutzen gezogen; Preußens eigenes Gebiet, seine Lage am Meere und an den großen norddeutschen Strömen, seine Beziehungen mit dem Auslande gewährten seinen Unterthanen Mittel zum ungehinderten Verkehr, welche seine Hinterländer entbehrten. Was aber die oft und bis zum Ueberdruß wiederholte Behauptung anbetrifft, daß Preußen durch den Zollverein seine politische Stellung in Deutschland zu stärken suche, so haben die Jahre seit der Gründung des Vereins, namentlich aber die letzten Jahre seit 1848 eindringlich dargethan, daß ein solches Bestreben absolut fruchtlos geblieben wäre. Man wird uns daher wohl endlich glauben, daß ein jeder politische Gedanke der Stiftung des Zollvereins fremd war. Was das Cabinet seit 20 und mehr Jahren stets gesagt, hat die Zeitgeschichte fast täglich bestätigt.

„Der wahre Zweck, der wahre Sinn des Zollvereins ist für Preußen nur Einer gewesen, nämlich durch eine Combination gemeinschaftlicher Interessen der Staaten, welche im Innern von Deutschland sich auf die mannigfaltigste Weise, zum Theil ganz zerstückelt begrenzen, einen freien Verkehr herzustellen und dadurch die Schranken zu beseitigen, welche aus der vereinzelten Territorialvertheilung unter eine große Anzahl von Landeshoheiten hervorgingen" u. s. w.

Nach einer Erörterung des Vertrags vom 7. September 1851, insbesondere der Gründe, welche dessen Geheimhaltung motivirten, geht die Depesche auf das Zustandekommen einer allgemeinen deutschen Zoll- und Handelseinigung über, die Preußen zu jeder Zeit und namentlich bei dem Abschluß der Zollvereinsverträge als Ziel im Auge gehabt und vorbehalten habe. Es werden sodann die Verhältnisse zu Oesterreich und die Bestrebungen des Fürsten Schwarzenberg bei den Wiener Conferenzen sowie die Gründe besprochen, welche Preußen an der Theilnahme verhinderten, und zwar mit einer Offenheit und Ungenirtheit, wie sie sonst in diplomatischen Depeschen ziemlich selten ist. Alsdann zu den im April eröffneten Berliner Conferenzen übergehend, wird die preußische

Diese mit sehr großem Talente verfaßte, in jeder Beziehung höchst merkwürdige Depesche wurde von Oesterreich unterm 14. Mai in ziemlich allgemeiner Weise und mit dem wiederholten Ersuchen erwidert, daß Preußen auf die Erörterung der österreichischen Vorschläge eingehen möge, und konnte daher nicht wohl einen augenblicklichen directen Erfolg haben. Gleichwohl bildet sie unverkennbar den Wendepunkt in der damaligen Krisis, indem sie gleichsam die Grundlage ist, auf welcher später die directen Verhandlungen zwischen Preußen und Oesterreich eingeleitet wurden.

Ehe weitere Mittheilungen zwischen Preußen und Oesterreich erfolgten, suchte das preußische Ministerium sich in seiner Stellung durch die Zustimmung des eben versammelten Landtags zu festigen. Es wurde zu diesem Ende nach Verabredung von hervorragenden Mitgliedern sämmtlicher Fractionen in der Sitzung vom 17. Mai an das Staatsministerium die Interpellation gerichtet:

„ob es gesonnen sei, die Erhaltung und die durch den Vertrag mit Hannover angebahnte Erweiterung des Zollvereins nach Maaßgabe der bei seiner Gründung leitend gewesenen Principien und der darauf gestützten Einrichtungen mit allen, die wesentlichen Interessen Preußens nicht gefährdenden Mitteln zu erstreben, dabei aber an dem Grundsatze, daß erst nach der Erreichung dieses Ziels der neugebildete Zollverein zu der wichtigen Ordnung seiner Handels- und Verkehrsverhältnisse mit

---

Erklärung in der Sitzung vom 1. Mai mitgetheilt und wiederholt versichert, daß, sobald der Zollverein reconstruirt und sein künftiges Gebiet festgestellt sein werde, es die eifrigste Sorge der preußischen Regierung sein würde, Verhandlungen mit Oesterreich über die wechselseitigen Handels- und Verkehrsverhältnisse beider Ländermassen auf der weitesten Grundlage zu eröffnen. Der Zeitpunkt der Eröffnung hänge aber nicht von Preußen, sondern von dem Fortschreiten und dem Abschluß der mit den bisherigen Zollverbündeten eingeleiteten Verhandlungen ab und werde durch die Forderung gleichzeitiger Verhandlung nur aufgehalten. Der Gegensatz, welcher zur Zeit wenigstens anscheinend zwischen den zur Fortsetzung des Zollvereins entschlossenen Gruppen und denjenigen Staaten bestehe, die möglicher Weise ihre Stellung zum Zollverein gegen ein noch näher festzustellendes Verhältniß zu Oesterreich zu vertauschen geneigt seien, bringe sowohl außerhalb wie innerhalb Deutschlands den Eindruck einer Spaltung im Innern des deutschen Bundes hervor, ja es müsse der Wahn entstehen, als ob die beiden deutschen Großmächte aus einer gewissen Eifersucht gegen einander sich in Handels- und Zollangelegenheiten ihre Bundesgenossen wechselseitig entziehen wollten und dadurch, wenn auch unbewußt, den Keim zu einer politischen Differenz legten.

Den Schluß der Depesche macht der Ausdruck der Hoffnung von Seite der preußischen Regierung, das kaiserliche Cabinet wolle seinen Einfluß auf die zu ihm in näheren Beziehungen stehenden deutschen Regierungen dahin anwenden, daß die Vorfrage über den Fortbestand des Zollvereins bald erledigt und damit Preußen der Weg eröffnet werde, mit Oesterreich neue Bande zu knüpfen.

anderen Staaten schreiten darf, unwandelbar und selbst in dem Falle festzuhalten, daß deshalb einzelne der verbündeten Regierungen sich von dem Zollvereine lossagen sollten."

Diese Interpellation wurde unter Umgangnahme von jeder Begründung und Discussion von dem Ministerpräsidenten Frhrn. von Manteuffel unter allgemeiner Zustimmung mit der Erklärung beantwortet,

„daß die Regierung fest entschlossen sei, den Standpunkt zu behaupten, den sie beim Beginn der bisherigen Vereinsverhandlungen eingenommen habe."

Noch an demselben Tage wurde sodann die letzte österreichische Note in diesem Sinne beantwortet, worauf Oesterreich erklärte, nunmehr von weiteren schriftlichen Verhandlungen Umgang nehmen zu wollen. Am 25. Mai erfolgte in der Conferenz die Collectiv-Erklärung der verbündeten Regierungen, in welcher der Antrag gestellt wurde:

„daß während der Verhandlungen über die Erneuerung und Erweiterung des Zollvereins auch die Verhandlungen zwischen den Bevollmächtigten der sämmtlichen bei der Conferenz vertretenen Regierungen über die übergebenen Entwürfe der Wiener Conferenz, unter Zuziehung und Theilnahme von Bevollmächtigten der österreichischen Regierung eröffnet werden."

Die preußische Antwort hierauf erfolgte in der Sitzung vom 7. Juni. Die Verhandlung über den Vertrag B (Zolleinigungs-Vertrag mit Oesterreich) wurde unbedingt abgelehnt, die Verhandlung über einen Handelsvertrag mit Oesterreich in Aussicht gestellt, sobald die Erneuerung des Zollvereins vorerst gesichert sei. Gleichzeitig ordnete die preußische Regierung ihren damaligen Bundestags-Gesandten v. Bismarck-Schönhausen, von welchem bekannt war, daß er in entschiedenster Weise den bisherigen Principien der Regierung bezüglich der Zoll-Politik beistimmte, nach Wien ab, mit dem ostensiblen Zwecke, den dortigen Gesandten Graf v. Arnim während dessen Abwesenheit zu vertreten, in der That aber zu dem Zwecke, die österreichische Regierung für das Eingehen in die preußische Anschauung und namentlich für ein dualistisches Abkommen mit Oesterreich mit Umgehung der Mittelstaaten zu gewinnen. Allgemein betrachtete man diese Sendung als einen Versuch Preußens, aus der bisherigen beiderseitigen Negation einen Ausweg zu finden und direct mit Oesterreich sich über einen Handelsvertrag zu verständigen. Obwohl ein solches Abkommen mit Oesterreich ohne Mitwirkung der Mittelstaaten weder im Plane der letzteren lag, noch denselben angenehm sein konnte, so konnte es gleichwohl, wenn es zu dem erwünschten Ziele führte, von denselben nicht ernstlich beanstandet werden. Die aus den preußischen Erklärungen hervorgehende Absicht, den Entwurf B über die Zolleinigung mit Oesterreich vorerst gänzlich bei Seite zu lassen, hatte von Seite der Mittelstaaten ebenfalls keine ernstliche Opposition zu befürchten, da dieser Entwurf schon bei den Verhandlungen in Wien vielfachen Anstand gefunden hatte. Dagegen schien die österreichische Regierung keineswegs geneigt, sich auf Separatverhandlungen mit Preußen einzulassen oder den Gedanken einer Zolleinigung aufzugeben. Herr v. Bismarck, der sich hiervon bei seiner ersten Besprechung mit dem österreichischen Minister Graf Buol überzeugt haben mochte, trat daher auch in Wien mit ungemeiner Vorsicht und Zurückhaltung auf und vermied sorgfältig jeden Schritt und jede Aeußerung, welche als ein besonderes Entgegenkommen oder als eine Nachgiebigkeit von Seite Preußens hätte gedeutet werden können. Auch enthielt er sich jedes directen Vorschlages zu einem Modus der Ausgleichung. Ein solcher Vorschlag wurde vielmehr nur von dem hannövrischen Geschäftsträger Graf Platen gemacht, von dem österreichischen Cabinet aber mit unverhehltem Mißtrauen aufgenommen und ohne weitere Folge gelassen. Herr v. Bismarck reiste in der ersten Woche des Juli wieder von Wien ab, ohne daß seine Sendung eine Annäherung zwischen Preußen und Oesterreich zur Folge hatte.

Während dieser Zeit hatten die zur Conferenz in Berlin versammelten Bevollmächtigten ihre Arbeiten mit kurzen Unterbrechungen fortgesetzt und sich vorzugsweise mit dem September-Vertrage, der Rübenzuckersteuer und einigen wichtigen Verwaltungsfragen beschäftigt. In Folge der preußischen Erklärung vom 7. Juni fertigten die Bevollmächtigten der coalirten Staaten einen Entwurf zu einer Gegenerklärung, der jedoch von einigen Seiten beanstandet wurde, weshalb die zur Zeit in Kissingen befindlichen Minister v. d. Pfordten und v. Beust einen anderen Entwurf ausarbeiteten und an die übrigen Regierungen versandten. Gleichzeitig war von Preußen in der Conferenz eine weitere Erklärung erfolgt, in welcher die coalirten Regierungen zur baldigen Aeußerung über die frühere preußische Erklärung vom 7. Juni aufgefordert wurden. Nachdem noch am 9. Juli eine Zusammenkunft der Minister von Bayern, Sachsen, Württemberg, Darmstadt und Nassau in Kissingen stattgefunden hatte, wurde die vereinbarte Collectiv-Erklärung endlich in einer Sitzung vom 20. Juli übergeben und sodann die Conferenz bis zum 16. August vertagt. Mit dieser Vertagung verband jedoch die preußische Regierung die Erklärung, daß sie die Erledigung von zwei Punkten bei dem Wiederbeginn der Verhandlungen für den Fortgang der letzteren und für die fernere Betheiligung der einzelnen Regierungen an denselben für präjudiciell erachte, nämlich die definitive Erklärung über Annahme des September-Vertrages und die Zustimmung dazu, daß die auf einen Zoll- und Handelsvertrag zu beschränkenden commerciellen Verhandlungen mit der österreichischen Regierung erst nach Abschluß des Vertrages über Erneuerung und Erweiterung des Zollvereins eröffnet werden.

Es war vorauszusehen, daß diese etwas verletzende Form, den dissentirenden Vereins-Regierungen gleichsam zum Voraus die Bedingungen einer Fortsetzung der Verhandlung aufzunöthigen und die Anträge Oesterreichs bei Seite zu setzen, sowohl in Wien als auch bei den betheiligten Vereins-Regierungen unangenehm berühren mußte. Das österreichische Ministerium manifestirte diese Stimmung durch eine Depesche vom 29. Juli an die österreichischen Gesandten bei den verbündeten Regierungen, in welcher mit gleicher Schärfe, wie Dies in der preußischen Erklärung vom 20. Juli geschehen war, der Standpunkt angegeben war, den Oesterreich fernerhin einzunehmen gedenke. Derselbe ward durch folgende Sätze bezeichnet:

1) Oesterreich wird auf Verhandlungen, welche blos einen Zoll- und Handelsvertrag zwischen ihm und den Vereinsstaaten ohne gleichzeitige Sicherung und Feststellung der Zolleinigung beabsichtigen, nicht eingehen.

2) Die kaiserliche Regierung wird ferner auf keine anderen Grundlagen der Verhandlungen mit den Zollvereinsstaaten eingehen, als auf diejenigen, welche in den auf den Wiener Conferenzen zu Stande gebrachten Vertragsentwürfen gegeben sind.

3) Die österreichische Regierung erwartet von ihren Verbündeten, daß diese das Zustandekommen der Erneuerung und Erweiterung des Zollvereins von der Verständigung mit Oesterreich abhängig machen, und wird daher jede Verschiebung der Eröffnung wie des Abschlusses der Verhandlungen mit Oesterreich über den Zeitpunkt des Vertrags-Abschlusses bezüglich der Erneuerung und Erweiterung des Zollvereins hinaus als dem völligen Fallenlassen jener Verhandlungen gleichkommend betrachten.

4) Die österreichische Regierung wird daher auch die Ertheilung der von Preußen geforderten Zustimmung zur Beschränkung der Verhandlungen mit Oesterreich auf einen Zoll- und Handelsvertrag und zur Eröffnung derselben nach dem Abschlusse des Vertrages über Erneuerung und Erweiterung des Zollvereins sowie die fernere Betheiligung der betreffenden Staaten an den Berliner Conferenzen auf der von Preußen geforderten Grundlage als einen Rücktritt von dem Wiener Schlußprotokolle und sich selbst von

den in diesem Protokolle übernommenen Verpflichtungen losgezählt betrachten.

In der Zwischenzeit, während der Vertagung der Berliner Conferenzen, beschäftigten sich die verbündeten Regierungen mit der Antwort, welche sie auf die preußische Aufforderung vom 20. Juli abzugeben hatten. Alle waren der Ansicht, daß das österreichische Verlangen, die Verhandlungen in Berlin sofort abzubrechen, zu weit gehe und wenigstens der Stellung der Vereinsregierungen nicht entspreche. Namentlich schien der König von Württemberg, im Widerspruche mit den Ansichten seines Ministeriums, ziemlich geneigt, die bisherige Stellung zu verlassen und der preußischen Regierung näher zu treten, wozu die besondere Sendung des Herrn v. Rochow an ihn, welche von Berlin aus erfolgt war, beigetragen haben mochte. Freiherr v. Beust begab sich vor Allem nach Wien, um durch directen Verkehr mit dem österreichischen Minister v. Buol vollkommene Kenntniß der Ansichten des österreichischen Cabinets zu erlangen. Er verweilte vom 1. bis 5. August in Wien, und wenn er auch den österreichischen Minister mit der Absicht der verbündeten Regierungen, die Verhandlungen in Berlin nicht sofort ganz abzubrechen, nicht völlig auszusöhnen vermochte, so gelang es gleichwohl, über das fernere gemeinschaftliche Verfahren sich vollkommen zu verständigen und als Grundlage einer Ausgleichung folgende Proposition anzunehmen:

„Oesterreich willigt in einen vorläufigen Aufschub der Zolleinigung unter der Voraussetzung, daß:

1) der Vertragsentwurf A mit Ausnahme einiger in den §§ 1 und 23 bei dem Wegfalle des gleichzeitigen Abschlusses des Zolleinigungsvertrags vorzunehmenden Aenderungen, durch welche die Anerkennung des Grundsatzes der allseitig als nothwendig erkannten gänzlichen Zolleinigung auszusprechen wäre, in allen seinen übrigen Bestimmungen definitiv und unverändert sowohl von Preußen als von allen übrigen Staaten des Zoll- und Steuervereins angenommen werde;

2) daß nach Ablauf der in den Wiener Entwürfen festgesetzten Uebergangsfrist, für welche die Dauer des Zoll- und Handelsvertrags berechnet war, den sämmtlichen Zollvereinsstaaten aufs Neue die Möglichkeit geboten werde, über die Zoll- und Handelsfrage mit voller Freiheit von den bis dahin einzugehenden Vertragsverhältnissen ihre Entschließungen zu fassen, die Erneuerung der Zollvereinsverträge daher nicht auf eine längere Zeitdauer als der Abschluß des Zoll- und Handelsvertrags mit Oesterreich stattfinde.

Zur Verständigung der verbündeten Regierungen unter sich über die in Berlin bei der Wiedereröffnung der Conferenz abzugebende Erklärung wurde eine Zusammenkunft der Minister in Stuttgart vorgeschlagen, welche auch vom 10.—14. August stattfand. Bei diesem Zusammentritte, an welchem die Minister von Bayern, Sachsen, Württemberg, den beiden Hessen und Nassau Theil nahmen, einigte man sich vollkommen über:

1) eine von den betreffenden Bevollmächtigten bei der demnächstigen Wiedereröffnung der Berliner Verhandlungen abzugebende Collectiverklärung;

2) eine an sämmtliche Bevollmächtigte gleichlautend zu ertheilende Instruction;

3) das von den Bevollmächtigten übereinstimmend bei gewissen Eventualitäten zu beobachtende Verfahren; endlich

4) eine Uebersicht derjenigen Modificationen, unter denen der Septembervertrag angenommen werden sollte.

Da auch der König von Württemberg, dessen persönliche Ansicht einige Zeit lang schwankend geworden zu sein schien, diese Verabredungen genehmigte, so war das Einverständniß unter den verbündeten Regierungen ein vollkommenes, und ihre Bevollmächtigten in Berlin konnten daher auch sofort in bestimmter Weise auftreten.

Dort hatten inzwischen einige ziemlich schwache Vermittelungsversuche mit geringem Glücke stattgefunden. Die Anfänge derselben greifen auf die Sendung des Herrn v. Bismarck nach Wien zurück. Der dortige hannövrische Geschäftsträger hatte, wahrscheinlich von ihm veranlaßt, einige Punctationen zu einer Vermittelung aufgestellt, die aber von dem österreichischen Ministerium sofort verworfen wurden. Der Gedanke wurde in Hannover weiter verfolgt und später von dem hannövrischen Bevollmächtigten in Berlin, v. Klenze, neuerdings formulirt. Danach sollten

1) die Coalirten die preußische Forderung des Abschlusses des Zolleinigungs-Vertrags vor weiteren Verhandlungen mit Oesterreich annehmen, jedoch von Preußen eine Erklärung über Umfang und Inhalt eines Vertrags mit Oesterreich verlangen;

2) Preußen eine solche Erklärung nur über den Vertragsentwurf A geben;

3) der Zollvereinsvertrag unter Anerkennung des September-Vertrags auf weitere 12 Jahre abgeschlossen werden und

4) sodann die Verhandlungen mit Oesterreich beginnen.

Daß auf solcher Basis keine Ausgleichung erwartet werden konnte, war klar. Die ganze Krisis war ja dadurch entstanden, daß Preußen zuerst jeden Vertrag mit Oesterreich, der über den Rahmen eines gewöhnlichen Handelsvertrags hinausgehen sollte, abgelehnt und erst, nachdem in Folge dieser Weigerung die Spaltung im Zollverein bereits eine ziemlich drohende Gestalt angenommen hatte, sich zu einem umfassenden Handelsvertrage, jedoch ohne dessen Inhalt und Umfang jemals genau zu bezeichnen, bereit erklärte.

Das Mißtrauen der verbündeten Regierungen und Oesterreichs, daß Preußen es mit den in Aussicht gestellten weiteren Verhandlungen mit Oesterreich nicht sehr ernstlich nehmen, vielmehr Alles aufbieten werde, um dieselben in Umfang und Bedeutung möglichst zu beschränken, war daher sehr gerechtfertigt. Preußen hatte es bisher consequent vermieden, sich über Annahme des Vertragsentwurfs A oder dessen Modification irgendwie verbindlich auszusprechen.

Bei Wiedereröffnung der Berliner Conferenz am 21. August übergaben die Bevollmächtigten von Bayern, Sachsen, Württemberg, Baden, beiden Hessen und Nassau die in Stuttgart vereinbarte, von ihnen gemeinschaftlich unterzeichnete Antwort auf die preußische Aufforderung vom 20. Juli.

Diese Erklärung der verbündeten Regierungen war sehr ruhig und objectiv gefaßt und vermied jede Aufstellung einer Behauptung oder Forderung, welche als Anlaß zu einem Abbruche der Verhandlung hätte benützt werden können. In Bezug auf die beiden Punkte, welche Preußen in seiner Erklärung vom 20. Juli als präjudiciell für die Theilnahme an weiteren Verhandlungen erklärt hatte, war darin gesagt:

„Die Berathungen über die erste preußische Proposition, die Vereinigung des Steuervereins mit dem Zollverein betreffend, haben in den von den Unterzeichneten vertretenen Regierungen die Ueberzeugung begründet, daß diese Proposition kein Hinderniß für die Erneuerung der Zollvereinsverträge bilde. Dieselben erklären sich vielmehr bereit, dieser Proposition unter denjenigen Modificationen, welche sich in der bisherigen Verhandlung ergeben haben und zu deren schließlicher Redaction sofort geschritten werden könnte, beizutreten und dieselbe in die neuen Zollvereinsverträge auf deren noch näher zu bestimmende Dauer aufzunehmen, sofern über die übrigen noch unerledigten Punkte und insbesondere über die commerciellen Verhältnisse zum österreichischen Kaiserstaate das nöthige Einverständniß erzielt wird.

„Was nun die Verhandlungen mit der österreichischen Regierung anbelangt, so hat die k. preußische Regierung dieselben zwar auch für wünschenswerth erklärt und ihre Bereitwilligkeit zu denselben zugesichert; zur Bezeichnung der Grundlagen dafür jedoch nur im Allgemeinen auf das Protokoll d. d. Wiesbaden 7. Juni 1851 hingewiesen. Durch diese Hinweisung vermögen die von den Unterzeichneten vertretenen Regierungen zu ihrem Bedauern sich nicht befriedigt zu erklären. Für die commerciellen Verhandlungen sind nämlich jetzt viel bestimmtere Grundlagen gewonnen als zur Zeit der Wiesbadener Conferenzen. Es liegen die auf den Conferenzen zu Wien ausgearbeiteten vor, welche die Unterzeichneten im Auftrage ihrer hohen Regierungen den gegenwärtigen Zollconferenzen unterm 25. Mai l. J. als Propositionen unterstellt haben. Die Unterzeichneten sind daher beauftragt worden, an die k. preußische Regierung das Ersuchen zu stellen, sich geneigtest darüber auszusprechen, in wie weit sie jene Entwürfe und insbesondere den Entwurf eines Zoll- und Handelsvertrags als Grundlagen der Verhandlungen mit der kaiserlich österreichischen Regierung anzuerkennen und in welcher Fassung sie den erwähnten Zoll- und Handelsvertrag demnächst anzunehmen bereit sei" u. s. w.

Obwohl diese Erklärung der preußischen Regierung schon gleich nach den Stuttgarter Conferenzen bekannt geworden war, erfolgte nicht sogleich eine Antwort, es vergingen vielmehr mehrere Tage, während welcher Zeit ziemlich lebhafte Erörterungen über den Charakter der zu gebenden Antwort stattfanden. Der Anstoß hierzu scheint von Hannover ausgegangen zu sein, welches lebhaft gegen die bisherige schroffe Haltung der preußischen Geschäftsmänner opponirte und eine versöhnlichere Auffassung befürwortete. Endlich am 30. August wurde hierzu Sitzung anberaumt und in derselben die preußische Antwort sowohl als auch die Adhäsionserklärung der auf preußischer Seite stehenden Regierungen von Hannover, Braunschweig, Oldenburg und Thüringen abgegeben.

In Bezug auf den Vertrag mit Oesterreich war in der preußischen Erklärung bemerkt:

„Von dieser Auffassung ausgehend nimmt die preußische Regierung, obgleich schon nach ihren vorausgegangenen wiederholten Aeußerungen ein Zweifel über ihre desfallsigen Absichten kaum obwalten konnte, keinen Anstand, sich damit einverstanden zu erklären, daß der der Collectiverklärung vom 25. Mai dieses Jahres beigefügte Entwurf eines Zoll- und Handelsvertrags, ausschließlich der mit dem Entwurfe eines Zolleinigungsvertrags in Verbindung stehenden Bestimmungen u. s. w., sowie vorbehaltlich näherer Erwägung der Bestimmungen im Art. u. s. w., endlich unbeschadet der spätern gemeinsamen Entschließung über die auch jenseits noch nicht als hinlänglich vorbereitet erachtete Anlage I, den nach Abschluß des Vertrags über Erneuerung und Erweiterung des Zollvereins mit der k. k. österreichischen Regierung einzuleitenden Verhandlungen in Form und Inhalt zu Grunde gelegt werde.

„Die preußische Regierung darf um so mehr die zuversichtliche Hoffnung hegen, durch ihre vorstehende Erklärung ihren bei der Erklärung vom 21. d. M. betheiligten Zollverbündeten die Ueberzeugung gewährt zu haben, daß sie sich über den mit dem österreichischen Kaiserstaate abzuschließenden Zoll- und Handelsvertrag in allen wesentlichen Punkten mit ihnen im Einverständniß befindet, als sie in dem in ihrer Erklärung vom 20. v. M. in Bezug genommenen Protokolle d. d. Wiesbaden den 7. Juni 1851 bereits ausgesprochen hat, wie für die Richtung jenes Vertrages die künftige Herbeiführung einer allgemeinen Zolleinigung als leitender Gesichtspunkt vorschweben müsse. Sie glaubt deshalb einer die oben dargelegte Auffassung der Erklärung vom 21. d. M. bestätigenden gefälligen Rückäußerung sofort entgegensehen zu dürfen."

Diese Rückäußerung wurde noch für die erste Hälfte Septembers verlangt, da nach dem Septembervertrage mit Hannover mehrere Bestimmungen bis zum 1. October 1852 bindend festzustellen waren. Am Schlusse ist in der preußischen Erklärung noch bemerkt, daß Preußen mit Rücksicht auf die früheren Verträge und den Vertrag mit dem Steuervereine nur eine zwölfjährige Dauer des neuen Vereinsvertrages in Aussicht nehmen könne.

Offenbar hatten bei Abfassung dieser Erklärung in den preußischen Ministerien die versöhnlichen Tendenzen die Oberhand erhalten, und sie wurde auch von den übrigen Bevollmächtigten allgemein als ein Actenstück angesehen, welches zur endlichen Verständigung Anknüpfungspunkte darbiete.

Indessen war dieser Eindruck nur ein sehr vorübergehender, indem die preußische Regierung selbst denselben durch eine gleichzeitige Circulardepesche an ihre Gesandten wieder verwischte, in welcher sie wiederholt bei der Forderung stehen blieb, daß erst der Zollvereins-Erneuerungsvertrag abgeschlossen werden müsse, ehe zu Verhandlungen über den Zoll- und Handelsvertrag mit Oesterreich geschritten werden könne, und von den Darmstädter Verbündeten eine völlig bestimmte und unumwundene Erklärung hierüber verlangte. Nur in dem Falle einer völlig genügenden bejahenden Antwort würden weitere Verhandlungen stattfinden können. Unter dem Eindrucke dieser Depesche betrachteten daher sowohl Oesterreich als die verbündeten Vereinsregierungen die preußische Erklärung in der Conferenz vom 30. Aug. als keine entgegenkommende, und letztere beschäftigten sich sofort mit dem Entwurfe einer Antwort. Zur Berathung desselben wurde abermals eine Ministerconferenz anberaumt und diese in München vom 17.—19. Sept. abgehalten. Als jedoch der hier vereinbarte Entwurf einer Gegenerklärung in Berlin ankam und die Bevollmächtigten auf eine Conferenzsitzung zu deren Uebergabe antrugen, erklärte die preußische Regierung plötzlich in einer Circulardepesche vom 27. September 1852, daß sie die Verhandlungen als abgebrochen betrachte und künftig nur noch mit den einzelnen Regierungen verhandeln wolle.*)

Diese Depesche erinnert zunächst daran, daß Preußen in seiner Erklärung vom 30. August es als nothwendig bezeichnet habe, die Frage über den Umfang des künftigen Vereins vor Mitte September bindend festzustellen, und fügt dann bei: „Wir befinden uns indeß zu unserm aufrichtigen Bedauern auch bis heute noch seitens der dortigen Regierung ohne eine zustimmende Erklärung dazu, daß die Verhandlungen mit Oesterreich über einen Zoll- und Handelsvertrag erst nach Abschluß des Vertrages über Erneuerung und Erweiterung des Zollvereins zu eröffnen seien. Wir sind somit in der Unmöglichkeit, die Verhandlungen der Zollconferenz mit der Gesammtheit fortzusetzen, und haben deshalb diese Verhandlungen nur mit denjenigen Staaten wieder aufgenommen, welche sich bereits der diesseitigen Erklärung vom 30. August d. J. angeschlossen haben. Von dem Wunsche geleitet, wie bisher, so auch ferner Alles zu thun, was zur Förderung und Erreichung des Zieles, der Erneuerung des Zollvereins unter Hinzutritt des Steuervereins, möglich und mit dem allseitigen wie mit dem Interesse des eigenen Landes vereinbar ist, werden wir indessen, so lange es der Zeit nach überhaupt zuläßig erscheint, nicht Anstand nehmen, auch mit der dortigen Regierung wieder in Verhandlung zu treten, sofern dieselbe uns dazu durch eine zustimmende Erklärung über die eben erwähnte Frage in den Stand gesetzt haben wird" u. s. w.

Dieser unerwartete Abbruch der Verhandlungen erregte natürlich ungeheueres Aufsehen und in industriellen Kreisen theilweise auch Bestürzung; um so mehr als er anscheinend durch den Stand der Verhandlungen nicht

*) Veröffentlicht wurde die Depesche in der Preußischen Zeitung vom 1. October 1852; der Entwurf der von den verbündeten Regierungen vereinbarten Erklärung war in der Vossischen Zeitung vom 30. September und in der Frankfurter Zeitung vom 2. October, jedoch nicht ganz correct, abgedruckt worden.

genügend motivirt war. Die von den verbündeten Regierungen in München vereinbarte, der preußischen Regierung wohl bekannte Antwort auf die preußische Erklärung vom 30. August war ganz in dem bisherigen Geiste aller Manifestationen der Verbündeten verfaßt und legte zwar den Nachdruck auf die Verhandlungen mit Oesterreich, ohne jedoch irgendwie weitere Erörterungen abzuschneiden. Nachdem von Seite dieser Regierungen die Erklärung erfolgt war, den Septembervertrag annehmen zu wollen, und die übrigen Verhandlungsgegenstände über Zollvereinsfragen keine wesentlichen Schwierigkeiten darboten; nachdem ferner die preußische Regierung selbst sich bereit erklärt hatte, den Wiener Vertragsentwurf A als Grundlage der weiteren Verhandlungen mit Oesterreich anerkennen zu wollen, so reducirten sich die noch übrigen Differenzen fast allein auf die formelle Frage, ob der Vertrag mit Oesterreich vor oder nach dem Zollvereinsvertrage abgeschlossen werden solle. Die erst in der letzten Zeit angeregte Frage wegen der Dauer des neuen Zollvereinsvertrags war weder von solcher Erheblichkeit, noch bot sie so bedeutende Schwierigkeiten dar, daß sie den Abbruch der Verhandlung hätte motiviren können.

In Bezug auf die Priorität der beiden Vertragsabschlüsse aber lag der Ausweg eines gleichzeitigen Abschlusses so nahe, daß es nicht wohl erklärlich scheint, weshalb man diese Frage, die an und für sich doch einen mehr formellen Charakter hatte, zur kritischen zu machen veranlaßt war.

Die preußische Regierung mußte doch wohl seit Langem darüber im Klaren sein, daß die österreichische Regierung, nachdem sie einmal die Wichtigkeit eines commerciellen Verbandes für ihre politische Stellung erkannt hatte, nicht so leicht sich wieder von dem einmal gemachten Angriffe werde zurückbringen lassen, besonders da ihr die Umstände gerade höchst günstig waren. Die verunglückte politische Combination des Jahres 1849, die Bestrebungen Preußens in Erfurt, sein Verfahren in den Zollvereinsangelegenheiten hatten ihm viele Vereinsregierungen ernstlich entfremdet und dieselben geneigt gemacht, die österreichischen Bestrebungen zu unterstützen; Oesterreich selbst hatte sich aus der Katastrophe von 1849 unerwartet rasch und kräftig erhoben und durch den Olmützer Vertrag eine günstige Stellung sowie sein altes Prästigium wieder erworben; es besaß offenbar die nöthige Kraft und auch den Willen, diese günstige momentane Lage auf dem commerciellen Gebiete zu verwerthen. Preußen mußte also auf eine solche Thätigkeit von Seite Oesterreichs gefaßt sein und zum Voraus seinen Entschluß festgestellt haben, entweder den drohenden Sturm durch eine berechnete theilweise Nachgiebigkeit im rechten Momente abzulenken oder ihm unbekümmert um den Ausgang die Stirn zu bieten. Es scheint fast, als wenn der gewählte Moment zum Bruche für die erstere Alternative zu früh, für die letztere zu spät war. Wollte Preußen auf die Forderung eines Handelsvertrags mit Oesterreich überhaupt nicht eingehen, dann wäre es sicher am Besten gewesen, dieselbe gleich im ersten Momente zurückzuweisen und auf die Verhandlungen über Erneuerung des Zollvereins unter dieser Voraussetzung überhaupt nicht einzugehen. In diesem Falle wäre der schicklichste Moment zum Bruche nach dem Abschlusse der Darmstädter Conventionen gewesen.

War aber Preußen bereit, den Wiener Vertragsentwurf A anzunehmen, dann war es materiell ziemlich gleichgültig, ob Dies vor oder nach dem Abschlusse des Zollvereinsvertrags oder gleichzeitig mit demselben geschah, und es verlohnte schwerlich der Mühe, um einer bloßen Formfrage willen die Krisis auf die Spitze zu treiben, das gesammte commercielle Publicum Deutschlands ein volles Jahr hindurch in die höchste Unruhe zu versetzen und alle Geschäfte zu lähmen.

Auch der für die Depesche vom 27. September gewählte geschäftliche Anhaltspunkt war nicht ganz stichhaltig. Allerdings hatte Preußen in der Conferenz vom 30. August erklärt, daß aus der gesammten Lage der Verhandlungen und namentlich aus den in Beziehung auf den Separatartikel 11 des September-Vertrages zu treffenden Verabredungen sich die Nothwendigkeit ergebe, die Frage über den Umfang des künftigen Vereins spätestens bis zum 1. October festzustellen, und daß deshalb, um für die hiezu erforderlichen formellen Arbeiten noch Zeit zu behalten, eine bestimmte Beantwortung der Frage, ob eine gemeinschaftliche Grundlage der Verhandlungen vorhanden sei, jedenfalls noch in der ersten Hälfte des September erfolgen müsse. Allein, wie der weitere thatsächliche Verlauf gezeigt hat, lag eine solche absolute Dringlichkeit nicht vor, und wenn Preußen überhaupt geneigt war, in Bezug auf den Handelsvertrag mit Oesterreich eine Concession zu machen, dann war der Umstand, daß die geforderte Erklärung um einige Tage zu spät eintraf oder nicht vollkommen der gestellten Aufgabe entsprach, sicherlich kein hinreichendes Motiv, um deshalb die Verhandlungen sofort abzubrechen.

Allem Anscheine nach war die preußische Regierung zu diesem Schritte mehr durch die allgemeine, sich täglich steigernde Unbehaglichkeit der Lage als durch ruhige Ueberlegung veranlaßt worden. Sie hatte vielleicht im Anfange den Ernst Oesterreichs und die Ausdauer seiner Verbündeten unterschätzt, oder auf Mangel an Uebereinstimmung unter denselben gerechnet; als letzterer nicht eintrat, als Monate mit fast fruchtlosen Verhandlungen vergingen, ohne daß die eigentliche Differenz gemildert oder gehoben wurde, als die Ungewißheit der commerciellen Zustände Deutschlands wie ein Alp auf allen öffentlichen Verhältnissen lastete und Besorgnisse und Hemmnisse aller Art hervorrief, da mochte wohl auch das preußische Ministerium der resultatlosen Conferenz-Verhandlungen müde geworden und zu der Ansicht gebracht sein, daß diesem Zustande und dieser Ungewißheit um jeden Preis ein Ende gemacht werden müsse.

Die Erklärung, daß Preußen nur mit denjenigen Vereins-Regierungen die Verhandlungen über Erneuerung des Zollvereins fortzusetzen gedenke, welche sich seiner Erklärung vom 30. August anschließen würden, zeigt, daß man in Berlin noch immer auf den Abfall einzelner der Darmstädter Verbündeten rechnete, wozu übrigens nach dem bisherigen Verhalten derselben nur geringe Wahrscheinlichkeit vorhanden war.

Die nächste Folge der preußischen Depesche war die Abreise sämmtlicher Conferenz-Bevollmächtigten der verbündeten Regierungen; selbst Hannover rief seinen Bevollmächtigten ab und gab auch sonst mehrfach seine Verstimmung über den Abbruch zu erkennen. Dagegen erklärte Braunschweig bald hernach seinen officiellen Beitritt zum September-Vertrage.

Mit dem Abbruche der Berliner Conferenz-Verhandlungen war die Zollvereins-Krisis in ihrem Culminationspunkte angekommen; die weitere Entwicklung mußte unfehlbar entweder zu einer Katastrophe oder zu einer Annäherung führen. Die industriellen Stände, die zunächst durch die Auflösung des Zollvereins in ihren materiellen Interessen bedroht waren, die ganze Presse, ja selbst ein großer Theil des gebildeten, durch die Krisis nicht unmittelbar berührten Publicums befanden sich in einer fieberhaften Aufregung.

Zeitungsartikel, Brochüren und Schriften aller Art, welche in verschiedenem Sinne die große Frage des Tages behandelten, erschienen mit jedem Tage, berufene und unberufene Agenten drängten sich an die Souveraine und Regierungen und trugen das Ihrige dazu bei, die Verwirrung wo möglich noch zu vermehren. Am vernünftigsten benahm sich im Allgemeinen die preußische Industrie. Während in den Mittel- und Kleinstaaten die Industriellen fast allenthalben die Regierungen mit Petitionen gegen die drohende Auflösung des Zollvereins bestürmten und ohne Scheu die Ansicht documentirten, daß um ihrer materiellen Interessen willen die Regierung ihre Ansicht und theilweise auch die politische Selbständigkeit des Landes opfern sollte, kamen ähnliche Manifestationen in Preußen fast gar nicht vor. Zwar stimmte auch dort ein großer Theil der Bevölkerung der Zoll-Politik der Regierung keineswegs bei, und einzelne Städte und Handelsgremien trugen auch gar kein Bedenken, Dies offen und ungescheut auszusprechen; allein bei allen war unverkennbar der Gedanke maaßgebend, daß die politische Ehre und Stellung der Regierung und des Landes den individuellen Interessen vorgehe und daß es Pflicht der Parteien wie der Einzelnen sei, in der ohnedies kritischen Lage die Verlegenheiten der Regierung nicht durch unzeitige Demonstrationen zu vermehren. Darum erhielt auch die preußische Regierung, obwohl sie in der vorliegenden Frage vielleicht materiell sich mehr im Unrechte befand als die coalirten Regierungen, von ihren Landständen so wie von vielen anderen Seiten in ihrem Verfahren Anerkennung und Zustimmung, während in den Staaten der verbündeten Regierungen fast nur gegentheilige Demonstrationen vorkamen.*)

---

*) Die Literatur über die Krisis von 1852 und 1853 ist eine ungemein reiche. Wir erwähnen davon folgende:

Oechelhäuser, Der Fortbestand des Zollvereins. 1851.

Eine Stimme aus Sachsen über die Zollfrage. Leipzig, Meißen und Riesa, 1852.

Der Zollverein und seine hannoveranischen Gegner. Berlin 1852.

Die Zollconferenz zu Berlin, die preußische Erklärung vom 7. Juni und die deutsche Zolleinigung. Leipzig 1852.

Ueber den deutsch=österreichischen Zoll= und Handelsverein. Göttingen 1852.

Der deutsche Zollverein soll zerstört werden. Stimmen aus dem Süden. Frankfurt a. M. 1852.

Der Septembervertrag und die gegenwärtige Situation in Hannover. Leipzig 1852.

Ascher, Der Handelsvertrag zwischen Preußen und Hannover und die deutsche Vierteljahrsschrift. Hamburg 1852.

Rau, Dr., Ueber die Krisis des Zollvereins im Sommer 1852. Heidelberg 1852.

Kühne, Zur handelspolitischen Frage. Berlin 1852.

Die Zollconferenz zu Wien in ihren nothwendigen Folgen für das gesammte Deutschland. Leipzig 1852.

Zum Verständniß der Zollvereinskrisis. Gießen 1852.

Otto Hübner, Der Steuerverein und der Septembervertrag (in dessen Jahrbuch für Volkswirthschaft u. s. w. Leipzig 1852, S. 209).

Beiträge zur Beurtheilung der Zollvereinsfrage. Eine Sammlung amtlicher Actenstücke. Berlin 1852.

Preußen und die deutsch=österreichische Zollanschlußfrage. Berlin 1852.

Ansprache an die deutsche Fabrik= und Handelswelt über die schließliche Wendung der Zoll= und Handelsverträge. Braunschweig 1853.

Wichtig für die vorliegende Frage ist noch das bereits früher erwähnte spätere Werk: „Der Zollverein seit seiner Erweiterung durch den Steuerverein" von Houth-Weber. Hannover 1861.

Siebenundzwanzigstes Kapitel.

Ende der Krisis. — Verhandlungen zwischen Preußen und Oesterreich.

Der Abbruch der Berliner Conferenz, der die im Zollvereine entstandene Krisis auf die höchste Spitze getrieben hatte, schien einige Zeit hindurch einer besseren Wendung hindernd entgegentreten zu wollen. Bereits hatte die preußische Regierung angefangen, die Grenze gegen Kurhessen wegen der dort zu errichtenden neuen Zollstationen inspiciren zu lassen und dadurch, vielleicht nicht ohne Absicht, ziemliche Aufregung in der bedrohten Bevölkerung hervorgerufen. Auf der andern Seite wandte Oesterreich Alles auf, um die coalirten Regierungen zu einem entscheidenden Schritte zu bewegen. Durch den Abbruch der Berliner Verhandlungen war nämlich eine der Voraussetzungen eingetreten, unter welchen nach den in Wien und Darmstadt getroffenen Verabredungen weitere Verhandlungen mit Oesterreich gepflogen werden sollten. Die österreichische Regierung erließ auch alsbald die Einladung hiezu. Die anfangs für Mitte October beabsichtigte Eröffnung der Verhandlungen verzögerte sich jedoch bis zum 30. October, an welchem Tage sie von dem Minister Grafen Buol feierlich vorgenommen wurde. In seiner Rede betonte er insbesondere, daß Oesterreich den Zerfall des Zollvereins ebenso wenig wünsche als die Fortdauer der handelspolitischen Spaltung, in der bisher ein Theil Deutschlands zu dem andern verharrte. Als Grundlage der weiteren Verhandlung wurde sodann der schon bei der ersten Wiener Conferenz besprochene Vertrags-Entwurf C vorgelegt und angenommen. Dieser Vertrag war bekanntlich eventuell für den Fall entworfen worden, daß Preußen jede nähere commercielle Verbindung mit Oesterreich ablehnen sollte, und enthielt daher die Verabredung über einen zwischen Oesterreich und den mit ihm bereits zollverbündeten Staaten von Modena und Parma einerseits und den coalirten Staaten anderseits vom 1. Januar 1854 an zu gründenden neuen Zollverein. Die Grundlagen dieser Vereinigung sollten die im deutschen Zollverein geltenden Vertragsbestimmungen und Einrichtungen, jedoch mit mehrfachen Modificationen bilden; dagegen sollten die Ein-, Aus- und Durchgangsabgaben nach dem neuen österreichischen Tarife mit noch zu vereinbarenden Aenderungen erhoben werden. Von der Gemeinschaftlichkeit ausgeschlossen sollten die Zölle von Tabak, Tabakfabrikaten und Schießpulver sein. Für die Vertheilung der Vereinserträgnisse sollte als Grundsatz angenommen werden, daß der nach Abzug der Kosten für Grenzbewachung, der Rückerstattungen und der gemeinschaftlichen Steuervergütungen und Ermäßigungen verbleibende Rest zwischen Oesterreich, Modena und Parma einerseits und den übrigen Vereinsstaaten anderseits nach den Verhältnißzahlen getheilt werden sollte, welche sich ergeben, wenn die Bevölkerung von Oesterreich, Modena und Parma mit der Zahl Zwei und die Bevölkerung der übrigen Vereinsstaaten mit der Zahl Drei multiplicirt wird. Zugleich aber sollte Oesterreich für die deutschen Vereinsstaaten eine Art Garantie ihrer bisherigen Zollrente übernehmen, zu welchem Zwecke der Entwurf folgende Bestimmung enthielt:

„Sollte in einem Jahre der auf die Vereinsstaaten außer Oesterreich, Modena und Parma entfallende Antheil der reinen Zolleinnahme mit Einrechnung ihrer Eingangsabgaben von Schießpulver, Tabak und Tabakfabrikaten den Betrag nicht erreichen, welcher sich aus der Bevölkerung des Jahres 1852 und einem Kopfantheil von 1 fl. 12 Kr. im $24^1/_2$ fl. Fuße berechnet, so hat Oesterreich jenen Vereinsstaaten den Wenigerbetrag zu ersetzen."

Für außerordentliche Fälle, wenn nämlich durch ungewöhnliche Ereignisse der Zollertrag erheblich gemindert werden sollte, war ein besonderer Berechnungs-Modus vorgeschlagen.

Der Vertragsentwurf enthielt übrigens noch mehrfache Bestimmungen über Annahme der Meßcontirungen, über den Verkehr mit Gegenständen des Staats-Monopols (Tabak und Schießpulver), über den Verkehr mit Salz, innere Besteuerung, Pflaster- und Chausseegelder, das Münz-, Maaß- und Gewichtssystem, über gleiche Stimmberechtigung aller Vereinsmitglieder, Abschluß von Handels- und Schifffahrts-Verträgen, Aufnahme neuer Mitglieder, das Central-Bureau, dann Vollzugs-Anordnungen hinsichtlich der Grenzbezirke.

Während sich nun die Bevollmächtigten in Wien mit der Berathung dieses Entwurfs beschäftigten, geschahen die ersten Schritte zu einer directen Verständigung zwischen Preußen und Oesterreich. Letzteres hatte schon seit längerer Zeit jede Gelegenheit benützt, um seine Bereitwilligkeit zu einer anständigen Ausgleichung zu manifestiren. So hatte noch in den ersten Tagen des October der österreichische Gesandte in Berlin, General Prokesch, seine Rückkehr aus Wien benützt, um den Minister von Manteuffel von der Bereitwilligkeit des österreichischen Cabinets zu versichern, die Wiederannäherung der beiden deutschen Großmächte auf commerciellem Gebiete in jeder

Weise zu erleichtern, so weit es geschehen könne, ohne die Hauptsache zu gefährden. Die Hauptsache aber sei, daß Oesterreich von einer allmälig anzubahnenden Zolleinigung von ganz Deutschland nicht ausgeschlossen werde. Preußen seinerseits hatte jedoch diese Andeutungen zwar höflich entgegen genommen, aber nicht beachtet oder nicht beachten wollen und auch in seinem sonstigen Benehmen gegen jede Annäherung an Oesterreich oder die coalirten Vereinsstaaten sich abwehrend verhalten. Indessen hatte doch auch in Berlin allmälig die Ueberzeugung sich geltend gemacht, daß ohne einige Nachgiebigkeit von preußischer Seite eine Ausgleichung nicht möglich und eine längere Fortsetzung der Krisis oder eine Auflösung des Zollvereins für Preußen mit so namhaften politischen wie volkswirthschaftlichen Nachtheilen verbunden sein würde, daß ein Einlenken in eine andere Bahn als die bisherige rathsam erscheine. Am 15. November verfügte sich daher der preußische Gesandte in Wien Graf Arnim im Auftrage seiner Regierung zum österreichischen Minister Graf Buol, um Anträge zu einer Verständigung zu machen. Preußen wolle sofort mit Oesterreich bezüglich eines Handelsvertrags unterhandeln. Die einzige formelle Bedingung sei, daß Graf Buol s c h r i f t l i c h den Wunsch nach einer Verständigung ausspreche. Die Verhandlungen sollten in Berlin stattfinden, vorläufig ohne Zuziehung anderer Regierungen, so daß Preußen die Interessen Hannovers und Braunschweigs, Oesterreich jene der Darmstädter Coalitionsstaaten vertrete. Obwohl für die letzteren die beabsichtigte Ausschließung von den Verhandlungen nichts weniger als erfreulich sein konnte, so nahmen sie gleichwohl die Nachricht von einer in Aussicht stehenden Ausgleichung mit großer Befriedigung auf und drückten Dies auch dem österreichischen Ministerium aus.

Da Oesterreich auf den von Preußen vorgeschlagenen Weg zur Eröffnung von Separat-Verhandlungen einging, so erfolgte schon in den ersten Tagen des December die Absendung eines österreichischen Bevollmächtigten nach Berlin, und zwar wurde hiezu der Minister von Bruck gewählt, was hinreichend bezeugt, welchen Werth Oesterreich auf diese Verhandlung und den beschleunigten Abschluß derselben legte. Um, gegenüber dem preußischen Verlangen, jeden Schein zu vermeiden, als beabsichtige Oesterreich ein separates Abkommen mit Preußen, las Graf Buol am 7. December den versammelten Gesandten der Coalitionsstaaten die dem Herrn von Bruck ertheilten Instructionen mit dem Versprechen vor, selbe später schriftlich den Regierungen mitzutheilen.

In Berlin wurde zunächst von preußischer Seite dem Wiener Vertragsentwurfe A ein neuer Entwurf als Grundlage der Verhandlungen entgegengestellt, welcher jedoch in Wien sehr wenig befriedigte und gegen welchen zahlreiche und gewichtige Einreden erhoben wurden. Ebenso wenig war man in Wien mit der von Preußen sehr lebhaft vertretenen Absicht, mit Beseitigung der Coalitionsstaaten den Handelsvertrag nur mit Oesterreich allein zu unterhandeln und abzuschließen, einverstanden. Von österreichischer Seite wurde daher gefordert, daß im Wesentlichen die durch den Vertragsentwurf A bezeichnete Grundlage der Verhandlungen beibehalten werde, und zugleich erklärt, daß Oesterreich den Handelsvertrag nur unter der doppelten Voraussetzung abschließen oder ratificiren werde, daß der Zollverein mit den Coalitionsstaaten erneuert werde und daß diese dem Handelsvertrage beitreten. Die Verhandlungen, deren Fortgang anfangs ziemlich bedenklich schien, nahmen jedoch sehr bald eine so günstige Wendung, daß ein befriedigender Abschluß mit Sicherheit erwartet werden konnte. Der Besuch Sr. Maj. des Kaisers von Oesterreich in Berlin, der in der zweiten Hälfte des Decembers stattfand, scheint einerseits eine Folge dieser günstigen Aussichten gewesen zu sein, wie er anderseits nicht wenig zur Förderung der Annäherung beitrug. Indessen waren doch immer noch große Schwierigkeiten zu überwinden, besonders da Preußen sich nur schwer in die Consequenzen der neuen Richtung zu finden vermochte und namentlich eine lebhafte Animosität gegen die Darmstädter Verbündeten bekundete, die sich mit der Nothwendigkeit einer Erneuerung des bisherigen Zollvereins nicht wohl in Einklang bringen ließ. Es hatte den Ausschluß dieser Regierungen von den Separatverhandlungen zwischen Preußen und Oesterreich als conditio sine qua non aufgestellt und hielt ungeachtet des Widerspruchs von Seiten Oesterreichs an dieser Bedingung mit einer Hartnäckigkeit fest, welche die ganze Ausgleichung in Frage zu stellen drohte und zuletzt Oesterreich veranlaßte, insofern nachzugeben, daß es nicht auf eine Beiziehung von Vertretern der verbündeten Regierungen bestand, aber seine eigene Ratification von deren Zustimmung abhängig machte. Oesterreich drängte dieser Schwierigkeiten wegen zu einem baldigen Abschlusse der Wiener Verhandlungen und suchte die verbündeten Regierungen zu der Erklärung zu bewegen, daß sie, so lange unmittelbare Verhandlungen zwischen Oesterreich und Preußen beständen, ihrerseits in keine Verhandlungen mit der preußischen Regierung über Verlängerung des Zollvereins eingehen würden und über die Resultate der österreichisch-preußischen Verhandlungen sich ihre Entschließung vorbehielten; daß sie endlich, im Falle jene Verhandlungen kein genügendes Resultat ergeben sollten, den definitiven Abschluß des Vertrages C als selbstverständlich voraussetzten: — Erklärungen, welche auf Seite der betheiligten Regierungen Bedenken fanden. Nur darin waren dieselben einverstanden, die Verhandlungen über den Vertrag C möglichst zu beschleunigen, so daß derselbe etwa im Monat Februar 1853 zum Abschlusse reif sein würde, wenn bis dahin ein solcher noch nothwendig erscheinen sollte. Bezüglich der Separatverhandlungen zwischen Preußen und Oesterreich enthielten sich die verbündeten Regierungen jeder Einwirkung und suchten in keiner Weise dem preußischen Verlangen ihres Ausschlusses, so verletzend dasselbe auch sein mochte, entgegen zu wirken. Sie gingen dabei von dem gewiß ganz richtigen Gesichtspunkte aus, daß, nachdem der frühere Versuch, zwischen Preußen und den verbündeten Vereinsstaaten eine Verständigung herzustellen, welche auch den Wünschen Oesterreichs entspräche, in so eclatanter Weise mißlungen war, es nunmehr Aufgabe der verbündeten Staaten sei, eine directe Verständigung der beiden Großstaaten, die als der einzige noch übrige Ausweg aus der entstandenen Krisis betrachtet werden konnte, in keiner Weise zu behindern oder zu erschweren. Daß aber eine Einmischung in die Verhandlungen zwischen Preußen und Oesterreich oder ein Herandrängen an dieselben zu Conflicten führen könne, war bei der unverkennbar gereizten Stimmung des Berliner Cabinets vorauszusehen.

Nachdem Preußen durch das Aufgeben seines Gegenentwurfs und die Annahme des Wiener Entwurfs A als Basis der Verhandlungen den ersten entscheidenden Schritt, um seine Bereitwilligkeit zu einer Verständigung thatsächlich an den Tag zu legen, gethan hatte, bildete der Tarif für diejenigen Waaren, welche künftig im unmittelbaren Verkehr zwischen Oesterreich und dem Zollverein einer besonderen Zollbegünstigung sich erfreuen sollten, den Hauptgegenstand der Verhandlungen. Da hier wesentliche principielle Differenzen sich nicht entgegenstanden, so nahm dieser in praktischer Beziehung wichtigste Theil der Verhandlung zwar wegen des großen Umfangs und der natürlichen Schwierigkeiten des Gegenstandes viele Zeit in Anspruch, ohne jedoch jemals das Zustandekommen des Vertrages irgendwie in Frage zu stellen. Auch über die Dauer des Vertrages, worüber schon bei den früheren Verhandlungen verschiedene Ansichten obgewaltet hatten, verständigte man sich in der Art, daß sowohl der Vertrag mit Oesterreich wie der Zollvereinsvertrag auf die Dauer von zwölf Jahren geschlossen und daß die Verhandlungen über den Eintritt von Oesterreich in den Zollverein nach Ablauf von sechs Jahren begonnen werden sollten.

Dadurch war auch diese schwierige Frage, welche mehr principieller Natur war und welche längere Zeit hindurch die Erzielung eines Verständnisses ernstlich bedroht hatte, beseitigt. Am 3. Februar 1853 konnten die

Verhandlungen in Berlin beendigt und das Resultat derselben von Herrn von Bruck nach Wien zur definitiven Entscheidung abgesendet werden.

Während dieser Verhandlungen in Berlin hatten die in Wien versammelten Zollbevollmächtigten auch ihre Aufgabe im Wesentlichen gelöst und den sogenannten Vertragsentwurf C und dessen Beilagen, namentlich den eventuellen Vereinstarif, so weit festgestellt, daß derselbe als zum Abschlusse reif betrachtet werden konnte, namentlich nachdem Sachsen, das bisher durch vielfache Prätensionen die Verhandlungen sehr aufgehalten hatte, sich endlich in Folge ernstlicher Vorstellungen von Seiten Oesterreichs willfähriger bezeigte. Obwohl es ziemlich nahe lag, diese Verhandlungen bei dem günstigen Stande der in Berlin obschwebenden Verhandlungen, deren günstiger Ausgang jedenfalls den Wiener Vertragsentwurf C beseitigen mußte, zu suspendiren, drang Oesterreich gleichwohl mit allem Ernste auf den formellen Abschluß derselben, offenbar weil es den scheinbar günstigen Absichten des preußischen Cabinets oder dem Bestande derselben nicht recht traute und befürchtete, Preußen könnte, wenn die eventuelle Verständigung der verbündeten Regierungen mit Oesterreich nicht als vollendete Thatsache vorläge, irgend einen Umstand benützen, um Mißhelligkeiten zwischen den Verbündeten hervorzurufen, und so deren künftige Einigung mit Oesterreich verhindern. Auch für die Verbündeten lagen Gründe vor, den Abschluß der Wiener Verhandlungen nicht einer ungewissen Zukunft zu überlassen, vielmehr in aller Weise zu beschleunigen. Mit diesem Vertrage in der Hand konnten sie sicher sein, bei den weiteren Verhandlungen über Erneuerung des Zollvereins von Preußen günstige Bedingungen zu erhalten, während sie ohne denselben allenfallsigen preußischen Forderungen ziemlich schutzlos gegenüberstanden. Als daher Oesterreich durch eine Circulardepesche vom 3. Februar lebhaft auf den formellen Abschluß des Vertrages C drang, waren die meisten Regierungen nicht abgeneigt, diesem Wunsche zu entsprechen. Die hauptsächlichsten Zögerungen gingen von Sachsen aus, das immer neue Privilegien und Bevorzugungen für Leipzig verlangte und, als es hierin von den anderen Regierungen nicht unterstützt wurde, sich mit der österreichischen Regierung in eine besondere Polemik über diese Frage einließ, die hemmend auf die Wiener Verhandlungen einwirkte. So kam es, daß die Berliner Verhandlungen noch vor jenen in Wien zum Schlusse gebracht wurden. Minister von Bruck hatte am 17. die Ermächtigung zur Unterzeichnung erhalten, und da Alles hiezu vorbereitet war, konnte dieselbe am 19. erfolgen. In Wien erfolgte die Unterzeichnung des sog. Vertrages C am 22., jedoch mit Zurückdatirung auf den 17. Dieser letztere Vertrag konnte seiner Natur nach niemals eine praktische Folge haben, denn da er nur für den Fall ins Leben treten sollte, wenn kein Vertrag der verbündeten Staaten über die Fortsetzung des Zollvereins zu erreichen wäre, so mußte er von dem Tage an völlig hinfällig und überflüssig werden, wo diese Zolleinigung als gesichert betrachtet werden konnte. Dies trat aber mit dem Abschlusse des Zoll- und Handelsvertrages zwischen Oesterreich und Preußen vom 19. Februar ein, weil dieser als Vorbedingung der Erneuerung des Zollvereins von Seiten der Verbündeten gesetzt worden war.

Desto wichtiger war der am 19. Febr. unterzeichnete Vertrag zwischen Preußen und Oesterreich — in der Folge gewöhnlich der Februarvertrag genannt — und zwar nicht blos wegen seiner unmittelbar praktischen Bedeutung, als vielmehr wegen der ihm anhängenden politischen Tragweite. Er bildete den ersten Abschluß in dem großen Kampfe zwischen Oesterreich und Preußen auf dem handelspolitischen Gebiet und barg in sich den Keim zu noch größeren und bedenklicheren Differenzen als diejenigen, die seinem Abschlusse vorausgegangen waren. Sein Inhalt stimmte im Wesentlichen mit dem schon bei den ersten Wiener Conferenzen berathenen Vertragsentwurfe A überein.*) Die erste Bestimmung des Vertrages ist die gegenseitige Verpflichtung, den Verkehr zwischen den beiden Gebieten durch keinerlei Verbot zu hemmen, mit Ausnahme von Tabak, Salz, Schießpulver, Spielkarten und Kalender, dann der Verbote aus Gesundheitspolizeirücksichten, und von Kriegsbedürfnissen in außerordentlichen Fällen. Sodann folgt die weitere gegenseitige Verpflichtung, dritte Staaten in keinem Falle in Bezug auf Zölle günstiger zu behandeln als den andern contrahirenden Theil. Jede dritten Staaten in dieser Beziehung eingeräumte Begünstigung sollte daher ohne Gegenleistung dem andern contrahirenden Theile gleichzeitig zu Theil werden. Ausgenommen hiervon waren nur diejenigen Begünstigungen, welche die mit einem der contrahirenden Staaten zollvereinten Staaten genießen, sowie solche, welche anderen Staaten durch bestehende und vor Abschluß des Vertrages mitgetheilte Verträge zugestanden waren.

Den wichtigsten Theil des Vertrages bildeten die Abreden über die Zollbehandlung der Gegenstände des Zwischenverkehrs bei unmittelbarem Uebergange aus dem einen Zollgebiete in das andere. Danach sollte eine Reihe von Gegenständen in diesem Zwischenverkehr vollkommen zollfrei sein,

---

*) Abgedruckt ist der Vertrag nebst allen dazu gehörigen Nebenurkunden in der officiellen Sammlung der Zollvereinsverträge und Verhandlungen, Bd. IV. S. 226 flg.

gleichviel ob sie in dem allgemeinen Tarife mit einer Eingangsabgabe belegt waren oder nicht. Der Natur der Sache nach begriff dieses Verzeichniß vorzugsweise Rohstoffe, Fabrikmaterialien, Halbfabrikate und Fabrikate von geringerem Werthe. Eine zahlreiche Reihe anderer Artikel sollte im gegenseitigen Zwischenverkehr zu einem ermäßigten Zollsatze zugelassen werden. Zu diesen Artikeln gehörten fast sämmtliche Gegenstände der in beiden Gebieten ziemlich gleichartig entwickelten Industriezweige, Baumwollengarn und Waaren, Bürstenbinderwaaren, chemische Fabrikate, Eisen- und Metallwaaren aller Art, mit Ausnahme von Maschinen und Maschinenbestandtheilen, Glas und Glaswaaren, Holzwaaren, landwirthschaftliche Producte, Butter, Käse, Pelz- und Lederwaaren, Oele, Fette, Papier und Papierwaaren, verschiedene Lebensmittel, Stein- und Thonwaaren, Leinengarn und Gewebe, Wollenwaaren, Seidenwaaren, sog. kurze Waaren und ähnliche Artikel, so daß sie fast das ganze Gebiet der sog. Manufactur-Industrie umfaßten. Die Zollminderung für diese Artikel war eine sehr bedeutende und betrug in der Regel 25 %, in einigen Fällen bis zu 50 % des allgemeinen Tarifs. Es war sonach durch diesen Zwischenzolltarif in beiden Zollgebieten ein förmliches, sehr ausgedehntes Differentialzollsystem zu Gunsten des andern Theils geschaffen, das in seiner weiteren Entwicklung zur völligen Zolleinigung führen sollte. Diese war in dem Vertrage nur insofern berührt, als sie im Eingange als Endziel der beiden contrahirenden Regierungen erwähnt und am Schlusse im Artikel 25 die Bestimmung beigefügt war, daß im Jahre 1860 Commissarien der beiden Staaten zusammentreten sollten, um über die Zolleinigung zwischen den beiden contrahirenden Theilen und den ihrem Zollverbande alsdann angehörigen Staaten, oder falls eine solche Einigung noch nicht zu Stande gebracht werden könnte, über weitergehende als die bis dahin vereinbarten Verkehrserleichterungen und über möglichste Annäherung und Gleichstellung der beiderseitigen Zolltarife zu unterhandeln.

Der Vertrag enthielt außerdem noch eine Reihe zum Theil ziemlich wichtiger Bestimmungen über Ausgangsabgaben, über den sog. Veredlungsverkehr, über die zollamtliche Behandlung von Begleitscheingütern, über die Zusammenlegung der beiderseitigen Grenzzollämter, über innere Consumtionsabgaben, Schifffahrts-, Straßen- und Eisenbahnverkehr, Gewerbswesen, Münzwesen und ähnliche Gegenstände. Die Dauer des Vertrags war auf zwölf Jahre, vom 1. Januar 1854 bis 31. December 1865, festgesetzt und der Beitritt zu demselben einerseits allen denjenigen deutschen Staaten, welche am 1. Januar 1854 oder später zum Zollvereine mit

Preußen gehören würden, anderseits den mit Oesterreich zollverbündeten italienischen Staaten vorbehalten.

Der Abschluß des Februarvertrages wurde allenthalben in Deutschland mit großer Befriedigung aufgenommen. Die preußische Regierung war froh, aus der so lange dauernden Krisis, die allmälig immer bedenklichere Dimensionen angenommen hatte, einen Ausweg gefunden zu haben, und selbst diejenigen Parteien und Persönlichkeiten, welche bisher am entschiedensten jeder Concession an Oesterreich widerstrebt hatten, machten aus ihrer Zustimmung zu dem Vertrage kein Hehl.

Namentlich waren es die Verhältnisse in Hannover, welche eine rasche Beendigung der Krisis für Preußen fast zur unbedingten Nothwendigkeit gemacht hatten. In Hannover hatten schon vor einiger Zeit sich mehr und mehr bedenkliche Symptome bezüglich der Stellung der Regierung zu dem Septembervertrage gezeigt. Der König, der niemals demselben besonders zugethan gewesen, hatte schon vor einiger Zeit den Landdrost v. Lütken aus Osnabrück, der als ein entschiedener Gegner des Vertrags bekannt war,*) nach Hannover beschieden, um ihn in der Zollfrage zu consultiren. Derselbe rieth zuerst, zu temporisiren und keinen Bruch hervorzurufen; am 9. Febr. traf er abermals in Hannover ein, was allgemein als das Signal zu einer Aenderung des Systems und des Ministeriums betrachtet wurde. Letzteres ließ das preußische Ministerium wissen, daß es nur noch kurze Zeit die gegen Preußen in Bezug auf den Septembervertrag eingegangenen Verpflichtungen aufrecht zu erhalten vermöge, wenn nicht durch den Abschluß des Vertrages mit Oesterreich und die dadurch gesicherte Aussicht auf Erneuerung des Zollvereins auch der Septembervertrag auf sichere Basis gestellt werde. Natürlich benutzten alle Gegner Preußens diese kritische Lage, um wo möglich die hannövrische Regierung zu einem Rücktritte vom Septembervertrage zu bewegen, wogegen Preußen durch Absendung des Generals v. Nostiz zu operiren und den König zum Ausharren in der bisherigen Politik zu bewegen versuchte. Glücklicher Weise durchkreuzte der Abschluß des Februarvertrages diese Intriguen und befestigte aufs Neue das Ministerium in Hannover.

Oesterreich hatte seinerseits so ziemlich Alles erreicht, was im Bereich

*) v. Lütke hatte 1841—1843, wo er von seiner damaligen Stelle als geheimer Cabinetsrath entfernt wurde, den Anschluß Hannovers an den Zollverein durch seinen Widerstand, den er allein im Cabinete, aber mit der unerschrockensten Festigkeit und Zähigkeit leistete, gegen das Ministerium Scheele verhindert.

der Möglichkeit gelegen hatte. Einen sofortigen Eintritt in den Zollverein hatte das österreichische Ministerium wohl selbst als unmöglich und vielleicht auch den eigenen Interessen noch nicht entsprechend betrachtet. Dagegen hatte es einen sehr ausgedehnten Handelsvertrag und vor Allem eine im Vergleich zu anderen Nationen privilegirte Stellung zum Zollvereine errungen, welche ihm die Möglichkeit darbot, nicht blos auf die innere Gesetzgebung des Zollvereins in gewisser Weise einzuwirken, sondern auch bei kluger Benutzung den allmäligen Eintritt zu verwirklichen. Es hatte anderseits die Mehrzahl der Vereinsregierungen Preußen entfremdet und dieselben seiner eigenen Commercialpolitik näher gebracht, so daß es hoffen konnte, auf diesem Wege allmälig die von Preußen angestrebte Hegemonie gänzlich zu paralysiren.

Die Regierungen der Darmstädter Uebereinkunft waren zwar nicht besonders erbaut über die Form, in welcher der Ausgleich stattgefunden, indem dieselbe das dualistische Princip und die Nichtbeachtung der Mittelstaaten nunmehr auch auf dem commercial-politischen Felde in die Praxis einführte, welches Princip ihnen, wenn es einmal zur allgemeinen Regel werden sollte, ihre eigene Bedeutung und Einwirkung auf die Zollvereins-Angelegenheiten, in welchen sie bisher ihre particularen Interessen mit souverainer Machtvollkommenheit zu verfolgen gewohnt waren, zu entziehen drohte. Desto erfreuter waren sie über die Thatsache der Beendigung der Krisis an und für sich. Die ziemlich nahe gerückte Möglichkeit einer Auflösung des Zollvereins, die finanziellen und wirthschaftlichen Verluste, die bedenklichen Verwirrungen, Zerwürfnisse mit den eigenen Ständen und Angehörigen, die sie in Aussicht stellte, waren eine keineswegs unbedenkliche Eventualität, und Alle sahen ihr nicht ohne Bangigkeit entgegen.

Am zufriedensten waren natürlich die industriellen Stände. Diese würden zunächst von den schlimmen Folgen einer Auflösung des Zollvereins betroffen worden sein. Statt dieser Gefahr hatten sie nun einen erweiterten Absatz nach dem Kaiserstaate, und wenn auch einzelne der dortigen Industrien der Zollvereins-Industrie gewachsen oder vielleicht sogar überlegen waren, so stand doch unverkennbar der größere Vortheil für die Zollvereins-Industrie in Aussicht. Sie war seit langen Jahren an freie Bewegung und geringeren Schutz gewöhnt, hatte sich im Kampf mit den Industrien von England, Frankreich und Belgien gestärkt und innerlich gekräftigt und war daher der durch ein eingerostetes und corrumpirtes Schutzsystem verwöhnten, zu einer selbstthätigen Entwickelung noch nicht herangereiften österreichischen Industrie im Ganzen unverkennbar überlegen. Für sie war der

Vertrag und die durch ihn dargebotene Möglichkeit eines erweiterten Absatzes ein neuer Sporn zur Thätigkeit, und sie säumte auch nicht, sofort von demselbon den ausgedehntesten Gebrauch zu machen.

Achtundzwänzigstes Kapitel.

Erneuerung der Zollvereins-Verträge.

Vor und bei dem Abschlusse des Februar-Vertrages hatte Oesterreich wiederholt erklärt, es schließe den Vertrag nur unter der ausdrücklichen Voraussetzung ab, daß der Vertrag zwischen Preußen und den übrigen Vereins-Regierungen über Fortsetzung des Zollvereins auf den bereits verhandelten Grundlagen in nächster Zeit zu Stande komme, und es behalte sich vor, die Ratification zu dem Vertrage vom 19. Februar nicht eher zu ertheilen, als bis auch der neue Zollvereins-Vertrag allseitig ratificirt sein werde oder vollständig als gesichert betrachtet werden könne. Lag es schon im eigenen Interesse und in der Absicht der preußischen Regierung, die Erneuerung des Zollvereins in aller Weise zu beschleunigen, so folgte aus diesem Vorbehalte Oesterreichs noch die formelle Nothwendigkeit, die im September 1853 abgebrochene Zoll-Conferenz wieder aufzunehmen. Die preußische Regierung theilte daher den Vertrag vom 19. Februar durch eine vom gleichen Tage datirte Depesche den sämmtlichen Zollvereins-Regierungen mit Einschluß von Hannover und Oldenburg mit und lud dieselben ein, die Verhandlungen über Erneuerung der Zollvereins-Verträge am 10. März in Berlin wieder fortzusetzen; eine Einladung, welcher zu entsprechen sämmtliche Regierungen sich bereit erklärten. Eine nothwendige Folge dieser Verbindung der beiden Verträge war, daß aus der erneuerten Verhandlung über den Zollvereins-Vertrag diejenigen Fragen entfernt werden mußten, über welche sich bei der früheren Verhandlung principielle Differenzen ergeben hatten, die also auch bei einer nochmaligen Erörterung keine Aussicht auf eine baldige Verständigung darboten. Preußen hatte daher auch sofort den Verzicht auf seine desfallsigen Anträge unter der Voraussetzung angeboten, daß auch von Seite der übrigen Vereins-Regierungen darauf verzichtet werde, besondere Anträge zur Bedingung des Verbleibens im Zollverein zu erheben. Gegen einen solchen unbedingten Verzicht bestanden aber auf Seite der drei süddeutschen Vereinsstaaten Bedenken. Dieselben hatten zwar außer der österreichischen Frage keinen Antrag als conditio sine qua non der Erneuerung des Zollvereins gestellt, wünschten aber dagegen die Verhandlungen hierüber nicht vorübergehen zu lassen, ohne einige für sie besonders wichtige Fragen zur Erörterung und Erledigung gebracht zu sehen. Es waren dies die schon seit langem einen regelmäßigen Beschwerdepunkt bildenden Uebergangsabgaben von Wein und Tabak, dann die Unzulässigkeit des Retentionsrechtes an gemeinschaftlichen Zolleinnahmen. Die Uebergangssteuer auf Wein und Tabak war bereits im Sommer 1852 auf den Berliner Conferenzen mit dem September-Vertrage in Verbindung gebracht worden. Indem sich nämlich die süddeutschen Vereins-Regierungen zur Anerkennung der im September-Vertrage enthaltenen Herabsetzung des Eingangszolles auf Wein bereit erklärten, hatten sie zugleich als nothwendige Consequenz die Herabsetzung der Uebergangssteuer auf Wein verlangt. Es war daher vollkommen gerechtfertigt, daß sie jetzt beanspruchten, daß diese Ermäßigung der Uebergangssteuer auf Wein nicht von der Erörterung des September-Vertrages getrennt werde.

Noch delicater war die Frage wegen Retention der Vereins-Einnahmen. Die preußische Regierung hatte in den letzten Jahren mehreren anderen Vereins-Regierungen die Verabfolgung der Herauszahlungen an ihren liquiden und fälligen Antheilen an den Zollrevenuen verweigert, weil sie an diese Regierungen Forderungen zu haben angab, zu deren Deckung sie die entsprechenden Beträge der Zollrevenuen zurückzuhalten berechtigt sei.*) Alle übrigen Regierungen hatten dagegen die Ueberzeugung ausgesprochen, daß ein solches Verfahren weder mit dem Wortlaute noch mit dem Geist der Zollvereins-Verträge vereinbar sei. Gleichwohl hatte bisher die preußische Regierung auf ihrer Ansicht beharrt und noch überdies behauptet, daß das in den Zollvereins-Verträgen vorgesehene Schiedsgericht**) nicht competent sei, über diese Streitfrage zu entscheiden. Da ein solches Retentionsrecht, wenn es anerkannt worden wäre, die Bezüge an Zollrenten von Seite derjenigen Vereinsstaaten, welche vermöge ihrer territorialen Lage an der Erhebung der Zölle in geringerem Maaße participirten, als ihr Revenuen-Antheil betrug, von der Willkür der preußischen Regierung abhängig gemacht hätte, da in Preußen der größte Theil der Colonial-Artikel zur Verzollung gelangt, sohin die preußischen Zollcassen regelmäßig

*) Vergl. oben das einundzwanzigste Kapitel.
**) Zollvereinsvertrag von 1833, Separatartikel 12.

Herauszahlungen an die Zollcassen der meisten Binnenstaaten zu leisten habe, so war es natürlich, daß diese Staaten Bedenken trugen, den Zollvereins-Vertrag ohne vorherige Lösung dieser Frage zum Abschlusse zu bringen. Während daher die preußische Regierung durch ihre Organe allenthalben erklären ließ, daß sie bei der bevorstehenden Verhandlung über die Erneuerung des Zollvereins auf gar keine weitere Frage eingehen werde, und daß sie Dies auch Hannover, welches bereits Weitläufigkeiten in Aussicht gestellt, bedeutet habe, bestanden die süddeutschen Regierungen und namentlich Bayern mit begründetem Ernste auf die Verbindung der erwähnten beiden Fragen mit den Verhandlungen über Erneuerung der Vereinsverträge.

Ehe noch hierüber eine Verständigung erreicht war, erfolgte am 12. März die Eröffnung der Conferenz unter Vorlage eines von Preußen bereits vorbereiteten Entwurfes eines Vereins-Vertrages. Rasch folgten sich nun die weiteren Verhandlungen, wobei Preußen sofort das bisher behauptete Retentionsrecht an den Zollvereins-Erträgnissen fallen ließ,*) welche Nachgiebigkeit nicht wenig zur Besserung der gegenseitigen Stimmung beitrug. Dagegen opponirte es hartnäckig gegen die verlangte Ermäßigung der Uebergangs-Abgaben, so daß Nichts erreicht wurde als eine Stelle im Schlußprotokolle, die lediglich besagte, daß einer Revision der Uebergangs-Abgaben nicht vorgegriffen werden solle.

Die größten Schwierigkeiten bei den Verhandlungen machte der hannövrische Bevollmächtigte Geheimer Rath v. Klenze. Diese Persönlichkeit, deren eigenthümliche und unruhige Thätigkeit schon während der Verhandlungen über den September-Vertrag vielfache Bedenken, und zwar zumeist in Hannover selbst, hervorgerufen hatte, schien die jetzigen Verhandlungen benützen zu wollen, um sich allen Vereins-Regierungen in gleicher Weise unbequem zu machen. Obwohl er von seiner Regierung mit Bestimmtheit angewiesen war, die Verhandlungen in jeder Weise zu fördern und unnöthige Weiterungen zu vermeiden, trat er gleichwohl mit einer Reihe von Forderungen und Prätensionen auf, von denen er zum Voraus überzeugt sein konnte, daß sie allgemeinen Widerspruch finden würden. Die Verhältnisse zu Hannover boten ohnedies schon Schwierigkeiten dar, namentlich weil in Folge der langen Verzögerung die Termine, welche für die allmälige Ein-

*) Im Schlußprotokoll wurde daher folgende Stelle aufgenommen: Nr. 15 zu Art. 29. „Wegen Forderungen, welche mit der Zollabrechnung nicht in Verbindung stehen, werden die herauszuzahlenden Beträge nicht zurückgehalten werden."

führung der vereinsländischen Zoll- und Steuer-Gesetzgebung im Steuerverein und für die desfallsigen Uebergangsmaaßregeln angenommen worden waren, jetzt nicht mehr eingehalten werden konnten. Schon auf den Conferenzen im Jahre 1852 waren hierüber ausführliche Erörterungen erfolgt, und die damals berathenen Verabredungen konnten als von allen Regierungen gebilligt betrachtet werden; allein auch hierin mußten in Folge der inzwischen eingetretenen Ereignisse manche Veränderungen vorgenommen werden. In Folge des September-Vertrages sollte, da die Zollsätze des Zollvereins vielfach höher waren als jene des Steuervereins, eine Uebergangsperiode mit einem sog. Vorsteuertarif eingeführt werden. Dieser Vorsteuertarif, wie er im Vorjahre verabredet worden, konnte nunmehr in Folge der Unterbrechung der damaligen Verhandlungen nicht mehr realisirt werden. Gleichwohl erschien es in staatswirthschaftlicher wie in gewerblicher Rücksicht als vortheilhaft, für die Zwischenzeit, bis zum Eintritte der wirklichen Zolleinigung zwischen den beiden Vereinen, wechselseitige Verkehrs-Erleichterungen in größerem Umfange eintreten zu lassen, indem zugleich eine Erhöhung der Eingangsabgaben im Steuerverein für gewisse Artikel verabredet wurde. Bezüglich des braunschweigischen sog. Harz- und Leine-Districts, der bisher wegen seiner eigenthümlichen Lage noch nicht in den Zollverein einbezogen, vielmehr bei dem Steuerverein belassen worden war, wurde nach mehrfachen Erörterungen erkannt, daß es am zweckmäßigsten sei, daselbst sofort mit der Einführung des vollen Zollvereins-Tarifes vorzugehen und darin nur jene Ermäßigungen eintreten zu lassen, welche in Folge des September-Vertrages künftig im Zollvereinstarife selbst adoptirt werden sollten.

Einen der wichtigsten Gegenstände der Berathung bildete die Rübenzuckersteuer, wobei Hannover, das bisher nicht blos keine Rübenzucker-Industrie, sondern auch einen niedrigen Zollsatz auf Colonialzucker hatte, natürlich bemüht war, die bisher im Zollverein geübte Rücksicht auf die inländische Zuckerindustrie abzuschwächen und statt derselben die fiscalischen Rücksichten in den Vordergrund zu stellen. Nach dem Vereinsvertrage vom Jahre 1841 waren als leitende Grundsätze für die Gesetzgebung in der Zuckerbesteuerung angenommen worden, daß

1) dem Verein ein genügender Zollertrag nach einem bestimmten Verhältnisse gesichert werde,

und

2) die vereinsländische Rübenzucker-Industrie gegenüber dem Colonialzucker einen angemessenen Schutz genieße.

Bisher hatte bei Collision der beiden Interessen die letztere Rücksicht den Ausschlag gegeben; jetzt wurde das umgekehrte Verhältniß angenommen und Dies in der Vereinbarung durch eine Umstellung der beiden Sätze und eine kleine Redactions-Aenderung erreicht. Die Hauptbestimmung der neuen Vereinbarung, daß die bisherige Rübensteuer von 3 Sgr., die sich als unzulänglich erwiesen hatte, schon vom 1. September 1853 an auf das Doppelte erhöht werden und sodann mindestens zwei Jahre unverändert bleiben solle, wurde von keiner Seite beanstandet.

Den heftigsten Widerstand und zwar von Seite aller übrigen Bevollmächtigten fand die Forderung des hannövrischen Commissars, daß das dem offenen Artikel 11 des September-Vertrages vorangestellte Motiv für das Hannover gewährte Präcipuum, nämlich die von letzterem behauptete Mehr-Consumtion an einigen der höchstbesteuerten Artikel, in den Zollvereins-Erneuerungsvertrag zu Artikel 22 aufgenommen, sonach förmlich von allen Vereinsstaaten anerkannt werden sollte. Diese taktlose Forderung erregte in der Conferenz eine förmliche Entrüstung, und die preußischen Bevollmächtigten erklärten sich zuerst und am entschiedensten gegen dieselbe. Gleichwohl beharrte der hannövrische Commissar bis zum Schlusse auf derselben und verzichtete erst unmittelbar vor der Unterzeichnung auf einen desfallsigen Zusatz zum Schlußprotokoll.

Eine weitere, erst gegen das Ende der Verhandlung eingebrachte Forderung, daß nämlich noch vor Abschluß des Erneuerungs-Vertrages das Regulativ über die freien Niederlagen berathen und festgestellt werde, wurde von dem hannövrischen Commissar wieder zurückgezogen. Dagegen trat er ganz zuletzt, nachdem bereits der ganze Vertrag berathen und festgestellt war, abermals mit neuen Forderungen auf, daß nämlich die Hannover bewilligte zollfreie Einfuhr von 270,000 Ctr. Eisenbahnschienen auf das dreifache Quantum erhöht werde, dann, daß in dem Vertrag die ausdrückliche Bestimmung aufgenommen werde, daß durch denselben der September-Vertrag in keiner Weise alterirt werden solle. Der Unwille über ein solches Verfahren war allgemein und äußerte sich um so unverhohlener, als manche Vorgänge bei den früheren Verhandlungen über den September-Vertrag den Charakter dieses Beamten nicht im günstigsten Lichte erscheinen ließen. Nicht blos die preußische, sondern auch die österreichische Regierung sah sich veranlaßt, in Hannover ernstliche Vorstellungen zu machen, was endlich die Zurückziehung dieser ungeeigneten und zum Theil unanständigen Forderungen zur Folge hatte, so daß am 4. April 1853 der neue Zollvereins-

Vertrag unterzeichnet werden konnte. Am vorhergehenden Tage beim Schlusse der Berathung machten der hannövrische und der oldenburgische Commissar noch die Eröffnung, daß Beide angewiesen seien, die Zustimmung der Landstände für den im Art. 41 stipulirten Beitritt zum Handelsvertrage mit Oesterreich vom 19. Februar 1853 ausdrücklich vorzubehalten. Alle Commissare vereinigten sich in der Ansicht, daß die ständische Mitwirkung zwar nach Maaßgabe der Verfassung eines jeden Staates als ein nothwendiges Erforderniß betrachtet werden könne, ehe zur Ausführung der betreffenden Verträge geschritten werde, daß aber dieses Verhältniß lediglich eine res interna für jeden Staat sei und an den Verbindlichkeiten desselben gegenüber den Mitcontrahenten Nichts ändere. Die Bedeutung eines solchen Vorbehaltes könne daher nur darin bestehen, daß jede Regierung, welche ständische Zustimmung bedürfe, ihre Bemühungen geltend mache, um innerhalb der Ratificationsfrist die ständische Zustimmung herbeizuführen und an der Ratifications-Erklärung nicht gehindert zu sein. Werde ihr aber die Einholung der ständischen Zustimmung bis zu diesem Zeitpunkte nicht möglich, so würde dieser Incidentpunkt nur berechtigen, eine Verlängerung der Ratificationsfrist zu beanspruchen. Es wurde hierüber ein besonderes Protokoll aufgenommen und ebenfalls am 4. April unterzeichnet, welches lediglich die gegenseitige Erklärung enthält, daß die Einholung der ständischen Zustimmung, sei es über den ganzen Vertrag, sei es über einzelne Bestimmungen desselben, je nach Maaßgabe der Verfassungsverhältnisse der einzelnen Staaten erforderlich sein werde.

Auch der formelle Abschluß des Vertrages gab noch zu einigen eigenthümlichen Erörterungen Anlaß. Sachsen hatte nämlich den Antrag gestellt, daß der neue Zollvereinsvertrag, wie es bei dem Handelsvertrage mit Oesterreich geschehen war, von den preußischen Ministern und in Folge dessen auch von den Gesandten der contrahirenden Vereins-Regierungen unterzeichnet werden solle. Der Antrag fand einen entschiedenen Widerspruch an dem preußischen Minister von Manteuffel, und zwar sowohl weil bei Abschluß des ersten Erneuerungs-Vertrages vom 8. Mai 1841 ein solches Verfahren nicht eingehalten worden war, als auch weil die preußische Regierung der Praxis, bei Staatsverträgen die Unterzeichnung von Ministern und Gesandten, die an den Verhandlungen keinen directen Antheil genommen, vornehmen zu lassen und dagegen die eigentlichen Geschäftsmänner in den Hintergrund zu schieben, abhold war. Dieselbe hat auch seitdem diesen Gesichtspunkt als Regel für die Vertrags-Abschlüsse innerhalb des Zollvereins beibehalten.

Der Vertrag vom 4. April 1853*) umfaßte folgende einzelne Urkunden:

a) den offenen Vertrag in 42 Artikeln;
b) die Uebereinkunft wegen Besteuerung des Runkelrübenzuckers als Beilage zu Art. 12 des Vertrages;
c) die Separat-Artikel zum Vertrage, 20 an der Zahl;
d) die Separat-Artikel zur Uebereinkunft wegen Besteuerung des Runkelrübenzuckers, 4 an der Zahl;
e) das Schlußprotokoll zum Vertrage;
f) Anlage zu Nr. 8 des Schlußprotokolls, Schlußprotokoll zu der Uebereinkunft wegen Besteuerung des Rübenzuckers;
g) Anlage zu Nr. 12, 2 des Schlußprotokolls, Bestimmungen über die Gewährung einer Zollvergütung für die zum Schiffsbau verwendeten metallenen Materialien;
h) Anlage zu Nr. 16 des Schlußprotokolls, Bestimmungen über die Alimentirung der durch die Vereinigung des Steuervereins mit dem Zollverein außer Function tretenden Zoll- und Steuerbeamten;
i) Uebereinkunft zwischen Preußen, Sachsen, den zum thüringischen Verein gehörigen Staaten und Braunschweig wegen Theilung der gemeinschaftlichen Durchgangs-Abgabe;
k) Vertrag zwischen Preußen, Sachsen und den zum thüringischen Verein gehörigen Staaten wegen Fortsetzung des Vertrages vom 8. Mai 1841 über die gleiche Besteuerung innerer Erzeugnisse;
l) Separat-Artikel dazu;
m) Besonderer Artikel zwischen Preußen und den außer Preußen bei dem thüringischen Verein betheiligten Regierungen wegen Theilung des Aufkommens von der Besteuerung des Branntweins;
n) Protokoll, die Fortdauer der Uebereinkunft zwischen Preußen und Braunschweig wegen gleicher Besteuerung innerer Erzeugnisse;
o) Vertrag zwischen Preußen, Sachsen, Hannover, Kurhessen, den außer Preußen und Kurhessen bei dem thüringischen Verein betheiligten Staaten, Braunschweig und Oldenburg, die gleiche Besteuerung von Wein und Tabak so wie den gegenseitig freien Verkehr mit diesen Artikeln und die Gemeinschaftlichkeit der Uebergangs-Abgaben von denselben betreffend;
p) Separat-Artikel hierzu;

*) Vollständig abgedruckt im vierten Bande der Zollvereinsverträge, S. 1 flg.

q) Protokoll, die Fortdauer der Uebereinkunft zwischen Preußen, Sachsen und den Staaten des thüringischen Vereins einerseits und Braunschweig andererseits, den gegenseitig freien Verkehr mit Bier und die Gemeinschaftlichkeit der Uebergangs-Abgabe von Bier betreffend.

Am 7. April fand noch eine besondere Verhandlung statt wegen des Verhältnisses zur freien Stadt Bremen, insbesondere wegen Einverleibung einiger Theile des Gebietes dieser Stadt (Vegesack) in den Zollverein, über die Errichtung eines vereinsländischen Hauptzollamtes in Bremen, dann wegen Bildung einer Vollzugs-Commission für den Anschluß des Steuervereins an den Zollverein.

Die Auswechslung der Ratifications-Urkunden über den Vertrag vom 4. April wurde am 2. Juni 1853 vorgenommen, jene zwischen Oesterreich und Preußen über den Februar-Vertrag hatte schon etwas früher stattgefunden.

So war nach mehrjährigem Hader wieder Friede im Zollverein eingetreten, der Verein neuerdings auf zwölf Jahre geschlossen und überdies ein Verhältniß zu Oesterreich hergestellt, das aus dem engen Rahmen eines bloßen Handelsvertrags heraustretend scheinbar den Charakter eines Zollbundes annahm, wenigstens einen solchen in Aussicht stellte. Wenn sich die dem Februar-Vertrag vorangestellte Aufgabe verwirklichte, wenn Oesterreich wirklich seine Zollgrenzen und seine Zollverfassung mit jenen des bisherigen Zollvereins vereinte, dann umfaßte dieses materielle Band ganz Deutschland und Oesterreich, da die kleinen Theile, welche diesem Zollverbande bis jetzt noch fern standen, nicht länger mehr sich auszuschließen vermochten. Dann war das den Verkehr von ganz Mittel-Europa beherrschende Siebzig-Millionen-Reich fertig.

War Dies möglich? war es auch nur wahrscheinlich?

Der Februar-Vertrag versprach es; die verschiedenen Elemente, welche nach hartem Kampfe dieses Resultat herbeigeführt hatten und dasselbe als einen Sieg betrachteten, waren noch fortwährend thätig und schienen wohl auch für die Zukunft die Kraft zu besitzen, das bereits Begonnene fortzusetzen. Oesterreich hatte eine vortheilhafte bevorzugte Stellung zum Zollverein errungen und schien, nachdem es einmal die Bedeutung der materiellen Interessen für seine politische Stellung in Deutschland erkannt hatte, fest entschlossen, den eingeschlagenen Weg zu behaupten und die angestrebte Theilnahme an der Leitung der volkswirthschaftlichen Interessen Deutschlands nicht mehr aus dem Auge verlieren zu wollen.

Auf der andern Seite konnte mit Bestimmtheit vorausgesetzt werden, daß Preußen, welches den Februar-Vertrag offenbar nur ungern und nur durch die Umstände gezwungen in dieser Ausdehnung angenommen hatte, sich mit mindestens gleicher Entschiedenheit einer Ausdehnung und Erweiterung dieses Vertrags und einer Anbahnung der Zollvereinigung mit Oesterreich widersetzen werde. Es hatte zur rechten Zeit erkannt, daß die Leitung der wirthschaftlichen Interessen mit der Zeit auch zur Leitung auf dem gesammten Gebiete der Politik führen müsse. Die preußische Politik mußte nach ihrer ganzen Tendenz und Vergangenheit es als ihre Aufgabe betrachten, in keiner Weise Oesterreich eine directe Einwirkung auf die fernere Entwickelung des Zollvereins einzuräumen. Die österreichische Zollpolitik stand in Bezug auf Princip wie auf Verwaltung noch weit hinter dem Zollverein zurück; jede nähere Verbindung mit Oesterreich war also in wirthschaftlicher Beziehung ein Rückschritt, in politischer eine Verminderung der eigenen Macht. Je mehr sich die schutzzöllnerischen Elemente nach Oesterreich wandten, um von dort Hülfe und Verstärkung zu erhalten, um so mehr mußte Preußen sich dem Freihandel zuwenden.

Es war klar, daß aus diesen sich direct widerstrebenden Interessen ein neuer Kampf entstehen mußte und die nächste vertragsmäßige Vereinsperiode nicht ruhig verlaufen würde; allein es war wohl unmöglich, jetzt schon eine Ansicht über den wahrscheinlichen Ausgang zu begründen. Der vorliegende Erfolg sprach mehr für Oesterreich; Preußen hatte dagegen für sich die Einheit des Handelns, die Bestimmtheit seiner Zwecke und der Mittel dazu.

Oesterreich mußte sich bei seinen Operationen auf die mittleren und kleineren deutschen Staaten stützen, deren Entschiedenheit, Uebereinstimmung und Verlässigkeit sehr Vieles zu wünschen übrig ließ, während in Oesterreich selbst vielfache Elemente vorhanden waren, welche theils aus Eigennutz, theils aus Vorurtheil oder ähnlichen Gründen jeder selbständigen Bewegung der Regierung auf dem eingeschlagenen Wege widerstrebten. Trotz der allgemeinen Befriedigung, welche der Februar-Vertrag und die Erneuerung des Vereinsvertrags hervorgerufen hatten, waren daher die Aussichten für die neue Vereinsperiode nichts weniger als tröstlich. Das gegenseitige Vertrauen, welches die erste Periode des Vereins 1834 — 1841 bezeichnet hatte, war schon bei der ersten Erneuerung des Vereins erschüttert worden; die zweite Periode von 1841—1853 war durch den inneren Kampf zwischen Schutzzoll und Freihandel bezeichnet und begründete eine tief eingreifende Divergenz der Interessen. Am Schlusse dieser Periode trat das politische Element hinzu; der Krebsschaden Deutschlands, der Dualismus, hatte die Wurzeln der besten Schöpfung der Neuzeit, des Zollvereins, benagt, der politische Streit um die Führung Deutschlands hatte das Gebiet der materiellen Interessen zu seinem Kampfplatze gewählt. Das erste Vorspiel hatte nicht zur Entscheidung geführt, es hatte lediglich dazu gedient, beiden Hauptparteien eine bestimmte Stellung anzuweisen, von welcher aus der Kampf bei nächster Gelegenheit erneuert werden konnte.

Neunundzwanzigstes Kapitel.

Die nächsten Folgen des Februarvertrages. Innere Entwickelung des Vereins.

Durch die Verträge vom 19. Februar und 4. April 1853 war wieder äußerlich Ruhe eingetreten im Zollverein; die politische Stellung zwischen Oesterreich und Preußen hatte durch den Februar-Vertrag eine bestimmte Form angenommen, in welcher sie sich auf vertragsmäßigem Wege weiter zu entwickeln vermochte, wenn sie überhaupt einer solchen Entwickelung fähig war. Anderseits war die innere Krisis des Zollvereins, der Kampf zwischen Schutzzoll und Freihandel, zwar zu keinem Abschlusse gelangt, indessen bedingte doch auch der Vertrag mit Oesterreich einen gewissen Stillstand in Tarifsreformen, der außerdem noch dadurch geboten war, daß der Zwischenzolltarif vielfache Hoffnungen auf einen sehr erweiterten Verkehr mit Oesterreich angeregt hatte und man daher vor Allem die Wirkungen dieses Vertrags abwarten wollte. Wenn auch diese Hoffnungen nicht völlig getäuscht wurden, so war deren Realisirung dennoch nicht von der Art, um eine erhebliche wirthschaftliche Annäherung der beiden Zollgebiete zu bewirken und als Grundlage einer künftigen Zolleinigung zu dienen.

Der beiderseitige Verkehr in den Artikeln des Zwischenzolltarifs nahm zwar etwas zu, jedoch nicht in dem erwarteten Maaße; er bewegte sich vielmehr innerhalb solcher Grenzen, welche mit der nahen Berührung der beiden Ländergebiete in keinem entsprechenden Verhältnisse standen. Während die Einfuhr aus Oesterreich an rohen Artikeln, wie Wolle, Leinengarnen, dann an Leinenwaaren etwas zunahm, blieben in den meisten Industrie-Artikeln, wie Eisen- und Stahlwaaren, Papier, Holzwaaren, Lederwaaren, kurzen Waaren, baumwollenen Waaren die beiderseitigen Ein- und Ausfuhren im Verhältnisse ziemlich gleich; eine erheblich vermehrte Ausfuhr aus dem Zollvereine nach Oesterreich ergab sich nur in baumwollenen und Wollengarnen, Eisen, einigen Metallwaaren und Thonwaaren. Die Gesammtmasse des Waarenaustausches blieb jedoch weit unter dem Betrage, wie er nach der Ausdehnung der gemeinschaftlichen Grenze und der Größe der beiderseitigen Gebiete hätte erwartet werden können; ein sicherer Beleg dafür, daß der Unterschied zwischen den beiderseitigen Industrien kein sehr bedeutender, der Zwischenzolltarif aber immer noch viel zu hoch war.

Nur in einem einzigen Zweige des Verkehrs, in dem sogenannten Veredelungs-Verkehre, hatte sich nach und nach und zwar auf fast allen Theilen der Vereinsgrenze gegen Oesterreich eine sehr erhebliche Regsamkeit entwickelt, gegen welche sich zwar von Zeit zu Zeit in Oesterreich schutzzöllnerische Einreden erhoben, die jedoch an dem unverkennbaren Bedürfnisse anderer industriellen Zweige scheiterten. Da der Zollverein in der Regel sehr bedeutende Zufuhren an Cerealien aus Oesterreich bezieht, so ist es allerdings auffallend, daß es ihm noch nicht gelungen ist, diese Zufuhren mit seinen eigenen Industrie-Erzeugnissen vollständig zu bezahlen. Außer der absoluten Höhe der Zollsätze scheinen hier doch noch andere Verhältnisse, insbesondere die Valuta-Verhältnisse und die mitunter lästigen Formen der österreichischen Zollverwaltung, hemmend einzuwirken. Da die Industrie des Zollvereins in dem Zeitraume nach dem Jahre 1853 in ihrer Entwickelung offenbar keine Rückschritte gemacht, vielmehr gerade in dieser Periode eine ganz entschiedene Expansions-Kraft entwickelt und sich eine anerkannte Stellung auf allen Märkten der Welt erobert hat, so kann der Grund des verhältnißmäßig geringen Verkehrs mit Oesterreich nur jenseits der Vereinsgrenzen zu suchen sein.

Bei den Verhandlungen über die Erneuerung der Vereinsverträge waren untergeordnete Gegenstände principiell ausgeschlossen worden, es lagen daher mehrfache Fragen vor, welche zu ihrer Erledigung einer General-Conferenz bedurften. Vor Allem machte der Ablauf des Vertrags mit Belgien und die Entscheidung, ob demselben auch noch ferner eine differentielle Begünstigung für die Einfuhr seines Eisens zuzugestehen sei,*) eine Verständigung der Vereins-Regierungen nothwendig.

Die preußische Regierung schritt daher alsbald nach Ratification des Vertrags vom 4. April 1853 zu den Vorbereitungen für die X. General-Conferenz, welche sodann auch am 6. Juni in Berlin eröffnet wurde. Zahl

*) Vergl. oben das vierundzwanzigste Kapitel.

und Umfang der für dieselbe vorliegenden Arbeiten waren sehr bedeutend. Außer der schon erwähnten belgischen Frage, dann der Feststellung des neuen mit dem 1. Januar 1854 eintretenden Vereinszolltarifs, der höheren Steueranlage auf Rübenzucker, der amtlichen Waarenverzeichnisse zum Vereinstarife und für den Zwischenverkehr mit Oesterreich, endlich Ausarbeitung eines Regulativs für die freien Niederlagen in den Seeplätzen, lagen eine Menge von Anträgen einzelner Regierungen vor, die größtentheils Fragen des Vollzugs und der Auslegung der Vereinsverträge betrafen. Von größerer Bedeutung waren hierunter ein Antrag Preußens wegen Bildung von Majoritäts-Beschlüssen, ein Antrag Kurhessens auf Besteuerung der inneren Tabak-Production, sowie die regelmäßig wiederkehrenden Anträge der süddeutschen Staaten auf Aenderung der Uebergangs-Abgaben. Wichtig war ferner noch die Einverleibung des braunschweigischen Harz- und Leine-Districtes in die gemeinschaftliche Zolllinie, sowie die Verhandlung über die in Leipzig entdeckten Unterschleife bei den Meß-Contirungen.

Obwohl die Conferenz bis 20. Februar 1854 währte, so konnte doch nur ein verhältnißmäßig geringer Theil dieser Anträge in befriedigender Weise erledigt werden. Die durch die kurz vorhergehende Krisis entstandene Mißstimmung klang noch überall durch; es fehlte allenthalben an gegenseitigem Vertrauen sowie an Bereitwilligkeit zur Nachgiebigkeit und Verständigung. Namentlich scheiterten die ziemlich zahlreichen verschiedenartigen Tarifsanträge einerseits an dem Widerstreben der norddeutschen Staaten gegen jede Tarifserhöhung, während die Südstaaten ihrerseits jede Tarifs-Minderung ablehnten. So fielen insbesondere die preußischen Anträge auf Minderung der Eisenzölle, wogegen Preußen mit gleicher Bestimmtheit die Anträge wegen der Wein-Uebergangssteuer zurückwies. Es blieb Nichts übrig, als den Tarif zu lassen wie er war.

Das praktische Resultat der Conferenz war daher ein sehr geringes und reducirte sich in der Hauptsache außer der Feststellung der Tarife, der Waarenverzeichnisse und der Zuckersteuer fast nur auf das Regulativ für die freien Niederlagen in den Seeplätzen und die Vollzugsverhandlungen über Aufnahme des braunschweigischen Harz- und Leine-Districtes,*) eine Vereinbarung wegen Einstellung der Erhebung des Eingangszolls von Getreide,**) sowie einige untergeordnete Verwaltungs-Maaßregeln.

Gleichzeitig mit der Generalconferenz wurden auch die Verhandlungen

---

*) Besonderes Protokoll vom 10. August 1853.

**) Besonderes Protokoll vom 7. September und 12. October 1853.

der Vollzugscommission über den Handelsvertrag mit Oesterreich vom 19. Februar 1853 geschlossen.

Die nächste (elfte) Generalconferenz sollte, der getroffenen Abrede gemäß, in Darmstadt abgehalten werden und es sollten bei derselben nur solche Gegenstände zur Berathung gelangen, die einer dringenden Erledigung bedurften, da man bei der eben beendigten Conferenz die Ueberzeugung erlangt hatte, daß es bei der bestehenden Entfremdung der Vereinsregierungen vergebliche Mühe sein würde, Verhandlungen über Gegenstände anzuregen, welche im Zusammenhange mit principiellen Differenzen ständen. Zu solchen dringenden Gegenständen rechnete man preußischerseits die Ermäßigung der Eingangszölle von Eisen, Talg und Vieh, womit die Getreidefrage in Verbindung stand, sodann die Differenz wegen der Meßcontirungen, die Begünstigung der Türkisch-roth-Garnfärbereien, die durch den Vertrag mit Oesterreich nöthig gewordenen Modificationen des Vereinstarifs und die noch ungelösten Differenzpunkte von den Vollzugsverhandlungen in Hannover.

Von Seite der süddeutschen Staaten wollte man wieder die Ermäßigung der Uebergangsabgaben von Wein und die Minderung des Weinzollrabatts zur Sprache bringen.

Die Frage der Leipziger Meßconti war schon bisher von beiden Seiten mit unverhältnißmäßiger Lebhaftigkeit und zum Theil mit Leidenschaftlichkeit behandelt worden. Allerdings hatte sich herausgestellt, daß diese Begünstigung, die schon bei der Gründung des Zollvereins von fast allen Regierungen auf das Lebhafteste beanstandet und nur nach langem Widerstreben bewilligt worden, zu erheblichen Mißbräuchen benutzt worden war; indessen waren dieselben doch nicht von der Art, daß sie den Charakter von eigentlichen Zolldefraudationen hatten, indem wohl eine Vertauschung der contirten Waaren mit anderen Waaren derselben Art, nicht aber eine Einfuhr fremder Waaren mit völliger Umgehung des Eingangszolles, stattgefunden hatte. Die Leidenschaftlichkeit, mit welcher die sächsische Regierung den ersten Anregungen von Seiten Württembergs entgegengetreten war, steigerte jedoch auch deren und der übrigen süddeutschen Regierungen Eifer in der weitern Verfolgung der Sache, und die unverkennbare Lässigkeit, welche die sächsische Regierung in der Verfolgung und Abstellung der eingerissenen Mißbräuche an den Tag legte, war keineswegs geeignet, die entstandene Differenz zu mildern. Die preußische Regierung, die einerseits bisher in der Sorgfalt für eine correcte und vorsichtige Handhabung der Zollgesetze immer eine gewisse Strenge beobachtet hatte, anderseits bei der Frage insofern betheiligt war, als mehrere der bedeutendsten Berliner Manufacturwaaren-Handlungen in jene Mißbräuche verwickelt waren, suchte hier vermittelnd einzuschreiten und vor Allem auf eine ernstliche Abstellung der Mißbräuche hinzuwirken, während die sächsische Regierung einer Discussion der Frage auszuweichen bestrebt war und zu diesem Ende die Verschiebung der Conferenz beantragte, die auch wirklich, statt am 1. Juni, erst am 15. September in Darmstadt eröffnet wurde.

Ungeachtet der verabredeten Beschränkung der Berathungsgegenstände erfolgten von allen Seiten zahlreiche Anträge. Die Conferenz nahm jedoch einen der vorigen Conferenz ziemlich ähnlichen Verlauf, und nur wenige der gestellten Anträge führten zu einer Verständigung. Namentlich hatten die hannövrischen Bevollmächtigten gleich vom Anfange an eine ziemlich unfreundliche Stellung gegen die übrigen Commissare eingenommen und dadurch die letzteren zum Theil veranlaßt, nunmehr auch ihrerseits jede Concession an Hannover an die Bedingung zu knüpfen, daß von Hannover den Forderungen der anderen Regierungen Rechnung getragen werde.

Die von Preußen verlangte Ermäßigung der Eisenzölle wurde abermals abgelehnt, obwohl diesmal Bayern seinen bisherigen Widerspruch aufgegeben hatte. Ebenso scheiterte anderseits die verlangte Ermäßigung der Uebergangsabgabe von Wein und des Weinzollrabatts am Widerspruche Preußens. In der Contirungsfrage beharrte Sachsen im Wesentlichen auf seinem Standpunkte. Ebenso kam es über die Begünstigung der Türkischroth-Garnfärbereien zu keiner Verständigung. Preußen hatte seinen Färbereien das Recht eingeräumt, fremde rohe Garne zollfrei zu beziehen und gegen eine Durchgangsabgabe von 5 Sgr. wieder auszuführen, wogegen die süddeutschen Staaten protestirten. Die Besteuerung oder Monopolisirung des Tabaks war abermals vergeblich angeregt worden. Auch über die Flußzölle und deren Verminderung ward keine Vereinbarung erzielt.

Die erzielten Tarifbeschlüsse beschränkten sich auf Verminderung der Eingangszölle von Talg, Kobaltoxyd und Waaren von Elfenbein und Bein. Außerdem wurden nur über wenige untergeordnete Gegenstände Vereinbarungen erzielt, nämlich;

1) über die Zollfreiheit der Bundesgarnison zu Mainz;

2) über die Behandlung der halbseidenen Shawls und der unächt vergoldeten oder versilberten Waaren im Zwischenverkehr mit Oesterreich;

3) über Sicherung des Vollzugs der vertragsmäßigen Abreden bezüglich des Steuersatzes auf Rübenzucker und über die Ausfuhrvergütungen für raffinirten Zucker;

4) über ein provisorisches Abkommen mit Hannover wegen der Zollabfertigungen an den Eisenbahnhöfen zu Bremen und Harburg;

5) über die Gleichstellung unter den Vereinsstaaten in Beziehung auf den Eisenbahnverkehr in Anwendung der betreffenden Bestimmungen des Handelsvertrages mit Oesterreich;

6) über die Zollcontrolen hinsichtlich der gestrandeten oder in einem Nothhafen ausgeladenen Güter;

7) über die Gestattung einer ausnahmsweisen Behandlung des von Ebbe und Fluth abhängigen Wassertransportes;

8) über einige Zugeständnisse niederen Belanges für die Erleichterung des Grenzverkehrs von Hannover;

9) über die verlängerte Gestattung provisorischer freier Niederlagen in Seeplätzen; endlich

10) über Anwendung der im Handelsvertrage mit Oesterreich enthaltenen Bestimmungen über Consular-Schutz.

Die übrigen Geschäfte der Zollconferenz betrafen die Comptabilitäts-Verhältnisse des Vereins, die Bauschsummen-Etats und das Abrechnungsgeschäft. Sie wurde am 18. December 1854 geschlossen.

Als Versammlungsort für die nächste General-Versammlung war Weimar bestimmt. Da die XI. Conferenz ohnedies bis Ende 1854 gedauert hatte, so wurde die XII. stillschweigend pro 1855 ausgesetzt und am 17. Juni 1856 statt in Weimar in Eisenach eröffnet. Der allgemeine Charakter der Conferenz war derselbe wie der beiden vorgehenden; es lagen noch dieselben Anträge vor und blieben ebenso unerledigt wie im J. 1854. So der Antrag von Preußen, Hannover und Oldenburg auf Verminderung der Eisenzölle; die Anträge der süddeutschen Staaten auf Herabsetzung der Uebergangsabgaben und Minderung des Zollrabatts für Wein, dann auf Aenderung des preußischen Systems in der Erhebung des Rheinoctrois, so wie die Anträge Preußens auf Besteuerung des Tabaks. Auch die Anträge Preußens auf Herabsetzung des Syrupzolles so wie die Anträge mehrerer Vereinsstaaten auf gänzliche Aufhebung der Durchgangsabgaben, dann die Anträge von Bayern, Sachsen, Württemberg und Baden auf veränderte Tarifirung der Gespinnste und Gewebe in Folge des Handelsvertrags mit Oesterreich, fanden keine Zustimmung. Vorzüglich waren es die Uebergangssteuern und die Eisenzölle, welche die im Zollvereine eingetretene Entfremdung bezeichneten und hemmend auf alle übrigen Verhandlungen einwirkten. Bayern hatte diesmal die Beseitigung oder Minderung der Uebergangsabgaben auf Wein ganz besonders lebhaft vertreten und keinen

Zweifel darüber gelassen, daß es, müde diese Frage fortwährend erfolglos vorzubringen und seine billigen Wünsche unbeachtet zu sehen, fortan das gleiche Verfahren in Anwendung bringen und gegen alle Anträge derjenigen Regierungen stimmen werde, welche auch ihrerseits keinen ernstlichen Willen an den Tag legten, den Verlangen ihrer Vereinsgenossen gerecht zu werden; daß es aber auch seinerseits zu jedem Entgegenkommen und insbesondere bereit sei, die verlangte Ermäßigung der Eisenzölle zuzugestehen, sobald man endlich einmal das schon seit der Gründung des Zollvereins bestehende Verlangen der süddeutschen Staaten bezüglich der Uebergangs=Abgaben erfüllen wolle. Da jedoch Preußen sowohl diese Forderung als auch die Ermäßigung des Zollrabattes für Weingroßhändler sowie die Gleichstellung der übrigen deutschen Rheinhäfen mit den preußischen in Bezug auf die Erhebung des Rheinoctrois entschieden zurückwies, so setzten Bayern und die übrigen süddeutschen Vereinsstaaten auch den preußischen Forderungen einen gleich hartnäckigen Widerspruch entgegen.

Zu sehr ausführlichen Erörterungen führte diesmal die Frage der Tabaksbesteuerung. Preußen hatte einen vollständigen Gesetzentwurf zur Besteuerung des inländischen Tabaks vorgelegt und in demselben eine Steuer von 10 Thlr. für den Morgen mit Tabak bebauten Landes, sodann eine Erhöhung des Außenzolles von fremdem Tabak auf 6 Thlr. per Centner vorgeschlagen und seine Anträge ausführlich motivirt. Für Einführung des Tabaksmonopols hatten sich Bayern, Württemberg, Baden und Kurhessen ausgesprochen, jedoch schließlich sich auch geneigt erklärt, auf die preußischen Anträge näher einzugehen, falls eine vollständige Rückvergütung sowohl der inländischen Steuer als des Außenzolles für fremden Rohtabak bei der Ausfuhr von Tabakfabrikaten angenommen werden wollte. Nachdem jedoch Hannover sich unbedingt weigerte, auf irgend welche Erhöhung des Eingangszolles für rohen Tabak einzugehen, mußte auch die Besteuerung des inländischen Tabaks fallen gelassen werden. Als daher nach sechsmonatlichen Verhandlungen die Conferenz, die inzwischen von Eisenach nach Weimar verlegt worden war, am 17. December 1856 geschlossen wurde, war das praktische Resultat ein kaum nennenswerthes. Eine Vereinbarung war nur erzielt worden über eine Ermäßigung des Zolles für Getreide, Hülsenfrüchte und Mehl, über einige Modificationen in den Vorschriften über Behandlung des Eisenbahnverkehrs, über Verbesserungen der Commercial=Statistik und die Berechnung der Präcipual=Antheile von Frankfurt, Hannover und Oldenburg.

Ueber die Leipziger Meßconten kam wenigstens in so weit eine Ver=

ständigung zu Stande, daß als Grundsatz anerkannt wurde, es solle nicht bei jeder entdeckten Irregularität eo ipso die Einziehung des Contos erfolgen, sondern die Frage der Entziehung dieser Begünstigung jedesmal nach Lage des concreten Falles beurtheilt werden.

Ein Antrag Hannovers wegen zollfreier Zulassung von Reis zur Verarbeitung in Reis- Schäl- und Mahl-Mühlen konnte wegen erhobenen Widerspruches von Bayern erst nach der Conferenz im Correspondenzwege zum Beschlusse erhoben werden.

Auch die nächste, XIII., General-Conferenz, welche vom 12. August bis 3. December 1858 in Hannover abgehalten wurde, bot kein erfreuliches Bild der inneren Zustände des Zollvereins dar. Abermals standen sich die Forderung Preußens wegen der Eisenzölle und jene der süddeutschen Staaten wegen der Uebergangssteuern einander gegenüber, ohne daß eine der beiden Parteien von ihrem Standpunkte abzugehen sich geneigt zeigte. Es charakterisirt diese Hartnäckigkeit, welcher keinerlei genügende materielle Gründe zur Seite standen, hinreichend die damalige Situation. Der nachmalige Verlauf, als Preußen im Jahre 1865 die Uebergangssteuer auf Wein und Most fallen ließ, zeigte, daß die bis dahin festgehaltene Behauptung, es bilde diese Steuer einen integrirenden Theil des ganzen preußischen Steuer-Systems und könne ohne vollständige Reform der gesammten Weinbesteuerung nicht alterirt werden, nicht begründet oder wenigstens nicht von der Bedeutung war, um die Uebergangssteuer auf Kosten des guten Verständnisses mit den süddeutschen Vereinsstaaten und zum Nachtheil wesentlicher Vereins-Interessen festzuhalten. Auf der anderen Seite lagen eben so wenig überwiegende Gründe vor, um sich einer Minderung der Eisenzölle, die im Interesse der östlichen preußischen Landestheile und der Landwirthschaft gelegen und bei dem Stande der zollvereinsländischen Eisenproduction sehr wohl zulässig war, beharrlich zu widersetzen. Es war also nur die beiderseitige Verbitterung, die diesen Mangel an Nachgiebigkeit erzeugt hatte.

Die dringendste Aufgabe für diese Conferenz boten übrigens die Verhältnisse zu Oesterreich dar. Gemäß einer Bestimmung des Februar-Vertrages waren in Wien über weitere gegenseitige Verkehrs-Erleichterungen Verhandlungen eröffnet worden, die jeodch einen wenig günstigen Verlauf zeigten, weil Oesterreich entschieden auf einer gänzlichen Aufhebung aller Transitabgaben bestand, deren einseitige und nachtheilige Wirkung auf den continentalen Verkehr seit der Eröffnung zahlreicher großer Eisenbahnlinien in so entscheidender Weise hervorgetreten war, daß eine längere

Beibehaltung dieser veralteten Abgaben sich als unmöglich darstellen mußte.

Die preußische Regierung war bisher aus finanziellen Gründen den Anträgen auf Aufhebung oder Minderung der Durchgangsabgaben entgegengetreten; nachdem jedoch die Demonstrationen gegen dieselben von Seiten des Handelsstandes allgemein geworden und sich fast sämmtliche übrige Vereinsstaaten für deren gänzliche Beseitigung erklärt hatten, schien es der preußischen Regierung ebenfalls angemessen, einer so wesentlichen und so allgemein geforderten Verbesserung nicht ferner zu opponiren, vielmehr direct für deren Realisirung einzutreten. Die Aufhebung der Transitabgaben, die nach dieser nunmehr von Preußen eingenommenen Stellung gesichert schien, wurde jedoch unerwartet beanstandet und noch mehrere Jahre hindurch verzögert. Baden erklärte nämlich, ohne eine gleichzeitige Herabsetzung des Rheinoctrois auf eine Aufhebung der Durchgangszölle nicht eingehen zu können; und da Darmstadt sich entschieden gegen jede Minderung seiner Rheinoctroi-Einnahmen verwahrte, so scheiterte jede Verständigung an diesem Widerspruche. So begründet die badische Forderung auch war, so dürfte doch das System, die Zustimmung zu einer im allgemeinen Interesse geforderten Verbesserung von der gleichzeitigen Zustimmung der übrigen Betheiligten zu einer analogen anderen Verbesserung abhängig zu machen, keine Billigung verdienen; der Zollverein war jedoch durch das von allen Vereinsgenossen ohne Ausnahme geübte System, an particularen Interessen festzuhalten und den Forderungen der anderen Genossen nur geringe Beachtung zu schenken, und durch das hierdurch erzeugte gegenseitige Mißtrauen dahin gelangt, daß materielle Gründe und nachbarliche Rücksichten nicht mehr als entscheidende Momente angesehen werden konnten, jede Verständigung vielmehr, wenn sie nicht durch die zwingendste Nothwendigkeit geboten war, nur nach langem Abwägen particularistischer Vortheile und Zugeständnisse erreicht werden konnte. Mit Recht hat man daher auch diese ganze Periode eine Zeit der Stagnation des Zollvereins genannt,*) weil er in derselben aus sich heraus keine wesentliche Ergänzung und Vervollständigung weder seines Systems noch seiner Gesetzgebung zu schaffen vermochte und selbst den nothwendigen Zusammenhang und die Ordnung seiner Verwaltung nur nach mühevollen Verhandlungen und mit unverhältnißmäßigem Aufwande von Zeit und Kräften zu erreichen vermochte.

Ein bayrisch-sächsischer Antrag wegen Erhöhung des Eingangszolls für

*) Vergl. Robolsky, Der deutsche Zollverein u. s. w., S. 81 flg.

Kammgarn blieb ohne Erfolg, ebenso die erneuerte Anregung einer höheren Besteuerung des Tabaks.

Als daher nach fast viermonatlichen Verhandlungen die Conferenz geschlossen wurde, reducirte sich das wirkliche Resultat derselben auf wenige Gegenstände von untergeordnetem Belange.

Die nächste, XIV., Generalconferenz, welche am 5. Juli 1859 in Harzburg eröffnet, am 25. September nach Braunschweig verlegt und am 17. November daselbst geschlossen wurde, war wieder eine Tarifsconferenz, und es lagen für dieselbe eine große Menge verschiedenartiger Anträge vor (für den Tarif nicht weniger als 40, für das Waarenverzeichniß 77). Gleichwohl ist das Resultat auch dieser Conferenz nur ein sehr geringes zu nennen.

Von älteren Verhandlungsgegenständen blieben abermals erfolglos:

der preußische Antrag auf Ermäßigung der Eisenzölle;

die Anträge auf Ermäßigung der Uebergangsabgaben;

der bayrische Antrag auf Erhöhung des Eingangszolls für Kammgarn;

die Anträge auf Ermäßigung der Rheinzölle, Aufhebung der Durchgangsabgaben und Herabsetzung des Rabatts für Weingroßhändler, dann die Anträge auf Einführung einer erhöhten Tabakbesteuerung.

Abgelehnt wurden ferner:

ein Antrag Preußens auf Herabsetzung des Eingangszolls auf Papier;

ein Antrag Badens auf Erhöhung des Eingangszolles von Kaffee;

ein Antrag Oldenburgs auf Aufhebung des Ausgangszolles von Lumpen.

Die erzielten Tarifsänderungen waren sehr unerheblich, sie reducirten sich auf einige Zollermäßigungen, wie für Oel in Fässern, Talg, schmiedeeiserne Röhren, Platten aus Kautschuk und Gutta-Percha, dann eine Ermäßigung der Tara-Vergütung für Ballen von mehr als 8 Centner Bruttogewicht.

Auch die übrigen Punkte, über welche eine Vereinbarung erzielt wurde,*) sind von untergeordneter Bedeutung.

*) Sie sind im Hauptprotokoll § 43 unter Nr. 1—20 zusammengestellt.

Dreißigstes Kapitel.

Zweite Zollvereinskrisis. Der Handelsvertrag mit Frankreich.

Wie schon früher*) erwähnt, hatte die französische Regierung während der Verhandlungen, welche der Bildung des großen deutschen Zollvereins vorausgingen, mehrfache, jedoch vergebliche Versuche gemacht, die mittleren und kleineren deutschen Staaten theils durch angeregte Bedenken gegen die ihnen von Preußen drohende Beeinträchtigung ihrer Souverainetät, theils durch Anerbietung gewisser Tarifsconcessionen von der Idee eines deutschen Zollvereins abzubringen. Von allen Regierungen hatte sich nur Nassau**) auf solche Insinuationen eingelassen, wobei die dynastischen Rücksichten und die bezüglich der Wirkungen eines Zollvereins vorherrschenden Vorurtheile jedenfalls von größerem Gewichte waren als die von Frankreich angebotenen Tarifsbegünstigungen. Die Juliregierung, die ganz in den Ideen des Schutzzollsystems befangen war und nur den Interessen des industriellen Mittelstandes huldigte, war weit entfernt, auf irgend eine erhebliche Reform des bestehenden übermäßigen Schutzzolltarifs einzugehen, und so beschränkten sich ihre Concessionen an Nassau auch lediglich auf eine unerhebliche Begünstigung der nassauischen Mineralwasser.

Als der deutsche Zollverein mit dem Jahre 1834 wirklich ins Leben getreten war, konnte sich auch die französische Regierung nicht länger mehr der Ueberzeugung verschließen, daß sie jetzt in Bezug auf ihre commerciellen Verhältnisse zu Deutschland mit einem ganz andern Factor zu rechnen habe, als die bisherigen kleinen und zum großen Theil von den kleinlichsten Interessen geleiteten Regierungen Deutschlands gewesen waren. Der wirkliche Abschluß der Zollvereinsverträge hatte die Berechnungen der französischen Politik zu Schanden gemacht und ihre Leiter, wenn auch wider ihren Willen, überzeugt, daß es ihnen an dem richtigen Verständnisse zur Beurtheilung deutscher Zustände fehle.***) Sie suchten daher vor Allem

---

*) S. zehntes Kapitel, S. 105.

**) S. vierzehntes Kapitel, S. 137.

***) Erst das im Jahre 1845 erschienene Werk: „L'association douanière allemande par Henri Richelot" scheint in Frankreich eine genauere Kenntniß des deutschen Zollvereins verbreitet zu haben. Die darin enthaltene Geschichte der Bildung des Zollvereins ist zwar mager und mangelhaft, der Verfasser entwickelt jedoch eine weit genauere Kenntniß deutscher Zustände, als sie bei Franzosen sonst gewöhnlich ist.

nähere Kenntniß von der Organisation des Zollvereins und der Stimmung in Deutschland zu erlangen. Zu diesem Ende wurde im Sommer 1835 der französische Rheinschifffahrts-Commissar Engelhardt beauftragt, einen Theil von Deutschland zu bereisen und Notizen zu sammeln. Er verweilte einige Zeit in Berlin, beschränkte sich jedoch darauf, lediglich mündlich den Wunsch der französischen Regierung anzudeuten, mit dem Zollvereine sich über gegenseitige Handels- und Verkehrserleichterungen zu verständigen. Weitere amtliche Verhandlungen fanden nicht statt. Die preußische Regierung hatte zwar schon seit längerer Zeit versucht, Verhandlungen mit Frankreich über einen Schifffahrtsvertrag zu eröffnen, wobei es sich namentlich um die Gleichstellung der beiderseitigen Flaggen handelte, sich jedoch hiebei überzeugt, daß bei dem engherzigen streng protectionistischen Geiste, welcher die damalige französische Regierung beherrschte, an eine Verständigung mit derselben auf billiger Grundlage nicht zu denken sei.

Der im Jahre 1839 zwischen dem Zollverein und den Niederlanden abgeschlossene Handelsvertrag brachte die französische Regierung neuerdings in Bewegung. Die darin den Niederlanden einseitig gewährte Begünstigung für die Einfuhr von Zucker machte die Besorgniß rege, der Zollverein möchte ernstlich an ein Differentialzollsystem denken, der langen Mißhandlung von Seite Frankreichs müde endlich Gleiches mit Gleichem vergelten und der für Frankreich so reichen Gewinn bringenden Einfuhr von französischen Producten und Fabrikaten nach Deutschland Schranken setzen. Der französische Commissar Engelhardt erschien im August 1839 neuerdings in Berlin. Er traf dort mit den Commissaren von England (Dr. Bowring) und von Nordamerika (Dodge) zusammen, welche gleichfalls den Zeitpunkt der Generalconferenz gewählt hatten, um zu sondiren, wie die Verhältnisse des Zollvereins sich gestalten würden und was sich von seiner weiteren Entwickelung besonders in Tarifsfragen erwarten lasse. Bereits nahte das Ende der ersten Vertragsperiode heran, das noch unfertige Tarifsystem des Vereins ließ Schwankungen auf diesem Gebiete erwarten, und die fremden Staaten, welche bisher in Deutschland ein reiches, und nur allzu williges Gebiet für den Absatz ihrer Producte gefunden hatten, ohne ihrerseits demselben irgend welche Opfer zu bringen, waren bei der Gestaltung des Vereinstarifs in einer Weise interessirt, welche ihre Aufmerksamkeit hierauf sehr wohl erklärlich machte. Während der englische Commissar nominell nur einen Postvertrag mit Preußen betrieb, der nordamerikanische frühere Anträge wegen Herabsetzung des Zolles auf Rohtabak verfolgte, erklärte Engelhardt beauftragt zu sein, vorbereitende Einleitungen zu einem umfassenden Handelsvertrage mit dem Zollverein zu treffen. Zu speciellen Eröffnungen war er jedoch nicht ermächtigt; vielmehr als die preußische Regierung den Geh. Oberregierungsrath Westphal beauftragte, mit ihm in mündliches Benehmen zu treten, wurden die zwischen ihnen gewechselten Erklärungen ausdrücklich als für die beiderseitigen Regierungen unverbindlich erklärt. Das Resultat derselben ward in ein: „Résumé écrit des paroles officieuses et personelles échangées entre M. M. Westphal et Engelhardt“ aufgenommen.

Das Ergebniß war nichts weniger als befriedigend oder aufmunternd. Der französische Commissar konnte nur höchst unbedeutende Concessionen in Bezug auf die Zölle für Seidenwaaren, Vieh und Aufhebung des Verbotes der Einfuhr von Messerschmiedewaaren in Aussicht stellen, während er die verlangten Erleichterungen im Grenzverkehr, Aufhebung des Einfuhrverbotes für baumwollene Gewebe und Zollermäßigung für Leinenwaaren ganz oder zum größten Theile ablehnte. Dagegen forderte er Ermäßigung der Vereinszölle auf Wein und Branntwein, Gewebe aller Art, Tapeten, Porcellan, Spiegel, Bronzewaaren, die Gleichstellung des französischen Zuckers mit dem niederländischen und erhebliche Erleichterungen im Transit.

Bezüglich des Schifffahrtsverkehrs hatte der preußische Commissar die vertragsmäßige Feststellung voller Reciprocität sowie die Bestimmung verlangt, daß die Häfen an den Mündungen der Elbe, Weser, Ems, Schelde und des Rheines als Zollvereinshäfen (sog. avant-ports) zu betrachten sein sollten. Der französische Commissar suchte jedoch geltend zu machen, daß alle Vortheile eines Schifffahrts-Reciprocitätsvertrages auf Seite Preußens sein würden und daß daher Frankreich nur gegen Gewährung umfassender Tarifsbegünstigungen auf einen solchen eingehen werde.

In einer Verbalnote vom 1. Decbr. 1839 stellte hierauf der functionirende französische Geschäftsträger Humann den Antrag, weitere Verhandlungen in Paris zu eröffnen, da man sich aus dem Résumé über die Besprechungen zwischen Westphal und Engelhardt überzeugt habe, daß dasselbe geeignet sei, die Grundlage einer Vereinbarung zwischen Frankreich und dem Zollverein zu bilden. Die preußische Regierung beschränkte sich darauf, unterm 6. Decbr. 1839 eine allgemeine Antwort zu geben, daß sie hierüber mit den übrigen Zollvereinsstaaten ins Benehmen treten werde. Da aber die französische Ansicht über das Résumé von Seite der Zollvereinsstaaten nicht getheilt wurde, auch die damaligen politischen Verhältnisse und der bevorstehende Ablauf der Vereinsverträge eine weitere Verhandlung nicht zeitgemäß erscheinen ließen, so unterblieb eine weitere Aeußerung von Seiten der preußischen Regierung.

Inzwischen manifestirte sich der engherzige und rücksichtslose Charakter der französischen Commercialpolitik sehr bald in höchst auffälliger Weise. Statt sich dem Zollvereine zu nähern, verletzte sie ohne alle Veranlassung dessen Interessen auf das Muthwilligste. Durch Ordonnanz vom 24. Sept. 1840 wurde der Zoll für Nähnadeln, welcher bisher, je nach der Feinheit, 1 bis 2 Frcs. per Kilogramm betragen hatte, auf 8 Frcs. erhöht. Aehnliche Zollerhöhungen wurden für Angelhaken, Flachs- und Hanfgarne sowie Tischleinwand verfügt. Die Entrüstung über ein solches Verfahren war in Deutschland allgemein, und die preußische Regierung gab derselben durch einen in der Sitzung der Berliner Zollconferenz vom 25. Januar 1841 gestellten Antrag auf entsprechende Erhöhung des Zolles für die wichtigeren Artikel der französischen Einfuhr für den Fall, daß durch Verhandlungen mit Frankreich die Zurücknahme der beschwerenden Maaßregeln nicht sollte erwirkt werden können, einen entschiedenen Ausdruck. Der Antrag führte in Folge von Bedenken einzelner Regierungen zu keinem Beschlusse, die beabsichtigten Verhandlungen unterblieben und die französische Regierung, dadurch in ihrem Verfahren bestärkt, erhöhte den bisherigen Zoll für Schwarzwälder Uhren (horloges en bois) von 1 Fr. per Stück auf 2 Fr. Durch das französische Gesetz vom 8. Mai 1841 wurde zwar die Bestimmung getroffen, daß nur solche Nähnadeln, welche höchstens eine Länge von 4 Centimeter hätten, dem Zolle von 8 Frcs. per Kilogr. unterliegen sollten; da aber gerade diese Classe vorzugsweise aus Deutschland nach Frankreich eingeführt wurde, so erwies sich das erwähnte Gesetz für die Vereinsindustrie als illusorisch.

Durch diese wiederholten, unverkennbar mit Absichtlichkeit ausgeführten feindseligen Maaßregeln fanden sich endlich die Vereinsregierungen bewogen, auf der Stuttgarter Conferenz*) den Beschluß zu fassen, daß vom 1. Januar 1843 an

a) mehrere zu den „kurzen Waaren" gehörige Artikel,

b) lederne Handschuhe,

c) Franzbranntwein und

d) Papiertapeten

einer Verdoppelung der bisherigen tarifmäßigen Eingangszollsätze unterliegen sollten. Die Zurücknahme dieser Zollerhöhung wurde für den Fall

*) Besonderes Protokoll vom 22. September 1842. S. oben S. 349.

vorbehalten, daß das französische Gouvernement den Beschwerden und Anträgen der Zollvereinsregierungen in Bezug auf die von ihm verfügten Erschwerungen der Einfuhr deutscher Producte entsprechende Berücksichtigung gewähren und namentlich die Zollerhöhungen für Nähnadeln, Angelhaken, Schwarzwälder Uhren, Leinen- und Hanfgarn und Leinenzeuge sowie die wegen der Zinkeinfuhr inzwischen getroffene erschwerende Bestimmung zurücknehmen würde. Einen solchen entschiedenen Beschluß schien die französische Regierung nicht erwartet zu haben. Der französische Gesandte in Berlin, Graf Bresson, erhielt sofort den Auftrag, neuerdings ein Abkommen mit dem Zollverein einzuleiten, und richtete zu diesem Ende unterm 8. December 1842 an das preußische Ministerium eine Note, in welcher er auf die Besprechungen zwischen den Herren Westphal und Engelhardt vom Jahre 1839 zurückkam und dieselben neuerdings als Basis einer Unterhandlung vorschlug. In einer der Note beigefügten Denkschrift des französischen Handelsministers sollte dargethan werden, daß die Beschwerden der deutschen Fabrikanten gegen die französischen Zollmaaßregeln nur theilweise begründet wären, der Umfang der in Stuttgart beschlossenen Zollerhöhungen sich dagegen auf 65 bis 136 % belaufe. Es wurde daher auch die Suspension der Stuttgarter Beschlüsse von französischer Seite als Vorbedingung aller weiteren Verhandlungen verlangt. Da diese Forderung allein hinlänglich den Geist der französischen Regierung bezeichnete, die sich von der Idee nicht zu trennen vermochte, daß ihr gegen den auswärtigen Handel jede beliebige Verfügung gestattet, daß dagegen jede Gegenmaaßregel von Seiten Deutschlands ein Attentat auf die Würde der französischen Nation sei, so beeilte sich die preußische Regierung nicht sonderlich mit einer Beantwortung und ertheilte diese erst unterm 7. März 1843 unter Widerlegung der Behauptungen der französischen Denkschrift und mit der Erklärung, daß die Wiederaufhebung der vom Zollverein für nöthig erachteten Zollerhöhungen von der vorgängigen Erledigung der schon in dem Westphal-Engelhardt'schen Résumé preußischerseits aufgestellten Punkte (Aufhebung der oben genannten französischen Zollerhöhungen) abhängig gemacht werde.

Die Verhandlungen ruhten hierauf wieder bis zum 8. September 1843, wo Graf Bresson neuerdings die Aufhebung der Stuttgarter Beschlüsse in Antrag brachte und zugleich eine neue Basis der Verhandlung vorschlug. Er bezeichnete nämlich als die äußersten von Frankreich zu machenden Zugeständnisse:

1) Eine andere Classificirung der Feilen und Raspeln (limes et râpes). Diese unterlagen nämlich, je nachdem sie zu den ordinären

(à grosse taille, dites communes) oder zu den feinen (à polir, dites fines) gerechnet wurden, einem Eingangszolle von 80 bis 265 Frcs. per 100 Kilogr. Nach einem Gesetze vom 26. Juni 1842 sollten künftig alle jene Feilen zu den feinen gerechnet werden, welche mehr als 8 Schläge (tailles) auf den Centimeter haben, was so ziemlich einem Einfuhrverbote gleichkam, da es für die gangbaren Sorten eine Zollerhöhung von 216 % darstellte.

2) Herabsetzung des Eingangszolles von Leinen- und Hanfgarn um $^1/_6$ in Folge des Vertrages mit Belgien vom 16. Juli 1842 und Gleichstellung der Importe aus dem Zollverein mit jenen aus Belgien, unter der Bedingung, daß der Zollverein den Transit fremder Leinengarne und Gewebe nach Frankreich verbiete und den französischen Tarif für diese Gegenstände an allen Frankreich nicht berührenden Grenzen aufstelle.

3) In Bezug auf Nähnadeln wurden einige nicht sehr erhebliche Erleichterungen in Aussicht gestellt, welche durch einen den Kammern bereits vorgelegten Gesetzentwurf oder eventuell provisorisch durch eine Ordonnanz eingeführt werden sollten.

4) Bezüglich des Zinkes wurde die Aufhebung der „surtaxe" für den unter fremder Flagge eingeführten versprochen.

Eine Ermäßigung des Zolles für Schwarzwälder Uhren wurde abgelehnt.

Die preußische Regierung übergab diese Note nebst der derselben beigefügten Denkschrift alsbald der gerade in Berlin versammelten Zoll-Conferenz mit dem Bemerken,*) sie habe im Hinblick auf den Inhalt des Stuttgarter Protokolls Bedenken getragen, dem französischen Gesandten eine Aussicht zu eröffnen, daß die Vereinsregierungen durch die vorerwähnten Anerbietungen sich bewogen finden dürften, seinem Antrage gemäß zur Wiederaufhebung der angeordneten Zollerhöhungen zu schreiten. Bei der Conferenz, deren meiste Mitglieder ohnedies hierüber keine Instruction hatten, fand eine weitere Verhandlung nicht statt, jedoch erklärte sich dieselbe damit einverstanden, falls die französische Regierung zu neuen feindseligen Maaßregeln gegen die vereinsländische Industrie schreiten sollte, die Anwendung fühlbarer Zollerhöhungen auf Wein, Seidenwaaren und Porcellan als zweckdienliches Retorsionsmittel eintreten zu lassen. Damit beruhte

*) Besonderes Protokoll vom 9. November 1843; die Mittheilung an die Conferenzbevollmächtigten war schon in den ersten Tagen des October erfolgt.

auch dieser erneuerte Versuch der französischen Regierung, die ungeachtet des sehr fühlbaren Rückschlages, den ihre unprovocirte Feindseligkeit gegen den Zollverein auf ihre eigene Industrie hervorgerufen hatte, gleichwohl von den Prohibitions- und Protectionsideen sich nicht zu befreien vermochte. Sie wiederholte den Versuch, Verhandlungen mit dem Zollverein anzuknüpfen, abermals am Schlusse des nächstfolgenden Jahres, indem ihr Vertreter in Berlin, Marquis de Dalmatie, am 30. December 1844 eine etwas erweiterte Basis vorschlug. In Bezug auf die fünf Punkte, welche vorzugsweise den Gegenstand der Beschwerden des Zollvereins bildeten, wurden folgende Anerbietungen gemacht:

1) Feilen und Raspeln. Frankreich sei zu den gewünschten Modificationen bereit, jedoch nur unter der Bedingung, daß der Zollverein vollständige Sicherstellung gegen die Einfuhr von Fabrikaten aus dritten Ländern gewähren könne.*)

2) Bezüglich der leinenen Gespinnste und Gewebe wurde das frühere Angebot einer Ermäßigung des Zolles um $^1/_6$ unter gleicher Bedingung der Sicherstellung gegen die Einfuhr fremder Stoffe erneuert.

3) Nähnadeln. Die französische Regierung erbot sich, den Zoll für Nähnadeln von 4 Centimeter und darunter Länge um 25 % zu ermäßigen.

4) In Bezug auf Schwarzwälder Uhren wurde diesmal ein Eingehen auf das Verlangen des Zollvereins in Aussicht gestellt, dagegen aber

5) die früher versprochene Aufhebung der „surtaxe“ auf Zink abgelehnt.

Abgesehen von diesen fünf Punkten erklärte sich die französische Regierung zu folgenden, schon in dem Westphal-Engelhardt'schen Résumé erwähnten Zugeständnissen bereit:

a) Ermäßigung des Zolles auf gewalztes Kupfer um $^1/_5$,

b) desgleichen auf Käse um $^1/_3$,

c) Verzollung des Viehes nach dem Gewichte,

d) Erleichterung der Zollbehandlung beim Transit von Seidenwaaren und von Collis mit Waaren von verschiedenartiger Beschaffenheit,

e) einen Schifffahrtsvertrag abzuschließen.

Gegen obige Anerbietungen beanspruchte die französische Note folgende Zugeständnisse von Seiten des Zollvereins:

*) Das heißt also, daß der Zollverein gegen dritte Länder dieselben Zölle einführe, die Frankreich erhob; der augenscheinlichste Beweis, daß Protection der einzige Zweck war, den Frankreich damals bei allen Zollmaaßregeln und Verhandlungen verfolgte.

1) Aufhebung der Stuttgarter Zollerhöhungen;
2) Herabsetzung des Ausgangszolles auf Wolle um die Hälfte;
3) Zollermäßigung für französische Spitzen;
4) desgl. für Battiste;
5) desgl. für Wollen- und Baumwollenzeuge.

Endlich brachte die Note den Abschluß einer Uebereinkunft wegen Sicherstellung des literarischen und artistischen Eigenthums in Verbindung mit dem Handels- und Schifffahrtsvertrage in Antrag.

In vorläufiger Beantwortung dieser Note stellte das preußische Ministerium unterm 26. Januar 1845 dem französischen Gesandten eine Denkschrift zu, welche ursprünglich für seinen Vorgänger Graf Bresson bestimmt gewesen war, und behielt sich eine weitere Prüfung seiner Vorschläge vor. Gleichzeitig wurden letztere den Vereins-Regierungen mitgetheilt. Ehe noch von Seiten der letzteren eine Entschließung gefaßt war, wurde in Frankreich ein neues Zollgesetz erlassen (9. und 11. Juni), das abermals neue Erschwerungen für die zollvereinsländische Einfuhr, insbesondere eine Erhöhung des Zolls für Lein- und Oelsaat von 1—3 Frcs. je nach der Herkunft der Waare und nach dem Unterschiede der Flagge brachte. Unter dem Eindrucke dieser Maaßregel fand die Berathung der französischen Vorschläge auf der Zoll-Conferenz in Karlsruhe statt. In dem besonderen Protokolle vom 30. September 1845 wurde zuvörderst anerkannt, daß in dem französischen mémoire vom 30. December 1844 eine etwas veränderte Basis der Unterhandlung im Vergleich zu dem früheren Standpunkte angetragen war, die jedoch keineswegs befriedigend sei, indem nur in Betreff eines einzigen der fünf Beschwerdepunkte des Zollvereins (Schwarzwälder Uhren) eine vollständige Zufriedenstellung in Aussicht gestellt sei; wogegen die Anerbieten in Bezug auf Leinen-Garn und -Gewebe noch prohibitorisch wirkende Zölle in Aussicht stellten und jenes wegen der Feilen und Raspeln nicht genügte. Die weiter angebotenen Ermäßigungen des Zolls auf gewalztes Kupfer, auf Käse und Rindvieh seien von keiner Bedeutung, während Frankreich neue und sehr werthvolle Zugeständnisse verlange. Es erscheine daher angemessen, auch diese neuen französischen Anerbieten abzulehnen und die Stuttgarter Beschlüsse aufrecht zu erhalten, so lange nicht Frankreich bezüglich der speciell bezeichneten fünf Artikel eine vollständige Zufriedenstellung bestimmt zusage.

In Folge dieses Conferenz-Beschlusses wurde unterm 5. December 1845 die Note des Marquis de Dalmatie vom 30. December 1844 von dem preußischen Ministerium dahin beantwortet, daß der Zollverein die in letzterer gemachten Anerbietungen nicht als eine genügende Basis für weitere Verhandlungen anzuerkennen vermöge, und es würde daher erwünscht sein, wenn französischer Seits eine andere, mehr befriedigende Grundlage vorgelegt werden könnte. Eine französische Gegenerklärung erfolgte jedoch nicht, und so blieb der bisherige Zustand der beiderseitigen handelspolitischen Beziehungen, der im Jahre 1848 noch von Seiten Frankreichs durch neue Maaßregeln verschlimmert wurde, indem durch Gesetz vom 10. Juni 1848 alle in Frankreich bestehenden Ausfuhr-Prämien, namentlich auf Baumwollengarn und Baumwollengewebe, auf Wollengarn und Wollenwaaren um 50 pCt. erhöht und neue Ausfuhr-Prämien auf Leinengarn, Leinenwaaren und Seidenzeuge bewilligt wurden.

In Folge der von den deutschen Industriellen erhobenen Beschwerden beschlossen die Vereins-Regierungen, für diejenigen Artikel französischen Ursprungs, denen jene Ausfuhr-Prämien bewilligt worden waren, verhältnißmäßige Zuschläge zu den Eingangszöllen des Zollvereins anzuordnen. Diese Verfügung wurde jedoch bald wieder außer Wirksamkeit gesetzt, nachdem auch der französische Gesandte in Berlin am 28. November 1848 angezeigt hatte, daß die Ordonnanz vom 10. Juni 1848 am 31. December desselben Jahres außer Kraft treten werde.

Es ruhten hierauf abermals alle Verhandlungen und zwar für längere Zeit, indem die in den Jahren 1850 und 1851 von Preußen gemachten Versuche nur von untergeordneter Bedeutung waren. Im erstgenannten Jahre suchte nämlich Preußen die Verhandlungen über einen Schifffahrtsvertrag mit Frankreich, die seit der Gründung des Zollvereins resp. seit 1839 mit den Verhandlungen über einen Handelsvertrag zusammengeworfen worden waren, separirt in Anregung zu bringen, und es wurde zu diesem Ende dem französischen Gesandten Persigny nach mehreren mündlichen Besprechungen eine Denkschrift über diesen Gegenstand zugestellt, worauf jedoch lediglich die vertrauliche Erwiderung erfolgte, daß Frankreich über einen Schifffahrtsvertrag nur in Verbindung mit Tarifs-Concessionen von Seiten des Zollvereins verhandeln werde.

Eine zweite Anregung von Seiten Preußens vom 7. September 1851, die in Folge des Vertrags mit Hannover erfolgt war, hatte kein besseres Schicksal, wurde vielmehr ohne alle Erwiderung gelassen, obgleich in derselben das preußische Ministerium darauf hingewiesen hatte, daß es vom 1. Januar 1854 an eine Ermäßigung des Zolls auf Wein in Aussicht stellen könne. Das französische Gouvernement calculirte mit vollem Rechte, daß Preußen bei der damaligen kritischen Lage des Zollvereins die an Hannover gemachte Concession einer Herabsetzung des Weinzolls unter allen Umständen werde in Vollzug setzen müssen, ohne daß Frankreich hiefür Gegenconcessionen zu machen haben werde. Dagegen brachte der französische Gesandte Lefébre im November 1851 die Uebereinkunft zum Schutze der Autoren gegen Nachdruck, welche schon der Marquis de Dalmatie in seiner Note vom 30. December 1844 in Verbindung mit einem Handelsvertrage beantragt hatte, aufs Neue als Gegenstand einer besonderen Verhandlung in Anregung. Auf eine gesonderte Verhandlung hierüber wollte aber Preußen nicht eingehen, und so blieb der Antrag ohne weiteres Ergebniß.

Die Zeit der damaligen Krisis des Zollvereins, die seinen eigenen Fortbestand ernstlich in Frage stellte, war ohnedies in keiner Weise zu Verhandlungen mit dem Auslande geeignet.

Mit dem Jahre 1853 und dem Abschlusse der beiden Verträge vom 19. Februar und 4. April 1853 war wieder Ruhe eingetreten im Zollvereine; er hatte nicht blos seinen eigenen Bestand auf weitere zwölf Jahre gesichert, sondern war auch zu seinem wichtigsten Grenznachbar, zu Oesterreich, in ein ganz eigenthümliches Verhältniß getreten, das eigentlich ein sehr ausgedehntes gegenseitiges Differentialzoll-System constituirte und dadurch die Aufmerksamkeit der bei dem Verkehre mit Deutschland interessirten fremden Staaten erregen mußte.

Obwohl Frankreich in hohem Grade mit der Ausbildung seiner inneren Verhältnisse beschäftigt war, konnte es doch die durch den Februar-Vertrag bewirkte innige Verbindung des Zollvereins mit Oesterreich sowie die Aussicht auf eine völlige Zolleinigung nicht unbeachtet lassen. Die nächste Folge war ein von dem französischen Geschäftsträger de Gabriac im Mai 1853 in Berlin übergebenes Memorandum, in welchem die von Frankreich proponirten Grundlagen für eine Wiederaufnahme der maritimen und commerciellen Verhandlungen zwischen Frankreich und dem Zollverein angegeben waren. Nach diesem Memorandum forderte Frankreich:

1) gleichzeitige Regelung der commerciellen und maritimen Beziehungen des Zollvereins und Frankreichs;

2) als conditio sine qua non den gleichzeitigen Abschluß einer Vereinbarung über den gegenseitigen Schutz des literarischen Eigenthums;

3) in Bezug auf die eigentlich commerciellen Fragen:

a) Zurücknahme der durch das Stuttgarter Protokoll vom 22. Sept. 1842 verfügten Zollerhöhungen;

b) Zollermäßigungen als Preis für den Schifffahrtsvertrag und zwar in erheblichem Betrage für Porzellan, Spitzen und Spiegel, beschränktere für

Effecten zum persönlichen Gebrauch, bearbeitete Felle, Töpferwaaren, Glaswaaren, kurze Waaren, Knöpfe, Maschinen, Lederwaaren, Thonwaaren, Wein.

4) Zugeständniß derjenigen Begünstigungen, welche im Zollvereine in Folge des Vertrags mit Oesterreich künftighin dritten Staaten eingeräumt werden würden, an Frankreich ohne weitere Vergeltung.

Dagegen erbot sich Frankreich:

1) einen Schifffahrtsvertrag auf Grundlage der früheren Vorschläge, namentlich der gegenseitigen Gleichstellung für die directe Fahrt, abzuschließen;

2) Zollermäßigungen für rohe Wolle, lackirtes Leder, Schwarzwälder Uhren, Spielzeug, Feilen, Reibeisen, Nähnadeln und Verzollung des Viehes nach dem Gewichte eintreten zu lassen.

Das preußische Ministerium trug mit vollem Rechte kein Bedenken, ohne vorgängiges Benehmen mit den übrigen Vereins-Regierungen der französischen Regierung sofort zu erwidern, daß in den mitgetheilten französischen Vorschlägen eine angemessene Grundlage für den Abschluß einer commerciellen Uebereinkunft nicht gefunden werden könne. Die Verhandlungen zwischen dem Zollverein und Frankreich, die sich bisher als vollkommen unfruchtbar erwiesen hatten, sollten hiermit für längere Zeit ihren Abschluß erhalten.

Das persönliche Regiment, das in Frankreich mit dem 2. December 1852 eingetreten war, hatte, sobald es sich im Inneren genugsam gefestigt hatte, erkannt, daß es in der Pflege der materiellen Interessen seine wesentlichste Stütze finden könne, und zugleich eingesehen, daß es diese Aufgabe auf ganz anderem Wege als seine Vorgänger zu erreichen suchen müsse. Ludwig Philipp hatte, gleichwie die Bourbonen der älteren Linie, unwandelbar dem starrsten Prohibitions- und Protections-System in der Zollpolitik angehangen, ja dieses System war eigentlich unter ihm auf die Spitze getrieben worden, da er die höhere Bourgeoisie, namentlich den Stand der Fabrikanten, als die Grundlage seiner Stellung betrachtete, und diese den ihnen gebotenen Einfluß auf die Bestimmung der Zollgesetzgebung auch in der eigennützigsten Weise ausbeuteten. Dem Kaiser Napoleon III. standen diese Stände, wenn sie ihm auch die Rettung vor der drohenden Anarchie verdankten, lange Jahre hindurch feindselig und schmollend gegenüber. Es war daher sehr natürlich, daß sich auch der Kaiser von ihnen abwandte und ihnen den bisherigen bestimmenden Einfluß auf die Zollgesetzgebung und die Zollpolitik des Kaiserreichs zu entziehen bestrebt war. So sehr er persönlich die französische Industrie zu heben bemüht war, so unterschieden sich seine Bestrebungen doch dadurch wesentlich von der Zollpolitik seiner Vorgänger, daß dieselben in erster Linie die Interessen der gesammten Industrie als eines Ganzen, nicht aber vorzugsweise jene der Besitzer der industriellen Unternehmungen, im Auge hatten. Letztere aber hatten noch immer die Majorität im gesetzgebenden Körper sowie in den Handelskammern für sich, und das Bestreben des Kaisers war daher dahin gerichtet, diese Majorität, ohne sich in einen directen Kampf mit ihr einzulassen, umzustimmen oder zu umgehen. Hiezu boten ihm die Vorgänge in England eine sehr erwünschte Veranlassung.

Die englische Regierung hatte Jahrhunderte hindurch ihre Gesetzgebung über Schifffahrt und Zollwesen nach den Principien des starrsten Protections- und Prohibitions-Systems geleitet. Nachdem Englands Schifffahrt und Industrie theils durch diesen Schutz, theils durch die günstigen Localverhältnisse sich die erste Stelle erworben und jene aller anderen Nationen überflügelt hatten, erkannten die englischen Staatsmänner, daß die Zeit gekommen sei, dieses System zu ändern, das nun, so wie die anderen Nationen dasselbe mehr und mehr ebenfalls in Anwendung brachten, seine Spitze gegen England kehrte und einer weiteren Ausdehnung der englischen Industrie hindernd in den Weg trat. Zuerst wurde die englische Navigations-Acte, das Muster der äußersten Prohibitions-Politik, modificirt und gemildert,*) und allmälig auch der Zolltarif verbessert und vereinfacht, so daß nach und nach aus demselben Rohmaterialien für die Fabrikation (mit Ausnahme der Consumtibilien), die Halbfabrikate und zuletzt auch diejenigen Fabrikate verschwanden, bei welchen die englische Industrie keine Concurrenz zu fürchten hatte und er den Charakter eines reinen Finanztarifs annahm. So wie die englische Regierung sich entschlossen hatte, dieses neue Zollsystem durch Handelsverträge festzustellen und zu verwerthen, ging Napoleon bereitwilligst auf die desfallsigen Anträge ein, und unter seiner persönlichen Einwirkung gelang es auch, trotz des lebhaften Widerstandes, der sich in der französischen Bureaukratie, vor Allem aber unter den Industriellen offenbarte, die Verhandlungen zu einem günstigen Resultate zu bringen. Der Handelsvertrag zwischen England und Frankreich vom 23. Januar 1860, der einerseits in England den Schlußstein des neuen Commercial-Systems

*) Vergl. das siebenzehnte Kapitel S. 168 flg. über den Schifffahrts- und Handelsvertrag mit England.

bildete, andererseits in Frankreich den förmlichen Bruch mit dem alten Prohibitions- und Protections-System inaugurirte, kann zum großen Theil als das persönliche Werk des Kaisers Napoleon betrachtet werden, so bedeutend und lebhaft war der Antheil, den er an seinem Zustandekommen hatte. Er ist vielleicht, neben dem Zollvereinsvertrage, auf wirthschaftlichem Gebiete das wichtigste internationale Ereigniß dieses Jahrhunderts. Der Anstoß, den er für die Zollpolitik aller europäischen Länder gegeben, ist noch lange nicht beendigt, wirkt vielmehr fort und fort und wird allem Anscheine nach nur mit einer gänzlichen Umgestaltung der gesammten Zollgesetzgebung endigen.

Durch diesen Vertrag hatte Napoleon einen großen doppelten Erfolg erzielt. Die für seine ganze politische Stellung in Europa so wichtige Allianz mit England, die schon einige Mal gedroht hatte wankend zu werden, war aufs Neue für eine Reihe von Jahren befestigt und für England selbst ein dringendes Motiv geschaffen worden, an dieser Allianz nicht zu rütteln. Auf der anderen Seite war in Frankreich das alte traditionelle Protections-System der Commercial-Politik und damit die Bedeutung und der Einfluß des vorzugsweise der früheren Dynastie ergebenen Mittelstandes gebrochen worden. Alle Diejenigen, die aus Interesse oder Ueberzeugung dem übermäßigen Protections-Systeme abgeneigt waren, und deren Zahl hatte sich seit einem Jahrzehnt bedeutend vermehrt, mußten mit Freuden ein neues System begrüßen, das Frankreich als den Führer auf der Bahn commerciellen Fortschrittes darstellte, und seinem Urheber ihre Sympathien zuwenden. Die Vorarbeiten zu diesem großen Werke waren von Napoleon mit ganz außerordentlichem Geschick und bewundernswerther Vorsicht eingeleitet worden. Die Grundlage für die Verhandlungen bildete eine Enquete, die sich über alle Zweige der französischen Production und Fabrikation erstreckte und die Nachweise über die genauesten Details aller Productions-, Concurrenz- und Preisverhältnisse lieferte. Die Resultate derselben wurden später in 7 großen Bänden von der französischen Regierung veröffentlicht und bilden ein bis jetzt noch nicht erreichtes Muster einer gewissenhaften statistischen Vorarbeit zu einem Handelsvertrage. Was man auch gegen einzelne Bestimmungen des Vertrages oder gegen die bei demselben obwaltenden politischen Nebenabsichten einwenden mag: — die Vorarbeiten zu demselben und das hierbei eingehaltene Verfahren sind keinem Tadel zugängig.*)

*) Vergl. hierüber den Aufsatz: „Die Tarifreform im Zollvereine von Finanzrath

Durch diesen Vertrag*) verpflichtete sich zunächst Frankreich (Art. 1), von einer großen Reihe von Artikeln englischer Production und Fabrikation keine höheren Zölle als von 30%, und vom 1. October 1864 an von 25% (Art. 16) ad valorem incl. der Additional-Decimes zu erheben. In dieser Bestimmung lag zugleich die Aufhebung sämmtlicher bisheriger französischer Ausfuhrverbote, die speciell nicht erwähnt ist. Frankreich verpflichtete sich ferner (Art. 2), die Eingangszölle von englischen Steinkohlen und Cokes auf 15 Cent pr. 100 Kilogr. herabzusetzen.

Dagegen übernahm die englische Regierung die Verpflichtung, dem Parlamente vorzuschlagen:

1) Aufhebung der bisherigen Eingangszölle von einer großen Reihe von Artikeln (Art. 5);

2) Ermäßigung der Einfuhrzölle von französischen Weinen (Art. 6);

3) Zulassung von solchen französischen Waaren, welche in England einer Accise-Abgabe unterliegen, zu einem Zolle, welcher der Accise-Abgabe gleich ist (Art. 7);

4) Gleichstellung von Rum und Ratafia aus französischen Colonien mit jenem aus englischen bei der Einfuhr nach England (Art. 8).

Beide Theile verpflichteten sich, die Ausfuhr von Steinkohlen nicht zu verbieten und die Einfuhr derselben nicht mit einer Abgabe zu belasten.

Der Art. 19 enthält die gegenseitige Verpflichtung der Behandlung auf dem Fuße der begünstigtsten Nation und bezeichnet daher den Wendepunkt in der Zollpolitik der meisten europäischen Staaten. Derselbe lautet:

„Eine jede der beiden hohen contrahirenden Mächte verpflichtet sich, der anderen jede Begünstigung, Bevorrechtigung oder Ermäßigung des Tarifes der Einfuhr von den in dem gegenwärtigen Vertrage erwähnten Artikeln zu Theil werden zu lassen, welche die besagte Macht irgend welcher dritten Macht zugestehen möchte. Sie machen sich ferner verbindlich, die eine gegen die andere keinerlei Einfuhr- oder Ausfuhrverbot in Kraft zu setzen, das nicht zu gleicher Zeit auf alle anderen Nationen seine Anwendung findet."

Der Vertrag enthielt außerdem noch mehrere Bestimmungen über die Berechnung der Werthzölle und Accise-Abgaben, über die Termine für die

Riecke" im XIX. Jahrgang der Tübinger Zeitschrift für die gesammte Staatswissenschaft 1863. Derselbe wurde auch als besondere Broschüre veröffentlicht.

*) Derselbe ist in deutscher Uebersetzung abgedruckt im Preußischen Handelsarchiv 1860 Nr. 7 vom 17. Februar S. 148.

neuen Tarife, Anwendung auf Algier u. dergl. Er war auf die Dauer von 10 Jahren mit zwölfmonatlicher Kündigung nach Ablauf dieses Termins abgeschlossen.

Eine wesentliche Ergänzung und Vervollständigung erhielt er noch im Laufe des Jahres 1860 durch zwei Nachtrags-Conventionen vom 12. October und 16. November.*) Durch diese wurden für eine große Menge von Artikeln die französischen Werthzölle in specifische Zölle umgewandelt und das Verfahren hierbei geregelt.

Die durchgreifenden Reformen, welche England durch den Vertrag vom 23. Januar 1860 und seine weitere Ausführung in seinem gesammten Zollsystem einführte, müssen in jeder Beziehung durch ihre Großartigkeit überraschen. Im entschiedensten Gegensatze zu dem Geiste der alten Navigations-Acte und der früheren Zollgesetzgebung eröffnete England, indem es die durch den Vertrag stipulirte Aufhebung und Ermäßigung von Zöllen nicht auf Frankreich allein beschränkte, seinen inneren Markt dem Handel aller Nationen. Sein Tarif verlor gänzlich den Charakter eines industriellen Schutztarifes, indem nur 48 zollbare Artikel übrig blieben, von denen 15 Artikel, wie Zucker, Thee, Tabak, Wein, Kaffee, Holz, Rosinen und andere ähnliche, im Wesentlichen das Hauptterträgniß des Zolleinkommens liefern sollten. Das finanzielle Opfer, das sich die großbritannische Regierung durch diese Zollreform auferlegte, war ein höchst bedeutendes und berechnet sich nach Millionen von Pfunden Sterling. Gleichwohl war der Vertrag unverkennbar im wohlverstandenen Interesse der englischen Industrie, und die Vertreter derselben hatten hinreichende praktische Einsicht, Dies sofort anzuerkennen. Die englische Industrie war längst auf einem Standpunkte angekommen, wo sie keines Schutzes gegen fremde Concurrenz mehr bedurfte, wo ihr vielmehr der bisherige Schutz lästig wurde; sie mußte bereits auf dem großen Weltmarkte mit den gleichartigen Erzeugnissen der größeren Industriestaaten kämpfen und konnte daher sehr leicht der Concurrenz derselben auf dem eigenen Grund und Boden, wo alle Verhältnisse ihr günstig waren, entgegen sehen. Es war vorauszusehen, daß dieser Impuls auch andere Staaten zu einer Reform ihrer strengen Zollsysteme veranlassen würde, wobei sicherlich die englische Industrie ihre Rechnung fand. Die Richtigkeit dieses Calculs hat sich seitdem auch vollkommen bewährt.

Ungleich weniger eingreifend war die Reform, welche Frankreich in

---

*) Abgedruckt im Preußischen Handelsarchiv 1860 Nr. 44 vom 2. November und Nr. 50 vom 14. December.

seinem Zollwesen einführte. Zwar verschwanden die bisherigen Prohibitionen, die übermäßigen Zölle, welche diesen gleichkamen, wurden auf 30%, später auf 25% und theilweise auf 15 und 10% des Werthes der Waare vermindert. Allein der französische Tarif blieb immer noch ein äußerst complicirter und behielt für die meisten Manufacturwaaren den Charakter eines Schutzzolltarifs bei. Der ganze Charakter der französischen Zollverwaltung, der von jeher dem fremden Handel feindselig war, wurde durch vielfache fiscalische und kleinliche Bestimmungen über die Berechnung der Werthzölle aufrecht erhalten. Zugleich erwies sich die französische Industrie dem neuen Systeme keineswegs gewogen, die Aufregung und die Agitation gegen den Vertrag war eine ungeheure, und es bedurfte des ganzen Gewichtes des kaiserlichen Ansehens und des Talentes der beiden Minister Rouher und Baroche, welche denselben verhandelt und unterzeichnet hatten, um denselben gegen die leidenschaftlichen Angriffe, welche sich gegen ihn erhoben, zu vertheidigen. Bis auf den heutigen Tag hat der französische Tarif in vielen Artikeln den Charakter eines theilweise sogar übermäßigen Schutzzolltarifs beibehalten, und die Anhänger eines solchen sind in Frankreich vielleicht zahlreicher als in Deutschland oder Oesterreich.

Da die französische Regierung ihren neuen Tarif nicht, wie die englische, verallgemeint, vielmehr sich vorbehalten hatte, gegen alle übrigen Nationen den alten Zolltarif als Differential-Tarif so lange in Anwendung zu bringen, bis diese sich gleichfalls durch Abschluß von Handelsverträgen mit Frankreich das Recht der Behandlung auf dem Fuße der begünstigtsten Nation erworben haben würden, so lag für alle übrigen Staaten eine Art Nöthigung zum Abschlusse von Handelsverträgen mit Frankreich vor. Die französische Regierung selbst ließ es an Einleitungen hierzu nicht fehlen und so erklärte sie sowohl direct durch ihren Gesandten in Berlin als auch durch die Vermittelung des preußischen Gesandten in Paris ihre Geneigtheit zu Eröffnung commercieller Verhandlungen mit dem Zollverein. Die preußische Regierung war ihrerseits nicht minder bereit hierauf einzugehen und gab zugleich den übrigen Vereins-Regierungen von diesen Einleitungen Notiz.*) Uebrigens betrieb die französische Regierung die Verhandlung mit dem Zollverein mit unverkennbarem Eifer. Nachdem sie allenthalben nähere Notizen über das handelspolitische System und die Gesetzgebung des Zollvereins, über den Gang der Krisis in den Jahren 1851—53 und die Umstände, welche den Vertrag mit Oesterreich vom 19. Februar 1853 herbei-

*) Juni 1860.

geführt hatten, eingezogen und ihre Vorarbeiten beendigt, traf ihr Bevollmächtigter, Herr Alexander Clercq, in den ersten Tagen des Januar 1861 in Berlin ein. Am 15. Januar wurden die Verhandlungen eröffnet, die sich auf einen Handelsvertrag, einen Schifffahrtsvertrag und eine Uebereinkunft zum Schutze literarischer und artistischer Erzeugnisse gegen Nachdruck erstrecken sollten. Die Propositionen des französischen Commissars waren sehr umfassend und beruhten — in Folge des gänzlich geänderten Zollsystems von Frankreich — auf ganz anderer Grundlage als die früheren Anträge. Sie beschränkten sich nicht mehr auf einzelne Tarifspositionen, sondern umfaßten fast das ganze Gebiet der Zollverwaltung und setzten namentlich eine gänzliche Umwandlung des bisherigen Vereinstarifs voraus. Als Hauptgesichtspunkte seiner Regierung stellte der französische Bevollmächtigte seinen Anträgen voran:

1) gegenseitige vollkommene Freiheit für die Durchfuhr;

Da noch kurz vor eigentlicher Eröffnung der Verhandlungen eine Verständigung der Vereinsstaaten über die völlige Aufhebung der Durchgangs-Abgaben stattgefunden hatte,*) so konnte diese Frage als bereits erledigt betrachtet werden;

2) für die Ausfuhr gegenseitige Zollfreiheit, mit Ausnahme der Lumpen, für welche ein gleichmäßiger Ausgangszoll verabredet werden sollte;

3) für die Einfuhr gegenseitige Behandlung auf dem Fuße der meistbegünstigten Nation und Ausgleichung der beiderseitigen Zolltarife (assimilation des tarifs).

Beide Fragen berührten in tief einschneidender Weise die eigenthümlichen Verhältnisse des Zollvereins und die in ihm bestehenden Differenzen.

Durch den Februar-Vertrag hatten sich der Zollverein und Oesterreich für ihren gegenseitigen Verkehr besondere ermäßigte Tarife zugestanden und dadurch eine Art von Differentialzoll-System begründet. Der anerkannte Zweck dieser Maaßregel sollte zwar in der Anbahnung einer vollständigen Zolleinigung liegen, und von diesem Gesichtspunkte aus hätte daher kein dritter Staat ein Recht gehabt, in diesem Differentialzoll-System eine Benachtheiligung oder Hintansetzung seiner Verkehrs-Interessen zu erblicken. Gleichwohl stand dasselbe mit dem durch den französisch-englischen Vertrag inaugurirten Princip der gegenseitigen Behandlung auf dem Fuße der meistbegünstigten Nation im entschiedensten Widerspruche.

---

*) Siehe das einunddreißigste Kapitel.

Der Zollverein konnte unmöglich dritten Staaten dieselben Zollermäßigungen zugestehen, die er Oesterreich in dem sogenannten Zwischenzolltarif lediglich aus Rücksicht auf die in Aussicht genommene Zolleinigung als Uebergangs-Maaßregel eingeräumt hatte, und diese dritten Staaten mußten ihrerseits, sobald einmal das Princip der gegenseitigen Behan lung auf dem Fuße der meistbegünstigten Nation vertragsmäßig anerkannt war, darauf dringen, daß die bevorzugte Stellung, welche der Zollverein und Oesterreich zu einander eingenommen hatten, wieder beseitigt werde.

Es war natürlich, daß Preußen, welches ohnedies den Februar-Vertrag nur ungern und durch die Umstände genöthigt angenommen hatte, mit Lebhaftigkeit ein Princip ergriff, welches in seiner Anwendung diesen Vertrag und die für Preußen noch bedenklicheren Consequenzen desselben, die Zolleinigung mit Oesterreich, wieder zu beseitigen versprach. Sobald der Zollverein in einem Vertrage mit Frankreich das Princip der gegenseitigen Behandlung auf dem Fuße der meistbegünstigten Nation ohne Vorbehalt annahm, war eine Erneuerung des Zwischenzolltarifs mit Oesterreich nach Ablauf des Februar-Vertrags nicht wohl mehr möglich. Jede Bevorzugung Oesterreichs mußte aufhören, was den Anschluß Oesterreichs an den Zollverein in unabsehbare Ferne rücken, wo nicht ganz unmöglich machen mußte.

Wie das Princip der gegenseitigen Behandlung auf dem Fuße der meistbegünstigten Nation die nur mit so vieler Mühe beendigte Krisis des Zollvereins und die wunde Stelle seiner politischen Beziehung zu Oesterreich berührte, so war das andere von Frankreich vorangestellte Princip — assimilation des tarifs — von gleicher Wirkung für die im Inneren des Vereins entstandenen Gegensätze, für den Kampf zwischen Schutzzoll und Freihandel. Zwar verlangte Frankreich nichts weniger als Freihandel, es hatte England nur eine Verminderung seiner übermäßigen Prohibitivzölle auf 30, später 25 pCt. des Werthes zugesagt und in den erwähnten beiden Nachtrags-Conventionen diese Zusage in liberaler Weise derart in Vollzug gesetzt, daß für die Mehrzahl der Artikel die Zölle nur 10—15 pCt. vom Werthe der Waare betrugen.

Damit stimmte nun der Tarif des Zollvereins in keiner Weise überein.

Bei der ersten Abfassung desselben in den Jahren 1831—33 war man, wie bei derjenigen des ihm zu Grunde liegenden älteren preußischen Tarifs, von dem Grundsatze ausgegangen, daß der der einheimischen Fabrikation gewährte Schutz in der Regel nicht mehr als etwa 10 pCt. des Werthes betragen solle. Man hatte jedoch theils diesen Satz nicht überall eingehalten, theils hatte es sich als unmöglich erwiesen, bei sehr erheblichen

Differenzen in der Feinheit und dem Werthe einer Waarengattung so viele Abstufungen in der Zollbelegung zu machen, daß der Zoll auch nur annähernd dem Werthe der Waare entsprach.

Hiezu kamen noch die seit mehreren Jahrzehnten bei den meisten Waaren eingetretenen Preis-Minderungen, dann die durch den erleichterten Transport eingetretene Aenderung aller Concurrenz-Verhältnisse. Alle diese Umstände hatten allmälig den Zollvereinstarif zu einem völlig irrationalen gemacht; er war in der That Nichts weiter als eine Zusammenstellung völlig willkürlicher, oft durch bloßen Zufall bestimmter Zollsätze, die nicht selten bei den geringeren Sorten einer Waarengattung den Charakter übermäßiger Schutzzölle annahmen, während sie bei den feinsten und werthvollsten Sorten derselben Waarengattung oft kaum mehr als 1—2 pCt. des Werthes betrugen und daher von einem Schutze keine Rede sein konnte.

Eine wirkliche Annäherung der beiden Tarife, des französischen und des zollvereinsländischen, wäre daher nur möglich gewesen, wenn entweder Frankreich seine Werthzölle gänzlich bei Seite gesetzt, oder der Zollverein das System der Werthzölle angenommen hätte. Dazu war aber weder Frankreich noch auch die Mehrzahl der Vereins-Regierungen geneigt. Preußen hatte Dies in einer Denkschrift, welche es im April 1861 den übrigen Vereins-Regierungen über die französischen Vorschläge mittheilte, ausdrücklich betont, und die Mehrzahl derselben trat dieser Ansicht fast unbedingt bei.*) Es war daher eine sehr mühevolle und zum Theil selbst unfruchtbare Arbeit, den ganzen Vereinstarif umzuarbeiten und denselben annähernd den neueren Zollsätzen Frankreichs, wie selbe in Folge des Vertrags mit England vertragsmäßig festgestellt worden waren, zu bestimmen.

Hier stieß aber Preußen vor Allem auf den Widerstand derjenigen Vereins-Regierungen, welche dem Schutzzoll-System ergeben waren und welche solche willkürliche Minderungen des Vereinstarifs voraussichtlich bekämpfen mußten, namentlich so lange Frankreich seinerseits durch seine Werthzölle den Schutz für die feineren Manufacturwaaren in hohem Maaße beibehielt. Ein gleicher Widerstand war von Seite der Industriellen zu erwarten, die höchst ungern die Höhe der bestehenden Zölle bedeutend vermindert und dadurch die französische Concurrenz begünstigt sahen, während sie selbst für ihre Fabrikate auch bei den etwas verminderten französischen Zöllen auf keine erhebliche Ausfuhr nach Frankreich rechnen konnten.

---

*) Festenberg gibt S. 356 flg. einen zum Theil wörtlichen Auszug aus dem Eingange dieser sehr umfangreichen Denkschrift, ohne sie selbst übrigens zu bezeichnen.

Die preußische Regierung versuchte diesen Schwierigkeiten dadurch zu begegnen, daß sie einerseits die Vereins-Regierungen zu einer raschen Entschließung drängte, andererseits es unterließ, das Gutachten ihrer Handelskammern über den Vertrag einzuholen. Letzteres Verfahren stand im auffallenden Widerspruche mit dem Verfahren der französischen Regierung, welche vor dem Abschlusse des Vertrags mit England nicht blos die officiellen Organe, sondern auch eine große Anzahl einzelner Vertreter der industriellen Stände über ihre Ansichten befragt und überhaupt die Vorbereitungen zu dem Vertrage mit der größten Ruhe, Ueberlegung und Sorgfalt bewerkstelligt hatte. Einige Vorstellungen und Eingaben von Handelskammern und industriellen Vereinen, die dessen ungeachtet einkamen, wurden von den preußischen Ministerien einfach ad acta gelegt.

Die Vereins-Regierungen zeigten sich ihrerseits nicht besonders geneigt, dem Drängen der preußischen Regierung nachzugeben; es schien vielmehr dasselbe eine Art von Mißtrauen gegen den Vertrag selbst und dessen Tendenz hervorzurufen.

Das preußische Ministerium hatte, wie schon erwähnt, Ende April 1861 den Vereinsregierungen eine ausführliche Denkschrift über die bisherigen Verhandlungen mitgetheilt. Ein Vertragsentwurf war nicht beigefügt, dagegen enthielt die Denkschrift eine Darlegung der Voraussetzungen der preußischen Regierung*) sowie eine Erörterung der wichtigeren Tarifspositionen und eine vergleichende Uebersicht der durch den französisch-englischen Vertrag eingeführten Tarife im Gegenhalte zum Vereinstarif, dann den Entwurf einer Uebereinkunft zwischen Preußen und Frankreich über den gegenseitigen Schutz der Rechte an literarischen Erzeugnissen und Werken der Kunst. Hierüber verlangte die preußische Regierung bis längstens Mitte Mai die vollständigen Rückäußerungen der Vereinsregierungen, so daß, wenn man den nothwendigen Zeitaufwand für Durchsicht der Denkschrift und die erforderlichen Expeditionen in Rechnung bringt, den einzelnen Regierungen zur eigentlichen materiellen Prüfung der Vorlage ein Zeitraum von wenigen Tagen verblieb. Es war Dies um so auffallender, als die Regierungen bisher über Umfang und Inhalt der Verhandlungen gar keine Mittheilung erhalten hatten und ein dringender Grund zu solcher Eile nicht vorlag. Die meisten Regierungen unterließen daher auch nicht, ihre Befremdung über eine solche Zumuthung zu erkennen zu geben und eine etwas sorgfältigere Prüfung zu beantragen. Namentlich geschah Dies

*) Festenberg S. 356 flg.

von der bayrischen Regierung, die ihre Antwort erst am 7. Juni 1861 abgab und in derselben sich über alle einzelnen Punkte klar und bestimmt äußerte. In derselben trat das bayrische Ministerium den allgemeinen Bemerkungen der preußischen Denkschrift in Bezug auf die Nothwendigkeit einer Umgestaltung und Revision des Vereinstarifs, über Nichtzulassung der Werthzölle, Verallgemeinerung des Tarifs und Feststellung desselben durch Vertrag bei und fügte sodann hinzu:

„Betrachtet man alle diese Momente und Consequenzen der Verhandlungen mit Frankreich, so wird kaum mehr ein Zweifel darüber obwalten können, daß dieselben einen kritischen Zeitpunkt für die Entwicklung des Zollvereins bilden und daß die Bedeutung des Vertrags mit Frankreich jene aller bisherigen Zoll- und Handelsverträge mit auswärtigen Staaten weit übertrifft.

„Der Verein muß sein ganzes bisheriges Tarifsystem sowohl formell wie principiell modificiren, fast alle wichtigeren Tarifpositionen wesentlich abändern; eine der wichtigsten und schwierigsten Fragen seiner inneren Verhältnisse — die Uebergangssteuer — wird dadurch direct berührt; er muß ferner die Rückwirkungen des Vertrages auf das ziemlich verwickelte Vertragsverhältniß zu Oesterreich in allen seinen Beziehungen im Auge behalten und letzteren Vertrag hiernach ergänzen und modificiren; endlich werden fast alle bedeutenderen Industrien des Vereins durch die neuen Tarifsätze berührt, so daß eine nicht geringe Aufregung aller Betheiligten kaum zu vermeiden sein wird.

„Diese gewichtigen Umstände lassen es gewiß als höchst wünschenswerth erscheinen, daß der Verein nur mit einer gewissen Vorsicht und Ueberlegung zu dem Abschlusse des Vertrages mit Frankreich schreite und daß namentlich bezüglich der wichtigsten Vertragspunkte vorher schon eine Uebereinstimmung der einzelnen Vereinsregierungen unter sich bestehe. Deshalb hält es die bayrische Regierung für unerläßlich, daß vor dem definitiven Abschlusse eine Specialconferenz der Vereinsstaaten berufen werde, theils um die an Frankreich zu stellenden Forderungen und die zu machenden Concessionen genau zu präcisiren, theils auch um die nothwendigen Consequenzen des Vertrages sowohl in Bezug auf die inneren Vereinsverhältnisse als auch auf jene zu den Nachbarstaaten zu erörtern und die hierzu erforderlichen Einleitungen zu treffen."

Eine solche gemeinschaftliche Berathung, wie sie von Bayern gefordert wurde, schien aber der preußischen Regierung ebenso wenig angemessen, als sie eine Einvernehmung der Handelskammern 2c. für nothwendig erachtet hatte. Sie fürchtete, daß dadurch Weiterungen und Schwierigkeiten hervorgerufen werden könnten. Allerdings hatten die Vereinsconferenzen seit einer Reihe von Jahren den thatsächlichen Beweis geliefert, daß bei obwaltenden principiellen Differenzen eine Verständigung sämmtlicher Vereinsregierungen nicht zu erzielen sei, und die preußische Regierung konnte daher mit ziemlicher Gewißheit voraussetzen, daß bei der Berathung des Vertrages mit Frankreich principielle Differenzen auftauchen und den Abschluß erschweren, jedenfalls aber die preußische Regierung in den Verhandlungen mit Frankreich beschränken würden. Auf der anderen Seite aber war eine Zurückweisung der Forderung Bayerns gleichfalls nicht ohne Bedenken. Die Forderung war in der Natur der Sache und der Verfassung des Vereins vollkommen begründet, ihre Abweisung mußte Bayern verstimmen und bei denjenigen Vereinsregierungen, welche gleiche Ansichten wie Bayern hegten, den Verdacht begründen, daß Preußen bei den Verhandlungen mit Frankreich Zwecke verfolge, die es einer näheren Darlegung und Erörterung nicht unterziehen wolle, und sie daher zum Voraus gegen den Vertrag einnehmen.

Gleichwohl lehnte Preußen den bayrischen Antrag sofort bestimmt ab und bestand auf einseitiger Fortsetzung der Verhandlungen mit Frankreich. Der weitere Verlauf der Sache hat jedoch gezeigt, wie das Bedenken Bayerns, daß der Mangel einer gemeinsamen Berathung die allseitige Genehmigung des Vertrages in Frage stellen könne, nur allzu sehr begründet war. Der nächste Zweck Preußens, den Vertrag mit Frankreich zu beschleunigen, wurde nicht erreicht, und es läßt sich mit ziemlicher Gewißheit annehmen, daß, wenn diejenigen Vereinsregierungen, welche später die Annahme des Vertrages abgelehnt haben, zuvor Gelegenheit erhalten hätten, sich über denselben in einer gemeinschaftlichen Berathung auszusprechen, die nachmalige Polemik Vieles von ihrer Gereiztheit und Schärfe verloren hätte. Eine wesentliche Beengung Preußens bei den weiteren Verhandlungen mit Frankreich wäre schwerlich eingetreten. Denn wenn auch die dem Schutzzollsystem zugeneigten Regierungen sicherlich gegen manche Tarifsermäßigung Einsprache erhoben hätten, so war anderseits die freihändlerische Richtung, oder vielmehr die Ueberzeugung, daß die Zollvereinsindustrie in den meisten Zweigen eines eigentlichen Schutzes nicht mehr bedürfe, bereits so weit durchgedrungen, daß ein Ueberwiegen der Schutzzollpartei in den Zollvereinsfragen nicht mehr zu befürchten war. Dies zeigte sich auch in den von den einzelnen Regierungen eingelaufenen Antworten. Keine einzige derselben stellte die Schutzzollfrage in den Vordergrund; alle erklärten sich vielmehr mit einer umfassenden Revision und Umänderung des Vereinstarifs ein=

verstanden und hoben nur einzelne Artikel hervor, bei denen ihnen die vorgeschlagene Reduction entweder nicht angemessen oder zu weitgehend schien. Namentlich waren es die Artikel Wein und Branntwein, Baumwollenwaaren, Glaswaaren, Kleider, einige kurze Waaren und Seife, welche mehrfach beanstandet wurden.

In Folge der Erklärungen der übrigen Vereinsregierungen wurden die Verhandlungen mit dem französischen Bevollmächtigten in Berlin wieder aufgenommen; indessen trat binnen Kurzem abermals ein längerer Stillstand ein, der sich zu Anfang September, nachdem Ende August in Folge neuer Instructionen des französischen Bevollmächtigten eine kurze Wiederaufnahme stattgefunden hatte, wiederholte. Namentlich waren es die Zollsätze auf Wein und Seidenwaaren, in welchen die französischen Anforderungen die Anerbietungen Preußens namens des Zollvereins bedeutend überstiegen. Außer diesen beiden Artikeln brachte der französische Bevollmächtigte jedoch noch eine Reihe anderer zur Sprache, in denen er vom Zollverein Erleichterungen verlangte, welche das von Preußen in der ersten Periode der Verhandlung als zulässig bezeichnete Maaß überstiegen. Es kamen auf diese Weise fast alle wichtigeren Gegenstände des Verkehrs zwischen Frankreich und Deutschland nochmals zur Berathung, wobei die preußische Regierung eine Erweiterung ihrer früher schon angebotenen Zollermäßigungen in Aussicht stellte, falls auch von französischer Seite auf mehrere noch unerledigte Forderungen werde eingegangen werden. Diese Forderungen betrafen:

1) Aufhebung der französischen Ausfuhrvergütung für diejenigen mit Benutzung von Salz dargestellten Waaren, für welche auf Seiten des Zollvereins eine Zollermäßigung in Aussicht gestellt war;

2) Ermäßigung des französischen Eingangszolles für lackirtes Leder;

3) desgleichen für mehrere Waaren aus Flachs und Hanf sowie für Posamentierwaaren und Bandwaaren aus Wolle;

4) Ermäßigung des Eingangszolles für verschiedene gemischte Gewebe.

Nachdem auf diese Weise die Discussion über alle einzelnen Punkte des Vertrages beendigt war, suchte die preußische Regierung sich darüber Gewißheit zu verschaffen, inwieweit auf eine Zustimmung der französischen Regierung zu den an sie gestellten Forderungen gerechnet werden könne. Die preußischen Bevollmächtigten ersuchten daher den französischen Bevollmächtigten, sich hierüber zu erklären, oder, falls er hierzu nicht bevollmächtigt sein sollte, die Entscheidung seiner Regierung einzuholen. Herr de Clercq hielt sich zu einer solchen Erklärung nicht für ermächtigt, verlangte vielmehr, daß die preußischen Bevollmächtigten sich vorerst darüber erklären sollten, ob von Seiten des Zollvereins auf die französischen Forderungen wegen der Zölle für Wein und Seidenwaaren, bezüglich welcher bei den letzten Verhandlungen keine erweiterten Zugeständnisse gemacht worden waren, eingegangen würde; was jedoch von Seiten der preußischen Bevollmächtigten abgelehnt wurde. Er legte hierauf das Resultat seiner Regierung zur schließlichen Entscheidung vor.

Diese Entschließung, welche Ende August in Berlin eintraf, war jedoch nichts weniger als befriedigend. Die Forderung unter Nr. 1 wegen der Ausfuhrvergütung für Salz wurde von der nur im Wege der innern Gesetzgebung auszuführenden und vertragsmäßig nicht zu übernehmenden Aufhebung der Steuer für das zu technischen Zwecken zu verwendende Salz abhängig gemacht; die Forderungen Nr. 3 und 4 wurden einfach abgelehnt, die unter Nr. 2 aber nur in sehr beschränktem Maaße zugestanden. Es wurde ferner von der französischen Regierung die von Preußen verlangte Gleichstellung der nicht zum Zollverein gehörigen norddeutschen Häfen mit den Häfen des Zollvereins abgelehnt. Während so Preußen seine Zugeständnisse sehr erweitert hatte, war Frankreich kaum bei einem Gegenstande von Wichtigkeit den preußischen Wünschen entgegen gekommen, hatte vielmehr Forderungen, von denen es mit Sicherheit annehmen konnte, daß die preußische Regierung hohen Werth auf deren Zugeständniß legen werde, ohne Weiteres abgewiesen, seine eigenen Forderungen aber unverändert aufrecht erhalten. Die preußische Regierung war daher auch über dieses Ergebniß ernstlich verstimmt, und während sie den Stand der Verhandlungen ihren Zollverbündeten mittheilte (Anfang September), unterließen ihre Bevollmächtigten nicht, dem französischen Bevollmächtigten diese Verstimmung zu erkennen zu geben und ihn darauf aufmerksam zu machen, wie wenig unter diesen Umständen auf eine Zustimmung von Seiten der Zollvereinsregierungen gerechnet werden könne. Auch die Mittheilung an die Vereinsregierungen sprach unverhohlen die Unzufriedenheit der preußischen Regierung über das geringe Entgegenkommen Frankreichs aus. Nachdem in derselben die Sachlage umständlich erörtert und ausgeführt war, daß Preußen bei seinen Anerbietungen an Frankreich so weit gegangen, wie es irgend möglich war, daß es insbesondere bei dem sog. nivellement des tarifs für alle Gegenstände, welche in Frankreich nach Gewicht, Maaß oder Stückzahl belegt sind, die Geichstellung fast vollständig, bei denjenigen aber, welche in Frankreich einem Werthzolle unterliegen, wenigstens insoweit durchgeführt habe, daß die angebotenen Sätze des Vereinstarifs in sehr wenigen Fällen höher, in sehr vielen aber niedriger sein würden als die französischen Zölle, erörtert dieselbe eingehend die Eventualität eines Mißlingens der Unterhandlung und das Verfahren, das alsdann vom Zollverein einzuhalten sein würde. Die preußische Regierung erklärte sich entschieden gegen Retorsionen und fügte dann bei:

„Ein anderer Weg ist aber nach der Ansicht der königlich preußischen Regierung durch die ganze Lage angezeigt. Sie hat ihn zu ihrer Befriedigung schon in der im Eingange erwähnten Rückäußerung der großherzoglich hessischen Regierung angedeutet gefunden. Des Unterzeichneten höchste Regierung ist in den ihr zugegangenen Erklärungen der hohen Vereinsregiegungen vielfach der mit ihrer eigenen Ueberzeugung zusammentreffenden Ansicht begegnet, daß die Zugeständnisse, welche an Frankreich zu machen und demnächst zu generalisiren sind, größtentheils ihren selbständigen, von den Gegenzugeständnissen Frankreichs unabhängigen Werth insofern haben, als sie eine zeitgemäße Veränderung des Vereins-Zolltarifs involviren und von diesem Gesichtspunkte aus im eigenen wohlverstandenen Interesse des Vereins liegen. Ist Dies der Fall, so hat der Zollverein, das Mißlingen der Verhandlungen mit Frankreich vorausgesetzt, allen Grund, diese Aenderungen im Wege seiner eigenen Gesetzgebung, also im Wege der Tarifsrevision, eintreten zu lassen.

„Es würde das an sich Wünschenswerthe sein und dem System des Vereins entsprechen, die auf solche Weise zu Stande gekommenen Verkehrserleichterungen sofort zum Gemeingute aller Nationen zu machen. Da indessen zwei Nachbarländer die in ihrem Verkehre mit dem Auslande eingeführten Erleichterungen nicht sofort zum Gemeingut gemacht haben, so muß auch der Zollverein Anstand nehmen, seine Tarifänderungen sofort zu generalisiren, die Anwendung derselben vielmehr auf die Erzeugnisse solcher Länder beschränken, welche, sei es mit oder ohne Vertrag, seine Erzeugnisse ebenso günstig wie diejenigen irgend einer andern Nation behandeln. Mit einem Worte: eine wesentliche, auf Erleichterung des Verkehrs gerichtete Revision des Vereinszolltarifs zu Gunsten des Verkehrs mit denjenigen Ländern, welche den Zollverein auf dem Fuße des meistbegünstigten Landes behandeln, das ist der Weg, welcher der königlichen Regierung als durch die Sachlage geboten und der Sachlage allein entsprechend erscheint" u. s. w.

Diese Ansicht der preußischen Regierung fand großen Anklang bei den Vereinsregierungen, namentlich bei denjenigen, welche nicht ohne Besorgniß die Tendenz der preußischen Regierung sahen, in den Positionen des dermaligen Tarifs gründlich aufzuräumen, und befürchteten, daß sie hierin etwas zu weit gehen und ihre particularen Interessen nicht immer beachten möchte. Sie erklärten sich daher mit dieser Darlegung fast ohne Ausnahme, meist sogar mit großer Anerkennung, einverstanden.

So bemerkte z. B. die bayrische Regierung in ihrer Erklärung vom 29. September 1861:

„Es gereicht der königlichen Regierung dabei zu lebhaftem Vergnügen, mit der allgemeinen Erklärung beginnen zu können, daß sie vollkommen mit dem von der k. preußischen Regierung bei diesen Verhandlungen bisher eingehaltenen Standpunkte einverstanden sei und derselben für die entschiedene Wahrung der Interessen und der Würde des deutschen Zollvereins zu dem lebhaftesten Danke sich verpflichtet fühle.

„Der Vorschlag der k. preußischen Regierung, im Falle des Mißlingens der Verhandlungen mit Frankreich eine wesentlich auf Erleichterung des Verkehrs gerichtete Revision des Vereinszolltarifs zu Gunsten des Verkehrs mit denjenigen Ländern, welche den Zollverein auf dem Fuße des meistbegünstigten Landes behandeln, eintreten zu lassen, stimmt so vollkommen mit den Ansichten der k. bayrischen Regierung überein, daß sie demselben mit voller Anerkennung und lebhafter Befriedigung beistimmt. Sie würde einer solchen Tarifsrevision, wobei die Rücksicht auf das eigene Bedürfniß der Vereinsstaaten in erster Linie leitend und denselben für jede Tarifsänderung auch fernerhin freie Hand bleibt, vor einer vertragsmäßigen Festsetzung des Tarifs mit Frankreich den Vorzug um so mehr einräumen, als auf diesem Wege manche Bestimmungen, welche in den bisherigen Verhandlungen gar nicht unbedenklich erscheinen, den Interessen des Zollvereins besser angepaßt werden können."

Nur die sächsische Regierung hatte sich für Fortsetzung der Verhandlungen mit Frankreich auf der bisherigen Grundlage erklärt.

Die Erklärungen, welche die preußische Regierung hierauf dem französischen Bevollmächtigten zugehen ließ, hatten einen längeren Stillstand der Verhandlungen zur Folge, und obwohl Ende November 1861 ein neuer Zusammentritt stattfand und im Januar 1862 die französische Regierung sich zu einigen weiteren Concessionen geneigt zeigte, so war der Stand der Verhandlungen dennoch ein solcher, daß eine Verständigung in weiter Ferne zu sein schien. Das zweite Stadium der Verhandlungen kann mit der preußischen Darlegung vom September 1861 als abgeschlossen betrachtet werden.

Inzwischen hatten sich anderweitig Beziehungen und Verhältnisse vorbereitet, welche auch den Verhandlungen zwischen Preußen und Frankreich eine nach dem Stande der Dinge, wie er im September eingetreten war, unerwartete Wendung geben sollten. Die politische Lage Deutschlands, namentlich die dualistische Stellung von Oesterreich und Preußen, welche von dem Momente an, wo sie mit dem Zollverein in Berührung gebracht worden war, eine ernste Krisis hervorgerufen und dessen Existenz bedroht hatte, sollte zum zweiten Male mit feindlicher Hand in seine Geschicke eingreifen. Die Idee einer Zolleinigung zwischen dem Zollverein und Oesterreich, so wenig sie auch bei den wirthschaftlichen Verhältnissen Oesterreichs zur Zeit im Bereich der Möglichkeit gelegen schien, wurde dennoch von einem großen Theile der Bevölkerung in Oesterreich sowohl wie in den mittleren und kleineren Staaten Deutschlands festgehalten und hatte begonnen, mit den Bestrebungen für eine bessere politische Organisation von Deutschland Hand in Hand zu gehen. Offenbar lag hier die Ueberzeugung zu Grunde, daß Deutschland ohne enge Verbindung mit Oesterreich keine entsprechende Machtstellung in Europa einzunehmen im Stande sein würde, daß vielmehr in einem solchen Falle die Eventualität einer feindlichen Stellung Oesterreichs zu dem übrigen Deutschland nahe liege. Zwar waren in Oesterreich die beiden Männer, welche in der schweren Krisis von 1851 bis 1853 die Idee einer Zolleinigung im Kampfe mit Preußen sowohl als mit den Gegnern im eigenen Lande aufrecht und wenigstens in so weit siegreich erhalten hatten, daß sie in dem Vertrage vom 19. Februar 1853 einen Anhaltspunkt und eine positive vertragsmäßige Grundlage fand, durch ein hartes Schicksal abgerufen worden und hatten einem Regime Platz gemacht, welches weder nach außen noch nach innen eine gleiche Energie zu entwickeln vermochte. Die alte Schutzzollpartei dictirte wieder die österreichische Zoll- und Handelspolitik. So kam es, daß die Verkehrserleichterungen, welche nach Art. 3 des Februarvertrages am 1. Januar 1854 zwischen Oesterreich und dem Zollverein eintreten sollten, unterblieben und die weiteren Verhandlungen, welche nach demselben Artikel im Jahre 1854 eröffnet werden sollten, sich bis zum Jahre 1858 verzögerten und auch dann ohne eigentliches Resultat waren. Nach Art. 25 desselben Vertrages sollten im Jahre 1860 Verhandlungen über die Zolleinigung eröffnet werden; als Preußen jedoch erklärte, daß es zwar zu Verhandlungen über weitere Verkehrserleichterungen bereit sei, jedoch eine Zolleinigung bestimmt ablehnen müsse, unterließ es das Wiener Cabinet, die Sache irgend weiter zu verfolgen.

So wenig Werth übrigens das österreichische Ministerium auf die consequente Entwickelung des Februarvertrags zu legen schien, so konnte es dennoch die Verhandlungen zwischen Preußen und Frankreich nicht völlig unbeachtet lassen. Abgesehen von der dadurch in Aussicht gestellten Reduction des Vereinstarifs, welche nach dem Februarvertrage eine Erhöhung der Sätze des österreichischen Zwischenzolltarifs zur Folge haben konnte, war es namentlich das den Verhandlungen zu Grunde gelegte Princip der gegenseitigen Behandlung auf dem Fuße der meistbegünstigten Nation, welches die österreichischen Interessen unmittelbar in empfindlichster Weise berührte. Dieses Princip, wenn es von Preußen, wie vorauszusehen war, angenommen wurde, schloß eine Erneuerung des Februarvertrages und eine allmälige Anbahnung der Zolleinigung zwischen Oesterreich und dem Zollverein, überhaupt jede bevorzugte nähere Verbindung der beiden Zollgruppen, unbedingt aus. Mit einer in der ersten Hälfte des September 1861 an sämmtliche Vereinsregierungen mitgetheilten Denkschrift schien das österreichische Cabinet seine Action gegen die Berliner Unterhandlungen eröffnen zu wollen. Der ganze Inhalt und der Ton dieses Actenstücks zeigte jedoch sofort einen merkwürdigen Unterschied im Vergleich zu den ähnlichen Actenstücken des österreichischen Cabinets aus dem Jahre 1851. Die früher mit so vieler Energie vertretene Idee einer Zolleinigung wurde hierin förmlich desavouirt, indem gleich im Eingange gesagt ist, „daß von keiner Seite sich verhehlt würde, welche fast unübersteigbaren Hindernisse gerade im gegenwärtigen Augenblicke die gänzliche Zolleinigung Oesterreichs und der Zollvereinsstaaten zu bekämpfen hätte". Hieran reiht sich die Andeutung, daß Oesterreich von Seite des Zollvereins weitere Schritte zur Verwirklichung der im Februarvertrage enthaltenen Zusicherungen erwartet habe. Nachdem ferner die Besorgniß ausgesprochen, daß der zwischen Frankreich und dem Zollverein projectirte Vertrag dem Fortbestand und der weitern Ausbildung der durch den Vertrag vom 19. Februar 1853 zwischen Oesterreich und dem Zollverein gegründeten nahen Beziehungen neue Schwierigkeiten schaffen könnte, wird der Zweck der Denkschrift in dem Satze bezeichnet: „Sie (die österreichische Regierung) will Nichts als offen die Rückwirkung darstellen, welche das Ergebniß der Verhandlungen zwischen dem Zollverein und Frankreich bei dem engen Verbande, der durch den Vertrag vom 19. Febr. 1853 zwischen Oesterreich und dem Zollverein gegründet wurde, theils auf die materiellen Interessen Oesterreichs, theils auf seine handelspolitische Stellung zum Zollverein üben wird."

Die Denkschrift sucht sodann ausführlich nachzuweisen, daß die materiellen Nachtheile des projectirten Vertrags für Oesterreich von keiner tiefgreifenden Bedeutung sein würden, daß dagegen durch denselben seine handelspolitische Stellung zum Zollverein wesentlich verändert werden würde. Schwer zu erklären ist die der folgenden Stelle zu Grunde liegende Absicht:

„Da in der den besonders articulirten Stipulationen des Vertrags vom 19. Februar 1853 vorausgeschickten Einleitung die Anbahnung einer allgemeinen deutschen Zolleinigung ausdrücklich als Zweck dieses Vertrags bezeichnet und unter den Art. 3 und 25 weitere, auf die Realisirung dieses Zweckes abzielende Vereinbarungen in Aussicht gestellt worden sind: so könnte die Gleichstellung Frankreichs mit Oesterreich nur dann zulässig erscheinen, wenn es, was doch gewiß nicht der Fall ist, in der Absicht der Staaten des deutschen Zollvereins gelegen wäre, sich mit Frankreich zu einem gemeinschaftlichen Zollgebiete zu vereinen und diese gänzliche Zolleinigung durch den gegenwärtig in Verhandlung schwebenden Handels- und Zollvertrag vorzubereiten."

Daß Oesterreich durch den Februarvertrag ein Anrecht auf eine künftige Zolleinigung mit dem Zollverein erworben habe; daß es seinerseits bereit sei, alle hiezu erforderlichen Einleitungen zu treffen und die vorhandenen Schwierigkeiten zu entfernen; daß es anderseits eine vertragsmäßige Pflicht des Zollvereins sei, in gleicher Weise diese Zolleinigung anzubahnen und Alles zu unterlassen, was dieselbe zu erschweren oder zu verhindern im Stande sei: — von einer solchen Argumentation findet sich in der ganzen Denkschrift keine Spur, und doch konnte offenbar Oesterreich nur auf einer solchen Grundlage hoffen, dem unverkennbaren Streben Preußens, die Bestimmungen des Februarvertrags über die künftige Zolleinigung illusorisch zu machen, mit Erfolg zu begegnen. Die preußische Regierung hatte rund heraus erklärt, daß sie nicht die Absicht habe, auf die im Februarvertrag stipulirten Verhandlungen über eine Zolleinigung einzugehen, und sie hatte gewissermaaßen ein formelles Recht zu einer solchen Erklärung, nachdem Oesterreich auch seinerseits nur wenig oder nichts gethan hatte, um die bestehenden Hindernisse einer solchen Zolleinigung zu beseitigen, und an einem Schutzzollsysteme festhielt, das offenbar mit den neuen Zollsystemen der großen Industriestaaten, denen sich der Zollverein anschließen mußte, nicht in Einklang gebracht werden konnte. Preußen hatte ferner durch die Eröffnung der Verhandlungen mit Frankreich und die Annahme des Grundsatzes der gegenseitigen Behandlung auf dem Fuße der meistbegünstigten Nation für dieselben ganz unzweideutig gezeigt, daß es seine Absicht sei, den Februarvertrag mit seiner Grundlage eines besonderen Zwischenzolltarifs nicht zu erneuern. Es war also mit voller Sicherheit anzunehmen, daß Preußen sich durch ein so schwaches, jeder entschiedenen Argumentation entbehrendes Actenstück, wie die September-Denkschrift war, sich in keiner Weise in seiner Zollpolitik werde beirren lassen, und daß eben so wenig diejenigen Vereinsregierungen, welche allenfalls geneigt sein mochten, die nähere Verbindung mit Oesterreich nicht aufzugeben, in demselben einen besondern Anhaltspunkt für ihre Bestrebungen finden würden.

Gleichwohl war diese Denkschrift für Preußen ein Fingerzeig, daß seiner Zollpolitik von dieser Seite Gefahr drohe und daß sicherlich alle diejenigen Elemente im Zollverein, welche dem Vertrage mit Frankreich aus irgend einem Grunde abgeneigt waren, auf die Unterstützung Oesterreichs rechnen durften. Eine neue Krisis des Zollvereins war daher vorauszusehen, und Preußen mußte bei Zeiten daran denken, eine gesicherte Position einzunehmen. Es war Dies um so nothwendiger, als auch am politischen Horizonte Deutschlands drohende Gewitterwolken aufzusteigen begannen. Die preußische Regierung war längst darüber im Klaren, daß der alte Deutsche Bund keine für Preußen günstige Grundlage zur Bildung einer neuen Verfassung darbiete, und hatte daher grundsätzlich allen denjenigen Versuchen widerstrebt, welche dahin zielten, die Bundesverfassung durch neue Vereinbarungen zu ergänzen und zu verbessern. Der Ausgang der Verfassungs-Berathungen von 1848/49 hatte Preußen den Weg gezeigt, auf welchem es in seinem Sinne eine Aenderung der Verfassung Deutschlands zu erstreben habe. Als daher die Anträge auf Modification der Bundesverfassung, die nach den Jahren 1848/49 längere Zeit geruht hatten, wieder auftauchten und die Regierungen der sog. Würzburger Coalition, später Sachsen-Coburg und Königreich Sachsen Anträge in diesem Sinne stellten, welchen allen die Idee zu Grunde lag, eine größere Einheit der deutschen Staaten herzustellen und in diesem Staatenbunde Oesterreich eine seiner bisherigen Stellung im Deutschen Bunde entsprechende Rolle einzuräumen, erkannte Preußen sehr wohl, daß alle diese Bestrebungen eben so wohl wie das Verlangen einer Zolleinigung mit Oesterreich seine eigene Stellung gefährdeten. Die handelspolitische Verbindung Oesterreichs mit Deutschland war der schwächste Theil seiner Beziehungen zu Deutschland; immer hatte es sich auf diesem Gebiete fern gehalten, es war in der Ausbildung seines Zollsystems weit hinter dem Zollverein zurückgeblieben. Der Februarvertrag war der erste Schritt gewesen, diese Verbindung fester zu knüpfen. Gelang es, diesen ersten theilweise gelungenen Versuch wieder zurückzudrängen, so war auch das Vordringen Oesterreichs auf dem politischen Gebiete gehemmt.

Wie Preußen bei der Krisis in den Jahren 1851/53 durch den raschen Abschluß des Septembervertrages mit Hannover eine feste Position gewonnen und die ihm drohende Gefahr abgewendet hatte, so konnte es auch jetzt hoffen, durch einen raschen Abschluß des Vertrages mit Frankreich der Action Oesterreichs gegen diesen Vertrag zuvorzukommen und auf der Grundlage vollendeter Thatsachen seinerseits eine aggressive Stellung einzunehmen. Die Zweckmäßigkeit eines solchen Verfahrens war unverkennbar, alle politischen Gründe sprachen entschieden und laut dafür, und so mußten die allenfallsigen Bedenken, die etwa aus den Rücksichten für die übrigen Vereins-Regierungen oder aus Interessen des Zollvereins hätten hergeleitet werden können, in den Hintergrund treten. Der Vertrag war jedenfalls im Großen und Ganzen ein wesentlicher Fortschritt und im Interesse des Vereins gelegen, wenn auch unter anderen Umständen einzelne Bestimmungen und Theile desselben eine abweichende Fassung erhalten haben würden.

Während daher in Berlin die Behörden und Fachmänner noch bei einzelnen Vertragsbestimmungen mäkelten und Schwierigkeiten erhoben, hatten sich bereits der Minister von Bernstorff und der König aus politischen Gründen für den unverweilten Abschluß entschieden und Dies auch der französischen Regierung unverhohlen zu erkennen gegeben. Diese war sehr gern hiermit einverstanden und erleichterte auch ihrerseits durch Entgegenkommen in einigen wesentlichen Punkten die Verständigung. Sie war der langen Verhandlung müde und konnte bei einer Fortsetzung derselben Nichts gewinnen, mußte vielmehr die Einwirkung der verschiedenen Elemente, die den Abschluß zu vereiteln drohten, befürchten. Der lange Stillstand der Verhandlungen, der seit dem September 1861 eingetreten war und welchen Manche schon für ein Zeichen des völligen Abbruches betrachtet hatten, wurde Ende Februar 1862 plötzlich durch die unerwartete Nachricht unterbrochen, daß der Abschluß bevorstehe, worauf sodann unterm 29. März die wirkliche Paraphirung erfolgte.

Am 3. April theilte Preußen den Vertrag an sämmtliche Vereins-Regierungen mit, welche dadurch zum ersten Male Kenntniß von dem Wortlaute desselben erhielten. Auch diesmal versuchte die preußische Regierung die Vereins-Regierungen zu einer raschen Annahme zu drängen, und zwar in der Art, daß in das bei Paraphirung der Verträge aufgenommene Protokoll eine Erklärung der französischen Bevollmächtigten eingesetzt wurde, daß sie ihrerseits zur sofortigen wirklichen Unterzeichnung des Vertrages ermächtigt, indessen auch aus Rücksicht auf die von Preußen angegebenen Gründe damit einverstanden seien, daß man sich für den Augenblick und unter der Voraussetzung, daß eine einmonatliche Frist nicht überschritten werde, darauf beschränke, den definitiven und unabänderlichen Ausdruck des über sämmtliche Bestimmungen vorhandenen Einverständnisses durch Paraphirung der Verträge und deren Anlagen festzustellen. Gegen eine solche Terminsbestimmung, die mit dem Umfange und der Bedeutung der Verträge außer allem Verhältnisse stand, protestirten sofort mehrere Vereins-Regierungen. Dagegen erklärte sich die sächsische Regierung schon nach wenigen Tagen für Annahme des Vertrages und sagte sich dadurch bestimmt von ihren Alliirten von 1851/53 los. Da in Sachsen noch der Minister v. Beust an der Spitze der Regierung stand, der in der früheren Krisis eine so bedeutungsvolle Rolle gespielt und auch seitdem in der deutschen Frage die gleiche Stellung eingenommen hatte, so konnte dieser auffallende Schritt seinen Grund weder in einer Aenderung der sächsischen Politik überhaupt, noch in einer besonderen Hinneigung zu Preußen haben. Derselbe erklärt sich vielmehr einfach durch diejenigen Motive, welche schließlich in jeder Phase des Zollvereins, unter den scheinbar verschiedenartigsten Umständen, die Politik der sächsischen Regierung geleitet und bestimmt haben. Es sind dies die Interessen der sächsischen Industrie und des Leipziger Großhandels. In den ersten Perioden des Vereins überwogen die letzteren; als aber in Folge des Zollvereins und seines Tarifs die sächsische Industrie eine ganz unerwartete Ausdehnung erhalten und in vielen Zweigen eine solche Vollkommenheit erlangt hatte, daß sie nicht blos die Industrie der übrigen Vereinsländer, sondern theilweise auch jene der großen Industriestaaten überflügelte und als glückliche Concurrentin auf dem Weltmarkte aufzutreten vermochte, wurden die Interessen dieser großen Industrie der entscheidende Factor für die Haltung der sächsischen Regierung in allen Zollvereinsfragen. Für diese war die Eröffnung des französischen Marktes von größter Wichtigkeit, namentlich konnten bei dem durch den Vertrag in Aussicht gestellten neuen französischen Tarif verschiedene Wollen-, Baumwollen- und gemischte Waaren auf einen nicht unerheblichen Absatz in Frankreich rechnen. Obwohl die sächsische Regierung die nothwendigen Consequenzen des Vertrages auf das Verhältniß zu Oesterreich keineswegs verkannte und in der Verfassungsfrage auf Seite Oesterreichs beharrte, so waren doch die industriellen Rücksichten so überwiegend, daß Herr v. Beust alle diese Bedenken bei Seite setzte, sich sofort von seinen früheren Alliirten trennte und nach wenigen

Tagen für den Abschluß des in Berlin verhandelten Vertrages mit Frankreich erklärte.*)

Auch in den übrigen Vereinsstaaten veranlaßte der Berliner Vertrag eine ungewöhnliche Thätigkeit sowohl der Regierungen wie der betheiligten Industriellen. In den Staaten, welche im Jahre 1851/53 die sog. Darmstädter Coalition gebildet hatten, waren die Regierungen unverkennbar sehr wenig von dem Vertrage erbaut. Auch Hannover schien dessen politische Seite und die unverkennbaren Consequenzen für das Verhältniß zu Oesterreich mit großem Mißtrauen zu betrachten. Die preußische Regierung hatte in der Voraussicht eines solchen Eindruckes ihre in diese Frage vorzugsweise eingeweihten höheren Beamten, die zugleich als Bevollmächtigte bei der Verhandlung direct betheiligt gewesen waren, und zwar den Ministerial-Director Delbrück nach Sachsen und den südlichen Vereinsstaaten, den Ministerial-Director Philippsborn nach den nördlichen Vereinsstaaten abgeordnet, um den Regierungen nähere mündliche Aufschlüsse über die Absichten der preußischen Regierung zu geben. Ungeachtet der anerkannten Tüchtigkeit dieser Commissare machten ihre Erklärungen, namentlich die Versicherung, daß Preußen bei dem Vertrage mit Frankreich keinerlei politische Absicht verbunden habe, nur geringen Eindruck, und es erscheint zweifelhaft, ob unter den gegebenen Verhältnissen eine solche Versicherung, auf welche das preußische Ministerium bei dem späteren Notenwechsel häufig zurückkam, überhaupt am Platze war und nicht mehr schadete als nützte. Der Vertrag hatte ganz unzweifelhaft die nothwendige Folge, die Stellung des Zollvereins zu Oesterreich total zu ändern und die Fortsetzung wie die weitere Entwickelung des Vertrages vom 19. Februar 1853 unmöglich zu machen, und Preußen konnte hierüber eben so wenig im Zweifel sein wie jede der übrigen Vereins-Regierungen. Vom Standpunkte Preußens aus war die Reaction gegen den Februar-Vertrag eine so natürliche, daß sie Niemanden überraschen durfte, so daß es sich nur um die Frage handeln konnte, ob das hierzu ergriffene Mittel, der Vertrag mit Frankreich, ein berechtigtes oder eine Verletzung des Vertrages mit Oesterreich war. Hierüber mußten voraussichtlich die Ansichten auseinandergehen, und wenn auch das österreichische Cabinet bei seiner ersten Aeußerung über die Berliner Verhandlungen diese Frage nicht berührt hatte, so holte es jetzt diese Versäumniß nach. Ein Memorandum des Grafen Rechberg vom 7. Mai 1862

---

*) Durch eine ausführliche Denkschrift vom 23. April 1862 rechtfertigte die sächsische Regierung diesen Schritt.

enthielt bereits eine directe Protestation gegen den Abschluß mit Frankreich. In einem dasselbe begleitenden Schreiben ist gesagt:

„Gestützt auf das Vertrags-Verhältniß, welches der Handels- und Zollvertrag vom 19. Februar 1853 nicht nur zwischen Oesterreich und Preußen, sondern auch zwischen Oesterreich und den sämmtlichen diesem Vertrage beigetretenen Regierungen des Zollvereins begründet hat, hält die kaiserliche Regierung sich für ebenso berechtigt als verpflichtet, die gewichtigen und selbst die Natur von Rechtsverwahrungen an sich tragenden Bedenken und Einwendungen, welche sie gegen jene zu Berlin vorläufig zwischen Frankreich und Preußen festgestellten Verträge geltend zu machen findet, der erleuchteten Würdigung der sämmtlichen hohen Theilnehmer an dem im Jahre 1853 zwischen Oesterreich und den Zollvereins-Regierungen abgeschlossenen Handels- und Zollvertrage zu unterziehen."

In einer weiteren das Memorandum begleitenden Depesche nach Berlin ist bemerkt:

„Unser Memorandum schweigt von der rein politischen Seite der Frage. Wir haben sie nicht berührt, sowohl weil wir annehmen, daß die k. preußische Regierung eine Erörterung in solcher Richtung nicht habe hervorrufen wollen, als weil die Betrachtungen, die sich uns in dieser vorwiegend wichtigen Beziehung aufdrängten, ohnehin allen Betheiligten nahe liegen. Um uns aber nicht dem Vorwurfe auszusetzen, als hätten wir unserer Ueberzeugung nicht rechtzeitig einen entschiedenen Ausdruck geliehen, müssen wir an dieser Stelle offen bekunden, daß der zu Berlin verabredete Vertrag, als politisches Ereigniß betrachtet und in seinem Einflusse sowohl auf unsere eigene Stellung wie auf die allgemeinen Verhältnisse Deutschlands erwogen, die ernstlichsten Bedenken in uns hervorgerufen hat."

Das Memorandum selbst war, abweichend von der Denkschrift vom September 1861, in einer sehr bestimmten und entschiedenen Sprache gehalten und bezeichnete scharf und genau den Standpunkt, den Oesterreich zu dem Berliner Vertrage einzunehmen gedachte. Nachdem der September-Denkschrift gedacht und angeführt worden, daß Oesterreich damals namentlich folgende drei Forderungen erhoben habe:

daß nicht Frankreich für die Zukunft die Behandlung auf dem Fuße der meistbegünstigten Nation unbedingt zugesichert, sondern daß hievon nach dem Vorgange, den Oestereich seit 1851 beobachtet, jene Begünstigungen ausgenommen würden, welche Preußen einem deutschen Bundesstaate in Anerkennung der Bundesverhältnisse zugestehen würde;

daß der Vertrag nicht auf eine über die gegenwärtige Dauer des Zollvereins, d. i. über das Jahr 1865 hinaus reichende Zeit abgeschlossen werde;

und daß nicht die vereinsländischen Einfuhrzölle so sehr ermäßigt werden, daß Oesterreich hiedurch genöthigt würde, nach dem ihm vertragsmäßig zustehende Rechte seine Zwischenzölle gegen den Zollverein bis zu einem Maaße zu erhöhen, welches nicht mehr lohnend erscheinen ließe, französische Waaren im Zollvereine zu verzollen und dann gegen den Zwischenzoll nach Oesterreich überzuführen,

schließen sich hieran folgende bezeichnende Stellen:

„Nichts desto weniger wurde dem kaiserlichen Cabinete über jene Denkschrift weder damals noch im Laufe der später wieder aufgenommenen sehr lange andauernden Verhandlungen zwischen Preußen und Frankreich irgend eine Erwiderung zu Theil, bis ihm die am 29. März desselben Jahres zu Berlin paraphirten Vereinbarungen mitgetheilt wurden, in welchen alle jene Bestimmungen enthalten sind, deren Fernhalten im Interesse der Aufrechthaltung und Fortbildung der engen Handelsbeziehungen zwischen Oesterreich und dem Zollverein die kaiserliche Regierung bevorwortet hatte.

„Die Zollbegünstigungen, welche diese Verträge Frankreich gewähren, sind von solcher Art, daß sie Oesterreich zu einer tief greifenden Reform des im Jahre 1853 vereinbarten Zwischenzolltarifs für den Verkehr mit dem Zollverein nöthigen, und daß sie — entgegen dem Zwecke und Wortlaute des Vertrags vom 19. Februar 1853 und ungeachtet die kaiserliche Regierung niemals ihre Geneigtheit verleugnet hat, zu zeitgemäßen Fortschritten der Handelspolitik die Hand zu bieten — alle Möglichkeit der Fortbildung des Februar-Vertrags und der Zolleinigung zwischen Oesterreich und dem Zollvereine abschneiden. Selbst für die bloße Fortsetzung dieses Vertrags entfiele im Falle der Genehmigung des preußisch-französischen Abkommens jeder Grund und Zweck, da alsdann keiner der beiden Zollkörper dem andern Begünstigungen einräumen könnte; der Zollverein nicht, weil er sich dieses Rechtes grundsätzlich begeben, und weil die allgemeinen vereinsländischen Zölle weit geringer sein würden als es jetzt die Begünstigungszölle sind; Oesterreich nicht, weil Zugeständnisse an den Zollverein mit Rücksicht auf dessen niedrige Außenzölle nur durch die Annahme eines gleichen Freihandelstarifs für Oesterreich ermöglicht werden könnten. Im Augenblicke des Abschlusses des Vertrags mit Frankreich von Seiten des Zollvereins und der Verlängerung des Zollvereins auf solcher Grundlage wäre daher Oesterreich von dem übrigen Deutschland in handelspolitischer Beziehung factisch und principiell losgetrennt."

Das Memorandum geht sodann zu einer Kritik der preußischen Zugeständnisse an Frankreich über und sagt in Bezug hierauf:

„Wenn man die Zugeständnisse, die Preußen an Frankreich macht, mit jenen vergleicht, die es als Entgelt von Frankreich erhält, und hierbei, wie ein sachgemäßes Urtheil fordert, lediglich die Zustände, die durch dieselben beiderseits hergestellt werden, berücksichtigt, so wird es Jedermann nur zu klar, daß Preußen nicht durch die Größe der gewonnenen Handelsvortheile zu dem Vertrage mit Frankreich bestimmt werden konnte. Die Zollermäßigungen im beiderseitigen Verkehr treffen vorzugsweise die feinen Waaren, in denen Frankreich auf dem Weltmarkt unstreitig den Vorrang behauptet; bei jenen des gemeinen Verkehrs sind sie geringer im Ausmaaße, und wo der Zollverein ein oder höchstens zwei höchst gering bemessene Gewichtszölle hat, erhöht Frankreich allgemach je nach der Feinheit der Waare seine Zölle zu höchst bedeutender Höhe oder weiß durch nicht unbedeutende Werthzölle die Erzeugnisse des Zollvereins entsprechend zu treffen.

„Auch Das ist richtig, daß der Tarif des Zollvereins einer Reform dringend bedurfte. Er hat seit seinem Bestande blos einzelne Nachbesserungen und Einschaltungen oder Weglassungen ohne durchgreifende Umarbeitungen erfahren, wodurch die Oekonomie des Ganzen gelitten hat. Seine allzu starre Einfachheit verhinderte, die Zölle dem Werthe der Waaren entsprechend abzustufen, und hiedurch kam es, daß derselbe Satz, welcher für die feinen und feinsten Waaren nicht blos der Industrie keinen Schutz, sondern selbst den Finanzen nicht den entsprechenden Ertrag gewährt, für die Waaren des gemeinen Verkehrs sich beinahe als prohibitiv und jedenfall als viel zu hoch darstellte. — Allein trotz der bereitwilligsten Anerkennung dieser Sachlage ist die kaiserliche Regierung außer Stande, aus derselben sich zu erklären, warum der Tarifreform, zu welcher, wie Graf Bernstorff erwähnt, die Zustimmmung der andern Vereinsstaaten im Princip gesichert war, ein Vertrag mit Frankreich vorausgehen mußte, und warum trotz des Bewußtseins der Nothwendigkeit jener Reform das wiederholte Anerbieten und Andringen Oesterreichs, mit ihm gemeinsam zu einer Reform der beiderseitigen Außentarife zu schreiten, von Preußen stets mit Entschiedenheit zurückgewiesen worden ist. Allerdings in jene Herabsetzung der ohnehin bereits allzu niedrigen Sätze des Zollvereins für die feinsten Waaren auf das durch den preußisch-französischen Vertrag bedingte Maaß und in den dadurch unvermeidlichen Untergang zahlreicher Zweige der Industrie wäre Oesterreich nicht eingegangen.

„Die kaiserliche Regierung ist weit davon entfernt, die Intentionen

Preußens erforschen zu wollen, sie weiß sich aber unter solchen Umständen keine andere Erklärung anzueignen, als diejenige, die in Preußens eigener Presse laut genug verkündigt worden ist, nämlich es sei die Absicht dahin gegangen: durch Annahme eines Systems, welchem Oesterreich mit Rücksicht auf seine Industrie und Finanzverhältnisse nicht folgen kann, und durch Abschluß eines Vertrags, welcher jedes bevorzugte engere Verhältniß Oesterreichs zum Zollverein für die ganze Zukunft des letzteren unmöglich macht, die handelspolitische Trennung Oesterreichs von dem übrigen Deutschland zur dauernden Thatsache zu erheben."

Den Schluß des Memorandums bildet folgende, wohl die bedeutsamste Argumentation enthaltende Stelle:

„Die große Mehrzahl der von Preußen durch den Vertrag mit Frankreich angenommenen Zollsätze und namentlich jene für feinere Waaren sind von der Art, daß Oesterreich, ohne den Untergang vieler Zweige seiner Industrie herbeizuführen, selbst nur so weit als die Aufrechthaltung der bisherigen Zwischenzölle fordert, ihnen zu folgen nicht vermag. Der kaiserlichen Regierung bleibt sonach Nichts übrig, als für den Fall, daß der Handelsvertrag Preußens mit Frankreich auch von Seiten der andern Zollvereinsstaaten genehmigt würde, der rechtzeitigen Mittheilung über den Tag seiner Wirksamkeit entgegen zu sehen und sodann die Vereinsstaaten von den innerhalb des vertragsmäßigen Rechtes beschlossenen Veränderungen des österreichischen Zwischenzolltarifs für den Verkehr mit dem Zollverein zu verständigen.

„Allein hierin vermag die kaiserliche Regierung nicht die Grenze ihres Rechtes zu erblicken. Sie kann nicht zugeben, daß der preußisch-französische Vertrag nichts Anderes sei als einer jener Fälle, welche der Artikel IV. des Handels- und Zollvertrages vom 19. Februar 1853 vorhergesehen hat, und daß der Zollverein seinen Vertragsverbindlichkeiten gegenüber Oesterreich Genüge leiste, sofern er nur rechtzeitig die mit Frankreich verabredeten Tarifminderungen anzeige. Allerdings haben die Contrahenten von 1853 sich im Einzelnen die Freiheit ihrer Tarifgesetzgebung gewahrt. Kein Theil hat Aenderungen einzelner Tarifsätze, die ihm nöthig scheinen würden, von der Genehmigung des andern abhängig gemacht, sondern der Artikel IV. des Vertrags hat für den Fall, wenn der eine Theil den Tarifsatz für eine der im Zwischenzolltarif genannten Waaren erniedrigt, dem anderen nur das Recht entsprechender Erhöhung des Zwischenzolls vorbehalten. Aber es besteht augenscheinlich ein wesentlicher Unterschied zwischen einzelnen Zollermäßigungen, wie sie veränderten Conjuncturen bezüglich des einen oder andern Handelsartikels entsprechen können, und einer umfassenden, diesen Vertrag in seiner Grundlage angreifenden Aenderung des ganzen Systems der Tarifirung. Einzelne Zollsätze können herabgesetzt werden, ohne daß dadurch die Contrahenten des Februar-Vertrages der in dessen Eingangsworten feierlich ausgesprochenen Absicht, die Zolleinigung anzubahnen, zuwiderhandelten oder auch nur den im Artikel 25 desselben Vertrags eventuell vorgezeichneten Zweck möglichster Annäherung und Gleichstellung der beiderseitigen Zolltarife beeinträchtigten. Solche einzelne Tarifänderungen konnte sonach der Artikel IV. des Vertrags gestatten.

„Eine totale Reform, welche den Unterschied der beiden Tarife, statt ihn auszugleichen, systematisch erweitert, durch welche der eine Theil vom Schutzzoll-System zum System niedriger Finanzzölle übergeht, ohne zu fragen, ob der andere Theil ihm folgen kann, und die er überdies nicht auf dem Wege der inneren Gesetzgebung, sondern durch einen bindenden Vertrag mit einer dritten Macht verwirklicht, eine solche Reform kann nicht mehr unter die Vorschrift des Artikels IV. des Vertrags von 1853 fallen, sondern sie befindet sich im offenbaren Widerspruche sowohl mit der Eingangsformel des Vertrags, welche den hohen vertragschließenden Theilen das Ziel der deutsch-österreichischen Zolleinigung vorzeichnet, als mit dem Art. 25, welcher für den Fall, daß die Zolleinigung im Jahre 1860 noch nicht zu Stande käme, die Verpflichtung begründet, wenigstens die möglichste Annäherung und Gleichstellung der beiderseitigen Zolltarife anzustreben. Die kaiserliche Regierung ist es sich daher schuldig, und sie glaubt es auch den wohlverstandenen Interessen Deutschlands schuldig zu sein, auszusprechen: daß sie in der Annahme der am 29. März d. J. zu Berlin zwischen Preußen und Frankreich paraphirten Vereinbarungen seitens des Zollvereins eine Störung und Hintansetzung des zwischen Oesterreich und dem Zollverein durch den Vertrag vom 19. Februar 1853 begründeten Vertragsverhältnisses würde erblicken müssen.“

Einer solchen entschiedenen Darlegung des österreichischen Standpunktes in dieser Frage konnte eine ähnliche Erwiderung von preußischer Seite nicht lange fehlen.

Nachdem Finanzminister v. d. Heydt am 26. Mai die Verträge mit Frankreich dem preußischen Abgeordnetenhause vorgelegt hatte, beantwortete Graf Bernstorff mittelst einer Depesche an den preußischen

Gesandten in Wien vom 28. Mai das österreichische Memorandum.*) Er sagte darin:

„Die Denkschrift erhebt Vorwürfe gegen das Verfahren der königlichen Regierung in dieser Angelegenheit überhaupt und stellt demnächst Einwendungen gegen den Inhalt der Verträge selbst auf. Ich kann weder in der einen noch in der anderen Beziehung eine Berechtigung der k. k. österreichischen Regierung anerkennen; mir ist keine Acte, kein Vertrag, keine Abrede bekannt, woraus Oesterreich das Recht herleiten könnte, Einspruch gegen derartige Verträge zu erheben, welche Preußen und der Zollverein mit irgend einer dritten Nation abzuschließen für gut finden; ich muß für Preußen und den Zollverein mit aller Entschiedenheit die volle Freiheit in Anspruch nehmen, in dieser Hinsicht unbeschränkt lediglich nach eigenem Ermessen zu verfahren. Indem ich gleichwohl nicht Anstand nehme, auf den Inhalt der Denkschrift einzugehen, glaube ich mich auf nachfolgende Bemerkungen beschränken zu dürfen, welche genügen werden, um darzuthun, daß wir keinen Anlaß haben finden können, um unsere wohlerwogenen Auffassungen und Ueberzeugungen aufzugeben.

„Die Denkschrift beklagt sich zunächst darüber, daß wir die Wünsche Oesterreichs bei unseren Verhandlungen mit Frankreich nicht berücksichtigt hätten; sie behauptet dann, daß wir den Handels- und Zollvertrag vom 19. Februar 1853 außer Acht gelassen, und kommt endlich zu dem Schlusse, daß wir zwar zu einzelnen Tarifsänderungen, nicht aber zu einer totalen Reform des Tarifs, wie die Verträge mit Frankreich solche in sich schlössen, befugt gewesen seien. In der That stände es bedauerlich um die Unabhängigkeit des Zollvereins, wenn man diesen Schluß zugeben müßte. Dem ist aber auch nicht so. Es hat nimmer bei Abschluß des Vertrages vom 19. Febr. 1853 in der Absicht liegen können, die Autonomie eines der Contrahenten beschränken zu wollen, Das hätte Oesterreich so wenig wie Preußen und der Zollverein gethan; vielmehr ist die Freiheit der Gesetzgebung durch keine Bestimmung jenes Vertrages irgendwie beschränkt. Die Denkschrift erkennt selbst an, daß der Tarif des Zollvereins einer Reform dringend bedurft habe. In dieser Erkenntniß befinden wir uns mit Oesterreich im Einverständniß. Aber mit der Ausführung der Reform, so verlangt die Denkschrift, hätten wir auf Oesterreich warten sollen. Und dabei gibt die Denkschrift dennoch wiederum zu, daß Oesterreich, ohne den Untergang vieler Zweige seiner Industrie herbeizuführen, nicht hätte mit uns gehen können. Die Widersprüche, welche sich hieraus ergeben, liegen zu Tage.

*) Sie wurde sofort in den Berliner Blättern vom 31. Mai veröffentlicht.

„Wenn also die Denkschrift darüber klagt, daß wir die Wünsche Oesterreichs bei unseren Verhandlungen mit Frankreich nicht berücksichtigt hätten, so muß ich diese Klage mit dem Bemerken zurückweisen, daß alsdann jede Tarifreform und jeder Vertrag der Art mit einer dritten Nation einfach unmöglich gewesen wäre. Ebenso muß ich die Behauptung ablehnen, daß wir den Vertrag vom 19. Februar 1853 unbeachtet gelassen hätten; ich finde keine Bestimmung dieses Vertrages nachgewiesen, die wir unmittelbar oder mittelbar, ihrem Wortlaut oder ihrer Absicht nach, verletzt hätten. Endlich kann ich die rückhaltlose Offenheit, mit welcher die Annahme hingestellt wird, daß der Zollverein zu einer Reform seines Tarifs ohne die Zuziehung oder gar Zustimmung Oesterreichs nicht befugt sei, nur mit gleicher Offenheit erwidern, indem ich jede derartige Annahme bestimmt abweise.

„Wenn jemals, so sind wir in der vorliegenden Angelegenheit nur durch die Rücksichten auf die materielle Wohlfahrt geleitet worden; wir konnten und durften nicht zurückbleiben, als Großbritannien und Frankreich auf der Bahn großer wirthschaftlicher, durch die Zeit gebotener Reformen vorgingen und andere Staaten ihnen bereits folgten; wir zweifeln nicht, daß auch Oesterreich, in welchem neuerdings so viel auf dem Wege der Reformen geschehen ist, auf dem vorliegenden Gebiete ebenfalls nicht wird zurückbleiben können. Daß die Verträge mit Frankreich eine Zolleinigung Oesterreichs mit dem Zollverein unmöglich machen, wird sich mit Grund nicht behaupten lassen. Was in Beziehung auf eine solche Einigung überhaupt als möglich angesehen werden kann, darin ist durch die Verträge mit Frankreich Nichts geändert.

„Ich muß jede Annahme, als hätten wir aus politischen Motiven mehr gegeben als empfangen, ablehnen. Ich darf mich hier enthalten, auf eine Rechtfertigung der einzelnen Vertragsbestimmungen einzugehen; Dies haben wir unseren Vereinsgenossen gegenüber nach Pflicht und Gewissen gethan. Nur so viel will ich im Allgemeinen an dieser Stelle erwähnen, daß die Bemerkungen, welche die Denkschrift in Bezug auf den Inhalt der Verträge selbst macht, nichts Neues für uns gebracht haben und daß wir es mit Freuden begrüßen werden, wenn es der k. k. österreichischen Regierung bei späteren Verhandlungen mit Frankreich gelingt, bessere Concessionen zu erhalten; die Theilnahme daran ist uns durch unsere Verträge im Voraus gesichert.“*)

*) Es schien angemessen, hier aus den beiden hauptsächlichsten Actenstücken etwas größere Auszüge zu geben. Dieselben charakterisiren viel besser und bestimmter die eigentliche Sachlage, als es irgend eine der vielen späteren Urkunden thut, über welche

Es dürfte der Gegenwart, welche der durch den französischen Vertrag in Deutschland hervorgerufenen Aufregung und den unmittelbaren Folgen jenes Vertrages noch zu nahe steht und in der ganzen Krisis Partei genommen hat, unmöglich sein, jetzt schon ein unparteiisches Urtheil über denselben zu fällen. Die formelle Veranlassung zu der Differenz lag in der zweifelhaften Fassung des Vertrages vom 19. Februar 1853, die ihrerseits wieder ihren Grund in der Lage der vorausgegangenen großen Krisis und der ungenügenden Lösung derselben hatte.

Oesterreich hatte durch den Februarvertrag eine Art Anwartschaft auf eine künftige Zolleinigung mit dem Zollverein errungen, während offenbar es noch an den volkswirthschaftlichen und sonstigen Grundlagen für eine solche Zolleinigung fehlte. Zur Gewinnung dieser Grundlagen war in der Zwischenzeit nur wenig geschehen, und durch den Schritt, den jetzt Preußen that, ward die innere Divergenz zwischen den beiden großen Zollkörpern in einer Weise gesteigert, welche unter den gegebenen Verhältnissen die Zolleinigung zur offenbaren Unmöglichkeit machte. War Preußen zu diesem Schritte berechtigt? Es scheint sich diese Frage durch Hinweisung auf den Vertrag vom 19. Februar 1853 ebenso wenig unbedingt verneinen zu lassen, als ihre Bejahung aus dem preußischen Argumente hervorgeht, daß unmöglich der Zollverein durch den genannten Vertrag auf eine selbständige Entwicklung und Umänderung seines Tarifsystems habe verzichten können. Der Februarvertrag bezeichnet zwar in seinem Eingange die Absicht, die allgemeine deutsche Zolleinigung anzubahnen, als die Grundlage des Vertrages; er bestimmt ferner, daß im Jahre 1860 über diese Zolleinigung verhandelt werden solle; allein vom juristischen Standpunkte aus betrachtet ist Dies nicht viel mehr als eine stipulatio de contrahendo, die an und für sich noch kein Recht auf die Leistung selbst begründen kann. Einige juristische Bedeutung aber müssen diese Bestimmungen des Februarvertrages

wir daher auch in der folgenden Darstellung ohne nähere Angabe ihres Inhalts hinweggehen. Festenberg fertigt das österreichische Memorandum mit sieben Zeilen ab, während er aus den preußischen Staatsschriften jener Zeit mitunter Auszüge von mehreren Seiten gibt. Gegen die sämmtlichen Einwände Oesterreichs und der dem Vertrag nicht beigetretenen Vereinsstaaten hat er nur die Bemerkung, daß nach diesen Ansichten der Zollverein seinen Tarif nicht hätte reformiren dürfen, ohne Oesterreichs Einwilligung zu erholen, und für die Tarifpolitik des Zollvereins nicht die Interessen seines Verkehrs und seiner Industrie, sondern allein der Zweck der Zolleinigung hätte maaßgebend sein müssen. — Eine solche Behandlungsweise nimmt einem Werke, so vortrefflich es auch sonst sein mag, den Charakter eines historischen und erniedrigt es zu einer bloßen Parteischrift.

immerhin haben, und die Gegner des französischen Vertrages, insbesondere Bayern, stellten daher bei der späteren Discussion der Frage die Ansicht auf, daß der Februarvertrag die Regierungen des Zollvereins mindestens moralisch verpflichtet habe, Nichts vorzunehmen, was die Realisirung der Zolleinigung mit Oesterreich erschweren oder unmöglich machen konnte. Dieser Ansicht stellte Preußen theils die einfache Negation einer solchen Verpflichtung, theils die Einrede entgegen, daß alsdann der Zollverein an jeder Aenderung seines Zolltarifs gehindert gewesen wäre. Letztere Behauptung läßt sich schwerlich in dieser Allgemeinheit rechtfertigen. Bestand eine Verpflichtung der Zollvereinsstaaten, die Zolleinigung nicht zu verhindern, so hatten sie volle Freiheit zu jeder Aenderung, die mit dieser Verpflichtung in Einklang gebracht werden konnte, nicht aber zu einer solchen, die derselben widersprach. Auch die weitere Behauptung Preußens, daß eine solche Erschwerung oder Verhinderung der Zolleinigung nicht vorliege, indem Oesterreich ja noch immer die Möglichkeit gegeben sei, den neuen Vereinstarif anzunehmen, dürfte vor einer etwas ernsten Kritik kaum Bestand haben, da man bei einem zweiseitigen Vertrage dem einen Contrahenten nicht zumuthen kann, seinen bisherigen Standpunkt und seine vermeintlichen Rechte und Interessen gänzlich aufzugeben und einfach die Forderungen des Gegners anzunehmen. Die Behauptung des österreichischen Cabinets, daß nach dem Februarvertrag der Zollverein zwar zur Aenderung einzelner Tarifsätze, nicht aber zu einer umfassenden Tarifrevision berechtigt gewesen sei, erhält einige Begründung durch die Fassung des hieher bezüglichen Artikels 4, namentlich durch den Gegensatz der Bestimmungen über Zollerhöhungen und Zollermäßigungen. Der Absatz 1 dieses Artikels lautet nämlich:

„Wenn während der Dauer des gegenwärtigen Vertrages in dem Gebiete des einen oder des andern der contrahirenden Staaten Erhöhungen der allgemeinen tarifmäßigen Eingangszölle gegen den gegenwärtig gültigen Tarif eintreten sollten, so bleiben diese auf die in der Anlage I. vereinbarten Verkehrserleichterungen ohne Einfluß."

Dagegen sagt Absatz 2:

„Wenn aber einer der contrahirenden Theile für eine von den in der Anlage I. genannten Waaren eine Ermäßigung seines gegenwärtigen allgemeinen Zolltarifs, sei es allgemein oder für gewisse Grenzstrecken oder Zollämter, eintreten lassen will, so liegt ihm ob, dem anderen Theile von dieser Ermäßigung mindestens drei Monate vor deren Eintreten Nachricht zu geben."

Während also von Zollerhöhungen ganz allgemein in Bezug auf den gesammten Tarif die Rede ist, spricht der Art. 4 von Zollermäßigungen in Bezug auf einzelne Waaren.

Die von preußischer Seite aufgestellte Behauptung, daß es unmöglich in der Absicht der Contrahenten gelegen sein konnte, die gegenseitige Freiheit in der Tarifsbestimmung irgendwie zu beschränken, verliert an ihrem Werthe theils durch die allgemeine Betrachtung, daß jeder Zoll- und Handelsvertrag, wie überhaupt jeder Vertrag, eine solche Beschränkung der vollen Freiheit der Contrahenten in sich begreift, so wie insbesondere durch die Thatsache, daß der preußisch-französische Vertrag eine noch viel weiter gehende Beschränkung der Contrahenten mit sich bringt, indem er jede Erhöhung der vertragsmäßig festgestellten Zölle unbedingt ausschließt.

Vom rechtlichen Standpunkte aus bleiben bei einer sorgfältigen und gewissenhaften Beurtheilung der Sachlage immerhin einige Zweifel übrig, ob das Verfahren Preußens sich vollkommen rechtfertigen lasse und ob dasselbe ganz den Rücksichten entsprach, die eine verbündete Regierung zu erwarten berechtigt war. Der Standpunkt von befreundeten Regierungen, insbesondere auf dem volkswirthschaftlichen Gebiete, konnte freilich schon damals für beide Regierungen, nach den Vorgängen der Jahre 1851 bis 1853, kaum mehr angenommen werden.

Ganz anders verhält sich die Sache, wenn man die Vorgänge vom volkswirthschaftlichen Standpunkte aus betrachtet. Hier sprechen theils die damalige Lage, namentlich aber die späteren Ereignisse, so entschieden zu Gunsten Preußens, daß es sehr erklärlich erscheint, wenn seitdem die Rechtsfrage in der öffentlichen Beurtheilung ziemlich in den Hintergrund getreten ist.

Die Idee einer Zolleinigung zwischen Oesterreich und dem Zollverein, welche in den Jahren 1851 bis 1853 von den Ministern Schwarzenberg und Bruck angeregt und mit so großem Eifer und bewunderswerther Energie vertreten worden war, hatte offenbar seit jener Zeit keine Fortschritte in ihrer Entwickelung gemacht. Unterlag ihre praktische Durchführbarkeit schon im Jahre 1853 erheblichen Zweifeln, so mußten diese seitdem sich bedeutend verstärken, da die volkswirthschaftliche Entwickelung in beiden Zollkörpern nicht gleichmäßigen Schritt gehalten hatte. Bei dem großen Aufschwunge, den die Zollvereinsindustrie in diesem Zeitraume genommen, und nachdem sich für viele Zweige derselben ein sehr bedeutender Export gebildet hatte, dessen Artikel bereits auf dem großen Weltmarkte mit den gleichen Artikeln der großen Industriestaaten in Concurrenz traten, waren die früher vorherrschenden Tendenzen für Schutzzölle allmälig auf ein immer kleiner werdendes Gebiet zurückgedrängt worden. Die Industrie fühlte, daß sie hinreichend erstarkt war, um eines großen Theiles des bisherigen künstlichen Schutzes entbehren zu können, und suchte sich daher der Beschwernisse und Unbequemlichkeiten eines complicirten Zollsystems zu entledigen.

In Oesterreich dagegen hatte in dem Zeitraume von 1853 bis 1862 die alte Protectionspartei unverkennbar wieder an Boden gewonnen; trotz vielfacher Verbesserungen im Zollwesen waren gleichwohl weder die im Februarvertrage in Aussicht gestellten Verhandlungen mit dem Zollverein zu Stande gekommen, noch auch diejenigen Mißstände beseitigt worden, welche als die Haupthindernisse einer Zolleinigung mit dem Zollverein betrachtet werden konnten. Die Geldverhältnisse waren dieselben geblieben, das Tabaksmonopol aufrecht erhalten, während gleichzeitig die Tabaksindustrie im Zollverein sich bei der ihr gewährten Freiheit ungemein entwickelte; der größte Mißstand aber, die schwerfällige bureaukratische Zollverwaltung, ihre fiscalische Tendenz, die geringe Bildung und notorische Unzuverlässigkeit der niederen Beamten war nur wenig gebessert worden. Die materielle Ungleichheit in den beiderseitigen Bildungs- und Consumtionsverhältnissen und deshalb im factischen Erträgnisse der Zölle, welche jede Theilung der Revenuen nach der Kopfzahl bei einem Zollvereine zwischen Oesterreich und dem übrigen Deutschland unmöglich machte, hatte keine Veränderung erlitten. Es ist daher ganz erklärlich, daß diejenigen Zollvereinsregierungen, welche in der Krisis von 1851/53 Oesterreich unterstützt und dadurch den Februarvertrag zuwege gebracht hatten, auch ihrerseits keineswegs auf die Realisirung der in diesem Vertrage enthaltenen Bestimmungen über die Zolleinigung drangen, da sie dieselbe wohl ebenfalls unter den gegebenen Umständen für längere Zeit unausführbar erachteten. Das Motiv zu der Politik der Mittelstaaten lag in der Furcht vor einer Hegemonie Preußens, in der nicht selten unbequemen und herben Form, in der sich dieselbe immer mehr geltend machte, und in der dem constitutionellen Geiste der mittleren Staaten widerstrebenden Richtung der inneren Politik Preußens.

Wenn daher die preußische Regierung die Idee einer Zolleinigung bei jeder Gelegenheit als eine chimärische erklärte, wenn sie trotz der Bestimmung des Artikel 25 es im Jahre 1860 geradezu verweigerte, auf die für dieses Jahr in Aussicht gestellten Verhandlungen über eine Zolleinigung einzugehen, so lag diesem Verfahren nicht blos die natürliche, aus politischen Gründen hervorgehende Abneigung Preußens gegen eine solche Aufnahme

Oesterreichs in den Zollverein zu Grunde, sondern es lagen hiefür sehr positive materielle Gründe vor.

Die Behauptung des österreichischen Ministeriums, daß Oesterreich dem Vorgange des Zollvereins in der Reform seines Tarifs nicht zu folgen vermöge, ohne den Ruin mehrerer Industriezweige herbeizuführen, war durch Nichts erwiesen. Oesterreich hat seitdem auf dem Wege der Tarifsreformen bedeutende Fortschritte gemacht, und sein dermaliger Tarif nähert sich in vielen Punkten dem durch den preußisch-französischen Vertrag festgestellten Zollvereinstarif, ohne daß seine Industrie hiedurch in irgend einen wahrnehmbaren Nachtheil versetzt worden wäre; im Gegentheil hat dieselbe seit der Ermäßigung der früheren Schutzzölle einen unverkennbaren Aufschwung genommen. Anderseits hat auch die Zollvereinsindustrie durch den Vertrag mit Frankreich und durch das seitdem befolgte Tarifsystem keinen Schaden gelitten. Der Verkehr mit Frankreich und die Ausfuhr dahin hat zugenommen, die von manchen Gegnern des Vertrages befürchtete Ueberschwemmung mit englischen Waaren ist ausgeblieben, und wenn auch vielleicht einzelne Zweige im Anfange einer etwas vermehrten Concurrenz begegneten, so ist die Wirkung im Ganzen doch eine günstige und für die gesammte Industrie förderliche gewesen. Es ist kein wesentlicher Zweig der vereinsländischen Industrie bekannt, welcher durch den französischen Vertrag dauernd beschädigt worden wäre.

Dies fühlten auch sehr bald diejenigen Regierungen, welche dem Vertrag überhaupt entgegen waren, und die Einwendungen gegen einzelne Tarifsminderungen aus schutzzöllnerischen Rücksichten verstummten sehr bald. Diese Regierungen suchten zunächst sich über ihr Verhalten gegenüber von Preußen zu verständigen. In Folge einer von Württemberg ausgegangenen Einladung traten am 18. Juni 1862 in München Bevollmächtigte von Bayern, Württemberg, Hessen-Darmstadt und Nassau, jedoch lediglich zu dem Zwecke zusammen, um vorerst ihre persönlichen Ansichten über die Berliner Vertragsentwürfe auszutauschen. Nachdem die bisherigen Erklärungen der einzelnen Regierungen gegenseitig mitgetheilt und sowohl die verschiedenen Tarifspositionen als auch die Vertragsartikel durchgegangen worden waren, wurde das Verhältniß zu Oesterreich auf Grundlage des Vertrags von 1853 einer längeren Erörterung unterzogen. Das Verhandlungsprotokoll spricht sich namentlich über die in Mitte liegende Rechtsfrage in sehr gemäßigter, sorgfältig motivirter Weise aus. „Es könne nach dem Zusammenhange des Vertrages vom 19. Februar 1853 nicht wohl ein Zweifel darüber bestehen, daß unter den im Art. 25 desselben bezeichneten weitergehenden Verkehrserleichterungen nicht solche, welche allen anderen Staaten gewährt werden, sondern nur solche gemeint sein könnten, welche der Zollverein und Oesterreich, wie die im Jahre 1853 vereinbarten, gegenseitig als besondere Begünstigungen bewilligen sollten. Die Verpflichtung zu einer allmäligen Gleichstellung der Tarife schließe zwar die Befugniß nicht aus, vorher selbständige Tarifänderungen beliebiger Art vorzunehmen, obwohl jeder Theil billigen Anspruch darauf machen könne, daß der andere bei seinen Entschließungen nicht ohne Rücksicht auf die Zwecke des Vertrags von 1853 verfahre. Dagegen widerstreite es der übernommenen Verbindlichkeit, über weitergehende Verkehrserleichterungen im Sinne des genannten Vertrags mit Oesterreich zu verhandeln, wenn der Zollverein durch Verträge mit anderen Staaten sich in die Unmöglichkeit versetze, Oesterreich weitere besondere Verkehrserleichterungen zu gewähren."

Eigentliche Beschlüsse wurden bei dieser Verhandlung nicht gefaßt, die Commissare trennten sich vielmehr mit der bloßen Zusicherung, diese hier niedergelegten Ansichten ihren Regierungen vorzulegen.

Inzwischen hatte die österreichische Regierung, die sich durch den schlechten Erfolg ihrer in Berlin eingelegten Verwahrung überzeugt hatte, daß sie von bloßen Protestationen keinen Erfolg zu erwarten habe, in aller Stille einen ernsteren Schritt vorbereitet. Am 10. Juli 1862 trat sie unerwartet mit einem vollständigen Projecte einer Art Zolleinigung auf, nachdem wenige Tage vorher im Hause der Abgeordneten der Abgeordnete Giskra eine von 112 Mitgliedern, sohin von der Majorität des Hauses, unterzeichnete Interpellation an das Gesammtstaatsministerium über das Verhältniß Oesterreichs zum Zollverein übergeben und in derselben die Ansicht ausgesprochen hatte, daß Oesterreich jetzt schon in der Lage sei, sich mit dem deutschen Zollverein zu einem handelspolitischen Ganzen zu verbinden. Das Wesentliche der österreichischen Vorschläge, die mittelst einer Circulardepesche vom 10. Juli 1862 an sämmtliche Zollvereinsregierungen gerichtet wurden, bestand in Folgendem:

1) Oesterreich erbot sich, die sämmtlichen Einrichtungen des Zollvereins, alle seine (zur Zeit bestehenden) Tarife, Gesetze und Vorschriften für sein gesammtes Zollgebiet anzunehmen;

2) zwischen dem Zollverein und Oesterreich solle mit Ausnahme der notorisch außerdeutschen Producte und derjenigen Gegenstände, welche einem Staatsmonopole oder einer innern Steuer unterliegen, vollständige Verkehrsfreiheit hergestellt werden;

3) eine Theilung der Zolleinkünfte sollte nur bezüglich einiger speciell namhaft gemachten Artikel stattfinden. Es waren dies solche Gegenstände, in welchen nicht nur ein lebhafter Zwischenverkehr zwischen beiden großen Zollgebieten, sondern auch eine erhebliche Einfuhr aus fremden Ländern stattfand, wie Garne, Gewebe, Papier-, Leder-, Glas-, Thon-, Metall- und sog. kurze Waaren, ferner in der Ausfuhr von Lumpen. Die Zölle dieser Manufacte, deren gesammter Ertrag in keinem der beiden Zollgebiete bisher ein Drittel der ganzen Jahreseinnahme an Zöllen erreicht hatte, sollten gemeinschaftlich sein und in der Art getheilt werden, daß Oesterreich $^3/_8$, der Zollverein aber $^5/_8$ des Gesammtertrags erhielte;

4) die Zoll- und Handelsverhältnisse des Zollvereins in Verbindung mit Oesterreich zu Frankreich und England sollten auf Grund dieses neuen Verhältnisses geordnet und die desfallsigen Verhandlungen mit den genannten beiden fremden Staaten von Preußen und Oesterreich gemeinschaftlich geführt werden.

Diese Vorschläge zielten also dahin ab, den Zollverein und das gesammte Zollgebiet Oesterreichs zu einem gemeinsamen großen Zoll- und Industriegebiet mit vollkommen gleichen Zöllen, gleicher Zollorganisation und gleichen Zolleinrichtungen in der Art zu vereinigen, daß im Innern für alle eigenen Rohproducte und industriellen Erzeugnisse vollkommene Verkehrsfreiheit bestehen, jeder Theil aber die eigentlichen Finanzzölle, nämlich jene für Colonialwaaren so wie von allen fremden Industriegegenständen für sich erheben und nur ein Theil der Industriezölle auf gemeinschaftliche Rechnung erhoben und nach einem ganz einfachen Verhältnisse vertheilt werden sollte.

Es läßt sich nicht in Abrede stellen, daß diese Vorschläge mit vielem Geschicke combinirt und der augenblicklichen Lage angepaßt waren. Die Opfer, welche Oesterreich bei Realisirung dieser Vorschläge hätte bringen müssen, waren sehr bedeutend, während der Zollverein scheinbar nicht das geringste Opfer zu bringen hatte und dennoch den völlig freien Verkehr nach den gesammten österreichischen Landen, denen seine Industrie im Ganzen unzweifelhaft überlegen war, erhielt. Gleichwohl konnte darüber kein Zweifel obwalten, daß Preußen sich gegen diese Vorschläge ablehnend verhalten werde. Die Gründe für Preußen, die einmal erlangte Hegemonie im Zollverein sich zu bewahren und Oesterreich daraus fern zu halten, waren zu mächtige und entscheidende, als daß irgend ein materieller Vortheil, so bedeutend er auch sein mochte, hiegegen in Betracht kommen konnte. Wenn daher auch die preußische Regierung über ihr Verhalten zu den österreichischen Anträgen nicht im Zweifel sein konnte, so lag gleichwohl hierin eine ernstliche Verlegenheit, indem nach Lage der Sache eine directe Ablehnung in der That das offene Geständniß darstellte, daß man ohne Rücksicht auf volkswirthschaftliche und Bundesinteressen um jeden Preis einen Ausschluß Oesterreichs aus dem Zollverein und aus Deutschland wolle und selbst eine Annäherung an Frankreich einer nähern Verbindung mit Oesterreich vorziehe.

Hierin lag wohl auch der Grund, weshalb das preußische Ministerium in seiner Antwort vom 20. Juli*) auf eine eigentliche Prüfung der österreichischen Vorschläge nicht näher einging, sondern die Ablehnung zunächst dadurch motivirte, daß sich Preußen durch die Verhandlungen mit Frankreich bereits als gebunden betrachte, und nur beifügte, daß es, auch wenn es durch die gegen Frankreich eingegangenen Verpflichtungen nicht gebunden wäre, Bedenken tragen müsse, die österreichischen Vorschläge anzunehmen, indem letztere den dermaligen Zollvereinstarif, der sich nach preußischer Ueberzeugung vollkommen überlebt habe, zur Grundlage des neuen Vertragsverhältnisses zwischen dem Zollverein und Oesterreich zu machen beabsichtigten. Eine Verabredung aber, welche jede Aenderung des dermaligen Vereinstarifs von dem Einverständnisse sämmtlicher Vereinsregierungen und Oesterreichs abhängig machen müßte, würde Preußen nicht eingehen können, auch wenn die Verhandlungen mit Frankreich niemals stattgefunden hätten. Auch die preußische Presse behandelte die österreichischen Propositionen ziemlich leicht und suchte insbesondere die Ansicht zur Geltung zu bringen, daß sie gar nicht ernstlich gemeint seien, sondern ihnen nur die Absicht zu Grunde liege, vorerst den Vertrag mit Frankreich und eine tiefer greifende Revision des Vereinstarifs zu hintertreiben, daß aber nach allenfallsiger Erreichung dieser Zwecke das österreichische Ministerium weder einen wirklichen Eintritt in den Zollverein noch ein Aufgeben des bisherigen Schutzzollsystems beabsichtige.

Dagegen lag es in der Natur der Verhältnisse, daß diejenigen Regierungen, welche dem Vertrage mit Frankreich und seinen unverkennbaren Tendenzen und Folgen widerstrebten, die österreichischen Vorschläge mit Lebhaftigkeit aufgriffen. Selbst Hannover und Kurhessen, die keineswegs einer Aenderung des Tarifs im freihändlerischen Sinne abgeneigt waren, zeigten ernstlich Lust, sich den Agitationen gegen Preußen anzuschließen, indem sie vor Allem die Bestrebungen Preußens zur Erlangung einer Hegemonie im Zollverein befürchteten.

*) Veröffentlicht in der Preußischen Allgemeinen Zeitung vom 22. Juli 1862.

Inzwischen waren die Verträge mit Frankreich im preußischen Abgeordnetenhause zur Berathung gelangt. Die Regierung hatte dieselben alsbald nach dem Abschluß vorgelegt und mit einer sehr umfassenden Denkschrift begleitet, welche zum Theil mit der den Zollvereinsregierungen schon früher mitgetheilten Denkschrift übereinstimmt. Der hierüber erstattete Bericht der vereinigten Commissionen für Handel und Gewerbe, dann für Finanzen und Zölle ist noch ausführlicher. Er gibt neben einer kurzen Darstellung des Ganges der Verhandlungen eine Uebersicht der Entwickelung des Zollvereinstarifs und der Gründe, welche nunmehr eine durchgreifende Aenderung desselben wünschenswerth erscheinen ließen, und eine Charakteristik der durch den Vertrag herbeigeführten Reform. Er sagt hierüber:

„Die durch den Handelsvertrag stipulirte Reform des Zolltarifs ist im Allgemeinen dahin zu charakterisiren, daß sie die Mitte hält zwischen den freihändlerischen Forderungen und den schutzzöllnerischen Interessen. Die ruhige Entwickelung macht sich immer durch Compromisse zwischen den auf verschiedenen Boden stehenden Parteien. Beide werden früher oder später anerkennen, daß die Aenderungen, welchen der Tarif unterworfen ist, einen Schritt zum Besseren enthalten. Allerdings ist die Reform nur ein Schritt; es ist noch nicht einmal der Grundsatz des Tarifs von 1818, wonach die Zollsätze für Fabrikate höchstens 10 Procent vom Werthe erreichen sollen, überall durchgeführt. Dagegen sind in allen Classen wesentliche Reductionen festgesetzt, es ist in den Gewebezöllen eine verständige Classification herbeigeführt, welche die bisherige Prohibition der gröberen und unfertigen Artikel beseitigt, es ist endlich eine Reihe von Rohstoffen und Fabrikmaterialien gänzlich vom Zolle befreit und somit neben der Zulassung größerer Concurrenz eine Erleichterung der Fabriksinteressen, eine Erleichterung des Verkehrs und eine Vereinfachung des Tarifs erreicht. Die Zollherabsetzungen werden die Gewerbe einer schärferen Concurrenz aussetzen, geben ihnen jedoch durch die bis zum Jahre 1866 ausgedehnte stufenweise Herabsetzung der Zölle eine Frist, um sich durch die nothwendigen Reformen des Betriebes und Vervollständigung der Transportmittel auf die verschärfte Concurrenz vorzubereiten. Wenn in der That durch eine so mäßige Reform einzelne Zweige oder Unternehmungen gefährdet werden sollten, so würde hierin nur ein Beweis liegen, daß unser bisheriges Zollsystem eine ungesunde Entwickelung in einzelnen Richtungen der Fabriksthätigkeit herbeigeführt hat und daß schleunige Remedur nöthig ist, damit die Last des Krankhaften nicht noch ferner wachse."

Ueber das Verhältniß zu Oesterreich enthält der Bericht ziemlich eingehende Bemerkungen, obwohl die eigentliche Rechtsfrage selbst nur kurz berührt ist und lediglich durch dasselbe Argument, dessen sich die preußische Regierung schon in ihrer Depesche vom 28. Mai bedient hatte, beleuchtet ist. Die bemerkenswerthesten Stellen sind folgende zwei:

„Oesterreich hat vermöge des Vertrags vom 19. Februar 1853 die Rechte der meistbegünstigten Nation. Es tritt also, auch wenn es nicht in der Absicht läge, die vertragsmäßigen Tarifherabsetzungen zu verallgemeinern, unmittelbar und ohne Gegenleistung in den Genuß derselben ein. Von wie großem Vortheile Dies für Oesterreich ist, geht daraus hervor, daß der neu verabredete Tarif gerade für die wichtigsten Export-Artikel der österreichischen Monarchie wesentlich unter die Sätze des österreichisch-zollvereinsländischen Zwischenzolltarifs herabgeht, so für Weine von 6 auf 4 Thlr., für Tuche und gewalkte Wollenwaaren von 30 auf 10 Thlr., für Leinenwaaren von 30 resp. 20 auf 24 resp. 12 Thlr., für seidene und halbseidene Waaren von 80 resp. 50 auf 50 resp. 34 Thlr., für weißes Hohlglas von 1 Thlr. 22½ Sgr. auf 20 Sgr. u. s. w. Oesterreich erhält diese Leistungen nicht nur ohne Gegenleistung, es ist sogar nach Art. 4 des Vertrages vom 19. Februar 1853 berechtigt, dem Zollverein gegenüber die Zwischenzollsätze für alle diejenigen Artikel, für welche die ermäßigten Sätze des Zollvereinstarifs unter Hinzurechnung der Zwischenzollsätze weniger betragen als die entsprechenden Sätze des allgemeinen österreichischen Tarifs, um diese Differenz zu erhöhen. Es ist daher nicht abzusehen, wie man dem Vertrage mit Frankreich eine materiell nachtheilige Behandlung Oesterreichs vorwerfen kann. Eine andere Frage ist, ob nicht in dieser Oesterreich dem Rechte nach zustehenden Erhöhung des Zwischenzolltarifs eine Benachtheiligung der exportirenden Zollvereins-Industrie liegt" u. s. w.

Die zweite Stelle lautet:

„Die vereinigten Commissionen vermochten sich nicht zu überzeugen, daß aus einem Vertrage, welcher eine ausdrückliche Stipulation enthält, durch welche seine Dispositionen mit der vollen Freiheit jedes der beiden Theile, seinen allgemeinen Tarif zu ändern, in Einklang gebracht werden, eine Verbindlichkeit folgen könne, solche Tarifänderungen in irgend welcher Ausdehnung nicht vorzunehmen. Eine so exorbitante Beschränkung der handelspolitischen Autonomie des Zollvereins, wie sie in der Verhinderung freisinniger Tarifreform, in der Verhinderung vortheilhafter Handelsverträge mit auswärtigen Mächten liegen würde, müßte durch eine ganz ausdrücklich und präcise eingegangene Verpflichtung begründet sein, vermuthet kann sie nicht werden. Der Inhalt des Vertrages vom 19. Februar 1853 muß vielmehr dahin definirt werden, daß man ganz im Allgemeinen die Absicht aussprach, auf diesem Wege eine allgemeine deutsche Zolleinigung anzubahnen, daß man sich über künftige Conferenzen verständigte, in welchen dieselbe vereinbart oder auch nicht vereinbart werden konnte, daß man aber ausdrücklich eine Stipulation traf, durch welche jede Beeinträchtigung der handelspolitischen Autonomie beider Theile, gleichviel in welcher Richtung von derselben Gebrauch gemacht werden möchte, ausgeschlossen wurde."

In der Sitzung des Abgeordnetenhauses vom 25. Juli wurden hierauf auch die Verträge mit 264 gegen 12 Stimmen angenommen, worauf das preußische Ministerium sofort am 2. August, ohne die Erklärungen der übrigen Vereinsregierungen abzuwarten, zur förmlichen Unterzeichnung der Verträge mit Frankreich schritt. So auffallend dieses Vorgehen auch erscheinen mochte, so war es gleichwohl vom preußischen Standpunkte aus durch die momentane Lage geboten. Die preußische Regierung hatte vom Beginn der Unterhandlung an den übrigen Vereinsregierungen gegenüber hinreichend documentirt, daß sie gesonnen sei, um jeden Preis die angestrebte Tarifsrevision auf dem Wege des Vertrages durchzusetzen und die exceptionelle Stellung, die Oesterreich durch den Februarvertrag erlangt hatte, wieder zu beseitigen; sie hatte in der Zwischenzeit mehrfach erklärt, daß sie nur auf dieser Basis auf eine Erneuerung des Zollvereins im Jahre 1865 eingehen werde; sie hatte ferner eben so bestimmt sich darüber ausgesprochen, daß sie für sich die mit Frankreich getroffenen Abkommen bereits als bindend betrachte und zu deren definitivem Abschlusse schreiten werde, ohne Rücksicht darauf, ob einzelne Vereinsregierungen mit ihren Beitrittserklärungen noch im Rückstande sein würden. Es war also für die von Preußen einmal eingenommene Stellung nothwendig, dieselbe durch den wirklichen Abschluß mit Frankreich unverrückbar zu machen und jeden Zweifel über die Möglichkeit eines Rücktrittes zu beseitigen.

Am 8. August erklärte die bayrische Regierung ihre Ablehnung des Vertrages, welcher sodann unterm 11. und 16. August, dann 11. September und 12. October ähnliche Erklärungen der württembergischen, hannövrischen, nassauischen und hessen-darmstädtischen Regierungen folgten. Als Motive dieser Ablehnungen waren theils Bedenken gegen den Vertrag selbst und dessen einzelne Bestimmungen, theils die Rücksichten gegen Oesterreich angegeben. Von den Tarifpositionen waren nur wenige, welche ernstlich beanstandet wurden, auch wurden die meisten dieser Beanstandungen später fallen gelassen. Nur die Wein producirenden Staaten bestanden hartnäckig darauf, daß eine Reduction der Weinzölle in so lange nicht angenommen werden könne, als nicht die Uebergangssteuer auf Wein in den nördlichen Vereinsstaaten aufgehoben sein würde; eine Concession, welche von Preußen zwar früher in Aussicht gestellt, aber niemals bestimmt zugesichert worden war.

Diesen ablehnenden Erklärungen folgte eine lange, ziemlich unerquickliche, zum größten Theil auch nutzlose diplomatische Polemik zwischen Preußen einerseits und den ablehnenden Regierungen sowie Oesterreich andererseits. Da Preußen vom Anfange der Krisis an alle wichtigeren Erklärungen der Presse übergeben hatte und die übrigen Regierungen theilweise dieser Praxis folgten, so finden sich die meisten dieser diplomatischen Correspondenzen in den Tagesblättern jener Periode verzeichnet. Sie enthalten jedoch wenig mehr als wiederholte und erweiterte Erörterungen der schon angeführten Hauptargumente der beiden Parteien. Neu ist nur die von Preußen erst später aufgestellte Behauptung, daß die preußische Regierung von sämmtlichen Vereinsregierungen zum Abschlusse des Handelsvertrages mit Frankreich ermächtigt gewesen sei,*) was jedoch von den ablehnenden Regierungen, namentlich in Bezug auf den Inhalt des wirklich abgeschlossenen Vertrages, bestimmt in Abrede gestellt wurde. Preußen schloß seine Argumentationen durch eine unterm 2. November nach München gerichtete Depesche, welche die bestimmte Erklärung enthält, daß Preußen in der Ablehnung der Verträge mit Frankreich nur den Ausdruck des Willens der betreffenden Regierungen erblicken könne, den Zollverein mit Preußen über die Dauer der gegenwärtigen Vertragsperiode nicht fortzusetzen. Aehnliche Andeutungen waren schon früher erfolgt; das preußische Haus der Abgeordneten hatte unterm 5. September 1862 mit großer Majorität einen Beschluß in diesem Sinne gefaßt und die preußische Regierung überhaupt niemals darüber einen Zweifel übrig gelassen, daß sie in gleicher Weise wie im Jahre 1852 entschieden sei, bei andauerndem Widerstande den Zollvereinsvertrag zu kündigen und die Annahme der Verträge mit Frankreich (wie früher des Vertrages mit Hannover) zur Bedingung der Erneuerung des Zollvereins zu machen. Die in Berlin eingetretene Minister-Veränderung, durch welche seit October Herr v. Bismarck an die

*) Es ist dieses Argument insbesondere hervorgehoben in einer um jene Zeit (November 1862) erschienenen Broschüre: „Vorwände und Thatsachen. Ein Beitrag zur Kritik der Opposition gegen den Handelsvertrag vom 2. August 1862," welcher man allgemein und, wie es scheint, mit Grund einen officiellen Ursprung zuschrieb. In dieser kleinen, mit vieler Kenntniß und Schärfe verfaßten Schrift spiegelt sich der Gegensatz der Parteianschauungen, der damals Deutschland spaltete, mehr noch als in den officiellen Urkunden ab.

Spitze der Geschäfte gelangte, änderte an dieser Haltung Nichts, es trat im Gegentheil die Richtung der preußischen Politik gegen Oesterreich nur schärfer hervor.

Der Streit der Regierungen war natürlich auch in die Bevölkerungen gedrungen und hatte dort dieselben Gegensätze hervorgerufen, die sich nun allenthalben, in der Presse wie in den Handelskammern und Ständeversammlungen, manifestirten. Dieselbe Erscheinung, welche schon in der Krisis von 1851—53 eingetreten war, wiederholte sich auch hier. Während in Preußen nach dem Vorgange der beiden Kammern allenthalben die Verträge mit Frankreich als eine die Machtstellung Preußens und seine Ehre berührende Frage aufgefaßt und daher alle allenfallsigen Bedenken dagegen entweder ganz zurückgedrängt oder als von untergeordneter Bedeutung dargestellt wurden, zeigten die Bevölkerungen der übrigen Vereinsstaaten in der Regel für die politische Seite der Frage nur ein geringeres Verständniß. Ziemlich allgemein beschränkte sich die Beurtheilung auf den Ausspruch, daß der Vertrag zwar sowohl im Allgemeinen ein Uebel sei, als auch vielfache einzelne Bedenken errege, daß aber um der Erhaltung des Zollvereins willen es besser sei, denselben anzunehmen, als irgendwie die Erneuerung des Zollvereins in Frage zu stellen. In den kleineren der dissentirenden Vereinsstaaten, in welchen ohnedies in der Regel die Regierungen einer Oppositions-Majorität in den Abgeordneten-Kammern gegenüber standen, hatte diese Anschauung die unzweifelhafte Majorität, während in Bayern und Württemberg zwar die Mehrzahl der Bevölkerung mit der Regierung übereinstimmte, allein gleichwohl einer sehr rührigen und zahlreichen Minorität gegenüber stand.

Am vollständigsten traten diese Gegensätze bei dem Allgemeinen Deutschen Handelstage hervor, welcher vom 14.—18. October 1862 in München zusammentrat. Während der Ausschuß in seiner Majorität sich gegen den Vertrag erklärte*) und denselben einer viel schärferen und eingehenderen

---

*) Die von der Majorität des Ausschusses vorgeschlagenen Resolutionen lauteten:

1) Der Handelsvertrag zwischen dem Zollverein und Frankreich ist im Allgemeinen, vom commerciellen und volkswirthschaftlichen Standpunkte, höchst wünschenswerth und die dadurch zu erzielende Erweiterung des Absatzfeldes und des erleichterten gegenseitigen Austausches der weiteren Entwickelung der Industrie Deutschlands nützlich.

Es ist nothwendig, daß der Art. 31 des Vertrages so gefaßt und declarirt werde, daß derselbe kein Hinderniß für den Zollverein ist, mit Oesterreich und anderen zum deutschen Bunde gehörigen Staaten in ein engeres Verkehrsverhältniß zu treten.

2) Der Deutsche Handelstag kann sich nicht verhehlen, daß mehrere Bestimmungen

Kritik unterzog, als die ablehnenden Vereinsregierungen gethan hatten, verlangte die Minderheit die unveränderte Annahme desselben und erlangte auch zuletzt nach mehrtägiger, zum Theil ziemlich erregter Discussion bei der Abstimmung für die Resolution:

„Das schleunige Zustandekommen des Handelsvertrages darf nicht in Frage kommen"

eine Mehrheit von 4 Stimmen (100 gegen 96). Während die Einen darauf hinwiesen, daß in der Minorität von 96 die sämmtlichen Oesterreicher sich befanden, sohin die Majorität der Zollvereinsstimmen eine sehr bedeutende sei, warfen die Gegner der preußischen Partei künstliche Agitationen zur Erlangung einer Mehrzahl von Stimmen durch unverhältnißmäßige Aufnahme von sog. Gewerbevereinen u. dgl. vor. Die sämmtlichen preußischen Abgeordneten hatten für den Vertrag gestimmt, während die Abgeordneten aus den übrigen Zollvereinsstaaten in ihren Ansichten weit aus einander gingen. Die Versammlung trennte sich eben so uneinig oder wo möglich in noch erbitterterer Stimmung als sie zuvor gewesen war.

Unter den Rednern für den französischen Vertrag traten v. Sybel und Michaelis hervor; Ersterer besonders dadurch, daß er, weit entfernt die politische Natur des Vertrages in Abrede zu stellen, sie vielmehr besonders betonte und hervorhob. Er sagte u. A.:

„Die Gefahr für uns liegt nicht darin, daß wir über Tarifsbestimmungen, über streng kaufmännische Interessen verschiedener Meinung sind, sondern darin, daß in dieser Verschiedenheit sich die wirklichen oder vermeintlichen Gefahren der politischen Machtstellung widerspiegeln: die Machtstellung zwischen den heutigen Factoren des Zollvereins unter sich und zu denjenigen, welche zu ihnen in engere Beziehung treten möchten. Es ist daher wohl verzeihlich, wenn der Deutsche Handelstag seinerseits bei Erwägung der Mittel, von denen ich vorhin sprach, sich an eine Aufgabe

---

des französischen Handelsvertrages gerechte Bedenken gegen die Interessen des Zollvereins erwecken.

3) Der deutsche Handelstag spricht aus, daß die Tarife A und B manche Positionen enthalten, welche dem Interesse des Zollvereins schädlich sind."

Die bezüglich des Verhältnisses zu Oesterreich vorgeschlagene Resolution lautete:

„Zwischen dem deutschen Zollverein und Oesterreich ist Verkehrsfreiheit, so weit sie nach den in beiden Gebieten bestehenden Verbrauchssteuern und Finanzzöllen zu verwirklichen ist, einzuführen.

Auch ist thunlichst dahin zu wirken, daß in geeigneter Zeit eine vollständige Handelsvereinigung zwischen dem Zollverein und dem österreichischen Staate eintrete."

macht, die an sich nicht commerciell, sondern ihrem eigentlichen Wesen nach politischer Natur ist."

Noch bezeichnender ist folgende Aeußerung v. Sybel's. Nachdem er mit besonderem Nachdruck betont, daß Preußen die Zolleinigung mit Oesterreich nicht wolle und nie gewollt habe, fügte er bei:

„Die kleineren Mitglieder des Zollvereins haben sicher das ganz natürliche Bestreben, innerhalb des Zollvereins, wie er heute ist, ein Gegengewicht gegen das natürliche Uebergewicht der preußischen Interessen zu gewinnen; aber so weit gehen diese kleineren Factoren nicht, daß sie dieses Gegengewicht nur darin sehen, daß sie Oesterreich in den Zollverein hineinnehmen. Denn die Folge einer solchen Aufnahme würde sein, daß alle die Fehden, alle die Klagen, die wir in der jetzigen Organisation des Zollvereins haben, nur noch in verstärktem Maaße eintreten würden. Der künftige Zollverein würde seinem Werthe nach nichts Anderes sein, als was der Deutsche Bund mit seiner Bundesversammlung bis jetzt gewesen und heute noch ist. Der geehrte vorhergehende Redner hat die Mittel- und kleinen Staaten des Zollvereins damit zu erschrecken gesucht, daß er ihnen das Gespenst der Mediatisirung durch Preußen vorgehalten hat. Meinen Sie, jene Staaten wüßten nicht, daß factisch eine schlimmere Mediatisirung für manche unter ihnen eintritt, wenn statt Preußen Oesterreich der superiore Staat wird? Oder halten Sie Oesterreich für so aufopferungsvoll, daß es diese Superiorität nicht geltend machen wolle?"

So einschneidend und scharfsinnig diese Argumentation auch ist, so trägt sie gleichwohl ihre Entgegnung in sich. Wenn alle Annahmen und Vordersätze v. Sybel's richtig sind, dann war der Februarvertrag von 1853 eine Unwahrheit!

Mit dem Schlusse des Jahres 1862 konnte die officielle Polemik über den französischen Handelsvertrag so ziemlich als beendigt betrachtet werden; eine Depesche des bayrischen Ministeriums vom 31. December 1861 bildet gewissermaaßen den Schluß. Beide Parteien beharrten auf ihrer Ansicht und schienen von da an die Lösung der entstandenen Krisis nicht mehr von unfruchtbaren Correspondenzen, sondern von äußeren thatsächlichen Ereignissen zu erwarten.

Schon unterm 23. September 1862 hatte Bayern noch einen Versuch gemacht, eine Verständigung herbeizuführen, indem es die Voraussetzungen andeutete, unter welchen eine solche für möglich erachtet werde, und kam nun in der Erklärung vom 31. December ausführlicher auf diese Frage zurück. Von der Voraussetzung ausgehend, daß die den Vertrag mit Frankreich ablehnenden Regierungen durch ihre Ablehnung nur ein ihnen nach der Vereinsverfassung ausdrücklich garantirtes Recht ausübten und daß der Ausspruch der preußischen Regierung, die Verweigerung der Zustimmung zu den Verträgen mit Frankreich als den Ausdruck des Willens der betreffenden Regierungen betrachten zu wollen, den Zollverein mit Preußen über die Dauer der gegenwärtigen Vertragsperiode nicht fortzusetzen, in dieser Form eine gegen die freie Entschließung dieser Regierungen gerichtete und den Principien des Zollvereins widerstrebende Drohung sei, schlug die bayrische Regierung vor, einfach zu den Grundsätzen des Zollvereins zurückzukehren und auf der bevorstehenden Generalconferenz sowohl die Vorschläge Oesterreichs als auch den Vertrag mit Frankreich und die hieran wünschenswerth erscheinenden Aenderungen einer gemeinsamen Erörterung zu unterziehen. Hierauf ging jedoch Preußen nicht ein, beantwortete vielmehr die Depesche vom 31. December 1862 direct gar nicht und indirect durch seine spätere Weigerung, an einer Erörterung der österreichischen Vorschläge Theil zu nehmen.

Einunddreißigstes Kapitel.

Ende der Krisis. Dritte Erneuerung der Zollvereinsverträge.

Bei der Wahl der Orte für die Generalconferenzen war bisher die Reihenfolge der Staaten, wie sie in den Vereinsverträgen aufgeführt waren, eingehalten worden. Der hiernach gebildete Turnus war mit der vierzehnten Generalconferenz insoweit durchlaufen, daß nur noch Oldenburg übrig war.

Weil aber die oldenburgische Regierung selbst damit einverstanden war, daß ein anderer Ort gewählt werde, so hatte man sich bei der vierzehnten Generalconferenz darüber verständigt, daß die nächste Conferenz in München stattfinden solle. Da die erstere in Braunschweig bis in den November 1859 gedauert hatte, so wurde zugleich beschlossen, für 1860 keine Generalconferenz abzuhalten, vielmehr dieselbe auf 1861 zu verlegen.

Bei der vierzehnten Generalconferenz waren zwei wichtige Fragen unerledigt geblieben, nämlich die Aufhebung der Durchgangsabgaben und die Ermäßigung der Rheinzölle, welche so dringlich schienen, daß es für geeignet erachtet wurde, die Verhandlungen hierüber gesondert fortzusetzen und selbe nicht bis 1861 zu verschieben.

Die Ermäßigung und Aufhebung der Rheinzölle war schon längst von verschiedenen Seiten angeregt worden, sobald einmal die bessere Einsicht, daß solche Zölle den Verkehr ernstlich schädigen, Boden gewonnen hatte. Zuerst hatten Frankreich und Baden im Jahre 1846 den ihnen je zur Hälfte zufallenden Zollantheil für die Rheinstrecke zwischen Straßburg und der Lauter aufgehoben. Ihnen folgte 1850 die niederländische Regierung, indem sie die noch bestehenden Rheinzölle nebst dem sog. droit fixe für die niederländische Schifffahrt aufhob und im folgenden Jahre diese Vergünstigung auf alle oberen Rheinuferstaaten erstreckte.

Von den deutschen Rheinuferstaaten waren Baden, Bayern und Preußen einer Aufhebung günstig gestimmt, während Hessen und Nassau aus fiscalischen Gründen dagegen waren. Nur mit großer Mühe war es 1851 im Zollverein gelungen, eine allgemeine Ermäßigung des Rheinoctrois durchzuführen, wobei jedoch Hessen und Nassau nur zu einem Drittheil sich betheiligten, während die übrigen deutschen Rheinuferstaaten die Hälfte des bisherigen Abgabesatzes erließen. Ungern schloß sich Preußen diesem Modus an, betonte vielmehr nachdrücklich das Princip einer gleichheitlichen Verpflichtung aller Uferstaaten. Seitdem war es vorzugsweise Baden, welches immer dringender auf die Nothwendigkeit einer gänzlichen Aufhebung des Rheinoctrois hinwies, besonders seitdem die Concurrenz der Eisenbahnen die zollpflichtigen Waaren der Wasserstraße entzog. Im J. 1855 trat die badische Regierung mit einer ausführlichen Denkschrift für Ermäßigung und eventuell Aufhebung der Rheinschifffahrtsabgaben auf, während bald darauf die Frage wiederholt auch als Zollvereinsangelegenheit in Verbindung mit der Aufhebung der Durchgangszölle in Anregung kam.

Alles scheiterte jedoch an dem entschiedenen Widerspruche von Hessen-Darmstadt und Nassau, welche beide Staaten die Rheinzollfrage vorzugsweise aus dem finanziellen Gesichtspunkte betrachteten und nicht in dem Grade an der Rheinschifffahrt betheiligt waren, um sich veranlaßt zu sehen, aus volkswirthschaftlichen Gründen auf eine für ihre Verhältnisse bedeutende Finanzquelle zu verzichten. Baden hatte 1859 seine Klagen in sehr energischer Weise bei der Rheinschifffahrtscommission erneuert, während gleichzeitig in Braunschweig bei der Generalconferenz ebenfalls vergeblich über Aufhebung der Durchgangszölle und Minderung des Rheinoctrois verhandelt wurde.*)

*) Protokoll d. d. Braunschweig 16. November 1859.

Endlich gelang es auf einer Ende 1860 nach Karlsruhe berufenen Specialconferenz über beide Fragen eine Vereinbarung zu erzielen.*) Von den Rheinzöllen sollten künftig Preußen, Bayern und Baden nur noch $^{1}/_{10}$, Hessen und Nassau aber $^{1}/_{6}$ des conventionsmäßigen Zolles erheben, die Schiffsgebühr und Holzzölle aber unverändert bleiben. Die Durchgangsabgaben im Zollverein, die auf einem so verwickelten Systeme beruhten und in den Vereinsverhandlungen so große Schwierigkeiten bereitet hatten, wurden gleichzeitig ganz aufgehoben.

Eine weitere Frage, nämlich die von der preußischen Regierung beantragte Bewilligung einer Ausfuhrvergütung für Rübenzucker, wurde im April 1861 ebenfalls in einer Specialconferenz in Berlin verhandelt.

Da die Besteuerung des Runkelrübenzuckers noch immer eine wichtige Angelegenheit des Zollvereins bildet und neue Anträge zur Modification des bisherigen Systems vorliegen, worüber die Ansichten noch sehr getheilt sind, so ist es vielleicht hier am Platze, den Entwicklungsgang dieser Frage im Zusammenhange zu verfolgen.**)

Die erste Anregung zur Besteuerung des Runkelrübenzuckers erfolgte schon bei der ersten Generalconferenz in München im Jahre 1836, und zwar durch Bayern,***) indem der bayrische Bevollmächtigte gemäß Abth. III, § 39 des Hauptprotokolls bemerkte:

„daß die Runkelrübenzuckerfabrikation ein Gegenstand sei, der mit Rücksicht auf neuere Ergebnisse in einem anderen Staate (Frankreich) und auf die zunehmende Ausbreitung dieses Industriezweiges die Aufmerksamkeit der Zollvereinsregierungen auf sich zu ziehen verdiene und es angemessen erscheinen lasse, sich für den Fall, wenn die Ausdehnung der Rübenindustrie die Einfuhr fremden Zuckers und dadurch die Zollrevenuen beschränken sollte, über eine gemeinschaftliche und gleichmäßige Besteuerung des Rübenzuckers zu verständigen.“

Da die übrigen Bevollmächtigten nicht instruirt waren, so erfolgte kein Beschluß, die weitere Behandlung der Sache ward vielmehr auf den Correspondenzweg verwiesen.

---

*) Protokoll in Betreff der Rheinzölle zwischen Preußen, Bayern, Baden, Großherzogthum Hessen und Nassau d. d. Karlsruhe, 12. December 1860.

**) Einzelne Wiederholungen früherer Angaben sind hierbei nicht zu vermeiden. Indessen möchte es für den Laien ziemlich schwierig sein, sich in dem Detail der einzelnen Conferenzverhandlungen ohne eine zusammenfassende allgemeine Darstellung zurecht zu finden. Vergl. Bienengräber, Statistik u. s. w. S. 21. 24.

***) Vergl. oben fünfzehntes Kapitel.

Auch bei der zweiten Generalconferenz in Dresden kam kein Beschluß zu Stande, doch verständigte man sich darüber, daß im Frühjahr 1839 eine besondere Commission zur Erörterung der Frage zusammentreten solle.

Inzwischen hatten sich die Anschauungen der preußischen Regierung, welche bisher der Besteuerung zwar nicht absolut entgegen war, aber deren Zeitgemäßheit und Dringlichkeit bezweifelte, wesentlich modificirt. Der Finanzminister v. Alvensleben hatte im Sommer 1838 einige große Zuckerfabriken in der Gegend von Magdeburg persönlich besichtigt und sich dabei überzeugt, daß die Frage der Besteuerung nicht länger mehr verschoben werden könne, wenn man sich nicht einem bedeutenden Ausfalle in den Zuckerzöllen aussetzen wolle. Die Folge war, daß Preußen sich von nun an lebhaft an der Frage betheiligte und die Commission zur Berathung derselben betrieb.

Bei dieser Commission, die am 25. März 1839 eröffnet wurde, gingen die Ansichten zuerst weit aus einander, da anfangs Baden und Nassau und selbst Preußen keine Gemeinschaftlichkeit der Steuer wollten, einige andere Regierungen dagegen die neue Industrie und deren Verhältnisse zu wenig kannten, als daß sie sich ein positives Urtheil hätten bilden können. Die Aufgabe der Conferenz war zunächst nur die Abgabe eines Gutachtens gewesen; indessen je weiter die Verhandlungen vorschritten, desto mehr überzeugte man sich, daß bei der großen Verschiedenheit in den Ansichten der Commissare die Erstattung eines einstimmigen Gutachtens unmöglich sei. Es blieb daher nichts Anderes übrig, als die abweichenden Ansichten der Conferenzmitglieder und die zu deren Geltendmachung angeführten Motive so wie die vorgebrachten Gegengründe in ein gemeinsames Protokoll aufzunehmen. Eine Vereinbarung war daher nicht möglich, und so unterblieb, vielleicht zum Heile der neuen Industrie, die Besteuerung. Noch war die Fabrikation von Rübenzucker in ihrer Entwickelung zu wenig vorgeschritten und hatte mit technischen Schwierigkeiten aller Art so wie mit Versuchen zur Verbesserung zu kämpfen. Indessen machte sich der Ausfall an den Zöllen des Colonialzuckers immer fühlbarer, so zwar, daß sich derselbe für die drei ersten Quartale 1840 im Vergleich zu der entsprechenden Periode von 1839 auf 92,218 Centner mit einem Zollbetrage von 253,294 Thlr. bezifferte.

Preußen brachte daher im December 1840 bei den Unterhandlungen über die Erneuerung der Zollvereinsverträge die Besteuerung des Runkelrübenzuckers abermals zur Sprache und forderte eine Vereinbarung hierüber als eine Vorbedingung. Die von ihm vorgeschlagene Steuer sollte 1 Thlr. vom Centner Rohzucker betragen.

Bisher war es vorzugsweise Hessen-Darmstadt gewesen, das eine Vereinbarung verhindert hatte, indem es darauf beharrte, daß die Abgabe für die ersten drei Jahre auf 5 Sgr. per Ctr. Rohzucker festgesetzt werden solle, während die übrigen Regierungen mehr oder minder dem preußischen Vorschlage beistimmten. Endlich gelang es nach langen und mühsamen Verhandlungen Hessen zur Nachgiebigkeit zu bewegen und eine Uebereinkunft zu erzielen. Die Besteuerung des im Umfange des Zollvereins aus Runkelrüben bereiteten Zuckers wurde im Art. 4 des Vertrages über die Fortdauer des Zoll- und Handelsvereins vom 8. Mai 1841 als nothwendig und vertragsmäßig erklärt und an demselben Tage eine besondere Uebereinkunft wegen derselben abgeschlossen.*) Nach dieser wurde mit dem 1. September 1841 die Besteuerung in allen Vereinsstaaten nach einem gleichen Satze eingeführt, die Gemeinschaftlichkeit des Steuereinkommens dagegen bis zum 1. September 1844 ausgesetzt, um auf der Grundlage der während dieses dreijährigen Provisoriums zu gewinnenden Erfahrungen zuvor die angemessenste Besteuerungsweise zu ermitteln. Die Steuer von vereinsländischem Rübenzucker sollte immer gegen den Eingangszoll von ausländischem Zucker so viel geringer gestellt werden, als nöthig sei, um der heimischen Fabrikation einen angemessenen Schutz zu gewähren, in keinem Falle jedoch weniger als 20 pCt. des Zollsatzes für fremden Rohzucker betragen.

Für das erste Betriebsjahr sollte der Steuersatz 10 Sgr. vom Centner Rohzucker oder 6 Pfennige vom Centner verarbeiteter Rüben betragen, indem man von der Annahme ausging, daß aus 20 Centner Rüben 1 Centner Rohzucker gewonnen werden könne. Würde die Rübenzuckerfabrikation so zunehmen, daß sie 20 pCt. der Gesammtmenge des im Zollverein consumirten Zuckers erreicht, dann sollte die Steuer auf $^2/_3$ Thlr. und bei Erreichung von 25 pCt. auf 1 Thlr. per Ctr. Rohzucker (1 Sgr. 6 Pf. vom Centner verarbeiteter Rüben) erhöht werden.**)

Im Betriebsjahre 1841/42 nahm auch wirklich die Rübenzucker-Industrie im Zollvereine dergestalt zu (nach dem Quantum der wirklichen Versteuerung im Gegenhalte zu der im Kalenderjahre 1841 verzollten Menge ausländischen Zuckers), daß der in vorgenannter Bestimmung vorbehaltene

*) Siehe oben achtzehntes Kapitel.

**) Vergl. Fischer, Ueber das Wesen und die Bedingungen eines Zollvereins in den Jahrbüchern für Nationalökonomie und Statistik von Zimmermann, 1866, II. Bd. S. 283.

Fall einer Erhöhung des Steuersatzes von $^1/_3$ auf $^2/_3$ Thlr. eingetreten war. Da indessen mehrfache Gründe vorlagen, der vereinsländischen Rübenzucker-Industrie, die noch an vielen Gebrechen litt und Schwierigkeiten zu bekämpfen hatte, nicht sofort diese Last aufzulegen, so beantragte Preußen, den dermaligen Steuersatz noch für das nächste Betriebsjahr beizubehalten. Bayern äußerte anfangs einige Bedenken, stimmte aber dann zu, und Alles schien zu einer Verständigung im Sinne des preußischen Antrags bereit, so daß man bereits zur Unterschrift des Protokolls schreiten wollte, als der kurhessische Bevollmächtigte um Aufschub bat, weil er nochmals berichten müsse, indem er gleichzeitig die Zustimmung seiner Regierung in bestimmte Aussicht stellte. Diese erfolgte jedoch nicht, er wurde vielmehr zu der Erklärung beauftragt, daß der Kurfürst nunmehr auf der vertragsmäßigen Erhöhung der Steuer bis 20 Sgr. bestehe.

Nun aber weigerten sich sämmtliche Bevollmächtigte, auf dieses Verlangen einzugehen; indem es jetzt nicht mehr möglich sei, die Erhöhung pro 1842/43 ins Werk zu setzen, so daß also der kurhessischen Regierung nichts Anderes übrig blieb, als dem allgemeinen Beschlusse beizutreten, daß der zur Zeit bestehende Steuersatz von 10 Sgr. für den Centner Rüben-Rohzucker auch innerhalb des mit dem 1. September 1842 beginnenden Betriebsjahres beibehalten werden solle.

Zur General-Conferenz von 1843 übergab die preußische Regierung ein Promemoria über die Rübenzucker-Besteuerung mit einem Entwurfe zu einem neuen Besteuerungsgesetze nach einem veränderten Steuer-Modus.

Mit dem 1. September 1844 sollte nämlich nach der Vereinbarung vom 8. Mai 1841 die Gemeinschaftlichkeit der Rübenzucker-Steuer eintreten. Bis dahin hatte man sich bemüht, die Höhe der Steuer zu 10 Sgr. per Centner Rohzucker festzustellen, dagegen den einzelnen Staaten sowohl den Ertrag der Steuer auf privative Rechnung als auch die Feststellung der Erhebung und des Vollzugs überlassen. In der Mehrzahl der Vereinsstaaten hatte man die Besteuerung nach dem Gewichte der rohen Rüben eingeführt, in Württemberg, Baden und Hessen-Darmstadt aber die Steuer von dem aus den Formen ausgeschlagenen Rohzucker erhoben. Bei der Berathung standen sich daher verschiedene Ansichten gegenüber, und als auch die Beiziehung von einigen einsichtsvollen Fabrikanten aus Magdeburg keine Vereinigung erzielte, so zog Preußen seinen Entwurf zurück, und man verständigte sich dahin, die nächste Fabrikations-Periode von 1843/44 noch dazu zu verwenden, über die einzelnen nothwendigen Verbesserungen praktische Erfahrungen zu sammeln; Preußen übernahm es, im Correspondenzwege seine Vorschläge mitzutheilen, und beantragte in Folge dessen unterm 30. April 1844, den nach Artikel 7 lit. d der Uebereinkunft vom 8. Mai 1841 als Minimum vereinbarten Steuersatz von 1 Thlr. oder 20 pCt. des bestehenden Eingangszolls von ausländischem zum Versieden eingehenden Rohzucker als nunmehrige Vereinssteuer anzunehmen und die bestehenden Eingangszollsätze von ausländischem Zucker und Syrup beizubehalten, gleichzeitig aber eine umfassende Vereinbarung über ein künftiges Vereinsgesetz bezüglich der Besteuerung des Rübenzuckers zu treffen. Da gegen die mitgetheilten Entwürfe eines Gesetzes und einer Instruction zu dessen Ausführung einige Erinnerungen erhoben wurden, so ward die Vereinbarung hierüber zur nächsten (VII.) General-Conferenz verwiesen und dort auch wirklich erzielt.

Es trat daher vom 1. September 1844 an die Gemeinschaftlichkeit des Einkommens aus der Rübenzuckersteuer unter den Zollvereinsstaaten mit einem Steuersatze von 1 Thlr. per Centner Rüben-Rohzucker für die Periode bis 31. August 1847 ein. Es beruhte Dies auf den schon im Vorjahre*) getroffenen Abreden, wonach

1) der Eingangszoll vom ausländischen Zucker und Syrup und die Steuer vom vereinsländischen Rübenzucker zusammen für den Kopf der jeweiligen Bevölkerung des Zollvereins jährlich mindestens eine Brutto-Einnahme gewähren sollte, welche dem Ertrage des Eingangszolls vom ausländischen Zucker und Syrup für den Kopf der Bevölkerung im Durchschnitte der drei Jahre 1838—40 gleichkam;

2) der Betrag der Rübenzucker-Steuer jedesmal für einen dreijährigen, vom 1. September an laufenden Zeitraum festgesetzt und wenigstens acht Wochen vor Anfang des letzteren öffentlich bekannt gemacht werden sollte.

Da hiedurch die Zölle für ausländischen Zucker mit der Rübenzucker-Steuer in unmittelbaren Zusammenhang gebracht waren, so wurden sie fortan aus der Reihe der übrigen mit dem Kalenderjahre laufenden Sätze des allgemeinen Zolltarifs ausgeschieden und besonders festgestellt und verkündigt.

Da man noch fortwährend von der Annahme ausging, daß 20 Centner Rüben einem Centner Rohzucker entsprechen, so wurde der Steuersatz für den Centner Rüben auf $1^1/_2$ Sgr. festgesetzt.

Die Vereinbarung auf der Karlsruher Conferenz**) stellte nun für

---

*) Besonderes Protokoll vom 6. November 1843.

**) Besonderes Protokoll vom 23. October 1845.

sämmtliche Zollvereinsstaaten ein gleichmäßiges, in jedem Lande, in welchem Rübenzucker erzeugt wurde, zu erlassendes Gesetz nebst einer Vollzugs-Instruction hiezu auf, welches Gesetz noch jetzt die Grundlage der Rübenzucker-Besteuerung im Vereine bildet, obwohl seitdem sowohl die Rübenzucker-Industrie selbst als auch die Höhe der Besteuerung wesentliche Veränderungen erlitten haben.

Der Durchschnitt, welcher für das Steuereinkommen aus dem Zucker nach der Vereinbarung von 1843 maaßgebend sein sollte, betrug $6{,}_{2616}$ Sgr. für den Kopf der Bevölkerung und wurde auch bis zu Ende des Jahres 1847 bei dem bestehenden Zoll- und Steuersystem reichlich erzielt. Es lag sohin keine Veranlassung zu einer Erhöhung der Steuer vor, weshalb beim Ablauf der ersten dreijährigen Periode im Jahre 1847 der bestehende Zollsatz einstweilen bis 1. September 1848 beibehalten wurde. Im Jahre 1848 war eine Erhöhung der Steuer auf 2 Thlr. pr. Ctr. Rüben-Rohzucker vorgeschlagen und hierüber auch eine Vereinbarung zu Stande gekommen. Der Vollzug fand jedoch unter den damaligen politischen Zuständen Schwierigkeiten, indem in Baden sowohl als in Preußen die Stände die Zustimmung verweigerten. Preußen erließ daher eine Aufforderung an sämmtliche Vereinsregierungen, ihre damals in Frankfurt befindlichen Zollbevollmächtigten mit Instruction zur schleunigsten Herbeiführung eines gleichmäßigen Verfahrens zu versehen. Man beschloß, dem preußischen Antrage entsprechend, die bisherige Steuer von 1 Thlr. pr. Ctr. Rüben-Rohzucker auch noch für die übrige Dauer der Periode bis 1. September 1850 beizubehalten.

In dieser Periode trat jedoch unerwartet ein mächtiger Umschwung in der Rübenzucker-Industrie ein. Sie war in dem bisherigen Kampfe mit den ihr entgegenstehenden Schwierigkeiten aller Art erstarkt, hatte sich technisch ganz ungemein ausgebildet und begann nun ihre neue Thätigkeit zunächst durch Verdrängung des Colonialzuckers zu äußern. Der Import des letzteren fiel vom Jahre 1846 an sehr merklich, so daß der Durchschnitts-Ertrag der Zölle und Steuern von beiden Zuckerarten erheblich unter den im Jahre 1843 als Maaßstab angenommenen Betrag von $6{,}_{2616}$ Sgr. per Kopf der Bevölkerung fiel. Mit dem 1. September 1850 wurde daher unter Beibehaltung der bisherigen Zölle auf fremden Zucker die bereits 1848 beschlossene Erhöhung der Steuer auf inländischen Rübenzucker von 1 Thlr. auf 2 Thlr. in Vollzug gesetzt, sonach der Satz von $1^1/_2$ Sgr. für den Centner Rüben auf 3 Sgr. gestellt. Diese Erhöhung hatte indessen keineswegs den erwarteten Erfolg; die Production inländischen Zuckers stieg fortwährend und verdrängte in gleichem Maaße den Colonialzucker, so zwar, daß auch in der Periode 1850 bis 1853 das Gesammt-Erträgniß des Einkommens aus dem Zucker unter dem Normalsatze blieb. Kurhessen hatte daher schon bei der IX. General-Conferenz im Jahre 1851 den Antrag auf eine Erhöhung der Rübenzuckersteuer gestellt. Obwohl die vorgebrachten Gründe und Berechnungen von keiner Seite bestritten wurden, so wollte doch die Mehrheit der Vereinsstaaten keine Veränderung der einmal gesetzlich bestimmten Steuer-Perioden vornehmen, so daß der Steuersatz unverändert bis 1. September 1853 blieb.

Die Feststellung des Steuersatzes für die nächste Periode (1. September 1853 bis dahin 1856) fiel mit der bekannten Krisis des Zollvereins zusammen und bot daher ziemliche Schwierigkeiten dar. Nachdem jedoch die Verhältnisse zu Oesterreich und Hannover einmal geordnet waren, wurde auch die Zuckerfrage rasch zu Ende geführt und durch eine Vereinbarung vom 4. April 1853 bestimmt:

1) daß fortan die Steuer immer für eine zweijährige Periode normirt werden; daß ferner

2) dieselbe während der nächsten Periode, 1. September 1853 bis dahin 1855, 6 Silbergroschen pr. Ctr. Rüben betragen solle.

3) Unter Beibehaltung der schon früher für die Berechnung der Höhe der Steuer vereinbarten Grundsätze wurde der auf den Kopf der Bevölkerung treffende Steuer-Antheil für Zucker nach dem Durchschnitte der Jahre 1847—49 auf $6_{,0762}$ Silbergroschen angesetzt.

Es wurde demnach der Normalsatz etwas ermäßigt, der wirkliche Steuersatz aber verdoppelt. Auch ist in der Vereinbarung vom 4. April 1853 zum ersten Male von einer Berechnung der Steuer für den Centner Rüben-Rohzucker Umgang genommen, die Steuer vielmehr lediglich auf die rohen Rüben gelegt, weil man sich überzeugt hatte, daß das der bisherigen Berechnung zu Grunde liegende Verhältniß von 20 Ctr. Rüben zu 1 Ctr. Rohzucker schon lange nicht mehr zutreffend war.

Der Satz von 6 Sgr. pr. Ctr. Rüben blieb unverändert für die nächstfolgende Periode 1855—57. Im Jahre 1857 machte die preußische Regierung den übrigen Vereinsregierungen die Mittheilung, daß nach den Erhebungen des Central-Bureaus ein Resultat zu erwarten sei, nach welchem vertragsmäßig eine Erhöhung der bestehenden Rübensteuer für die nächste Periode nicht einzutreten hätte, daß aber gleichwohl Umstände obwalteten, welche eine Erhöhung räthlich machten. Die Production des Rübenzuckers war nämlich in dem Zeitraume von 1847 bis 1857 im Zollverein von

375,000 Ctr. auf 1,823,000 Ctr. oder vielmehr 2,167,720 Ctr. — wenn man nämlich das inzwischen erzielte Fabrikationsverhältniß von 12½ Ctr. Rüben zu 1 Ctr. Zucker zu Grunde legt — gestiegen und überstieg bereits die Mengen des importirten Colonialzuckers um das Dreifache. An Steuer fielen nach dem angegebenen Maaßstabe auf einen Centner Rübenzucker 2 Thlr. 15 Sgr., auf einen Centner Colonialzucker 5 Thlr., so daß der dem ersteren gewährte Schutz so ziemlich den Charakter einer Prohibition angenommen hatte. Nach der von Preußen aufgestellten Berechnung würde es zulässig gewesen sein, die Rübenzuckersteuer um 2½ Sgr. pr. Ctr. Rüben zu erhöhen und gleichzeitig den Zoll für fremden Zucker von 5 Thlr. auf 4 Thlr. zu ermäßigen, ohne die inländische Production ernstlich zu benachtheiligen. Preußen schlug jedoch vor, von der Zollermäßigung auf fremden Zucker vorerst Umgang zu nehmen und die Steuer pr. Ctr. Rüben nur um 1½ Sgr., also von 6 auf 7½ zu erhöhen und dies mit 1. September 1858 eintreten zu lassen. Sowohl diese Erhöhung als auch der weitere Vorschlag Preußens, gleichzeitig die bisherigen Zollsätze für ausländischen Syrup zu 4 und 2 Thlr. pr. Ctr. wegen der Schwierigkeit der Unterscheidung, ob er kristallisirbaren Zucker enthalte oder nicht, in einen einzigen Mittelsatz von 3½ Thlr. umzuwandeln, wurde auf der hierzu einberufenen Special-Conferenz in Berlin von allen Vereinsregierungen mit Ausnahme von Hannover angenommen. Letzteres machte die Zustimmung davon abhängig, daß

1) der künftige Zollsatz für Syrup nicht auf 3½, sondern auf 3 Thlr. gesetzt werde;

2) daß, wenn nicht sogleich eine Erhöhung der Rübensteuer auf 8½ Sgr. stattfinde, doch vereinbart werde, daß diese Erhöhung vom 1. September 1860 an eintreten solle.

Da gegen letztere Forderung mehrere Vereinsregierungen protestirten, so kam eine Vereinbarung nicht zu Stande, worauf Hannover (December 1857) sich zwar bereit erklärte, von der Forderung einer bestimmten Vereinbarung über eine weitere Erhöhung der Rübensteuer vom 1. September 1860 an abzustehen, jedoch einen abermaligen allgemeinen Vorbehalt beifügte. Auch Dies fand Widerspruch, und erst als Hannover völlig auf seinen Vorbehalt verzichtete, konnte am 16. Februar 1858 die Vereinbarung abgeschlossen werden, gemäß welcher vom 1. September 1858 an die Rübensteuer auf 7½ Sgr. pr. Ctr. und der Eingangszoll für fremden Syrup auf 3 Thlr. festgesetzt wurde.

Gegen diese Vereinbarung erhob sich unerwartet in Preußen sowohl wie in Württemberg eine heftige Opposition in den ständischen Kammern.

Die Commission des preußischen Abgeordnetenhauses trug auf Verwerfung an; doch wurde schließlich der Regierungs=Antrag im Abgeordnetenhause am 17. April 1858 und im Herrenhause am 26. April mit erheblichen Majoritäten angenommen. In Stuttgart hatte die volkswirthschaftliche Commission der Kammer der Abgeordneten einstimmig auf Verwerfung angetragen; doch wurde auch hier schließlich der Vertrag von den Kammern genehmigt.

Der Steuersatz von 7½ Sgr. für den Centner Rüben blieb seitdem unverändert, bis ihn das im gegenwärtigen Jahre (1869) vom Zollparlamente angenommene Gesetz auf 8 Sgr. erhöhte.

Mit der Erweiterung der Rübenzucker=Industrie und der Erhöhung der Steuer auf dieselbe trat aber naturgemäß auch die Frage der Rückvergütung der Steuer für exportirten Rübenzucker auf. Der Zollverein hat sich immer nur schwer zu Zollrückvergütungen entschlossen, und es bedurfte beim Rübenzucker wie bei allen anderen Gegenständen mehrfacher Anstrengung und eines unbestreitbaren Nachweises dringender Nothwendigkeit, ehe sich sämmtliche Vereinsregierungen entschließen konnten, in eine solche Maaßregel zu willigen.

Die erste Anregung hierzu erfolgte von Preußen bei der X. General=Conferenz im Jahre 1854. Die Ansichten der übrigen Vereinsregierungen waren getheilt, indem sich fast eben so viele für den Vorschlag wie gegen denselben erklärten, so daß eine Vereinigung nicht möglich war. Der Antrag wurde von der braunschweigischen Regierung bei den Verhandlungen über die Erhöhung der Rübensteuer in den Jahren 1857 und 1858 erneuert, blieb jedoch abermals ohne Erfolg, worauf Baden ihn bei der XIII. General=Conferenz zu Hannover (1858) in dringlicher Weise wiederholt stellte, jedoch ohne den Widerspruch einer großen Zahl von Vereinsregierungen besiegen zu können. Bei der XIV. General=Conferenz (1859) hatten Preußen, Württemberg und Baden abermals Anträge auf Bewilligung einer Steuervergütung für ausgeführten Rübenzucker gestellt. Der Widerspruch, der noch immer von Bayern, Sachsen, Hannover, Kurhessen, Großherzogthum Hessen und Oldenburg erhoben wurde, hatte bereits beträchtlich an Schärfe und Bestimmtheit verloren, da keine Regierung mehr einen principiellen Widerspruch vorbrachte, vielmehr die Gründe der Ablehnung zum größten Theil der allgemeinen Mangelhaftigkeit der Vereinsgesetzgebung über die Zuckerbesteuerung entnommen waren.

Am 31. März 1860 erneuerte Preußen seine Vorschläge mit dem Verlangen, eine Special=Conferenz hierüber abzuhalten. In Folge mehrfacher

Anstände verzögerte sich dieselbe bis zum 5. März 1861, an welchem Tage sie in Berlin eröffnet wurde. Erst nach langen und schwierigen Verhandlungen gelang es unterm 25. April 1861 eine Vereinbarung zu Stande zu bringen. Nach Art. 1 und 2 dieser Uebereinkunft sollten vom 1. September 1861 an für Rübenzucker, wenn dessen Ausfuhr über die Zollvereinsgrenze oder dessen Niederlegung in eine öffentliche Niederlage erfolgt, eine der Rübensteuer entsprechende Vergütung gewährt werden, und zwar

für Rohzucker und Farin . . 2 Thlr. 22½ Sgr. pr. Ctr.
für Brod-, Hut-, Candis- und
gestoßenen Zucker . . . 3 „ 10 „ „ „

unter der Bedingung, daß Rohzucker und Farin in Mengen von mindestens 30 Ctr. und raffinirter Zucker in Mengen von mindestens 10 Ctr. zur Anmeldung gelange.

Diese Sätze wurden später durch die Uebereinkunft vom 16. Mai 1865 auf 2 Thlr. 26 Sgr. und 3 Thlr. 15 Sgr. vom 1. September 1866 an erhöht. Die Rübenzucker-Besteuerung selbst aber dürfte schwerlich bereits ihren Abschluß erreicht haben, da in neuester Zeit eine lebhafte Agitation gegen das ihr zu Grunde liegende System eingetreten ist, welche dahin zielt, an die Stelle der Steuerberechnung nach dem Gewichte der rohen Rüben die Anlage nach Masse und Gehalt des Zuckersaftes zu setzen.

Die verschiedenen Special-Conferenzen, welche in die Jahre 1860 und 1861 fielen, hatten bisher die General-Conferenz verzögert. Als nun Bayern im Sommer 1861 noch den Antrag stellte, den Handelsvertrag mit Frankreich auf einer Special-Conferenz zu berathen, Preußen aber diesen Antrag entschieden ablehnte, war es klar, daß die ganze Lage des Zollvereins und die Stellung seiner Mitglieder zu einander für eine Conferenz keineswegs günstig waren. Man beschloß daher auf den Antrag Bayerns, die Conferenz abermals zu vertagen und auf das nächste Jahr zu verlegen

Die Lage hatte sich im Jahre 1862 keineswegs gebessert. Der Abschluß des Handelsvertrages mit Frankreich hatte eine große Aufregung erzeugt; eine Besprechung desselben bei einer General-Conferenz schien unmöglich, theils weil Preußen sich einer solchen widersetzt haben würde, theils weil mehrere Vereinsregierungen durch ihre beschleunigte Zustimmung zu diesem Vertrage jeder Besprechung bereits vorgegriffen hatten. Bayern bemerkte daher in einem Circular an sämmtliche Vereinsregierungen vom 21. Juni 1862:

„Dermalen liegt den Vereinsregierungen der mit Frankreich projectirte Zoll- und Handelsvertrag nebst den dazu gehörigen weiteren Vereinbarungen zur Entschließung vor, und da derselbe nicht blos eine vollständige Tarifsreform, sondern theilweise auch eine gänzliche Umgestaltung der bisherigen Grundgesetze des Vereins in sich schließt, so erscheint es nicht wohl möglich, über untergeordnete Vereinsangelegenheiten vor Entscheidung dieser wichtigen Angelegenheit zu verhandeln."

Alle Regierungen stimmten dem bayrischen Vorschlage bei, die Conferenz abermals bis auf Weiteres zu vertagen. Gleiche Zustimmung fand der Ende October gestellte Antrag Bayerns, sich über die provisorische Verlängerung des bestehenden Vereinstarifes vom 1. Januar 1863 an im Correspondenzwege zu verständigen, die Revision des Vereinstarifes aber und die hierzu erforderliche General-Conferenz auf das nächste Jahr zu verschieben. Als Termin hierfür waren zuerst die Monate Januar oder Februar, dann der 9. März und zuletzt der 23. März vorgeschlagen; die eigentlichen Conferenzarbeiten begannen jedoch erst im April.

Nachdem im Laufe des Jahres 1862 sowohl die österreichischen Vorschläge*) als auch die ablehnenden Erklärungen über den französischen Handelsvertrag erfolgt waren, richtete Bayern seine Bestrebungen zunächst darauf, bei der bevorstehenden General-Conferenz eine eingehende Erörterung der österreichischen Anträge herbeizuführen, indem es auf diesem Wege eine Annäherung und Ausgleichung der widerstreitenden Ansichten zu erreichen hoffte. Preußen dagegen lehnte jede Erörterung der österreichischen Anträge ab und ward hierin vorzugsweise von Sachsen unterstützt, welches sogar die Competenz der General-Conferenz zu einer solchen Erörterung zu bestreiten versuchte. Uebrigens lagen für die General-Conferenz außerdem eine große Menge legislatorischer und administrativer Arbeiten vor, so daß voraussichtlich die Verhandlungen eine geraume Zeit in Anspruch nehmen mußten.

Die erste Verhandlung über das Verhältniß zu Oesterreich, worüber die bayrische Regierung unterm 25. April 1863 eine ausführliche Denkschrift vorgelegt hatte, fand bei der Conferenz am 5. Juni statt, wobei sämmtliche Bevollmächtigte ihre Erklärungen zu Protokoll gaben.

Dem bayrischen Standpunkte traten mit mehr oder minder ausführlichen Erklärungen bei: Württemberg, Hannover, die beiden Hessen, Braunschweig und Frankfurt; während Thüringen und Oldenburg sich ausweichend,

*) S. oben dreißigstes Kapitel.

Sachsen und Baden aber, und zwar in etwas geschraubter Art und Weise, gegen den bayrischen Antrag erklärten. Die preußische Erklärung war verhältnißmäßig sehr kurz und in der Fassung viel weniger herb als die früheren. Während nämlich bisher das preußische Ministerium über seine Intention, jedes fernere nähere Verhältniß zu Oesterreich, wie solches auf dem Vertrag von 1853 beruhte, bei Seite zu setzen, keinen Zweifel übrig gelassen hatte, war in der vorliegenden Aeußerung des preußischen Conferenz-Bevollmächtigten wenigstens die Regelung der Verhältnisse des Zollvereins zu dem österreichischen Kaiserstaate in Aussicht gestellt. Der Schwerpunkt der ganzen Erklärung lag in der Stelle:

„Die Fortsetzung des Vereins unter Aufrechthaltung des mit Frankreich geschlossenen Vertrages und die Regelung der Verhältnisse des in seinem Fortbestande gesicherten Zollvereins zu dem österreichischen Kaiserstaate ist und bleibt das Ziel der preußischen Regierung.

„Zu diesem Ende will das preußische Ministerium nach dem Schlusse der gegenwärtigen Conferenz eine besondere Conferenz nach Berlin berufen und sich auf Verhandlungen mit Oesterreich erst dann einlassen, wenn die Fortsetzung des Vereins auf dieser Basis als gesichert erscheint."

Nachdem nochmals von bayrischer wie preußischer Seite kurze Erklärungen erfolgt waren, wurden am 17. Juli die Verhandlungen sowohl über die österreichische Frage wie der Generalconferenz überhaupt geschlossen. Erstere hatten weder zu einer Verständigung noch auch zu einer Annäherung geführt. Die bayrische Regierung versuchte es hierauf, diejenigen Regierungen, welche für eine Erörterung der österreichischen Propositionen gestimmt hatten, zu einem weiteren gemeinsamen Verfahren und zu einer Verständigung über die Grundlagen für die Erneuerung der Zollvereinsverträge zu bestimmen, und legte denselben zu diesem Ende eine Reihe von Punctationen vor. Die wesentlichsten derselben waren:

1) Die contrahirenden Regierungen erklären sich bereit, den bestehenden Zollverein auf Grundlage des Vertrages vom 4. April 1853 fortzusetzen und hierüber Verhandlungen zu eröffnen.

2) Im Fall nicht alle den gegenwärtigen Zollverein bildenden Staaten geneigt sein sollten, einer Fortsetzung des Vereins auf der angegebenen Grundlage beizutreten, werden die contrahirenden Staaten wenigstens ihrerseits die Continuität des Vereins wahren und zu diesem Ende einen Erneuerungsvertrag schließen, den vorläufig nicht beitretenden Staaten aber den Beitritt vorbehalten.

3) Die contrahirenden Staaten erklären sich bereit, den Vertrag vom 19. Febr. 1853 mit Oesterreich fortzusetzen und zu erweitern.

4) Sie sind ferner bereit, eine angemessene Reform des Vereinstarifs vorzunehmen.

Während die von Bayern eingeladenen Regierungen, mit Ausnahme Württembergs, wenig Lust zeigten, sich zu einer Verständigung in dem vorgeschlagenen Sinne herbeizulassen, lud am 6. August die preußische Regierung sämmtliche Vereinsregierungen zu einer Conferenz nach Berlin für Anfang October ein, um die Erneuerung der Zollvereinsverträge vorzunehmen; welcher Einladung folgen zu wollen sofort sämmtliche Vereinsregierungen erklärten. Vor dieser Conferenz fanden sich noch einmal Bevollmächtigte der Regierungen von Württemberg, der beiden Hessen, Hannover, Nassau und der freien Stadt Frankfurt in München ein, um sich über ein gemeinschaftliches Verhalten auf der Berliner Conferenz zu verständigen. Die Verhandlungen in München ließen jedoch keinen Zweifel darüber übrig, daß mit Ausnahme von Bayern und Württemberg keine der hiebei betheiligten Regierungen zu einem ernstlichen Auftreten bereit war. Das über die Verhandlungen aufgenommene Protokoll vom 12. October ist wesentlich von dem Standpunkte der bayrischen Punctationen verschieden und läßt so ziemlich die Ansicht der Mehrzahl der verhandelnden Regierungen durchblicken, daß die Erhaltung des Zollvereins in seiner Gesammtheit in erster Linie zu erstreben sei und eventuell diesem Zwecke alle anderen, also insbesondere die Erhaltung und Erweiterung des Februarvertrages mit Oesterreich untergeordnet werden müsse. Die Registratur vom 12. Oct. enthält keinerlei positive Verpflichtung, nicht einmal die, unter allen Umständen gemeinschaftlich zu handeln, für den Fall, daß Preußen auf seinem Standpunkte beharren würde, ein Fall, der unter den gegebenen Umständen als zweifellos betrachtet werden konnte. Statt dessen war lediglich die Hoffnung ausgesprochen, daß die Regierungen alsdann eine weitere Berathung über ein gemeinsames Vorgehen eintreten lassen würden.

Verbündete dieser Art konnten für die preußische Regierung nicht besonders gefährlich erscheinen; bedenklicher war jedenfalls die Stellung von Oesterreich, von welchem wohl auch, wie im Jahre 1853, der entscheidende Schritt zur Lösung der Krisis erwartet werden konnte. Die kaiserliche Regierung hatte nach den ersten Protestationen gegen den französischen Vertrag und nach der entschiedenen Ablehnung, die ihre Propositionen vom Juli 1862 von Seite Preußens gefunden hatten, sich ziemlich zurückhaltend benommen; als jedoch die preußische Regierung die Conferenz zur Erneuerung der Zollvereinsverträge nach Berlin berief, richtete Graf Rechberg eine in ziemlich scharfem Tone gehaltene Depesche an die Zollvereinsregierungen, in welcher er von allen Vereinsregierungen, welche nicht das auf den handelspolitischen Ausschluß Oesterreichs aus Deutschland gerichtete Bestreben Preußens unterstützen wollten, verlangte, daß sie nicht unvorbereitet einer Einladung zu Conferenzen in Berlin folgen, sondern sich zuvor unter sich und eventuell auch mit Oesterreich über ein gemeinschaftliches Auftreten und über ihre Forderungen in Bezug auf Modification des französischen Vertrages verständigen sollten.

Zu diesem Ende hatte die österreichische Regierung eine größere Ausarbeitung bezüglich der Gleichstellung des österreichischen und des Vereinstarifs anfertigen lassen und zu den im October in München abgehaltenen Conferenzen einen Bevollmächtigten abgesendet. Da die in München verhandelnden Regierungen sich jedoch Oesterreich gegenüber in keiner Weise binden wollten, so kam es zu gar keinen Verhandlungen mit dem österreichischen Commissar; derselbe nahm an den Conferenzen selbst keinen Antheil, und die Tariffrage, worüber er einen umfassenden Entwurf vorgelegt hatte, blieb völlig unerörtert. Auch die preußische Regierung hatte ihrerseits einen neuen, auf dem Vertrage mit Frankreich beruhenden Tarifsentwurf anfertigen lassen und denselben Ende October an die Vereinsregierungen vertheilt, worauf am 5. November die Eröffnung der Berliner Conferenz stattfand.

Die bayrische Regierung hatte für diese Conferenz abermals die Berathung der österreichischen Propositionen in Antrag gebracht und diesen Antrag in eigenthümlicher Art motivirt. Wie sehr die ganze Krisis politischer Natur war und wie diese Eigenschaft allmälig alle anderen Fragen in den Hintergrund drängte, leuchtet am meisten aus dieser Urkunde hervor, die einzig und allein den politischen Standpunkt betont und alles Andere völlig übergeht. Am merkwürdigsten ist vielleicht folgende Stelle:

„Wenn es überhaupt für die richtige Beurtheilung der gegenwärtigen bedenklichen Krisis des Zollvereins einen verlässigen Anhaltspunkt geben kann, so darf derselbe wohl in einer genaueren Betrachtung seiner Bildung und Entwickelung gesucht werden. Die Erschöpfung, welche als Folge der langjährigen Kriege im Anfange des gegenwärtigen Jahrhunderts eingetreten war, wich bald einem kräftigen Aufleben aller Elemente des Volkslebens, und unter diesen war es vor Allem die deutsche Industrie, die einen Eifer und eine Lebensfähigkeit entwickelte, welche einer sorgfältigeren Beachtung und Unterstützung würdig gewesen wäre. Dieser traten indessen die damaligen staatlichen Verhältnisse, so wie die übermächtige fremde Concurrenz allenthalben entgegen, ohne gleichwohl im Stande zu sein, sie zu erdrücken; vielmehr entwickelte die deutsche Industrie in diesem ungleichen Kampfe gar bald eine Energie und eine Ausdauer, welche ihre Stellung befestigten und endlich zu den ersten Schritten führten, die überhaupt von deutschen Regierungen zur Bildung eines nationalen Industriesystems geschahen. Der Widerstreit der particularen Interessen war ein mächtiger und schien lange Zeit unlöslich, gleichwohl milderte er sich, sobald man mit Ernst an die Aufgabe schritt, und verschwand namentlich in dem Momente, als man sich des allein richtigen Zweckes, nämlich der Bildung eines alle deutschen Staaten umfassenden, sonach auf nationaler Grundlage beruhenden Vereins zur Entwickelung und Beförderung der deutschen Industrie klar bewußt war und diesen Zweck mit Ausschluß aller particularen und politischen Tendenzen zu erreichen sich bestrebte. Diese Richtung hat den deutschen Zollverein geschaffen, und wenn es damals auch nicht gelang, sofort alle Theile Deutschlands in denselben zu vereinigen und dadurch den Artikel 19 der Bundesacte in dieser Beziehung zu verwirklichen, so durchdrang doch die innere Nothwendigkeit, dieses Endziel zu erreichen, alle Geister und offenbarte sich in zahlreichen Vertragsbestimmungen und anderen ganz unzweideutigen Kundgebungen, welche die Erstreckung des deutschen Zollvereins auf das gesammte Deutschland und alle deutschen Staaten als das unverrückbare Ziel kennzeichneten.

„So lange diese Bestrebungen mit lebendigem Eifer verfolgt wurden, war die Entwickelung des Vereins eine offenkundig glückliche; die deutsche Industrie erreichte in wenig Jahren eine ehrenvolle Stellung, sie erfreute sich eines, wenn auch nicht immer ganz geordneten und ergiebigen, doch ausreichenden Schutzes und rechnete mit Zuversicht auf die consequente Erweiterung und Ausbildung eines nationalen Systems.

„Die ersten Symptome der jetzt so drohend eingetretenen Krisis lassen sich auf den Zeitpunkt zurückführen, wo die innige Ueberzeugung, daß der Zollverein eine wahrhaft deutsche Institution sei und in diesem seinem Endzwecke seine vorzugsweise Bedeutung und Bestimmung liege, nicht mehr mit gleicher Kraft alle Vereinsregierungen durchdrang. Es offenbarte sich diese veränderte Tendenz zunächst in dem Zögern, die vertragsmäßigen Bestimmungen, die der Verein im Jahre 1853 mit dem größten deutschen Nachbarstaate eingegangen war und welche mit voller Bestimmtheit dessen allmälige Aufnahme in den Zollverein in Aussicht nahmen, in dem Sinne, in welchem sie vereinbart waren, weiter zu entwickeln und den Eintritt Oesterreichs in den Zollverein oder mindestens eine ausgedehntere Verkehrsbeziehung mit demselben herbeizuführen. Die Erhaltung einer näheren Verbindung mit Oesterreich und eine fortschreitende Entwickelung derselben ist aber nicht nur für einen großen Theil des Vereinsgebiets, dessen Verkehr in Folge der territorialen Lage naturgemäß auf Oesterreich hingewiesen ist, eine unbedingte Nothwendigkeit, sie ist auch für den gesammten Verein, ganz abgesehen von dem Werthe des unmittelbaren Verkehrs, von der höchsten Wichtigkeit. Es liegt in der Natur der Sache, daß dem Zollverein eine glückliche Entwickelung nur dann in Aussicht steht, wenn er sein Grundprincip, nämlich die Vereinigung aller deutschen Staaten, unverrückt im Auge behält; so wie er sich hievon entfernt, dient er nur noch particularen Interessen und verliert für die höheren allgemeinen deutschen Interessen seine Bedeutung. Endlose Differenzen und endliche Auflösung des Vereins, in deren nothwendiger Consequenz aber die Gefährdung der gesammten Industrie und Schwächung aller Theile müßten sich hieran knüpfen."

Die preußische Regierung hatte sofort für die erste Sitzung die Berathung dieses bayrischen Antrages angesetzt, wobei sie denselben, wie vorauszusehen war, in gleich positiver Weise wie bisher ablehnte. Die hiefür angegebenen Gründe waren im Wesentlichen die schon in den bisherigen Correspondenzen und Verhandlungen vorgebrachten und liefen in der Hauptsache darauf hinaus, daß

1) Preußen zwar zu einer Ordnung der Verhältnisse mit Oesterreich bereit sei, jedoch erst nach einer Reconstituirung des Zollvereins; so lange diese nicht erfolgt sei, fehle es an einem zur Verhandlung berechtigten Subjecte, und so lange der künftige Tarif des Zollvereins nicht feststehe, auch an dem wesentlichsten Objecte zu einer Verhandlung mit Oesterreich;

2) die österreichischen Propositionen vom 10. Juli 1862 aber könnten von Preußen in keiner Beziehung als eine geeignete Grundlage zu einer Verhandlung anerkannt werden.

Dem preußischen Votum traten die Bevollmächtigten von Braunschweig und Thüringen bei, während dem bayrischen Antrage, der in gleicher Weise auch von Württemberg und Hessen-Darmstadt gestellt worden war, noch Hannover, Kurhessen und Nassau beistimmten. Diese hielten der preußischen Argumentation namentlich den in derselben liegenden inneren Widerspruch entgegen, daß Preußen jetzt jede Verhandlung mit Oesterreich ablehne, weil, so lange der Vereinsvertrag nicht erneuert sei, keine Verpflichtungen für die Zukunft übernommen werden könnten, während es kein Bedenken getragen habe, den Vertrag mit Frankreich abzuschließen und in demselben

Verpflichtungen, welche über die gegenwärtige Vereinsperiode hinausgehen, zu stipuliren. An der ganzen Lage der Dinge vermochte diese Verhandlung Nichts zu ändern. Baden, welches sich an der Discussion des bayrischen Antrags nicht betheiligt hatte, machte nun den Vorschlag, unter einstweiliger Zurückstellung der principiellen Gegensätze zunächst die Tarifrevision zum Gegenstande der Verhandlungen zu machen, ein Vorschlag, mit welchem sich sogleich alle übrigen Regierungen einverstanden erklärten.

Die Verhandlungen über den Tarif rückten ziemlich rasch vorwärts; denn da der preußische Entwurf lediglich eine Consequenz des französischen Vertrages war und die Vereinsregierungen schon längst ihre Ansichten über dessen hauptsächlichste Tarifsbestimmungen festgestellt hatten, so konnten die Bevollmächtigten auch unverweilt ihre Erklärungen abgeben. Die Differenzpunkte waren wider Erwarten weder an Zahl bedeutend, noch sehr wesentlich. Die Ueberzeugung, daß der ältere Tarif in seinen Hauptsätzen den inzwischen geänderten industriellen Verhältnissen nicht mehr entspreche und die Sätze selbst bedeutend herabgesetzt werden könnten, ohne die Vereinsindustrie zu schädigen, hatte längst alle Vereinsregierungen durchdrungen. Von einem eigentlichen Schutzzollsystem war keine Rede mehr, und wenn auch einige Vereinsregierungen Bedenken gegen den Betrag einzelner Zollminderungen hegten, so waren doch alle mit der Nothwendigkeit der Herabsetzung und Vereinfachung des Tarifs einverstanden. Lebhafter war die Opposition gegen das von Preußen hiebei befolgte System. Von mehreren Vereinsregierungen wurden ernste Bedenken dagegen erhoben, daß Preußen sich vertragsmäßig Frankreich gegenüber zu einer großen Menge von Tarifsminderungen verpflichtet habe, während Frankreich nur verhältnißmäßig geringere Minderungen seines Tarifs zugestanden habe und vermöge seines Systems der Werthzölle und der Art der Handhabung derselben die Einfuhr aus dem Zollverein wesentlich zu erschweren vermöge. Der Zollverein sei dadurch in der freien Bewegung seiner Tarifsgesetzgebung und namentlich in der Anwendung von Retorsionsmaaßregeln gegen alle fremden Staaten gehindert.

Allerdings entbehrte der französische Vertrag einer gewissen Reciprocität, indem Frankreich zwar im Vergleiche zu seinem bisherigen Tarife sehr bedeutende Concessionen gemacht hatte, im Allgemeinen jedoch die französische Industrie in ihren Hauptartikeln bei der Einfuhr nach dem Zollverein viel günstiger gestellt war als umgekehrt die deutsche Industrie bei ihrer Einfuhr nach Frankreich. Preußen konnte jedoch hiegegen mit Recht erwidern, daß eine völlige gegenseitige Gleichstellung der beiderseitigen Industrien absolut unerreichbar, und daß die an Frankreich zugestandenen Zollermäßigungen zum großen Theile im eigenen Interesse des Zollvereins lagen, indem seine Industrie in den betreffenden Artikeln keines Schutzes mehr bedurfte, vielmehr durch die Erleichterungen des Verkehrs wesentlich gewann. Der eigentliche Grund, weshalb Preußen für die Tarifsminderungen vorzugsweise die Form einer vertragsmäßigen Feststellung gewählt hatte, nämlich die Hartnäckigkeit, mit welcher bisher eine große Anzahl von Vereinsregierungen jeder Tarifsminderung widerstrebt und sie durch das ihnen zustehende Widerspruchsrecht unmöglich gemacht hatten, konnte von der Gegenseite auch nicht wohl in Abrede gestellt werden. Diese Ueberzeugung mochte daher wohl auch dazu beigetragen haben, daß jetzt nur sehr wenige Einwendungen gegen die preußischen Vorschläge in Bezug auf die Tarifsrevision gemacht wurden und die Verhandlungen hierüber sehr rasch vorrückten. Noch während des Verlaufs derselben war die sächsische Regierung ebenfalls mit mehreren Anträgen hervorgetreten, deren Tendenz unverkennbar dahin gerichtet war, eine Lösung der Krisis herbeizuführen und die Verständigung über die Tariffragen zu beschleunigen.

Sie beantragte nämlich:

1) daß diejenigen Zollvereinsregierungen, welche dem französischen Handelsvertrage bis jetzt noch nicht beigetreten waren, die Bestimmungen desselben, welche sie daran hindern, speciell bezeichnen und

2) daß die Regierungen von Preußen, Bayern und Sachsen beauftragt werden sollten, die Verhandlungen mit Oesterreich auf Grund des Vertrages vom 19. Februar 1853 und mit Berücksichtigung der österreichischen Propositionen vom 10. Juli 1862 zu beginnen; daß übrigens

3) die Conferenz, vorbehaltlich der unter 1 und 2 beantragten Verhandlungen, die specielle Berathung des preußischen Tarifentwurfs fortzusetzen habe.

Sämmtliche Vereinsregierungen erklärten sich hiemit einverstanden, und auch die preußische Regierung gab eine Erklärung ab, welche hoffen ließ, daß sie an ihrem bisher bekannt gegebenen Entschlusse, an dem französischen Vertrage keinerlei Modification zuzulassen und mit Oesterreich nicht eher zu verhandeln, als bis die Fortdauer des Zollvereins unter Aufrechthaltung des Vertrages mit Frankreich gesichert sei, nicht unbedingt festhalten werde. Indessen gab eine bald darauf erfolgende weitere Erklärung der preußischen Commissare zu erkennen, daß diese Hoffnung keine begründete war.

Während auf diese Weise die Verhandlungen zwar die Erörterung der materiellen Fragen förderten, die principielle Differenz aber in keiner Weise minderten, kündigte Preußen unterm 17. December die Zollvereinsverträge. Es war dieser Schritt von Seite sämmtlicher Vereinsregierungen längst erwartet, auch von der preußischen Regierung mehrmals angekündigt worden. Auch war er für Preußen, wenn es anders den französischen Vertrag zur Geltung bringen wollte, unvermeidlich geworden. Dagegen war klar, daß keine der übrigen Vereinsregierungen für sich von dem Rechte der Kündigung Gebrauch gemacht haben würde, da die Mehrzahl derselben jedenfalls eine Verlängerung des Bestandes der bisherigen Grundlage des Zollvereins einer gewaltsamen Aenderungen derselben, wie solche der Vertrag mit Frankreich mit sich brachte, vorgezogen haben würde. Die Bemerkung der preußischen Regierung in der desfallsigen Mittheilung, „sie glaube den Wünschen ihrer sämmtlichen Zollverbündeten zu begegnen, wenn sie von der ihr nach Artikel 42 des Vertrages vom 4. April 1853 zustehenden Befugniß zur Kündigung desselben Gebrauch mache", war also sicherlich nicht begründet und dürfte wohl nur dahin zu verstehen sein, daß ohne eine solche Kündigung eine Lösung des Conflicts, nachdem sich einmal Preußen Frankreich gegenüber definitiv gebunden hatte, überhaupt nicht möglich war. In den Conferenzverhandlungen machte die Kündigung, der Natur der Sache nach, keine Veränderung.

Bei der näheren Erörterung der oben erwähnten sächsischen Vorschläge ergänzte der sächsische Commissar dieselben dahin, daß es, um für die Verhandlungen mit Oesterreich eine einheitliche Grundlage zu gewinnen, angemessen sein würde, bezüglich des Tarifs den preußischen Entwurf zu Grunde zu legen, und er daher der Erwägung derjenigen Regierungen, welche gegen diesen Entwurf Einwendungen erhoben hatten, anheimgebe, ob sie nicht allenfalls dieselben vorerst unpräjudicirlich und in der Voraussetzung fallen zu lassen geneigt wären, daß mit Oesterreich eine Vereinbarung getroffen werden könne.

Von dem bayrischen Bevollmächtigten wurde hiegegen erinnert, daß man denjenigen Regierungen, welche begründete Einreden gegen den preußischen Tarifentwurf erhoben hätten, nicht wohl zumuthen könne, dieselben und die hierauf begründeten Modificationsanträge für die Verhandlungen mit Oesterreich ohne Weiteres geradezu fallen zu lassen, daß daher der sächsische Ergänzungsvorschlag, wenn er dieser Rücksicht entsprechen wolle, in correcter Weise dahin zu lauten hätte:

> „Die Regierungen von Preußen, Bayern und Sachsen möchten beauftragt werden, die Verhandlungen mit Oesterreich auf Grund

des Vertrags vom 19. Februar 1853 und mit Berücksichtigung der österreichischen Vorschläge vom 10. Juli 1862 einer- und des modificirten preußischen Tarifsentwurfes anderseits zu beginnen.

Nach mehrfachen Erklärungen der übrigen Commissare über diese Frage faßte der preußische Bevollmächtigte am Schlusse der Verhandlung nochmals die ganze Sachlage in einer umfassenden Darstellung auf. Aus derselben ging hervor:

1) daß Preußen in Bezug auf den auf der Beilage B zum Vertrage mit Frankreich beruhenden Tarifsentwurf keinerlei Zugeständniß zu machen gedenke, vielmehr an diejenigen Regierungen, welche hiergegen Erinnerungen erhoben hätten, die Frage richte, ob sie demselben ihre Zustimmung ertheilen;

2) daß Preußen in Bezug auf den Text des Vertrages mit Frankreich die erhobenen Anstände durch seine desfallsigen Erklärungen beseitigt erachte und nur auf eine Fassungsänderung des Art. 32 eingehe;

3) daß es bereit sei, mit Frankreich über einige Aenderungen des Tarifs A (französische Concessionen) ins Benehmen zu treten, jedoch zuvor eine Erklärung verlange, ob mit diesen Maaßgaben den Verträgen mit Frankreich zugestimmt werde.

Dagegen lehnte Preußen es entschieden ab, die österreichischen Propositionen vom 10. Juli 1862 als Grundlage einer Verhandlung anzunehmen; selbst der Vertrag vom 19. Febr. 1853 wurde nicht als Grundlage, sondern nur als Ausgangspunkt einer Verhandlung mit Oesterreich bezeichnet und als Schlußresultat und Endziel eines Arrangements mit demselben lediglich der schon in früheren preußischen Noten und Erklärungen enthaltene Gedanke reproducirt, sich mit Oesterreich unter Ausschluß jeder gegenseitigen Bevorzugung über einige weitere Verkehrserleichterungen zu verständigen.

Die Bedeutung dieser Erklärung, welche ihrem Inhalte wie ihrer ganzen Tendenz nach direct gegen die Bestrebungen Oesterreichs in der Zoll- und Handelsfrage gerichtet war, wird noch erhöht, wenn man die gleichzeitige politische Lage ins Auge faßt.

Unterm 13. Juli 1863 war die Einladung des Kaisers von Oesterreich an alle Bundesfürsten und die freien Städte zu einer Zusammenkunft in Frankfurt erfolgt, um dort über eine Reform der Bundesverfassung zu berathen. Der in Frankfurt mit so vielem Aufwande äußeren Glanzes vorgelegte Entwurf einer neuen Bundesverfassung fand schon dort mehrfachen

Widerstand und wurde sofort von Preußen, das sich von vorn herein an dem Fürstencongresse gar nicht betheiligt hatte, abgelehnt und von Oesterreich nach wenigen schwachen Versuchen, ihn zur Geltung zu bringen, fallen gelassen.

Gleichzeitig war die schleswig-holsteinische Frage in eine Phase eingetreten, welche ernste Verwickelungen mit den europäischen Großmächten drohte und in welcher die Ansichten und Tendenzen Preußens ebenfalls wesentlich von der Auffassung der meisten übrigen Bundesstaaten differirten. Ungeachtet der Verstimmung, welche die Haltung Preußens in der Zoll- und Handelsfrage in Wien erzeugt hatte, und obwohl man im österreichischen Cabinete über die politische Tragweite des französischen Vertrags nicht im mindesten in Zweifel war, ließ man sich dort dennoch bestimmen, in der schleswig-holsteinischen Frage mit Preußen zu gehen. Wenn also Preußen, das in der letzteren, um zu seinem Ziele zu gelangen, unbedingt der österreichischen Beihülfe bedurfte, gleichwohl ungescheut in der Zollfrage wie in der Verfassungsfrage alle österreichischen Pläne durchkreuzte und deren Bestrebungen zu nichte machte, so zeigt Dies, daß es der sichern Ueberzeugung war, daß Oesterreich weder der Reformfrage noch der Zoll- und Handelsfrage eine größere Bedeutung beizulegen gesonnen sei und sich niemals dazu entschließen werde, dieselben zur Grundlage einer ernstlichen Thätigkeit zu machen. Eine factische Ueberlegenheit der diplomatischen Leitung Preußens über jene von Oesterreich in jener Periode kann hiernach kaum in Abrede gestellt werden.

Bald nach der oben erwähnten preußischen Erklärung wurden die Berliner Conferenzen vertagt und erst am 5. Februar 1864 wieder aufgenommen. Hierbei übergab zuerst der bayrische Bevollmächtigte die Antwort seiner Regierung auf die von Preußen gestellten Anfragen. Es enthielt diese Antwort in ähnlicher Weise wie die vorausgegangene preußische Antwort in kurzen Sätzen klar und bestimmt eine sehr bezeichnende Darstellung der Lage und der obwaltenden principiellen Differenz. In Bezug auf den Tarif sagte sie:

„Was zunächst den Tarif betrifft, so bedarf es wohl keiner näheren Begründung des Satzes, daß alle Veränderungen eines Tarifs, gleichviel in welcher Richtung sie geschehen, ungleich größeren Bedenken unterliegen, wenn sie vertragsmäßig und für eine lange Reihe von Jahren festgestellt, als wenn sie blos im Wege der eigenen Gesetzgebung eingeführt werden sollen. Selbst eine für den Augenblick zweckmäßige Tarifänderung kann höchst bedenklich erscheinen, wenn sie vertragsmäßig festgestellt werden soll, und sogar die Ansicht scheint nicht ganz unbegründet, daß einem von dem Vereinstarife principiell abweichenden, zum Theil hohe Schutzzölle enthaltenden Werthzollsysteme gegenüber, wie dem französischen, jede vertragsmäßige Feststellung eines niedrigeren Tarifsystems vom volkswirthschaftlichen Standpunkte aus nicht gerechtfertigt sei."

In ähnlicher Weise sprach sich die bayrische Erklärung über den französischen Vertrag aus:

„Auch in Bezug auf den französischen Vertrag sind die bisherigen Erklärungen der bayrischen Regierung so offen und bestimmt, daß sie über deren ganze Richtung keinen Zweifel übrig lassen. Die gegen denselben erhobenen Bedenken haben weder ausschließend in einzelnen Bestimmungen desselben ihre Begründung, noch sind sie vorzugsweise gegen den Art. 32 gerichtet; sie sind vielmehr zwei Momenten, die eine principielle Bedeutung haben, entnommen. Einmal, daß dieser Vertrag den nationalen wie vertragsmäßigen Verpflichtungen widerspricht, welche der Zollverein gegenüber den dem Vereine noch nicht beigetretenen deutschen Staaten bezüglich des allmäligen Eintrittes derselben in den Verein zu beobachten hat; und dann, daß in dem Vertrage die der Stellung des Zollvereins und Deutschlands gebührende Gegenseitigkeit und Gleichheit der Verpflichtungen und Leistungen vermißt wird. Daß diese Bedenken durch die in Aussicht genommene Modification des Art. 32 oder auch anderer, mehr untergeordneter Bestimmungen des Vertrages allein nicht gehoben werden können, bedarf keiner näheren Erörterung."

Die bayrische Regierung lehnte schließlich in der genannten Erklärung die Beantwortung der von Preußen gestellten Fragen vorläufig noch ab und stellte die Gegenfrage, ob es der preußischen Regierung nicht gefällig sein werde, sich zu der sofortigen Eröffnung der mit Oesterreich zu führenden Verhandlungen auf Grund des Februar-Vertrages und in der durch den Art. 25 desselben vorgezeichneten Richtung sowie unter Berücksichtigung der Propositionen vom 10. Juli 1862 zu entschließen und die übrigen vorwaltenden Differenzen in so lange beruhen zu lassen, als es nicht gelungen sein werde, für das künftige Vertragsverhältniß zu Oesterreich eine allen Betheiligten entsprechende Grundlage zu gewinnen.

Die übrigen mit Preußen nicht einverstandenen Regierungen schlossen sich theils der bayrischen Erklärung an, theils machten sie ihre Erklärung von der Antwort Preußens abhängig, theils auch versuchten sie einen gesonderten Standpunkt zwischen beiden Gegensätzen einzunehmen und sich in einzelnen Fragen mehr an Preußen, in anderen mehr an Bayern anzuschließen.

Nur in einem Punkte stimmten alle überein, in der Betonung der Nothwendigkeit eines geordneten vertragsmäßigen Verhältnisses zu Oesterreich auf Grundlage des Februar-Vertrages.

Es konnte nach der ganzen Lage der Sache kein Zweifel darüber obwalten, daß Preußen auf die von Bayern ergangene Aufforderung nicht eingehen, vielmehr dieselbe ablehnen werde, und es kann daher auch der Schritt der bayrischen Regierung nicht als ein für die Sache fördernder anerkannt werden. Offenbar war die Situation von der Art, daß Bayern und den übrigen dissentirenden Regierungen nur die Wahl blieb, entweder den französischen Vertrag und den durch denselben modificirten Tarif pure zu acceptiren, oder die Auflösung des Zollvereins zu gewärtigen. Sie waren zu schwach, um mittelst eigener Kraft Preußen zur Aufgebung oder zu einer wesentlichen Modification des französischen Vertrages zu nöthigen, und diese Schwäche wurde noch bedeutend dadurch vermehrt, daß sie theils eine Auflösung des Zollvereins unbedingt vermeiden wollten, theils über diese Eventualität verschiedener Meinung waren. Eine Modification des französischen Vertrages, in so weit solcher mit dem Geiste des Februar-Vertrages im Widerspruch stand, konnte nur von Oesterreich herbeigeführt werden, und es wäre daher im Interesse der verbündeten Regierungen gelegen gewesen, diese Aufgabe sofort der österreichischen Regierung zuzuweisen, anstatt fortwährend sich in unfruchtbare Discussionen mit Preußen einzulassen, während Oesterreich im Hintergrunde blieb. War letzteres entschlossen, in erster Linie mit aller seiner Kraft in den Kampf einzutreten, dann wäre vielleicht ein anderer Ausgang zu erwarten gewesen; war dieser Wille oder diese Entschlossenheit in Wien nicht vorhanden, dann war jede fernere Thätigkeit auf Seite der verbündeten Regierungen zu Gunsten Oesterreichs nutzlos.

Preußen säumte daher nicht, schon in der nächstfolgenden Sitzung am 11. Februar die Anfrage Bayerns eben so bestimmt zu verneinen wie sie gestellt war und sich dabei lediglich auf seine früheren Erklärungen zu berufen.

Um nun den Boden für weitere Verhandlungen nicht gänzlich zu verlieren, gaben die Vertreter der verbündeten Regierungen am 29. Februar abermalige Erklärungen ab, in welchen sie sich bereit erklärten, den preußischen Tarifentwurf im Allgemeinen als Grundlage oder Ausgangspunkt der Verhandlungen mit Oesterreich weiter zu erörtern. Da Preußen hiermit einverstanden war, so wurden sowohl der Tarif als auch der Handelsvertrag mit Frankreich nebst dem Schifffahrtsvertrage und der Literar-Convention nochmals durchberathen, worauf am Schlusse dieser Berathungen die preußischen Commissare eine ausführliche Erklärung darüber abgaben, in wie weit ihre Regierung die in diesen verschiedenen Fragen von allen Seiten erhobenen Bedenken und beanspruchten Modificationen berücksichtigen zu können glaube. Obwohl in der Form nichts weniger als schroff, war gleichwohl diese Erklärung in ihrem materiellen Inhalte keineswegs entgegenkommend. Sie lehnte vielmehr fast in allen Punkten ein Eingehen auf die beantragten Modificationen ab und beschränkte die preußischen Concessionen auf ein solches Minimum, welches kaum den Namen von wirklichen Concessionen verdiente.

In Bezug auf den Tarif B zum französischen Vertrage und den auf denselben gegründeten preußischen Tarifsentwurf wurde jede Abänderung mit Ausnahme von zwei ganz unwesentlichen Punkten (Umwandlung des Stückzolles für Eisenbahnfahrzeuge in einen Werthzoll, und Hinauslegung des Eintrittes der für 1866 verabredeten Zollsätze auf einige Jahre) unbedingt abgelehnt.

In Bezug auf den Tarif A wurde zwar die Bereitwilligkeit erklärt, über einige Punkte mit Frankreich nochmals in Verhandlung treten zu wollen; allein es waren dies nur untergeordnete Punkte, und die wesentlichsten Einwendungen gegen diesen Tarif, namentlich in so weit sie auf eine größere Reciprocität und Parität der gegenseitigen Tarifs-Concessionen gerichtet waren, blieben unberücksichtigt.

Im Handelsvertrag wollte Preußen außer der schon früher angebotenen Modification des Art. 32 auf eine Erläuterung der Art. 6 und 7 bei Frankreich hinwirken, verweigerte dagegen positiv jede Aenderung der Art. 23 und 25 und insbesondere des bekannten auf Oesterreich bezüglichen Art. 31.

Das von den preußischen Commissaren in dieser Erklärung aufgestellte Programm für die Verhandlungen mit Oesterreich umfaßte folgende zwei Sätze:

1) Unbeschadet der sowohl principiellen als factischen Aufrechthaltung des Art. 31 des Vertrages sollten einzelne zur Zeit bestehende Verkehrs-Erleichterungen an den Vereinsgrenzen gegen Oesterreich erhalten bleiben, ohne auf den Verkehr mit Frankreich ausgedehnt zu werden;

2) die im Art. 25 des Vertrages vom 19. Februar 1853 in Aussicht genommene möglichste Annäherung der beiderseitigen Tarife sollte theils durch eine möglichst übereinstimmende Formulirung der einzelnen Tarifpositionen und Unterabtheilungen, theils auch dadurch herbeigeführt werden,

daß für gleichartige Gegenstände, so weit thunlich, auch gleiche Eingangszölle vereinbart würden.*)

Schon während der bisherigen Verhandlungen war aus der Haltung und den Erklärungen der Bevollmächtigten der einzelnen verbündeten Regierungen zu entnehmen, daß sie in Bezug auf die principielle Differenz mit Preußen und in den Anschauungen über die möglichen Folgen derselben nicht auf gleicher Stufe standen. Die entschiedenste und zugleich vollkommen übereinstimmende Haltung hatten bisher Bayern und Württemberg eingenommen, und ihre Erklärungen ließen die Voraussetzung zu, daß sie äußersten Falles selbst vor einer Auflösung des Zollvereins nicht zurückschrecken würden. In Bayern war jedoch im März 1864 ganz unerwartet ein plötzlicher Thronwechsel eingetreten, und obwohl das Ministerium nicht verändert wurde, so mußte gleichwohl dieser Umstand die Kraft der Regierung für den Augenblick etwas lähmen und eine Ungewißheit über deren fernere Haltung begründen.

Bei den übrigen verbündeten Regierungen und deren Vertretern bei der Conferenz, noch mehr aber bei den ihnen angehörigen Handeltreibenden und Industriellen und deren Vertretern war das Bestreben der Erhaltung des Zollvereins in seinem bisherigen Umfange so entschieden in den Vordergrund getreten, daß kein Zweifel darüber obwalten konnte, daß sie dessen Fortbestand selbst gegen das Opfer der Annahme des Handelsvertrages mit Frankreich durchaus nicht gefährdet sehen wollten. Am unzweideutigsten äußerte sich diese Richtung im Großherzogthum Hessen, auch Kurhessen neigte sich immer mehr dieser Anschauung zu, während Hannover unverkennbar die Erhaltung seines Präcipuums als höchstes Interesse betrachtete und diesem alle anderen Rücksichten unterordnete. Am meisten trug hiezu die Haltung des österreichischen Cabinets bei. Eng verbunden mit Preußen in der schleswig-holsteinischen Frage und hierin dem Impulse desselben folgend, hatte es seit geraumer Zeit in der Handelsfrage fast gar keine Thätigkeit mehr entwickelt und diese einzig und allein auf die Ausarbeitung eines Tarifentwurfs beschränkt, den es gegen Ende des Jahres 1863 allen Vereinsregierungen mittheilte, ohne jedoch hieran weitere ernstliche Schritte zur Realisirung desselben zu knüpfen. Erst im März 1864 fand auf seine Anregung eine Besprechung eines österreichischen Com-

*) Diese Gleichstellung der beiderseitigen Tarife war für den Zollverein sowohl wie für Oesterreich von hohem Werthe, so lange man eine künftige Zolleinigung im Auge hatte; so wie diese Aussicht wegfiel, war die Gleichstellung der Tarife für beide Theile nahezu werthlos.

missars (Frhr. v. Hock) und eines preußischen (Geh. Rath Hasselbach) zu Prag statt, die jedoch nach wenigen Tagen völlig resultatlos endigte. Als daher nach der preußischen Erklärung die Berliner Conferenz bis 18. April vertagt wurde, erwarteten die verbündeten Regierungen mit Unruhe weitere Schritte von Oesterreich, die jedoch völlig ausblieben, indem Nichts erfolgte als eine Circulardepesche vom 16. April, die Nichts weiter enthielt als einige völlig überflüssige, durch die bisherigen Verhandlungen längst beantwortete Anfragen Oesterreichs an die verbündeten Regierungen.

Die Berliner Conferenz war inzwischen auf das Verlangen Bayerns, das sich darauf stützte, daß nach Lage der Sache es an jedem weiteren Verhandlungsmaterial mangle, bis 2. Mai vertagt worden. Da Preußen auf eine weitere Vertagung nicht eingehen wollte, so verweigerte Bayern seine Theilnahme an der Conferenz, übergab vielmehr statt derselben eine Erklärung, in welcher es darauf hinwies, daß die von Preußen angebotene Grundlage einer Verhandlung mit Oesterreich weder den aus dem Vertrage vom 19. Febr. 1853 hervorgehenden Verpflichtungen entspreche, noch auch von Bayern, dessen Interessen bei dem Verkehr mit Oesterreich in so hohem Grade betheiligt seien, als genügend erachtet werden könne und ebenso auf der anderen Seite von Oesterreich mit aller Bestimmtheit zurückgewiesen werde. Auch Württemberg, Hessen-Darmstadt und Nassau verweigerten ihre Theilnahme an der Conferenz, während ein hannövrischer Commissar zwar in Berlin erschienen war, allein ebenfalls an der Eröffnung, die am 2. Mai vorgenommen wurde, sich nicht betheiligte.

Jetzt erkannte allerdings die österreichische Regierung ebenfalls die Nothwendigkeit, dem entschiedenen Vorgehen Preußens eine analoge Thätigkeit entgegen zu setzen; statt aber hierin voranzugehen, schien sie fortwährend eine Initiative von Seiten der verbündeten Regierungen zu erwarten, und während von Preußen eifrigst mit den ihm zustimmenden Regierungen verhandelt wurde, beschränkte sich Oesterreich darauf, durch eine Depesche vom 12. Mai den verbündeten Regierungen den Vorschlag zu weiteren Verhandlungen zu machen, ohne deren Grundlage weiter als in sehr allgemeinen Umrissen zu bezeichnen. Hiernach wollte Oesterreich eine modificirte Erneuerung des Vertrages vom 19. Febr. 1853 mit dem Zollvereine unter entsprechender Abänderung des französischen Vertrages. Auf das Verlangen des Wiener Cabinets sandte Bayern hierauf auch zwei Bevollmächtigte nach Wien, jedoch offenbar mehr in der Absicht, sich über die letzten Tendenzen der österreichischen Regierung zu verständigen, als um auf ernste Verhandlungen einzugehen; denn als dieselben in Wien eintrafen, beschränkten sie sich darauf, die österreichischen Propositionen entgegen zu nehmen, ohne sich über deren Inhalt irgendwie zu erklären, und verließen Wien wieder nach einem Aufenthalte von wenigen Tagen. Das interessanteste Document dieser Wiener Verhandlungen war jedenfalls ein von den bayrischen Bevollmächtigten übergebenes Promemoria, welches eine Parallele zwischen den deutschen Wirren und dem damals in den Vereinigten Staaten von Nordamerika entbrannten Kampfe aufstellte und die Folgen des Dualismus in Deutschland auf dem handelspolitischen Gebiete in ziemlich drastischer, durch die Folge leider nur zu sehr gerechtfertigter Weise darlegte. Die Wiener Verhandlungen und die Vorschläge Oesterreichs mußten jedoch bei der bayrischen Regierung und deren Verbündeten endlich die Ueberzeugung begründen, daß die österreichische Regierung keineswegs mit gleicher Entschiedenheit wie im Jahre 1853 in der handelspolitischen Frage ein bestimmtes Ziel zu verfolgen entschlossen sei, und obwohl noch in den ersten Tagen des Juli in München hierüber Verhandlungen zwischen Oesterreich, Bayern, Württemberg, Hessen-Darmstadt und Nassau stattfanden, so schienen dieselben gleichwohl von keiner Seite mehr ernstlich gemeint, vielmehr lediglich darauf berechnet zu sein, den Uebergang zu einer Annahme des französischen Vertrages und zu einer Erneuerung des Zollvereins auf dieser Grundlage zu bilden. Während derselben hatte Preußen unterm 28. Juni bereits mit Sachsen, Kurhessen, den thüringischen Staaten, Braunschweig, Frankfurt und Baden den neuen Zollvereinsvertrag abgeschlossen. Hannover, welches sich an den Münchener Verhandlungen betheiligte, hatte gleichzeitig, unter Vermittlung von Oldenburg, in Berlin Einleitungen zu einer Verständigung getroffen und auch dahin einen Commissar abgesendet. Die Absicht der hannövrischen Regierung war hiebei, wie immer, zunächst auf Erhaltung des Präcipuums gerichtet, was aber von Preußen abgelehnt wurde; sobald jedoch die preußische Regierung eine, wenn auch im Betrage etwas geminderte Gewährung des Präcipuums zugestanden hatte, entschied sich auch Hannover sofort zur Annahme aller Forderungen Preußens. Der Vertrag hierüber kam am 11. Juli 1864 zum Abschlusse.

Oesterreich hatte inzwischen (am 28. Juli) in Folge der Münchener Verhandlungen die daselbst verabredeten Punctationen an Preußen mitgetheilt und auf Eröffnung von Verhandlungen hierüber, und zwar ausschließlich zwischen Preußen und Oesterreich, angetragen. Der positive Inhalt dieser Punctationen reducirte sich in der Hauptsache darauf, daß die bestehenden Begünstigungen für den Zwischenverkehr zwischen Oesterreich und dem Zollverein erhalten und so weit möglich weiter ausgedehnt werden sollten, ohne jedoch hiefür irgend eine Regel oder einen Maaßstab aufzustellen.

Die preußische Regierung antwortete mittelst einer Depesche des damals gerade in Schönbrunn befindlichen Ministers Hrn. v. Bismarck an den preußischen Gesandten in Wien vom 25. August und erklärte sich zu Verhandlungen mit Oesterreich bereit, nachdem die früher von Preußen hiefür aufgestellten Vorbedingungen, nämlich die Annahme des französischen Vertrages und die Reconstruction des Zollvereins auf Grundlage desselben, nunmehr wenigstens von einer Anzahl der bisherigen Zollvereinsregierungen als erfüllt zu betrachten seien. Als Ort der Verhandlung wurde jedoch nicht, wie von Oesterreich vorgeschlagen war, Berlin angenommen, sondern abermals auf Prag bestanden, und ebenso wenig darauf eingegangen, daß statt eines Fachmannes, des Geh. Finanzrathes Hasselbach, ein höherer Beamter zum preußischen Commissar ernannt wurde.

Da in der Eröffnung der directen Verhandlungen zwischen Oesterreich und Preußen auf einer Grundlage, welche zum Voraus ein völliges Aufgeben der Tendenzen des Februarvertrages bekundete, für die bisher verbündeten Regierungen der vollgültige Beweis lag, daß Oesterreich selbst nicht mehr gesonnen sei, seine bisherigen Bestrebungen zu verfolgen, vielmehr sowohl seine Propositionen vom 10. Juli 1862 wie auch überhaupt die Idee einer engeren Verbindung mit dem Zollverein aufgegeben habe, so konnten diese auch nicht mehr säumen, ihr bisheriges Widerstreben gegen den französischen Vertrag aufzugeben. Sie erklärten daher sämmtlich im Laufe des Monats September in Berlin ihre Bereitwilligkeit, nunmehr den bereits geschlossenen Verträgen vom 28. Juni und 11. Juli beizutreten und den französischen Vertrag unter den von Preußen angebotenen Modificationen anzunehmen.

Die Verhandlungen hierüber wurden auch alsbald eröffnet und endigten schon am 12. October durch Unterzeichnung eines Vertrages, welcher den Beitritt von Bayern, Württemberg, Großherzogthum Hessen und Nassau zu den beiden Verträgen vom 28. Juni und 11. Juli und dadurch auch zu den Verträgen mit Frankreich aussprach. Dabei wurde zugleich verabredet, daß, um für die neue Vertragsperiode eine alle vertragsmäßigen Bestimmungen enthaltende Grundlage zu gewinnen, noch ein förmlicher, alle Vereinsstaaten umfassender Zollvereins-Erneuerungsvertrag abgeschlossen werden sollte, sobald die Verhandlungen mit Oesterreich ebenfalls zu einem Verständisse geführt haben würden. Diese hatten inzwischen in Prag einen wenig förderlichen Fortgang gezeigt und schleppten sich ohne erhebliches Resultat mit Unterbrechungen bis zum Monat März 1865 fort.

Da die Eröffnung der Verhandlungen unter den Vereinsstaaten namentlich wegen der nothwendigen Feststellung des neuen Vereinstarifs nicht wohl länger verschoben werden konnte, so lud Preußen die Vereinsregierungen zu einer Conferenz auf den 29. März ein. Dieselbe wurde auch am genannten Tage eröffnet und am 16. Mai 1865 durch einen umfassenden neuen Zollvereinsvertrag beendigt. Die Verhandlungen mit Oesterreich hatten schon vorher, am 11. April, durch einen Vertrag ihren Abschluß erhalten. Sie waren, nachdem die Besprechungen in Prag zu einer vorläufigen Verständigung geführt hatten, im December 1864 von Prag nach Berlin verlegt und dort auf Seite des Zollvereins durch Bevollmächtigte von Preußen, Bayern und Sachsen weitergeführt worden.

Zweiunddreißigstes Kapitel.

Der Zollverein bis zu seiner neuen Organisation im Jahre 1867.

Der französische Vertrag und der auf Grundlage desselben abgeschlossene neue Vereinsvertrag, sodann der Vertrag mit Oesterreich vom 11. April 1865 führten ihrem materiellen Inhalte nach, noch mehr aber durch die Art ihrer Entstehung, wesentliche Aenderungen in den bisherigen Verhältnissen des Zollvereins, sowohl in Bezug auf seine innere Gesetzgebung als mit Rücksicht auf seine handelspolitische Stellung, herbei. Die für das industrielle wie handeltreibende Publicum wichtigste Aenderung, die der französische Vertrag brachte, war die totale Umgestaltung des bisherigen Vereinstarifs. Die an Frankreich zugestandenen Zollbefreiungen und Ermäßigungen waren sehr bedeutend und umfaßten nicht weniger als 161 einzelne Positionen und Artikel des Vereinstarifs. Die wichtigsten derselben waren:

	Bisheriger Tarif.	Ermäßigung.
Baumwollen-Watte .	3 Thlr. — Sgr.	1 Thlr. 15 Sgr.
„ -Garn . .	3 bis 8 Thlr.	2 bis 6 Thlr.
„ -Gewebe	50 Thlr.	10 bis 30 „

	Bisheriger Tarif.	Ermäßigung.
Leinwand	20 bis 30 Thlr.	12 Thlr. — Sgr.
„ -Spitzen . . .	60 Thlr. — Sgr.	40 „ — „
Wollen-Garn, einfaches	8 „ — „	— „ 15 „
„ „ gefärbtes u. dergl.	8 „ — „	4 „ — „
„ -Gewebe . . .	20, 30, 50 und 110 Thlr.	8, 10, 15 und 25 Thlr.
Seide	8 Thlr. — Sgr.	4 Thlr. — Sgr.
„ -Waaren . . .	110 „ — „	50 „ — „
Halbseidene Waaren .	55 bis 110 Thlr.	34 „ — „
Künstliche Blumen und Schmuckfedern . .	100 Thlr. — Sgr.	34 „ — „
Kurze Waaren . . .	50 bis 100 Thlr.	15, 25 und 50 Thlr.
Feine Bürstenwaaren .	10 Thlr. — Sgr.	4 Thlr. — Sgr.
Eisen. — Roheisen .	— „ 10 „	— „ 7½ „
Luppeneisen . .	1 „ 15 „	— „ 17½ „
Schmiedeeisen . . .	1½ bis 2½ Thlr.	— „ 25 „
Façonnirtes Eisen	3 Thlr. — Sgr.	1 „ 5 „
Blech	4 „ — „	2 „ 15 „
Gußwaaren . . .	1 „ — „	— „ 12 „
Grobe Eisenwaaren .	6 „ — „	1 „ 10 „
Andere Eisenwaaren .	6 „ — „	2 „ 20 „
Feine Eisenwaaren	10 „ — „	4 „ — „
Nähnadeln	50 „ — „	10 „ — „
Maschinen, Locomotiven	6 „ — „	1 „ 15 „
Andere Maschinen aus Metall . . .	1 bis 10 Thlr.	15 Sgr. bis 2 Thlr.
Glas, grünes .	1 Thlr. — Sgr.	— Thlr. 5 Sgr.
„ weißes .	4 „ 15 „	— „ 20 „
„ gepreßtes . .	6 „ — „	4 „ — „
„ farbiges .	10 „ — „	6 „ — „
Korbwaaren, feine	10 „ — „	6 „ — „
Meubel	10 „ — „	3 „ 10 „
Instrumente, physikalische	6 „ — „	frei.
„ musikalische	6 „ — „	4 „ — „
Kleider	110 „ — „	30 bis 40 Thlr.
Kupfer- und Messingwaaren .	10 „ — „	2⅔ bis 4 Thlr.

	Bisheriger Tarif.	Ermäßigung.
Leder	6 „ — „	2 Thlr. — Sgr.
Lederwaaren, grobe .	10 „ — „	5 „ — „
„ feine	22 „ — „	10 „ — „
Lederhandschuhe	44 „ — „	13 „ 10 „
Citronensaft .	8 „ — „	frei.
Oel in Flaschen .	8 „ — „	— Thlr. 25 Sgr.
Baumöl . .	1 „ 10 „	— „ 25 „
Wein in Fässern .	6 „ — „	4 „ — „
„ in Flaschen .	8 „ — „	
Papier . . .	5 bis 10 Thlr.	1 „ 10 „
„ =Tapeten	20 Thlr.	
Seife . .	1 bis 10 Thlr.	25 Sgr. bis 2 Thlr.
Thonwaaren		
Fayence . . .	5 Thlr. — Sgr.	1 Thlr. 22½ Sgr.
„ bemaltes .	10 „ — „	3 „ 5 „
Porzellan	25 „ — „	4 „ — „
Kautschuck= und Gutta= percha=Waaren . .	20 bis 110 Thlr.	15 bis 25 Thlr.

Alle Fabrikmaterialien, Chemikalien und ähnliche Stoffe wurden theils ganz freigegeben, theils erheblich im Zolle gemindert. Von den Ausgangszöllen wurden die bisher noch bestehenden von verschiedenen Abfällen, rohen Häuten und Fellen, Pferde= und Viehhaaren, Wolle, Erzen, Holzasche, Holzkohle, Gerberlohe gänzlich aufgehoben und nur noch jene von Lumpen und Abfällen zur Papierfabrikation, sodann für altes Tauwerk, Fischernetze und Stricke, jedoch erstere im geminderten Betrage, belassen.

So umfassend diese Aenderungen des bisherigen Tarifs auch waren, so begründeten sie gleichwohl noch keine rationelle Umgestaltung desselben. Theils dadurch, daß man im Jahre 1818 bei dem Entwurfe des Zollgesetzes ziemlich willkürlich verfahren, die Zollsätze ohne alle Rücksicht auf den Werth der Waaren oder die darauf verwendete Arbeit bemessen hatte, theils auch in Folge der seitdem in der Handelsbewegung und der Industrie eingetretenen großen Veränderungen hatte der bisherige Zolltarif jeden rationellen Boden verloren und war zu einem Conglomerat einzelner Zollsätze geworden, die weder zu den Waaren noch auch unter sich in einem bestimmten natürlichen Verhältnisse standen. Dadurch, daß man bei dem Abschlusse des Vertrages mit Frankreich mit fast gleicher Willkür eine große Reihe dieser einzelnen Zollsätze minderte, wurden wohl einige der gröbsten Mißstände beseitigt, das System selbst aber in keiner Weise verbessert. Es fehlte vor Allem an einer durchgreifenden, die gesammte Industrie umfassenden Enquete. Durch die Veranstaltung einer solchen hatte Frankreich für seine Handelsverträge einen festen Boden gewonnen und sich den Fortbestand seines Systems gesichert. Der französische Tarif war trotz der eingetretenen nicht unbedeutenden Minderungen ein vollständiger Schutzzolltarif geblieben, der für alle diejenigen Industriezweige, für welche die vorausgegangene Enquete den Zollschutz nicht als völlig überflüssig nachgewiesen hatte, einen solchen beibehielt, und zwar bei den wichtigeren Artikeln in der Form von Werthzöllen, sonach bei größerer Feinheit der Waare in gesteigertem Maaßstabe.*)

Ganz anders war Preußen verfahren. Es hatte aus Gründen, die aus der gegebenen Situation hervorgingen, keinerlei Enquete über den abzuschließenden Vertrag weder bezüglich der preußischen Industrie und noch weniger bezüglich jener der übrigen Vereinsstaaten angestellt; und wenn man auch gern zugestehen mag, daß seinen Geschäftsmännern und Unterhändlern die höchsten statistischen Kenntnisse und Erfahrungen, welche sorgfältiges Studium zu gewähren vermag, zur Seite standen, so war es doch unter den gegebenen Verhältnissen vollkommen unvermeidlich, daß man die Zollermäßigungen vielfach ohne positive Grundlage nach persönlichem Gutdünken oder nach zufälligen Umständen oder einseitigen Angaben normirte.

Derselbe Mangel lag übrigens allen Tarifsmodificationen, die seit Gründung des Zollvereins vorgenommen worden waren, zu Grunde. Nach dem Systeme des Zollvereins und seiner Verfassung war es nicht wohl möglich, die Industrie desselben als ein Ganzes zu erfassen, alle Anträge auf Tarifsmodificationen waren daher mehr oder minder das Ergebniß momentaner Bedürfnisse, die sich in einem oder mehreren Vereinsstaaten ergeben hatten und von den betreffenden Regierungen vertreten worden waren. Da dieses Bedürfniß selten oder nie in allen Vereinsstaaten ein gleichartiges war, so hing der Erfolg theils von der Stellung und dem Einflusse der betreffenden Regierung und der Vollständigkeit der Vorarbeiten, theils aber auch von der zufälligen politischen Lage oder der Persönlichkeit der Vertreter ab. So wie dieses eigenthümliche Verhältniß schon bisher der preußischen Regierung eine größere Berücksichtigung der eigenen

*) Eine der besten Schriften zur Vergleichung des französischen Tarifs mit dem Vereinstarife nach dem Vertrage vom 2. Aug. 1862 ist die 1863 in Erlangen erschienene Broschüre: „Die Industrie des Zollvereins und der preußisch-französische Handelsvertrag u. s. w.“ Sie ist um so interessanter, als sie nicht aus dem schutzzöllnerischen Lager, sondern von preußischen Handelsnotabilitäten herstammen soll.

Interessen gesichert hatte, so war sie naturgemäß bei der Verhandlung des französischen Vertrages, da für denselben keinerlei den ganzen Zollverein umfassende Vorarbeit vorlag, auch zunächst auf die Beachtung der eigenen Interessen und derjenigen meist dürftigen Notizen, die ihr von einzelnen Regierungen mitgetheilt worden waren und die eben wieder nur auf particularer Grundlage beruhten, angewiesen. Bei der späteren Feststellung des Vereinstarifs in Folge des neuen Vereinsvertrages konnte dieser Mangel ebenfalls nicht beseitigt werden, weil die eingetretene Entfremdung so wie der Widerstreit zwischen Schutzzoll und Freihandel, der durch den französischen Vertrag neue Nahrung erhalten hatte, jede objective ruhige Discussion verhinderte. Die Vereinsregierungen, in der unverkennbaren Nothwendigkeit, sich der preußischen Forderung zu unterwerfen und den französischen Vertrag nebst seinen Tarifsmodificationen anzunehmen, fügten sich derselben nur widerstrebend und so weit Dies unvermeidlich war. Preußen seinerseits war froh, die Krisis glücklich beendigt zu haben, und unterließ es weitere Tarifsmodificationen zu verfolgen, um nicht neue Differenzen anzuregen. Eine eigentliche rationelle und systematische Revision des Vereinstarifs war daher keineswegs eingetreten, derselbe bestand vielmehr nach wie vor aus einer Reihe willkürlicher und unzusammenhängender Sätze, wobei nicht selten einzelne der inländischen Industrie nothwendige Hülfsstoffe unverhältnißmäßig hoch belegt waren, während andere fertige und zum Theil gleichgültige Fabrikate nur gering belegt waren. Ein Theil der Mißstände ist seitdem durch die nachfolgenden Handelsverträge vermindert worden, allein selbst die in den Jahren 1868 und 1869 versuchten Tarifsrevisionen fußten auf keiner allgemeinen, die gesammte Industrie des Zollvereins umfassenden statistischen Grundlage und scheiterten an Fragen, die weder allgemeine Interessen betrafen, noch auch mit einer systematischen Tarifsrevision im nothwendigen Zusammenhange standen.

Außer den Tarifsbestimmungen war es vor Allem der bereits mehrfach erwähnte Art. 31 des französischen Vertrages, welcher eine Aenderung des bisherigen Systems des Zollvereins bedingte. Durch denselben war der bisher versuchte allmälige Eintritt von Oesterreich in den Zollverein unbedingt abgeschnitten. Der Inhalt dieses Artikels hatte nur in Bezug auf das Verhältniß zu Oesterreich Anlaß zu Bedenken gegeben; so wie also Oesterreich selbst seine Opposition fallen ließ und sich der neuen Situation fügte, war der im Art. 31 enthaltene Grundsatz, daß jedes Vorrecht und jede Ermäßigung der Eingangs- oder Ausgangs-Abgaben, welche der Zollverein künftig einer dritten Macht zugestehen würde, Frankreich sofort auch zu Theil werden solle, in gegenseitiger Anwendung vollkommen unbedenklich.

Von den übrigen Bestimmungen des Vertrages verdienen noch folgende einer Erwähnung:

1) Art. 3 bestimmte, daß die über die Häfen der Hansestädte an der Elbe oder Weser oder mittels der belgischen und schweizerischen Eisenbahnen verführten, aus dem Zollverein herstammenden oder in demselben verfertigten Waaren bei der Einfuhr nach Frankreich als unmittelbar eingeführt, und umgekehrt die französischen Waaren bei der Einfuhr nach dem Zollverein über die genannten Häfen und Eisenbahnen in gleicher Weise behandelt werden sollten.

2) Gemäß Art. 5 sollte der aus dem Zollverein herstammende Spiritus und Weingeistfirniß in Frankreich außer den tarifmäßigen Eingangszollsätzen noch der für die gleichartigen französischen Erzeugnisse bestehenden Verbrauchsabgabe unterworfen werden.

Auch sollten mehrere mit Verwendung von Salz dargestellte Erzeugnisse, wie Soda, Natron, Salzsäure u. dgl., bei ihrer Einfuhr nach Frankreich noch so lange besonderen Zusatzabgaben unterliegen, als das zur Darstellung chemischer oder anderer gleichartiger Fabrikate verwendete Salz in Frankreich noch einer Verbrauchsabgabe unterliegt.

Da im Zollverein fremde Producte, welche den vollen Eingangszoll bezahlt haben, keiner weiteren Besteuerung mehr unterworfen werden, so bestand hier allerdings eine Ungleichheit, die auch von den Gegnern des Vertrages vielfach hervorgehoben wurde, die aber so wesentlich mit der Verschiedenheit der beiderseitigen Besteuerungssysteme verknüpft war, daß sie ohne eine Veränderung derselben, wozu kein Theil geneigt war, nicht beseitigt werden konnte. Uebrigens war durch Art. 8 bestimmt, daß die aus den Gebieten des einen der beiden contrahirenden Theile herstammenden und in die Gebiete des anderen Theils eingeführten Waaren jeder Art keinen höheren inneren oder Verbrauchssteuern unterworfen werden dürfen, als die gleichartigen Waaren einheimischer Erzeugung.

Auch waren bezüglich der Ausfuhrvergütungen analoge Bestimmungen getroffen (Art. 6), gemäß welchen das relative Verhältniß der Steuer für den Fall der Aufhebung oder Ermäßigung, oder der Bewilligung von neuen Ausfuhrvergütungen immer gleich bleiben sollte.

3) Gemäß Art. 11 sollen Waaren, die aus dem Zollverein nach Frankreich über die Landgrenze eingehen, daselbst zum inneren Verbrauch gegen Entrichtung derjenigen Abgaben zugelassen werden, welche für die unter

französischer Flagge aus anderen als den Ursprungsländern kommenden Waaren bestehen. Wenn diese Bestimmung auch nicht vollständig die von Frankreich festgehaltene Differentialbehandlung der Landgrenze und der Seegrenze, die für den Verkehr des Zollvereins nach Frankreich stets eine große Erschwerung bildete, beseitigte, so minderte sie doch wesentlich die bisherige Belästigung.

4) Die Art. 14—18 bestimmen das Verfahren bei Ermittelung der Werthzölle in Frankreich; Art. 20 bestimmt diejenigen Zollämter, bei welchen die Einfuhr der einem Werthzolle unterliegenden Waaren in Frankreich erfolgen kann. Das französische System der Werthzölle und die Art der Handhabung derselben bildete von jeher einen Beschwerdepunkt der deutschen Industriellen. Es ist dieses System durch den vorliegenden Vertrag nicht wesentlich gemildert worden. Die französische Praxis aber scheint seitdem besser geworden zu sein, indem ungeachtet des vermehrten Verkehrs die Klagen ziemlich verstummt sind.

5) Art. 23 setzt beiderseitige Befreiung von jeder Durchgangsabgabe fest und behält der französischen Regierung das Verbot der Durchfuhr von Schießpulver vor, während ein gleicher Vorbehalt für den Zollverein nicht gemacht worden ist. Auch diese Ungleichheit ist vielfach beanstandet worden, sie scheint jedoch keine erhebliche praktische Bedeutung zu besitzen.

6) Der Art. 25 bestimmt die Befugnisse der beiderseitigen Unterthanen in Bezug auf Aufenthalt, Geschäftsbetrieb und Besitz in dem fremden Gebiete, worin sie vollkommen den Inländern gleichgestellt werden. Auch dieser Artikel ist vielfach beanstandet und die Befürchtung ausgesprochen worden, daß er Veranlassung zu französischen Reclamationen und Uebergriffen bieten werde. Bis jetzt haben sich diese Besorgnisse nicht realisirt.

7) Der Vertrag enthält noch Bestimmungen über die Steuerfreiheit der Handlungsreisenden (Art. 26), über Mustersendungen (Art. 27), den Schutz der Waarenbezeichnungen und Fabrik- oder Handelszeichen (Art. 28).

Er ist für die Dauer von 12 Jahren, vom Tage des Austausches der Ratificationen an gerechnet, abgeschlossen.

Der Schifffahrtsvertrag, von Preußen gleichfalls im Namen des Zollvereins abgeschlossen, enthält keine außergewöhnlichen Bestimmungen, auch wurde dessen Inhalt von keiner Seite ernstlich beanstandet.

Die gleichzeitig und ebenfalls im Namen des Zollvereins abgeschlossene Uebereinkunft über die Zollabfertigung des internationalen Verkehrs auf den Eisenbahnen enthält in 22 Artikeln vielfache zweckmäßige und den Verkehr erleichternde, größtentheils zolltechnische Bestimmungen, welche ebenfalls nicht beanstandet wurden und seitdem die Grundlage für die zollamtliche Behandlung des gesammten internationalen Eisenbahnverkehrs bilden.

Die sog. Literar-Convention, d. h. die Uebereinkunft wegen gegenseitigen Schutzes der Rechte an literarischen Erzeugnissen und Werken der Kunst, auch die Nachdrucks-Convention genannt, war von Preußen, da sie keinen Gegenstand der Zollvereinsverträge betraf, nur im eigenen Namen mit Frankreich abgeschlossen worden. Es sind derselben seitdem alle größern Vereinsstaaten in fast wörtlich gleichlautender Fassung beigetreten.

Der Vertrag mit Oesterreich vom 11. April 1865 stimmte in seiner äußeren Anordnung, ja selbst in der Fassung seiner meisten Artikel vollkommen mit dem Vertrage vom 19. Februar 1853 überein. Er enthielt sogar noch in seiner Einleitung die Beziehung auf eine allgemeine deutsche Zolleinigung als in der Absicht der Contrahenten gelegen. Dessen ungeachtet begründete er ein ganz verschiedenes Vertragsverhältniß. An die Stelle der früheren Bevorzugung, des gegenseitigen Differentialzolles im beiderseitigen Verkehr, war die vollkommene Gleichstellung mit allen anderen Nationen getreten. Von besonderen Rechten waren nur die Bestimmungen über den Veredelungsverkehr und die Zusammenlegung der Zollämter an den beiderseitigen Landesgrenzen geblieben; Einrichtungen, welche sich in keiner Weise mit dem französischen Zollsysteme vereinbaren ließen. Die Stellung zum Zollverein, die Oesterreich durch den Vertrag von 1853 errungen hatte, war dadurch wieder vollständig beseitigt; wenn auch noch dem Vertrage (Art. 25) der Vorbehalt beigefügt war, über weitergehende Verkehrserleichterungen und über möglichste Annäherung der beiderseitigen Zolltarife und demnächst über die Frage der allgemeinen deutschen Zolleinigung in Verhandlung zu treten, so konnte doch nach der ganzen Entstehung des Vertrags bei Niemandem ein Zweifel darüber obwalten, daß dieser Vorbehalt lediglich der Form wegen beibehalten worden war und jeder positiven Bedeutung entbehrte. Oesterreich trat vielmehr durch diesen Vertrag zum Zollverein in dasselbe Verhältniß wie alle anderen Staaten, welche auf dem Principe der gegenseitigen günstigsten Behandlung mit dem Zollverein Handelsverträge abgeschlossen hatten oder fernerhin abschließen würden.

Die österreichische Zoll- und Handelspolitik gegenüber dem Zollverein, wie selbe von den Ministern Fürst Schwarzenberg und Freiherr von Bruck inaugurirt und durch den Vertrag von 1853 bekräftigt worden war, wurde durch den Vertrag vom 11. April 1865 wahrscheinlich für immer zu Grabe geleitet; die Grundlagen, auf denen sie fußte, hatten sich als zu schwach, die Mittel, die man zu ihrer Durchführung angewandt hatte, als ungenügend erwiesen. Oesterreich war aus jeder Handelsgemeinschaft mit dem übrigen Deutschland ausgeschlossen, und der Ausschluß aus der politischen Gemeinschaft sollte gar bald nachfolgen.

Auch das innere Verhältniß der Vereinsstaaten war durch die neue Gestaltung der Dinge sehr merklich alterirt worden, wenn auch der neue Zollvereinsvertrag vom 16. Mai 1865 in seiner Fassung diese Aenderungen nicht darstellte. Die Aenderungen, die er in den vertragsmäßigen Bestimmungen brachte, stellen sich vielmehr ausschließend als wesentliche Verbesserungen dar. Abgesehen von den Tarifsermäßigungen, die allerdings die bisherigen Bestrebungen der Schutzzollpartei zurückdrängten und in sehr enge Grenzen beschränkten, waren die wichtigsten und am meisten in die Augen fallenden Aenderungen in den Verträgen:

1) Eine sehr erhebliche Verminderung des hannövrischen und oldenburgischen Präcipuums. An die Stelle der bisherigen Berechnung desselben trat die Bestimmung, daß der den beiden Staaten nach der Bevölkerungszahl zustehende Antheil, wenn er hinter dem Betrage von $27\frac{1}{2}$ Sgr. auf den Kopf zurückbleiben sollte, aus dem Antheile der anderen Vereinsstaaten bis auf diesen Betrag ergänzt werden solle.

2) Nicht minder wichtig war die Aufhebung der Uebergangssteuer auf Wein und Traubenmost, zu welcher sich endlich die preußische Regierung in Folge der bedeutenden, Frankreich zugestandenen Ermäßigung der Eingangszölle auf Wein herbeigelassen und dadurch zur großen Befriedigung der süddeutschen Staaten einen Beschwerdepunkt beseitigt hatte, der seit dem Bestehen des Zollvereins zahllose und bisweilen selbst erbitterte Erörterungen veranlaßt hatte.

3) Hannover und Oldenburg mußten vom 1. Januar 1866 ab die Steuer von Salz auf den Betrag von 2 Thlr. vom Zollcentner erhöhen. Die geringe Besteuerung des Salzes in den Staaten des ehemaligen Steuervereins hatte zu fortwährenden Salzeinschwärzungen aus denselben geführt und Preußen zu zahlreichen Reclamationen veranlaßt, die aber so lange ziemlich erfolglos bleiben mußten, als nicht die beiderseitig n Steuersätze auf gleiche Höhe gebracht wurden. Hierzu aber hatte sich bisher Hannover nicht verstehen wollen, bis Preußen die durch die Vereinskrisis entstandene Lage benutzte, um diese Gleichstellung herbeizuführen.

Dagegen hatte Preußen unterlassen, seine früheren Anträge wegen Beseitigung des absoluten Veto der einzelnen Vereinsstaaten und Bildung von Majoritätsbeschlüssen, dann wegen Errichtung von Zollvereins-Consulaten, weiter zu verfolgen, so daß der neue Vereinsvertrag scheinbar das bisherige föderative Princip des Zollvereins, die Gleichberechtigung aller Mitglieder des Vereins, unangetastet ließ. Dennoch war unverkennbar das Verhältniß nicht mehr das frühere. Die preußische Regierung hatte durch kluge Benutzung der Umstände, namentlich der Volksstimmung in den Mittelstaaten, die drohende Einwirkung Oesterreichs auf den Zollverein zurückgedrängt, sie hatte die Mittelstaaten genöthigt, einen ihnen widerstrebenden Vertrag so wie einen Tarif anzunehmen, der das Schutzzollsystem für immer zu beseitigen schien, und dadurch in der Leitung des Zollvereins ein factisches Uebergewicht erlangt, das von einer wirklichen Hegemonie nicht mehr weit entfernt war. Die Mittelstaaten ihrerseits mußten erkennen, daß sie in der handelspolitischen Frage keineswegs auf eine solche kräftige Mitwirkung Oesterreichs rechnen durften, welche im Stande wäre, sie vor dem Uebergewichte Preußens zu schützen, und daß sie, so lange ihre Bevölkerungen die materiellen Vortheile des Zollvereins höher stellten als particulare Selbständigkeit, sie ebenso wenig einen inneren Halt gegen die Operationen Preußens hatten.

Dieses vermochte bei dieser Lage der Dinge bei jedem Ablaufe einer Vereinsperiode durch die Drohung einer Auflösung des Zollvereins einen Druck gegen sie auszuüben, welchem sie weder, wie die Erfahrung gezeigt hatte, ein gesichertes und erprobtes Zusammenhalten, noch ein bestimmtes klares System, noch hinreichende moralische oder physische Kräfte entgegenzusetzen vermochten. Der so häufig als das Grundübel Deutschlands bezeichnete Dualismus war nicht auf den Zollverein übergegangen, an seine Stelle war die Hegemonie getreten und hatte entgegengesetzte Uebel hervorgerufen, die eben so bedenklich in das nationale Leben einzuwirken drohten wie die Folgen des ersteren. Es mußte jedem Besonnenen klar werden, daß das von einem großen Theile der Nation mit Vorliebe angestrebte Princip des Föderalismus bei der Stellung der Großmächte völlig unmöglich geworden war. Wenn daher der Zollverein auch noch scheinbar seine bisherigen föderativen Formen und Grundgesetze beibehielt, praktisch konnten sie keine längere Dauer mehr haben und ihre definitive Entfernung mußte naturgemäß bei der nächsten Krisis eintreten. Daß eine solche schon für das nächste Jahr bevorstand, konnte damals freilich noch Niemand ahnen.

Die inneren Zerwürfnisse des Zollvereins und die in Folge derselben eingetretene Stagnation seiner Gesetzgebung hatte denselben gleichwohl nicht gehindert, seine Beziehungen zu auswärtigen Staaten in geeigneter Weise zu ordnen. Außer den schon erwähnten Verträgen wurden, meist auf Veranlassung und unter alleiniger Leitung von Preußen, seit dem Jahre 1853 abgeschlossen:

1) unterm 10. Juli 1855 ein Freundschafts-, Handels- und Schifffahrtsvertrag mit der Republik Mexico;
2) unterm 25. Juni 1857 ein Freundschafts- und Handelsvertrag mit Persien;
3) unterm 19. September 1857 ein Freundschafts-, Handels- und Schifffahrtsvertrag mit der Argentinischen Conföderation;
4) unterm 1. August 1860 ein gleicher Vertrag mit dem Freistaate Paraguay;
5) unterm 24. Januar 1861 ein gleicher Vertrag mit Japan;*)
6) unterm 2. September 1861 mit China;**)
7) unterm 1. Februar 1862 Vertrag des Zollvereins mit der Republik Chili;
8) unterm 7. Februar 1862 mit dem Königreiche Siam;
9) unterm 20. März 1862 erneuerter Vertrag des Zollvereins mit der Ottomanischen Pforte;
10) unterm 22. Mai 1865 Handelsvertrag mit Belgien;
11) unterm 30. Mai 1865 Handelsvertrag mit Großbritannien;
12) unterm 31. December 1865 Handelsvertrag mit Italien.

Von diesen Verträgen waren jene mit Belgien, Großbritannien und Italien auf der Basis des preußisch-französischen Vertrages abgeschlossen, und ihr Schwerpunkt liegt daher, abgesehen von einigen Zollerleichterungen im Verkehr mit Belgien, in dem Principe der gegenseitigen Behandlung auf dem Fuße der meistbegünstigten Nation. Sie sind daher auch sehr kurz und enthalten nur wenige Artikel.

Zu den bedeutendsten und wichtigsten Beziehungen des Zollvereins gehören übrigens noch seine Verhältnisse zu der Schweiz und zu den Hanse-

*) Es war dieser Vertrag nur zwischen Preußen und Japan ohne Ausdehnung auf die übrigen Staaten des Zollvereins abgeschlossen worden, und derselbe wird auch nur deshalb hier erwähnt, weil er die Grundlage für den nachmaligen Vertrag des Zollvereins mit Japan bildet.

**) Dieser Vertrag hat die Eigenthümlichkeit, daß er auf deutscher Seite im Namen des Zollvereins, der Großherzogthümer Mecklenburg-Schwerin und Mecklenburg-Strelitz, dann der Hansestädte Lübeck, Bremen und Hamburg abgeschlossen ist. Der unter Nr. 8 erwähnte Vertrag mit Siam ist in ähnlicher Weise, jedoch ohne Betheiligung der Hansestädte abgeschlossen.

städten; ja man kann mit vollem Rechte behaupten, daß der materielle Belang dieser Beziehungen jenen aller übrigen Nachbarstaaten des Zollvereins übertrifft. Gleichwohl haben die Verhältnisse zur Schweiz und zu den Hansestädten niemals bestimmend in die Entwickelung des Zollvereins eingegriffen, ja entbehrten sogar für eine lange Reihe von Jahren jeder eigentlichen vertragsmäßigen Grundlage, so daß man fast zu der Annahme geführt werden könnte, daß bei einem rationellen und verhältnißmäßig freien Zollsysteme und bei ruhigen verträglichen Gesinnungen der Regierungen Handelsverträge eigentlich überflüssig seien und deren Abwesenheit weniger Complicationen herbeiführe, als der allzu große Eifer für deren Abschluß.

Der Handelsverkehr von Süddeutschland und einem großen Theile von Mitteldeutschland mit der Schweiz war schon vor der Gründung des Zollvereins ein höchst bedeutender. Er umfaßte auf deutscher Seite außer der Lieferung von Colonial-Waaren, dann von Getreide, Salz und Jungvieh noch vorzugsweise Metalle und Metallwaaren, Wolle und Wollenwaaren, Leinen und sog. kurze Waaren, wogegen Deutschland aus der Schweiz vorzugsweise Butter und Käse, Vieh und vor Allem die Producte der reich entwickelten schweizerischen Baumwollen- und Uhren-Industrie bezog. Die süddeutschen Grenzstaaten gegen die Schweiz hatten daher auch vor Abschluß der Vereinsverträge der Schweiz für verschiedene Producte theils vertragsmäßig, theils aus eigenem Antriebe vielfache Begünstigungen eingeräumt und dieselben auch fernerhin beizubehalten gesucht, obwohl dieselben theilweise mit den Principien des neuen Zollvereins nicht ganz im Einklange standen.*) Eben so hatte Preußen als Besitzer des Cantons Neuenburg mehreren Erzeugnissen desselben Begünstigungen für die Einfuhr nach Preußen bewilligt und deren Fortbestand und Ausdehnung auf den Zollverein vorbehalten. Obwohl alle diese Begünstigungen nach und nach beschränkt wurden, so erweiterte sich der Verkehr zwischen dem Vereine und der Schweiz dennoch mit jedem Jahre, so zwar, daß er im Jahre 1840 nach Gonzenbach 89 Millionen Franken an Einfuhren aus dem Zollverein nach der Schweiz, und 73 Millionen Franken an Ausfuhren aus der Schweiz nach dem Zollverein betrug. Im Jahre 1851 traten in der Schweiz die bekannten Verfassungs-Aenderungen und die Aufhebung des bisherigen cantonalen Zollsystems ein, an deren Stelle nunmehr ein allgemeines Bundes-Zoll-System trat, das zwar alle fremde Einfuhr fast ohne Ausnahme, jedoch

*) Vergl. das zwölfte Kapitel S. 125 und das fünfzehnte Kapitel S. 146.

in der Regel mit geringen Zöllen, belastete. Es hatte Dies auf Seite des Zollvereins die Aufhebung der bisherigen Begünstigungen für die Einfuhr mehrerer schweizerischer Producte und Fabrikate zur Folge, ohne daß hierdurch die zunehmende Steigerung der gegenseitigen Handelsbeziehungen irgend gestört wurde. Im Jahre 1862 hatten dieselben eine solche Höhe erreicht, daß (nach den Angaben des eidgenössischen statistischen Bureaus) der Werth der Einfuhren aus dem Zollverein 230, der Werth der schweizerischen Ausfuhr nach dem Zollverein 221 Millionen Franken erreichte.

So wie die bei dem Handel nach Deutschland vorzugsweise betheiligten Cantone vor 1851 vielfach versucht hatten, die früheren Begünstigungen wieder zu erhalten oder auszudehnen, so hatte es nach den im Jahre 1851 eingetretenen Veränderungen auch die schweizerische Bundesbehörde nicht an Bemühungen fehlen lassen, mit dem Zollverein in nähere vertragsmäßige Beziehungen zu treten. Die im Verein eingetretene Krisis so wie die Differenzen unter den Vereinsregierungen, die auch nach dem Jahre 1853 noch fortdauerten und die innere Thätigkeit des Vereins lähmten, verhinderten jedoch jede Verständigung unter den Vereinsregierungen über diese Frage. Erst nach dem Abschlusse des neuen Vereinsvertrages im Jahre 1865 konnte für Verhandlungen mit der Schweiz eine sichere Basis angenommen werden, da durch denselben oder vielmehr durch den Vertrag mit Frankreich das Zollsystem des Vereins wieder einige Bestimmtheit erhalten hatte und Tarifsfragen nicht mehr in gleichem Maaße wie früher durch den Hader über Schutzzoll und Freihandel zu einer unlösbaren Schwierigkeit gemacht waren. Die Schweiz hatte ihrerseits durch einen Handelsvertrag mit Frankreich vom 30. Juni 1864 sich gleichfalls dem System der neueren Handelsverträge und dem Grundsatze der gegenseitigen Behandlung auf dem Fuße der meistbegünstigten Nation angeschlossen, und beide Theile, der Zollverein sowohl wie die Schweiz, hatten keine Lust, in ihrem gegenseitigen Verkehr irgend eine differentielle Behandlung eintreten zu lassen, vielmehr das aufrichtige Bestreben, den neuen Grundsatz so wie die beiderseits an Frankreich zugestandenen Zollermäßigungen auch gegenseitig in Anwendung zu bringen und durch einen Handelsvertrag zu bekräftigen. In Folge der von den süddeutschen Staaten ausgegangenen Anregungen wurden Verhandlungen von Seite des Zollvereins beschlossen, deren Führung nach den Grundgesetzen des Vereins den drei süddeutschen Staaten oblag. Sie wurden vom 4. April bis 27. Mai 1865 in Stuttgart geführt, ergaben jedoch unerwartet vielfache Schwierigkeiten, weil man, statt dieselben auf einem einfachen Reciprocitätsvertrag zu beschränken, sie auf Gegenstände ausdehnte, die zum Theil mit den eigentlichen Verkehrsfragen in keinem Zusammenhange standen. So wollte insbesondere Württemberg mit dem Handelsvertrage einen Vertrag über das gegenseitige Niederlassungsrecht verbinden, womit Bayern nicht einverstanden war; und als man sich endlich entschied, beide Fragen formell zu trennen, hatte die gleichzeitige Verbindung beider Verträge und deren gegenseitige Abhängigkeit von einander in den Handelsvertrag mehrfache Bestimmungen über Zollbegünstigung schweizerischer Producte eingeführt, welche die Vereinsregierungen von Preußen, Sachsen, Hannover und Großherzogthum Hessen veranlaßten, dem bereits paraphirten Vertrage ihre Zustimmung zu versagen. Die von ihnen gegen den Vertrag erhobenen Anstände betrafen zwar nur Punkte von sehr untergeordnetem Belange und reichten wohl kaum hin, um die Ablehnung des Vertrages genügend zu rechtfertigen; bei der eingetretenen Verstimmung unter den Vereinsregierungen war es jedoch unmöglich geworden, auch solche geringfügige Differenzen zur Erledigung zu bringen. Um nun nicht etwa gar hierdurch die freundlichen Verkehrs-Beziehungen zur Schweiz zu gefährden, einigte man sich dahin, sich vorläufig und in Erwartung einer baldigen näheren Verständigung gegenseitig auf dem Fuße der meistbegünstigten Nation zu behandeln und demnach die beiderseits an Frankreich zugestandenen Zollbegünstigungen auch im gegenseitigen Verkehr in Anwendung zu bringen. Dieser modus vivendi dauerte längere Zeit hindurch; die Verhandlungen mit der Schweiz wurden erst nach dem neuen Zollvereinsvertrage (8. Juli 1867) von Preußen im Jahre 1868 wieder aufgenommen, und scheiterten abermals an einer ganz untergeordneten Frage, bis sie endlich im Jahre 1869 durch einen Vertrag vom 13. Mai ihren definitiven Schluß erlangten.

In ziemlich analoger Weise hatten sich die Verhältnisse des Zollvereins zu den Hansestädten gestaltet, indem, trotz des ungemein bedeutenden und lebhaften Verkehrs mit denselben, der letztere längere Zeit hindurch einer vertragsmäßigen Regelung entbehrte und gleichwohl dieser Zustand niemals zu Differenzen führte.

Die Hansestädte waren in Folge des Emporwachsens anderer See- und Handelsmächte, wie England, Holland und Nordamerika, schon vor dem Eintritte der französischen Revolution bedeutend von der hohen Stufe herabgestiegen, die sie ehemals eingenommen hatten, und genöthigt gewesen, ihr altes System umzuändern. Der Geist der alten Hansa war der Geist des Monopols, der einseitigen Begünstigung weniger Bevorzugten und des Ausschlusses aller diesem engen Kreise nicht Angehörigen gewesen. Als ihre

Kraft zerfiel, sich solche Vorrechte zu erobern oder zu erkaufen, ließen sie kluger Weise auch dieses System fallen; und als endlich am Schlusse der französischen Revolution das volkswirthschaftliche Chaos in Deutschland eintrat, wußten sie mit ihrem kaufmännischen Geiste sehr bald diejenige Situation herauszufinden, die ihnen am vortheilhaftesten war.

Am meisten hatte ihnen die Continentalsperre geschadet; sie hatten in dem letzten Jahrhundert wenig Antheil mehr an größeren Welthändeln genommen und trotz der Beschränkungen, die England dem Handel der Neutralen in Kriegszeiten auferlegte, sich einen blühenden Handel mit allen Theilen der Welt zu erhalten gewußt. Sie waren nicht blos die natürlichsten, sondern auch fast die einzigen Canäle, durch welche der deutsche Gewerbfleiß und die deutsche Industrie mit dem großen Welthandel in Verbindung standen, sowie sie anderseits die natürlichen Emporien für die Einfuhr aller Colonialproducte für den ganzen Norden und einen Theil von Mitteldeutschland waren. Als die Napoleonischen Decrete ihnen die Einfuhr englischer Producte und Manufacte erschwerten, versuchten sie einige Zeit hindurch diese auf heimlichen Wegen zu erreichen; als aber auch diese abgeschnitten wurden, da versiegte mit dieser Quelle des Handels auch die Ausfuhr deutscher Producte, während die fortwährenden Kriege, die zunehmende Entvölkerung und Verarmung die deutsche Industrie in immer engere Schranken zurückdrängte. Die Friedensschlüsse von 1815 machten endlich auch diesem trostlosen Zustande ein Ende und begründeten lebhafte und allgemeine Hoffnungen. Allein nur sehr langsam sollten sich dieselben realisiren. Der Handel zwar entwickelte sofort, als er der schweren Fesseln der Continentalsperre und der fortwährenden Kriege entledigt war, seine ihm innewohnende Expansivkraft, und die Schiffe der Hansestädte durcheilten wieder die fernsten Meere. Die deutsche Industrie vermochte aber dieser schnellen Entwickelung nicht zu folgen, sie litt noch viele Jahre an den Folgen der langen Kriege, und die kläglichen Zollzustände Deutschlands machten jeden Aufschwung unmöglich.

In ganz anderer Lage war die englische Industrie. Sie war durch die Kriege wohl in ihrem Absatzgebiete beschränkt, nicht aber direct beschädigt oder vernichtet worden, und so wie die Freiheit des Absatzes nach dem europäischen Continent wieder eintrat, war sie auch sofort mit der größten Energie bereit, die ihr gebotene Gelegenheit zu benützen. Der Absatz englischer Producte nach dem Continent in den der Aufhebung der Continentalsperre folgenden Jahren war ein ganz ungeheurer, und die Hansestädte säumten auch nicht, hiervon Nutzen zu ziehen und sich zu den Hauptemporien dieses Handels zu formiren.

Der Eintritt des deutschen Zollvereins und die Folgen desselben modificirten allmälig diesen Zustand der Dinge. Die Hansestädte, die sich, wie der Handel überhaupt, sehr leicht jeder Veränderung auf dem Gebiete des Verkehrs accommodirten, waren gern bereit, die Producte der deutschen Industrie, so wie sich dieselben mehrten und für den großen Weltmarkt geeignet wurden, zu übernehmen, sobald sie dabei verdienten, und so bildete sich allmälig ein Verhältniß, das beiden Theilen gleich bequem und gleich vortheilhaft war. Die Hansestädte hatten auch ihr Zollsystem ganz dieser Lage der Dinge angepaßt. Sie erhoben ziemlich übereinstimmend sowohl von der Einfuhr wie von der Ausfuhr einen so geringen Zoll, daß er fast die Natur einer bloßen Controlabgabe annahm und in der Regel 1/2 Procent vom Werthe der Waare nicht überstieg, gleichwohl aber bei der großen Masse der Waaren einen nicht unerheblichen Ertrag lieferte. Mit dem neugebildeten Zollverein, von welchem sie ohnedies territorial getrennt waren, traten die Hansestädte anfangs in keine unmittelbare Berührung. Zwar war Bremen dem mitteldeutschen Vereine beigetreten, nahm jedoch an den Agitationen gegen den großen Zollverein wenig oder keinen Antheil, und als der mitteldeutsche Verein, der ohnedies kein gemeinsames Zollsystem hatte, zerfiel, behielt es wie Hamburg und Lübeck seine eigenthümlichen Zolleinrichtungen bei und verblieb in vollkommener Isolirung. Die Verhältnisse der Hansestädte zum Zollverein gestalteten sich auf rein factischer Grundlage ohne alle Dazwischenkunft der Regierungen, und es ist vielleicht lediglich dieser natürlichen Entwickelung zu verdanken, daß sie niemals zu besonderen Schwierigkeiten und noch weniger zu ernstlichen Differenzen geführt haben.

Der Handelsvertrag mit Holland vom 21. Januar 1839 war die erste Veranlassung zu directen Verhandlungen zwischen dem Zollverein und den Hansestädten. Für letztere war in Bezug auf den Handel mit Colonialproducten Holland der gefährlichste Concurrent; es hatte sich fast für ganz Süddeutschland und für einen großen Theil von Mitteldeutschland ein factisches Monopol erobert, obwohl es nicht im mindesten diesen ihm eingeräumten Vortheil durch Abnahme deutscher Producte oder Beförderung des Absatzes derselben zu vergelten bemüht war. Als Holland durch den genannten Vertrag überdies eine förmliche Differentialzoll-Begünstigung für seinen Lompenzucker eingeräumt erhielt, da waren die Interessen der Hansestädte in erster Linie bedroht, und die laute Mißbilligung, welche dieser

Vertrag in ganz Deutschland erfuhr, hatte ihre erste Quelle in den Hansestädten.*) Hamburg that zuerst Schritte, um wenigstens der gleichen Begünstigung theilhaftig zu werden, und so kam unterm 30. December 1839 mit Hamburg und unterm 6. Juli 1840 mit Bremen**) eine Vereinbarung zu Stande, vermöge welcher der Zollverein diesen beiden Städten gegen einige Begünstigungen von zollvereinsländischen Erzeugnissen die gleichen Rechte in Bezug auf die Einfuhr von Lompenzucker, Raffinaden und Wein wie den Holländern einräumte. Die Folge zeigte jedoch, daß Dies mehr nominell als wirklich der Fall war, indem die Vortheile des Vertrags vom 31. Januar 1839 einzig und allein den Niederländern verblieben. Die nach kurzer Zeit erfolgte Kündigung des Vertrags hob auch die Uebereinkommen mit den beiden Hansestädten auf und stellte das natürliche Verhältniß wieder her.

Von jetzt an ruhten abermals alle directen Berührungen des Zollvereins mit den Hansestädten, obwohl die Verkehrsbeziehungen zwischen ihnen mit jedem Jahre an Bedeutung wie an Umfang zunahmen. Erst der Anschluß Hannovers an den Zollverein durch den Vertrag mit Preußen vom 7. September 1851 brachte Bremen direct mit der Zollverwaltung des Vereins in Berührung und gab dadurch Veranlassung zu Verhandlungen und vertragsmäßigen Abreden, welche zuletzt ein ganz eigenthümliches Verhältniß, nämlich die Errichtung eines zollvereinsländischen Hauptzollamtes in Bremen, zur Folge hatten.

Hannover hatte unterm 14. April 1845 mit Bremen einen Vertrag über einige Zollverhältnisse, namentlich über das Zollabfertigungsverfahren abgeschlossen.

Als nun Hannover in den Zollverein eintrat, kam die Ordnung des Verkehrs mit Bremen zur Sprache, und es wurde daher schon bei dem Abschlusse des neuen Zollvereinsvertrags vom 4. April 1853 beschlossen, eine Commission von Vereinsbevollmächtigten nach Bremen abzuordnen, um sich über die Verhältnisse näher zu informiren und Vorbereitungen zu

*) Vergl. hierüber das sechszehnte Kapitel, insbesondere S. 162 flg.

**) Sehr interessant ist die Denkschrift des bremischen Senates vom 11. Mai 1839, welche nicht blos das Verhältniß zu Holland, sondern auch die allgemeine Stellung des Zollvereins zu Bremen sehr eingehend erörtert. Abgedruckt ist dieselbe in der schon citirten Schrift: „Die Aufgabe der Hansestädte gegenüber dem deutschen Zollverein" 2c., welche vortreffliche Arbeit überhaupt die werthvollsten Aufschlüsse über die Entwickelung des Zollvereins und seine Verhältnisse zu anderen Staaten enthält. Namentlich ist die darin enthaltene Beurtheilung des Verfahrens des Zollvereins in Bezug auf sein Verhältniß zu fremden Staaten und sein System sehr maaßvoll und lehrreich.

einer vertragsmäßigen Ordnung zu treffen. Die Besprechungen dieser Commission mit den städtischen Autoritäten in Bremen ergaben jedoch eine bedeutende Differenz in den beiderseitigen Voraussetzungen und Anschauungen. Bremen wollte zwar einen Theil seines Gebietes mit dem Städtchen Vegesack zur Abrundung der Grenzen in den Zollverein aufnehmen lassen, verlangte aber als Gegenconcession, daß bei allen vom Zollverein abzuschließenden Handelsverträgen die Zustimmung Bremens erholt werde. Da Dies von Preußen entschieden verweigert wurde, so stockten die Verhandlungen, besonders da man sich auch über eine weitere Frage, nämlich über die auf der Weser einzuführende Zollcontrole, nicht zu vereinigen mochte. Es kam daher Nichts zu Stande als eine Verständigung zwischen Hannover und Bremen über den Anschluß einiger kleinen bremischen Gebietstheile an den Zollverein, welche unterm 29. September 1854 abgeschlossen wurde.

Ueber die größeren Verhandlungen mit Bremen hatten inzwischen auf der Darmstädter Conferenz (1854) Erörterungen zwischen den Vereinsregierungen stattgefunden, die sich indessen in die Länge zogen, so daß man sich vorerst darauf beschränkte, die Fortdauer des bisherigen Zustandes, namentlich der Zollabfertigung auf den Bahnhöfen in Bremen und Harburg, zu vereinbaren. Erst im folgenden Jahre erhielten die Verhandlungen eine positive Grundlage, indem sich Preußen, Hannover und Kurhessen, welche seitens des Zollvereins die Verhandlungen mit Bremen zu führen hatten, über die Entwürfe der verschiedenen abzuschließenden Vereinbarungen verständigten und diese nun den übrigen Vereinsstaaten zu ihrer Erklärung mittheilten (October 1855). Diese Entwürfe umfaßten ein Zollcartel, die Errichtung eines zollvereinsländischen Hauptzollamtes und einer Niederlage für Zollvereinsgüter in Bremen, den Anschluß mehrerer bremischen Gebietstheile an den Verein, die Besteuerung innerer Erzeugnisse in diesen Gebietstheilen, dann eine Vereinbarung wegen der Weserzölle. Sie erhielten sofort mit wenigen Erinnerungen die allgemeine Zustimmung, worauf am 6. December 1855 die eigentlichen Verhandlungen in Bremen eröffnet wurden. Sie wurden im letzten Augenblicke noch von Hannover aufgehalten, welches nach fast vollständiger Beendigung unerwartet mit einer neuen Forderung bezüglich der Einschränkung der sog. Ein- und Ausgangsrechte auftrat, welche Bremen von allen nach Bremerhafen eingehenden und wieder weiter gehenden Waaren erhob. Endlich erfolgte am 26. Januar 1856 der Abschluß.*)

*) Die Verträge selbst sind abgedruckt in Dittmar rc. II. 263 und umfassen:

1) einen Vertrag abgeschlossen zwischen Preußen, Hannover und Kurhessen für sich

Diese für den Zollverein wie für Bremen gleich vortheilhaften Vereinbarungen regelten zum ersten Male die beiderseitigen Verkehrsverhältnisse auf bestimmter, vertragsmäßiger Grundlage und zwar nach dem Principe, daß die beiderseitigen Schiffe sowohl wie die handel- und verkehrtreibenden Unterthanen in dem andern Theile in Bezug auf Freiheit des Verkehrs und Entrichtung von Abgaben gerade so wie die eigenen behandelt werden sollten. Die wichtigste Bestimmung derselben war übrigens die Errichtung eines vereinsländischen Hauptzollamtes in Bremen und einer freien Niederlage für Zollvereinsgüter. Der bremische Handel erhielt dadurch die Möglichkeit, fremde Waaren unter denselben Verhältnissen nach dem Vereine zu importiren, als wenn Bremen in dem Vereine gelegen gewesen wäre. Er bedurfte keiner Zollbehandlung mehr, weder an der Grenze noch am Bestimmungsorte, und konnte jedes Zwischenhändlers entbehren. In analoger Weise vermochte er in Folge der Errichtung einer freien Niederlage für Zollvereinsgüter die Versendung derselben nach dem Auslande ohne alle fernere Zollbehandlung zu bewirken. Die Zweckmäßigkeit dieser Einrichtung wurde daher auch sofort von allen Seiten anerkannt, und beide Theile waren redlich bemüht, die im Anfange etwas schwierige Geschäftsbehandlung nach und nach zu erleichtern und zu erweitern.

Die Verträge enthielten übrigens noch zahlreiche Bestimmungen über andere Verkehrserleichterungen von minderem Belange.

Man hat es mitunter dem Zollvereine zum Vorwurf gemacht, daß er Bremen eine solche Einrichtung zugestanden habe, die letzterem für seinen Großhandel fast alle Vortheile gewährt, die er von einem Anschlusse an den Zollverein erwarten kann, während ihm auf der andern Seite alle sonstige Freiheit, auf welche er so großen Werth legt, verblieb. Man glaubte hierin

---

und in Vertretung der übrigen Staaten des Zollvereins einerseits und der freien Hansestadt Bremen anderseits wegen Beförderung der gegenseitigen Verkehrsverhältnisse;

2) einen gleichen Vertrag wegen Unterdrückung des Schleichhandels;
3) einen gleichen Vertrag wegen Errichtung eines vereinsländischen Hauptzollamtes und einer Niederlage für Zollvereinsgüter in der Stadt Bremen;
4) einen gleichen Vertrag wegen des Anschlusses einiger bremischer Gebietstheile an den Zollverein;
5) einen Vertrag zwischen Hannover für sich und in Vertretung von Oldenburg mit Bremen wegen der Besteuerung innerer Erzeugnisse in den angeschlossenen Gebietstheilen;
6) einen Vertrag zwischen Preußen, Hannover und Kurhessen — und der freien Hansestadt Bremen wegen Suspension der Weserzölle, welchem Vertrag später noch Braunschweig, Oldenburg und Lippe beitraten.

ein Hinderniß für den Eintritt Bremens in den Verein zu erblicken. Der Verein hat jedoch — und gewiß mit vollem Rechte — sich von jeher von jeder Politik fern gehalten, welche irgendwie die freie Entschließung der Hansestädte in Bezug auf ihr Verhältniß zum Zollverein hätte beeinflussen oder dieselbe einer Pression unterwerfen können. Die Stellung derselben zum Welthandel ist in Folge der Entwickelung der deutschen Verhältnisse eine solche geworden, daß ihr Eintritt in den Zollverein immer mit namhaften Unbequemlichkeiten und der Verletzung oder Beschränkung vielfacher Privatinteressen verbunden sein wird, und es nicht zum Voraus mit Sicherheit bemessen werden kann, ob die dadurch erzielten Vortheile diese Nachtheile überwiegen. Die Erfahrung kann hierfür allein verlässige Anhaltspunkte gewähren und ein allmäliger Uebergang ist sicherlich einer plötzlichen Aenderung vorzuziehen.

Im Jahre 1865 nach Erneuerung der Zollvereinsverträge wurden auch die Verträge mit Bremen durch eine Uebereinkunft vom 14. December 1865 erneuert und erweitert und bilden auch jetzt noch die Grundlage der vertragsmäßigen Stellung derselben zum Zollverein.

Ungleich geringere Berührungen hatte der Zollverein mit den beiden anderen Hansestädten. Nach Auflösung der Vereinbarung, welche mit Hamburg unterm 29. December 1839 in Folge des holländischen Vertrags abgeschlossen worden war, dauerte der ruhige factische Zustand ununterbrochen fort, ohne daß es zwischen beiden Theilen zu officiellen Erörterungen kam oder Reibungen eintraten, welche eine vertragsmäßige Regelung nöthig gemacht hätten. In Hamburg jedoch wie in Bremen mehrten sich mit jedem Jahre die Stimmen, welche die Vortheile eines Eintritts in den Zollverein vertraten, und es wurden dieselben in der Tagespresse, in einzelnen Broschüren so wie auch in Privatversammlungen und den bürgerlichen Collegien lebhaft erörtert.*) Der eigentliche Großhandel und seine Vertreter verhielten sich jedoch immer ablehnend gegen diese Idee und sie scheint auch jetzt noch, obwohl durch den Beitritt Mecklenburgs zum Zollverein und die Einverleibung von Schleswig, Holstein und Lauenburg die Lage Hamburgs eine ungünstigere und noch mehr isolirte geworden ist, keineswegs ihrer Verwirklichung nahe zu stehen. Die Errichtung eines vereinsländischen Hauptzollamtes in Hamburg und die Aufnahme mehrerer hamburgischer

*) Eine der besten und zugleich populärsten Schriften ist die 1869 erschienene Broschüre: „Der Handel Hamburgs. Sieben Briefe an ein deutsches Zollparlamentsmitglied.“

Gebietstheile fand erst nach dem neuen Zollvereinsvertrage vom 8. Juli 1867 statt. Lübeck ist bekanntlich seitdem auf eigenes Verlangen in den Zollverein aufgenommen worden, da ihm seine Lage nach dem Eintritte der beiden Mecklenburg Dies wünschenswerth erscheinen ließ. Der Zollverein hat dabei Lübeck alle möglichen Erleichterungen geboten, die im Interesse seines Handels geboten erschienen.

Am ungünstigsten von allen Nachbarstaaten hat sich das Verhältniß des Zollvereins zu Rußland gestaltet. Das russische Zoll- und Handelssystem machte trotz aller Bemühungen der preußischen Regierung jede Annäherung unmöglich und lastet schwer auf den östlichen preußischen Provinzen, so zwar, daß selbst der Grenzverkehr durch zahllose Erschwerungen und Zollplackereien gehemmt ist. Nur ein ziemlich ausgedehnter Schmuggel ist übrig geblieben, der bei der notorischen Bestechlichkeit der russischen Zoll- und Aufsichtsorgane nicht selten bedeutende Dimensionen annimmt und den legitimen Handel in den Hintergrund drängt. So lange Rußland nicht vollständig sein bisheriges Zollsystem ändert, ist eine wesentliche Besserung kaum zu erwarten.

Die neuen Verhältnisse des Zollvereins, wie sie die Verträge des Jahres 1865 mit sich gebracht hatten, sollten nur kurze Zeit dauern. Die inneren Zerwürfnisse zwischen Oesterreich und Preußen, die 1851 zuerst auf dem nationalwirthschaftlichen Felde zu Tage getreten und durch die wiederholte Krisis von 1862 bis 1865 sich nur gesteigert hatten, waren durch den Hinzutritt der Frage der politischen Gestaltung Deutschlands auf einem Punkte angekommen, auf welchem sie nothwendig zu einem offenen Bruche führen mußten. Die schleswig-holsteinische Frage bot hierzu die Veranlassung dar. Es ist hier nicht der Ort, den Verlauf der Katastrophe des Jahres 1866 und deren nähere Umstände zu erörtern; daß aber die Anfänge derselben bis zum Jahre 1851 zurückreichen, und daß die Gefahr, welche die Operationen Oesterreichs auf dem volkswirthschaftlichen Boden für Preußen mit sich brachten, letzteres zunächst veranlaßten, die Stellung in allen deutschen Fragen einzunehmen, welche zuletzt zum thatsächlichen Bruche und zur Entscheidung durch die Waffen führte, dürfte kaum bezweifelt werden können. So lange die beiden Mächte in den gleichen Bestrebungen für politische und polizeiliche Bevormundung Deutschlands sich begegneten, hielt das künstliche dualistische Band, das sie im Jahre 1816 vereinigt hatte; so wie ihre Wege auf wirthschaftlichem Felde sich trennten, riß dieses schwache Band, und der einmal eingetretene Bruch führte zu immer schwereren und schlimmeren Differenzen, bis kein anderer Ausweg als der Bruderkrieg übrig blieb, dessen Erfolg das schwache noch übrige nationale Band vollends vernichtete. Ob damit die Frage für immer gelöst oder nur der erste Abschnitt der in Deutschland vor sich gehenden Zersetzung und Neubildung beendigt sei, vermag wohl Niemand voraus zu entscheiden. Für den Zollverein aber war dieser Kampf eine merkwürdige Probe seiner inneren Kraft und Dauerhaftigkeit. Als kein Zweifel mehr darüber obwalten konnte, daß es zum Kampfe kommen und daß die Mehrzahl der mittleren und kleineren deutschen Staaten auf Seite Oesterreichs gegen Preußen stehen werde, da richteten sich Aller Augen ängstlich auf den Zollverein und fragten sich, was aus dieser von der Nation mit Vorliebe gepflegten Schöpfung werden solle, während das Schicksal des Bundestages Niemand bekümmerte. Alle Adressen der industriellen Stände, im Süden wie im Norden, betonten gleichmäßig diese Frage*) und sprachen laut die Besorgniß aus, daß das stärkste und natürlichste Band, welches seit mehr als drei Jahrzehnten den größten Theil von Deutschland zusammengehalten und seine industrielle Blüthe hervorgebracht hatte, zerrissen werden und an seine Stelle wieder eine wirthschaftliche Isolirung, und damit der Rückschritt, treten könne. Alle drängten dahin, daß Maaßregeln ergriffen werden möchten, um den Zollverein bis zur Feststellung eines neuen Bundes zu erhalten, und hofften zum Theil von der Nation selbst oder der Einberufung eines Parlamentes Hülfe gegen die drohende Gefahr. Unter den gegebenen Umständen wäre aber auch von einem Parlamente keine Hülfe mehr zu erwarten gewesen. Es würde offenbar eben so uneinig gewesen sein wie die Regierungen und wahrscheinlich die vorhandenen Gegensätze nur verschärft haben. Parlamente können nur dann eine wirksame Kraft haben, wenn die Nation in sich selbst einig, die Regierungen aber schwach sind. Hier aber war das gerade Gegentheil der Fall. Die politischen wie wirthschaftlichen Gegensätze hatten Deutschland in zwei scharf getrennte Lager geschieden, und weder die preußische Regierung, die ihrer eigenen Opposition gegenüber nicht die geringste Nachgiebigkeit an den Tag gelegt hatte, noch die österreichische Regierung, die erst kurz zuvor die constitutionellen Formen

---

*) Vergl. Festenberg S. 409 flg., woselbst zahlreiche Stellen aus einzelnen Adressen und Erklärungen wörtlich angeführt sind.

in autokratischer Weise wieder beengt hatte, waren im geringsten geneigt, ihren Streit der Entscheidung eines parlamentarischen Körpers zu überlassen.

Die Regierungen der mittleren und kleineren Staaten theilten die Besorgnisse ihrer Bevölkerungen in Bezug auf die dem Zollverein drohenden Gefahren. Sie waren sich sehr wohl bewußt, daß sie bei dem Streite der beiden Großmächte Nichts zu gewinnen, wohl aber Alles zu verlieren hatten, und waren ungewiß, wie die bevorstehenden militairischen Operationen auf die inneren Verhältnisse des Zollvereins einwirken würden. Auf Veranlassung von Bayern fand im Monat Juni ein Zusammentritt von Bevollmächtigten von Württemberg, Baden, Nassau und der freien Stadt Frankfurt zu München statt, um sich über die Zollmaaßregeln zu berathen, die bei ausbrechendem Kriege allenfalls zu ergreifen wären. Alle waren übereinstimmend der Ansicht, daß mit allen Mitteln darauf hinzuwirken sei, den Zollverein, der eingetretenen Kriegsverhältnisse ungeachtet, so lange irgend möglich wenigstens thatsächlich zu erhalten, und daß deshalb jede Maaßregel vermieden werden müsse, welche als eine factische Auflösung des Zollvereins betrachtet werden könnte. Nur in dem Falle, wenn Preußen thatsächlich zur Auflösung des Zollvereins schreiten würde, sollten auch von Seite der mit Oesterreich verbündeten Vereinsregierungen Vorkehrungen getroffen werden, um eine größere Gefährdung ihrer finanziellen und Verkehrs-Interessen abzuwenden. Diese würden alsdann den Zollverein als unter ihnen fortbestehend betrachten.

Auch die preußische Regierung erkannte sehr wohl die Gefahr, welche eine factische Auflösung des Zollvereins mit sich bringen konnte, und sie unterließ es daher, während der kriegerischen Operationen irgend wie den regelmäßigen Zolldienst*) oder den freien Verkehr der Vereinsangehörigen zu unterbrechen. Sie beschränkte sich darauf, ihre Vereins-Bevollmächtigten und Stations-Controleure aus denjenigen Vereinsländern, mit welchen sie in Krieg gerathen war, abzuberufen und den weiteren dienstlichen Verkehr mit den Vereinsbeamten dieser Länder zu unterbrechen. Auf diese Weise bot der Zollverein das merkwürdige Schauspiel dar, daß, während seine Theile mit einander in offenen Krieg geriethen und deren Kriegsheere sich bekämpften, die Zollbehörden ihre Functionen im Namen der Gemein-

---

*) Die preußische Regierung ließ insbesondere die Abfertigung von Waaren auf Begleitschein I. von preußischen Zollämtern nach anderen Vereinsämtern und umgekehrt ungehindert zu.

schaft fortsetzten und Gelder im Namen derselben einnahmen und gegenseitig verrechneten; eine Erscheinung, die in Deutschland selbst Niemanden überraschte, im Auslande aber als etwas ganz Unerklärliches allgemeines Erstaunen erregte. Der deutsche Nationalsinn und die innere erhaltende Kraft, die dem Zollvereine innewohnt, haben hierdurch ihre glorreichste Bestätigung erhalten.

Als nach Beendigung des Kampfes Frieden und Ruhe wieder eintrat, war die ganze Organisation des Zollvereins und der Zolldienst sofort wieder in ununterbrochener Thätigkeit, und die gegenseitigen Abrechnungen und Herauszahlungen erfolgten, ohne daß der Krieg hierin eine wesentliche Lücke verursacht hatte.

Preußen aber benutzte seinen Sieg, um nunmehr in der inneren Organisation des Zollvereins diejenigen Aenderungen durchzusetzen, welche es schon so lange vergeblich auf dem Wege der freien Vereinbarung angestrebt hatte, und nahm daher in die Friedensverträge den Vorbehalt auf, daß die Zollvereinsverträge neu vereinbart und abgeschlossen werden sollten.*)

Ehe jedoch Preußen zu einer neuen Ordnung der Zollvereins-Verhältnisse schritt, versuchte es sich mit Oesterreich über die Handelsverhältnisse zu einigen und eröffnete daher noch am Schlusse des Jahres 1866 Verhandlungen in Wien über einen neuen Handelsvertrag. Der Abschluß derselben scheiterte an der von Oesterreich verlangten Ermäßigung des Weinzolles. Preußen war zwar bereit dieselbe zuzugestehen, wollte aber diese wichtige Concession vor Allem gegen Frankreich verwerthen und dasselbe dadurch bewegen, auf einen im Jahre 1865 mit Mecklenburg-Schwerin abgeschlossenen Vertrag zu verzichten, durch welchen Vertrag letzteres sich verpflichtet hatte, während der Dauer desselben keine Tarifsposition über 7 Frcs. 50 Cent. und für Weine nicht über 6 Frcs. 65 Cent. per 100 Kilogr. zu erhöhen. Dieser Vertrag bildete daher ein Hinderniß der Aufnahme Mecklenburgs in den Zollverein, und Preußen suchte dessen Auflösung herbeizuführen. Da aber Frankreich Schwierigkeiten machte und Oesterreich

*) Die bezügliche Stelle der Friedensverträge lautete: Die hohen Contrahenten werden unmittelbar nach Abschluß des Friedens wegen Regelung der Zollverhältnisse in Verhandlung treten. Einstweilen sollen der Zollvereinigungsvertrag vom 16. Mai 1865 und die mit ihm in Verbindung stehenden Vereinbarungen, welche durch den Ausbruch des Krieges außer Wirksamkeit gesetzt sind, vom Tage des Austausches der Ratificationen des gegenwärtigen Vertrags an mit der Maaßgabe wieder in Kraft treten, daß jedem der hohen Contrahenten vorbehalten bleibt, dieselben nach einer Ankündigung von sechs Monaten außer Wirksamkeit treten zu lassen.

seinerseits von der Forderung einer Herabsetzung des Weinzolles nicht abgehen wollte, so mußten die Verhandlungen in Wien, obwohl man sich fast über alle übrigen Punkte verständigt hatte, suspendirt werden. Sie konnten erst im Februar 1868 wieder aufgenommen werden, nachdem Frankreich endlich in die Auflösung des Vertrags mit Mecklenburg gewilligt hatte, und wurden dann unterm 9. März 1868 durch einen ziemlich umfassenden Vertrag zwischen Oesterreich und dem Zollverein geschlossen. Da Oesterreich inzwischen sein Zollsystem in sehr zweckmäßiger und liberaler Weise geordnet hatte, so war es jetzt mit weit geringeren Schwierigkeiten verbunden, sich über eine Menge gegenseitiger Zollerleichterungen zu verständigen. Der Vertrag vom 9. März 1868 wurde daher auch später bei seiner Vorlage an das Zollparlament mit allgemeiner Befriedigung aufgenommen.

Die nächste Aufgabe Preußens war natürlich die Constituirung des norddeutschen Bundes, und es beeilte sich daher vor Allem, diese Frage zu bereinigen, um so mehr als ihm hierin ungleich weniger Schwierigkeiten entgegenstanden als in der Zollvereinsfrage. Im norddeutschen Bunde war die Stellung Preußens naturgemäß eine solche, daß es nicht dem mindesten Zweifel unterliegen konnte, daß sein thatsächliches Uebergewicht auch verfassungsmäßig die entsprechende Anerkennung finden müsse. Die militärische und diplomatische Leitung des Bundes mußte ihm unbedingt zufallen, und auch in den finanziellen und legislatorischen Angelegenheiten war seine Stellung durch die neuen Bundesacte in einer Weise normirt, welche seine Hegemonie in ganz entschiedener Weise documentirte. Preußen schritt daher erst im Februar 1867 zur Anregung der neuen Organisation des Zollvereins.

Der schwierigste Punkt hierbei war die Theilnahme eines Vertretungskörpers an der Legislation, und die preußische Regierung schwankte längere Zeit zwischen der Idee eines eigentlichen Zollparlaments und der bloßen Erweiterung des norddeutschen Reichstages durch Entsendung von Abgeordneten aus Süddeutschland. Beiden Einrichtungen standen nicht unerhebliche Bedenken entgegen; ein Zollparlament vermehrte den ohnehin schon ziemlich complicirten constitutionellen Mechanismus um ein weiteres Glied; eine Herbeiziehung von süddeutschen Abgeordneten in den norddeutschen Reichstag bei Zoll- und Handelsfragen mußte vielfach dessen Geschäftsgang stören und verwirren, so wie ein solcher Modus allenfalls als eine Ueberschreitung der durch den Prager Frieden gesteckten Grenzen dargestellt werden konnte. Man entschied sich endlich für einen Mittelweg, indem man zwar ein gesondertes Zollparlament annahm, dasselbe jedoch einerseits aus dem norddeutschen Reichstage, anderseits durch Abgeordnete aus den süddeutschen Staaten, die nach demselben Wahlsysteme gewählt werden sollten, zusammenzusetzen gedachte. Wenn auch die süddeutschen Staaten, namentlich Bayern, einige Bedenken gegen diese Form äußerten und dadurch eine unnöthige Complication von parlamentarischen Körpern herbeizuführen fürchteten, so versöhnten sich doch alle sofort mit der Idee eines Zollparlaments, das sie ihrer Stellung viel angemessener erachteten als einen theilweisen Eintritt in den norddeutschen Reichstag.

Die erste Zollvereinsfrage, welche die preußische Regierung in Angriff nahm, war die Einführung einer gemeinschaftlichen Besteuerung des Salzes und Aufhebung des in den meisten Vereinsstaaten bestehenden Salzmonopols, welche durch einen Vertrag vom 8. Mai 1867 geregelt wurde. Sie schritt sodann zur eigentlichen Organisation des Zollvereins und veranlaßte hierzu eine Besprechung mit den Ministern der süddeutschen Staaten, welche am 3. und 4. Juni in Berlin stattfand. Hierbei legte Graf Bismarck den Entwurf einer Punctation vor, welche als Grundlage für den abzuschließenden neuen Zollvereinsvertrag dienen sollte. Diese Punctation, welche mit einigen nicht wesentlichen Abänderungen am 4. Juni angenommen wurde, enthielt folgende Bestimmungen:

1) Der Zollvereinsvertrag vom 16. Mai 1865 und die mit ihm in Verbindung stehenden Vereinbarungen bleiben zwischen den contrahirenden Regierungen in Kraft, so weit sie nicht durch die nachfolgenden Verabredungen abgeändert werden.

2) Die Gesetzgebung über das gesammte Zollwesen, über die Besteuerung des einheimischen Zuckers, Salzes und Tabaks und über die Maaßregeln, welche in den Zollausschüssen zur Sicherung der gemeinschaftlichen Zollgrenze erforderlich sind, wird durch ein gemeinschaftliches Organ der contrahirenden Staaten und durch eine gemeinschaftliche Vertretung ihrer Bevölkerungen ausgeübt. Die Uebereinstimmung der Mehrheitsbeschlüsse beider Factoren ist zu einem Vereinsgesetze erforderlich und ausreichend; auf andere als die vorstehend bezeichneten Angelegenheiten erstreckt sich die Zuständigkeit derselben nicht.

3) Das gemeinschaftliche Organ der contrahirenden Staaten besteht aus Vertretern derselben, unter welchen sich die Stimmführung nach Maaßgabe der Vorschriften für das Plenum des ehemaligen Deutschen Bundes vertheilt. Preußen beruft dasselbe, führt das Präsidium und ist in dieser

Eigenschaft berechtigt, im Namen der contrahirenden Staaten Handels- und Schifffahrtsverträge mit fremden Staaten einzugehen.

4) Der Beschlußnahme der contrahirenden Staaten durch ihr gemeinschaftliches Organ unterliegen:

1) die der Volksvertretung vorzulegenden, unter die Bestimmung des § 2 fallenden gesetzlichen Anordnungen einschließlich der Handels- und Schifffahrtsverträge;
2) die zur Ausführung der gemeinschaftlichen Gesetzgebung (§ 2) dienenden Verwaltungsvorschriften und Einrichtungen;
3) Mängel, welche bei der Ausführung der gemeinschaftlichen Gesetzgebung (§ 2) hervortreten;
4) die von der einzurichtenden Rechnungsbehörde vorgelegte schließliche Feststellung des Ertrages der Zölle und der im § 2 bezeichneten Steuern.

Jeder über die Gegenstände zu 1 bis 3 von einem der contrahirenden Staaten oder über die Gegenstände zu 3 von einem controlirenden Beamten gestellte Antrag unterliegt der gemeinschaftlichen Beschlußnahme. Im Falle der Meinungsverschiedenheit gibt die Stimme des Präsidiums bei den zu 1 und 2 bezeichneten dann den Ausschlag, wenn sie sich für Aufrechthaltung der bestehenden Vorschrift oder Einrichtung ausspricht, in allen übrigen Fällen entscheidet die Stimmenmehrheit.

5) Die Vertretung der Bevölkerung der contrahirenden Staaten besteht aus den Mitgliedern des Reichstags des norddeutschen Bundes und aus Abgeordneten aus den süddeutschen Staaten, welche nach gleichen Normen wie erstere gewählt werden.

Die Berufung der Volksvertretung erfolgt durch Preußen. Sie findet nur statt, wenn ein legislatives Bedürfniß vorliegt oder ein Dritttheil der Stimmen in dem gemeinschaftlichen Vereinsorgan den Zusammentritt verlangt.

6) Der Ertrag der Zölle und der Steuern von einheimischem Zucker, Salz und Tabak wird zwischen den contrahirenden Staaten nach dem Verhältniß der Bevölkerung und nach Abzug der auf ihnen ruhenden gemeinschaftlichen Ausgaben getheilt.

7) Die Erhebung und Verwaltung der Zölle und Verbrauchssteuern bleibt jedem der contrahirenden Staaten, soweit derselbe sie bisher ausgeübt hat, innerhalb seines Gebietes überlassen.

Für Einhaltung des gesetzlichen Verfahrens bei dieser Erhebung und

Verwaltung hat das Präsidium, nach Vernehmung mit den contrahirenden Staaten, in geeigneter Weise Sorge zu tragen.

8) Preußen wird den Beitritt der übrigen Mitglieder des norddeutschen Bundes zu dieser Uebereinkunft vermitteln.

Sobald derselbe erfolgt ist, sollen Bevollmächtigte der betheiligten Staaten zusammentreten, um den auf Grundlage dieser Uebereinkunft abzuschließenden Vertrag festzustellen, was bis 31. October 1867 geschehen sein muß.

In Gemäßheit dieser Präliminar-Uebereinkunft fanden hierauf Conferenzen von Bevollmächtigten sämmtlicher Vereinsstaaten in Berlin statt, welche am 26. Juni eröffnet und schon am 8. Juli durch Unterzeichnung des neuen Zollvereinsvertrags geschlossen wurden.

Dieser Vertrag, dessen nähere Kenntniß wohl bei jedem Leser vorausgesetzt werden darf, bildet die nunmehrige vertragsmäßige Grundlage des Zollvereins, er ist zugleich das einzige politische wie staatsrechtliche Band, welches die süddeutschen Staaten mit dem norddeutschen Bunde verbindet, und daher die wichtigste allgemeine deutsche Urkunde. Die Ereignisse des Jahres 1866 und ihre Folgen haben den früheren politischen Begriff von Deutschland aufgelöst; der Zollverein ist die einzige Institution, welche außerhalb Oesterreichs die getrennten Theile Deutschlands verbindet, und es ist daher sehr erklärlich, daß die Nation mit erhöhter Theilnahme dieser Institution sich zuwendet und daß sich mitunter Hoffnungen und Bestrebungen an sie knüpfen, welchen sie unter den gegebenen Umständen nicht zu entsprechen vermag. Bisher hat die Berührung mit dem politischen Elemente dem Zollvereine nur Nachtheil gebracht und zu den bedenklichsten Differenzen und Krisen geführt; diese Erfahrung scheint wohl auch für die Zukunft die Lehre in sich zu schließen, daß der Zollverein seiner innern Natur nach nicht dazu bestimmt ist, den Uebergang zu einer größeren politischen Institution zu bilden, und daß alle Bestrebungen in dieser Richtung wenig Aussicht auf dauernden Erfolg haben. Seine Kraft und seine Bedeutung liegt in den materiellen Interessen, und dieses Feld seiner Thätigkeit wird sich erweitern und vergrößern, je mehr die wirthschaftliche Entwickelung der deutschen Nation und ihre industrielle Thätigkeit fortschreiten, ohne daß es deshalb einer Verbindung mit politischen Fragen bedarf, die in ihren schließlichen Consequenzen fast immer hemmend in die geistige und sociale Entwickelung eingreifen.

Unter den Abänderungen, welche der Vertrag vom 8. Juli 1867 in die bisherigen Grundbestimmungen und die Organisation des Zollvereins einführte, dürften folgende als die wichtigsten zu betrachten sein:

1) In territorialer Beziehung erhielt der Zollverein eine nicht unbedeutende Ausdehnung, indem der Eintritt von Schleswig-Holstein*) und Lauenburg, als nunmehr mit Preußen verbunden, als selbstverständlich vorausgesetzt, jener der beiden Mecklenburg als nothwendige Consequenz ihres Eintrittes in den norddeutschen Bund angenommen wurde. In Schleswig und Holstein hatte Preußen schon einige Zeit vorher den Vereinstarif so wie die preußische Zollorganisation eingeführt, so daß deren Einverleibung in den Zollverein ohne weitere Schwierigkeit vorgenommen werden konnte. In Lauenburg wurde als Uebergangsmaaßregel eine Nachversteuerung der gangbarsten Artikel vorgeschrieben, welche, wie überall, wo solche versucht worden ist, vielfache Klagen hervorrief, aber später bei der Ausführung sehr gemildert wurde.

Die schon erwähnten Schwierigkeiten des Eintritts von Mecklenburg in den Zollverein wurden erst nach Abschluß des Vertrags vom 8. Juli vollständig beseitigt, indem die französische Regierung endlich gegen die Zusicherung einer Verminderung des Weinzolles in die Aufhebung des Vertrags mit Mecklenburg willigte. Der Eintritt von Mecklenburg hatte auch den Beitritt von Lübeck zur Folge, das bald nach dem Abschlusse des Julivertrags seine desfallsige Absicht erklärte. Die Vollzugsverhandlungen wurden im Sommer des Jahres 1868 eingeleitet, wobei ebenfalls die nothwendige Nachversteuerung viele Schwierigkeiten und Anstände hervorrief, die erst durch vielfache Nachlässe und Milderungen allmälig beseitigt wurden.

Eine eigenthümliche Folge der neuen Verhältnisse des Zollvereins ist der Umstand, daß nunmehr auch die demselben nicht angehörigen beiden Hansestädte Hamburg und Bremen in demselben und zwar mit vollkommen gleichen Stimmrechten wie die eigentlichen Vereinsmitglieder vertreten sind. Es ist dies eine ganz natürliche Consequenz ihrer Stellung zum norddeutschen Bunde, vermöge welcher sie an allen Lasten desselben, also insbesondere an der Ueberweisung der aus den indirecten Abgaben fließenden

*) Die Aufnahme der beiden Herzogthümer in den Zollverein war bereits in der Gasteiner Convention vorgesehen, die damals in Aussicht gestellten Verhandlungen hierüber unterblieben jedoch in Folge der weiteren Ereignisse. Nach den Friedensschlüssen fanden über die Aufnahme selbst gar keine Verhandlungen mehr statt, sondern Preußen theilte lediglich den übrigen Vereinsstaaten die Vollzugsanordnungen mit und erholte deren Zustimmung hierzu.

Einnahmen an die Bundescasse mittelst einer Abfindungssumme Theil nehmen. Thatsächlich sind sie an den Interessen und der Industrie des Zollvereins wohl eben so sehr betheiligt wie andere kleinere Staaten, wenn auch einzelne ihrer Localinteressen mit jenen des Zollvereins nicht immer übereinstimmen.

Aus der bisherigen Zahl der selbständigen Mitglieder des Zollvereins waren dagegen Hannover, Kurhessen, Nassau und die freie Stadt Frankfurt ausgeschieden.

2) Ein wesentlicher Fortschritt in den Grundgesetzen des Zollvereins ist die Aufhebung aller bisherigen Präcipua. Das früher Preußen bei der Berechnung der Transitabgaben zugestandene wurde schon im Jahre 1861 in Folge der gänzlichen Aufhebung der Durchgangsabgaben beseitigt. Dadurch daß sowohl die norddeutsche Bundesacte wie der neue Zollvereinsvertrag die Vertheilung der Revenuen nach dem Maaßstabe der Bevölkerung stipuliren, sind die Präcipuen von Hannover, Oldenburg und Frankfurt a. M. weggefallen. Oldenburg hat zwar bei den Verhandlungen über den Zollvereinsvertrag noch den Versuch gemacht, für seinen Anspruch auf ein Präcipuum eine Verwahrung einzulegen, die jedoch von allen übrigen Staaten mit Protest zurückgewiesen wurde.

Der Aufhebung der Präcipuen gewissermaaßen analog ist die gänzliche Aufhebung der Rheinschifffahrts-Gebühren, welche zwar nicht in Folge des neuen Zollvereinsvertrages, sondern in Folge der Berliner Friedensverträge in Vollzug trat. Sie bezeichnet einen wesentlichen Fortschritt in den Erleichterungen des Verkehrs, und es ist nur zu bedauern, daß es bis jetzt noch nicht gelungen ist, die gleiche Befreiung für alle deutschen Flüsse durchzusetzen.

3) Als ein Fortschritt kann auch die gleichheitliche Besteuerung des Salzes und die Beseitigung des bisherigen Salzmonopols betrachtet werden. Monopole sind immer, wenn sie auch mitunter hohe finanzielle Erträgnisse liefern, ein wesentliches Hinderniß einer allgemeinen Verkehrsfreiheit und nicht selten für den Nationalreichthum von so erheblichem Schaden, daß dadurch der finanzielle Vortheil sehr in Frage gestellt wird.

Der Vertrag brachte gleichzeitig auch noch die Beseitigung des letzten, in einigen Staaten noch übrigen Monopols, der Verfertigung oder des Absatzes von Spielkarten. Die allenfallsige Belegung von Spielkarten mit einer Stempelabgabe ist hierdurch nicht behindert.

4) Die gemeinsame Besteuerung des im Vereine erzeugten oder verarbeiteten Tabaks wurde im Julivertrage im Princip ausgesprochen und im

nächstfolgenden Jahre bekanntlich in der Art ins Werk gesetzt, daß nunmehr eine allgemeine Bodensteuer für mit Tabak bepflanztes Land eingeführt ist. Von einer Besteuerung der Tabakfabrikation, die anfangs von Preußen beabsichtigt war, wurde Umgang genommen.

Die Tabakindustrie hat im Zollvereine in Folge der ihr bisher gewährten Freiheit eine so allgemeine und bedeutende Ausdehnung gewonnen, daß die Einführung einer Fabrikationssteuer fast unüberwindlichen Schwierigkeiten begegnen dürfte. Wenn der Tabak auch als Steuerobject viele Gründe für sich hat, so möchte es sich doch nicht empfehlen, denselben jetzt, nachdem die innere Industrie einmal die dermalige Bedeutung und Ausdehnung erlangt hat, abermals zum Gegenstande von complicirten Steuerexperimenten zu machen. Die gemeinsame Bodensteuer hat übrigens die Zahl der Uebergangsabgaben abermals um eine vermindert.

5) An die Stelle der bisherigen Generalconferenzen trat eine neue, auf ganz anderen Grundlagen beruhende Institution, der Bundesrath des Zollvereins. Dieser aus den Vertretern der Mitglieder des norddeutschen Bundes und der süddeutschen Staaten bestehende Körper ist zwar ebenfalls wie die früheren Generalconferenzen aus Bevollmächtigten der einzelnen Regierungen, die nach ihren Instructionen stimmen, zusammengesetzt, der wesentlichste Unterschied zwischen beiden liegt jedoch einerseits in der Abstimmungsweise, anderseits darin, daß der Bundesrath des Zollvereins durch die Art seiner Zusammensetzung der rein zolltechnischen Eigenschaft der Generalconferenzen entkleidet ist und gewissermaaßen die Form eines politischen Körpers angenommen hat. Dadurch, daß für den Bundesrath die Majorität der Stimmen nach einem ideellen Verhältniß entscheidend und das allgemeine absolute Veto jeder einzelnen Regierung für alle Gegenstände der Zollgesetzgebung und Verwaltung aufgehoben ist, wurde nicht blos der ganze Charakter der früheren Generalconferenzen, sondern auch die Stellung aller einzelnen Regierungen zum Vereine wesentlich geändert. Dieses Veto gilt noch bezüglich aller derjenigen Grundbestimmungen der Vereinsverträge, welche nicht ausdrücklich der gemeinsamen Beschlußnahme des Zoll-Bundesrathes und des Zollparlamentes überwiesen sind, welche sonach zu ihrer Abänderung einer erneuerten Vereinbarung bedürfen.*)

Das ideelle Stimmenverhältniß ist übrigens im Artikel 8 § 1 des

---

*) Vergl. Nr. 2 und 4 der oben erwähnten Uebereinkunft vom 4. Juni 1867, dann Art. 7 und Art. 8, § 12 des Vertrags vom 8. Juli.

Vereinsvertrages etwas abweichend von dem früheren Stimmenverhältniß im Plenum des Bundestages normirt werden, indem Preußen 17 Stimmen, Bayern 6, Sachsen und Württemberg je 4, Baden und Hessen je 3, Mecklenburg-Schwerin und Braunschweig je 2, alle übrigen Staaten aber je eine Stimme erhielten. Die Gesammtzahl aller Stimmen ist demnach 58.

Der Verlauf fast sämmtlicher Generalconferenzen seit der im Zollvereine entstandenen Spaltung, namentlich seit dem Eintritte der politischen Krisen, hatte in nicht zu bestreitender Weise die Gewißheit ergeben, daß bei solchen principiellen Differenzen das gemeinschaftliche Organ der Zollvereinsregierungen jede Fähigkeit einer weiteren Entwickelung der Vereinsgesetzgebung, ja selbst die Möglichkeit verloren hatte, dem Zollverein noch längere Zeit eine gewisse Lebensthätigkeit sowohl im Innern als nach außen zu erhalten. Eine Aenderung war daher unbedingt nothwendig. So wie man sich also entschloß, im Zollvereine einen neuen gesetzgeberischen Factor, das Zollparlament, an die Stelle der bisherigen Landtage der einzelnen Staaten zu setzen, war es auch unvermeidlich, der Repräsentation der Regierungen, dem Zoll-Bundesrathe, eine solche Einrichtung zu geben, welche diesen Körper befähigte, über jede in die Zollgesetzgebung einschlagende Frage sofort eine Entscheidung zu treffen und dem Zollparlamente gegenüber als Einheit aufzutreten. Die getroffene Anordnung, namentlich die Scheidung in solche Gegenstände, welche als jura singulorum auch fernerhin der freien Vereinbarung unterliegen, und solche, welche als Fragen der Gesetzgebung der gemeinschaftlichen Beschlußfassung des Zollparlaments und des Zoll-Bundesrathes nach Majoritäten anheimfallen, war sicherlich die zweckmäßigste Bestimmung, die unter den gegebenen Verhältnissen getroffen werden konnte, und sie ist daher im Allgemeinen von keiner Seite beanstandet worden. Eine Dauer der Verhandlungen von 6—10 Monaten so wie fast vollständige Resultatlosigkeit, wie sie bei den Generalconferenzen leider vorkam, sind bei der neuen Organisation nicht mehr möglich.

Die früheren Generalconferenzen hatten einen ausschließend zolltechnischen Charakter, was einerseits die Verhandlungen mitunter unnöthig erweiterte, anderseits aber den wesentlichen Nachtheil hatte, daß, so wie die Verhandlung nur einigermaaßen einen politischen Charakter annahm, sie der eigentlichen Entscheidung der Generalconferenz entzogen und in eine andere Sphäre, in welcher die volkswirthschaftlichen Rücksichten in den Hintergrund traten, verlegt wurde. Die jetzige Einrichtung verfolgt ein ganz anderes Princip. Die Vertreter der Regierungen im Bundesrathe des norddeutschen Bundes sowohl wie des Zollvereins werden zum größern

Theile stets der Kategorie der politischen Beamten oder wenigstens der höherer Fachbeamten entnommen sein, welche mit den commercial-politischen Ansichten ihrer Regierungen vollständig vertraut sind, die eigentlichen zolltechnischen Arbeiten daher als untergeordnete Aufgabe betrachten und mehr zur Vorbereitung oder Ausführung der Bundesrathsbeschlüsse dienen.

6) Die für das größere Publicum augenfälligste und wichtigste Neuerung war die Schaffung einer Repräsentation der Bevölkerung mit ausgedehnter Theilnahme an der Legislation — das Zollparlament. In den ersten Perioden des Zollvereins hatten die Bestrebungen zur Herstellung einer Vertretung der Volksinteressen nur eine Vertretung der zunächst betheiligten Stände im Auge, eine Anforderung, welcher die Vereinsregierungen entschieden widerstrebten. Eine solche Vertretung der industriellen Stände würde, wenn sie auch anfangs nur die Attribute einer Experten-Commission erhalten hätte, ihre Anforderungen im einseitigen Interesse gar bald zu einer Höhe gesteigert haben, welche die Regierungen ernstlich in der Entwickelung des Vereins-Zollsystems behindert und schließlich einen Antagonismus der übrigen dadurch benachtheiligten Stände hervorgerufen haben würde.

Das nunmehrige Zollparlament ist von dieser Richtung vollkommen frei, es ist ein aus allgemeiner freier Wahl hervorgehender parlamentarischer Körper mit ausgedehnten constitutionellen Befugnissen. Die im Vertrage vom 8. Juli hierüber enthaltenen Bestimmungen dürften so ziemlich allen berechtigten Ansprüchen genügen und haben bisher auch noch von keiner Seite einen ernsthaften Widerspruch erfahren.

7) Die bisher von den einzelnen Vereinsregierungen gegenseitig geübte Controle hört auf und an ihre Stelle tritt eine von der preußischen Regierung als Präsidium gehandhabte Controle zur Einhaltung des gesetzlichen Verfahrens bei der Erhebung und Verwaltung der gemeinschaftlichen Einnahmen. Diese Controlbeamten werden dadurch zu Organen der Gesammtheit des Zollvereins, zu Vereinsbeamten, ohne daß jedoch ihr Verhältniß zu ihrer bisherigen Regierung vollständig gelöst wird. Sie behalten vielmehr ihre bisherigen Unterthansrechte so wie ihre staatsdienerlichen Rechte und Pensionsansprüche, können von ihrer Regierung zurückberufen und ebenso vom Präsidium dieser Regierung wieder zur Verfügung gestellt werden, in welchen Fällen sie in ihr früheres Dienstverhältniß zurücktreten. Ihre Gehalte so wie die übrigen Diensteskosten trägt nunmehr der Verein. Sie sind dienstlich dem Präsidium untergeordnet, haben an dasselbe zu berichten und erhalten von demselben ihre Bescheide und Weisungen.

8) Die wesentlichste Aenderung in der Constitution des Zollvereins ist, der Natur der Verhältnisse nach, in der Stellung der preußischen Regierung vor sich gegangen. Der alte Zollverein hatte das Princip der gleichen Berechtigung aller seiner Theilnehmer an die Spitze seiner Verfassung gestellt und dieses Princip auch dann noch mit Hartnäckigkeit festgehalten, als es sich bereits überlebt und seine ungeschickte Ausübung Mißstände hervorgerufen hatte, welche die Interessen des Ganzen wie der Einzelnen schädigten, vor Allem aber den Verein zu jeder Entwickelung einer gesunden und kräftigen Thätigkeit seiner Gesetzgebung unfähig machten. Thatsächlich war eine vollkommene Gleichheit aller Vereinsmitglieder niemals vorhanden. Dieselbe äußerte sich immer nur darin, daß allerdings jede der Vereinsregierungen die Berechtigung und die Möglichkeit besaß, Vereinsbeschlüsse aus irgend einem Grunde zu erschweren oder zu verhindern, und daß alle Regierungen ohne Ausnahme mitunter von dieser Befugniß Gebrauch machten. Sobald es sich jedoch darum handelte, im eigenen Interesse Maaßregeln durchzusetzen oder particularen Ansprüchen Geltung zu verschaffen, so war das Verhältniß der einzelnen Regierungen ein sehr ungleichartiges. Hier hatte das mächtigere, thätigere, durch tüchtigere Beamte vertretene Mitglied ungleich größere Aussichten auf Erfolg, als der kleinere, in der Wahl seiner Mittel wie seiner Vertreter beschränkte Nachbar. Schritte, wie sie Preußen in den Jahren 1851 und 1862 bei Gelegenheit der Verträge mit Hannover und Frankreich gemacht, hätte kein anderer Vereinsstaat sich erlauben können. Indessen waren solche extreme Mittel doch nicht ohne Bedenken und Gefahr, und Preußen mußte daher vor Allem dahin streben, sich für die Zukunft der Anwendung solcher extremen Mittel zu überheben und die rechtliche Möglichkeit zu erlangen, in die Leitung der Zollvereinsangelegenheiten in entscheidender Weise einzugreifen. Die Stellung im Zollvereine, welche Preußen durch den Julivertrag eingeräumt wurde, ist daher auch eine solche, welche rechtlich das alte Verhältniß vollständig aufhebt und ihm nicht blos die formelle Leitung der Geschäfte, sondern auch einen entscheidenden Einfluß auf dieselben sichert. Es ist ihm das Präsidium des Zoll-Bundesrathes und damit die Einberufung und Schließung desselben so wie die Leitung aller formellen Geschäfte übertragen; es hat ferner bei der Abstimmung nicht nur fast ein Dritttheil aller Stimmen (17 auf 58), sondern auch allein unter allen Vereinsstaaten ein absolutes Veto gegen jeden Beschluß, der eine Veränderung der bestehenden Vorschriften oder Einrichtungen bezweckt; Preußen hat das alleinige Recht, im Namen des Zollvereins Handels- und Schiff-

fahrtsverträge mit fremden Staaten einzugehen, und ist nur bei Verträgen mit Oesterreich und der Schweiz verpflichtet, die an diese Staaten angrenzenden Vereinsstaaten bei den dem Abschlusse vorhergehenden Verhandlungen beizuziehen. Es übt endlich die Vereinscontrole bezüglich des Vollzugs der Vereinsgesetze und der Erhebung und Verwaltung der gemeinschaftlichen Zölle und Steuern in den einzelnen Staaten aus.

Dem Zollparlamente gegenüber hat Preußen das Recht der Berufung, Eröffnung, Vertagung und Schließung. Die Vorlagen an dasselbe nach Maaßgabe der Beschlüsse des Bundesrathes erfolgen durch Preußen.

Wenn auch diese Präsidialbefugnisse Preußen eine leitende und gewissermaaßen dominirende Stellung im Zollvereine einräumen, so ist gleichwohl dieselbe durch den Hinzutritt des parlamentarischen Elements wieder beschränkt, und es ist zur Zeit wohl noch als unentschieden zu betrachten, ob selbst für die Particularinteressen der Mittel- und Kleinstaaten die neue Organisation nicht vortheilhafter ist als die frühere, deren längerer Fortbestand offenbar unhaltbar geworden war und welche ihnen wohl die Mittel gewährte, das Gute und Bessere zu hindern, nicht aber Eigenes zu schaffen oder ihre Ansichten und Forderungen zur Geltung zu bringen. Zu einem positiven Urtheil über den Werth der neuen Organisation des Zollvereins so wie zu einer eingehenden Kritik ihrer Vorzüge und Mängel aber dürfte die Gegenwart weder befähigt noch berechtigt sein. Einrichtungen, welche aus so gewaltsamen Krisen hervorgegangen sind, in welchen Alle ohne Ausnahme eine entschiedene Parteistellung eingenommen haben, können von den Betheiligten nicht vorurtheilsfrei beurtheilt werden. Eben so wenig können solche Einrichtungen ihren vollen Werth praktisch erproben, so lange die Leidenschaftlichkeit der früheren Parteistellung noch in allen Theilnehmern nachklingt oder die politische Entwickelung wohl gar neue Streitfragen und Parteistellungen hervorruft. Der Zollverein beruht auf rein positiver materieller Grundlage, und so wie seine Entwickelung eine ungetrübte war, so lange er von jeder politischen Beimengung frei blieb, so läßt sich von ihm auch erwarten, daß er die in ihm liegende Kraft neuerdings und um so fruchtbringender entfalten wird, je mehr sich die politischen Gegensätze mildern und einer ruhigen und objectiven Beurtheilung der wirthschaftlichen Zustände und Interessen der gesammten Nation Platz machen.

Leipzig,
Druck von Giesecke & Devrient.

Kolibri 360 GmbH
Ferdinand-Jühlke-Straße 7
99095 Erfurt, Deutschland
produktsicherheit@kolibri360.de